Nadeschda Plewitzkaja

Die Hofsängerin des Zaren wird zur Spionin

Historischer Roman von Almuth Hauptmann-Gurski

© 2012 Almuth Hauptmann-Gurski
Alle Rechte vorbehalten

ISBN: 978-0-9757372-6-2

Autor, Design, Übersetzer und Verleger:
Almuth Hauptmann-Gurski

Kontakt: artifex2@bigpond.com

Englische Erstausgabe in zwei Bänden: 2005

I. Plewitzkaja, Nadeschda Wassiljewna (1884 - 1940)
II. Zigeunermusik, Lebensgeschichte einer Sängerin, Sergej Rachmaninow, Alexander Gutschkow
III. Vorrevolutionäres Russland, Bürgerkrieg, Russische Emigration, Interbellum Paris, Tscheka, OGPU, Spionage, Dreifachagent Nikolaj Skoblin

Inhaltsverzeichnis

Vorwort 7

Teil I – Alte Wege 11

Teil II – Neue Wege 213

Fußnote 475

Diagramm der Beziehungen von historischen Personen 477

Personen, Anmerkungen 479

Vorwort

Als ich zum ersten Mal den Namen Nadeschda Wassiljewna Plewitzkaja in Maria Biesolds ausgezeichneter Rachmaninow Biografie las, stutzte ich. Es wunderte mich, dass wir in den elf Jahren mit unseren Tschaika Kosaken, in denen wir in Emigrantenkreisen zu Hause waren, nie von dieser Zigeunersängerin gehört hatten, die immerhin Aufnahmen mit Rachmaninow gemacht hatte.

Die Erwähnung von Spionage und Gefängnis liess mich ebenfalls nicht locker, denn West-Berlin, wo ich aufgewachsen bin, war voller Agenten. Jahre später las man von ihnen in der Presse oder hörte über sie von älteren Russen hier im australischen Adelaide. Aber als sie mitten unter uns waren, führten sie uns an der Nase herum. Wie das Kind, das eine versteckte Keksdose finden muss, ziehen mich seither diese Vorgänge an, denn sie umgaben mich, seit ich denken kann.

Meine Tante war in Ost-Berlin Vikarin und eine alte Freundin von ihr, die in ihrer Jugend Missionarin in China gewesen war, wurde in den 1950er Jahren in Ost-Berlin ins Gefängnis geworfen. Jahrelang rätselte man in diesen evangelischen Kirchenkreisen, welcher Glaubensbruder oder welche Glaubensschwester wohl der Spitzel gewesen sein mag, denn von außerhalb der Kirche war niemand dabei gewesen, als Tante Käthe von ihren lange zurückliegenden Erlebnissen in China berichtet hatte. Diese Spekulationen hinter vorgehaltener Hand beeindruckten mein kindliches Gemüt sehr und seit dieser Zeit fasziniert mich die Welt der Agenten.

Irgendwann entschloss ich mich, die in Biesolds Buch nur in Umrissen enthaltene Plewitzkaja Geschichte weiter zu ergründen, wobei mir die Erkenntnisse, die ich bei der Erforschung meiner Familie Gurski erworben hatte, sehr zugute kamen. Da man mir von den Gurskis praktisch nichts erzählt hatte, wollte ich erkunden, ob der Mantel des Schweigens mit dem Gerücht zu tun hatte, dass sie vielleicht Juden gewesen waren. Nach ein paar Jahren hatte ich viel gelernt, aber über die Gurskis aus Christburg (jetzt Dzierzgon in Polen) habe ich gar nichts in Erfahrung bringen können.

In Bibliotheken und auf dem Internet erforschte ich dann in Musik- und Geheimdienstliteratur, was sich in Plewitzkajas Leben und zu ihren Zeiten zugetragen hatte. Ich brachte es auf Englisch in Erzählform und trat einer Literaturgruppe bei, wo wir alle zwei Wochen unsere neuesten Werke vorlasen, um die Reaktion der Leserschaft zu testen. Ein Mitglied der Gruppe, Frau Lynette Arden, las mir dann freundlicherweise später Korrektur, denn Englisch ist nicht meine Muttersprache. Ohne die Geduld meines Mannes Dieter Hauptmann gäbe es dieses Buch auch nicht, danke.

Gern hätte ich natürlich mein Buch in einem reputierlichen Verlagsprogramm gesehen, aber die Verleger hier in Australien sind so mit Material eingedeckt, dass nur eins von 1.000 Büchern eine Chance hat, heißt es in der Fachliteratur. Viele vom Fernsehen bekannte Personen veröffentlichen ihre Erlebnisse in Büchern, so dass sich die Verleger nicht die Mühe machen, sich mit neuen Literaten zu beschäftigen. Der große Unterschied zwischen anglo-amerikanischer und deutscher Mentalität macht sich hier besonders bemerkbar. Der Bekanntheitsgrad des Autors scheint immer wieder der entscheidende Faktor, nicht so sehr der Inhalt des Buches. In der deutschen Kultur sind Verpackung und Inhalt normalerweise mindestens gleichwertig.

Nur akkreditierte Agenten dürfen den australischen Verlegern Vorschläge machen, und deren Namen werden wie Staatsgeheimnisse gehütet. Lektoren verheimlichen den Beruf, damit sie nicht bei jedem gesellschaftlichen Kontakt mit einem Buchprojekt behelligt werden. Außerdem ist ja Australien von der Marktgröße her ein kleines Land, in dem weniger eigene Werke veröffentlicht werden, da von den anderen englischsprachigen Märkten viel übernommen werden kann. Wenn sie nicht zu Samizdat-Autoren würden, so müssten 999 von 1000 australischen Autoren ihre Werke in die Altpapiertonne werfen. So hat sich die Selbstveröffentlichung bei Autoren und Musikern, ja selbst Filmemachern immer mehr eingebürgert und sich ihre eigene Samizdat-Nische geschaffen. Auch Johann Sebastian Bach war im Jahre 1730 Selbstverleger und was für Johann Sebastian recht war, soll mir billig sein.

Am Anfang sah ich die Plewitzkaja Story auch als Film, aber ein solches Projekt konnte ich im gemütlichen Adelaide nicht anstoßen. Also konzentrierte ich mich auf den Roman soweit es meine anderen Verpflichtungen zuließen. Ein Roman kann immerhin von jedermann mit Vergnügen gelesen werden; für das Lesen von Drehbüchern muss man Leute bezahlen.

Mitten in meiner Arbeit wurde mir angetragen, Bass-Balalaika in unserem damaligen russischen Ensemble Hot Zakuski zu spielen. Das verzögerte zwar die Fertigstellung, brachte mich aber wieder mit russischen Emigrantenkreisen zusammen, was dem Werk sehr zugute kam. Freier Zugang zur Landesbibliothek von Südaustralien und zur Bibliothek der Universität von Adelaide war in der Recherchierungsphase eine Riesenhilfe. Das Radioprogramm *ABC Classic FM*, das den ganzen Tag klassische Musik spielt, erinnerte mich wieder daran, wieviele Komponisten vom Plewitzkaja Repertoire, wie es in manchen Memoiren bezeichnet wird, angeregt wurden. Die „Abendschule", eine nicht mehr existierende deutschsprachige Zeitschrift der Ära aus den USA, machte mich mit dem Blickwinkel der Zeit vertraut. Ich habe einen Stapel „Abendschule" aus der Zeit zwischen 1896 und 1936.

Mancher Kritiker mag sich nun fragen, was denn noch ein Buch aus der Zeit von vor und nach der Revolution soll. Eine Rechtfertigung für mein Plewitzkaja Buch liegt darin, dass ich die Plewitzkaja Story als erste in ihrer Vollständigkeit ausgegraben habe. Im Jahre 2006, ein Jahr nach dem Erscheinen meiner ersten englischsprachigen Ausgabe (ISBN: 978 - 1456553876) wurde mir von unseren Russen hier in Adelaide bestätigt, dass Plewitzkaja in Russland noch nicht wiederentdeckt war. Darüber hinaus kann diese geschichtliche Periode aber auch sehr gut dazu dienen, um noch heute, oder gerade heute wieder, aus den weltbewegenden Ereignissen dieser historischen Phase zu lernen. Unsere schnelllebige Zeit scheint oft nicht anhalten zu wollen, um Erfahrungen zu verarbeiten, und die Geschichte wird lehren, in welchem Ausmaß Parallelen zum Heute gezogen werden können oder nicht.

Die Nachbeben der russischen Revolution überrollten mich 1994/95 in meiner Wahlheimat Australien. Das wiedervereinigte Deutschland erklärte die Inanspruchnahme unseres Ost-Berliner Grundstücks durch die DDR für rechtens, den Fall für abgehakt und nullifizierte Entschädigungsansprüche unserer Familie, damit elf Aquitaine an das Grundstück „kostengünstig" herankam. Bis heute habe ich nicht verstanden, warum Staatsbesitz bei der DDR verwerflich war, aber nicht bei der Bundesrepublik und Frankreich. Und wie sich ein Ereignis aus einem anderen ergibt, so führte dies dann zum Tode meines Bruders Roland Gurski (1948 - 2008) in

Berlin-Schöneberg.

Die Plewitzkaja-Geschichte, wo ich historische Ereignisse mit von mir entwickelten Szenen verbunden habe, hätte ich aber auch erzählt, ohne ein Spätopfer der russischen Revolution geworden zu sein, denn meine Jahre mit russischen Musikanten, in der Redaktion der Associated Press und mein im Schrank eingetütetes Plewitzkaja Tamburin schufen dafür gute Voraussetzungen. Ob manche Teile möglicherweise anders ausgefallen wären, wenn mein Weltbild nicht nach der Wiedervereinigung auf den Kopf gestellt worden wäre, kann man heute nicht mehr feststellen.

„Nadeschda Plewitzkaja" ist jedoch keine Doktorarbeit in Geschichte, sondern ein biographischer Geschichtsroman, den zu lesen Spaß machen soll. Meine englischsprachigen Leser sagen mir, dass dies gelungen ist und deshalb mache ich ihn jetzt gern der deutschen Leserschaft zugänglich.

Adelaide, 10.2.2012

Teil 1

Alte Wege

Prolog

Stalin blickte auf das Datum des Geheimdienstberichtes, der Plewitzkajas Schicksal besiegelte: 24. Dezember 1938. Der Diktator hielt inne, blickte auf und ließ das Jahr an seinem geistigen Auge Revue passieren. Die Welt hatte ihn fast für die Behandlung seiner Verräter gekreuzigt, aber was verstanden die schon! Eine bessere Welt war im Aufbau und wenn dies die Liquidation von Kameraden der ersten Stunde erforderlich machte – Stalin zuckte mit den Achseln.

Josef Stalin war ganz allein in seinem Büro, denn es war Mitternacht in Moskau. Er hatte es sich in den letzten Jahren zur Angewohnheit gemacht, die stillen Nachtstunden zur Arbeit zu nutzen und damit auch den Genossen in den anderen Zeitzonen auf die Finger zu schauen.

Die Stadt war totenstill in dieser dunklen und eiskalten Winternacht. In den meisten Kremlgebäuden brannte allerdings noch Licht und in den Büros waren die Bürokraten hellwach. Jeder musste in Habachtstellung sein, falls Stalin etwas wollte. Hinter vorgehaltener Hand sprachen sie von „unserem roten Zaren". Plewitzkajas letztes Wort im Pariser Gerichtssaal amüsierte Stalin.

Er las es noch einmal halblaut: „Ich bin so unschuldig wie ein Täubchen!", und lachte leise.

Stalin lehnte sich zurück, schüttelte den Kopf, und die Erinnerung traf ihn wie ein Stich: Plewitzkajas einschmeichelnde Stimme in *Suliko*, der zuckersüßen althergebrachten georgischen Melodie, von der er nie genug bekommen konnte – und dann die grobe Art, wie sie ihn unter Ausnutzung seiner einzigen Schwäche weggestoßen hatte.

Plewitzkaja hatte *Suliko* für die Rotarmisten gesungen, als sie am Tiefpunkt waren. Die Männer waren hungrig und verängstigt, denn Denikins Weiße Truppen trieben unerbittlich vorwärts. In wenigen Tagen könnten sie in der Stadt sein und Kursk den Roten entreißen. Plewitzkajas grün glänzendes Seidenkleid war in diesen Bürgerkriegszeiten eine Beleidigung. Aber das Überbleibsel aus der Welt, der sie gerade ein Ende gesetzt hatten, brachte trotzdem ein paar Momente der Freude, so daß die Revolutionäre das Chaos draußen vergessen konnten.

Am Tag nach der Vorstellung war Stalin wie im Tran gewesen, bildete sich ein, Plewitzkaja habe *Suliko* nur für ihn, den Volkskommissar aus Georgien, gesungen. Offensichtlich war Plewitzkaja mit einem seiner Offiziere verheiratet, aber er konnte das Gefühl, daß sie an diesem Abend nur für ihn gesungen hatte, nicht loswerden. Der Volkskommissar war Plewitzkajas Charme und Routine voll auf den Leim gegangen und total unvorbereitet auf die böse Überraschung, die sie ihm auftischte.

Sein Gesicht verzog sich zur selben schmerzlichen Grimasse wie bei der Begegnung vor nunmehr 19 Jahren.

„Plewitzkaja unschuldig? An der war doch nie etwas Unschuldiges, nie!", brummte Stalin und schüttelte den Kopf.

Er zog an seiner Pfeife, blies dicke blaue Wolken in die Luft.

In Russland sprach jeder von Plewitzkaja als „Die Großartige Plewitzkaja" oder „Die Nachtigall aus Kursk". In ihrer Familie war sie Djoschka gewesen, Schätzchen. Wenn ihr Vater seine elterliche Macht ausspielte, um sie zur Sängerin zu trimmen, dann war sie Katja. Das Publikum zwischen Brest und Wladiwostok sollte sie nur wenige Jahre später als Nadeschda Plewitzkaja kennen, die süßeste Stimme im Zarenreich. Diejenigen, die sie wie Stalin genauer kannten, beschrieben sie als eine ausgekochte Schauspielerin.

Zeit, dir die Flügel zu beschneiden mein Täubchen, grinste Stalin an seinem Schreibtisch und setzte seine berühmten großen Initialen auf das Dokument. Bevor er den Stempel draufknallte, zögerte er, als ob er die Endgültigkeit scheute. Aber er gab nicht nach. Plewitzkaja musste dran glauben, endgültig. Der Stempel knallte auf das Papier. Das Papier ging in den Umschlag.

„Kapitel erledigt", polterte Stalin und warf den Umschlag auf den Stapel für seine Ljubianka Schergen.

1

Im Jahr 1899 war Katja jung und naiv, als sie für den Landadel im Süden Russlands *Suliko* sang. Sie hatte keine Ahnung, dass sie an diesem Abend, als sie 15 Jahre alt war, irgendwie erwachsen werden würde. Der Abend hatte wie alle anderen begonnen. Die Routine des wandernden Zigeunerstammes Dimitrijewitsch war immer dieselbe. Rechtzeitig vor Einbruch der Dunkelheit eine Stelle für das Lager aussuchen, am Morgen drei oder vier Männer zum Herrenhaus schicken, um die „Waren", die sie am Leben erhielten, zu verkaufen. Sie schärften Messer, Scheren und Sensen, boten Kuren für kranke Pferde an, flickten Töpfe und Kessel, lasen den Damen aus der Hand, oder führten die Tanzbären vor. Die Krönung des Angebots war einen Abend Musik verkaufen. Oft wurde das wandernde Völkchen bereits erwartet. Töpfe und Sensen lagen in der Scheune bereit.

Bei Graf Popoffkin hatten die Dimitrijewitsches Glück. Wie jedes Jahr hatte er Freunde und Verwandte aus Moskau als Sommergäste. In dieser Saison hatte der Graf sogar gehofft, dass die Zigeuner vorbeikommen und nicht eine andere Route wählen würden. Seine Schwester sprach wieder einmal davon, ein Bärenfell zu erwerben.

Außerdem hoffte er, ein Abend Zigeunermusik würde einen seiner jungen Gäste, den Musiklehrer und Komponisten Sergej Rachmaninow aufheitern. Hinter vorgehaltener Hand hielt sich hartnäckig die Geschichte, dass Rachmaninow mit einer jungen Frau ein Verhältnis gehabt hatte, die Zigeunerin gewesen sei. Rachmaninow hatte in seine Werke auch oft sentimentale Zigeunerphrasen eingebaut, und so hoffte Popoffkin, ein Abend mit Zigeunermusik werde ihn aufmuntern.

An den meisten Tagen schaute Sergej so gedrückt aus, als würden alle Sorgen dieser Welt auf seinen Schultern lasten. Der eigentliche Grund für seine Traurigkeit in diesen Tagen war aber viel banaler. Nach dem peinlichen Ende des romantischen Verhältnisses hatte Sergej vorgehabt, sich in den Ferien auf die Kompositionen zu werfen, aber jedes Mal, wenn er zum Musikzimmer ging, saß schon jemand am Flügel.

Als Graf Popoffkin den Abend aushandelte, dachte er auch an seinen acht Jahre alte Enkel Stepan, der die Zigeunermusiker noch nicht gesehen hatte. Beim Mittagessen hatte Popoffkin ihm erklärt „wie man ein Zigeunermädchen zum Singen bringt", und er freute sich, den Buben in die althergebrachte russische Sitte einzuführen.

Das Oberhaupt der Zigeunersippe, Katjas Vater Orhan, war auch guter Laune. Der Musikabend sollte für den plötzlichen Tod seines Tanzbären, der für regelmäßigen Kopekenregen auf den Dorfplätzen gesorgt hatte, kompensieren. Irgendwie musste Orhan etwas geahnt haben, denn er hatte spontan von einer vorbeifahrenden Sippe zwei lebhafte kleine Bärchen gekauft. Bald würden sie trainiert sein. In der Zwischenzeit würde Katja die Sippe als Sängerin tragen. Orhan genoss es inzwischen, Katja auf der Geige zu begleiten, denn Katjas Stimme hatte sich gut entwickelt und sie war zu einer hervorragenden Vorsängerin herangewachsen. Das georgische *Suliko* war der letzte Schrei und ihre Darbietung war inzwischen perfekt. Schon in den ersten drei Takten war das Publikum mucksmäuschenstill. Früher hatte es ihre Mutter Raja gesungen, aber jetzt war Katja an der Reihe. Gelentlich stieg in Raja schon die Eifersucht hoch obwohl sie natürlich noch ihre Lieder hatte. Sobald Katja mit *Suliko* fertig war, trat Raja nach vorn, um *Jablotschko*, das Lied vom Äpfelchen zu singen.

Katja hielt nun das Tamburin hoch und in ihrem grünen knöchellangen Kleid sah sie wie eine verführersche Bilderbuchzigeunerin aus. Mit der Bemalung von roten Mohnblumen auf dem schon schäbigen Fell war es etwas ganz Besonderes, denn niemand konnte sich erinnern, woher es stammte. Es war seit Generationen in der Dimitrijewitsch Sippe, sah aber so aus als sei es speziell für Katja gemacht.

Während Raja sang, wippte Katjas dichte rabenschwarze Haarpracht im Rhythmus. Sie stand in der vorderen Reihe der Musiker, und so entging es ihr, dass sich Orhan Schritt für Schritt nach vorne arbeitete, während er seine schnellen Läufe auf der Geige spielte. Plötzlich fühlte sie ein Knie im Rücken. Sie kam kurz aus dem Rhythmus und ließ das Tamburin fast fallen, fing sich aber sofort. Orhans Anstoß sollte sie erinnern, gerade zu stehen, mit den Titten zu wackeln, und dann ins Publikum zu gehen.

So tanzte also Katja zu den Tischen, schaltete ihr strahlendstes Lächeln an, und schlug das Tamburin. Viele Male hatte sie dies schon gemacht, aber an diesem Abend fühlte es sich anders an als bisher. Die Umgebung war überwältigend. Wenn sie in früheren Sommern Ähnliches erlebt hatte, so war es nicht in ihr Bewusstsein gedrungen. Reich gedeckte Tische waren in der großen Rotunde aufgebaut. Die schneeweißen gestärkten Tischdecken leuchteten im Zwielicht des frühen Abends.

Am Rande der Rotunde hatten sich die Musikanten aufgebaut. Hinter ihnen war das Herrenhaus, damit Popoffkins den Weg vom Herrenhaus, auf dem die Bediensteten hin und her liefen, voll im Blick hatten. Die Birken, die den Weg umrahmten, waren mit einer Schnur verbunden, damit zwischen die Stämme Mondlaternen gehängt werden konnten. Die flackernden Kerzenlichter in den Mondgesichtern schufen eine Szene wie aus einer Märchenwelt.

Katja langte nun bei den Frauen im Publikum an und es fiel ihr wie Schuppen von den Augen wie anders diese Welt war. Direkt neben ihren nackten Füßen erblickte sie hoch geknöpfte Schuhe aus schwarzem und goldgelb gegerbtem Leder. Katja hielt den Atem an, denn solch tiefschwarz glänzendes Lackleder hatte sie noch nie gesehen. Und sie tanzte barfuß darum herum! Der nachtschwarze Hochglanz brannte sich in ihre Seele ein. Katja hatte auch noch nie so viel Essen aus der Nähe gesehen. Sie hätte es nie für möglich gehalten, dass es so viel Essen auf der Welt geben könnte. Petit fours, helle und dunkle Trauben, dunkelrote Kirschen, Schokoladenkrem – und Birnen. Während sie im Vorbeigehen weiter das Tamburin schlug, sah Katja auf den großen Birnenteller, der bis zum Rand mit saftigen honigsüßen Früchten angefüllt war. Da würden die Bärchen aber genüsslich schmatzen, dachte sie.

Hinter den Laternen erblickte Katja nun die Schatten von Arpad und seinen Bärenführern. Sie trugen ein schweres dunkles Bündel und einen Eimer. Sobald Graf Popoffkin sie entdeckt hatte, beugte er sich zu seiner Schwester Lydia, die seit Jahren davon geredet hatte, sich ein Bärenfell zuzulegen.

„Einen Rubel?", fragte Popoffkin flüsternd.

„Eins fünfzig, wenn es gut ist", antwortete Lydia.

Der Graf nickte und erhob sich. Arpad brauchte vier Männer das noch bluttriefende Bärenfell auszubreiten. Der Geruch liess den Grafen kurz erstarren. Dann öffnete Arpad dem toten Tier das Maul, in dem die Zähne weiß funkelten. Die sind ja so sauber, dachte Popoffkin, als ob sie jemand nach dem Tod des Bären gründlich geputzt hat. Er schüttelte sich, als er sich das vorstellte.

Arpad zeigte ihm das Loch in der Backe des toten Bären, wo die Kette gewesen war, mit der er den Bären geführt hatte: „Nix Schussloch, Barin."

Dann nahm ein Junge ein Stück Fleisch aus dem Eimer und hielt es neben eine Pfote. Aber der Graf erkannte die begehrte Delikatesse sofort, denn er hatte schon oft Bärentatzen gegessen. Er winkte ab, damit es der Junge wieder in den Eimer legte.

„70 Kopeken", bot Popoffkin.

Arpad schüttelte langsam den Kopf: „Barin, gutes Fell, kein alter Bär", antwortete er in dem für Zigeuner charakteristischen weichen und gebrochenen Russisch. Er streichelte das weiche braune Fell.

„Ein fünfzig für mein lieben Mischenka sein Mantel."

Die langen dunklen Locken, die das Gesicht des Zigeuners umrahmten wippten im Rhythmus seines Satzes. Wäre er nicht so ungewaschen, könnte er ein wirklich attraktiver Mann sein, dachte Popoffkin.

„Einen Rubel, hier Zigan", sagte der Graf und holte die Münze aus seiner Hosentasche. Plötzlich hatte er es eilig, denn der Geruch des Bärenfells war ekelerregend. Der Zigeuner nickte, merkte die Ungeduld des Gadsche. Dann lupfte er seinen durchlöcherten Hut und bedeutete damit, dass das Geschäft abgeschlossen war.

Nachdem Graf Popoffkin sein Geld übergeben hatte, merkte er, dass die Ecke eines Dreirubelscheins aus seiner Tasche herausguckte. Er stutzte, nickte kurz und stopfte den Schein in die Tasche zurück. Mit einer entschiedenen Handbewegung befahl er den Dienern, das Bärenfell und das Fleisch unverzüglich wegzutragen. Arpad und die anderen Zigeuner traten so leise wie sie gekommen waren in die Dunkelheit der Nacht zurück.

Lydia war entzückt, als Popoffkin ihr zuflüsterte: „Hab's für einen Rubel bekommen."

Katja tanzte nun weiter durch das Publikum und lenkte ihre Schritte allmählich in die Richtung, wo die Birnen waren. Bei der Pause am Ende einer Melodielinie hielt sie inne. Als sie sah, dass sich alle Augen auf Raja richteten, die zur letzten Strophe von *Jablotschko* ansetzte, schnappte sie sich schnell eine Birne und ließ sie in einer ihrer vielen Rocktaschen fallen. Sie merkte, wie sie bis unten in den Saum fiel und schlug das Tamburin wieder mit einem dramatischen großem Schwung. Seitwärts tänzelte Katja nun nach vorn und hielt sich gerade, damit das Publikum ihre hüpfenden Brüste nicht übersah. Bei Orhans langem Geigentriller warf sie ihren Kopf nach hinten, sodass die langen schwarzen Haare in alle Richtungen flogen. Wie der Vater es ihr beigebracht hatte, langte sie mit dem Schlussakkord von *Jablotschko* vorn bei den Musikanten an. Orhan war zufrieden mit sich. Seine Ausbildung hatte sich ausgezahlt.

Orhan holte tief Luft und setzte nun zu seinem melancholischen Walzer an. Die langsame Geigenmelodie schwebte in der Luft, als ob sie aus den Weiten der russischen Steppe heraufgestiegen war. Ihre Zigeunerläufe und klagenden Aschkenazi Tonfolgen spiegelten die Seele der vielen Völker Südrusslands wieder. Orhan fing den *Valse Zingarese* immer auf der Bühne an und schritt dann ins Publikum, die Damen zu umgarnen. Er hatte das genau austariert, damit Katja so viele Trinkgelder wie möglich einsammeln konnte.

Als Katja sich nun anschickte, ihm zu folgen, hielt Raja sie am Ärmelzipfel fest und zeigte ihr die Handfläche, in der das mit Kohle gezeichnete Patrin „Mann will Sohn" war. Raya lenkte Katjas Blick zu einer Frau mit einem sehr schönen Spitzenkragen über einem eleganten blauen Seidenkleid. Seit undenklichen Zeiten benutzten die Zigeunerstämme die Patrins, um sich untereinander zu verständigen. Das fahrende Volk konnte damit die Dörfer und Anwesen des Adels wie Bücher lesen. Zäune, Häuser und Bäume waren diese Nachrichtenträger, denn die Wahrsagerei der Frauen hing davon ab. Dem Uneingeweihten erschien es, als besäßen die Zigeuner magische Kräfte, aber in Wirklichkeit genoss es das fahrende Völkchen, die Gadsche an der Nase herumzuführen, wie sie es nannten.

Mit ihrem strahlendsten Lächeln, den kohlschwarzen Augen und strahlend weißen Zähnen folgte Katja nun ihrem Vater dicht auf den Fersen durchs Publikum, um im Tamburin die Kopeken einzusammeln. Als sie neben der Dame mit dem weißen

Spitzenkragen stand, gab es ihr einen Stich. Ihre nackten Füße standen wieder neben den eleganten hochgeknöpften schwarz und goldgelb leuchtenden Schuhen. Wie ein Stich raste es durch Katjas Kopf: Bin ich nicht auch gut genug, im Sommer Schuhe zu haben – genau solche Schuhe!

„Soll ich Ihnen aus der Hand lesen, Barinja?", fragte Katja sanft. Die Dame streckte ihr die vor Juwelen strotzende Hand entgegen. Katjas Finger zog die Schicksals- und Sonnenlinie in der Handfläche nach, dann schloss sie die Augen als ob sie in sich hineinhorchte und Botschaften von Geistern empfing. Es war eine geprobte Schau. „Mann will Sohn" würde der Höhepunkt des Wahrsagens sein, aber das musste aufgebaut werden. Vague Sätze über Reisen waren nie falsch. Die Herrschaften reisten ja fast so viel wie die Zigeuner, nur nicht so oft, dann aber über sehr viel weitere Entfernungen.

„Eine Reise mit Wasser, sehr gefährlich Barinja. Hüte sie sich vor dem großen Wasser", sagte Katja in beschwörendem Ton. „Ich sehe auch eine junge Frau … ein Mädchen … vielleicht eine Tochter in einer großen Stadt."

Sie sahen sich alle in einer großen Stadt, und da war immer eine junge Frau hatte Raja ihr beigebracht. Jahre später würden sie verstehen, mit welchem Schmerz die junge Frau verbunden war, aber jetzt wurden die Gedanken sanft auf eine Tochter hingesteuert. Katja machte wieder die Augen zu und wartete noch einmal, um „das Orakel zu konsultieren".

„Barinja, ich sehe auch einen Sohn. Der Wunsch Ihres Mannes wird sich sehr bald erfüllen."

Nun strahlte die Frau über das ganze Gesicht: „Oh wie wunderbar. Wie kannst du das nur wissen?", rief die Frau begeistert aus.

„Unsere Geister, Barinja, unsere Geister", antwortete Katja verschwörerisch und streckte das Tamburin hin.

Weiter unten im Publikum erreichte Katja die beiden jungen Männer, deren Blicke sie den ganzen Abend gespürt hatte. Während des *Jablotschko* Liedes hatte einer von ihnen ein Notizbuch aus seiner Hemdentasche gezogen und hineingeschrieben. Der zweite war sehr hochgewachsen und als sie näher kam, entdeckte sie seine riesigen Hände und Füße. Er war sehr in sich gekehrt und so ging

Katja auf den anderen jungen Mann zuerst zu. Zu ihrer Überraschung drehte er das Tamburin etwas um, damit er sich die Mohnbemalung ansehen konnte. Aber der große junge Mann hatte es mitbekommen.

„Nicht doch, Reinhold Moritzewitsch", sagte er mit voller dunkler Bass-Stimme: „Tamburine sind doch Frauensache."

„Roter Mohn, Sergej. Und so schön gemalt!", antwortete Reinhold.

Sergej tat hastig ein paar Münzen in das Tamburin. Dann schnappte er sich Reinholds Münzen und liess sie schnell in das Tamburin fallen als ob er Katjas Abgang beschleunigen wollte. Sie spürte seine Verlegenheit. Ob das wohl deshalb war, weil sie den Blick nicht von den übergroßen Händen abwenden konnte?

Sobald die Münzen im Tamburin klingelten, machte Katja einen tiefen Knicks und sagte zu Sergej Rachmaninow: „Danke, Barin, ich danke Ihnen."

Rachmaninow nickte, jeder Zoll der geborene Aristokrat. Inzwischen war Orhan mit seinen Geigenvariationen bei ihnen angelangt und lenkte so von einem Moment ab, der vielleicht peinlich werden könnte.

Mit einem leichten Hochziehen der Brauen bedeutete Orhan, dass Katja wieder nach vorn gehen sollte. Auf halbem Wege hielt sie jemand am Kleid fest.

„Würdest Du wohl das Lied von den *Schwarzen Augen* singen?", fragte Graf Popoffkin und angelte nach seinem Drei-Rubel-Schein.

„Selbstverständlich, Barin", antwortete Katja und schaute auf das Geld.

Der Graf drehte sich nun zu seinem Enkel und wedelte mit dem Schein: „Weißt du noch wie man das Zigeunermädchen zum Singen bringt Stepan?"

„Ja", nickte Stepan sacht und griff nach dem Geld.

Er sah zu Katja hoch, dann auf den Drei-Rubel-Schein. Der Junge holte tief Luft, riss den Schein mitten durch, und spuckte auf die rechte Hälfte. Katja beugte sich herunter, damit Stepan an ihr Gesicht heranreichen konnte, der ihn nun die nasse Hälfte mitten auf die Stirn klatschte.

Katja packte alles in das Lied von den *Schwarzen Augen*, stand kerzengerade, damit der Schein nicht herunterfiel. Orhans Geigenfiguren umspielten die Stimme seiner Tochter perfekt. Als das Lied zu Ende war, trat Katja auf Stepan zu. Er pflückte den halben Schein von der Stirn, drehte beide Hälften zu einem Röllchen zusammen und zögerte.

„Na, Schüchternheit gilt nicht!", sagte der Großvater.

Die anderen Erwachsenen guckten nach unten, um ihr Grinsen zu verbergen.

„In die Mitte gehört's", sagte der Graf nüchtern zu Stepan, der seinen ganzen Mut zusammennahm und das Röllchen vorsichtig zwischen Katjas Brüste steckte.

Katja machte einen tiefen Knicks vor dem Jungen. Während sie zurück zur Bühne ging, deckte sie mit dem Tamburin ihren Ausschnitt zu, schnappte sich das Geldröllchen und steckte es tief in in eine der linken Kleidertaschen, damit es bis zum Saum herunterfiel.

Den Rest des Abends sangen und spielten sich die Zigeuner die Seele aus dem Leib. Reinhold Glière und Rachmaninow schrieben weiterhin in ihre Hefte.

Sogar die Gräfin, die normalerweise nicht scharf auf Zigeuner war, genoss den Abend: „Ich muss wohl revidieren, was ich über die Zigeuner gesagt habe", meinte sie zu Lydia. „Offensichtlich ist nicht alle Zigeunermusik vulgär. Diese Gruppe hier, und besonders das Mädchen hat Klasse – aber zu genau hinschauen darf man nicht."

„Dieses Mädchen ...", meinte Rachmaninow zu Glière und wiegte den Kopf.

„Du lieber Himmel, Serjoscha die ist bestimmt erst 14! Du willst dir doch wohl nicht wieder die Finger verbrennen?", schnitt Glière ihm das Wort ab.

„Nein, nein", seufzte Rachmaninow tief und fiel ins Flüstern. „Ihre Stimme – es ist als ob ich wieder bei Anna bin ... "

„Das ist aber nicht deine Welt, Serjoscha. Ich würde es nicht ertragen, dich wieder in dem Zustand von damals zu sehen", antwortete Glière.

Sergej nickte: „Bestimmt nicht, aber die Zigeunermusik werde ich immer lieben – von einem Platz im Publikum natürlich!"

2

Bevor der Morgen hereinbrach, wurde Katja ganz allmählich von den Vogelstimmen aufgeweckt. Es drang noch kein Tageslicht durch die schäbigen Planen des Karrens, den sie mit ihrer kleinen Schwester Walja teilte. Die Vögel hatten spezielle Rufe für die Momente, bevor sich das Dunkel der Nacht lichtete. Hallo, alle aufwachen, schienen sie zu zwitschern, die ersten Sonnenstrahlen kommen gleich über den Horizont. Katja dachte zurück an den Abend. Was das für ein Erfolg gewesen war. Und welchen Erfolg sie gehabt hatte! Das war ein ganz neues Gefühl. Der Beifall, der Drei-Rubel-Schein, die Essensberge, schöne Kleider, die tollen Schuhe, auf die sie fast getreten war. Warum konnte sie nicht auch solche Schuhe haben? Warum war sie davon ausgeschlossen? Vielleicht konnte sie das ansparen? Sie müsste von den im Tamburin gesammelten Münzen welche verstecken. Das war schwierig. Ein schwacher Lichtstrahl lugte inzwischen durch die Planen. Katja drehte sich ganz langsam und leise um, wobei sie die Birne im Rock spürte. Natürlich, die wollte sie doch an die Bärchen verfüttern und deren flauschiges braunes Fell streicheln. Sie hatte schon eine Weile überlegt, wie sie da herankommen könnte, denn die Bären waren Männersache. Was war denn das für ein dummes Gerede, dass man einen Fluch auf sich ziehen würde, wenn Frauen den Bären nahe kämen! Katja schüttelte den Kopf. Das war genau wie der Unsinn, die Gadsche mit Botschaften von Geistern anzuführen. Waljas Atmen war tief und regelmäßig, also schlief sie fest. Sie horchte nach draußen – nichts als friedliche Vogelstimmen. Dann schob Katja vorsichtig die Planen auseinander. Wie eine Katze ließ sie sich langsam herunter, damit der Wagen nicht wackelte. Wenn jemand etwas merkte, würde sie einfach wie normal hinter einem Busch verschwinden.

Auf Zehenspitzen ging sie dann zum Karren ihres Vaters, unter dem der kleine Drahtkäfig mit den Bärchen war. Sie langte in die vielen doppelten Bahnen des langen Rocks und holte die Birne heraus. Die Nasen der Bärchen kamen fast durch die Drahtmaschen. Dann setzte sie sich hin, biss ein Stück aus der Frucht und hielt es ihnen hin. Sie drehte den Draht der Käfigtür auf, legte das Stück hinein, und sobald sich ein Bärchen darüber hermachte, packte sie das andere am Genickfell, holte es heraus und setzte es auf ihren Schoß. Während sie es mit der einen Hand festhielt, klappte sie die Käfigtür mit dem anderen Fuß zu und ließ den Fuß dran. Sie biss noch ein Stück aus der Birne und freute sich, wie es das Tierchen es auf ihrem Schoß mit den unvermeidlichen Brummgeräuschen genoss. Katja betrachtete den Kopf, die kleinen, runden Augen und streichelte über das dichte Rückenfell. Sie zog leicht an den Ohren, kitzelte es unter dem Kinn und war so mit dem Bärchen beschäftigt, dass sie nicht bemerkte, wie Raja und Orhan von ihrem Karren herunterkamen.

„Im Namen des Satans und seiner Huren, wer glaubst du eigentlich, wer du bist", bellte Orhan. „Willst du einen Fluch auf dich und uns alle ziehen?"

„Um Gottes willen", schrie Raja, während sich Orhan das Bärchen schnappte und wieder in den Käfig verfrachtete.

„Ich habe gar nicht gesehen, dass sie die Birne geklemmt hat. Wollen doch mal sehen, was da sonst noch im Rock ist. Auf!"

Raja war wütend. Sie beugte sich herunter, um entlang Katjas Rocksaum zu fühlen. Katja machte einen Rückwärtsschritt, aber die Mutter winkte die anderen Frauen herbei, die nun Katjas Arme festhielten. Sie hatten einen festen Griff, so dass sie sich nicht bewegen konnte. Aber Katja wollte nicht aufgeben. Sie machte die Augen zu, um die Schmerzen besser zu ertragen, und sprang dann wie ein halber Derwisch hin und her, um den neugierigen Fingern der Mutter zu entgehen. Dann machte sie die Augen wieder auf und warf Raya einen stechenden Blick zu. Raja zuckte zusammen, denn so viel kaltblütige Entschlossenheit, ja Hass, hatte sie im Gesicht ihrer Tochter noch nicht gesehen.

Hass war Katjas Art, Schmerzen zu besiegen. Die Frauen hielten fester und fester. Dann drehten sie an den Armen bis Katja in sich zusammenfiel. Ihr Gesicht erstarrte, als ob alle Gefühle abgestorben waren. Nun war Raja am Ziel. Sie fühlte alle Bahnen und den ganzen Saum ab, nahm das Röllchen der Drei-Rubel-Note, einen Ring und die Münzen.

„Schau mal, was wir hier haben! Mein liebes Mädchen, du hast wieder mehr gestohlen als du an einem Tag brauchst."

„Gib mir ein paar Kopeken, Mutter, nur ein paar", bettelte Katja.

„Nein! Du hast wieder versucht, Geld für dich zu behalten. Du kennst doch die Regeln. Du singst für den Stamm, denn ohne den Stamm bist du ein Nichts."

Katja stand auf: „Ach tatsächlich!", rief sie ihrer Mutter laut und spöttisch zu. „Gestern Abend sah es aber eher so aus, als dass der Stamm nichts ohne mich ist! Und überhaupt", jetzt breitete sie die Hand über ihre Brüste: „Was ich hier kriege ist meins – meins, meins, meins."

Raja holte tief Luft.

Aber Katja war in Fahrt: „Ich sag dir mal was, eines Tages habe ich auch Schuhe wie sie die Frau gestern Abend hatte."

Sie bückte sich und riss die Sandale aus Birkenrinde vom Fuß: „Eine Schande ist das wie die zerkrümeln. Aber ich werde dir mal etwas erzählen – ich bekomme nicht nur Schuhe wie die Frau, ich werde auch zu denen gehören. Für die Fürsten und den Zaren werde ich singen und dann bekomme ich Moneten für Schuhe in allen Farben. Sogar rote Winterstiefel kaufe ich mir. Und wenn du vor dem Palasttor stehst, gebe ich den Dienern ein paar Kopeken, damit sie die Hunde auf dich hetzen!"

Raja versuchte nun, ganz ruhig zu sein. Solche Ausbrüche passierten manchmal, obwohl dieser hier ernsthafter klang und ihr ein Schauer über den Rücken lief.

Sie ließ es sich aber nichts anmerken und sagte arrogant: „Der Himmel ist hoch und der Zar ist weit. In Sankt Petersburg sind Zigeuner sowieso verboten!"

Dann drehte sie sich zu den Männern und brüllte: „Orhan, Erno, ihr einigt euch jetzt über die Hochzeit, und zwar sofort!"

Die beiden stiegen auf einen Karren, machten die Planen zu und feilschten mit gedämpften Stimmen. Katja hatte ausgezeichnete Einkommensaussichten und Orhan hatte das Recht, den Brautpreis an den Verdienstmöglichkeiten zu bemessen, denn die Jahre seiner Ausbildung machten die Tochter zu dem was sie war. Eine Weile hatte Orhan mit dem Gedanken gespielt, Katja an einen von Tarafs Söhnen zu verheiraten. Als Teppichhändler waren Tarafs Leute gut betucht und so hätte er für Katja viel herausschlagen können. Orhan hatte immer wieder eine Entschuldigung gefunden, den Verhandlungen mit Erno auszuweichen, obwohl Katja an Ernos Sohn Joska versprochen war seit beide Kleinkinder waren. Orhan ließ sich nichts anmerken und Erno hatte keinen Streit gewollt. Aber Joska hatte sich mehr als einmal beschwert. Jetzt musste Orhan der Realität ins Auge sehen und die Verzögerungstaktik aufgeben, denn Raja hatte genug von Katjas Unregierbarkeit. Sollte doch Joska nun Katja Gehorsam beibringen.

Es dauerte nicht lange bis Orhan die Planen teilte und mit einem Glas in der Hand erschien. Wie erwartet, trank er den Wein vor aller Augen bis auf den letzten Tropfen aus. Katjas Verlobung war besiegelt. Joska war im siebenten Himmel, denn endlich war das Warten vorbei. Er lächelte, als er im Gesicht des Vaters las. Der Brautpreis würde sie auch nicht um Jahre zurückwerfen.

„Schmeiß den Rest des Bärenfleischs aufs Feuer, Raja", ordnete Orhan an und leitete damit das traditionelle Verlobungsfestessen ein. Der Schlamm blieb an diesem Tag in den Speichen der Räder und das Waschen von Winterdecken im Bach musste ebenfalls warten. Später brachte Erno eine Flasche, die mit einem blauen und goldenen Seidentuch und einer Kette aus großen Goldmünzen drapiert war, die in der Sonne funkelten. Erno trat auf Katja zu, die dachte, sie würde jetzt ohnmächtig umfallen. Während Joska die Flasche hielt, nahm Erno die goldene Kette ab und legte sie Katja um den Hals. Er umarmte seine zukünftige Schwiegertochter. Katja schloss die Augen. Die Endgültigkeit des Moments machte sie benommen. Feierlich nahm Erno den ersten Schluck aus der Flasche und reichte sie dann herum, bis sie leer war.

Er zeigte Katja die leere Flasche: „Die siehst du das nächste Mal an deinem Hochzeitstag, mein Schätzchen!"

Joska strahlte Seeligkeit aus, aber Katjas Gesicht verriet keinen ihrer Gedanken. Sie hatte einmal versehentlich mitgehört, als ihre Eltern in der Nacht flüsterten, ob sie sie in Tarafs Stamm verheiraten könnten. Sie hatte es sich nie anmerken lassen, dass sie davon wusste, aber es hatte sie verändert. Diese heimliche Intrige der Eltern zeigte ihr, wie machtlos sie eigentlich war und sie fühlte sich betrogen. Manchmal betrachtete sie die Tauben, die sich bei jedem Lagerplatz einstellten. Sie hatten so unschuldige Augen. Wenn ein Kind zu nahe kam, flogen sie einfach auf. Niemand hatte ihnen die Flügel gestutzt.

Nach einer Weile kam auch Wut in ihr hoch. Regeln, Regeln, nichts als Regeln. Seit Jahren redeten sie davon, dass sie Joska versprochen war. Die Regel war, Versprechen, die einem Zigeuner gegeben waren, mussten eingehalten werden. Wie konnten sie dann planen, diese Regel zu brechen, um von Taraf einen höheren

Brautpreis zu bekommen? Was sollten denn alle diese Regeln, wenn sie so leicht beiseite geschoben werden konnten?

Katja kannte Tarafs Söhne nicht. Jedes Mal, wenn sie einen der anderen Stämme trafen, hörte sie dem Klatsch am Lagerfeuer aufmerksam zu. Aber die Erwachsenen redeten nur von Tarafs Reichtum, den großen bunten Wagen, und den tollen Pferden. Wie sie als Menschen waren, wurde nie erwähnt. Katja schloss daraus, dass außer Geld nichts an ihnen bemerkenswert war. Sie hatte Joska gemieden, damit es nicht peinlich wurde. Jetzt hatten Raja und Orhan wieder alles umgedreht.

Katja scheute die offene Konfrontation und benahm sich, als sei alles in Ordnung. Aber das war Strategie. Wenn die Zeit reif war, würde sie stumm und heimlich tun, was sie wollte. Für Zigeunermädchen gab es nur einen einzigen Weg, den strengen Regeln der Stämme zu entkommen: Weglaufen. Das führte zu Chaos in den Familien, denn der Vater musste den Brautpreis zurückzahlen. Katja nahm sich vor, die Augen offenzuhalten, ob sich ein Fluchtweg abzeichnete. Wenn sie sich etwas anmerken ließe, würde sie nicht mehr mit den anderen Frauen in die Städte gehen dürfen. Niemand durfte ihre Gedanken erraten. Gefühle sind für die Musik, nicht wahr? Sollte sich ein Fluchtweg abzeichnen, so musste ihr Verschwinden eine totale Überraschung sein. Joska strahlte sie mit seinen kohlschwarzen Augen an und versuchte, ihren Blick zu fangen. Katja lächelte zurück. Joska ist in Ordnung, vielleicht würde sie bei ihm bleiben, oder vielleicht auch nicht? Einen Schritt nach dem anderen. Von der nächsten Birke musste frische Rinde abgepflückt werden.

An jeder Kreuzung hielt der Dimitrijewitsch Stamm an, um mit kleinen Mustern aus Zweigen die anderen Stämme zur Hochzeit einzuladen. In den Dörfern hinterliessen sie Patrin an Zäunen, außerhalb an Bäumen oder am Wegesrand. Nur Zigeuner konnten diese Zeichen lesen, die für die Gadsche wie kindliche Krickeleien oder Spiele aussahen. Die Antworten liessen nicht lange auf sich warten. Tarafs Leute und Matteos Stanm würden kommen. Auch Baros Stamm wollte bei der großen Hochzeit vor der nächsten Sommersonnenwende im Jahr 1900 mit dabei sein.

Die Wochen vergingen, und das Leben rollte weiter wie normal. Katja füllte ihre Rolle unter den jüngeren Erwachsenen aus und unterrichtete die kleineren Mädchen.

Eines Nachmittags, während Joska und Arpad die Bärenjungen trainierten, auf den Hinterbeinen „zu tanzen", saßen Katja und Walja am Lagerfeuer. Ihre nackten, von Schlamm verkrusteten Füße guckten unter ihren knöchellangen Röcken hervor. Katja zeichnete mit einem Zweig Patrins in die Asche und prüfte, ob Walja die Bedeutung behalten hatte.

Plötzlich sah Walja ihre große Schwester an und fragte: „Das mit den Hunden hast du nicht ernst gemeint, stimmt's?"

„Weiss doch gar nicht, ob die überhaupt Hunde haben."

„Und du läufst auch nicht weg wie Anna?"

Ohne mit der Wimper zu zucken, log Katja: „Nein! Aber in den Palästen des Zaren singe ich eines Tages!"

Walja war erst acht Jahre alt, zu jung und unbedarft, um die Lüge zu erkennen. Aber Katja war ja auch besonders geschult, beim Wahrsagen überzeugend zu lügen.

„Du hast das also nicht richtig gemeint, oder?", fragte Walja naiv.

Katja lenkte ab: „Hast du die Schuhe der Frau gesehen? So schöne Schuhe möchte ich auch haben."

„Aber die Mama hat doch Schuhe für dich, im Winter."

Katja nickte, ohne es zu meinen.

„Du hast Glück, Joska zu bekommen. Joska ist nett", sagte Walja nach einer Pause.

Katja sah ihrer Schwester erstaunt ins Gesicht und war sprachlos. Wie unschuldig die kleine Walja war! Der Gedanke durchzuckte Katja, vielleicht kannst du ihn haben, solltest du vielleicht. Vielleicht bekommst du ihn sogar.

Dann sagte Katja leise, kaum ihre Enttäuschung verbergend, was aber Walja trotzdem entging: „Der Vater war doch mehr daran interessiert, einen guten Brautpreis für mich einzusacken als an Joska und mir. Das kannst du mir glauben!"

Sie fing sich aber gleich wieder: „Machen wir die Patrins zu Ende. Und was heisst das?"

„Erbschaftsstreit im Herrenhaus."

„Richtig. Du wirst ja echt gut."

Walja lächelte.

„Aber was tust du da genau?", fragte Katja.

„Wir finden heraus, ob der Streit vorbei ist. Wenn ja, machen wir das alte Patrin-Zeichen weg und ein Neues für den nächsten

Stamm hin."

Walja nickte bei jedem Wort in ihrer kindlichen Art.

„Gut gemacht! Es ist immens wichtig, neue Patrins zu hinterlassen, damit der nächste Stamm nicht aussieht, als wären die Zauberkräfte gestorben", antwortete Katja mit einem Grinsen.

Dann zeichnete Katja ein neues Patrin in die Asche und fragte Walja was es hiesse.

„Mann will Sohn", antwortete Walja.

„Stimmt. Das hatte die Mama am Tor zum Herrenhaus gesehen und so wusste ich, was die Frau hören wollte. Mann hat die sich gefreut", grinste Katja.

Walja lächelte, sprang herum und jubelte: „Gadsche anführ'n und Kopeken kassieren! Immer an der Nase 'rumführ'n und kassieren!"

„Ganz genau, aber pass bloß auf, dass du nichts für dich behältst", sagte Katja trocken.

Als sich der Herbst über die riesige russische Landmasse senkte, waren die Dimitrijewitsches wieder jeden Tag vom frühen Morgen bis kurz vor Einbruch der Dunkelheit unterwegs. Vor Oktober mussten sie die Moldaumündung erreichen, denn dort war es nicht so bitterkalt. Wenn sie nicht rechtzeitig zur Küste kämen, würden die Bären träge und mürrisch und das Leben zur Qual. Im wärmeren Klima und mit richtiger Ernährung würden sie ganz normal in der großen Stadt Kischinau tanzen. Joska, Arpad und die Bären garantierten das Überleben dieses Winters.

3

Als die Tage wieder länger wurden, brachen die Dimitrijewitsches auf. Die Bärchen waren zu Bären herangewachsen, denen die Schnauzen mit einem Strick zugebunden werden mussten, obwohl sie noch nicht ausgewachsen waren. Nur ihr Führer durfte an sie heran, denn starke Tatzen mit scharfen Krallen konnten zu tödlichen Waffen werden. Den Bären konnte man es nicht ansehen, ob sie vielleicht schlechte Laune hatten, denn die kleinen Augen verrieten nichts. Bei Pferden las man an den Ohren ab, wie sie aufgelegt waren, aber die Bären waren da anders. Joska und Arpad mussten immer auf der Hut sein, insbesondere wenn sie den Tieren zwei Mal am Tag den Strick zum Füttern abmachten.

Die Frühlingswiesen waren ein weiss-gelbes Blütenmeer auf grüner Leinwand. Die warme Luft mit dem Aroma der frisch aufgetauten Erde linderte die Schmerzen der Alten. Auf ihren Wanderungen in Richtung Osten und Norden begegneten die Zigeuner immer öfter Reisenden, die in die entgegengesetzte Richtung zogen. Einige hatten sehr gute Kutschen, andere schäbige Pferdefuhrwerke wie die Zigeuner. Manchmal hielt Orhan seinen Konvoi an, wenn er ein zusammengebroches Pferd sah. Dann nahm er eines der Kinder an die Hand und näherte sich vorsichtig den Fremden, denn er wusste, dass diese Reisenden leicht gereizt waren. Wenn ihnen eine Gruppe erwachsener Zigeuner entgegenging, könnten sie von Panik erfasst werden, vor allem die Frauen und Kinder. Auch sie sprachen Russisch mit einem Akzent und so fragte Orhan eines Tages einen der jüdischen Männer, wohin sie denn unterwegs seien.

„Ihr seid alle in einer Richtung unterwegs. Wohin eigentlich?", fragte Orhan verwirrt.

„Nach Brody in Galizien", lautete die Antwort. „Dann nach Amerika."

„Aber warum, mögt ihr Mütterchen Russland nicht mehr?"

„Doch, aber die Kosaken entführen unsere Söhne. Die Bauern setzen uns den roten Hahn auf. Die Polizei stiftet die Leute an, uns zu verprügeln und der Zar holt unsere Söhne in die Armee. 25 Jahre müssen sie da dienen und unsere Mütter sind untröstlich. Ständig drohen unsere jungen Leute mit Rebellion und Revolution."

Er schüttelte den Kopf: „Es ist so schwer, aber wir müssen weg. Cousin in New York hat Schneiderei."

Orhan sah ihm ins Gesicht, das ehrlich aussah. Normalerweise hielt auch er sich von den Juden fern, aber er hatte Mitleid mit diesen Familien. Ihre Traurigkeit, von der Heimat Abschied nehmen zu müssen, war echt und im Gegensatz zu den Zigeunern waren sie nicht an das Abschiednehmen gewöhnt.

Am nächsten Tag fragte Katja Orhan über den stetigen Strom von jüdischen Reisenden aus: „Die meisten Leute mögen die Juden ebensowenig wie uns Zigeuner", antwortete er. „Du kennst doch die Redensart der Russen. Gott segne Russland und verfluche die Juden."

„Dann sind sie auch nicht besser dran als wir", meinte Katja.

„Wahrscheinlich nicht. In Sankt Petersburg sind wir beide verboten, Juden und Roma."

Dabei verschwieg Orhan, dass die Zigeunerrestaurants den Ukas mit einem Achselzucken beantworteten, und alle willkommen hießen, solange sie hübsch waren und vor einem großzügigen Dekolleté nicht zurückschreckten.

Je näher Katjas Hochzeit rückte, desto größer wurde der Konvoi. Jeden Abend musste ein größerer Lagerplatz gefunden werden, um alle Stämme unterzubringen. Eines Abends tauchte eine Gruppe berittener Polizisten auf. Sie erkundigten sich, was denn dies für eine Versammlung war. Orhan erklärte, dass sie sich für eine Hochzeit zusammengefunden hätten. Sie waren auf dem Weg nach Kursk und es würden noch mehr Hochzeitsgäste werden. Er stellte Joska und Katja vor.

Sehr langsam ritten vier der Männer auf großen grauen Pferden durch das Lager und inspizierten jeden Winkel. Orhan dachte, sie würden weggescheucht werden, aber trotzdem fragte er ganz naiv, ob sie zu einem Abend mit Musik bleiben wollten.

„Nein, wir müssen zurück", sagte der Kommandant hoch auf seinem Roß. „Wir sind angehalten, eure Versammlung zu überprüfen. Revolutionäre und Terroristen sind letzte Woche in der Gegend gesehen worden. Die wollen Väterchen Zar ermorden!"

Orhan schüttelte den Kopf, zuckte die Achseln. Durch einen Schlitz zwischen den Planen lauschte Katjas alte Tante Alekha mit. Sobald sie das Wort Ermordung hörte, schnappte sie nach Luft und fiel zur Seite.

Eine der anderen Frauen holte schnell die Wodkaflasche heraus, hielt sie ihr unter die Nase und flüsterte: „Tantchen, Tantchen, aufwachen!"

Die Russen hatten nichts bemerkt, schauten Orhan weiterhin prüfend an. Nein, dachte der Polizist, dieser Zigeuner sagt die Wahrheit. Er hat wirklich keine Ahnung, wovon ich rede.

„Revolutionäre?", wiederholte Orhan langsam. „Was haben die denn für eine Uniform, Barin?"

„Die haben keine Uniform. Sie reden von Gerechtigkeit, repräsentativer Regierung und Streiks. Dann töten sie. Blut an den Händen, das ist ihre Uniform."

Er hob den Zeigefinger: „Haltet euch von diesen Störenfrieden fern oder es geht euch schlecht!"

Der Russe zog sein Pferd herum, pfiff seine Leute heran und alle gallopierten weg. Orhan blickte ihnen nach. Was sich diese Leute wohl dachten? Die Zigeuner hätten nichts Besseres zu tun als sich mit Revolutionären oder Terroristen zu beschäftigen? Was sollte das überhaupt bedeuten?

„Sieh nach Alekha", sagte Orhan nun zu Raya.

Als sie gleich darauf wiederkam, berichtete sie: „Nicht der Rede wert, Orhan. Nur ein kleiner Schwächeanfall. Die Soldaten haben ihr mit dem Wort von der Zarenermordung Angst eingejagt. Die Schwierigkeiten nach Alexanders Anschlag sind noch so lebhaft in ihrer Erinnerung, obwohl das ja nun ungefähr 20 Jahre her sein muss. Ich glaube, Alekha weiss nicht mehr so ganz, worum es geht. Sie meinte, wenn die Polizisten bei uns auftauchen und größere Probleme haben, als uns Zigeuner wegzujagen, dann kann nur noch Gott Väterchen Zar und Mütterchen Russland helfen."

Orhan seufzte: „Ja, ja, sie wird alt."

Jeden Abend saßen nun die Stämme ums Lagerfeuer, unterhielten sich und sangen. Katja stand ganz im Mittelpunkt und sie konnten nicht genug bekommen von ihr. Katja bekam jeden Abend eine Gänsehaut. Sie war es gewohnt, von fünf oder sechs Musikern des Stammes begleitet zu werden, einer Geige, ein paar Gitarren und sebst das Tamburin zu schwingen. Mit den Hochzeitsgästen waren es jetzt nicht ein paar Gitarren, sondern mehr als zwanzig der kleinen siebensaitigen Instrumente. Die rhythmischen Nachschlagakkorde versetzten sie fast in Trance, wenn sie unerbittlich vorantrieben. Die Melodien fingen immer sehr langsam und verführerisch an, beschleunigten dann sehr sachte und allmählich bis sie in einem platzenden Crescendo endeten. Vor dem Einschlafen pulsierte das M-Tschak, M-Tschak noch in allen Fasern ihres Körpers. Sie drehte sich um, aber das Echo der Nachschlaggitarren liess sie nicht los. War dies vielleicht das Geheimnis, das in den Zigeuneretablissements den Adeligen den Kopf verdrehte und sie dann an den Bettelstab brachte?

Der Konvoi der Zigeunerwagen wuchs und wuchs. Außerhalb von Kursk, nahe des Dorfes Winikow, schlugen sie dann ein großes Lager mit vier Feuerstellen auf. Unterwegs hatten sich die Jungen von den Wiesen ein paar Ferkel geholt, die nun auf Spieße kamen. Die Mädchen fingen Igel, wickelten sie in feuchten Lehm ein und warfen sie aufs Feuer. Es war ein großes Fest. Erno holte die Weinflasche, die er seit der Verlobung versteckt hatte. Sie machte die Runde, aber erst mit dem Wodka kamen die Musikanten richtig in Fahrt. Das ganze Lager wurde zu einem Riesenorchester mit Chor, und wie gebannt folgten sie alle Katjas Führung. Sie verspürte ein Machtgefühl, das sie noch nie zuvor erlebt hatte, und das sie für den Rest ihres Lebens nicht mehr loslassen würde.

Schließlich setzte sich das junge Paar auf einen von Tarafs großen roten Teppichen, Salz und Brot auf den rechten Knien. Joska aß das Brot von Katjas Knie und Katja das von Joska. Sobald alles aufgegessen war, wurden sie mit Geld überschüttet. Wie ein Hagelregen fielen die Kopeken auf sie herab. Sogar ein paar Geldscheine flogen durch die Luft. Das reicht für einen neuen Karren dachte Joska.

Dann war es Zeit für Katja, von ihrer Familie Abschied zu nehmen. Als Beweis, dass sie nun zu Joskas Familie gehörte, küsste sie jedes einzelne Mitglied. Raja machte ihre Haare auf und Joskas Mutter knotete Katja das Kopftuch um. Neben dem Wagen, den sie mit Walja geteilt hatte, lagen alle ihre Habseligkeiten in einem Bündel. Katja schwang es sich über die Schulter und brachte es zu dem Karren, den sie mit Joska teilen würde. Nach ein paar Schritten blieb sie stehen.

„Wo ist denn das Tamburin?", fragte sie.

„Das gehört dir nicht", antwortete Raja, „Das gehört der Familie und noch verwalte ich es. Solange wir zusammen reisen, benutzt du es, aber dann geht es an diejenigen, die in unsere Fußstapfen treten."

Katja senkte die Augen: „Oh, natürlich."

Die Hochzeitsfeierlichkeiten gingen über mehrere Tage. Ein paar der Männer betranken sich und fingen an zu streiten. Als sie wieder nüchtern waren, zogen sie sich auf die Karren zurück, handelten und feilschten. Teppiche, Pferde und Wagen wechselten die Besitzer. Mehr als eines der kleinen Mädchen, die am Lagerfeuer spielten, wurden versprochen. Sie bekamen natürlich nichts davon mit, wie die Männer ihr Leben arrangierten.

In späteren Jahren sprachen die Zigeuner davon, dass Katjas Hochzeit die letzte vor den Unruhen war oder sie teilten die Zeit in vor und nach Katjas Hochzeit ein.

4

Die Stämme blieben solange das Essen reichte. Dann machten sie sich einer nach dem anderen auf, um ihr gewohntes Leben wieder aufzunehmen.

Das alte Jahrhundert warf aber lange Schatten in das neue. Vierzig Jahre zuvor war die Leibeigenschaft aufgehoben worden. Für die Bauern war die neue Freiheit jedoch nicht mit Glück und Wohlstand verbunden. Ihre Taschen und Tische waren so leer wie zuvor. Alles, was sie nicht verstanden, entzündete den Funken.

Vor drei Jahren hatte der Zar die erste Volkszählung angeordnet. Die Bauern, deren Wissen nicht über die Bibel hinausging, waren überzeugt, dass nun die Ankunft des Antichristen und das Königreich David bevorstand. Sie rotteten sich zusammen und zogen in die Städte, schlachteten Juden und steckten deren Häuser in Brand. Wer das überlebte, träumte vom Heiligen Land. Auch die Zigeuner mussten vorsichtig sein, denn sie konnten nie wissen, ob sich die Wut der Bauern nicht auch gegen sie richten würde. Warnungen gab es nicht und Gründe schienen nicht notwendig.

Wenn Orhans Vater zu der Zeit eine Gruppe von Menschen auf der Straße sah, ließ er seinen Stamm abbiegen, damit er aus der Ferne die Lage einschätzen konnte. Mehr als einmal trafen die Zigeuner hinter Hecken und im Wald Juden, die ebenfalls dort Zuflucht gesucht hatten. Manchmal taten sie sich zusammen, bemalten die Wagen der Juden und verkauften ihnen zerlumpte Kleidung. So waren sie von den Dimitrijewitsches nicht zu unterscheiden, die sie in die nächste große Stadt mitnahmen. Katja hatte von guten Schuhen und Pelzmänteln gehört. Fasziniert war sie auch davon, was über deren Lebensweise erzählt wurde. Sie hatten einen Herd und mussten nicht jeden Abend ein neues Lagerfeuer aufbauen. Kalte Herbstregen und Schnee im Winter betraf sie nicht, da die Häuser sie davor schützten. Katja überlegte, wie es wohl wäre, in einem Haus zu leben und schaute die Dörfer mit anderen Augen an.

Als sich im Herbst die Blätter von grün über braun und rot zu fahlem Orange färbten, teilte Katja Joska mit, dass neues Leben in ihr wuchs. Sie erreichten Kischinau wieder rechtzeitig vor dem Kälteeinbruch. Auch Tarafs Stamm kam und in dem großen

Winterlager fühlten sich die Zigeuner wohl und sicher.

Als das Frühjahr dicht bevorstand, der Boden aber noch mit frischem Schnee bedeckt war, brachte Katja eine Tochter zur Welt. Sie legte das winzige Bündel auf den Schnee in die Mitte des Lagers. Joska hob es auf, und erkannte damit seine Vaterschaft an. Joska war überglücklich, denn das Kind machte ihn nun zu einem vollen Mitglied im Stamm. Sie nannten das kleine Bündel mit den von Katja geerbten kohlschwarzen Augen Sinnaïda.

Dann brach der Winter und die Stämme machten sich bereit, die Wanderungen wieder aufzunehmen. Taraf überraschte alle, als er ein Abschiedsfest anordnete. Er erklärte, dass er seinen Stamm aus Russland herausführen werde.

„Aber wohin denn?", fragte Orhan und schüttelte verständnislos den Kopf.

„Das weiß ich noch nicht. Nach Westen. Mal sehen, was sich findet."

„Ich dachte, du wolltest dieses Jahr nach Samarkand, um Teppiche einzukaufen", antwortete Orhan.

„Pläne geändert, Orhan. Als die Frauen letzte Woche vom Betteln aus der Stadt zurückkamen, lief mir ein Schauer der Angst über den Rücken. Die ständigen Demonstrationen, die Provokateure, die Polizei – etwas ist in mir zerbrochen. Der Druck vom Volk ist zu stark. Die alte Ordnung zerfällt und bevor eine neue Ordnung wachsen kann, werden noch mehr Blut und Tränen fließen müssen."

„Aber du kannst doch nicht ins Unbekannte reisen, Taraf. Ist das nicht gefährlich?", meinte Raja.

„Glaube ich nicht. Wenn die Juden ins Unbekannte reisen können, warum wir nicht? Es muss gewiss besser sein, als hier die Angst wachsen zu sehen. Ich bin Stammesführer und habe beschlossen, dass die Verantwortung für meine Leute es gebietet, Russland den Rücken zu kehren. Mit dem ersten Tageslicht ziehen wir los. Gute Nacht."

Die folgenschwere und überraschende Entscheidung Tarafs liess Raja den ganzen Abend nicht los.

„Es gibt nichts zu befürchten", meinte Orhan. „Im Reich von Väterchen Zar hat es immer irgendwelche Unruhen gegeben. Anschläge auf die Herrschenden oder auch nur wichtige Leute sind doch nichts Neues. Warum sollten sie jetzt problematischer sein als früher, warum? Wir konnten uns immer aus deren Problemen heraushalten, und warum wir das dieses Mal nicht können sollten, verstehe ich nicht. Weißt du noch, was uns die Eltern von der Befreiung der Leibeigenen erzählt haben? Diese Veränderung bedeutete nicht nur Freude für die Leute und so haben sie unseren Stämmen das Leben schwer gemacht. Wir sind den Problemen aus dem Weg gegangen. Heute gibt es wieder Probleme, und morgen vielleicht auch, oder auch nicht. Taraf wird alt, benimmt sich ja wie eine alte Tante."

„Der ist von seinem vielen Geld verweichlicht", meinte Raja. „Ein kleiner Huckel in der Straße wirft ihn aus dem Gleichgewicht. Blöder alter Mann. Da bin ich aber froh, dass du dich nicht mit ihm über Walja einigen konntest."

Orhan lächelte und nickte. Katja überhörte dies, als sie neben dem Karren der Eltern stand und fragte sich, was es wohl für eine Welt war, die da außerhalb Mütterchen Russlands zu existieren schien.

Wie die anderen Stämme nahmen auch die Dimitrijewitsches wieder ihr normales Leben auf. Sie reisten durch die Städte und Dörfer, führten die Tanzbären vor, flickten Kessel und sangen schnulzige Zigeunerlieder.

Katja hatte „vergessen", Raja das Tamburin zurückzugeben, die nicht wagte, es zurückzufordern. Katjas Rolle als Sängerin war immer wichtiger geworden, denn es kam oft vor, dass sie an einem Dorfplatz ankamen, wo sich die Leute versammelt hatten, einem jungen Redner zuzuhören.

Diese Reden auf den Dorfplätzen waren für die Zigeuner eine fremde Welt: „Die Arbeiter arbeiten 70 Stunden in der Woche und können trotzdem nicht genug Brot kaufen. Sie können auch ihre Kinder nicht zur Schule schicken. Der Autokrat kassiert indirekte Steuern von den Arbeitern, wenn doch der Landadel nach Einkommen gestaffelte Steuern zahlen sollte, um die gering bezahlten Arbeiter zu entlasten! Der Autokrat verweigert den Arbeitnehmern einen Vertreter in der Regierung."

Die ersten Male warteten sie geduldig bis der Redner vom Podium herunterstieg, um dann die Tanzbären vorzuführen. Aber sie warteten vergebens, denn die Versammlungen lösten sich auf, ohne dass die Leute ihnen auch nur einen Blick zuwarfen. Sie sahen hager und hungrig aus, waren in Lumpen gekleidet und hatten graue, enttäuschte Gesichter. So war die Musik mit Katjas Liedern zu einem immer wichtigeren Bestandteil des Lebensunterhaltes geworden.

Der folgende Sommer brachte noch mehr Versammlungen der Unzufriedenen. An einem hellen sonnigen Sommertag standen sie am Rande eines Dorfplatzes. Erno und Joska diskutierten, ob sie gleich wieder umdrehen oder noch eine Weile warten sollten. Katja und Walja könnten vielleicht in die Taverne auf der anderen Seite des Platzes gehen und dem Wirt ein paar Kopeken geben, damit Katja den Gästen aus der Hand lesen dürfte.

Plötzlich waren sie von fünf Männern umringt, die Bauernhemden und Pluderhosen trugen, deren Stiefel aber verrieten, das sie Soldaten oder Polizisten sein müssten. Bauern waren im Sommer normalerweise barfuß oder trugen Stiefel, denen man mehrere Eigentümer ansah. Die Männer standen einen Augenblick still, schauten dann der Reihe nach genauer auf Katja, Walja, Arpad, Joska, Erno und die Bären. Joska und Arpad hielten die Stricke der Bären ganz fest, damit diese nicht in Panik verfielen.

„Mitkommen!", befahl einer der Männer. „Zur Wache!"

Die Zigeuner folgten, aber die Bären waren langsam. Katja, Erno und Walja gingen wie befohlen durch die Tür, aber Joskas Bär weigerte sich. Er grunzte unzufrieden und stemmte sich. Arpad versuchte nun, seinen Bären in die Wache zu führen, aber sein Bär weigerte sich ebenfalls, durch die Tür zu gehen, denn die Tiere waren ja ein Leben unter freiem Himmel gewohnt.

„Was ist denn los da draußen?", bellte einer der Polizisten von drinnen.

„Bär nicht gehen in Haus Herr Offizier", antwortete Joska und konnte ein Lachen kaum unterdrücken.

„Na gut, wir verhören die anderen zuerst. Lasst euch bloß nicht einfallen, wegzulaufen, oder ihr seht die Mädchen nie wieder."

Erno wurde in einen spärlich beleuchteten Raum geführt und aufgefordert, sich hinzusetzen. Dann standen die fünf Polizisten um ihn herum.

„Name!", bellte der große Polizist mit den kalten stahlblauen Augen.

„Erno."

„Vollständiger Name! Spinn hier nicht rum!"

„Erno Dimitrijewitsch."

„Das soll dein Name sein? Patronymikon als Nachname?"

„Ja, Herr Offizier, das Name wo Leute uns kennen. Mein Vater nicht Dimitri."

„Na gut. Warum hört ihr diesen Unruhestiftern zu?"

„Wir warten."

„Warten auf was?"

„Dass der Mann zu Ende redet, damit wir Bären tanzen lassen."

„Ach tatsächlich! Vier Mal seid ihr jetzt bei diesen Demonstrationen gesehen worden. Und du willst mir weismachen, ihr wartet nur?"

„Ja, Herr Offizier."

Ein Polizist trat gegen Ernos Schienbein. Erno machte seine Augen zu, damit es nicht so wehtat. Dann flog sein Hut vom Kopf, der neben seinen Stiefeln landete. Der Polizist trampelte ihn flach.

„Hast wohl nicht gelernt, dass man drinnen den Hut abnimmt, was?"

Erno war überrascht, bemühte sich aber, ganz ruhig zu bleiben.

Der Polizist war jedoch aufgedreht: „Was heißt das, warten? Warten auf jemanden, für den du was zum nächsten Dorf bringst, oder?"

Erno ließ sich nichts anmerken: „Ich weiß nicht, was er meint."

„Ihr seid zu oft gesehen worden, wie ihr diesen Störenfrieden zugehört habt."

„Das macht ihr doch nicht ohne Grund. Schwindel mich nicht an, du Zigeuner", sagte der andere Polizist grob.

Erno blieb ruhig: „Wir gehen in Dörfer für Bären tanzen und Pferde heilen, Herr. Warum diesen Sommer diese Menschen dort überall, nix verstehen das."

„Aber ihr müsst es doch bemerkt haben, dass die alle aus ihren schmutzigen kleinen marxistischen Löchern kommen, sobald das Wetter wärmer wird", fuhr der Polizist fort.

„Mehr sehen, ja, aber wir nichts mit diesen Leuten zu tun. Nicht verstehen, was sie wollen. Immer wütend. Auch nicht verstehen so viel Russisch. Revolution, Autokrat und solche Worte wir nicht verstehen, weil nicht in unserer Zigeunersprache."

„Aber ihr müsst doch sehen, dass die verdammt gefährlich

sind."

Die Stimme des Polizisten klang ungeduldig und gereizt. Erno erinnerte sich, was er den Kindern beigebracht hatte: Ruhig bleiben, passiv sein, und lächeln.

So versuchte Erno ein vorsichtiges leises Lächeln: „Gefährlich? Stehen da und reden! Junge Leute! Was da gefährlich?"

Nun gab ihm der ungeduldige Polizist einen Tritt.

„Spiel hier nicht den naiven Analphabeten. Ihr müsst doch gehört haben, dass sie letztes Jahr einen Minister ermordet haben und dieses Jahr ein Terrorist einen Minister im Marijinski-Palast umgelegt hat!"

Erno blieb ruhig und schüttelte den Kopf.

„Aber dieses Mal haben wir ihn in Batum geschnappt. Koba, das georgische Pockennarbengesicht, der Hass säht und Gift spritzt, wo er geht und steht. Aber leider nicht, bevor bei Streik und Unruhen 14 Menschen getötet wurden. 500 sind nach Sibirien verfrachtet, aber nicht mit Rückfahrkarte."

„Das nicht verstehen", antwortete Erno sehr langsam. „Wir nicht sprechen über das. Zigeunerleben sehr schwer. Kranker Bär, lahmes Pferd, Geige üben, Baby kommen, Baby sterben, Mädchen weglaufen zu Musikpalast. Bitte, ich nicht verstehen, was er meint."

Der Polizist schaute Erno ins Gesicht und sah, dass er wirklich ahnungslos war. Ihn weiter zu verhören, wäre Zeitverschwendung und ihn zu verprügeln, der Mühe nicht wert.

„Also dann lassen wir dich gehen, aber sei gewarnt! Halte dich von den Störenfrieden fern. Sie werden versuchen, euch zum Transport ihrer Schriften und Mitteilungen an ihre revolutionären Zellen zu benutzen. Lass die Finger davon! Nehmt auch keinen mit, der sich bei euch im Stamm verstecken will. Den Georgier haben wir jetzt erst einmal, aber dieser Koba ist ein Ausbrechkünstler. Wir haben reichlich gefangen dieses Mal, auch Studenten, die ihn in Wohnungen versteckt hatten und die es hätten besser wissen müssen. Seid bloß vorsichtig, falls ihr diesen Georgier trefft. Eigentlich heißt er Josef Dschugaschwili. Er kann sogar lesen und schreiben, ist auch leicht zu erkennen, denn er ist nicht sehr groß. Der linke Arm ist kürzer und der Ellenbogen etwas steif."

Erno machte auf unterwürfig: „Ja, mein Herr", nickte er und wiederholte: „Ja, mein Herr."

„Du sagst es der Polizei, wenn du ihn siehst, verstanden?"

„Ja, mein Herr", nickte Erno noch einmal.

Mit einer Handbewegung bedeutete ihm der Polizist aufzustehen, und seinen Hut aufzuheben.

Der andere Polizist fragte: „Mit der Frau und dem Kind machen wir uns keine Mühe, oder?"

„Nein, Zeitverschwendung. Die sind doch dumm und stinken auch", war die Antwort.

Erno, Katja und Walja waren kurz vor dem Ausgang, da brüllte der ungeduldige Polizist ihnen nach: „Haut bloß ab, Zigeuner und geht den Versammlungen aus dem Wege sonst landet ihr im im Exil."   Er wedelte mit den Händen: „Abhauen!"

Joska stand gleich vor der Tür und bemerkte, dass sich der Bär erschreckt hatte, flüsterte ihm aber beruhigend zu. Als Katja herauskam, konnte er sofort sehen, dass nichts Schwerwiegendes passiert war.

„Was wollten sie denn von dir?", fragte er.

„Gar nichts, Sie haben nur Erno befragt und wir zwei haben gewartet. Aber ich hatte sowieso keine Angst. Ich hätte gesagt, dass ich ja nur eine Zigeunersängerin bin, die lebt, um zu singen, und singt, um zu leben. Die Mama hat gesagt, wenn ich anbiete, den Leuten ihr Lieblingslied zu singen, würde jedes Verhör ungefährlich. Ich habe auch Walja daran erinnert, ruhig zu bleiben, passiv zu sein, und zu lächeln."

Sie packten unverzüglich das Lager zusammen und zogen weiter.

„Wir sollten unsere Augen offenhalten", sagte Erno zu Joska. „Es scheint, man kann mit dem Weitertragen von Nachrichten der Unzufriedenen Geld verdienen."

Joska war überrascht.

„Das werden wir mit den anderen Männern später diskutieren", kündigte Erno an.

Joska nickte, denn jede neue Möglichkeit, den Lebensunterhalt der wachsenden Familie zu verbessern, musste ausgelotet werden.

5

Am nächsten Morgen saßen die Männer in einem Kreis auf den Decken. Nur verheiratete Männer mit Kindern hatten ein Mitspracherecht im Rat. Für Joska es war das erste Mal, dass er teilnehmen durfte. Es klang gut, eine neue Einnahmequelle zu erforschen. Die Bären gaben nicht mehr so viel her wie früher und das Loch stopfen zu können, klang nach echtem Glück.

„Wissen wir, wie das mit diesen Nachrichten funktioniert?", fragte Joska.

Alle schüttelten die Köpfe.

„Es hat etwas mit den Reden der jungen Männer auf den Dorfplätzen zu tun, aber mehr wissen wir nicht", antwortete Erno. „Ich habe nicht ganz verstanden, was sie meinten, wollte aber nicht nachfragen. Ich hatte Angst, sie würden vielleicht rabiat werden."

„Also niemand weiß genau, worum es da geht?", fragte Orhan.

Die Männer zuckten die Achseln.

„Dann vertagen wir dies bis wir mehr erfahren können. Der nächste Stamm, dem wir auf der Straße begegnen, wird angehalten und ausgefragt", schloss Orhan die Beratung ab.

„Na, das ging aber schnell", meinte Katja, als Joska zurückkam.

„Sag bitte sowas nicht, Katja. Du weißt doch, dass ich vom Männerrat nichts erzählen kann."

„Ist ja gut. Du weißt doch, dass ich nichts sage."

„Nein, Regeln sind Regeln. Ich möchte nicht in Versuchung geführt oder ausgetrickst werden. Bitte respektiere das. Die Puri-Dai wird dir erzählen, was du wissen musst. Hast du das nicht gelernt?", fragte Joska streng.

„Schon gut, vergiss es", wiegelte Katja ab.

„Ja, genau das tust du. Das gehörte sich nicht."

Jetzt biss sich Katja auf die Zunge, denn wenn sie nicht schweigen würde, hörten Joskas Tadel nicht auf. Ihm machte Gehorchen keine Mühe, ja er schien es sogar zu genießen. Katja wunderte sich, als ihr klar wurde, dass sie im Gegensatz zu Joska die vielen Regeln als Belastung erfuhr. Wenn sie als Solistin vor dem Publikum war, stand sie da ganz allein. Alles lag alles in ihrer Hand und um Regeln brauchte sie sich nicht zu kümmern, denn alle mussten ihr folgen. Es war erst ein paar Jahre her, dass Orhan sie zum Singen geprügelt hatte. Viele Proben hatten mit Tränen angefangen aber jetzt genoss sie die Macht, die ihr die Lieder gaben.

Nach ein paar Wochen begegneten sie einem anderen Stamm. Alle Wagen hielten an und stoppten.

Orhan ging auf den Karren des Oberhauptes zu: „Baro, ich hatte gehofft, du bist hier in der Gegend unterwegs. Ich habe eine Frage."

Baro warf die Zügel dem neben ihm sitzenden Jungen zu und sprang herunter.

„Na das klingt ja ernst. Wo brennt's denn, Orhan?", fragte Baro.

„Na, brennen ist übertrieben. Ich will nur etwas fragen. Die Polizei hat vor kurzem Erno in einer Wache verhört und dabei kam etwas über den Transport von Nachrichten für diese, na die jungen Agitatoren zur Sprache. Sie glaubten, wir würden das gegen Bezahlung tun. Keiner von uns hat richtig verstanden, wobei es dabei geht, aber wenn es ein gutes Geschäft ist, sollten wir uns darum kümmern. Kannst du uns das erklären?"

„Klar. Die Unzufriedenen gibt es in jeder Stadt und jedem Dorf. Sie haben Gruppen gebildet und ein kleines Nest hier, ein anderes dort. Sie halten Kontakt durch Reisende, alle möglichen Reisenden, einschließlich uns."

„Und was sind das denn genau für Nachrichten, die ihr da mitnehmt?" fragte Orhan während er den Frauen auf der anderen Seite der Straße zuwinkte, dass es länger dauern könnte und sie die herausgeholten Pfeifen auch anstecken konnten. Dichte blaue Tabakswolken umhüllten innerhalb kürzester Frist die Frauen, Kinder und Pferde, die unverzüglich die Schnauze ins Gras gesenkt hatten.

„Kommt darauf an", antwortete Baro. „Manchmal nehmen wir die Zeitschrift mit dem Stern, manchmal etwas mit der Hand Geschriebenes. Wir können ja nicht lesen, so dass wir keine Ahnung haben, was das bedeutet. Manchmal bekommen wir auch eine mündlich zu überliefernde Nachricht. Die ist aber immer kurz, wie also zum Beispiel, Boldarovo Dorf, Sonntag 3 Uhr Treffen mit Wolodja."

„Ach ja, und was bekommt ihr dafür?"

„Verschieden, manchmal einen Rubel, manchmal drei. Für

die Zeitung mit dem fünfzackigen Stern in einem Kreis bekommen wir fünf. Das ist ein größeres Risiko."

„Und wo ist das Risiko?", fragte Orhan.

„Wenn man damit geschnappt wird, ziehen sie dir graue Lumpen an, machen dir Fesseln um die Füße, und verpassen dir eine Fahrkarte ins kalte Exil. Da müsst ihr vorsichtig sein."

„Ich sage ja noch gar nicht, dass ich das meinen Leuten empfehlen will. Ich möchte nur wissen, wie ich das Risiko einschätzen soll."

„Das Risiko erwischt zu werden, ist gering. Die können ja nicht das ganze Lager durchsuchen. Besonders sicher ist das Versteck unter dem Kleid einer der Frauen die bluten, denn die Gadsche Männer sind auch nicht anders als wir. Wenn sie Blut sehen, rennen sie. Es ist ein gutes Geschäft, Orhan, und es wäre toll, wenn ihr mitmacht. Je mehr von uns dabei sind, desto besser, denn dadurch können wir vielleicht deren System sprengen. Das ist für uns alle sicherer."

„Hm", sagte Orhan etwas unsicher, weil er nicht wusste, was er darüber denken sollte.

„Wenn wir eine Kindergruppe einsetzen, dann ist da fast gar kein Risiko", fuhr Baro fort.

„Ach ja, wie meinst du das?"

„Na die Kinder können ja nicht bestraft werden. Man glaubt ihnen auch leichter. Ich schicke also zwei der kleinen Jungen mit einem Mädchen. Das Mädchen nimmt die Papiere, weil sie leichter im Kleid zu verstecken sind. Ein Junge, der gut zählen kann, bekommt das Geld. Ohne Vorauszahlung darfst du nie etwas annehmen. Der zweite Junge weiß, wohin es gehen soll", erklärte Baro grinsend.

„Das ist eigentlich ganz gut bezahlt. Ich denke, die sind so arm, dass sie sich die ganze Zeit beklagen müssen! Ist die Armut da vorgetäuscht?"

„Das verstehe ich auch nicht so ganz Orhan", antwortete Baro. „Es wird viel getuschelt, aber keiner weiß was Genaues. Manche Leute meinen, das Geld kommt aus Überfällen. Da soll einer aus Georgien dahinter stehen. Dann heißt es wieder, ein berühmter Schriftsteller, der Gorki heißt, gibt ihnen das Geld. Dann behaupten aber andere, dass Gorki gar nicht so viel Geld haben kann. Gorki kann nur eine Art Vermittler sein. Da gibt es viele

Spekulationen. von denen eine ist, dass ein berühmter Opernsänger aus Kazan sehr gut mit Gorki befreundet ist, und der kann es sich leisten."

„Woher das Geld kommt, ist doch aber egal, oder?", fragte Orhan.

„Nicht ganz, wenn es wahr sein sollte, dass es einige Provokateure unter den Rebellen gibt, die von der Ochrana finanziert werden."

Orhan kratzte sich am Kopf. „Das könnte aber gefährlich sein, wenn der Geheimdienst mit von der Partie ist."

„Da ist ein Restrisiko, das wir in Kauf nehmen können. Aber wenn wir die kleinen Kinder einsetzen, ist es eigentlich gar nicht da. Wenn der Junge mit dem Geld erwischt wird, hat er nur Geld. Wenn sie die Zeitschrift oder anderes Papier schnappen, ist das von der Straße aufgelesen. Die können doch nicht sagen, die Kinder hätten wissen sollen, was das ist, denn sie können ja nicht lesen. Was sollen sie machen? Den Kindern macht das Katze-und-Maus-Spielen Spaß. Wenn die Polizei was will, lächeln sie nur und freuen sich, die Gadsche anzuführen", grinste Baro.

„Klar. Sehr interessant. Ich rede mit meinen Leuten, mal sehen, was sie sagen", nickte Orhan.

„Gut. Sag mir Bescheid, wenn ihr euch entschieden habt. Ich hätte euch gern mit im System. Wir könnten sogar manches gestaffelt verbreiten, was denen die Arbeit erschwert."

„Wie meinst du das?"

„Na, wir können es in Empfang nehmen und ihr liefert es aus. Wenn sie unseren Stamm beobachten, stellen sie nichts Richtiges fest. Das Geld wird dann natürlich halbiert, aber die Verwirrung, die wir stiften, ist es wert."

Orhan musste lachen: „Na sowas! Das nenne ich, die Gadsche an der Nase herumführen."

Orhan sah sich um.

„Weißt du was, Baro, warum richten wir nicht das Lager hinter den Büschen da drüben ein? Wir haben unsere Rast, können gleich die Zustimmung der Puri-Dai bekommen und ihr wisst Bescheid. Danach sitzen wir am Lagerfeuer."

„Klingt gut, Orhan. Vielleicht singt Katja dann später?"

„Natürlich. Ich sorge dafür", antwortete Orhan.

Orhans Männer erörterten das System, kamen schnell zu

einer Entscheidung, weil niemand etwas dagegen hatte. Dann ging Orhan zu Raja. Als Puri-Dai, hatte sie das letzte Wort bei wichtigen Entscheidungen. Sie überlegte einen Augenblick, ob es vernünftig sei, dass die Wanderungen um dieses Nachrichtengeschäft herum gebaut werden sollten, kam aber zu dem Schluss, dass das auch nicht besser oder schlechter war, als die üblichen Spontanentschlüsse. So stimmte sie ohne Zögern zu.

„Wer weiß, wie lange es dieses Geschäft gibt. Aber solange es existiert, wollen wir dabei sein."

Raja lächelte: „Da haben sie doch Erno genau zur richtigen Zeit verhört!"

6

Nach dem Abendessen saßen beide Stämme um das Lagerfeuer. Die Frauen tratschten, wer wen heiraten sollte, könnte oder wollte. Raja versuchte immer noch, etwas über Anna, ihre älteste Tochter, zu erfahren. Anna war vom Stamm weggelaufen, um im Jar in Moskau zu singen. Nach einer Weile wusste Orhan wo sie war, aber als er seine Männer hinschickte. war sie schon mit einem wohlhabenden Kaufmann verheiratet. Er traute sich nicht recht, sie von da zu entführen. Annas Brautpreis an die Familie des verlassenen Schwiegersohns zuückzuerstatten hinterließ ein riesiges Loch in Orhans Kasse, aber die Frau eines etablierten Geschäftsmannes wegzuschnappen, könnte am Ende noch teurer werden.

„Schlange", hatte Raja zornig gezischt: „Heiratet einen Gadsche, obwohl sie mit einem ihrer eigenen Leute verheiratet ist."

„Verdammt noch mal, wann wirst du das akzeptieren, dass die unsere Ehen nicht anerkennen. Zählt nicht!", schrie Orhan. „Also wenn ich das noch einmal höre, trage ich das dem Rat vor. Du bist unsere Puri-Dai und es geht nicht, dass du Realitäten ignorierst. Das war immer so, dass welche abhauen. Thema ist abgehakt, sonst gibt's was!"

Trotzdem hörte Raja nie auf, die Frauen der anderen Stämme zu fragen, ob sie etwas gehört hätten. Vielleicht könnte ja die Ehe auseinander gegangen, oder sonst etwas passiert sein, dass Anna wiederkommen würde. Vor drei Jahren hiess es, sie hätte ihren Mann verlassen und sich mit einem jungen Pianisten zusammengetan. Aber dann stellte sich heraus, dass da jemand etwas falsch verstanden hatte, denn der Ehemann hatte dem Musiker die Tür gewiesen, nicht der Frau. Der junge Mann war am Boden zerstört und konnte die schöne Anna nicht vergessen, deren Herz ihm nur viel zu kurz gehört hatte. Er widmete ihr seine Sinfonie, aber die Premiere war eine totale Katastrophe. Weder das Publikum noch die Kritiker nahmen seine Arbeit an. In seiner Verzweiflung verbrannte er alle Noten dieser Symphonie, obwohl ihm klar war, dass das Werk deshalb durchgefallen war, weil der Dirigent einen im Tee hatte und nicht bei der Sache war. Die Öffentlichkeit beurteilte das Werk aber nur nach der missglückten Ausführung, was für den Schöpfer des Werkes ein zweiter

Rückschlag war. Nach dieser Sache konnte Raja nichts mehr über Anna herausfinden. Trotzdem erkundigte sie sich weiter, ob es etwas Neues aus Moskau gäbe.

„Na, wo ist denn jetzt die Musik?", fragte Baro plötzlich laut. „Habe eine Menge Mädchen seit Katjas Hochzeit gehört, aber keine reicht deiner schönen Tochter das Wasser, Orhan. Packt doch mal die Gitarren aus, ja?"

Joska schaute von seinem Hähnchenflügel auf, an dem er gerade nagte. Er war sehr stolz auf seine Frau und solch ein Kompliment hörte man nicht alle Tage.

Der Abend war lang und Lieder aus allen Ecken des riesigen russischen Reiches erwachten zum Leben. Zigeunerromanzen, Bauernliedchen, Lieder von der Wolga und den Wolgaschleppern, Jahrhunderte alte Heldenballaden und die Gesänge der nahen oder fernen Kosakensiedlungen stiegen am Lagerfeuer in die Nacht auf.

Katja war zufrieden und völlig erschöpft als sie schlafen gingen: „Als Papa mich damals zum Singen prügelte, habe ich es gehasst, aber jetzt finde ich das ganz toll, insbesondere wenn mich die vielen Gitarren begleiten. Ich muss voll dabei sein, um nicht von den Instrumenten untergebuttert zu werden, aber diese extra Anstrengung gibt der Sache das gewisse Etwas, meinst du nicht, Joska?"

„Ja, ja, stimmt schon", antwortete Joska im Halbschlaf.

Katja überlegte, ob ihn das wirklich interessierte, aber in der Dunkelheit konnte sie sein Gesicht nicht sehen.

Am nächsten Morgen dauerte es eine ganze Weile bis das Lager zum Leben erwachte. Katja blieb im Karren und jeder gaubte, sie sei müde. Nach einer Weile beunruhigte sich Joska und fand sie noch zusammengrollt unter der Decke. Sie sei unwohl, seufzte sie. Er war sehr besorgt, kannte aber die Anzeichen. Katja war wieder schwanger und ein Gefühl von Freude und Stolz überwältigte ihn. Er hob die noch schlafende Sinnaïda auf, stieg vom Karren herab.

Zu seiner Mutter Ilonka sagte er: „Frauensache. Sieh nach ihr."

„Da kann ich also meiner Lieblingssängerin nicht auf Wiedersehen sagen. Wie schade, na, nächstes Mal", bemerkte Baro. Zu Orhan und Joska fügte er hinzu: „Gebt ihr einen Kuß von mir, ja? Ihr habt Glück, dass ihr sie habt!"

„Weiß ich", nickte Orhan.

„Ach fragt sie doch auch, ob sie das neue Kleine nach mir benennen möchte, also wenn es ein Junge ist, natürlich", meinte Baro im Weggehen.

„Ja, frage ich. Warum nicht, ein kleiner Baro."

Durch die Planen hatte Katja jedes Wort mitgehört. Auch wenn ihr wirklich unwohl war, so empfand sie doch Missfallen über diese Worte. Sie haben Glück mich zu „haben"? Was für eine verdrehte Denkungsart. Die „haben" mich? Bin ich denn ein „Eigentum"? Oder schmeichelt der, weil er etwas will, fragte sie sich.

Baros Leute reisten ab. Die Dimitrijewitsches blieben wegen Katja noch einen Tag. Die meisten ruhten auf ihren Decken oder auf dem Karren. Die Pferde wurden gestriegelt und die Radspeichen von Schlamm befreit. Dann fing es zu regnen an, und alle zogen sich in ihre Karren zurück.

Joska fand Katja immer noch schlafend vor. Im trüben Licht unter den Planen konnte er nicht gut sehen, so stieß er mit dem Fuß an das Tamburin, das Katja mit ihrem Kopftuch bedeckt hatte. Das leichte Klingeln der Schellen war unerwartet aber dann lächelte er. Du berechnendes kleines Biest, das hättest du deiner Mutter zurückggeben sollen. Wenn es dir besser geht, werde ich dich daran erinnern.

Joska schaute dahin, wo er seine schlafende Frau atmen hörte. Seine Augen adaptierten sich und er konnte Katja jetzt erkennen. Wie unschuldig sie aussah, das Gesicht von dichten langen schwarzen Haaren umrahmt, die normalerweise unter dem Kopftuch versteckt waren. Katja hatte einen besonderen Status im Stamm. Nicht nur, dass sie so gut sang, dass sie einen ganzen Abend Zigeunermusik tragen konnte, sie war auch eine junge Frau, die aller Augen auf sich zog. Egal wo sie war oder mit wem, mit den Frauen, auf der Bühne, oder in einer Gruppe mit den Kindern auf dem Weg in die Stadt, alle Blicke fielen auf sie und wendeten sich nicht wieder ab. Ihre Bewegungen waren weich und elegant. Der lange Rock wippte in eleganten Wellen, wenn sie tanzte, und selbst wenn sie lief. Katja konnte mit allen reden, und sie hörten ihr wie bei den Auftritten zu.

Der ganze Stamm, auch die Kinder, behandelten sie mit besonderem Respekt. Katja konnte sich vor den Verpflichtungen im Lager drücken. Sie bat einfach jemanden, es für sie zu tun – und sie taten es. Niemand sagte etwas, auch wenn sie gemerkt hatten, dass Katja sorgfältig verteilte, wen sie bat. Niemand wagte es, etwas zu sagen. Hinter ihrem Rücken wurde geflüstert und jetzt mussten sie sich auf noch mehr gefasst machen. Ein zweites Baby, und besonders wenn es ein Stammhalter sein sollte, würde Katjas Status weiter heben und das war kein Grund zur Freude.

Zum Flüstern gab es auch noch einen anderen Grund. Wenn Katja mit den Frauen zum Betteln und Handlesen in die Dörfer ging, tat sie alle Münzen in die Rocktaschen, die bis zum Saum heruntergingen. Wenn sie dann am Abend die Tageseinnahmen an Joska ablieferte, schien es immer weniger als erwartet. Am Anfang dachten die Frauen, sie hätten sich geirrt. Aber eines Tages passte Zina genau auf, was Katja einsteckte. Als sie dann die Einnahmen an Joska ablieferte, beobachtete Zina und wusste wieviele Rubel sie behalten hatte. Zina nahm Raja beiseite.

„Das wissen wir Zina", seufzte Raja. „Wir haben aber beschlossen, ein Auge zuzudrücken. Walja hat es genau gesehen, wie sie Kopeken in den Saum eingenäht hat."

„Das ist aber nicht richtig!", sagte Zina schockiert. „Die beschubst ja die eigenen Leute."

„Ich weiß. Leider braucht Katja immer etwas extra für sich. Wir übersehen das, wollen keinen Streit, vor allem nicht jetzt, wo sie wieder schwanger ist."

„Ist aber nicht richtig, Raja", schüttelte Zina den Kopf.

„Wir brauchen sie in guter Stmmung. Wenn sie dies braucht, müssen wir es dulden. Joska ist noch zu jung, um sie zu zügeln."

Raja seufzte noch einmal tief. Sie erinnerte sich wieder daran, dass es mit Anna Streit über Geld gegeben hatte, bevor sie weglief, als Katja noch klein war. Auch wenn Raja versucht hatte, es zu vergessen, so kam es ihr doch immer wieder hoch und sie erschrak. Katja war aus dem gleichen Holz schnitzt wie Anna.

Raja wollte Zina unbedingt beschwichtigen: „Wir wollen keinen Streit. Es könnte einer von denen werden, die sich über viele Jahre ziehen und am Ende größer sind als der Grund, von dem sie stammen."

Zina war nicht überzeugt, schüttelte den Kopf und sagte im Weggehen: „Denen werde ich es eines Tages zeigen. Sonderregeln ..."

Bald hatte Katja nichts Neues mehr in ihren Saum zu nähen,

denn die Kurierdienste der Kinder brachten das Geld ein. Immer seltener gingen die Frauen zum Betteln in die Städte. Die Dimitrijewitsches fanden ihre Instruktionen an Zäunen und Bäumen. Meist schlenderten drei oder vier Kinder ins Dorf und hopsten herum wie Kinder das so tun. Auf der Dorfstraße gingen sie dann zu einer Schneiderstube oder zum Schuster. Wenn Kunden da waren, warteten sie bis die Luft rein war. Dann gingen sie wie neugierige schüchterne Kinder hinein. Walja sprach Russisch am besten und eröffnete die Unterhaltung. Ihr entwaffnetes Lächeln erfreute jeden.

„Ach Herr, hat er denn vielleicht Schura den Musiker gesehen?", war einer der Standardsätze.

Dann sagte der Ladenbesitzer normalerweise so etwas wie „ich habe Schura heute zweimal gesehen", niemals ja oder nein. „Ja" war das Signal, dass die Zelle aufgeflogen war und „Nein" wäre die Antwort von einem Kontakt, wo ein Irrtum im System sein musste. Wenn alles in Ordnung war, ging es sehr schnell. Ein Junge blockierte den Eingang. Walja nahm die Rolle der Zeitungen oder Dokumente und steckte sie in ihr Kleid.

Der Ladenbeseitzer flüsterte dann so etwas wie: „Fedja, der Schneider, in Schischinitse", während er dem anderen Jungen das Geld in die Hand gab. Der Junge nickte, und alle drei Kinder traten strahlend auf den Dorfplatz.

In Moskau und Sankt Petersburg entwickelten die Behörden Pläne und Strategien, um die Netze der Rebellen zu zerschneiden. Viele wurden gefangen und nach Sibirien verbannt. Einige entkamen und blieben unentdeckt im Reich wie Josef Dschugaschwili oder sie flohen ins Ausland wie Leo Trotzki. Der Geheimdienst des Zaren schleuste Provokateure in die Gruppen ein. Sie verhafteten kleine und große Rebellen, aber es änderte nichts.

Dann versuchten sie, mit Zwietracht Keile in die Bewegung zu treiben. Sie brachten Juden gegen Russen auf, gemässigte Reformer gegen radikale Marxisten. Aber jedes Mal, wenn sie eine revolutionäre Zelle ausgemerzt hatten, wuchsen frische nach, denn die Gründe für ihre Existenz waren nicht beseitigt. Die Menschen in den Behörden verstanden nichts, denn die Unzufriedenen waren zu weit weg, in jeder Hinsicht. Sie diskutierten und diskutierten, wie sie der Sache auf den Grund kommen und die

Kommunikationskanäle verstopfen könnten. Aber das Netzwerk der Zigeuner blieb unentdeckt.

Orhans Stamm ging es mit der neuen Einnahmequelle sehr gut. Sie hörten auf, Musik zu spielen und zu üben, denn sie brauchten Musik nicht mehr anzubieten. Katja vermisste es nicht, solange sie schwanger war.

Das Baby war im späten Frühjahr fällig, und so hatten sie beschlossen, bis zur Geburt im Winterquartier in Kischinau zu bleiben, Aber eines Nachmittags im April 1903 kamen Raja, Ernos Frau Ilonka und Walja von der Stadt in das Lager zurückgerannt.

„Der Satan geht um in Kischinau. Der Teufel ist aus der Hölle emporgestiegen und hat die Menschen vergiftet", hauchte Ilonka mit weit aufgerissenen Augen.

Erno versuchte, sie zu beruhigen: „Geh auf den Wagen, unter die Planen. Setz dich ganz ruhig hin."

„Was ist denn los? Du siehst ja schrecklich aus", sagte Orhan zu Raja.

„Wir haben viele aufgeregte Stimmen gehört, aber bevor wir überlegen konnte, was wir machen sollten, waren sie schon da."

„Was heißt sie?"

„Plötzlich waren da Russen und Moldawisch sprechende Leute, ein alter jüdischer Mann, zwei Frauen und ein Mädchen. Wir wurden an eine Hauswand gedrängt. Dann", Raja atmete schwer. „Dann haben wir versucht, abzuhauen, aber wir konnten uns nur ganz langsam auf Zehenspitzen seitwärts am Haus entlangdrücken. Es ging alles so schnell. Die Menge holte den alten Mann ein. Sie stachen ihn mit einem Säbel ab und rissen ihn in Stücke, so wie wir eine tote Ziege für das Lagerfeuer vorbereiten. Dann schrien die Frauen, als ihnen Arme und Beine abgerissen wurden und das Blut quoll. Mein Kleid, guck mal, jetzt müssen wir es verbrennen."

„Ist euch jemand hinterhergekommen?"

„Nein, glaube ich nicht. Die haben gelacht und in Sprechchören vom roten Hahn auf Gurewitsches Haus deklamiert. Sogar ein Osterlied haben sie zum Marschieren gesungen."

„Und die Polizei?" fragte Orhan.

„Habe ich nicht gesehen, keinen einzigen. Der Mob hat den Hunden Stücke hingeworfen. Ich habe sogar eine jüdische Frau gesehen, die das Rudel verscheucht hat, als sie die Leichenstücke zusammensuchte. Oh nein, oh nein!", schüttelte Raja den Kopf und schlug die Hände vors Gesicht.

Niemand hatte auf Katja geachtet, die auf dem Karren schlief. Sie war jetzt im siebten Monat und oft sehr müde.

Die Aufregung hatte sie aufgeweckt und als sie Rajas und Ilonkas Berichte vom Tod hörte, fühlte sie plötzlich einen stechenden Schmerz. Katja hielt ihren Bauch fest.

„Au weia, das Baby kommt. Mama, das Wasser."

Erno und Orhan entfernten sich. Raja fand schnell ihre Fassung wieder. Die Frauen eilten herbei, um Katja vom Karren zu heben, damit er nicht mit Blut verunreinigt würde.

7

Katjas Baby war ein kleiner, fast zierlicher Junge. Obwohl sie sich noch sehr schwach fühlte, kletterte Katja am nächsten Tag langsam vom Wagen herunter und legte das winzige Neugeborene in die Lagermitte. Als Joska ihn aufhob, um seine Vaterschaft anzuerkennen, lächelte er befriedigt, denn sein Leben war nun vollständig. Der Kleine hieß Baro, wurde aber von allen Baruschko genannt.

Baruschko wurde bald der Star der Dimitrijewitsches. Alle sagten, er sei das hübscheste Baby, das sie je gesehen hatten. Er hatte volle dunkle, leicht gewellte Haare. Große Bewunderung riefen auch seine helle Haut und die langen gebogenen Wimpern hervor, die große dunkle Samtaugen umrahmten.

Katja war vernarrt in ihren kleinen Sohn. Als Sinnaïda geboren war, hatte Katja die Tochter als eines der Ereignisse hingenommen, die eben zum Leben gehören. Bei Baro war das alles anders. Er war ein so zufriedenes und süßes Baby. Baruschko weckte die Eltern nicht in der Nacht auf. Er schrie nie und hatte für jeden ein Lächeln. Katja erlaubte niemanden ihn zu halten, und beschäftigte sich den ganzen Tag mit ihm. Wenn Sinnaïda zu ihr kam, scheuchte Katja sie weg. Sie hatte immer zu tun.

So musste Raja Walja, die jetzt 12 Jahre alt war, antragen: „Nimm Sinnaïda unter deine Fittiche, bis deine Schwester zur Vernunft kommt."

„Was, ständig?"

„Jawohl, und vergiss es nie. Es wird nicht lange sein, denn Baruschko läuft bald herum und dann renkt sich alles wieder ein."

Der Sommer neigte sich ohne besondere Ereignisse dem Ende zu. Die Wanderwege der Dimitrijewitsches wurden von den Kurierdiensten bestimmt und so war das Netz der unsichtbaren Rebellen zur wichtigsten Einnahmequelle geworden.

Spät im Sommer richtete der Stamm wieder ein Lager in der Nähe des Rakitnoje Gutes her.

„Erinnerst du dich noch an die Musik in der Rotunde?", fragte Katja.

„Wie könnte ich das vergessen", lächelte Joska und umarmte sie. „Du warst wunderbar und am nächsten Tag haben wir uns endlich verlobt."

Katja schaute herum: „War das eigentlich unter den Bäumen dort drüben, oder hinter den Hecken? Das sieht ja alles ganz anders aus."

„Hinter den Bäumen war das, aber die waren damals noch nicht so groß."

„Heute Abend sollten wir wieder einmal die Musik auffrischen", meinte Katja. „Vielleicht können wir denen morgen wieder eine Vorstellung verkaufen."

„Ach, rede mit deinem Vater darüber. Ich habe keine richtige Lust", antwortete Joska.

„Ich aber! Damals, als ich gar nicht singen wollte, habt ihr mich dazu geprügelt und jetzt, wo mir das gefällt, bügelt ihr mich ab", beschwerte sich Katja.

„Ich habe aber heute wirklich keine Lust auf Musik und ich habe dich auch nicht dazu geprügelt", antwortete Joska ärgerlich.

„Natürlich nicht. Ich meine euch alle. Ich fühle mich wie ein Pferd, das ihr anbindet, wenn ihr mich nicht braucht. Wenn ihr dann wollt, dass ich laufe, setzt es die Peitsche."

„Jetzt übertreibst du aber, Katja."

„Nein, denn so fühlt es sich für mich an. Mir gefällt die Musik soweit, dass ich sie brauche, den Applaus, die atemberaubende Stille im Publikum, wenn ich gut gewesen bin. Und die Trinkgelder sind auch nicht zu vergessen, denn da kann ich echt stolz darauf sein. Wie soll ich denn neue Schuhe kaufen, wenn ihr zu faul seid, mich zu begleiten?"

„Wir sind doch nicht zu faul! Wir brauchen das einfach nicht mehr, jetzt, wo die Kinder genug Geld verdienen."

„Für euch, aber was ist mir mir? Ich zähle wohl nicht."

„Erzähl das deinem Vater."

„Jetzt versteckst du dich hinter meinem Vater! Sei mal ein Mann und erzähle ihm, dass meine Lieder am Sterben sind", sagte Katja verärgert.

„Das kannst du ihm selbst sagen, Du weißt genau, dass ich nicht das Sagen habe."

„Na gut, mache ich doch glatt. Wenn ich etwas will, muss ich mich selbst drum kümmern, besten Dank. Aber wenn du etwas willst, bin ich Teil des Stammes."

Jetzt biss sich Joska auf seine Zunge. Dies war viel ernster als er gedacht hatte. Wieder einer von Katjas Ausbrüchen, besser still sein.

Katja fand ihren Vater auf einer Decke sitzend und mit den anderen Männern Tarock spielend. Als sie so dastand und auf eine Pause im Spiel wartete, sah sie Matteos kleine Hand vorsichtig in Orhans Jackentasche schlüpfen und eine Kopeke herausziehen. Die Münze landete in Matteos Stiefel.

Als die Hand dann wieder in Orhans Tasche glitt, merkte Orhan das: „Na hör mal, du kleiner Schlawiner."

Matteo spielte den Unschuldigen: „Muss doch üben."

„Damit du von deinen eigenen Leuten stiehlst, haben wir dir den Taschendiebstahl aber nicht beigebracht. Lustig ist das nicht", schüttelte Orhan den Kopf.

„Schon gut, ich geb's euch wieder. Kein Grund zur Aufregung."

Matteo zog seinen rechten Stiefel aus und ließ alle Münzen herausfallen.

„Guck dir das mal an, so ein kleiner Mistkerl", sagte Erno fast im Ernst.

Matteo grinste süffisant: „Noch ist die Vorstellung nicht vorbei."

Dann kippte er den anderen Stiefel aus.

„Das ist aber nicht alles von Orhan oder?", fragte Erno.

„Natürlich nicht", Matteo zuckte überlegen die Achseln, „von euch allen."

Die Männer lachten: „Na, da behalt's mal." „Nicht schlecht, weiter so, aber nicht hier."

Matteo nahm die Münzen und schob sie schnell in seine Tasche.

„Ich geh mal lieber, bevor ihr eure Meinung ändert", sagte er und erhob sich schnell.

Katja schaukelte Baruschko in ihren Armen und wendete sich zu Orhan: „Papa, ich habe gedacht, wir sollten heute Abend ein paar meiner Lieder auffrischen. Wenn die Leute im Herrenhaus hier wieder wie vor einigen Jahren einen Musikabend buchen wollen, so wäre ich komplett aus der Übung. Habt Ihr mal daran gedacht?"

„Nein, eigentlich nicht. Ich weiß nicht, ob ich dazu Lust habe."

Orhan wandte sich zu den anderen Männern: „Was meint ihr?"

Sie schüttelten bedächtig die Köpfe: „Nein. Heute nicht."
„Heute wollen wir doch Tarock spielen, oder?"

„Wir haben doch letzte Woche gut eingesackt, warum sollten wir denn Musik üben, wenn es nicht nötig ist?", fragte Erno.

Katja regte dies auf: „Es ist aber nötig! Für mich ist es nötig! War ich nicht für euch da, wenn ihr mich gebraucht habt, Onkel Erno?"

Erno vermied Katjas Blick: „Das ist nicht dasselbe."

„Oh doch. Ich bin doch nicht dein Tanzbär, den du ankettest und dann plötzlich kommst du und ich soll Pirouetten drehen."

Orhan versuchte, sie zu beruhigen: „Bitte Katja, mach doch keinen Streit, wofür denn."

„Weil ich weiter singen will, und ihr kein Recht habt, mir das zu verweigern. Ich brauche doch Begleitung", beklagte sich Katja laut.

„Nun beruhige dich aber. Seit wann machen wir denn Musik, nur um Musik zu machen? Musik war ein wichtiger Teil unserer Existenz, ein Mittel zum Zweck, wie Bären fangen und Hühner stehlen. Im Moment brauchen wir das nicht! Nun lass uns bitte Karten spielen, ja?"

Katja drehte sich weg, schäumte innerlich.

Sie schaute in Baruschkos freundliche Augen und flüsterte ihm ins Ohr: „Dich erziehe ich zu einem freundlichen und rücksichtsvollen Mann. Das verspreche ich dir."

Sie stieg auf den Karren, machte die Brust frei.

„Was würde ich wohl ohne dich machen, kleines Kerlchen. Da wär ich ganz verloren", flüsterte sie.

„Was hast du gesagt?", fragte Joska.

„Ach, nichts. Habe ihm nur gesagt, wie niedlich er ist", log Katja.

„Ja, er ist wirklich niedlich. Aber ich werde darauf aufpassen, dass er zu einem richtig starken Stammesoberhaupt heranwächst, der nicht mit sich spaßen lässt. Wart's nur ab", antwortete Joska selbstbewusst.

Katja nickte, wie es von ihr erwartet wurde. Am nächsten Morgen machten sich Orhan, Erno und Joska bereit, um zum Herrenhaus zu gehen.

„Ich denke, wir brauchen den Gutshäusern nichts mehr zu verkaufen?", fragte Katja zynisch, als sie sah, wie die Heilkräuter für die Pferde und die Schleifwerkzeuge eingepackt wurden.

„Wer sagt denn das? Irgendetwas in dieser Art müssen wir schon tun, denn sonst könnten die Behörden uns auf die Schliche kommen. Musik ist zu viel Arbeit, wenn wir sie nicht brauchen. Fertig?"

„Was? Wieso muss ich denn mit zum Herrenhaus gehen?", fragte Katja ärgerlich.

„Zum Handlesen, wozu sonst?"

„Du nimmst mich wohl hoch, stimmt's?"

„Nein", sagte Orhan entgeistert, weil er nichts verstanden hatte.

„Ihr kommandiert mich herum!", beschwerte sich Katja laut.

„Lass Baruschko bei deiner Mutter und komm", befahl Joska herrisch.

„Was?"

Joska erhob nun seine Stimme zu einschüchternder Lautstärke: „Du hast es gehört. Lass ihn bei deiner Mutter und beweg dich."

Raja empfing Baruschko mit offenen Armen und lächelte: „Ach mein kleiner Liebling, komm zur Oma." Zu Katja gewandt sagte sie: „Was gibt's hier noch zu warten. Schnapp dir den Korb und vergiss die Karten nicht."

Katja tat, wie ihr geheißen wurde, aber insgeheim schwor sie sich, dass sie es ihnen eines Tages heimzahlen werde. Sie wurde wieder wie Ware behandelt, und es nagte an ihr. Ruhig schritt sie hinter den Männern her. Von Zeit zu Zeit drehte Joska sich um, denn er wollte sich zu vergewissern, dass sie mithielt. Katja wich seinem Blick aus.

Es war ein langer Weg zum Herrenhaus. Die Morgenluft hatte die Frische des Spätsommers, aber es war noch recht warm.

Von den Wiesen trieb ein würziger Heuduft herüber, denn es war erst wenige Tage zuvor eingefahren worden.

„Ganz angenehmer Spaziergang heute, nicht wahr?", fragte Orhan, als er sich zu Katja umdrehte.

Katja antwortete nicht. Sie schaute auf ihre Füße hinunter, die abwechselnd aus dem langen bunten Rock hervorkamen. Sandalen aus Birkenrinde, linker Fuß, rechter Fuß, linker Fuß, rechter Fuß.

Orhan und Erno gingen auf das Herrenhaus zu. Ein neuer

weißer Zaun umgab das Herrenhaus, die Nebengebäude und Ställe. Katja suchte mit den Augen nach Patrins, konnte aber keine entdecken. Schon wollte sich Orhan über die Stämme beklagen, die vor ihnen durchgezogen waren, ohne Nachrichten zu hinterlassen, als er merkte, wie die Spuren zu deuten waren. Ihm fielen nun blasse Flecken auf, wo offensichtlich Patrins weggewischt worden waren. Ein Stallbursche kam auf sie zu und blieb an der Innenseite des blendend weiß gestrichenen Tores stehen.

Orhan zog den Hut und grüßte den Jungen: „Salam, Friede sei mit dir."

„Was führt dich hierher Zigan?"

„Wir kommen hier manche Jahre vorbei, dieses Jahr etwas später als früher. Wir schleifen Messer und Sensen, reparieren Kessel und Samoware. Vielleicht ist ein Pferd krank? Wir haben Kräuter für die Pferde."

„Nee, glaube ich nicht."

„Vielleicht können wir mit dem Grafen sprechen. Er wird sich an uns erinnern, denn wir sind schon oft hier gewesen."

Der Junge lachte: „Der Graf, oh je. Der ist schon eine Weile tot. Starb sehr plötzlich vor etwa zwei Sommern. Sein Sohn erbte alles, verlor es aber bald am Tisch. Graf Lwow hat es gewonnen, Haus und Hof mit allem Mobiliar und den Pferden. Er hat eigene Arbeitergruppen, die umherreisen, um alles in Ordnung zu halten."

Er hielt inne und seine mongolischen Augen hatten ein verschmitztes Lächeln: „Also wenn du mit dem Erben des Grafentitels sprechen willst, dann versuch es doch mal bei Madame Tarnowskaja in Moskau!"

„Was?"

„Oh ja. Der junge Graf Popoffkin steht bei der Madame im Dienst. Aber jetzt solltet ihr gehen, bevor sie sehen, dass ich hier mit euch rede", sagte der Junge etwas verlegen.

„Und Handlesen für die Damen?", fragte Orhan.

„Hier ist alles anders geworden, Zigan", sagte der Junge kopfschüttelnd.

„Nichts für ungut. Allah sei gepriesen", verbeugte sich Orhan.

„Und Friede sei mit euch. Mehr Glück anderswo Zigan", antwortete der Junge.

Die Zigeuner drehten sich um und gingen zurück. Unter einem Baum blieben sie stehen. Orhan zog ein Messer und schnitt das Patrin „Zigeuner hier nicht willkommen" in die Rinde.

„Da verplempert der Nächste nicht seine Zeit."

Als sie den Weg zwischen den Wiesen zurückgingen, der von Hecken und Büschen eingerahmt war, hörten sie plötzlich die vertrauten Schreie der sibirischen Gänse hoch im Himmel. Sie sahen hinauf zu den in großer Formation fliegenden Schneegänsen. Die Pfeilspitze zeigte nach Süden.

„Oh, die sind aber früh!", meinte Erno.

„Väterchen Frost ist schon auf dem Weg und streng wird er sein", bemerkte Katja.

Orhan nickte: „Da müssen wir auch schleunigst in Richtung Süden aufbrechen."

Während sie noch diskutierten, ob sie gleich am nächsten Morgen losziehen sollten, tauchte der goldbraune Rücken eines Pferdes und ein wedelnder Schweif hinter einem Busch auf. Sie traten näher heran und zu ihrer Überraschung erblickten sie ein einsames fast goldgelbes Pferd, das friedlich graste. Sie sahen sich um, konnten aber kein anderes Pferd, keinen Menschen oder Hund entdecken. Sehr langsam und vorsichtig traten Orhan und Katja immer näher. Orhan sprach im Flüsterton zu der Stute. Dann übernahm Katja. In ihrem erprobten Sprechgesang, halb flüsternd, halb singend intonierte sie die alte Melodie, mit der sie kranke Pferde beruhigte.

Erno und Joska beobachteten aus gebührender Entfernung.

„Erstaunlich, es muss irgendwo ausgebüchst sein", sagte Joska.

„Bestimmt doch wohl vom Herrenhaus, oder?", meinte Erno.

„Woher willst du denn das wissen!", meinte Joska mit einem spitzbübischen Grinsen.

„Da könntest du wohl Recht haben. Wenn man sich das mal überlegt, der Tatarenjunge hätte uns bestimmt gesagt, wenn ihm ein Pferd gefehlt hätte", antwortete Erno.

„Genau", nickte Joska.

„Es ist eine Stute. Ob sie wohl schwanger ist?"

„Also, nun sei mal nicht gierig, mein lieber Vater", lächelte Joska.

„Ja, ja, weiß ich."

Das Pferd reckte seinen Hals und guckte Katja geradeaus in die Augen, blies die Nüstern, um zu schnuppern. Katja wich ein wenig zurück bis Orhan neben dem Pferd stand, das auf ihn neugierig wurde. Also klopfte er es am Hals und Katja sang weiter. Nun pirschten sich Joska und Erno auf Zehenspitzen von beiden Seiten heran. Schließlich waren sie nahe genug. Joska holte einen Strick aus seiner Tasche, klopfte das Pferd am Hals und legte das Seil vorsichtig herum. Erno knotete es auf seiner Seite. Eine Weile noch lenkte Katja das Tier ab. Als Erno es dann wegführte, folgte es wie ein Lamm.

„Was für ein nettes Pferd. Da haben wir aber Glück heute", meinte Erno.

„Ja, ein guter Tag", nickte Orhan. „Ist auch kein altes Pferd. Das heißt, wir seilen uns schnellstens aus dieser Gegend ab."

„Genau. Wir warten doch nicht, bis jemand kommt und herumsucht", fügte Katja an.

Sobald sie beim Lager auftauchten, kamen alle angerannt, aber Joska scheuchte sie weg: „Haut ab, ihr macht es ja scheu!"

Die Bären wurden unruhig. Sie zerrten an ihren Ketten, denn sie wollten den Neuankömmling beriechen. Die Stute stand stocksteif, als sie die Bären bemerkte. Aber Erno redete ihr gut zu, hielt sie ganz fest und führte sie zu einem Baum etwas weiter weg.

„Mach sie an einem der Bäume da drüben fest", wies Orhan an.

Danach rief Orhan alle in der Mitte des Lagers zusammen.

„Wenn jemand kommt und fragt, das Pferd hat unsere Pferde gerochen und ist uns zugewandert. Es hat noch das Brandzeichen vom Gut. Wir haben es nur festgebunden, damit wir es dem rechtmäßigen Besitzer zurückgeben können. Verstanden?"

Alle nickten: „Wofür hältst du uns denn?"

Orhan fuhr fort: „Alles wird sofort eingepackt. Die Schneegänse fliegen schon hier, das heißt sie wollen bis tief in den Süden dieses Jahr. Da müssen wir uns auch auf den Weg machen, damit wir vor dem Winter bis Odessa kommen."

„Und das Brandzeichen ändern wir unterwegs?", fragte Joska.

„Klar, das zeige ich dir in ein paar Tagen", antwortete Erno.

8

Zwei Wochen lang beeilten sich die Dimitrijewitsches. Die Tage wurden kürzer und Orhan ließ keine Verzögerungen zu: „Wenn wir keinen Schatten werfen, erst dann wird ausgeruht."

Dicht bei Kursk kamen sie an einem Lager vorbei und entdeckten, dass es Baros Sippe war. Orhan drehte ein. Alle hatten sich eine Menge zu erzählen. Baro bewunderte die neue Stute, prüfte ihre Zähne und ging um sie herum. Er tastete den Bauch ab, ging auf die andere Seite und fühlte noch einmal.

Dann drehte er sich zu Orhan: „Da hast du was Gutes erwischt, mein Lieber. Möchte ich vielleicht kaufen."

Orhan lachte: „Du willst mich wohl verkohlen. Von mir kriegst du nicht zwei für den Preis von einer!"

„Na, dachte, ich probier's mal", antwortete Baro.

Er schaute sich um und suchte nach etwas.

Als er Katja mit dem Baby auf dem Arm sah, sagte er: „Ach, da ist ja Katja, eine richtige Schönheit wie immer, fast noch mehr aufgeblüht mit dem zweiten Baby. Lass den kleinen Kerl mal ansehen. Ich habe mich gefreut zu hören, dass er nach mir benannt wurde."

Baro warf einen ausgiebigen Blick auf Baruschko in Katjas Armen: „Ich sehe, die Klatschtanten haben nicht übertrieben. Er sieht tatsächlich wirklich hübsch aus. Kein Wunder, schlägt nach der Mutter."

Baro sah Katja mit einem offenen Lächeln an. Im ersten Augenblick schien es ihr, als ob da Hinterabsichten durchschienen, aber als sie wieder hinsah, war der Funke nicht mehr da. Vielleicht sah sie schon Gespenster?

Katja beschloss, das direkt anzugehen: „Komplimente, Komplimente! Weißt du, Onkel Baro", wobei sie dem „Onkel" eine besondere Betonung gab: „Meistens wollen die Leute 'was von mir, wenn sie mir Honig ums Maul schmieren. Vielleicht möchtest du etwas von mir Onkel Baro?"

„Nein, nein", beeilte sich Baro. Katja hörte aber die Lüge in seiner Stimme, obwohl er geschickt ablenkte: „Singst du heute Abend vielleicht etwas?"

„Glaube ich nicht. Ich bin aus der Übung, und die Gitarristen auch."

„Schade, wie ist denn das gekommen?"

„Hat sich so ergeben."

Katja hatte keine Lust, die Wahrheit herauszurücken. die vielleicht zu Diskussionen mit Joska und den anderen Männern führen würde. Als Baro sich zu den anderen wandte, fühlte sie einen gewissen Stolz, dass sie es erfolgreich gewagt hatte, jemanden von höherem Stand zur Rede zu stellen.

Am nächsten Tag schlug Baro vor, die Kinder von Orhans Stamm sollten in Kursk die Papiere für den Untergrund ausliefern.

„Unsere Kinder waren neulich schon ein paar Mal in der Stadt und könnten vielleicht wiedererkannt werden. Wo ihr nun schon da seid, können wir die Aufpasser etwas verwirren."

„Gute Idee. Matteo, Walja und Antal können das machen. Joska und ich gehen mit und warten dann außer Sichtweite."

Es war ein recht langer Fußweg, der Weg vom Winikow Dorf nach Kursk, dem großen russischen Zentrum an der Eisenbahn nach Kiew. Bald waren sie am Alexander Prospekt, wo sie in Nr. 45 ausliefern sollten. Sie gingen an dem vierstöckigen Wohnhaus langsam und aufmerksam vorbei und blieben um die Ecke stehen.

„Hast du den Eingang und die Dienstbotentür gesehen?", fragte Orhan Antal.

„Ja", nickte er.

Die Erwachsenen warteten und die drei Kinder gingen zurück. Sie schlenderten an den großen Eingangstüren vorbei, suchten die Kellerfenster rechts und links mit den Augen ab. Ein Frauengesicht erschien im Fenster, das sie mit dem Kopf nach rechts dirigierte. Antal nickte leicht, und sie gingen in den Dienstboteneingang hinein. Der Flur war eng und dunkel mit einem dumpfen Geruch, der schwer zu ertragen war. Das Warten auf den Kontakt war unangenehm aber schließlich tauchte ein junger Mann auf. Sie tauschten Losungswörter aus und folgten ihm durch ein paar Türen und eine Treppe hinunter in einen Kellerraum. Der Geruch von Schweiß und ungewaschenen Menschen war atemberaubend, und wenn es möglich gewesen wäre, wären die Kinder gleich wieder umgekehrt.

„Das ist ja wie eine Höhle", flüsterte Matteo in Romani.

Walja machte: „Sch", denn es war verboten, in Anwesenheit von Gadsche Zigeunersprache zu sprechen. Man kann nie wissen, wer es versteht, war die Regel. Wenn sie nichts verstehen, fühlen sie sich ausgeschlossen und werden vielleicht aggressiv. Oder die Gadsche konnten lernen und das sollte nicht sein. „Romani ist unsere Sprache, nur für uns", war die Regel.

Öllampen und Kerzen waren die einzigen Lichtquellen im Keller. In einer Ecke schnarchte ein junger Mann auf einem Strohlager. Neben ihm hämmerte eine Frau auf einer Schreibmaschine. Sie hustete oft, ohne ihr Tippen zu unterbrechen.

„Lass mal sehen, was du hast", sagte der junge Mann.

Walja zog drei Stück Papier aus ihrem Rock, faltete sie auf und gab sie ihm. Der junge Mann überflog sie und nickte.

„Hier kommt die neue Ausgabe", sagte er zu der Schreibkraft. Mit dem Blick auf die Kinder warnte er: „Ihr wisst, dass ihr mit niemandem darüber reden dürft, was ihr hier gesehen habt?"

„Natürlich", antwortete Matteo. „Wir sprechen doch gar kein Russisch – wenn's drauf ankommt. Und die sprechen ja unsere Sprache nicht."

Antal streckte seine Hand hin. Der junge Mann griff in seine Hosentasche, holte eine Handvoll Münzen hervor, und ließ sie in Antals Hand fallen. Antal hielt seine Hand in Richtung Kerzenschein und zählte sie im Geiste zusammen.

„Vertraust du mir etwa nicht, mein Junge?", fragte der junge Mann lächelnd.

„Nein, nein, das ist es nicht. Es ist ja so dunkel", antwortete Antal und zog einen kleinen Stoffbeutel aus der Hemdentasche.

Er ließ die Münzen hineinfallen und sagte: „Danke Genosse."

Als sie wieder auf die Straße traten, atmete Antal tief durch: „Ach du meine Güte, die Luft war so dick. Ich dachte, ich würde tot umfallen!"

„Und sie verbringen die meiste Zeit ihres Lebens so weggesperrt in Räumen. Kann ich mir gar nicht vorstellen", antwortete Walja.

Auf ihrem Weg zurück in das Lager unterhielten sie sich darüber, wie unterschiedlich das Leben der Zigeuner und der Gadsche war. Orhan erzählte, dass er einmal in einer Wohnung gewesen war. Als er jung war, hatte jemand die Musiker angeheuert, um eine alte Sängerin zu begleiten, die in ihrer Jugend Zigeunerlieder gesungen hatte. Sie hatte gut geheiratet und lebte in einer Wohnung, die so groß wie ein Herrenhaus war.

„Ach dann sind die Wohnungen also nicht so wie wir es da

unten gesehen haben, oder?", fragte Antal.

„Um Himmels willen, nein", erklärte Orhan. „Die Wohnungen haben Fenster zum Lüften, obwohl sie sie meistens zu lassen. Die Möbel der Dame waren wunderbar. Sie hatte sogar Bilder an den Wänden und dicke Teppiche, wie die besten, die Taraf verkauft. Sie hatte sogar zwei Hunde und einen sprechenden Vogel. Ich weiß ja nicht, wie die das machen, aber sie scheinen ganz gut an diese Lebensweise gewöhnt zu sein."

Bei der Rückkehr ins Lager musste Antal die Bezahlung abliefern. Er ließ die Münzen aus dem Stoffbeutel in die offene Hand fallen und schüttelte dann den Sack, um zu zeigen, dass er leer war. Orhan nahm die Münzen, betrachtete sie aufmerksam und stutzte.

„Erno, guck dir doch das mal an. Mir scheint, wir sind beschubst worden."

Erno legte die beiden Kupfermünzen auf die flache Hand, hielt sie ins Licht und guckte noch einmal genauer hin. Dann biss er auf eine Münze.

„Du hast Recht, Orhan. Dies hier ist eine Fälschung."

Er biss auch auf die andere und schüttelte langsam den Kopf. Erno beugte sich zu einer Pfütze hinunter und spülte beide Münzen im schlammigen Wasser ab. Das Abtropfen der bräunlichen Farbe entblößte Eisen.

„Beides Blindgänger. Du hast deinen Stamm im Stich gelassen, Antal. Hast du vergessen, was wir dir beigebracht haben?", schrie Erno.

„Hierher!", bellte Orhan.

Langsam wie ein Schlafwandler trat Antal auf ihn zu.

„Du weißt doch, dass du dem nicht entgehst. Auf!", sagte Orhan ungehalten.

„Es war so dunkel in dem Keller", bettelte Antal. „Nicht die Pferdepeitsche, Onkel Orhan, bitte."

„Sei kein Weichling. Du warst fahrlässig, also zahlst du jetzt den Preis."

Antal war den Tränen nahe: „Aber wie soll ich denn im Dunkeln die Münzen erkennen!"

„Fühl es genau ab, beiß rein, halt's ins Kerzenlicht. Tu was, um dich zu vergewissern. Was hast du gemacht?"

„In den Beutel gesteckt."

„Stracks in die Tasche! Vertraut hast du denen!"

Dann fragte er leise, kalt und bestimmt: „Was haben wir dir beigebracht?"

„Man darf niemandem vertrauen. Man muss prüfen und nachprüfen, wenn es um Geld geht. Einem Gadsche traut man nicht", wiederholte Antal mechanisch.

„Und?"

„Vertrauen ist für Kinder. Erwachsensein heißt niemandem zu vertrauen."

„Richtig. Du bist also jetzt wieder ein Kind. Geld kriegst du eine ganze Weile nicht in die Hand, mein Lieber", maßregelte Erno.

Antal senkte die Augen. Orhan sah, dass Antal am Boden zerstört war. Er hatte versagt, und jeder im Lager wußte es. Die Jungen und Männer würden ihn hänseln. Dennoch musste er die Peitsche spüren. Orhan winkte Joska, der die Pferdepeitsche vom Wagen nahm.

„Umdrehen. Arsch frei!", befahl Orhan, während alle Jungen und Männer einen Kreis bildeten. Die Mädchen und Frauen wandten sich ab.

Die Peitsche zischte auf Antals nacktes Hinterteil.

„Was hast du falsch gemacht?"

„Ich habe meine Leute hängenlassen."

Die Peitsche zischte wieder herunter.

„Warum hast du deinen Stamm hängenlassen?"

„Ich habe jemandem vertraut."

Orhan Peitsche pfiff wieder herunter.

„Warum hast du vertraut?"

„Ich war wie ein dummes Kind, ein dummes blödes Kind."

Katja saß auf ihrem Karren. Sehen konnte sie nichts, aber sie hörte jedes Wort und den Ton der Peitsche. Baruschko lag friedlich in ihren Armen. Obwohl sie wußte, wie Zigeunerkinder aufzogen wurden, kam ein Schauer der Verachtung über sie. Sie stellte sich vor, Baruschko könnte eines Tages die Zielscheibe solch roher Gewalt sein.

Sie war entsetzt und flüsterte Baruschko ins Ohr: „Du sollst es besser haben, mein kleiner Liebling. Du wirst nicht geschlagen. Denen werde ich es eines Tages beibringen wie erwachsen sie sind. Eines Tages ... du kommst mit mir ... "

Wieder zischte die Peitsche auf Antal.

„Was must du jetzt, mein Junge?", fragte Orhan grob.
„Erwachsen werden", Antals Stimme klang schwach.
Orhans Peitsche traf Antal wieder.
„Ich kann dich nicht hören. Was hast du gesagt?"
„Erwachsen werden muss ich", stöhnte Antal.
„Aha! Zieh dich wieder an und wasch der Stute den Schwanz."
Trotz der Demütigung und der Schmerzen weinte Antal nicht. Er erinnerte sich an die Regel: „Akzeptiere das Unvermeidliche ohne Kampf. Energie und Gefühle auf Geschehenes zu verwenden ist Verschwendung."

Am nächsten Tag fingen die Herbstregen an. Baro meinte, er wolle den Winter in der Gegend zu verbringen.
„Wir können in Kursk betteln, solange es das Wetter erlaubt. Dann gehen wir zu den halb unterirdischen Höhlen von Taraf. Ich kenne den Wald gut, wo er sie gegraben hat. Der kommt nicht zurück, schon gar nicht diesen Winter. In der Nähe ist auch eine große Jagdhütte von irgendwelchen Herrschaften. Da können wir Essen ergattern."
„Kommen wir denn da alle unter?", fragte Orhan.
„Garantiert. Du weißt doch, Taraf hat keine halben Sachen gemacht. Für Odessa ist es jedenfalls zu spät. Das schafft ihr nicht mehr, bevor die Wege vereist sind. Da brechen sich mehr Pferde die Beine als ihr essen könnt", meinte Baro.
Orhan nickte: „Aber was ist mit den Bären? Das wird doch zu kalt für die und Futter können wir auch nicht sammeln. Gibt es auch eine passende Höhle für deren Winterschlaf?"
„Da sind genug Höhlen, auch eine für die Bären."
„Na gut, ich hatte eigentlich nicht vor, einen essen zu müssen", antwortete Orhan.
„Nein, nein, das sind gute Höhlen."
Als Katja mit dem Baby verbeiging, sagte er: „Ich habe Baruschko ganz schön husten gehört heute Morgen. Da ist es auch besser, die lange Reise nach Odessa zu vermeiden."

9

Die Zigeuner verbrachten die meisten Herbsttage zusammengekauert unter den Planen auf den Karren. Wenn es nicht regnete, gingen zwei der jüngeren Frauen nach Kursk zum Betteln, denn der Stamm wollte im traditionellen Zigeunergewerbe gesehen werden. Diejenigen, die kein eigenes Baby hatten, borgten sich eines. Wie jeden Spätherbst wurde es schwerer, durch die Nächte zu kommen. Von den Älteren schafften es nicht alle.

Darunter war auch Tante Alekha. Katja saß gerne mit ihr auf dem Karren und hörte zu, was sie zu erzählen hatte. Alekha hatte keine Ahnung, wie alt sie war. Nur eine vague Kindheitserinnerung an unruhige Zeiten nach der Befreiung der Leibeigenen gab einen Anhalt, wann sie geboren war. Sie hatte noch miterlebt, dass die früheren Leibeigenen plötzlich alle unterwegs waren, denn nun waren sie nicht mehr ans Land gekettet. Eine Zeitlang machte dies das Leben der Zigeuner schwerer, aber bald gingen sie wieder dahin zurück, wo sie geboren waren und bestellten den Boden wie zuvor.

Alekha war auch Sängerin gewesen.

„Warum bist du denn eigentlich vom Stamm zur Bühne ausgebüxt, Tantchen? Du hast mir noch nie erzählt, warum", fragte Katja.

„Ich habe ja immer gesagt, es war wegen des Geldes, aber das stimmte nicht. Ich war ja noch sehr jung und hatte schon zwei Kinder als das Pferd meines Mann böse ausschlug und er starb. Wir hatten dann ein Lager bei einem der Prinzen irgendwo in der Provinz. Er lebte mit seiner Sippe in einem Palast mit vielen Nebengebäuden, Stallungen, Katen für die Dienstboten, Gewächshäusern, und Parkanlagen. Es war wie in einem Traum. Der Palast war weiß und hatte sechs weiße Säulen, die von der Treppe bis zum Dach gingen. Wir lebten wie immer, Pferde kurieren, Musik spielen und wahrsagen.

„Eines Tages kam der Prinz zu uns ins Lager. Er ritt ein großes, gut genährtes und glänzend schwarz gestriegeltes Pferd. Er sprach zu den Männern, aber seine Augen wanderten. Dann hielten sie sich an einem Punkt fest und als ich dahin schaute, sah ich Nastja. Der Prinz engagierte uns wieder und wieder, so dass wir mehrfach unsere Abreise verschoben. Irgendwann hatte der Prinz nichts mehr zu reparieren und alle seine Leute hatten auch unsere Musik mehrere Male gehört. Am Abend bevor wir losziehen wollten, kam der Verwalter und befahl unsere Ältesten in den Palast. Wir dachten, das muß wohl ein Irrtum sein, Zigeuner werden doch nicht in den Palast eingeladen. Aber nein, kein Irrtum.

„Der Prinz empfing unsere Männer in einer riesigen Eingangshalle. Auf einem kleinen runden Tisch lagen Umschläge, die prall mit Geld waren. Die bewaffneten Wächter, die nachts das Anwesen innerhalb der Mauer bewachten, standen daneben. Der Prinz nahm einen Umschlag in die Hand und blätterte die Rubel wie Karten auf. Unsere Männer standen einen Moment fassungslos da, aber dann feilschten sie, dass die Schwarte krachte. Der Prinz war Hals über Kopf in die schöne Nastja verliebt. Seit einigen Jahren war er verwittwet gewesen und jetzt war er von dem Gedanken besessen, dass er ohne Nastja nicht leben könnte.

„Begleitet von vier Bediensteten kamen unsere Männer zurück. Nastja war sprachlos, als ihr die Ältesten mitteilten, sie sei an den Prinzen verkauft worden. In Blitzesschnelle erkannte sie aber, was sich da für eine Chance bot. Was hätte sie auch reden sollen, denn sie sah, dass die Taschen der Männer dick mit Rubeln vollgestopft waren.

„Kein Wort des Abschieds. Wir haben Nastja nie wieder gesehen.

„Ihr früherer Mann kaufte sich eine neue Geige und dann machte er mir schöne Augen. Ich mochte den aber überhaupt nicht. Ich lebte in Angst, dass er mich heiraten wollte. Der Rat hätte mich garantiert an den verheiratet, das war klar und einen anderen Ausweg als weglaufen gab es nicht. Im Musikpalast habe ich dann meinen Namen geändert."

„Und was war mit deinen Kindern?", fragte Katja.

Alekha zuckte die Achseln: „Irgendjemand kümmert sich um sie, ist doch immer so. Das war doch auch nicht anders als mit Nastjas Kindern. Die neue Frau würde sie aufziehen. Und wenn der Mann sterben sollte, würden sie bei ihr bleiben. Nastja hinterließ drei Kinder. Mir graute es vor dem Mann, und so schlich ich mich in der Nacht davon. Habe nie wieder an meine Kinder gedacht.

„Im Musikpalast gab es g1ut und reichlich zu essen und die Hausschneiderin machte mir ein schönes langes rotes Seidenkleid. Ich war sehr beliebt in den Hinterzimmern. Wir konnten so viel Wodka trinken wie wir wollten und glaub mir, den haben wir auch gebraucht. Manchmal waren wir so benebelt, dass wir nicht vor Sonnenuntergang aufstanden, gerade rechtzeitig zum Anfang der Vorstellung. Das Balalaika Orchester war wunderbar und es war eine fantastische Zeit. Aber natürlich konnte ich nicht die erste sein, die dem Tag der Wahrheit entging."

Alekha hielt inne und seufzte: „Eines Tages bemerkte ich, dass ich schwanger war", sagte sie zu Katja in einem Ton, der meilenweit weg klang. „Der Chef, dessen Liebling ich so lange gewesen war, wies mir die Tür. Ich war zu ihm und allen seinen Kunden immer nützlich und gut gewesen, habe sogar manche der neuen Mädchen angelernt. Aber er machte die Tür auf, und winkte mich ohne ein Wort hinaus. Durch Singen und Betteln hielt ich mich auf der Straße eine kleine Weile über Wasser. Ein Glück, dass es Sommer war. In einer kleinen Gasse brachte ich dann einen Jungen zur Welt, den ich auf einer Kirchentreppe ablegte. Ich schloss mich dem nächsten Stamm an, der meinen Weg kreuzte. Deine Großmutter war wunderbar und nahm mich auf. Ich war wieder sehr glücklich."

Alekha hielt inne und sah Katja an.

„Eines Tages wirst du Puri-Dai sein. Vergiss deine Großmutter nicht, und sei barmherzig. Ich weiß nicht, was aus mir geworden wäre, hätte sie sich nicht dafür eingesetzt, mich aufzunehmen."

Eine Weile saßen Katja und Alekha still nebeneinander. Dann erinnerte sich Alekha an etwas und reckte sich auf: „Das Kopftuch, das mir der Chef gegeben hat, das habe ich immer noch. Es ist Zeit, dass ich es an dich weitergebe, denn ich brauche es nicht mehr lange."

Alekha drehte sich um und wühlte in den Decken, Lumpen, und der Kleidung, die ihr Bett waren.

„Ach, da ist es. Guck dir mal die Seide an, blutrot wie der Mohn und immer noch mit strahlendem Glanz. Mit ein bisschen Wasser wird es wieder glatt. Es soll nicht verbrannt werden, nimm es jetzt, nimm es."

Alekha hielt das rote Seidentuch an Katjas Gesicht: „Oh, so wirst du der neue Liebling der Musikabende sein, Katja. Den Männern werden die Trinkgelder locker sitzen."

Sie hielt es Katja hin, die es entfaltete, herumdrehte und dann wieder zusammenfaltete.

„Nein, noch nicht, Katja", sagte Alekha. „Du bist noch nicht soweit."

„Wie meinst du das? Ich bin doch nun schon eine Weile verheiratet."

„So meine ich das nicht. Du hast es noch nicht ganz gelernt, dich in die Regeln einzufügen. Ich bin alt", seufzte Alekha, „ich kenne die Menschen. Du bist eine Meisterin im Vortäuschen, aber ich kann dich lesen wie die Gadsche Bücher lesen. Du musst noch lernen, nach den Regeln zu leben."

Katja sah verwundert in das faltige Gesicht der alten Frau, deren dichte weiße Haare unordentlich um das Gesicht herumhingen. Alekha nahm das Kopftuch von Katjas Schoß.

„Jetzt zeigst du mir, dass du nach der Regel leben kannst, keine gefühlsmäßigen Bindungen an Gegenstände zu haben. Weißt du noch? Gefühle sind für Lieder, nicht für den Sänger, nicht für Gegenstände, Personen, Orte oder Tiere. Alles, was du heute liebst, kann morgen weg sein. Jede Person, die du liebst oder hasst ist eines Tages nicht mehr da. Der einzige Weg, um uns auf den Verlust vorzubereiten, ist die Bewunderung zu kontrollieren. Es ist das Schicksal von allen Blüten, zu verwelken. Jetzt zeigst du es mir!"

„Was?", Katja war schockiert.

„Du zeigst es mir, oder ich werde es dir zeigen. Reiß das Tuch in zwei Hälften. Du wirst es wieder zusammennähen und niemand merkt es, wenn du es trägst!"

Katja war fassungslos. Sie schüttelte sachte den Kopf.

Alekha hob das Tuch an: „Du willst, dass ich es tue? Vielleicht hast du es nicht verdient, wenn du das nicht kannst."

Katja atmete tief durch. Sie nahm Alekha den Schal weg, hob ihn an den Mund und biss einen Riss hinein. Es dann in zwei Hälften auseinander zu reißen, war einfach. Verwirrt blickte sie auf die beiden Stücke.

„Siehst du, du kannst das. Jetzt bist du für das Zigeunerleben gerüstet, um den Stamm als Puri-Dai zu führen. Jedes Mal, wenn du es trägst, wirst du an die Regel erinnert."

Alekha lächelte und lehnte sich zurück. Nicht lange danach fanden sie sie eines Morgens kalt unter den Decken.

„Sie hat sich die richtige Zeit ausgesucht", sagte Orhan. „Eine weniger im Winter macht das Leben leichter."

10

Alekhas Tod hinterließ in Katjas Seele ein Loch, das nicht heilen wollte. Es war ihr bewusst, dass sie genau das tat, was Alekha als ihren schwachen Punkt getadelt hatte. Von einem Tag auf den nächstem fühlte sich Katja um Jahre älter. Irgendwie kam es ihr auch so vor, als würde die Zeit durch ihre Finger rinnen – die nie wiederkam. Sie guckte Alekhas rotes Seidentuch an und verstand plötzlich, warum alle Besitztümer von Verstorbenen verbrannt wurden. Wann immer sie es anfasste, dachte sie an Alekhas Zeit im Musikpalast. Was mag wohl aus ihrem kleinen Jungen geworden sein und was wäre wohl aus Alekha geworden, wenn der Dimitrijewitsch Stamm sie nicht aufgenommen hätte? Sie merkte, wie die ständigen Gedanken über die Vergangenheit sie von der Gegenwart ablenkten. Katja begann auch zu verstehen, warum die Zigeuner Besitz als eine Art Mühlstein empfanden. Die Regel, nie mehr zu haben als man auch benutzt, machte plötzlich Sinn.

Baruschko erfreute alle mit seinen ersten unbeholfenen Schritten. Sein Husten war an manchen Tagen weg, an anderen kam es wieder.

Wenn Katja nicht in Hörweite war, flüsterten die Frauen: „Der ist so süß, aber schwach. Solche leben nicht lange."

Je kälter es wurde, desto weniger Menschen waren in den Straßen von Kursk. Nur ein paar Diener schlichen durch die öden grauen Schluchten der städtischen Steinwüste. Für Zigeuner hatten sie keine Kopeken übrig.

Das Essen wurde knapp. Sie aßen zwei der älteren Pferde, aber schließlich mussten sie zu den Quartieren im Wald aufbrechen. Baro, der den Wald wie seine Hosentasche kannte, führte sie zu den von Grundbesitzern für Jagdausflüge freigehaltenen Wegen. Plötzlich schlug der Winter richtig zu. In dem kniehohen Schnee kamen sie nur sehr langsam voran. Joska und Erno sorgten sich sehr um die Bären, die immer langsamer wurden und aussahen, als würden sie vor ihren Augen in den Winterschlaf fallen, wenn sie nicht unverzüglich in eine Höhle gebracht würden. Baro erinnerte sich an eine in der Nähe, die für die Bären geeignet war. Joska pirschte sich vorsichtig an, um festzustellen, ob sie schon Bären oder menschliche Bewohner hatte. Zum Glück war sie leer. Die Männer drängten und schubsten ihre zwei Bären hinein, dann schoben sie die größten Steine, die sie bewältigen konnten vor den Eingang und dichteten alles mit Schnee ab, ließen aber ein Luftloch.

Joska stieß einen Seufzer der Erleichterung aus: „Das war knapp. Wir hätten sie keinen Tag länger wach halten können."

„Das Fleisch hätte sich im Eis gehalten", antwortete Baro zynisch, aber Joska fand das nicht lustig.

Er zog sein Messer und markierte mehrere Bäume. Matteo und Antal beobachteten genau, denn falls Joska etwas zustoßen sollte, mussten sie die Höhle ja wiederfinden und die Bären im Frühjahr herausholen. Orhan beobachtete alles aus der Ferne. Schließlich gab er das Zeichen zum Aufbruch. Nach zwei weiteren Tagen erreichten sie die Jagdhütte, die Baro erwähnt hatte.

„Als ich zuletzt hier war, war sie eine wahre Fundgrube. Wir haben alle Mögliche abgeschleppt, Honig, Mehl, Marmelade, Kleidung, Bettwäsche, sogar Schuhe. Es ist viel mehr als eine Jagdhütte, meine ich, so eine Art Stützpunkt. Irgendwo in der Nähe gibt es eine Scheune, wo sie Getreide einlagern. Danach suchen wir vielleicht im Frühjahr."

Joska hatte solch ein Blockhaus noch nie gesehen.

„Die Gadsche sind merkwürdig", meinte er. „Sie kommen von weither, wo sie so gut auf ihren Landsitzen leben, um in einer kleinen Waldhütte ein paar Tage zu verbringen. Dazu müssen sie dann massenweise Lebensmittel mitbringen, erstaunlich."

„Sie haben diese merkwürdige Art, immer an Morgen zu denken, als ob es nicht von allein kommt", erklärte Erno.

„Vor einigen Jahren fragte ich mal einen der Kutscher, warum die Herrschaften dies tun", meinte Baro. „Der sagte, es könnte ja sein, dass der Prinz plötzlich Lust auf einen kleinen Sommerausflug hat. Es kostet nichts extra, weil wir sowieso im Dienst stehen. Aber wir mögen es, wenn sie uns hierher schicken. Ein paar Tage lang guckt uns der Barin nicht über die Schulter. Denen ist ja klar, dass ihr am Saisonende wahrscheinlich einiges stehlen werdet, aber trotzdem schicken sie uns jedes Jahr."

Mit bloßen Händen gruben die Männer einen Weg durch den Schnee. Die Tür war nicht gut zugenagelt, sodass sie leicht hineinkamen. Innen war es sehr dunkel, aber sie konnten sich den Weg zur Küche ertasten. Als sie den Ofen fanden, nahm Baro einen Stuhl und brach ihn in Stücke, so dass sie vom Herdfeuer Licht hatten. Die Schränke waren voller Roggen, Hafer, Zucker, Honig und Tee. Mit einer Tasse schöpften sie so viel Honig wie möglich in kleine Töpfe, die sie mitnehmen konnten. Dann ging es in die Schlafzimmer. Bettwäsche und Decken wurden zu großen Bündeln mit den Esswaren zusammengeknotet. Als die Flammen verglimmten, waren die Zigeuner schon wieder auf dem Weg nach draußen. Baro nickte selbstzufrieden.

Er schloss lächelnd die Tür: „Den Herrrschaften vielen Dank und eine gute nächste Ernte."

Mit den schweren Bündeln über den Schultern marschierten sie langsam in Richtung Lichtung, wo beide Stämme vor den Höhlen warteten. Jeder aß, was er konnte und dann zogen sie sich in den Schutz der Höhlen zurück, um den Winter in einem tranceartigen Halb-Winterschlaf zu verbringen.

Katja wusste nicht, wie lange sie geschlafen hatte, als sich rauhe Fingerspitzen über ihren Körper bewegten. Ihr erster Gedanke war, dass das Joskas Finger waren, aber dann war sie hellwach. Das waren nicht Joskas Hände. Neben ihr atmete Baro schwer.

„Katja, Djoschka, nur einmal", flüsterte Baro. Sein feuchter Atem in ihrem Ohr war ekelerregend.

Katja zischte: „Behalt's bei dir."

Aber jetzt steckte Baro seine Nase in ihr Ohr, nahm Katjas Hand und zog sie zu sich nach unten. Wütend holte Katja aus, schlug in seine Richtung und landete auf Baros Nase.

Er zischte im Flüsterton: „Das wirst du bezahlen!"

Jetzt war Joska wach: „Was'n los?"

„Onkel Baro", und Katja sprach das Wort Onkel wieder mit Betonung, obwohl sie nur im Flüsterton reden konnte. „Onkel Baro hat sich falsch gedreht. Ich habe versucht, ihm das zu sagen, aber er war nicht wach genug, um sich zur Seite zu rollen. Gib mir Baruschko und lass uns die Plätze wechseln, Joska. Vielleicht kannst du ihn davon abhalten, auf meine Seite zu fallen."

„Na gut", seufzte Joska mit schläfriger Stimme.

Katja lag noch lange Zeit danach wach. Baruschko atmete tief und regelmäßig. Je mehr sie sich bemühte einzuschlafen, desto wacher wurde sie. Die Gedanken wirbelten durch ihren Kopf und wollten sich nicht beruhigen. Was sollte dieses Leben eigentlich? In einer Höhle überwintern wie kleine Füchse sich in einem Erdloch verstecken? Endlose Reisen ohne Ziel, bei denen man nie wusste, was hinter der nächsten Ecke war oder was vielleicht aus dem Gebüsch herausspringen würde. Sie hatte kein Sagen darüber, was sie am Tage tun würde. Wenn Joska oder Orhan bestimmten, dass sie in die Stadt gehen sollte, dann ging sie in die Stadt. Wenn eine der anderen Frauen sich ein Baby zum Betteln in den Straßen leihen wollte, war Baruschko der erste, den sie beanspruchten.

„Der ist so süß. Seine großen Kulleraugen sind doch unwiederstehlich. Er bringt die Kopeken ein", sagten sie.

Wenn Katja zögerte, erhoben sie die Stimme und tischten die Regeln auf. Katja konnte dies trotzdem nicht verwinden und fühlte sich benutzt, wenn sie ihren Sohn abgeben musste.

Sie dachte an ihren ersten richtigen Erfolg, als der Junge den Drei-Rubel-Schein in ihr Dekolleté gesteckt hatte. Die zwei gut gekleideten jungen Männer hatten sie mit hungrigen Augen verfolgt. Sie war noch immer voller Erstaunen, dass sie auf diese Menschen der hohen Gesellschaft eine solche Wirkung gehabt hatte. Die Barrieren, die Raja und die Agitatoren so oft erwähnten, waren in diesem Moment gefallen. Einer der jungen Männer hatte sogar Interesse an dem alten Tamburin gezeigt. Er bewunderte das Bild mit dem roten Mohn. Warum? Nur weil das Tamburin hübsch aussah und einmalig war, oder war es vielleicht, um Katja noch einen Moment länger bei sich zu haben? Vielleicht war sie es gar nicht, sondern Rajas *Jablotschko*, das sie gefesselt hatte? Katja seufzte. Sie wollte wieder in dieser Welt sein, nicht in einer Höhle. In Vollmondnächten erwachten die Zigeuner oft. Eines Nachts lag ein Hauch von Frühling in der Luft, und als sie nach draußen gingen, entdeckten sie, dass der Schnee schon angetaut war.

„Morgen ziehen wir los", sagte Orhan und Katja atmete erleichtert auf.

Der Frühling beeilte sich dann aber doch nicht in dem Jahr und oft mussten die Dimitrijewitsches in Wälder oder Büsche einbiegen, um aus den kalten Winden herauszukommen, der im Gesicht, an den Ohren und Füßen weh tat. Manchmal stutzten sie, ob es wohl wirklich der Wind war oder ob Wölfe herumlungerten. Die Ohren der Bären verrieten ihnen aber, ob da Gefahr lauerte.

In der Nacht flaute der Wind ab, aber es fühlte sich trotzdem noch so an, als habe er alle Wärme von der Erde weggeblasen. Baruschkos Husten wurde wieder schlimmer. Katja war sehr besorgt. Sie summte und sang zu ihm die halbe Nacht. Es beruhigte das Kind und schien sein Fiebern abzumildern bis er erschöpft einschlief.

An einem Morgen kitzelte Katja Baruschko am Kinn, aber er machte seine Augen nur halb auf. Sein Blick schien ganz weit weg als ein Hustenanfall über ihn kam und den kleinen Körper durchschüttelte. Blut tropfte aus seinem Mund. Katja starrte entsetzt, stand auf und ging so schnell sie konnte zu ihrer Mutter mit dem kleinen Bündel über ihren Schultern.

„Mama, was ist nur los mit ihm?"

Raja schüttelte nur stumm den Kopf.

„Mama, wo sind die Kräuter? Tu doch etwas!"

Raja sprach mit tonloser Stimme: „Er schafft es nicht. Die Lungen."

Raja streichelte sanft den kleinen Kopf ihres Enkels: „Seit der Husten im Herbst immer wieder kam, sind seine Lungen ständig schwächer geworden. Ich habe es geahnt. Hatte gehofft, dass ich mich irren würde. Habe nichts gesagt, denn ich wollte dich nicht beunruhigen."

Katja drehte Baruschkos Gesicht zu sich, schaute auf seine halb geschlossenen Augen und das Blut, das aus seinem offenen Mund tropfte.

„Du lässt ihn einfach sterben? Was ist denn mit all den Kräutern und den Zauberkräften?"

Katjas verzweifelte Stimme lockte die Kinder und andere Frauen an, die jetzt aus gebührender Entfernung stumm beobachteten.

„Mach keine Szene, Katja. Du verhältst dich ja wie ein dummes Kind", sagte Raja ruhig. „Babys kommen und wachsen, aber manche Babys bleiben nicht. Mach eine neues. Wird genauso schön."

Katja schloss die Augen, als eine Tränenflut über ihr Gesicht strömte. Dann betrachtete sie Baruschko durch ihren Tränenvorhang. Sie wandte sein Gesicht wieder zu sich. Er riß die Augen auf, bevor ihn ein neuer Hustenanfall schüttelte. Eine panische kleine Hand klammerte sich an ihr Ohr, bevor sein Kopf zur Seite fiel. Als ein warmes Rinnsal von seinen Beinchen auf Katjas Kleid tropfte, wusste sie, es war vorbei.

„Oh nein, oh nein", schluchzte Katja. Bevor sie in sich zusammensank, pflückte Raja sanft den toten kleinen Körper von

Katjas Schultern.

„Du bist ja verrückt", sagte Raja ungehalten. „So viel Aufhebens um die natürlichste Sache der Welt. Meine Tochter sollte das besser wissen."

Katja saß nur da und weinte stundenlang. Als sie schließlich den Rauch in der Ferne aufsteigen sah, ging sie auf ihren Karren und blieb dort den ganzen Tag. Joska kam spät in der Nacht.

„Ich habe ihn auch geliebt, das weißt du doch", sagte er. „Aber weg ist weg und wir müssen auf das Heute schauen. Ich mach dir ein neues", flüsterte Joska mit einem Lächeln, das Katja nicht sah. Dann nahm er sie wie ein Wilder. Als sich die Decke der nächtlichen Dunkelheit über sie senkte, wünschte sich Katja, sie wäre mit Baruschko gegangen.

11

„In diesen kalten Höhlen sollten wir nie wieder überwintern", meinte Katja eines Tages zu Raja. „Mach dich stark, dass wir nächsten Winter in Kischinau oder Odessa verbringen. Nur weil wir so spät dran waren und in diesen schrecklichen Höhlen von Baro bleiben mussten, habe ich Baruschko verloren."

„Unsinn. Sag doch nicht so 'was. Baruschko war von Anfang an ein kleines und schwaches Kind. Er kam ja auch zu früh, weißt du noch? Er hätte es nicht geschafft, egal, was gewesen wäre", sagte Raja.

„Doch, er hätte es geschafft", antwortete Katja trotzig.

„Nein. Du hast ja keine Ahnung. Selbst die Gadsche, die in warmen Häusern wohnen, immer genug zu essen haben, die sich Ärzte und teure Medizin leisten können, verlieren Kinder. Schwache Lungen, Schwindsucht sagen sie. Es heißt sogar, dass einer aus der Zarenfamilie schwache Lungen hatte und starb. Wieder schwanger?", fragte Raja zum Abschluss mit fordernder Stimme.

„Nein, ich könnte es nicht verkraften, wenn das wieder passiert", sagte Katja.

„Natürlich kannst du. Die Hälfte unserer Kinder kommt nicht durch. Das ist so. Also ist es normal", sagte Raja achselzuckend.

„Ich will kein neues, Mama. Ich bin noch nicht so weit."

„Das ist aber dumm. Du musst immer gewappnet sein, jeden Tag, oder jede Nacht sollte ich vielleicht sagen."

„Nein, ich nicht."

Katja war entschlossen, nicht gleich wieder ein Kind zu haben. Wenn sie nachts wach lag, fragte sie sich, ob ihre Ängste und Abneigungen jemals weggehen würden. Warum hatte sie nur diese Gedanken, fragte sie sich. Alle anderen jungen Frauen hatten ein Kind nach dem anderen. Die Hälfte von ihnen überlebte nicht lange aber deren Mütter waren davon offenbar nicht sehr betroffen. Warum war das eigentlich bei den anderen alles anders? Eines Nachts kam sie zu dem Schluss, dass es vielleicht der ganze Lebensstil der Zigeuner mit all seinen Regeln und dem ständigen Gehorsam war, gegen den sie eine Abneigung hatte. Katja wollte zu etwas anderem gehören, wusste aber nicht wozu.

Bald danach merkte sie, dass sie wieder schwanger war, sagte es aber niemandem. Jeden Morgen sprang sie mit Schwung vom Karren hinunter, anstatt sich langsam herabzulassen. Nach ein paar Tagen trat ein, was sie wollte. Katja ging an diesem Abend zum Frauenkarren.

Ilonka war erstaunt und fragte geradeheraus: „Ich dachte, du wärst wieder schwanger. Es ist länger als ein Mond."

„So? Das bildest du dir ein", konterte Katja arrogant.

Die Wochen vergingen. Auf ihrem Weg in Richtung Süden schlugen sie ihr Lager außerhalb eines Dorfes auf. Katja, Ilonka und Sinnaïda gingen zur Hauptstraße, um die Lage auszuloten, als sie Männerstimmen hörten. Sie blieben stehen, um festzustellen, ob da eine Konfrontation war, die eine schnelle Rückkehr in das Lager erforderte, aber die Stimmen klangen nach einer Versammlung. Sie traten vorsichtig näher und erblickten einen Mann in Uniform, der Befehle an eine Versammlung von Männern in langen grauen Mänteln austeilte. Sie erkannten, dass dies Soldaten waren und blieben wie angewurzelt stehen. Ein älterer Mann mit einem großen schwarzen Hut, weißen Bart und einem langen, mit Gold bestickten Mantel schritt die vorderste Reihe ab. Auf seinem rundlichen Bauch wippte eine schwere Goldkette mit einem großen goldenen Kreuz, während er ein zweites Kreuz hielt, sang, und einen kleinen Topf schwenkte, der Rauch verbreitete. Die so gesegneten Soldaten traten dann in ihre Reihe zurück.

Die Zigeunerinnen hatten so etwas noch nie gesehen und waren sich unsicher, ob sie schnell weglaufen sollten.

„Was singt denn der Kaiser?", flüsterte Sinnaïda.

„Weiß ich nicht, aber ein Kaiser ist das wohl nicht."

„Das muss ein Mann von der Kirche sein", sagte Ilonka.

„Verstehst du, was er sagt?", fragte Katja.

„Nicht viel, nur Kampf, Krieg, gelbe Menschen und Gott."

„Ein Krieg? Hier?", fragte Katja voller Angst.

„Vielleicht nicht hier. Die sehen doch so aus, als würden sie irgendwohin reisen. Wir müssen zurück und es den anderen sagen."

„Ja, wir müssen auch die anderen Stämme warnen oder uns erkundigen, ob sie etwas wissen."

Auf dem Rückweg spekulierten die beiden Frauen, ob oder was dies alles für sie bedeuten könnte.

„Ich fühlte mich ziemlich verloren", sagte Katja. „Ich verstand fast gar nicht, was sie gesagt haben. Ich dachte, mein Russisch sei besser. Zum Betteln, Handlesen, und für die Musik verstehe ich ja genug. Darüber hinaus scheint mein Russisch aber nicht gut genug."

„Mach dir darüber keine Gedanken. Du lernst im Laufe der Zeit dazu, aber wozu willst du eigentlich mehr Russisch sprechen? Du kannst die Lieder und noch ein bisschen mehr. Hast doch bis jetzt auch nicht mehr gebraucht, oder?"

„Ich weiß nicht recht, Tante Ilonka. Wenn Gefahren drohen wie vielleicht Krieg, dann ist besseres Russisch vielleicht nützlich, um rechtzeitig wegzulaufen."

„Na, so dramatisch wird es wohl nicht sein. Die jungen Soldaten hatten doch frohe Gesichter, als ob sie sich auf ein Abenteuer freuten."

„Wir müssen aber bald herausfinden, wo sie hingehen, damit wir wissen, was die entgegengesetzte Richtung ist."

Als sie so schnell wieder ins Lager zurückkamen, war Orhans erster Gedanke dass sie im Dorf auf Feindseligkeiten gestoßen waren.

„Haben sie wieder Bomben geworfen?", fragte er.

Er war erleichtert, dass dies nicht der Fall war und er daher keine Kosaken und Geheimpolizisten erwarten musste. Am Ende kamen sie zu dem Schluss, dass die Stämme im Kaukasus wahrscheinlich wieder gegen die zaristische Herrschaft rebellierten. So beschlossen sie, noch ein paar Tage zu bleiben und Genaueres herauszufinden, um eventuell neu zu planen.

Eines Nachts sahen sie in der Nähe Rauch aufsteigen. Der Klang von Männerstimmen trieb durch die spätabendliche Luft.

Als Sinnaïda Katja bat, sie hinter die Büsche zu nehmen, hatte Katja eine Idee: „Sollen wir versuchen, wie nah wir kommen, damit wir richtig zuhören können? Hältst du bis zu den Büschen da hinten durch?"

„Ja", antwortete Sinnaïda und beide schlichen durch das klamme Gras.

Hinter den Büschen fanden sie eine Lücke und setzten sich hin. Der Widerschein der Flammen vom Lagerfeuer leckte an den Soldatengesichtern hoch. Eine tiefe junge Stimme machte den Vorsänger, der von einem riesigen Chor gefolgt wurde, auf den dann wieder der Vorsänger mit dem nächsten Vers folgte. Sinnaïda riss die Augen voller Erstaunen auf. Beim dramatischen Höhepunkt des Liedes, wenn der Sänger in ein erschreckendes Brüllen ausbrach, duckte sich das kleine Mädchen.

„Brauchst dich nicht zu erschrecken", erklärte Katja. „Das ist das *Stenka Rasin* Lied. Er war ein Kosaken Ataman, der seine persische Prinzessin opfert, um den Soldaten seine absolute Loyalität zu zeigen. Er stößt sie in die Wolga, wo sie ertrinkt. Er leided sehr, deshalb schreit er so auf."

Ein anderer Sänger stand auf, um zu zeigen, er wolle Vorsänger sein.

„Beginne", gestattete der Offizier würdevoll.

Mutter und Tochter saßen eine Weile regungslos, hörten zu und beobachteten die von den Flammen erleuchteten Gesichter der Soldaten. Die Zeit schien still zu stehen, als sich Katja plötzlich erinnerte, dass man sie im Lager vermissen würde. Sie verrichteten ihre Notdurft und gingen so schnell sie konnten zurück.

„Hast du gehört, wie deren Lieder anders sind als unsere, Sinnaïda?", fragte Katja ihre Tochter.

„Sie haben keine Geige", antwortete das Mädchen.

„Richtig. Wir singen und spielen, um aus dem Publikum Trinkgelder herauszukitzeln. Sie singen, um eine Geschichte zu erzählen."

Sinnaïda nickte.

Raja kam ihnen besorgt entgegen, als sie wieder im Lager anlangten: „Ich dachte schon, ihr seid auf Wölfe gestoßen."

„Nein, nein, haben nur den Sängern zugehört", antwortete Sinnaïda.

Am nächsten Tag fragte Katja ihre Mutter, ob sie ihr nicht mehr Russisch beibringen könnte.

„Was willst du denn jetzt schon wieder, Katja? Ist dir unser Romani nicht mehr gut genug?", fragte Raja und schüttelte Kopf.

„Wie verdreht du das siehst. Es ist mir aufgefallen, dass ich nicht genug verstehe, um mitzubekommen was läuft und das ist mir unangenehm."

„Du bist wirklich merkwürdig, Katja. Das brauchst du gar nicht zu wissen, denn du führst das Leben einer Roma Frau. Ich habe dir alles beigebracht, was du für ein Roma Leben brauchst, glaube mir."

„Nein, glaube ich nicht. Manche Lieder, die die Soldaten

gesungen haben, könnte ich nicht bringen, weil sie auf Russisch sind. Unsere Wanderwege sind doch in Russland und ich will einfach mehr verstehen."

„Das ist sogar dumm, Katja. Du singst meist auf Romani und die paar Lieder, die auf Russisch sind, kannst du doch. Wie oft soll ich dir erklären, dass es sehr nützlich ist, Russisch nicht gut zu können, für dich und den ganzen Stamm. Ganz egal, was passiert, du kannst immer sagen, du hast nicht verstanden."

Katja schüttelte missbilligend den Kopf, aber Raja fuhr fort: „Wenn du eine andere Sprache wie deine eigene sprichst, dann bist du nicht mehr in deinem Stamm zu Hause. Du schaust nach draußen, wirst zum Außenseiter, auf beiden Seiten. Davon kommt nichts Gutes und du leidest für nichts und wieder nichts."

Katja spürte, dass ihre Mutter da festgefahren war, und ließ das Thema fallen. Sie dachte aber später darüber nach und stellte fest, dass Raja nicht ganz Unrecht hatte. Im Dunkel der Nacht war sie ratlos, warum sie das Bedürfnis verspürte, mehr Russisch zu lernen. Dann fragte sie sich, ob sie vielleicht schon zum Außenseiter geworden war.

Irgendwann entschied Orhan, sie würden einfach weiterziehen, obwohl es keine Anhaltskunkte gab, welche Gefahr auf den Straßen lauerte, oder wo.

Eines Tages hörten sie plötzlich die Klacks von sehr vielen marschierenden Stiefeln. Als der Weg einen Knick machte, erblickten sie ein Meer von Männern in langen grauen Soldatenmänteln, die in voller Wegesbreite auf sie zumarschierten.

„Eins, zwei, drei, vier, eins, zwei, drei", schoss es aus Tausenden von Soldatenkehlen.

„Ah, die Sänger", quietschte Sinnaïda und fiel in die Melodie des *Stenka Rasin* Liedes. „Sch", machte Katja.

Ein lauter Befehl, den die Zigeuner nicht verstanden, stand in der Luft und jeder zweite Soldat in einer Reihe hielt an, marschierte dann in einer Zweierreihe weiter. So machten sie Platz für den Zigeuner Konvoi. Orhan wollte jemanden fragen, wohin sie unterwegs waren, aber es ging alles viel zu schnell. Sobald sie vorbei waren, formierte sich die Kolonne wieder zu voller Wegesbreite.

Als sie schon alle fast vorbei waren, konnte Orhan endlich die Worte finden: „Wohin geht's denn, wohin?"

„Japan, Japsen schlagen", kam es zurück.

Orhan blickte verwundert, als er den grauen Rücken nachsah, die in der Ferne verschwanden. Dann hielt er eine Konferenz mit seinen Männern, aber niemand wusste, ob Japan auf ihrem Wege war.

„Vielleicht ist das ein neuer Name für eine Provinz, die wir kennen", schlug Erno vor.

Dann fragten sie die Frauen, ob sie von einem Stamm der Japsen oder einer solchen Provinz gehört hätten. Könnte es vielleicht ein Hör- oder Übersetzungsfehler sein?

Dann erinnerte sich Katja: „Nein, es muss eine Region Japan geben. Alekha erzählte mir von Seeleuten, die im Musikpalast waren. Sie sprach von Japanern und sagte, sie sähen wie die mongolischen Reiter aus."

„Hat sie gesagt, wo Japan ist?", fragte Orhan.

„Nein. Ich hatte das Gefühl, es war weit weg, wahrscheinlich über das Wasser", antwortete Katja.

„Das stimmt vielleicht", nickte Orhan. „Wenn der Krieg hier wäre, dann könnte uns das nicht entgangen sein. Wir ignorieren das Ganze, fahren wie gewohnt. Aber wir fragen alle, die wir treffen, ob sie Genaueres wissen."

Es dauerte ein paar Wochen, bis sich ein Bild ergab. Väterchen Zar hatte das russische Volk wieder in den Krieg geschickt. Zum anderen Ende des Reiches hatten sie über Tausende von Kilometern eine Eisenbahn gebaut und dort machten ihnen die Japaner das Leben schwer. Der gelben Gefahr musste Einhalt geboten werden, hieß es. Von Seeschlachten wurde erzählt. Ein hochrangiger Minister wurde zur Zielscheibe des Zorns, als er einer Bombe zum Opfer fiel. Die Behörden knüpften ein dichtes Netz, inhaftierten Tausende von Schuldigen und Unschuldigen. Niemand konnte es sich leisten, nicht mehr über die Schulter zu schauen.

Die Welle des Zorns ebbte in diesem Sommer ein kleine Weile ab. Im August 1904 erblickte ein Zarewitsch das Licht der Welt. Endlich, nach vier Töchtern, gab es einen Erben für den Romanow Thron in Sankt Petersburg. Der kleine Junge mit den weißblonden Löckchen wurde Alexej getauft.

„Wir schlagen ein neues Kapitel auf", sagte der Zar. „Wenn es jemals so etwas wie einen Fluch auf dem Namen Alexej gegeben hat – dies ist ein neues Jahrhundert, das 20. Jahrhundert. Der

Aberglauben aus der Zeit Peters des Großen hat keinen Platz mehr in unserem Leben."

Was die Leute so in den Städten und Dörfern über das hübsche Baby im Palast erzählten, erinnerte Katja an Baruschko.

Als die Dimitrijewitsches im nächsten Frühjahr wieder auf der Walze waren, erwarteten sie die Rückkehr von Frieden und Normalität. Das stellte sich jedoch als Wunschdenken heraus, denn der Krieg war nicht vorbei. Die Schlachten gingen weiterhin reihenweise verloren.

Es gab Verwundete. Jeder gefallene Soldat hinterließ trauernde Eltern, Omas, Geschwister und Kinder. In der Jugend verwandelte sich die Trauer von Schmerz zur Wut. Vergebens versuchten sie, diese Gefühle zu unterdrücken, bis sie sich dann doch mit anderen Leidensgenossen zusammenschlossen. Die neue Welle der Unzufriedenheit schwappte über Russland wie eine Tsunami.

Die Kriegsopfer lupften den Jahrhunderte alten Mantel des Schweigens und der Geduld an. Und wo sie nun schon dabei waren, brachten sie auch die bisher zurückgehaltenen Beschwerden auf. Die Zeit, mit vorgehaltener Hand zu flüstern, war vorbei.

Die Dimitrijewitsches zuckten über das alles mi den Achseln, denn sie waren ja schließlich Musiker und Bärenführer, nicht Bauern oder Fabrikarbeiter, die einrücken mussten. Den Reden auf den Dorfplätzen aber konnten sie nicht entgehen.

„In einer Schlacht allein hat der Autokrat 24.0000 Menschen im Meer versenkt."

„10.000 sind in Gefängnisse gesteckt oder ins sibirische Exil geschickt worden."

„Der Zar nutzt das aus, um Sibirien zu besiedeln."

Katja konnte es bald nicht mehr hören. Sie wollte singen, die Macht der Bühne verspüren und bessere Trinkgelder bekommen, damit sie sich die Dinge kaufen konnte, die andere Frauen hatten. Sie sah sie fast jeden Tag, wenn ihre Troikas vorbeitrabten. Wenn sie der Kutsche entstiegen, guckte Katja auf glänzende Schuhe, auf Pelzmäntel, Hüte, Muffs und Spitzenkragen. Glänzende Seidenkleider und Strümpfe konnte man unter Pelzmänteln erkennen. Selbst die Kinder waren in Pelzen. Viele Jungen trugen Matrosenannzüge und sahen aus wie Puppen. Sie schienen alle gut genährt, gesund, fröhlich und zufrieden, so als ob nichts in ihrem

Leben fehlte. Katja fiel auch auf wie sauber sie aussahen, so als ob sie sich jeden Tag waschen würden.

So wollte Katja auch leben. Sie dachte an Nastja und Alekha. Sie wünschte sich, ein Prinz würde sich in sie vernarren und dem Stamm abkaufen. Wo war eigentlich der Unterschied, ob man an einen Mann verkauft wurde, oder ob der Vater die Ehe anordnete, wenn der Brautpreis stimmte? Je mehr sie darüber nachdachte, desto mehr fühlte sie sich wie ein Täubchen, deren Flügel beschnitten waren. Die endlosen Gespräche über Revolution, Krieg und die Leute im Untergrund gingen ihr auf die Nerven, obwohl es ihr bewusst war, dass der Stamm sich orientieren musste, um Gefahrenpunkte zu umgehen.

Eine von den Untergrundzellen stammende Neuheit, die ungeübten Augen entging, machte den Roma das Leben leichter. Routinemäßig gingen die Dimitrijewitsches vor Morgengrauen in das nächstgelegene Dorf, um die Lage auszuloten, solange die Bewohner noch schliefen. Zu ihrem Erstaunen entdeckten sie immer öfter Teller mit belegten Broten auf Fenstersimsen, und zwar so, dass man sich von der Straße aus bedienen konnte. Während das früher eine Seltenheit gewesen war, fanden sie jetzt Brote an vielen Fenstern. Von den anderen Stämmen erfuhren sie, dass die Bauern die Brote für die Nacht herauslegten, damit Ausreißer aus dem Exil etwas zu essen hatten, wenn sie auf der Flucht vor den Behörden waren. Befragt warum sie dies taten, zuckten die Bauern nur die Achseln, und erzählten der Geheimpolizei, dass die Zugvögel auch essen müssten.

„Da müssen ja eine ganze Menge Leute auf der Flucht sein, und zwar überall", meinte Orhan ratlos. „Gefällt mir gar nicht."

Als Orhan und seine Männer im Frühjahr beratschlagten, wo sie in diesem Sommer reisen sollten, stellten sie fest, dass die bekannten „Nester" wie Kiew und Odessa vermieden werden mussten, weil das Rinnsal der Unzufriedenheit dort zu einer Springflut der Wut angewachsen war.

Man sprach darüber, dass des Zaren Soldaten und Polizisten vor dem großen Palast in Petersburg in eine Menschenmenge geschossen hatten. Die Leute wollten nichts anderes, als Nikolas, ihrem Väterchen Zar, eine Petition überreichen, in der sie flehten, das Los der Arbeiter zu erleichtern. Aber durch seine Spitzel hatte er erfahren, dass sie kommen würden. So sorgte er dafür, dass er nicht zu Hause war und verließ sich auf unfähige Untergebene, die Sache zu erledigen.

Niemand konnte am nächsten Tag sagen, ob der blutige Teppich am Winterpalast von Hunderten oder Tausenden stammte. Der Ärger über diesen Blutigen Sonntag im Januar 1905 war allgegenwärtig, im ganzen Reich. Als Nikolas' Onkel Sergej nur drei Wochen später ermordet wurde, war niemand außerhalb der Paläste in Trauer.

Ein paar Monate später lockte die Frühlingssonne die Menschen aus ihren Behausungen. Es war leichter, sich zu bewegen und zu versammeln. Die Dimitrijewitsches blieben wachsam, was sich entwickeln würde, denn die vielen Reden von Streiks verstanden sie nicht. Manchmal wurden sie dessen müde und ignorierten es einfach.

An einem warmen Sommernachmittag spielten, sangen und tanzten sie auf einem Dorfplatz nahe des Poltawa Gutes. Es war ein schöner sonniger Sonntag vor der ersten Heuernte. Die Ernte ließ sich gut an, so dass ein Hauch von Optimismus in den Gesichtern war. Das Publikum stand in einem Halbkreis. Die Kinder schauten mit weit aufgerissenen Augen die Bären an und wichen zurück, wenn Joska mit seinem Meister Petz näher kam. Joska sorgte für den besten Publikumseffekt, indem er sich das kleinste Kind, das auf seinen zwei Beinchen stehen konnte, aussuchte und sich dann ziemlich dicht daneben plazierte. Die Erwachsenen schmunzelten, wenn sich der riesige Bär, der größer als ein Mensch war, aufstellte, und die staunenden Augen der Kinder höher und höher an den behaarten Beinen hochgingen bis sie an der Backe anhielten, wo die Kette in einem Ring endete.

Nach ein paar Liedern ging Katja mit dem Tamburin herum. Ganz vorne stand ein dunkelhaariger Mann in einem guten grauen Anzug, der ihr schon vorher aufgefallen war, als er hinten gestanden hatte. Mit einem Blick bedeutete er ihr, näher zu kommen. Seine linke Hand war voller Münzen, die er nacheinander einzeln in das Tamburin fallen ließ.

Er guckte Katja ins Gesicht und flüsterte: „Komm zu meinem Musikpalast in Kiew, hinter dem großen Markt. Berjosenka heißt er frag nach Lipkin, Lonja Lipkin, im Birkchen in Kiew."

Bevor sie weiterging, guckte Katja ihn noch einmal genau an, merkte sich sein Gesicht. Mit seinem dunklen welligen Haar sah er richtig gut aus, obwohl er kurz und stämmig war.

Am Abend starrte Katja in die Flammen des Lagerfeuers. Lonja ging ihr nicht aus dem Sinn. Sie könnte ihr Leben noch ändern. Sie war am einem Scheideweg angekommen, aber sie musste die Karten richtig spielen.

Wenige Abende später ging Katja wie normal vom Lagerfeuer hinter die Büsche. Als sie aufstand, hörte sie ein leises Zischgeräusch, das nicht nach einem Tier klang. Überrascht sah sie sich um, konnte aber niemanden sehen.

Da war es wieder: „Sch, hier Zigeunermädchen, nicht erschrecken."

Katja stand regungslos und sah in die Richtung, aus der die männliche Stimme kam. Hinter einem Baum kauerte ein junger Mann in Lumpen.

„Hab keine Angst, bitte hilf mir."

Katja starrte auf den jungen Russen, konnte aber nichts sagen. Sie hatte noch nie einen Mann gesehen, dessen Füße in Lumpen gehüllt waren, und dem ein Stück Kette um das Fußgelenk baumelte.

„Bitte, bitte, hör mir zu. Ich bin vom Zug nach Sibirien ausgerissen und muss mich verstecken. Bitte gib meinem Vater in Kiew die Nachricht, dass du mich lebend gesehen hast, oder meine liebe alte Mutter stirbt vor Kummer."

„Ich weiß nicht. Da waren wir noch nie und ob sie mich dann auch in die Stadt lassen, glaube ich nicht", antwortete Katja.

„Also wenn du kannst, bitte geh zur Wladimir Universität. Mein Vater arbeitet da in der Bücherei. Fjodor Grudenko ist sein Name, und ich bin Boris Fjodorowitsch. Bitte geh zu ihm, damit er meiner Mutter Bescheid sagen kann."

„Weiß nicht. Ist was drin für mich?"

Boris schüttelte den Kopf und flehte: „Bitte, sie haben mir alles weggenommen. Hast du nicht vielleicht auch einen Sohn, von dem du wissen wolltest, ob er noch lebt?"

„Ach, mein Sohn", sagte Katja leise vor sich hin.

„Siehst du, du hast einen Sohn", antwortete Boris.

„Lass das. Mein Sohn ist tot."

„Oh, das tut mir so leid für dich, aber jetzt weißt du, wie sich meine Mutter fühlt."

„Was hast du getan, dass du im Zug warst?"

„Einen Eisenbahner-Streik organisiert."
Katja schwieg.
„Weißt du, was ein Streik ist?"
„Nein."
„Wir arbeiten von morgens bis abends und können doch kein Brot für die Kinder kaufen. Mütterchen erfrieren im Winter, weil die Arbeiter kein Holz kaufen können. Wenn alles Reden ins Leere führt, müssen wir die Arbeit verweigern. Das nennt man Streik. Es trifft uns hart, aber was bleibt sonst zu tun?"
„Aha", antwortete Katja, ohne daran echtes Interesse zu haben.
Von Ferne rief Sinnaïda: „Mama, Mama wo bist du denn?"
„Ich muss gehen. Wir dürfen nicht allein weg."
Katja sprach laut in die Richtung, von wo sie Sinnaïda gehört hatte: „Bleib da, komme sofort."
„Bitte, Zigeunerin", flehte Boris. „Bitte richte meinem Vater Fjodor Grudenko in Kiew die Grüße von Boris für Baba Dascha aus, dann weiß er, dass du wrklich von mir kommst."
„Vielleicht, wenn wir nach Kiew kommen, vielleicht tue ich dir den Gefallen. Aber es ist schwierig, denn meine Leute dürfen es nicht merken und wie ich da ohne die anderen hinkommen soll, keine Ahnung."
„Bitte versuche es, gib meinem Vater die Nachricht..."
Katja unterbrach ihn: „Verstehe schon, aber ich muss gehen. Sprich mit niemandem über mich, verstehst du?"
Sie drehte sich um und ging mit schnellen Schritten weg.
„Ja", sagte Boris zu ihrem Rücken. „Mit wem soll ich schon sprechen."
Joska war ungehalten, als Katja zurückkam.
„Du warst ja schon wieder allein weg. Wann lernst du das endlich?"
„Ja, ja, nun lass mal Joska."
„Du kennst doch die Regel. Man geht nur zu zweit, und zwar für deine und unser aller Sicherheit."
Katja unterbrach wieder. „Ich kenne alle Regeln, Joska, aber manchmal habe ich einfach keine Lust dazu. Verstehst du?"
„Nein, verstehe ich nicht, aber ich möchte keinen Streit", antwortete Joska ärgerlich.
Bald darauf fanden die Dimitrijewitsches Zweige an Zäunen

und Patrin an Baumstämmen, die sie zu einer Hochzeit in der Nähe von Kiew einluden. Katja freute sich nicht darauf, mit Baros Stamm zu feiern. Was sie erstaunte war, dass Lipkins Einladung und der junge Russe mit derselben Stadt zu tun hatten. War dies ein Zufall oder ein Wink des Schicksals?

In den Wochen vor der Hochzeit gingen Boris und seine Nachricht Katja nicht aus dem Kopf. Er schien so ehrlich mit seinen treuen blauen Augen. Katja hatte sich vorgenommen, mit niemandem darüber zu sprechen, mit absolut niemandem. Sie würden es ihr nicht erlauben, eine unbezahlte Botschaft zu überbringen. Wenn sie die Sache verfolgen wollte, dann müsste sie einen anderen Weg finden, und wer weiß, vielleicht würde der sie dann sogar zur Berjosenka führen.

12

Die Hochzeitsfeier war auf den Wiesen am Ufer des Dnjepr Flusses, wo ein großes Schiff nach dem anderen langsam und bedächtig mit oder gegen den Strom seine Bahn zog. Vorsichtig manövrierten sie um die vielen frei treibenden Holzflöße, die wie riesige Plattformen aussahen. Es waren Stämme, die zu Hütten und Häusern gezimmert würden und sich vorher mit Flusssalzen vollsaugten, was später holzfressende Insekten vertrieb. Flussaufwärts wurden die Schiffe von Treidlern gezogen und pflügten die breite Wasserstraße im Schneckentempo. Im Frühjahr, wenn das Schmelzwasser den Wasserweg zum Bersten füllte, war das so langsam, dass den Kindern erzählt wurde, sie litten unter großen Schmerzen, genau wie die Wolgaschlepper auf den Treidelpfaden.

„Welche Richtung ist denn Kiew, Mama?", fragte Katja Raja, als sie sich etwas abseits vom großen Hochzeitstrubel ausruhten.

„Da lang", sagte Raja und zeigte. „Kiew ist da hinten, nicht weit, immer am Fluss lang. Vielleicht fahren wir da mal hin."

„Meinst du? Auf dem Rückweg?"

„Nein, diese Saison nicht."

„Warum nicht, lass uns doch mal gucken solange wir in der Gegend sind", schlug Katja vor.

„Nein, dein Vater will in Richtung Krim sobald die Hochzeit vorbei ist. Meine ich auch, Richtung Süden so schnell wir können. Das ist besser für die Bären. Aber du weißt ja wie es ist, besser nicht viel Pläne machen, denn jeden Tag scheint die Sonne auf eine unerwartete Knospe."

Raja hielt inne und blickte über das weite Tal des langsam fließenden Dnjepr.

Dann drehte sie sich zu Katja: „Was hast du denn zu Baro gesagt? Er hat einen Zorn im Bauch."

„Ach", meinte Katja und überlegte. „Ich gehe ihm aus dem Wege. Habe genug von seinem dummen Gerede und den hohlen Komplimenten."

„Du musst aber etwas gesagt haben. Er ist plötzlich ganz anders. Hat dich doch immer so vergöttert."

„Hat wohl seine Meinung geändert", sagte Katja so beiläufig wie möglich. „Muss wohl jemanden anders zum Vergöttern gefunden haben. Kann mir egal sein."

Raja versuchte im Gesicht ihrer Tochter zu lesen: „Er hat's bei dir versucht, stimmts? Mistschwein, war er schon immer."

Jetzt war Katja schockiert, denn die Stimme ihrer Mutter war hasserfüllt. Katja schnappte nach Luft, aber Raja unterbrach.

„Er hat es immer versucht. Mit mir, meiner Schwester, deiner Cousine Daria und Anna natürlich. So ein Schleimer. Niemand hat ihn je zur Rede gestellt, so denkt er, dass die Regeln nicht für ihn gelten. Aber dieses Mal schnappt die Falle zu. Er wird vor den Frauenrat gestellt. Höchste Zeit. Ich habe dir nie etwas gesagt, damit du nicht voreingenommen bist. Dachte sogar, er hätte sich eines Besseren besonnen, wo sein Haar nun wie Salz und Pfeffer ist."

Katja schüttelte den Kopf: „Was für ein riesiges Drama das geben würde. Die sind doch alle voll. Selbst mehrere Tage nach den Feierlichkeiten können sie nicht klar denken. Dich werden sie in Stücke reißen, wenn du das aufbringst und dann bin ich an der Reihe, das heißt, wenn ich aussagen sollte."

„Du wirst aussagen. Ich will, dass Baro gestoppt wird, ein für allemal."

Aber Katja war eiskalt: „Ich mache mich nicht zur Ursache von Stammesfehden. Das ist durch das Nachrichtennetz zu gefährlich. Überall sind Soldaten und Agenten. Baro weiß zu viel."

„Nein, dieses Mal schnappen wir ihn. Er verrät uns nicht an die Gadsche. Durch Joska und seine Brüder, ja den ganzen Stamm, bist du beschützt."

Raja bestand darauf, dass keine Gefahr bestünde.

Katja schüttelte nur den Kopf und wiederholte die Worte ihrer Mutter spöttisch: „Er verrät uns nicht an die Gadsche? Wenn's um Geld und Sex geht, dann verrät Baro seinen eigenen Sohn, glaub's mir."

Raja war schockiert und wütend. Der viele Rotwein der letzten Tage hatte sie noch sturer gemacht als sonst. Aber bevor sie etwas antworten konnte, schnitt Katja ihr das Wort ab.

„Ich sage nichts, und das ist endgültig. Ich habe es satt, dass ich eine Entscheidung treffe und dann kommen deine Ja und Aber. Du sitzt mir ständig auf der Pelle. Aber, aber, aber geht deine Leier und du musst. Damit das klar und deutlich ist, und wiederholen tue ich das nicht: Ich – muss – nicht. Wenn ich nein sage, erwarte ich, dass du meine Entscheidung respektierst."

Katja holte tief Luft: „Ist das klar?"

„Aber ...", fing Raja an.

Jetzt sprang Katja wütend auf: „Es gibt keine Aber mehr! Ich sage nicht aus. Wenn du mich da hineinziehst, sage ich, dass wir über das Lager beim kahlen Berge von Kiew gesprochen haben, über die Geister, die es dort geben soll. Unsere Meinungsverschiedenheit betraf die Geister, und wie wir sie beschwichtigen sollten. Es sei denn, mir fällt noch was Besseres ein."

„Du lügst mich ja an", entgegnete Raja entgeistert.

„Klar! Wer hat es mir denn beigebracht und mich dann als Russlands beste Roma Lügnerin gefeiert?"

„Aber mich doch nicht!"

„Träum weiter! Ich lüge, wann es mir passt. Du kannst überhaupt nichts beweisen. Baro wird mit einem Lächeln bestätigen, was ich sage."

Raja starrte ihre Tochter entsetzt an und wollte etwas antworten.

Aber Katja ließ sie nicht, entgegnete langsam und eiskalt: „Ich mache mich nicht zur Ursache für Stammesfehden. Jetzt halt die Fresse oder gieß Wein rein. Geh zu deinen Ältesten. Ich möchte die Landschaft in Ruhe genießen."

Raja stand auf, drehte sich um und stürmte dann in Richtung Feierlichkeiten. Etwas weiter sah Katja sie straucheln und in dem unebenen Grasterrain fallen. Es sah nicht danach aus, dass Raja sich verletzt hätte. So drehte sie sich um, ließ den Blick über den Dnjepr schweifen.

Katja war aufgewühlt. Diese Mutter, und überhaupt, der ganze Stamm. Einen Moment schloss sie die Augen, denn sie erkannte, dass sie in deren Gegenwart nicht mehr atmen konnte.

Die Hochzeit dauerte Tage. Der Wodka und der rote georgische Wein flossen wie Wasser. Das Singen und Tanzen ging die halbe Nacht bis jeder erschöpft war. Je mehr es sich in die Nacht hineinzog, desto später kamen alle am nächsten Morgen aus ihren Karren.

Katja wurde es schlagartig klar, dass ihr Stichwort gesprochen war. Am nächsten Tag trank sie keinen Alkohol. Am Abend setzte sie sich an einen Platz, wo sie nicht vom Lagerfeuer erleuchtet war. Sie achtete darauf, wann keiner guckte und schüttete den Wein ins

Gras. Bevor sie zu Bett ging, wickelte sie das Tamburin in Alekhas Tuch. Sie hob den Korb an, um zu testen, ob das Tamburin ordentlich eingewickelt war, damit die Schellen nicht klingelten. Sie sorgte dafür, dass die Riemen ihrer Birkenrinde Sandalen nicht verheddert waren.

Beim Einschlafen nahm sich Katja vor, vor dem ersten Licht aufzuwachen. Es funktionierte. Sie musste nicht lange warten, bis die bekannten Vogelstimmen von der bevorstehenden Ankunft des neuen Tages zwitscherten. Sehr langsam und leise drehte sie sich aus dem Bett, so dass Joska und Sinnaïda nicht aufwachen würden. Sie ließ sich vorsichtig herunter und griff hinter sich nach dem Korb. Als sie vor dem Karren stand, schaute sie sich vorsichtig um, ob jemand da war. Sie hatte Glück, sie war allein. Sie ging zu den Esswaren und füllte den Korb randvoll mit übrig gebliebenem Brot.

Als sei es die normalste Sache der Welt schritt Katja aus dem Lager. Hinter dem ersten Busch machte sie eine Pause, setzte sich und nahm die Sandalen aus dem Korb.

Einen Moment hielt Katja inne, aber dann band sie ihre Sandalen um. Sie stand auf und von hinter dem Busch blickte sie über das Lager, das nur wenige Stunden zuvor so lebendig gewesen war. Es war ein zeitweises Zuhause gewesen wie so viele Orte. Die Fesseln, die Katja nun abschütteln musste, waren unsichtbar. Aber abgeschüttelt werden mussten sie, denn Lockerung gab es nicht. Sie schaute auf die Wagen, die in drei Kreisen aufgebaut waren, so vertraut und schon gleichzeitig so fremd. Katja drehte sich mit Schwung um, und ging in Richtung Kiew. Nachdem sie genügend weit weg war, wickelte sie das Tamburin aus und machte sich Alekhas rotes Seidenkopftuch um. Später dachte sie an Sinnaïda und zuckte die Achseln. Die Kinder wurden immer groß, oder? Wo war denn der Unterschied, ob sie die Mutter durch Unfall, Krankheit oder Weglaufen verloren hatten. Das Resultat war dasselbe. Eine der anderen Frauen würde das Kind unter ihre Fittiche nehmen bis Joska eine neue Frau hatte. In kürzester Zeit war die Mutter vergessen, so vergessen, wie die, die gestorben waren.

„Lebe das Leben, das du hast", hieß es und im Geiste konnte sie es schon hören, wie sie Joska aufmunterten.

Je weiter Katja vorankam, desto mehr entwickelte sich der Weg zur Straße. Kutschen und Troikas fuhren in beiden Richtungen an ihr vorbei und sie sah, wie sich deren Insassen nach ihr umdrehten. Kinder starrten. Nach ihrer ersten Pause erkannte Katja, dass sie keine Ahnung hatte, ob sie es vor Einbruch der Dunkelheit nach Kiew schaffen würde. Sie zog das Tempo an. Bald war sie in den Außenbezirken mit den ersten mehrgeschossigen Häusern. In der Ferne glänzten die goldenen Kuppeln in der Nachmittagssonne. An jeder Kreuzung sah sich Katja um und ging dann in die Straße, die am lebhaftesten schien, denn die müsste zur Stadtmitte führen. Sie traf auf zwei Mädchen und fragte nach dem Weg.

„Guten Tag, wo ist der große Markt?"

Die Mädchen schauten sie mit großen Augen an.

Die größere der beiden zeigte nach links: „Da lang."

„Nein", sagte die andere und zeigte in die andere Richtung. „Am Bahnhof vorbei und dann geradeaus zum Fluss."

„Das ist glaube ich länger. Aber zum Bahnhof sollten Sie gehen, denn von dort ist er einfacher zu finden."

Katja bedankte sich und konnte beim Weggehen hören, wie die Mädchen hinter ihrem Rücken kicherten. Eine Zigeunerin, die sich verlaufen hatte?

Katja schlug einen strammen Schritt an und machte sich Sorgen, weil sie merkte, dass der Nachmittag bald vorbei sein müsste. Sie wusste, sie war auf dem richtigen Weg, denn der Rauchgeruch von der Eisenbahn wurde stärker und stärker. Bald hörte sie eine Lokomotive pfeifen und war direkt vor dem riesigen Bahnhofsgebäude. Sie überlegte gerade, wen sie nach dem Weg fragen sollte, als sich aus dem Bahnhof eine Menschenmenge ergoss. Junge und Alte, hagere Männer und plumpe Bäuerinnen in schmutzigen Lumpen, deren Grau- und Brauntöne zu einem deprimierenden dunklen Melange zusammenschmolzen, kamen wie eine Wand auf sie zu. Viele hatten Lumpen um die Füße, nicht einmal Birkensandalen. Die Menge bewegte sich wie ein blinder Tausendfüßler und Katja war umringt. Plötzlich entdeckte sie, dass sie nicht entkommen konnte.

Katja fragte den Mann neben ihr: „Wohin geht es?"

„Zur Universität. Trotzki ist wieder da, er führt uns in die Revolution."

Ein anderer Mann hörte es und fügte begeistert hinzu: „Brot und Land für alle! Ganz Russland, Eisenbahner, Drucker, jeder ist im Streik, um die Ausbeuter in die Knie zu zwingen."

Katja starrte ihn nur an. Er klang wie die Redner auf den Dorfplätzen. Je mehr die Menschenwoge voranrollte, desto größer wurde sie, denn aus den Seitenstraßen kamen immer mehr dazu. Die Flutwelle trug Katja mit sich, ob sie es wollte oder nicht. Fast fiel sie hin, als jemand auf ihr Kleid trat. Mit einer Hand, hielt sie es fest, während sie mit der anderen den Korb umklammerte. Bald erreichten sie die Universitätsgebäude mit ihrer breiten Reihe weißer Säulen. Eine große Menschenmenge saß schon auf den breiten Treppen.

„Die Revolution ist endlich da. Brot und Land für alle. Brot und Land, Brot und Land", skandierten die Studenten und erhoben die Fäuste. Die menschliche Woge rollte weiter, füllte alle Korridore und die Aula bis sie urplötzlich anhielt.

„Anhalten, sie warten vorne auf etwas", kam es durch die Reihen. Dann nahmen sie ihren Slogan wieder auf: „Brot und Land für jeden. Der Blutige Sonntag war der Anfang."

Katja stand in einem Korridor vor einer offenen Tür. Das Büro war von den Revolutionären übernommen worden, die nun auf Schreibtischen und Schränken saßen, lachten, rauchten und Papierfetzen in die Luft warfen.

Es sah wie ein Schneesturm aus, in dem die Studenten tanzten. Sie trampelten auf den Papierfetzen herum und jubelten: „Prüfungen! Dazu sind sie gut."

Katja hielt ihren Korb fest, arbeitete sich aus der Masse heraus und trat in das Büro. Ein junger Mann kam auf sie zu: „Schön, dass du da bist Zigeunerin. Wer hat dir denn über unsere Versammlung erzählt?"

„Ich wollte mit Fjodor Grudenko sprechen", antwortete Katja verwirrt.

„Ja, den kenne ich. Er arbeitet in der Bibliothek. Aber heute ist er nicht mehr da."

„Das ist aber schade", sagte Katja.

„Ja, sein Sohn ist ein Genosse und erwischt worden. Sie haben ihn nach Sibirien geschickt und Grudenko hat fast seine Arbeit verloren. Die haben die Bibliothek geschlossen, als wir uns versammelt haben und er ist nach Hause gegangen, damit die Verwaltung sieht, dass er sich nicht mit der Arbeiterbewegung gemein macht."

„Hm", war alles was Katja herausbrachte.

„Kannst du nächste Woche oder so wiederkommen, wenn der Streik wahrscheinlich zu Ende ist?", fragte der Student.

„Weiß ich nicht. Ich muss zum Musikpalast Birke, hinter dem Markt. Weißt du, ob das weit ist?"

„Weit ist das nicht, aber jetzt kannst du nicht da hingehen."

„Warum nicht?"

„Es ist schon dunkel und außerdem wimmelt es nur so von Polizisten und Soldaten. Das kann leicht aus dem Ruder laufen und du bist dann mittendrin. Sie könnten wie in Petersburg in die Menge ballern."

„Was?", fragte Katja ratlos.

„Weißt du was", sagte der junge Mann. „Ich kenne Leute, bei denen du in der Nacht sicher bist. Am Morgen kannst du dann zu deiner Birke gehen, da sind die Straßen sicherer, weil alle in der Kirche sind. Übrigens bin ich Igor Borisowitsch. Halte dich an mich. Wie heißt du denn?"

„Ich heiße", sagte Katja langsam und schaute auf den Boden. „Ich heiße Nadeschda."

Neben ihren Füßen sah sie Glasscherben, einen gebrochenen Rahmen und ein zerrissenes Bild.

„Wer ist das?", fragte sie Igor.

„Das ist der Zar. Weißt du nicht, wie der Autokrat aussieht? Na, brauchst du vielleicht nicht mehr länger zu wissen."

Dann trampelte er auf den Rahmen und das Bild.

„Alles seine Schuld. Der verlorene Krieg, die Leiden der Arbeiter, die Unwissenheit der Bauern. Der muss weg – und dann sind alle seine Paläste für uns, für das Volk", verkündete Igor triumphierend.

„Hat er viele Paläste?"

„Ja, zehn, zwanzig, ungefähr. Manche sind riesig, andere nur groß, und meistens sind alle unbewohnt. Wenn er in seinen Zügen oder auf den Jachten lebt, sind sie alle leer. Was für eine Verschwendung. Er muss gehen."

„Wohin denn?", fragte sie.

„Mir egal. Irgendwohin, solange es weit von seinem Thron ist."

Katja sagte nichts. Sie war erschöpft, und der Zar war nicht ihre Sache. Sie hatte von Sängern und Musikern gehört, die in des Zaren Paläste eingeladen worden waren. Sie waren gut für ihre

Auftritte in großen Ballsälen bezahlt worden, hatten von prunkvollen Kronleuchtern und funkelnden Spiegeln in vergoldeten Rahmen berichtet. Katja hatte das nicht als etwas gesehen, das es zu bekämpfen galt, sondern als etwas, wozu sie gehören wollte. Es war alles ein bisschen viel für Katja und sie verspürte das dringende Bedürfnis, sich hinzusetzen, aber auf dem Fußboden war zwischen den Papierfetzen und Glasscherben kein Plätzchen frei.

„Suchst du nach etwas Nadeschda?", fragte Igor.

Katja antwortete nicht.

„Nadeschda? Hast du was?", fragte Igor besorgt.

„Ja, ich muss mich setzen, aber es gibt keinen Platz."

Eine der jungen Frauen stand von einem Stuhl auf und bot ihn Katja an. Sie setzte sich hin und besann sich kurz, indem sie voll von der Umgebung abschaltete, denn sie musste sich auf den neuen Namen konzentrieren, den sie sich so spontan gegeben hatte. Immer wieder hatte sie überlegt, welchen Namen sie sich wohl später geben sollte. Aber kein Entschluss überlebte den nächsten Morgen.

Jetzt war die Entscheidung gefallen, sie war Nadeschada.

13

Nadeschda schlief kaum in dieser Nacht. Mit Igor war sie durch eine Menge Straßen gelaufen, bis sie dann in einem mehrstöckigen Haus die Treppen zu Kellerräumen heruntergingen, die voller Menschen waren. Er wies Nadeschda eine Ecke voller Stroh zu und da sie sehr erschöpft von dem langen Tag war, schlief sie schnell ein, wachte aber immer wieder auf, denn es fühlte sich an, als müsste sie in diesem überfüllten Keller ersticken. Sie beruhigte sich aber schnell wieder, denn diese eine Nacht würde sie wohl durchhalten. Igors Worte wirbelten in ihrem Kopf herum. Er war so begeistert von den Streiks im ganzen Land. Nun, da der Krieg zu Ende war, mussten sie den Neuanfang nutzen, um die Ungerechtigkeiten der Gesellschaft abzuschaffen. Die Drucker hatten angefangen, und nun waren die Fabriken von Petersburg bis zur Krim geschlossen, so dass Arbeiterräte gebildet werden konnten.

Nadeschda hatte aufmerksam zugehört und nickte oft. Aber je mehr Igor erzählte, desto klarer wurde ihr, dass sein Kampf nicht ihrer war. Sie wollte Erfolg für sich und dessen Ernte, nämlich was man sich für Geld kaufen konnte. Endlich war sie frei, ihre eigenen Schlachten zu schlagen und sich in eine Bewegung einzufügen, wäre genau so erstickend wie das Leben im Stamm, das sie gerade hinter sich gelassen hatte. Als sie merkte, dass es Morgen sein müsse, nahm sie ihren Korb und die Sandalen. Auf Zehenspitzen schlich sie sich aus dem Keller und stieg die schmutzigen kalten Granitstufen hinauf. Sie trat auf die Straße hinaus und stieß einen Seufzer der Erleichterung aus, bevor sie sich die Sandalen umband.

Es war ein kühler, freundlicher Sonntagmorgen, dieser 1. Oktober 1905. Außer ein paar Kirchgängern waren die Straßen menschenleer. Schließlich erreichte sie die Altstadt und den Musikpalast Birke. Das Bild über der Tür mit einer Geige, einem Tamburin und einer Balalaika zeigte Nadeschda, dass sie angekommen war.

Die Eingangstür stand offen, und entließ eine Wolke aus kaltem Tabakrauch und Alkohol. Nadeschda schaute vorsichtig hinein. Trotz der Dunkelheit konnte sie die Tische mit den umgekippten Stühlen erkennen, und eine alte Frau, die einen roten Plüschteppich mit einem Reisigbesen abkehrte. Sie ging hinein. Die

Frau hörte auf zu fegen.

„Was willst du?", fragte sie etwas unwirsch.

„Ich suche Herrn Lipkin, Lonja Lipkin. Er hat mich eingeladen", sagte Nadeschda bescheiden.

„Na sowas!" Die Frau starrte sie mit einem breiten Lächeln an: „Du bist echt, stimmts?", fragte sie grinsend.

„Was heißt echt?"

„Na echt zigeunerisch, nicht eine Verkleidete."

„Ist das wichtig? Wo ist Herr Lipkin?", fragte Nadeschda.

„Woher soll ich das denn wissen. Normalerweise kommt er am Nachmittag aber bei allem, was in der Stadt los ist, weiß der Himmel."

Sie sah Nadeschdas besorgtes Gesicht: „Kein Problem. Du kannst bleiben, bis Lipkin kommt. Entweder stellt er dich an oder er schickt dich zurück. Geh nach oben. Nein, besser nicht die Mädchen aufwecken. Geh da hinter die Bühne und warte im Flur. Schnapp dir einen Stuhl aber geh nicht in die Garderoben."

Nadeschda fand einen Hocker im Flur und setzte sich, aber es fühlte sich unbequem an, so dass sie sich wie gewohnt auf dem Boden niederließ. Von den Garderoben kamen Schnarchgeräusche. Musiker schlafen in den Garderoben, genau wie Alekha es beschrieben hatte. Nadeschda stellte den Korb mit ihren Sachen unter den Hocker und schlief bald ein. Als sie erwachte, sah sie zwei Frauen, die sie beobachteten.

„Wer bist du denn?", fragte die eine.

„Ich bin Nadeschda, Herr Lipkin hat mich eingeladen", antwortete Nadeschda.

„Du lieber Himmel, wie viele will der denn noch haben."

„Also wenn er so weitermacht, muss er Separées anbauen", fügte die andere hinzu.

„Na, egal jetzt", sagte die ältere. „Hol ihr was aus der Küche Malka. Wir wollen nicht, dass sie umfällt, bevor Lipkin sie getestet hat. Bring irgendeinen Rest. Wenn möglich, bring eine saubere Gabel, ja?"

Die Frau guckte Nadeschda prüfend von unten bis oben an.

„Steh auf und nimm den Lumpen vom Kopf. Will sehen, wie du aussiehst."

Nadeschda stand auf, nahm ihr Kopftuch ab und ließ die dicken schwarzen Haare um die Schultern fallen.

„Ich hoffe, du singst besser als du dich unterhältst, junge Dame", stellte die Frau fest und ging um Nadeschda herum. „Na, das Aussehen hast du. Du bist nicht sehr gesprächig, oder?"

„Nicht mehr als nötig, Madame. Mein Russisch noch nicht so gut."

„Du bist nicht dumm. Ausgezeichnet, die meisten Männer mögen die geschwätzigen Mädels sowieso nicht. Ich bin Warwara Petrowna, die Hausdame."

Malka kam mit einem Teller voll kalter Kartoffeln und ein paar Hähnchenteilen. Nadeschda war sehr hungrig und versuchte, nicht gierig auszusehen. Malka lachte, als sie die ungeschickte Art sah, mit der Nadeschda die Gabel hielt.

„Ach du meine Güte! Du bist hübsch und unverbildet. Lipkin wird dich mögen."

Als Lonja Lipkin endlich kam, sah er Nadeschda an, aber zu ihrem Entsetzen erkannte er sie nicht. Er merkte, wie ängstlich sie war.

„Mach dir keine Gedanken. Ich lade die meisten der hübschen jungen Sängerinnen ein, die ich unterwegs höre. Sing einfach irgendetwas. Ich werde mich schon erinnern."

Nadeschda sah sich um, als ob sie nach Begleitung suchte.

„Irgendeine Melodie, Nadeschda, ganz egal was."

Nadeschda holte tief Atem und sang das Lied vom *Birkchen*. Lipkin winkte nach ein paar Takten ab.

„Klar, natürlich erinnere ich mich. Du passt in mein Geschäft. Sehr clever, das Lied vom *Birkchen* fürs Vorsingen zu benutzen. Du bist engagiert, Nadeschda. Warwara erklärt dir dann, was in meinem Musikpalast läuft und was nicht. Stimm dich beim Abendessen mit unserem Konzertmeister über deine Solo-Lieder ab. Dann beobachtest du die Vorstellung heute Abend und morgen sehe ich dich im Rampenlicht."

Nadeschda nickte. Lipkin blickte auf Nadeschdas Füße in den alten Birkenrindensandalen.

„Ach, du hast hübsche Füße, Zigeunerschönheit. Komm aber trotzdem später in mein Büro, um dir richtige Schuhe auszusuchen. Ich schicke den Pagen, wenn ich dazu aufgelegt bin."

Bei Lipkins letzter Bemerkung grinsten Malka und Warwara.

„Warwara zeigt dir auch, wo du unterkommst, gibt dir ein Kleid, und was sonst noch so dazugehört."

Warwara nickte.

„Sie weiß genau, was ich in dieser Bude von meinen Nachtigallen erwarte", fuhr Lipkin fort. „Es wird dir hier gefallen, Nadeschda, und ich möchte empfehlen, dass du nicht mit dem erstbesten Kavallerie-Offizier durchbrennst. Klar?"

Lipkin lachte und Nadeschda nickte mit großen Augen.

„Heute werden wir wohl nicht so viel Kundschaft haben, bei allem was in der Stadt los ist. Gerade erst ist der Krieg vorbei, und schon haben wir wieder Bambule in Kiew. Mann, wenn ich doch zu meinem Cousin nach Amerika gegangen wäre, dann säße ich jetzt nicht mittendrin im Zorres. Egal, lass dich von Nandor und Warwara vorbereiten, damit du morgen mit dabei bist."

Lipkin drehte sich weg, kam aber nach ein paar Schritten wieder: „Ach, fast hätte ich das vergessen. Wir brauchen uns nicht darauf vorzubereiten, dass uns eine Bande wütender Zigeuner heimsucht, und dich schnappt, oder?"

„Nein", log Nadeschda. „Natürlich nicht."

„So hör ich's gern", sagte Lipkin im Gehen.

Warwara guckte Nadeschda an und seufzte: „Also gut, mit dem Waschen fangen wir an. Kaltes Wasser und etwas Seife beißen nicht, wirst schon sehen."

Sie führte Nadeschda zu einem Waschraum, zeigte ihr eine Waschschüssel und wo Wasser geholt wurde. Dann nahm sie ein Stück Seife aus ihrer Kleidertasche.

„Das ist deins. Pass gut darauf auf. Jetzt wasch dich von Kopf bis Fuß. Ich komme gleich zurück, um dir die Haare zu waschen. Hast du Läuse?"

„Glaube ich nicht", antwortete Nadeschda.

„Lass mal sehen."

Warwara zog Nadeschda zum Fenster, und sah Nadeschdas Kopfhaut im Licht an.

„Glück gehabt, keine Läuse. Du hast sehr schöne Haare, glatt und voll. Das sieht toll aus, wenn dir lange Strähnen in das Dekolleté fallen. Wie schade, dass du deine Haarpracht unter dem Lumpen verstecken musstest. Zieh dein altes Kleid nicht wieder an, denn ich bringe dir ein Auftrittskleid."

Nadeschda sah sich um, als Warwara war weg und füllte die Schüssel mit Wasser. Die Seife glitt ihr aus den Fingern, so wie es die Leute beschrieben hatten. Sie wusch sich gründlich und trotz der herbstlichen Kühle mochte sie das ungewohnte Gefühl. Bald war Warwara mit einem leuchtend grünen Kleid wieder da. Sie ging prüfend um sie herum.

„Du siehst großartig aus, Nadeschda. Ich würde die alten Sandalen für die Bühne behalten, denn die sind charmant. Deine nackten Füße haben etwas wildes Zigeunerisches, sehr beliebt beim Publikum. Die Schuhe von Lipkin bekommst du trotzdem, keine Angst. Auf der Bühne sind die Sandalen oder barfuß eine Attraktion, aber ansonsten besteht er auf Schuhen, weil ihr sonst zu oft den Husten bekommt."

Dann wusch Warwara ihr Haar. Nadeschda genoss das neue sinnliche Gefühl, wenn Warwara den ganzen Kopf massierte. Es schien, als ob ihr Kopf plötzlich atmen konnte.

Warwara schaute Nadeschdas Haare prüfend an und zog eine Schere aus ihrer Kleidertasche.

„Nur die Spitzen, Nadeschda, keine Angst", versicherte sie.

Danach steckte sie die Schere wieder weg und sagte: „Jetzt zeige ich dir dein Zimmer. Du bist mit Viktorina zusammen. Ihr beide solltet euch vertragen, denn ein anderes Bett ist im Moment nicht frei. Sie ist ganz in Ordnung, du wirst schon sehen. Und einfach ist es auch, denn wir haben hier im Birkchen sowieso nur zwei Regeln. Nummer eins, tun, was Lipkin sagt. Nummer zwei, nichts nehmen, was dir nicht gehört – nicht aus dem Restaurant, von den Kunden, oder den Kollegen. Das Mädchen, dessen Bett du bekommst, hat diese Regel von mein und dein nicht beherzigt und wir haben sie mitten im Gewitter auf die Straße gesetzt", erzählte Warwara nüchtern.

Warwara sah, dass Nadeschda schockiert war und zuckte mit den Achseln.

„Sie war gewarnt. Wir können uns nicht mit jemandem abgeben, der sich nicht einfügt. Es liegt an dir, die zwei einfachen Regeln jederzeit zu beherzigen."

Warwara griff das alte Kleid. „Darin kannst du dich nicht mehr zeigen. Das geht zum Lumpensammler."

„Oh nein", protestierte Nadeschda fast panisch. „Da ist was drin."

„Natürlich", lachte Warwara. „Wie konnte ich das vergessen. Habe ich damals auch gemacht."

Dann sah sie zu, wie Nadeschda die Münzen aus den Säumen

schnitt.

Warwara nickte: „Sehr gut. Ein bisschen Geld sparen ist immer gut. Kann man alle möglichen Situationen zum eigenen Vorteil drehen."

Auf dem Weg durch die Gänge fragte Nadeschda Warwara, ob sie Romani sprechen könnte: „Früher mal. Aber Lipkin mag das nicht und inzwischen habe ich das meiste vergessen. Er schwatzt oft auf Jiddisch, aber wenn wir unsere Sprache sprechen, macht er eine Szene. Nun ja, er ist der Chef."

Oben klopfte Warwara dann an eine Tür und ging ohne eine Antwort abzuwarten hinein. Viktorina schlief in einem Bett, wachte aber nicht auf.

Warwara zeigte Nadeschda einen Schrank, ihr Bett und dann flüsterte sie: „Alles organisiert dann. Mach eine Pause, aber sei still, solange Viktorina schläft. Der Page holt dich dann zum Abendessen und der Verständigungsprobe mit Nandor."

Nadeschda sah sich in ihrem neuen Zuhause um. Sie legte den Korb ab setzte sich auf das Bett. Viktorina drehte sich um, wachte aber nicht auf. Nadeschda lehnte sich auf dem weichen Bett zurück und schlief sofort ein.

14

Als Nadeschda die Augen aufmachte, blickte sie in das kindliche Gesicht eines Jungen, der eine rote Uniform mit weißen glitzernden Besätzen trug.

Er klopfte ihr auf die Schulter: „Madame, aufwachen. Zeit zum Abendessen. Nandor schickt mich."

„Oh ja", seufzte Nadeschda etwas überwältigt von der Situation. „Ich komme sofort."

Sie war allein im Zimmer, schüttelte ihr Haar vor einem kleinen zerbrochenen Spiegel in Form und leckte sich die Lippen. Dann nahm sie ihr Tamburin und trat in den dunklen Flur. Plötzlich fühlte sie sich sehr verloren. Wo war der Raum, in dem das Personal aß und probte? Sie schaute nach links, nach rechts, konnte sich aber nicht erinnern, was ihr Warwara gezeigt hatte. Einen Augenblick stand sie still. Ach ja, der Raum für das Orchester war neben der Küche. Sie ging einen schlecht beleuchteten Korridor entlang und der stärker werdende Geruch von Kohl und roten Beeten zeigte ihr an, dass sie auf dem richtigen Weg war.

Als sie in der Tür des Speiseraumes erschien, verstummten alle Unterhaltungen und alle Augen musterten sie neugierig. An zwei langen Tischen saßen die Musiker und Sänger. Nandor brach das Schweigen. Er stand auf, ging auf Nadeschda zu und griff nach ihrer Hand. Sie dachte, er wollte sie zu einem Sitz führen, aber er hob sanft ihre Hand zu einem Handkuss an.

„Enchanté Mademoiselle Nadeschda, enchanté et bienvenue."

Die Musiker lachten: „Nimm das nicht zu ernst, Nadeschda. Er macht das bei allen neuen Mädchen."

„Schmeichelei ist nur eines seiner Werkzeuge", hörte Nadeschda eine tiefe weibliche Stimme aus der hinteren Ecke des Raumes. „Sollst mal die anderen sehen, mit der Zeit."

„Nandor ist sehr stolz auf das bisschen Französisch, dass er in Sankt Petersburg gelernt hat, aber er hat uns noch immer nicht verraten, wer es ihm beigebracht hat."

Nadeschda fühlte sich wie ein Fisch in einem fremden Teich. Zivilisierte Manieren und Zynismus gab es nicht in ihrem früheren Leben, das gerade erst zwei Tage hinter ihr lag. Sie musste aufmerksam sein. Selbst die Sprache war ihr nicht vertraut. Es war weder Ukrainisch noch Russisch sondern eine Mischung. Sie wusste nur, dass sie so tun müsse, als verstünde sie und damit es nicht so auffiel, musste sie mit dem Sprechen vorsichtig sein. Sie lächelte, während Nandor sie zu einem Stuhl neben sich führte. Der Page brachte eine kleine Schüssel mit Rote-Beete-Suppe, einen Löffel, zeigte auf das Brot und die saure Sahne auf dem Tisch. Bevor er ging, machte er eine tiefe Verbeugung. Nadeschda war so überrascht, dass sie vergaß, Danke zu sagen.

„So, Lipkin sagt mir, du hast eine einschmeichelnde Altstimme", brach Nandor das Eis.

„Ja, so sagt man. Für mich ist es ja nur meine Stimme. Ich singe die Melodien, wie ich sie fühle, langsam, melancholisch, frei im Tempo, dann mit ganz allmählicher Beschleunigung bis es alles ganz schnell wird."

Nandors runde braunen Augen betrachteten Nadeschda von Kopf bis Fuß. Sein welliges dunkles Haar fiel bis auf die Schultern und Nadeschda dachte: „Na so ein Restaurant Zigeuner. Der ist so ukrainisch wie alle anderen hier in Kiew."

„Ich sehe, du verstehst unser Publikum, Nadeschda. Du passt gut in unsere Solistenriege und in den Chor", meinte Nandor.

„Danke. Ja, Solistin, welche Lieder muss ich solo singen?"

„Bei uns gibt es kein Muss bei den Liedern. In den Stämmen singen die Mädchen, was ihnen gesagt wird aber hier nicht. Bei mir kannst du es dir aussuchen, obwohl ich natürlich erwarte, dass du berücksichtigst, worum ich dich bitte. Zum Beispiel, wenn ein Mädchen in einem Hinterzimmer singt und dann eine Bestellung für ein bestimmtes Lied kommt, erwarte ich dass du einspringst, damit wir alle das Trinkgeld verdienen können. Aber normalerweise ist es dir überlassen, was du singst. An welche Lieder hast du denn gedacht?"

Nadeschda hörte verblüfft zu, denn was sie wollte, war sie noch nie gefragt worden. Sie musste scharf überlegen, was sie nun sagen sollte.

„Ich kann dir nichts versprechen, aber sag es mir ruhig", fuhr Nandor fort.

Nadeschda versuchte, ganz kühl zu sein: „Die Lieder, mit denen ich am meisten Erfolg habe sind *Die schöne Minka, Daroga Dlinaja, Das Birkchen, Stenka Rasin, Kasbek* und der *Mitleid Walzer*. Dann *Suliko, Schwarze Augen,* und *Das einsame Glöckchen* laufen auch gut, aber das Glöckchen habe ich so oft gesungen, dass ich da keine Seele mehr hineintun kann. Damit sollte ich vielleicht Pause machen."

„*Stenka Rasin* und *Das einsame Glöckchen* kommen hier nicht in Frage, denn diese Lieder lassen wir von den Männern singen. Das *Birkchen* ist ja schon zugeordnet, aber da kannst du ganz gut die Zweitbesetzung sein. Das können wir an einem Abend mehr als einmal bringen, denn seit es Tschaikowsky in seiner vierten Symphonie eingesetzt hat, ist es immer beliebter geworden. Wir setzen uns nach dem Essen mal für deine Version zusammen. *Suliko* möchte ich auch proben, damit wir da vorbereitet sind. Dazu werde ich dich wahrscheinlich nicht bitten, es sei denn Viktorina ist anderweitig beschäftigt. Ich bin froh, dass du *Kasbek* drauf hast. Das ist Spitze als Aufreißer und immer erfolgreich. Hast du schon mal in einem Musikpalast oder Zigeunerrestaurant gearbeitet, Nadeschda?"

Während Nandor sprach, suchte Nadeschda Viktorina mit den Augen. Sie war neugierig wie sie wohl wach aussah. Viktorina war aber am anderen Ende des Tisches, so dass sie sie nicht genau ansehen konnte.

„Nein, habe ich nicht", antwortete Nadeschda etwas schüchtern und schüttelte den Kopf, um Nandor zu zeigen, dass sie zuhörte.

„Na, ist eigentlich nicht wichtig. Man sagt, dass der erste Job in einem Musikpalast am meisten Spaß macht, weil alles neu und aufregend ist. Es ist auch einfach. Die Kollegen respektieren, keine Tricks oder Machtkämpfe. Wo ich Konzertmeister bin, hat jeder Solist den gleichem Wert. Vermeide Unfrieden, der dadurch entsteht, dass du jemanden auszustechen versuchst. Wir arbeiten zusammen, nicht gegeneinander wie in einem Wettbewerb, denn wir ziehen dieselbe Kutsche. Wenn du Vorsängerin bist, gehst du nach vorn. In den Liedern, wo die Refrains lang sind, trittst du wieder zurück in die Choristenreihe, kommst aber später wieder nach vorn. Du wirst sehen, das erzeugt etwas Bewegung auf der Bühne. Am Ende verbeugst du dich tief, um den Applaus entgegenzunehmen. Nicht zu hastig aber zieh das auch nicht in die Länge, nur um Punkte zu gewinnen, denn dadurch kann ein Loch entstehen. Dann gehst du wieder in die hintere Reihe, damit sich das Publikum auf den nächsten Solisten konzentrieren kann.

Du lernst neue Lieder auch besser, wenn du die ersten Male in der hinteren Reihe stehst. Dieses System hat sich in allen Etablissements im Zarenreich bewährt, glaube mir."

Nandor aß etwas Suppe, sah, dass Nadeschda nickte und fuhr mit seinen Anweisungen fort: „Wenn du für dein Solo nach vorn kommst, achte darauf, dass es nicht so schnell ist, dass du jemandem den Applaus abschneidest, denn da ärgert sich jemand. Komm aber auch nicht so langsam, dass man denkt, da weiß einer nicht Bescheid, was dran kommt. Solche Lücken sind immer dumm. Halte heute die Augen und Ohren offen. Du bekommst dafür schnell ein Gefühl. Du bist den ganzen Abend im Dienst, von wenn die Tür aufgemacht wird bis der letzte Kunde auf der Straße steht. Wenn du auf die Toilette gehen musst, gehst du nach deinem Solo, denn ich werde dich offensichtlich nicht für zwei Soli hintereinander einteilen. Wenn du für eines der Hinterzimmer angefordert wirst, gibst du mir ein klares Zeichen, dass ich mitbekomme, du bist nicht da. Danach kommst du direkt wieder auf die Bühne, aber wenn du in dein Zimmer gehst, um dich kurz frisch zu machen, dann drücken wir ein Auge zu, solange wir uns darauf verlassen können, dass du dies nicht ausnutzt."

Nach jeder Anweisung nickte Nadeschda.

„Hat man dir auch Lipkins beide Regeln erklärt?", fragte Nandor.

„Ja", antwortete Nadeschda. „Warwara hat mir das erzählt. Tun, was Lipkin sagt und nicht stehlen."

„Genau", sagte Nandor laut und war erleichtert, dass seine Anweisungen nun zu Ende waren.

„Na, auf Warwara kann man sich verlassen, dass sie die Sachen richtig macht."

Die Musikprobe war ein Kinderspiel. Mit den ersten Akkorden von den Balalaikas und den Gitarren fühlte sich Nadeschda zu Hause. Die Musiker und die Sänger waren routiniert und eine kurze Verständnisprobe reichte aus, um Nadeschdas sechs Sololieder ins Repertoire nehmen zu können. Nadeschda fühlte sich in ihrer Welt angekommen. Nandor reagierte auf ihre geringsten Anzeichen von Beschleunigungen und Dynamik. Sein Orchester folgte perfekt. Nadeschda hatte noch nie so große Balalaika-Bässe wie diese drei gesehen, deren tiefe Töne die Bühnendielen zum Vibrieren brachten. Jedes Lied hatte damit eine physische Qualität.

Wenn sie die Tremolobegleitung für *Suliko* spielten, war es wie ein flauschiger Tonteppich, der Nadeschda eine Gänsehaut gab. Musik war ein Handwerk und ein Geschäft, aber dieser Klang hier kam aus einer anderen Welt.

Von hinter der Bühne sah Nadeschda den ganzen Abend zu. Sie beobachtete die Sänger, das Orchester und das Publikum. Die Kundschaft der Birke, wohlbetuchte Kaufleute, Offiziere, und der junge Adel, füllten das Restaurant wie jeden Sonntag. Dass eine vorrevolutionäre Situation in Kiew und vielen anderen Städten des Zarenreiches ihre Pläne für einen frohen Abend beeinflussen könnte, kam ihnen nicht in den Sinn. Nadeschda beobachtete, wie die Sänger das Publikum zum Klatschen und Lachen brachten. Viktorina wickelte sie mit *Schlittenfahrt im Mondschein* um den kleinen Finger.

Am späten Abend zupfte sie der Page am Ärmel, sie solle zu Lipkin ins Büro kommen. Während sie vor der Tür kurz innehielt, hörte Nadeschda Lipkin in ein schallendes Gelächter ausbrechen. Das gleiche Lachen mit einem Krächzen in der Stimme folgte auf dem Fuße. Überrascht hörte sie zu und klopfte dann an die Tür.

„Komm rein, komm rein. Wir wollen uns kennenlernen, Nadeschda. Schließ die Tür ab, ja."

Lipkin war in einer ausgelassenen Stimmung. Nadeschda stand still.

„Was ist denn los, junge Dame, dreh den Schlüssel um oder weißt du nicht, wie man das macht?"

Lipkin stand auf und verschloss die Tür selber.

„Na, jetzt weißt du, wie das geht. Habe vergessen, dass du ja Türen und Schlösser nicht gewohnt bist."

Er packte Nadeschda am Arm und zog sie mit sich, als er sich auf den Ottoman fallen ließ.

„Komm zu mir, mein Täubleinchen, und setz dich auf mein Knie, während wir uns unterhalten."

Lipkin strich mit den Fingern durch ihre Haare, die dann in ihr Dekolleté wanderten, bis sie auf ihrer linken Brustwarze landeten.

Aus einer dunklen Ecke des Raumes kam eine krächzende Stimme: „Hübsches Mädchen, hübsches Mädchen."

Nadeschda sah sich verwirrt um und erblickte einen Bambuskäfig, aus dem ein grauer Vogel sie aufmerksam beäugte.

„Mach dir keine Sorgen um ihn, das ist Tonio, mein Papagei, der lacht und weint. Er war früher in der Vorstellung, äffte das Lachen der Leute nach. Aber irgendwann war das nicht mehr neu und deshalb ist er jetzt hier. Schau ihn dir nur an, aber steck nicht den Finger hinein, denn er beißt und das tut sehr weh. Dann schreist du nämlich und jedes Mal, wenn du wieder hierherkommst, begrüßt er dich mit deinem Kreischen. Das darfst du mir glauben", lachte Lipkin.

Nadeschda stand auf und starrte dem großen Vogel in die Augen, die ihr Gesicht zu studieren schienen. Tonio hatte große schwarze Pupillen, die von weißen Federn umrahmt waren. Er sah etwas wild aus und so hielt sie einen respektvollen Abstand zu dem großen Papagei, der grau und hässlich war, aber leuchtend rote Schwanzfedern hatte.

„Sei vorsichtig, was du zu ihm sagst Nadeschda, denn er erzählt mir alles ganz genau, wenn du gegangen bist", sagte Lipkin mit einem befriedigten Grinsen.

Nadeschda fragte sich, ob der Vogel wohl singen konnte, aber bevor sie die Worte fand, krächzte der Papagei wieder: „Hübsches Mädchen, schöne Titten, hübsches Mädchen, dicke Titten."

Nadeschda biss sich auf die Zunge, um nichts zu sagen und setzte sich wieder zu Lipkin.

„Nun", Lipkin hielt inne, und dann klang er sehr offiziell: „Ich will mich vergewissern, was ich den Kunden verkaufe. Wir kümmern uns sehr um sie und wir schließt natürlich dich ein. Nun sag mal, du bist heute morgen gekommen. Wo warst du denn über Nacht? Ich habe die ganze Woche keine Zigeuner in der Stadt gesehen, wo warst du denn?"

„Ah", war alles, was Nadeschda als Antwort herausbringen konnte, denn es war ihr unbehaglich, dass Lipkin zu viel wissen könnte.

„Du kannst mir reinen Wein einschenken, mein Schätzchen. All deine Geheimnisse sind bei mir sicher aufgehoben und wenn ich die Wahrheit kenne, kann ich viel besser für dich lügen als wenn ich keine Ahnung habe. Komm wieder auf mein Knie und flüster in mein Ohr damit es Tonio nicht hört."

Nadeschda setzte sich wieder auf Lipkins Knie und dann flüsterte sie sehr leise: „Im Untergrund."

„Wirklich, bei den Politischen?"

„Ja. Sie sagen, sie sind Revolutionäre, aber ich verstehe das ja alles gar nicht. Ich bin nur eine Zigeunersängerin, lebe um zu singen und singe, um zu leben."

„Das höre ich gerne. Die Politischen brauchen wir nicht in meiner Birke."

„Ich bin auf gute Trinkgelder aus."

„Sehr klug, meine hübsches Täubchen. Wenn du aus dem Armutsgefängnis ausbrechen willst, dann bist du bei mir an der richtigen Adresse. Du brauchst nur die Kunden gut zu bedienen."

Lipkin Finger krochen nun unter Nadeschdas Rock, streichelten ihr Bein, aber dann zog er sich abrupt zurück.

„Ein anderes Mal vielleicht. Ich wollte nur sicherstellen, dass du nicht falsch singst, wenn du in eines der Hinterzimmer eingeladen wirst. In meinem Etablissement darfst du behalten, was du in den Hinterzimmern bekommst. Hast du das gewusst? In Moskau oder Odessa machen die das nicht, das kann ich dir sagen. Steh auf, du kannst dich jetzt da drüben hinsetzen. Und du darfst mich auch mit Lonja anreden."

Nadeschda stand auf und hockte sich auf den Boden. Lipkin versuchte, nicht überrascht auszusehen und erwähnte den Wochenlohn. Er betonte, wie großzügig sie waren, denn er verköstigte und beherbergte seine Künstler ja auch. Er erklärte, dass er Streit in seiner Belegschaft absolut nicht leiden konnte. Nadeschda sollte darauf achten, dass kein Streit entstünde.

Als Lipkin weitere Bedingungen seines Arbeitsvertrags aufzählte, klang es wie auswendig gelernt. Nadeschda nickte regelmäßig, sodass Lipkin merkte, sie hatte verstanden. Plötzlich sprach er laut und deutlich.

„Keine Babys", wiederholte er. „Dieses Etablissement kann keine schreienden Säuglinge in den Garderoben gebrauchen. Wenn du schwanger sein solltest und du dich entscheidest, das zu einem erfolgreichen Abschluss zu bringen, wenn ich das mal so sagen darf", Lipkin grinste, denn er war stolz auf seine Wortwahl. „Also wenn du das zu einem erfolgreichen Abschluss bringen willst, dann musst du gehen, bevor es offensichtlich wird. Entweder heiratest du den Mann, oder auch irgendeinen anderen Mann, oder du gehst zum Zirkus. Da ist immer Platz für eine hübsche Frau und ihr Baby."

Während seines letzten Satzes stand Lipkin auf und schloß einen großen zweitürigen Schrank auf.

„Keine Babies, keine Babies", krächzte Tonio in seinem Käfig.

Als Nadeschda zu dem Schrank ging, sah sie ein Regal voller schwarzer Schuhe. Manche waren aus glänzendem Lackleder, andere aus pechschwarzem Wildleder.

„Wühl dich da durch bis du ein passendes Paar findest. Keine Eile, achte darauf, dass sie gut passen. Ich lese inzwischen weiter."

Lipkin ging zurück zu seinem Schreibtisch und Nadeschda probierte einen Schuh nach dem anderen an, damit sie die besten fand. Lipkin kicherte beim Lesen und brach dann in ein brüllendes Gelächter aus.

„Du musst schon entschuldigen, aber diese Geschichten über Milchmann Tevje sind so lustig. Die Leute denken, dass das alles gut ausgedacht ist, aber die Geschichten sind echt wahr. Meine Frau hat einen Cousin, der die Milch von ihm geliefert bekommt, ob du es glaubst oder nicht. Jeder fragt ihn jetzt, wie es seinen Töchtern geht, aber der echte Tevje hat gar keine Töchter. Es gefällt ihm überhaupt nicht, dass dieser verkrachte Börsenmakler diese schier endlose Kette von Geschichten über ihn verbreitet. Das Publikum goutiert das alles als echt und wenn du lesen könntest, würde ich dir das Heft borgen. Ich glaube, sie werden noch in 100 Jahren von Tevje sprechen. Ach so, dafür bist du ja gar nicht hierher gekommen."

Lipkin betrachtete Nadeschda, die wieder in einem anderen Paar schwarzer Schuhe hin und her stolzierte.

„Diese sehen gut aus meine Liebe. Irgendwie hast du hübsche Füße. Überhaupt, du siehst wirklich gut aus. Bin froh, dass du gekommen bist."

„Ich denke, ich nehme diese", sagte Nadeschda, ging in Richtung Tür, und schnappte sich ihre Birkenrinde Sandalen.

„Hey, vergiss nicht, die anderen wieder reinzutun, mein Schätzchen."

„Oh, tut mir leid, Barin."

„Kein Problem. Du hast eine Menge zu lernen, verstehe ich. Außerdem wolltest du mich mit Lonja anreden. Ich bin Geschäftsmann, kein Barin."

„Ja, Lonja", nickte Nadeschda und warf die Schuhe in den Schrank.

15

Den Rest des Abends stand Nadeschda hinter der Bühne und beobachte die Vorstellung aufmerksam. Die Sänger schlugen das ganze Restaurant in ihren Bann, das mitklatschte und sang. Der erste Lichtstrahl guckte schon über den Horizont, als der letzte Zecher die Birke verließ und alle Künstler sich in ihre Zimmer verzogen. Obwohl Nadeschda sehr müde war, wachte sie oft auf und die Erlebnisse ihres neuen Lebens tanzten vor ihrem inneren Auge. Eine Minute sah sie den Papagei, dann Lipkin und Nandor. Ihr Bett war so viel weicher als die Lumpen auf dem Karren. Sie hatte es auch ganz für sich, was sich seltsam anfühlte. Das Schlafen in einem Haus war sogar etwas unangenehm. Schließlich stand Nadeschda auf und öffnete ein Fenster, aber das weckte Viktorina auf.

„Nein, nein, lass das mal zu, denn wir haben schon Herbst. Wir könnten uns erkälten und dann können wir nicht singen", warnte Viktorina.

„Das fällt schwer, ich weiß. Ich musste mich an Draußen gewöhnen, als ich zum Zirkus ging und dann wieder zurück an Drinnen, als ich hier anfing. Je eher du dich daran gewöhnst, desto besser."

Bald war Nadeschda in ihrem neuen Leben zu Hause. Es gab unter den Künstlern eine Kameradschaft, die sie vorher nicht gekannt hatte. Sie genoss es sogar, das Zimmer mit Viktorina zu teilen, was sie überraschte. Zum ersten Mal in ihrem Leben hatte sie eine echte Freundin, jemanden, den sie sich ausgesucht hätte, wenn sie gefragt worden wäre. Sie hatten viel gemeinsam, erzählten einander ihre Geschichten, und kicherten über die Männer in den Hinterzimmern.

Viktorina hatte eine geistige und seelische Unabhängigkeit, die Nadeschda noch bei keiner Frau gekannt hatte. Sie meinte, dass sie keinen Vordenker brauchte. Einmal sagte sie sogar, dass sie bewusst Abstand hielt.

„Sie sagen, sie sind deine Freunde, aber sie kehren dir den Rücken, sobald du nichts mehr zu geben hast", sagte sie zu Nadeschda und erklärte mit einem entschuldigenden Grinsen: „Ich sage manchmal, dass ich eine Pause für Freundschaften brauche."

Viktorina war als kleines Mädchen an eine Fabrik für

Weißwäsche verkauft worden. Feine Wäsche wurde mit kleinen Stichen gemacht und kleine Mädchen waren als Näherinnen sehr gefragt. An ihre Mutter hatte sie nur eine blasse Erinnerung, und ob es in der Familie einen Vater gegeben hatte, wusste sie nicht mehr. Sie erinnerte sich nur an eine kleine Hütte voller Rauch und viele Kinder. Es gab ältere und jüngere Geschwister, aber wieviele das waren, wusste sie nicht. Nach einigen Monaten in der Näherei lief sie weg. Sie fand bis nach Hause, aber ihre Mutter war nicht froh, sondern wütend. Sie hatte vorgehabt, eine jüngere Tochter an die gleiche Wäschefabrik zu verkaufen und das hatte Viktorina jetzt unmöglich gemacht. So brachte sie die beiden Töchter zum Kloster.

„Ihr seid hier zu viele. Macht euch bei den Nonnen nützlich, damit sie euch füttern. Ich kann es nicht", hatte die Mutter gesagt.

Aber es dauerte nicht lange bis Viktorina genug vom Fußbodenschrubben und Kartoffelschälen hatte. Eines Tages drangen die vertrauten Klänge vom Zeltaufbau eines Zirkusses durch das Küchenfenster. Mitten in der Nacht schlich sie sich dann aus dem Haus und schloss sich dem fahrenden Völkchen an. Rina, so nannten sie sie, war erst in der Trapeztruppe und dann bei den Reitern. Nach einem Unfall begann sie zu singen.

„Ich habe gelernt, aus dem Publikum Erfolg herauszukitzeln. Was ich heute bin, verdanke ich den Leuten vom Zirkus", erzählte Viktorina. „Aber irgendwann kam die Zeit, wo ich sozusagen ich selbst werden musste. Ich wollte das Rampenlicht für mich allein haben."

„Hast Du eine Familie im Zirkus zurückgelassen?", fragte Nadeschda.

„Ach, darüber spreche ich nicht gern. Es war ein anderes Leben. Das müssen wir ruhen lassen."

Nadeschda dachte darüber nach und kam zu dem Schluss, dass sie wahrscheinlich Kinder hinterlassen haben musste. Was sie ihr wohl angetan hatten, dass sie wegging? Ob Viktorina sie vermisste, konnte man nicht feststellen.

Viktorina mochte die freien Nachmittage nicht außerhalb der Birke verbringen. Nadeschda hatte den Eindruck, dass sie Angst hatte, es würde sie jemand erkennen. Musiker und Sänger verbrachten oft ihre Freizeit in Kiew, hatten aber aufgehört, Viktorina einzuladen. Am Anfang war ihre Entschuldigung, dass sie nur ein Bühnenkleid hatte. Dann hatte sie ein gutes graues Kleid gekauft, sagte aber sie sei zu müde. Dann wieder schob sie vor, keine Kopeke für das Teehaus übrig zu haben. Nadeschda verstand, denn auch sie fühlte sich sicherer, sich nicht nach außerhalb zu wagen, denn es könnte alte Wunden aufreißen.

So verbrachten die beiden Sängerinnen ihre freien Vormittage und Nachmittage im Zimmer, pflegten ihre langen schwarzen Haare oder probierten Lieder zweistimmig zu singen. Sie freuten sich, wie gut der *Mitleidswalzer* klang, den Lipkin den Schmalz-Walzer nannte.

Bei *Suliko* verloren sie sich in der Schwerelosigkeit der Tremolobalalaikas bis der Applaus sie in die reale Welt zurückriss. Das ganze Restaurant starrte wie gebannt auf die Bühne und es regnete Münzen. Dann gingen Viktorina und Nadeschda dazu über, sich die Rubel im Licht auf der Bühne in die Strümpfe stecken zu lassen, so dass sie immer mehr Trinkgelder kassierten. Schließlich gingen sie noch einen Schritt weiter und sammelten an den Tischen ein. Aber im Publikum die Rubel im Dekolleté und in den Strümpfen zu sammeln, ging Lipkin zu weit.

„Das grenzt ans Vulgäre. Damit ziehen wir zu viele Männer von einem Typ an, von dem den ich nicht zu viele in der Birke haben möchte", erklärte Lipkin.

Eines Tages tauchte ein junger Gitarrist für das Orchester auf. Nadeschda unterhielt sich gern mit den Neuankömmlingen und lenkte beiläufig die Gespräche auf das fahrende Völkchen. Auch bei diesem Gitarristen Petro war das nicht anders.

Wenn Nadeschda gefragt wurde, ob sie einen besonderen Grund für ihre Neugier habe, so schüttelte sie den Kopf: „Nein, möchte nur wissen, was draußen passiert. Ich mag es hier in der Birke, bin doch nur neugierig auf den Rest der Welt."

Aber Nadeschda täuschte niemanden. Jeder wusste, dass sie nach etwas Bestimmtem angelte.

„Einer der Stämme, den du erwähnst", antwortete Petro, „das muss einer von denen sein, die sich in Richtung Westen abgesetzt haben. Ihr Anführer Orhan ist nach einem Angriff von einem Bären gestorben. Er hatte ihn von klein auf, aber er muss wohl einen Fehler gemacht haben, dass der Bär sich an ihm vergriffen hat. Jedenfalls hat dann der neue Stammesführer Joska entschieden, dass die Dimitrijewitsches westwärts ziehen, denn Tarafs Sippe soll es gut gehen, in Spanien oder Frankreich. Raja, die Puri-Dai, ist eine mürrische alte Frau. Zwei ihrer Töchter sind vom Stamm weggerannt. Man fragt sich, was wohl in den Köpfen dieser Mädchen vor sich geht. Joska war aber sehr glücklich mit der neuen jungen Frau, die so ganz anders als ihre Schwester sein soll. Er erwähnte, dass die Verschiedenheit von den zwei Schwestern erstaunlich ist und lachte über seine erste Frau, die vom Applaus verdorben war. Den Namen habe ich jetzt vergessen, denn ich wollte nicht lange bei denen bleiben.

„Zuerst waren sie ja wütend, als Joskas Frau verschwand und sie haben sogar versucht, sie zu finden. Aber jetzt sind sie froh, dass sie weg ist. So ist das Leben. Joska versuchte mir die Heirat mit der Tochter aus seiner ersten Ehe schmackhaft zu machen und versicherte mir, dass er mit einen ganz kleinen Brautpreis zufrieden sein würde. Das Mädchen war sehr hübsch, das konnte ich sehen. Aber der Tochter der Ausreißerin habe ich nicht recht getraut. Das gibt nur Ärger. So habe ich meine Gitarre geschultert und bin weg, bevor sie mich in irgendetwas hineintricksen konnten."

Petros Lachen stoppte abrupt, als er Nadeschdas entsetztes Gesicht sah. Er staunte mit offenem Mund und sagte tonlos: „Mein Gott, das bist du. Du bist die Sängerin, die Joska abgehauen ist."

Es war nur der Bruchteil eines Momentes gewesen, dass Nadeschda nicht auf der Hut war, aber die Falle war zugeschnappt. Sie stand auf, stemmte die Hände in die Hüften, als würde sie Petro bedrohen.

„Sag so etwas nie wieder. Ich bin aus Kursk, daher nennen sie mich die *Nachtigall aus Kursk*. Wenn ich das noch einmal merke, dass du solche Geschichten über mich verbreitest, singe ich dir ein Lied in einer ganz schiefen Tonart."

Petro war entsetzt: „Da musst du doch nicht heftig mit mir werden. Du hast gefragt. Morgen setze ich mich woanders hin."

„Nicht nötig", antwortete Nadeschda selbstbewusst: „Mir ist nicht so gut heute. Vielleicht ist es besser, wenn ich mich eine Weile hinlege."

Bald darauf kaufte sich Nadeschda ein billiges schon getragenes Alltagskleid.

„Ich kaufe mir irgendwann ein besseres, aber im Moment verschwinde ich mit diesem schrecklichen Braun in der Menge", meinte sie zu Viktorina.

Es dauerte ein paar Wochen bis Nadeschda Viktorina davon

überzeugen konnte, dass sie sich den Kollegen bei den nachmittäglichen Besuchen in die Teehäuser von Kiew anschließen sollten.

„Haben wir uns nicht genug ausgeruht? Wir müssen jetzt mal aus diesem Zimmer heraus. Wir haben uns so viel ausgeruht, dass es echt langweilig ist", meinte Nadeschda. „Bitte lass mich nicht allein mit den Jungs."

Viktorina seufzte: „Du hast ja recht, ich weiß, ich weiß. Eines Tages sagt uns Lipkin, dass wir zu alt sind. Wir müssen vorsorgen."

Viktorina stand von ihrem Bett auf und reckte sich.

„Fühlt sich an, als wenn wir in eine Schlacht aufbrechen müssten, aber was getan werden muss, muss getan werden. Ich setze meinen Hut auf, damit ich respektabler aussehe."

So schlossen sich die beiden Sängerinnen den Kollegen bei den Ausflügen an. Sie schlürften Tee, spielten Schach oder einfache Glücksspiele. Fast immer trafen sie neue Leute, denn Freunde brachten Freunde mit. Manche waren Studenten, manche Offiziere der Konstantin Militärakademie, manche arbeiteten im Opernchor oder im berühmten Kiewer Ballett.

Wo möglich mieden die Künstler die Studenten, denn diese lenkten jedes Gespräch in eine politische Richtung. Die Studenten waren von zu vielen Ungerechtigkeiten in Russland aufgewühlt. Sie betrachteten es als ihre Lebensaufgabe, eine bessere Gesellschaft zu schaffen. Sie sprachen von Revolution und Streiks. Die Hungersnöte waren die Schuld von denjenigen, die sie als herrschende Klasse bezeichneten. Die Duma sollte es längst geändert haben, aber es war alles im Sande verlaufen. Manche Studenten hatten die Bücher des Rebellenschriftstellers Maxim Gorki bei sich und als sie hörten, dass Nadeschda und die Kollegen aus der Birke nicht lesen konnten, fingen sie an, ihnen im Teehaus aus Gorkis Werken vorzulesen.

„Hier, Kapitel 17: Die Leute mögen Russisch, Englisch, Französisch oder Deutsch sprechen, aber die Menschheit hat nur zwei Stämme, nämlich die Reichen und die Armen. In Russland ..."

Der Zeigefinger des jungen Mannes klopfte im Rhythmus der Worte auf das Papier.

„In Russland müssen die Menschen sich verbünden und zusammenstehen, um Freiheit und Rechte zu erkämpfen. Brüder oder Genossen sollte ich wohl sagen ..."

Nadeschda schaltete ab, weil sie kein Interesse hatte, sich mit all diesen Ideen, die in den Köpfen der Menschen herumzuwirbeln schienen, zu beschäftigen. Von gegenüber lächelte Edmund sie an. Er sah so attraktiv aus mit seinem Blondschopf und blauen Augen. Sein Blick streifte umher, hielt aber immer wieder bei Nadeschda an. An diesem Nachmittag lächelte sie zurück, mehr aus Langeweile an den theoretischen Diskussionen als aus echtem Interesse an Edmund. Wie ein Engel sieht er aus mit seinem vollen goldenen Haar, dachte Nadeschda, aber er ist sehr jung.

„Ein Balletttänzer, du liebe Güte! Ein dummer Sturz und er kann die Miete nicht mehr bezahlen", warnte Viktorina am nächsten Tag. „Halt dich bloß von Edmund fern."

Die Musiker versuchten, die Diskussionen und Lesungen so kurz wie möglich zu halten, ohne diejenigen zu beleidigen, die darin den Sinn ihres Lebens sahen. Manchmal kam das Thema auch in der Birke auf, wenn Kellner über Angehörige im Exil, einem gescheiterten oder erfolgreichen Attentat flüsterten. Obwohl sie ihren Lebensunterhalt von der wohlhabenderen Klasse bezogen, waren die Kellner doch fest davon überzeugt, dass die Gesellschaft revolutioniert werden müsse. Wenn das Restaurant leer war, erklärten sie laut, dass sie Teil der Arbeiterklasse waren und nur darauf warteten, dass die Revolution kam. Die Zeit sei reif, dass sogar die armen Treidler der Wolgaschiffe rebellieren müssten. Nadeschda und Viktorina sahen sich nicht als Teil der Arbeiterklasse.

„Was ist, wenn das alles ein Sturm im Wasserglas ist, der so schnell vorbei ist, wie er über uns hereinbricht. Egal auf welche Seite du dich schlägst, es könnte sich als die falsche herausstellen", meinte Viktorina. „Wenn du dich an der Seite der Verlierer wiederfindest, was machst du dann?"

Jeder wusste, dass des Zaren Geheimpolizei ihre Fühler überall hatte. In den Teehäusern konnte man sie nicht übersehen und insgeheim zogen sie Spott an. Sie trugen gute graue oder blaue Anzüge, waren immer zu zweit und suchten sich Tische aus, von denen man das Teehaus übersehen konnte. Sie schlüften den Tee langsam und lasen großformatige Zeitungen, um die Gesichter zu verdecken. Die meisten Gäste achteten nicht auf sie und bemerkten daher auch nicht, dass die Zeitungen kleine Löcher hatten, durch die die Agenten das Kommen und Gehen beobachteten. Des Zaren Augen waren immer von russischer Volkszugehörigkeit.

Viktorina und Nadeschda achteten nicht darauf. Sie genossen die Abwechslung der Ausflüge. Am nächsten Tag saßen sie dann auf ihren Betten und redeten über die Männer, vor allem die Unverheirateten. So sehr sie auch den Lebensstil in der Birke genossen, es wurde ihnen immer klarer, dass es irgendwann zu Ende sein müsste. Sie mussten sich auf das Unvermeidliche vorbereiten. Jüngere Sänger und Sängerinnen tauchten wie aus dem Nichts auf und hatten Erfolg.

Eines Nachts wachte Nadeschda auf und fragte wie zu sich selbst: „Habe ich denn das Tamburin mitgenommen?"

Viktorina schlief fest. Nadeschhda stand auf und fühlte in ihrem Schrank herum. Aber das vertraute Klirren der Schellen blieb aus.

„Du mußt es hinter der Bühne vergessen haben", murmelte Viktorina im Halbschlaf.

„Ja, ich ziehe mich an und hole es. Wenn ich es verliere, klebt das Pech an meinen Fersen wie Hundekacke."

Der direkte Weg zum Bühnenbereich führte an Lipkins Büro vorbei. Seine Tür stand einen Spalt offen und ein schwacher Lichtstreifen drang in den Korridor. Nadeschda ging etwas langsamer, überlegte, ob sie auf Zehenspitzen vorbeigehen sollte oder ob sie besser an den Garderoben entlanggehen sollte. Einen Moment stand sie still, glaubte unentdeckt zu sein, weil sie ja barfuß war.

„Aber dieses Mädchen möchte ich wirklich", forderte Nandors Stimme im Flüsterton. „Sie wissen so gut wie ich, dass sie eine Sensation für die Birke ist. Sie ist so gut, dass sie bestimmt nicht lange bleiben wird, aber entgehen lassen können wir uns das nicht. Nächsten Monat oder sogar nächste Woche kann es zu spät sein."

„Na gut, Maestro. Aber ich sage dir, dass eine dafür gehen muss. Ob das Leska oder eine andere ist, ist mir egal, solange du ..."

Bevor Lipkin seinen Satz beenden konnte, krächzte Tonio: „Hübsches Mädchen, hübsches Mädchen."

„Ha", lachte Lipkin. „Welches Mädchen mag er wohl spüren?"

Er steckte den Kopf durch die offene Tür: „Nadeschda, was machst du denn hier mitten in der Nacht?"

„Ich habe mein Tamburin vergessen Lonja. Ich muss es in den Kulissen suchen."

„Nicht nötig, mein Schätzchen. Nandor hat es mitgebracht."

Er griff hinter sich und holte es vom Schreibtisch.

Dann schwang er das Tamburin in einem langsamen Tempo und versuchte komisch zu sein: „Olé", kicherte er.

Nadeschda lachte artig.

„Vielen Dank Lonja, sehr nett von dir."

„Kein Problem. Es wäre bestimmt eine halbe Katastrophe, wenn du dein schönes Tamburin verlieren würdest. Wahrscheinlich bringt das dann auch Unglück."

„Danke Nandor und gute Nacht."

Bald darauf war Leska nicht mehr auf der Bühne. Sie arbeitete ein paar Wochen in der Küche, aber wohin sie dann verschwunden war, wusste niemand. Nadeschda erinnerte sich daran, was sie in der Nacht mitgehört hatte und besprach es mit Viktorina. Beide Mädchen wurden sich bewusst. dass sie nun bald ihre Zukunft in die Hand nehmen müssten. Es gab nur einen Ausweg, Zwiebelschälen in der Küche oder Betteln in den Straßen zu entgehen. Das war die Heirat mit einem Mann, dessen Einkommen groß genug war, eine Wohnung zu mieten.

Viktorina seufzte: „Ich kann mich so gar nicht als Ehefrau mit ein paar Kindern im Schlepptau sehen. Ich habe so lange Zeit meine eigenen Entscheidungen getroffen, dass die Vorstellung, den Rest meines Lebens abhängig zu sein, mich fast krank macht. Ich war immer in der Lage, meine Chefs zu wechseln, und ich weiß wirklich nicht, ob ich mit einem einzigen Chef für den Rest meines Lebens zurechtkommen könnte."

„Halte die Augen offen, Viktorina", schlug Nadeschda vor. „Vielleicht triffst du ja einen, der akzeptabel oder sogar richtig nett ist."

Aber Viktorina konnte sich mit der Idee nie recht anfreunden. Sie redete über die Zigeunersängerin, deren Konzerte des Zaren Marientheater in Petersburg und die Hallen in Moskau füllten. Die Frau, die fast hässlich aussah, war überall gefragt und erfolgreich, auch in den Salons des Adels.

„Ich erinnere mich gut an Warja Panina. Die ist auch nicht

besser als ich. Warum ist sie erfolgreich und ich nicht?", nörgelte Viktorina.

„Du hattest doch die Gelegenheit, nach Sankt Petersburg zu gehen aber du hast sie nicht wahrgenommen", erinnerte Nadeschda.

„Ich war noch nicht soweit. Es kam zur falschen Zeit", entgegnete Viktorina.

„Das musst du dir jetzt aus dem Kopf schlagen", sagte Nadeschda. „Leben heißt doch Hier und Jetzt, wenn du ein Morgen haben willst."

„Ja, das weiß ich, aber ich falle immer wieder darin zurück, an die Fehler zu denken, die ich gemacht habe. Die Zeit läuft mir davon. Du hast noch ein paar mehr Jahre."

„Weißt du was, sprich einfach über die Frau nicht mehr. Vielleicht verblassst die Erinnerung dann."

16

Ein paar Monate später wachte Nadeschda mitten in der Nacht auf, weil Viktorina wimmerte. Bevor sie fragen konnte, was los war, schlief Nadeschda wieder ein, denn sie war geistig und körperlich vom Trubel der langen Nächte erschöpft. Am Morgen weinte Viktorina immer noch.

„Was ist denn los?", fragte sie.

Viktorina antwortete nicht, weinte sogar noch mehr.

„Bitte sag mir doch, was ist. Vielleicht kann ich helfen."

„Es ist so furchtbar", schluchzte Viktorina.

Nadeschda stand auf, setzte sich auf Viktorinas Bett und strich über ihr langes Haar, das allen Glanz verloren hatte.

„Was ist denn passiert, um Himmels willen?"

„Diesmal ist es ernst. Jetzt bin ich in der Falle, genau wovor ich immer Angst hatte."

Viktorina hielt inne und sagte dann mit schwerer Stimme: „Ich bin wieder schwanger, und es geht nicht weg."

„Hast du versucht?", fragte Nadeschda.

„Ja, alles außer der Stricknadel, das ist so gefährlich."

„Dann musst du schnell heiraten. Was ist mit Vassili?"

„Vassili hat sich gestern mit einer aus seiner Klasse verlobt. Und außerdem, ich bin nicht sicher, dass es von ihm ist."

„Seit wann spielt das denn eine Rolle?"

„Hier ja. Wenn ich einen großen blonden Russen heirate und das Baby hat Schlitzaugen, bin ich geliefert. Wenn ich Lawrenti sage, dass es seins ist und es kommnt dann blond und blauäugig raus, bin ich genauso geliefert."

„Hast du die Wurzeln probiert?", fragte Nadeschda gelassen.

„Wurzeln, welche Wurzeln?"

„Petersilienwurzeln."

Viktorina schüttelte den Kopf: „Petersilienwurzeln?"

„Keine Panik Viktorina. Ich hole dir welche, sobald der Markt aufmacht."

„Hilft sowas?"

„Ja. Versuch wieder einzuschlafen, wenn ich weg bin. Ich mach mir die Haare in einen Dutt, da erkennt mich niemand. Man muss so aufpassen, weil man nie weiß, wer vom Publikum sich an einen erinnert. Ich sollte vielleicht dein graues Kleid anziehen, um unauffällig auszusehen?"

„Klar. Nimm auch den Hut. Brauchst du Geld?", fragte Viktorina müde und schwach.

„Ja, drei bis fünf Rubel wahrscheinlich. Das wird unter dem Tisch verkauft."

„In meinen Stiefeln, Nadeschda."

Nadeschda holte aus Viktorinas Schrank die kniehohen roten Stiefel heraus. Sie kippte den linken um, tat drei Rubel und ein paar Münzen in ihren Beutel und warf den Rest des Geldes zurück. Bevor sie den rechten in den Schrank zurückwarf, schüttelte sie ihn, um zu sehen, ob Geld darin war. Der Klang verriet ihr, dass er Münzen und Scheine enthielt.

Als Nadeschda in der Tür stand, ging ein Lächeln über Viktorinas Gesicht.

„Du siehst wunderbar aus und keiner wird so schnell erraten, wer von uns beiden es ist. Selbst deine eigene Mutter würde an dir vorbeigehen, bestimmt."

„Hervorragend. Ich sage Nandor, dass du heute Abend nicht kannst. Wird nicht lange dauern."

Nadeschda eilte durch das dunkle und leere Restaurant, vorbei an erschrockenen Putzfrauen, die den Teppich kehrten. Der Markt war nur zwei Querstraßen entfernt, aber es war Nadeschdas erster Ausflug allein, seit sie vor einem halben Jahr nach Kiew gekommen war. Es fühlte sich ganz normal an und sie war mit sich zufrieden. Als sie zwei Zigeunerinnen auf der anderen Straßenseite sah, senkte sie den Kopf, um ihr Gesicht zu verbergen.

Im Markt fand sie einen Stand mit Gemüse und Kräutern, der viel Petersilie anbot. Nadeschda blieb stehen.

Die Marktfrau lächelte sie an: „Ich mache ihnen einen guten Preis, gädige Frau. Schauen Sie, heute morgen gepflückt."

„Ja, sehr gut", antwortete Nadeschda und ging nahe an die Frau heran. Dann fragte sie flüsternd: „Haben Sie auch Wurzeln?"

Die Augen der Marktfrau leuchteten auf: „Oh, kleines Problem?", fragte sie leise.

„Für meine Freundin."

„Klar, verstehe ich."

Sie klang nicht so, als würde sie das von der Freundin glauben: „Weiß sie, wieviel man nimmt?"

„Ich passe auf, dass sie das richtig macht. Ich kenn mich mit den Kräutern aus", antwortete Nadeschda.

„Ja, das kann ich mir gut vorstellen."

„Wieviel wollen Sie denn für fünf?"

„Fünf Rubel, Gnädige Frau."

„Fünf Rubel ist mehr als wir geplant hatten", antwortete Nadeschda und überlegte.

„Na, was haben Sie denn?"

Nadeschda kippte den Beutel aus und zählte vor: „Drei Rubel, fünfzig, siebzig, achtzig, vier Rubel, zwanzig, dreißig ... "

„Schon in Ordnung. Ich sehe, dass Sie nicht aus Spaß feilschen."

Die Frau hielt ihre offene Hand hin: „Geben Sie mir, was Sie haben. Falls eine ihrer Freundinnen noch einmal in der Patsche steckt, kommen Sie nur wieder zu mir. Ich mache Ihnen wieder einen guten Preis."

„Vielen Dank. Das vergesse ich Ihnen nicht", nickte Nadeschda.

Die Frau griff unter den Tisch und holte fünf Wurzeln heraus. Nadeschda steckte sie schnell in ihrem Korb und wandte sich im Weggehen noch einmal zurück: „Danke, das hilft uns heute sehr."

„Ist mir ein Vergnügen, mit Ihnen Geschäfte zu machen, gnädige Frau", sagte die Marktfrau mit einer kleinen Verbeugung.

Auf dem Rückweg dachte Nadeschda darüber nach, dass sie als „gnädige Frau" angesprochen worden war. Sie hatte sie wohl als Zigeunerin erkannt, sprach sie aber doch als Dame an. Ob sie aussah wie eine gnädige Frau oder waren das Viktorinas Kleid und Hut? War das der übliche Schmus für eine Kundin oder hatte sie sich durch die Birke verändert? Sie tritt mir ganz anders entgegen als ich bisher behandelt wurde, dachte Nadeschda verwirrt. Wenn man aussieht, als könnte man mehr Geld aus der Tasche ziehen, so behandeln sie einen mit mehr Respekt, fast unterwürfig. In Zukunft werde ich mehr Sorgfalt auf Kleidung und Erscheinung verwenden, wenn ich dadurch mehr erreiche. Meine langen schwarzen Haare, die die Herrschaften in den Hinterzimmern so gerne anfassen, müssen draußen zu einem Dutt gemacht werden. Eigentlich ist es dumm, dass solche Nebensächlichkeiten solch einen Unterschied machen, aber ausnutzen muss man das wohl.

Als sie zurück war, schnitt Nadeschda zwei der Petersilienwurzeln auf, gab Viktorina ein Glas Wasser und sagte:

„Damit solltest du es loswerden. Um sicher zu gehen, nimm morgen früh noch zwei und vielleicht eine am Abend, wenn nötig. Das ist etwas unberechenbar, denn man weiß nie, wie stark sie sind. Hängt wahrscheinlich davon ab, wo sie angebaut wurden. Zu viel kann tödlich sein, bei zu wenig tut es nichts."

Nadeschda legte dann die restlichen drei Petersilienwurzeln unter ihre eigenes Kissen, zog sich aus und ging zurück ins Bett.

„Weck mich auf, wenn du etwas brauchst, ja?"

Nadeschda wachte den Tag über mehrmals auf und hörte auf Viktorinas Atmen, die fest schlief. Erst am Nachmittag stand Nadeschda auf, denn die Nachtarbeit war anstrengend, so dass die Sänger oft so lange wie möglich ruhten. Eine Stunde, bevor sie auftreten musste, kleidete sich Nadeschda an.

„Bist du wach Viktorina?", fragte sie.

„Ein bisschen."

„Bleib im Bett. Du brauchst alle deine Kräfte, hast wahrscheinlich eine Menge Blut verloren."

Nadeschda betrachtete Viktorina, die an einem Tag um zehn Jahre gealtert schien und sehr blass war. Nadeschda erinnerte sich daran, dass Viktorina erzählt hatte, Apfelmus sei das einzige, das sie bei sich behalten konnte, wenn sie krank war. So holte sie eine kleine Schüssel Apfelmus aus der Küche. und fütterte Viktorina. Aber ein paar Löffel war alles, was sie runter bekam. Bevor sie für die Vorstellung nach unten ging, füllte Nadeschda die Öllampe und stellte die Flasche daneben.

„Wenn du kannst, füll sie bitte nach, Viktorina. Mit etwas Licht geht es dir besser als im Dunkeln."

„Ja, mache ich."

„Ich werde versuchen, kurz heraufzukommen und nach dir zu gucken. Vielleicht bitte ich Warwara."

„Oh nein, bitte behellige Warwara nicht. Wird schon gehen."

Nadeschda stand in der Tür und lächelte Viktorina an: „Dies ist ein Kampf, den wir schon viele Male gewonnen haben, mit links. Nächste Woche bist du so gut wie neu."

„Danke, Nadeschda – du bist die beste Freundin, die ich je hatte."

„Danke, muss jetzt wirklich gehen."

Viktorina Kopf fiel zurück aufs Kissen.

Der Abend war anstrengend für die Künstler. Drei Tische

mit Absolventen und Offizieren der Militärakademie hielten die Birke auf Trab und eine Atempause gab es nicht. Ein Tisch fröhlicher Kaufleute feierte einen erfolgreichen Abschluss. Sie konnten nicht genug bekommen von der Musik und bestellten viele Flaschen Champagner. Nandor hatte Mühe, die Tempi zusammenzuhalten.

Nadeschda übernahm Vikorinas Auftritte. Die Pause, nach ihrer Zimmerkameradin zu sehen, ergab sich nicht. Schließlich war das Restaurant leer, dunkel und still. Die Musiker packten ihre Geigen, Balalaikas und Gitarren ein.

Als Nadeschda die Tür zum Zimmer öffnete, trat sie in völlige Dunkelheit. Sie seufzte, hörte in Richtung Viktorinas Bett, aber alles war totenstill. Vorsichtig trat sie nach vorn, bis sie die Bettdecke fühlen konnte. Ihr Fuß stieß an eine Flasche, die unter das Bett rollte. Sie hat den Wodka ausgetrunken, meine Güte, dachte Nadeschda. Ihre Hand ging nach oben. Da waren die Haare, das Gesicht. Nadeschda hielt den Atem an. Die Nase war kalt.

„Oh nein, Viktorina, oh nein."

Nadeschda gab dem Drang, sich hinzusetzen und zu weinen nicht nach.

„Das hättest du nicht tun sollen", flüsterte sie.

Dann tastete sie nach der Lampe, den Streichhölzern, und der Ölflasche auf dem Hocker neben dem Bett. Auf einer kleinen Anrichte im spärlich beleuchteten Flur füllte sie die Lampe und zündete sie an. Dann ging sie ins Zimmer zurück und machte die Tür leise zu. Nadeschda hob ihr Kopfkissen hoch – alle Petersilienwurzeln waren weg. Sie ließ den Lichtschein auf Viktorina fallen, die aussah als schliefe sie fest. Ihr Gesicht war friedlich, beinahe glücklich. Schließlich hob Nadeschda die Decke hoch und sah das Blut.

Sie schüttelte den Kopf: „Ich habe dir doch gesagt, dass du sie morgen nehmen sollst. Es wäre vielleicht gar nicht so schlimm gewesen. Du hast mich verraten."

Nadeschda stand wie erstarrt, seufzte und atmete tief.

„Mein Leben geht weiter", flüsterte sie, als sie Viktorinas Schrank öffnete. Sie durchwühlte alle Regale, inspizierte jedes Stück. Ein schwarzer Strumpf fühlte sich schwer an. Er enthielt Geld und ein Kruzifix aus massivem Gold, das größer war als ihre Handfläche.

„Das ist aber groß, hat sie nie getragen", flüsterte sie erstaunt.

Nadeschda steckte es in ihren eigenen Schrank und nahm sich vor, es nicht umzulegen, solange sie in Kiew war. Eines Tages müsste sie weiter, das war ihr klar. Dann würde es gut aussehen und niemand würde es erkennen.

Nadeschda nahm Viktorinas rote Stiefel und kippte den Inhalt auf ihr Bett. Halb benommen warf sie einen Blick darüber, ergriff einen Schein und ein paar Münzen. Diese gingen zurück in den Stiefel aber das meiste wanderte in ihre Kleidertaschen. Sie schaute auf Viktorina und schlug mit der flachen Hand leicht auf ihre Hüfte.

Sie lächelte sogar, als sie flüsterte: „Die Macht des Beutels, hast du selbst gesagt. Geld im Beutel ist Macht. Ich habe es verdient und wenn ich von Lipkins Zirkus abspringe, kann ich es gut gebrauchen."

Dann schloss sie den Schrank wieder ab und öffnete die Tür zum Korridor. Nadeschda holte tief Atem und mit der kraftvollen Stimme einer geübten Sängerin brüllte sie: „Warwara, Hilfe. Warwara wo bist du? Komm schnell, Hilfe, Hilfe."

Eine Korridortür nach der anderen öffnete sich. Schläfrige Gesichter und ungekämmte Haare erschienen im Türspalt.

„So helft mir doch, Viktorina ist gestorben", rief Nadeschda, aber die Türen schlossen sich, ohne dass ein Wort gesagt wurde.

Schließlich erschien Warwara, die sich hastig den Gürtel ihres blauen seidenen Morgenmantels zuband. Sie guckte, ob Viktorina wirklich tot war und fluchte über die unpassende Nachtzeit. Dann rief sie über den Gang nach dem Pagen, der den Bestatter holen sollte. Während sie wartete, ging Warwara durch Viktorinas Schrank. Sie schaute das blaue Bühnenkleid mit den goldenen Verzierungen an.

„Das ist in ausgezeichnetem Zustand. Willst du das tragen, Nadeschda?"

„Nein", schüttelte Nadeschda den Kopf. „Sie war meine Freundin. Das würde sich doch nicht richtig anfühlen. Sie hat mir aber manchmal das graue Kleid geborgt und den Hut. Wenn es dir nichts ausmacht, das könnte ich gebrauchen."

„Na gut, es sei denn, Lipkin will das für die Bestattungskosten", seufzte Warwara.

Der Bestatter warf einen kurzen Blick auf Viktorina: „Was ist denn passiert? Sie sieht gar nicht krank aus."

„Du hast uns doch erzählt, dass sie heute Abend nicht singen konnte, Nadeschda. Weißt du etwas?", fragte Warwara.

„Mach die Decke auf. Sie hat ganz schlimme Tage. Sie sagte heute morgen, dass sie ganz schwach war. Vielleicht hat ihr Herz nicht mitgemacht. Sie meinte aber, dass es vorbeigehen würde, wie sonst auch."

„Schreiben Sie schwaches Herz", schlug Warwara dem Bestatter vor. „Ist aber natürlich Ihre Entscheidung."

„Ja, ihr Herz konnte einen solchen Blutverlust nicht verkraften. Das sehe ich. Lassen Sie alles sauber abwaschen, bevor ich sie morgen früh abhole. Und die Beerdigung, wie üblich, das Billigste?", fragte der Bestatter.

„Natürlich", antwortete Warwara. „Lipkin will nicht mehr zahlen als er muss. Kein Chor, keine Fisematenten. Wenn man jemanden sucht, der die Beerdigung bezahlen soll, findet man nie irgendwelche Verwandten von diesen Leuten."

„Ich packe ein paar Sachen und schlafe heute in der Garderobe, ja?", fragte Nadeschda.

Warwara nickte: „Wir sind für morgen ausgebucht. Du musst gut ausgeruht sein."

Am Morgen schaute sich Nadeschda verschlafen in der Garderobe um. Nur einen Moment war sie überrascht, dass sie allein war. Sie setzte sich auf und blickte auf Viktorinas Hocker vor dem Spiegel.

„Dein Kampf ist zu Ende, aber ich bin nicht so leicht zu schlagen", sagte sie zu Viktorinas nicht existierendem Spiegelbild.

Als sie in ihr Zimmer zurückkehrte, schien es, als ob es ihre Zimmergenossin nie gegeben hätte. Alles war sauber, ihr Schrank leer. Die nächste Sängerin, die auftauchte, würde Nadeschdas neue Kameradin werden.

Später klopften Petro und Nandor an die Tür.

„Kommst du mit in den Park?"

Nadeschda schaute sie mit leeren Augen an.

„Komm heute mit", ermunterte Nandor. „Es ist so ein schöner Frühlingstag. Du kannst doch hier nicht allein rumsitzen, da wirst du ja ganz melancholisch."

„Stimmt, so ein herrlicher Frühlingstag, ein Tag zum Helden zeugen", scherzte Nadeschda.

„Also, da kann ich mit dienen", antwortete Nandor mit einem

breiten Grinsen, „sofort, wenn's sein muss."

„Ich hab nur Spaß gemacht", sagte Nadeschda und sprang vom Bett auf. „Ich könnte für die neue Saison einen Haarschnitt gebrauchen. Komme gleich."

17

Die Künstler aus der Birke waren eine bunte und exotische Gruppe, die auf dem Weg zum Park zwischen dem Dnjepr und dem Marijinski-Palast viele neugierige Blicke auf sich zog. Manche trugen ihre Kostüme, weil sie nichts anderes hatten. Zwei der jungen Männer hatten lange schwarze Locken, die bis zur Taille herunterfielen und die sie gern offen flattern ließen. Sie genossen die entsetzten Blicke der Passanten. Großäugige Kindergesichter über weißen gestärkten Spitzenkragen starrten sie verwundert an. Deren Kinderfrauen hielten dann die kleinen Hände besonders fest. Der jugendliche Überschwang der Künstler hatte etwas Ansteckendes an diesem Frühlingsnachmittag im Jahre 1907. Viktorina war gegangen, aber ihr Platz auf der Bühne würde nicht leer sein.

Hinter dem Markt ging Nadeschda in ein alt riechendes Gebäude, das alle den Basar nannten. Es war der alte, zu kleine gewordene Markt der ukrainischen Hauptstadt, wo winzige, Ein-Mann Stände Waren und Dienstleistungen anboten. Nadeschda wollte sich die Haare in Form schneiden lassen. Viktorina hatte ihr gesagt, dort gäbe es den besten Friseur von ganz Kiew. Sie solle an den Uhrmachern, dann an den Ständen der Schreiber vorbeigehen und auf das blaue Schild des Friseurs achten.

Ein alter Mann pries seine Dienste an: „Ich schreibe Ihnen den allerschönsten Liebesbrief an Ihren Allerliebsten, schöne Dame. Sie brauchen auf die Heirat nicht lange zu warten."

Ein anderer Mann mit kurzen Beinen und einem langen weißen Bart machte auf sich aufmerksam: „Kommen Sie nur herein und schauen sie sich die neuesten Errungenschaften an, gnädige Frau. Ich habe Schreibmaschinen zum Briefeschreiben in europäischen Buchstaben, für Griechisch, Französisch oder mit russischen Buchstaben."

Plötzlich erinnerte sich Nadeschda an etwas: „Sie können lesen, oder?"

„Selbstverständlich Madame, Russisch, Griechisch, Französisch, Armenisch."

„Gut. Nur ein bisschen auf Russisch. Jemand hat mir einen Text gegeben, aber ich habe es nicht richtig entziffern können. Was kostet es, wenn Sie es mir fünf Mal vorlesen?"

„Fünf Mal, Madame?", fragte der alte Mann verwirrt. „Sind Sie schwerhörig?"

„Nein. Ich muss es auswendig können, damit ich es singen kann."

„Ah, Sie sind Sängerin. Wie konnte ich die Musik in Ihrer Stimme überhören. Fünf Mal, dass macht 50 Kopeken."

Nadeschda nahm die Münze aus ihrem Korb, um dem Mann zu zeigen, dass sie das Geld hatte. Dann traten sie in seinen winzigen, mit Holzwänden abgeteilten Stand hinein. Der Mann sah sich das handschriftlich beschriebene bräunliche Stück Papier mit den ausgefransten Rändern an, das Nadeschda entfaltete.

„Oh, das *Lied vom fröhlichen Kaufmann*. Habe ich schon einmal gehört, nettes Lied", sagte der alte Mann und summte die ersten paar Takte. Er las den Text im Rhythmus des Liedes, ein Mal, zwei Mal, und ein drittes Mal. Dann unterbrach ihn Nadeschda.

„Nun werde ich es singen, und wenn ich steckenbleibe, sagen Sie mir vor, ja?"

„Selbstverständlich Madame, wie Sie wünschen."

Nadeschda sang. Ihre volle dunkle Stimme trug sie weiter als sie dachte und zog die Nachbarn an. In stiller Bewunderung standen sie draußen und in der Tür. Alle applaudierten und immer mehr Kaufleute und Passanten versammelten sich vor der Tür.

„Die ist von der Birke", flüsterte jemand.

Das zweite Mal kam sie ohne zu stocken durch. Es gab noch mehr Applaus und als sie wegging, wandte sich einer der Männer an sie.

„Madame, Sie sind ja für die Birke viel zu gut. Mein Sohn hat einen guten Bekannten in der Villa Rhode in Petersburg. Sie sollten sich bald um eine Karriere in der Hauptstadt bemühen. Über das Rhode werden Sie in die Schlösser und Herrenhäuser eingeladen. Sie werden Sie vergöttern. Festgefahren in der Birke, das wäre ja eine Schande."

„Meinen Sie?", fragte Nadeschda verblüfft.

„Mein Sohn hat mir erzählt, dass die ständig nach neuen Sängern suchen. Ich werde ihm schreiben, und wenn er positiv antwortet, dann schicke ich einen Laufburschen zur Birke."

„Ich weiß nicht", sagte Nadeschda zögernd, denn sie war skeptisch, was wohl seine Motivation war.

Sie erinnerte sich an Viktorinas Worte: „Pass bloß auf, wenn dir jemand seine Dienste kostenlos anbietet. Meistens taucht irgendwann eine Gegenleistung auf, die teurer ist, als wenn man gleich am Anfang die Rechnung bezahlt hätte."

Aber der alte Mann erriet ihre Gedanken: „Es kostet Sie nichts. Ich tue das für meinen Sohn."

Nadeschda sah ihn an. Seine stahlgrauen jüdischen Augen hatten etwas Ehrliches.

„Ich schwöre Ihnen, mein Sohn bekommt einen Bonus, wenn ich denen eine Sängerin vermittle. Auf die Ehre meiner alten Mutter, das ist ein koscheres Geschäft", versicherte er.

Jetzt war Nadeschda überzeugt der Mann machte ihr nichts vor.

„Wie heißen Sie denn, Madame?", fragte er.

„Nadeschda, Nadeschda Wassiljewna. Manche nennen mich auch Nachtigall aus Kursk, weil ich aus Winikow bei Kursk bin."

„Oh, wie passend. Ich bin Jascha Adler, aber wenn ich den Jungen mit der Nachricht schicke, sagt er, er kommt von Jasha dem Schuster, damit Lipkin Ihnen und mir keine Predigt hält."

„Gut, sehr gut", nickte Nadeschda.

Dann saß Nadeschda beim Frisör und Adlers Angebot ging ihr nicht aus dem Kopf. Sie wurde fast aufgeregt, lächelte aber dann. Das hatte sie doch schone viele Male gehört. Jemand schmiedete Pläne, überzeugt sie von seinen exzellenten Verbindungen. Sicherlich würden Jaschas gute Absichten genau so enden wie all anderen glänzenden Ideen vorher. Zuerst begeisterten sie, dann sahen sie vielversprechend aus, aber nach und nach bröckelten sie weg. Vorsicht war geboten, denn gewiss würden Jaschas Pläne wie so viele davor schon vor dem nächsten Regen vergessen sein.

Mehrere der Offiziersgäste in der Birke hatten Nadeschda gegenüber manchmal erwähnt, dass der Zar Zigeunersänger zum Abendessen mit seinen alten Soldatenkumpeln einlud, die nun als seine Wachen dienten. Sie hatten es in herrlichen Farben ausgemalt, wie gut es Nadeschda in Sankt Petersburg gehen würde. Sie erinnerte sich an ein Kompliment: „Sie würden im Jurijewski Palast in Petersburg eine Sensation sein." Nadeschda konnte sich schon gar nicht mehr genau erinnern, wer das gesagt hatte. Sie war inzwischen überzeugt, dass es in Petersburg diese Möglichkeiten für einen dauerhaften großen Erfolg tatsächlich geben müsse. Das war nicht erfunden von Leuten, die sich interessant machen wollten, um sich mit guten Verbindungen zu brüsten. Eines Tages, da war sie sich sicher, würde sie jemanden treffen, dessen Versprechungen nicht hohl sein würden. Ob es wohl sein könnte, dass es der kleine alte Jascha mit einem Sohn in Petersburg war? War er nicht Jude? Wie konnte es denn sein, dass sein Sohn in Petersburg ist? Der Frisör musste jede Frage zwei Mal stellen, denn Nadeschdas Gedanken waren in Petersburg.

Als Nadeschda sich dann später zu den Kollegen unter den Kiefern im Park neben dem Dnjepr gesellte, war sie fast euphorisch. Es war an der Zeit zu handeln. Sie war nun allein, ohne Viktorina. Ihr Leben in der Birke war wunderbar als es neu war, aber jetzt wurde es schal. Es war Zeit für eine neue Inspiration. Ein paar Jahre noch und es gäbe keine Wahl mehr. Es könnte ihr wie Viktorina ergehen. Nadeschda breitete ihre Decke auf der Wiese neben Edmund aus.

„Es tut mir so leid, das mit Viktorina", sagte Edmund.

„Ja, es ist so schade, aber wir müssen alle eines Tages sterben. Wen die Götter lieben, den nehmen sie jung."

„Meinst du?", fragte Edmund entsetzt.

„Bestimmt. Sie bleiben von den Zipperlein des Alters, den Schmerzen, und dem Kummer der Armut verschont", sagte Nadeschda nüchtern.

„Wenn du das so betrachten willst, ja."

„Stimmt schon, ist aber auch einer von diesen vielen Sprüchen, die in allem etwas Gutes sehen. Wie soll man es sonst betrachten?"

„Ja, im Prinzip denke ich so auch", entgegnete Edmund. „Du siehst ganz anders aus heute, Nadeschda."

„Ja, ich hatte gerade den teuersten Haarschnitt meines Lebens. Ist auch der erste, den ich jemals bezahlt habe. Viktorina hat das sonst gemacht."

„Noch eine gute Sache, die daraus gekommen ist, scheint's."

„Ja, Viktorinas Tod hat etwas in mir geweckt. Muss mehr solche Dinge wie diesen Frisörbesuch tun. Wär toll, wenn ich mal einen Abend frei bekommen würde und dich im Ballett sehen könnte. Aber ich glaube nicht, dass Lipkin mich lässt."

„Ich kann dir eine Karte für die Generalprobe besorgen. Die ist Freitag nachmittag."

„Oh, das ist eine wunderbare Idee. Ich komme."

„Willst du nicht wissen, was wir tanzen?", fragte Edmund.

„Ich komme, ganz egal, was du machst. Ich habe noch nie ein Ballett gesehen. Was ist es denn?"

„Tschaikowskys Dornröschen. Ich kann dir eine Kutsche schicken, die dich rechtzeitig vor der Vorstellung in die Birke zurückbringt."

„Das ist hervorragend, Edmund", sagte Nadeschda und tat als sei es ganz normal in einer Kutsche zu fahren.

Nandor brauchte nur knapp 10 Minuten, um Viktorinas Solonummern den anderen Sängern zuzuordnen. Der Abend verlief wie alle Abende. Das Publikum klatschte und lachte. Wodkagläser flogen und zerklirrten in Scherben. Junge und alte Offiziere bliesen Küsschen. Petro widmete sich den Damen und steckte viele Trinkgelder ein.

Nadeschda hatte gar keine Zeit, an Viktorina zu denken, bis *Suliko* kam, das sie nun allein singen musste. Plötzlich überfiel sie Melancholie und Traurigkeit. Ihre Welt brach ein. Die letzte Strophe konnte sie nicht mehr durchhalten, sodass sie Nandor das Signal für das Ende gab. Sie merkte die missbilligenden Augen der Musiker auf dem Rücken, aber sie war fertig. Nadeschda schnitt den Applaus ab und stürmte zur Toilette hinter den Kulissen. Sie spritzte sich kaltes Wasser ins Gesicht, bis sie wieder die Welt konfrontieren konnte. Dann schloss sie die Augen, atmete tief durch und trat in den Flur zurück. Dort lehnte Lipkin an der Wand und blies Rauchwolken aus.

„Hast du etwas?", fragte er mit einem Tadel in der Stimme.

„Nein, nur ein kurzer Moment der Traurigkeit, Lonja. Ist schon vorbei."

„Du enttäuschst mich, Nadeschda. Ich hatte mehr von dir erwartet. Die Jungs im Publikum bezahlen gutes Geld, dich zu sehen und zu hören. Die haben ein Anrecht auf alle Verse von *Suliko*."

„Ich weiß", antwortete Nadeschda kleinlaut.

„Du musst es noch einmal singen."

„Ich weiß", wiederholte Nadeschda und senkte die Augen.

Lipkin war schlecht gelaunt und unnachgiebig: „Wie oft habe ich von euch Nachtigallen gehört, dass Musik Handwerk und Geschäft ist, aber Gefühle das Vorrecht des zahlenden Publikums? Warst du es nicht, die erklärt hat, dass das Vorrecht proportional zum gezahlten Preis wächst? Oder trügt mich mein Gedächtnis hier?"

„Ja, das war ich Lonja. Bitte entschuldige. Ist ja schon vorbei. *Suliko* war so schön, wenn Viktorina und ich es zusammen sangen."

„Natürlich war es das, und du wirst bald feststellen, dass es mit einer anderen Sängerin, die ihr Handwerk genauso gut versteht wie Viktorina auch genau so schön herauskommt. Im Publikum draußen wird niemand den Unterschied feststellen und so soll es sein. Aber wo ich dich gerade hier habe, was ist eigentlich mit dem *Lied vom fröhlichen Kaufmann* passiert? Das ist doch schon eine ganze Weile her, dass ich dir den Text gegeben habe. Wann darf ich denn eine Darbietung erwarten?"

„Morgen Lonja. Ich kann den Text jetzt, aber Nandor hatte heute keine Zeit, es mit allen zu proben, wegen der ganzen Umstellungen."

„Morgen, endlich."

Lipkin wandte sich zum Gehen, seufzte und redete vor sich hin: „Nachtigallen, nichts als Ärger. Lieber Himmel, womit habe ich das verdient?"

18

Nach der *Dornröschen* Probe unterhielten sich Nadeschda und Edmund. Nadeschda war überrascht, dass er viel netter war, als sie geglaubt hatte. Ihr gefiel sein jungenhaftes Gesicht und seine unschuldigen blauen Augen. Edmund Andrejewitsch Plewitzky machte Nadeschda mit einer Welt bekannt, die sie nur von außen kannte. Er war der einzige in der Familie mit einer künstlerischen Neigung. Es hatte ihn viel Zeit und Mühe gekostet, um seinen Vater Andrej, einen Angestellten in der Kiewer Verwaltung, davon zu überzeugen, dass er ohne Tanz und Musik nicht leben konnte. Sein Onkel war entsetzt, dass Edmund die Gesellschaft von Ballettjünglingen wählen sollte, wie er es nannte. Für ihn war er das schwarze Schaf der Familie, der ihren einmaligen Familiennamen beschmutzte. Erst als Edmund wegzulaufen drohte, hatte seine Mutter sich für ihren Sohn eingesetzt. Andrej Plewitzky und Edmund schlossen einen Waffenstillstand, keinen Frieden. Vater und Sohn brauchten einander nicht aus dem Weg zu gehen, denn des Vaters Arbeit am Tage und Edmunds Arbeit am Abend brachten den Abstand mit sich.

Seit dem *Donröschen* Nachmittag wurden Nadeschda und Edmund unzertrennlich. Sie verbrachten alle probenfreien Nachmittage miteinander und vermieden auch die Gesellschaft der Kollegen aus dem Ballett oder der Birke. Sie gingen in Kiew spazieren und unterhielten sich stundenlang in den Teehäusern. Mehr als einmal erwähnte Edmund, er wolle Nadeschda zu seinen Eltern nach Hause mitnehmen, aber kurz vorher hatte sich etwas geändert.

„Am nächsten Sonntag", pflegte er zu sagen.

Dann starb sein Cousin.

„Meine Familie ist so traurig. Wir müssen noch eine kleine Weile zu warten."

Nadeschda fragte sich manchmal, ob Edmund ihr da etwas vormachte, war sich aber dann doch sicher, dass er ehrlich war. Sie konnte das hören, glaubte sie, denn in den mehr als anderthalb Jahren in der Birke meinte sie, die Fähigkeit entwickelt zu haben, aus dem Ton der Stimme eine Lüge ablesen zu können. Sie wurde nicht ungeduldig.

Eines frühen Morgens vor der Arbeit, stürmte Andrej

Plewitzky in Edmunds Zimmer. Das Ballett war spät aus gewesen, so dass er noch fest schlief.

„Worauf willst du eigentlich jetzt hinaus, Edmund? Du hast mich im Büro völlig unmöglich gemacht!", brüllte Plewitzky.

Edmund war wie gelähmt, weil er so urplötzlich aufgeweckt worden war.

„Was? Ich war seit Ewigkeiten nicht in der Nähe des Rathauses."

„Du hast dir den falschen Umgang ausgesucht, mein Sohn. Mein Chef hat dich mit einer exotischen Prostituierten im Harbin Teehaus gesehen!"

„Was?", fragte Edmund entsetzt.

„So wie du dich benommen hast, sagte mein Chef, sah es aus als ob du mit der auf sehr engem Fuß standest, wenn ich das mal so sagen darf. Ich möchte vorschlagen, dass du deinen Umgang vielleicht mit etwas mehr Rücksicht auf meinen Stand auswählst, und den Ruf unserer Familie natürlich auch."

„Sie ist dich keine Prostituierte!", Edmund war nun hellwach. „Du bist absurd. Nadeschda ist eine Sängerin. Sie hat eine große Karriere vor sich, wenn sie mal aus der Birke herauskommt", antwortete Edmund zornig.

„Eine Sängerin aus der Birke! Du musst ja total den Kopf verloren haben. Das ist ein Zigeunerpalast mit Hinterzimmern. Da werden die Sängerinnen zu Prostituierten! Wie naiv bist du denn", bellte Plewitzky.

„Das siehst du falsch, Vater. Zigeunerlieder werden doch nicht nur von Zigeunern gesungen. Es sind einfach nur simple Melodien voller Schönheit. Genau deshalb haben Komponisten wie Tschaikowski, Glinka, und Rachmaninow aus ihnen so viel Inspiration geschöpft. Neulich habt ihr das Orchester nach *Dornröschen* mit Ovationen überschüttet. Aber du verachtest die Leute, die Tschaikowskis Musik zu dem gemacht haben, was es ist."

„Bei mir kannst du die Musik draußen lassen. Die Gesellschaft, mit der du dich in der Öffentlichkeit zeigst, ist das Problem. Du musst dir mal Gedanken über deine Zukunft machen, mein Sohn. Die Polizei und der öffentliche Dienst stellen wieder ein. Ich kümmere mich darum."

Edmund setzte sich auf: „Das ist wohl ein schlechter Scherz.

Sie haben so viele Leute verloren, weil es zu viele Bomben und Attentate gibt. Jetzt willst du mich in die Schusslinie von Revolutionären, streikenden Arbeitern und Bauernhorden stellen, die auf der Suche nach Arbeit und Nahrung durch die Landschaft ziehen?"

„Natürlich nicht, Edmund. Ich bringe dich in einem Büroposten unter."

Plewitzky machte eine Pause und sagte langsam: „Ich habe schon angezahlt, damit dir die Gelegenheit nicht entgeht."

„Oh, mein Gott", flüsterte Edmund.

„Du musst wirklich mal an deine Zukunft denken, Edmund. In drei oder vier Jahren ist das Tanzen vorbei, genau zu der Zeit, wo du für Nachwuchs sorgen musst. Wie kannst du denn ein Mädchen aus gutem Hause bekommen, wenn du in der Öffentlichkeit mit einer Zigeunerschlampe gesehen worden bist? Jeder weiß das jetzt. Die ganze Abteilung hat gelästert und ich war richtig gedemütigt."

„Sie ist weder eine Schlampe noch eine Zigeunerin", protestierte Edmund.

„Was ist sie dann? Hoffentlich keine Jidde, der Himmel bewahre uns."

„Ich weiß nicht, aus einem Dorf bei Kursk", sagte Edmund.

„Da kann sie trotzdem eine Zigeunerin sein. Dort gibt es ganz erbärmliche Hütten, in denen die hausen."

„Vater, das ist mir egal. Nadeschda ist die Frau für mich."

„Du klingst ja, als ob du sie heiraten willst. Du meine Güte."

Plewitzky holte tief Atem: „Ich enterbe dich! Onkel Fedja enterbt dich dann auch."

Jetzt war Edmund wütend: „Du und deine Drohungen kotzen mich an. Ihr habt doch gar nicht so viel zu vererben. Außerdem habe ich das satt. Wen ich heirate, ist meine Sache."

„Das werden wir ja sehen", schrie Plewitzky und knalle die Tür hinter sich zu,

Edmund war am Boden zerstört. Er hatte sich so vorgesehen, bei seinen Treffen mit Nadeschda die Stadtteile zu vermeiden, wo er von jemandem aus der Familie gesehen werden könnte. Zu Hause sprach er nie darüber, mit wem er seine Zeit in der Stadt verbrachte. Er hatte geplant, in zwei Monaten seinen Eltern von Nadeschda zu erzählen, nachdem seine Schwester ihr Kind bekommen hatte. Die Freude über ein zweites Enkelkind würde für eine positive Stimmung sorgen. So plante er, Nadeschda zur Taufe mitzubringen. In der Kirche würden sie es nicht wagen, Feindseligkeit zu zeigen. Eine Woche vorher würde er Nadeschda den Heiratsantrag machen. So konnte er sie in der Gegenwart des Popen als seine Verlobte vorstellen.

Pope Wladimir würde ihm spontan gratulieren und Edmunds Eltern könnten nicht anders als lächeln und beide umarmen. Jeden Tag hatte er davon geträumt. Aber in einem Augenblick, wo sie im Teehaus erkannt worden waren, zerstoben alle Pläne.

Er traf Nadeschda am Nachmittag, aber er kam gar nicht dazu, von seinem Unglück zu erzählen, denn aus Nadeschda sprudelte die gute Nachricht heraus, die alles was er sagen wollte, überflüssig machte.

Nadeschda war begeistert: „Ich bin eingeladen, in der Villa Rhode in Petersburg zu gastieren", sagte sie überglücklich. „Ich hatte das Gespäch mit dem alten Jidden schon ganz vergessen. Eigentlich habe ich den alten Schreiberling auch gar nicht ernst genommen."

Nun erzählte sie Edmund die ganze Geschichte. Er sah, dass es ihr gar nicht in den Sinn gekommen war, in Kiew zu bleiben. Einen Moment verlor er die Konzentration und kleckerte heißen Tee auf sein weißes Hemd.

„Und was ist mit uns?", fragte Edmund als ob ihm alle Felle wegschwämmen.

„Hast du nicht gesagt, dass es in Petersburg auch Ballette gibt? Du kommst mit", sagte Nadeschda.

Sie hielt inne und blickte nachdenklich, aber Edmund erriet ihre Gedanken: „Wir heiraten, bevor wir fahren, ja?"

Nadeschdas Gesicht hellte sich auf: „Ich habe mich schon gewundert, wann du fragen würdest."

Edmund ergriff Nadeschdas Hand auf dem Tisch: „Ich habe noch keine Ringe", sagte er traurig.

„Ist doch egal. Wir haben uns zwei, Ringe sind nicht so wichtig. Ich muss ihn auf der Bühne sowieso abmachen."

„Wenn man das so sieht", meinte Edmund. „Vielleicht bekomme ich noch das Geld für Ringe zusammen."

Nadeschda schüttelte den Kopf: „Ich muss sehr bald weg.

Hier", sie zog eine Farhkarte aus dem Ärmel. „Der Bote hat mir diese Karte gebracht. Die ist für nächsten Montag, also in zehn Tagen."

„Wirklich, das ist ja erstaunlich", Edmund war überwältigt.

„Eigentlich nicht, denn so machen das die Profis. Künstler bezahlen nie ihre Reise zur Arbeit. Von wegen Wiedererstattung, das läuft in der Praxis oft nicht glatt. Das ist eine eiserne Regel, haben sie mir in der Birke gesagt. Für die Reise zur Arbeit bezahlt das Unternehmen. Wenn sie es ernst meinen, kommt die Fahrkarte ins Haus."

Nadeschda sah Edmund mit einem breiten Grinsen an: „Ich bezahle deine von meinem Ersparten."

Edmund schaute genauer hin: „Oh, das ist sogar zweiter Klasse". meinte er bewundernd.

„Na sowas!" Nadeschda war stolz: „Ab heute brauchen wir uns nicht mehr in der dritten Klasse zu drücken. Und im nächsten Jahr fahren wir sogar erste, bestimmt!"

„Glaubst du?", fragte Edmund fast entsetzt.

„Ganz bestimmt, Edmund. Du solltest heute mit deinem Ballettdirektor sprechen, damit er die zweite Besetzung für deine Rollen mobilisiert."

„Ach du liebe Güte. Wir sind schon fast am Ende der Saison und ich bin mir nicht einmal sicher, ob er überhaupt noch eine Reserve für Zweitbesetzungen hat. Hast du mit Lipkin gesprochen?"

„Ja. Der war etwas sauer, natürlich", antwortete Nadeschda mit einem Grinsen.

Dann ahmte sie seinen jiddischen Akzent und die wilden Handbewegungen nach: „Alle guten gehen so schnell weg. Warum musst du mich denn verlassen, hat Lonja geklagt. Aber dann habe ich ihm gesagt, dass ich in Petersburg immer erwähnen werde, dass Lonjas Birke mir die erste Chance gegeben hat. Außerdem werde ich sein wunderbares Essen und die guten Musiker erwähnen. Da war Lonja besänftigt."

Was Nadeschda für sich behielt, war ihr Abkommen mit Lipkin. Er würde nie davon reden, dass er sie aus den fahrenden Zigeunern ausgesucht hatte. Nadeschda würde Stillschweigen über seine Hinterzimmer bewahren, die Lipkin oft an junge Männer vermietete. Manche sahen aus wie Ausreißer, andere waren exquisit gekleidet und blieben nicht über Nacht. Sie hatte auch gesehen wie Lipkin die Scheine in seine Hosentasche gestopft hatte. Mit einem Handschlag besiegelten sie ihr Abkommen und beide wussten, dass sie sich aufeinander verlassen konnten.

Edmund hatte natürlich keine Ahnung und sagte naiv: „Das werden interessante 10 Tage. Ich frage mich, ob ich den richtigen Moment erwische, mit meinen Eltern zu sprechen."

„Wenn ja, ist es gut, aber wenn nicht, ist es auch egal. Du kommst einfach mit mir nach Petersburg und eines Tages wirst du ihnen fehlen. Dann ist alles vergeben und vergessen."

„Ich weiß nicht so recht", seufzte Edmund. „Vergebung ist nicht deren starke Seite."

„Eines ist sicher, Edmund, wenn ich es als Sängerin geschafft habe und viel Geld verdiene oder am Zarenhof akkreditiert bin, dann kommen sie alle und wollen mit mir gut Freund sein. Mit dir natürlich auch. Jeder will dann mal anfassen, und hofft, dass etwas von unserem Glanz abfärbt."

„Ja, so etwas habe ich mal im Ballett gehört", nickte Edmund.

„Siehst du."

„Wollen wir wirklich hier in Eile heiraten, oder sollen wir es in Petersburg tun?", fragte Edmund verwirrt von der Schnelligkeit der Ereignisse.

„Ich glaube, wir sollten hier heiraten. Aber dem Rhode sagen wir es erstmal nichts. Die erwarten keine verheiratete Sängerin", antwortete Nadeschda, als ob sie alles voll durchdacht hatte.

Wortlos tranken sie ihren Tee, in Gedanken daran, dass sie an einem Scheideweg angekommen waren.

Auf dem Weg zurück zur Birke klang Edmund enttäuscht: „Unser Pope wird uns wohl nicht verheiraten, ohne es meinen Eltern zu sagen, fürchte ich."

„Ich frage Nandor oder Warwara", sagte Nadeschda. „Die kennen garantiert jemanden, der uns traut."

Bevor sie sich bei der Birke trennten, küsste Edmund Nadeschda.

„Was zwischen uns ist. das zählt. Ich kann es kaum erwarten."

Zwei Tage später wurden sie in einer kleinen Kirche getraut. Nadeschda bückte sich hastig, um vor dem Empfang des priesterlichen Segens den Boden zu berühren. Der Pope war klein und untersetzt mit langen dunklen Haaren, die auf dem Rücken zusammengebunden waren. Seine runden braunen funkelnden Augen strahlten die ganze Zeit. Nadeschda war erstaunt, die schwere goldene Kette mit dem großen Kruzifix auf seinem schwarzen Gewand aus nächster Nähe zu sehen. Es erinnerte sie an das Kruzifix von Viktorina und sie fragte sich, wie sie wohl dazu gekommen war. Nach der Zeremonie gingen sie direkt zum Bahnhof, um Edmunds Fahrkarte zu kaufen. Dabei entdeckten sie, dass sie mehrmals umsteigen mussten.

Diesmal habe ich ordentlichen Transport, dachte Nadeschda und war voller Stolz als sie den Bahnhof verließen.

„Sollen wir in Kursk Zwischenstation machen und in deinem Dorf die Eltern besuchen?", fragte Edmund.

„Nein", antwortete Nadeschda. „Ich bin kein Freund von Rückkehr an Orte, wo ich weggegangen bin. Da fühlt man sich ja, als würde man rückwärts gehen. Wichtiger ist aber, dass das letzte Stück geritten werden muss, und im Sommer sind die Wege oft total aufgeweicht. Die Pferde kommen im Schlamm nur sehr langsam voran und wenn wir uns verspäten oder einer vom Pferd fällt, sitzen wir in der Patsche. Es könnte mich mein Engagement kosten, wenn ich beim Rhode nicht plangemäß eintreffe."

„Na gut, Schätzchen. Aber was ist mit deiner kleinen Schwester", fragte Edmund.

„Wir laden sie nach Petersburg ein, sobald wir etabliert sind. Jetzt müssen wir unser Weiterkommen im Auge behalten."

Nadeschda hatte die Zügel fest in der Hand.

Als die Kollegen in der Birke erfuhren, dass Nadeschda nach Petersburg ging, war sie sehr gefragt. Die meisten der jungen Sänger erzählten ihr, dass sie auch gern nach Petersburg wollten und wenn sie von einer freien Stelle hörte, würde Nadeschda sich doch bitte an sie erinnern. Nadeschda sagte zu allem ja.

Der Morgen der Abreise kam schnell. Nadeschda blickte zurück auf die Birke, als die Pferde die Mietkutsche wegzogen. Wieder einmal war es Zeit, Abschied zu nehmen. Die Sänger und die Reinemachefrauen standen vor der Tür und winkten.

„Hey, Kutscher, treib die Pferde an", sagte Nadeschda, als sie sich an das alte Sprichwort erinnerte, dass lange Abschiede unnötige Tränen bringen. Dies ist das erste Mal, dass ich etwas Traurigkeit beim Abschied empfinde, dachte Nadeschda, obwohl ich ja ein großartiges Ziel habe.

Der Kutscher pfiff und peitschte die Pferde an. Edmund drehte sich zu Nadeschda: „Wir besuchen sie eines Tages. Wir kommen wieder."

„Natürlich", nickte Nadeschda.

Als sie sich wieder zurücklehnten, stieg der Duft von frisch gebackenem Brot aus Edmund Tasche auf.

Nadeschda setzte sich wieder auf: „Es hat dir jemand Brot gegeben. Jemand wünscht uns Glück?"

„Ja, meine Mutter. Sie sah mich packen und ich musste es ihr sagen. Mein Vater hätte es nicht erlaubt, dass sie das Brot zum Zug bringt. Fast hat sie geweint, aber ich versprach ihr, dass wir zu Besuch kommen, wenn der Sturm vorüber ist."

Am Bahnhof mieteten sie einen Träger, der Nadeschdas Bündel schulterte. Alle ihre Habseligkeiten waren in einer Decke verknotet. An kleinen Verkaufstischen boten Jungen ihre Waren an. Im Vorbeigehen erblickte Nadeschda einen glitzernden Perlmuttkamm. Woher diese Kinder wohl solche Waren haben, fragte sie sich.

Sie beobachteten das bunte Kommen und Gehen an den Bahnsteigen. Da waren Soldaten mit Gewehren, Kosaken mit großen Säbeln, wild aussehende Tataren mit hohen Pelzmützen und schweren Peitschen. Andere trugen breitkrempige schwarzen Hüte, aus denen lange dunkle oder weiße Korkenzieherlocken baumelten. Bäuerinnen verkauften Obst von selbstgemachten Holzkarren.

„Roggenbrot, echtes Roggenbrot", rief ein Händler.

Tabakhändler boten die neumodischen kurzen türkischen Zigaretten an und Papirossi. Sie machten mit einem Singsang auf sich aufmerksam, der Russisch und Jiddisch vereinte. *„Kupitje, koyftsche, koyftsche Papirossen"* entwickelte Jahrzehnte später ein Eigenleben als Lied, das allen Emigranten einen Schauer über den Rücken jagte. Die erwachsenen Zigarettenverkäufer waren in allen Ecken des Zarenreiches die bestgekleideten Straßenhändler. Sie verjagten die Bettler, die sich am Bahnhof versammelten. Mit all seinem Lärm, den Gerüchen und dem Gewimmel war es ein exotischer Anblick, der den Zuschauer bald ermüdete.

Nadeschda und Edmund zeigten dem Inspektor ihre Fahrkarten, der sie als echt eintrug und ihnen sagte, wo ihre Plätze waren. Eine elegant gekleidete Frau mittleren Alters, die einen kleinen Jungen an der Hand hielt, warf Edmund einen missbilligenden Blick zu, als sie ihn mit Nadeschda und dem Bündel bemerkte. Schließlich pfiff die Lokomotive, blies riesige schwarze Rauchwolken aus und zog den Zug im Schneckentempo aus dem Bahnhof. Als Nadeschda die Häuser von Kiew im Zugfenster an sich vorziehen sah, erinnerte sie sich plötzlich, dass sie nie wieder zur Universität gegangen war, um mit dem Vater des Sträflings zu sprechen. Die beiden Winter waren so schnell vergangen. Sie hatte die Botschaft ganz vergessen und nun war es zu spät.

Die nächsten zwei Tage reisten sie durch die fruchtbarsten Landstriche Russlands. Die flache Lanndschaft erstreckte sich bis zum Horizont. Sie war wie ein endloser Teppich in vielen grünen Schattierungen, wo Felder voller junger Triebe gelegentlich von kleinen Baumpflanzungen unterbrochen wurden. Für die Menschen auf dem Lande, in ihren oft unzugänglichen Dörfern, lieferten sie Wärme in den langen bitterkalten Wintern. Die adlige und Bauernbevölkerung erduldete es klaglos seit Jahrhunderten, wenn sie über Monate durch Schnee und Eis vom Rest der Welt abgeschnitten waren. Der Wodka half dabei und löste in langen dunklen Nächten die Zungen. Im bescheidenen Lichtstrahl der Birkenzweige wurde Russlands musikalisches Erbe am Leben erhalten und neues geboren. Nur der Außenseiter verstand nicht wie Überschwang und Melancholie in derselben Hütte wohnten.

Als Nadeschda und Edmund ihr Roggenbrot brachen, suchte ein Mann gegenüber das Gespräch.

„Solch gutes Brot haben wir schon eine Weile nicht mehr gesehen. In unserem Bezirk war letztes Jahr die Ernte so schlecht, dass die Bauern ihr bisschen Getreide mit Eicheln und Grassamen streckten."

„Dieses Jahr sieht aber viel besser aus, denn für Anfang Juni sieht das da draußen doch ganz gut aus, oder?", antwortete Edmund.

„Ja, das hoffen wir. Aber ich fürchte, die Bauern werden dann etwas anderes finden, über das sie sich beklagen können. Ständig tun sie das. Ich glaube inzwischen, dass die menschliche Natur die Mängel verstärkt wahrnimmt und die guten Ereignisse als selbstverständlich hinnimmt. Manchmal bemerken sie sie überhaupt nicht."

Edmund nickte. Er fand dies war eine interessante

Beobachtung, aber er wollte ein längeres Gespräch vermeiden, das unvermeidlich in Diskussion über die verschiedenen Landreformen der Duma enden müsste. Edmund unterhielt sich sparsam mit den vielen wechselnden Mitreisenden. Er erkundigte sich über die nächste Umsteigestation und etwas über die Region, durch die sie gerade fuhren. Nadeschda schaute aus dem Fenster und beobachtete, wie die Glut der Feuerung in kleinen leuchtenden Stückchen an ihr vorbeizog und wie lange es dauerte, bis der Funke dann verstarb. Sie hörte aber aufmerksam zu. Dies war eine neue Welt für sie, und sie erkannte, dass sie sich vorsichtig hineintasten musste, bevor sie daran teilnehmen könnte. Ihr Akzent könnte auch unnötige Neugier auf sich ziehen. Nadeschda nahme sich vor, an ihrer russischen Aussprache zu arbeiten. Als Nadeschda und Edmund in Moskau, ihrer letzten Umsteigestation, anlangten, waren sie erschöpft.

19

Bei ihrer Ankunft im Petersburger Nikolaj Bahnhof in den frühen Morgenstunden seufzten sie erleichtert. Sie hielten Ausschau nach den privaten Waggons der Reichen und Adligen. Aber diese waren auf Schienen abgestellt, die dem Blick der Öffentlichkeit entzogen waren. Sie hatten gehört, dass der Zar sogar zwei gleiche Züge hatte, um seine Feinde zu verwirren, aber da war nichts zu sehen.

Draußen mieteten sie eine Kutsche. Es war ein überwältigender Anblick, quietschende Straßenbahnen, Menschen, die in alle Richtungen eilten, röhrende Autos, die blaue Rauchwolken ausbliesen und Nadeschda fragte sich, ob diese neuen Kutschen ohne Pferde wirklich so viel besser waren.

Sie fuhren an vorbildlich gehaltenen Gebäuden vorbei, die reich verzierte Fassaden hatten und viele Reihen kleiner Statuen. Die Straßen waren gerade und breit, und von einem merkwürdigen Licht erfüllt, einer Mischung aus weißlichem nördlichen Morgenlicht und modernen elektrischen Lampen.

Nadeschda bewunderte die vielen Kathedralen und Denkmäler, an denen sie vorbeifuhren. Welches würde sich wohl als das Puschkin-Denkmal entpuppen, in dessen Nähe ihre Unterkunft, das Palais, sein sollte? Die Kanäle waren voller Boote. Die Läden hatten große selbstgezeichnete Bilder in den Schaufenstern, damit die Dienerschaft erkennen konnte, was drinnen feilgeboten wurde.

Als die Kutsche hielt, mussten sie zwei Mal hinsehen, ob sie auch richtig angekommen waren, denn sie hatten ein hübsches weißes Gebäude erwartet. Der Anblick des umgebauten Lagerhauses, das als Palais günstige Unterkunft anbot, war eine Enttäuschung. Drinnen schlurfte eine zahnlose Frau mit aufgedunsenem Gesicht aus einem Hinterzimmer heran. Auf dem Boden lagen graue Farbsplitter, die der Tresen abgesondert hatte.

Nach der Übergabe des Schlüssels stopfte die Frau den Rubel für die Miete in ihre angeschmutzte Schürzentasche und murmelte: „Dritter Stock."

Dann schlurfte sie wortlos in die Dunkelheit zurück, aus der sie gekommen war.

„Du hättest vielleicht etwas mehr feilschen sollen, Edmund", sagte Nadeschda, als sie die dritte Etage erreicht hatten.

Ihre neue Heimat grüsste sie mit einer schalen Mischung aus Tabakrauch, Alkohol und altem Staub. Als sie die Vorhänge aufzogen, fiel eine Staubwolke heraus, und eine Spinne kroch hinter die Gardinenstange.

„Na, für's erste ist es gut genug", sagte Nadeschda, und testete das Bett. „Hör mal, es singt sogar, aber nicht zu laut, Gott sei Dank."

Sie lächelte, ließ sich zurückfallen und breitete die Arme aus.

„Das fühlt sich aber gut an. Komm her mein Schatz zu einem Morgen-Tango."

Als Edmund wieder aufwachte, brauchte er einen Moment, um sich in der ungewohnten Umgebung zurechtzufinden. Nadeschda schlief fest. Ganz vorsichtig, kroch er aus dem Bett und schaute auf die Straße herunter. Nach der Menschenmenge zu urteilen, müsste es wohl Nachmittag sein, schloss er. Edmund ging zurück und tippte Nadeschda an.

„Nadeschda, Nadeschda, aufwachen. Musst du nicht zum Rhode? Wann erwarten die dich denn?"

„Ach du liebe Güte", antwortete Nadeschda lächelnd. „Heute geh ich nirgendwo mehr hin. Hier ist es weich, warm und gemütlich."

„Aber die warten doch dort auf dich, oder?", fragte Edmund verwirrt.

„Kann schon sein."

„Dann darfst du nicht zu spät kommen."

„Darf ich nicht? Die sind doch morgen auch noch da. Wenn ich komme, wann sie mich erwarten, ist es keine Überraschung, keine Freude der Erleichterung. Aber wenn ich sie warten und raten lasse, bekommen sie Angst und wenn ich dann endlich da bin, sind sie überglücklich, und wir stehen auf gutem Fuß."

„Wirklich?", meinte Edmund erstaunt.

„Wirklich. Nandor sagte mir, dass das in den Musikrestaurants ein bisschen üblich ist. Oper und Ballett sind natürlich anders, aber bei uns Liedchensängern wie Nandor das nannte, spielen Eindrücke und Gefühle eine große Rolle. Wenn man sie eine Weile warten lässt, dann gerade noch zur rechten Zeit eintrifft, sind sie überglücklich. Man darf es aber nicht übertreiben, denn dann entwickelt sich beim Warten Zorn."

„Und du bist sicher, dass du es nicht übertreibst?", fragte Edmund verblüfft.

„Ja. Die haben mir doch eine Fahrkarte geschickt, also wollten sie mich vor zwei, drei Wochen, als sie die bezahlt haben. Warum sollten sie mich morgen nicht mehr wollen? Aber eigentlich will ich in bester Form sein, wenn ich da hingehe. Die Reise war zu lang."

Den Rest des Tages verbrachte Nadeschda damit, ihre Haare zurechtzumachen, Schuhe zu putzen und das Kleid zu glätten. Als sie das Tamburin aus ihrem Bündel nahm, fiel das goldene Kruzifix aus.

„Oh, ich wusste ja gar nicht, dass du so ein schönes Kruzifix hast", sagte Edmund. „Das ist aber wirklich schön."

„Das ist von Viktorina. Ich war mir nicht sicher, ob ich es tragen sollte. Aber ich will morgen einen guten Eindruck machen und vielleicht bringt es mir ja Glück."

Am nächsten Tag ging Nadeschda den Boulevard entlang in Richtung Newa. Plötzlich kamen ihr Zweifel, ob die Verzögerung ihrer Ankunft um einen Tag wirklich so eine gute Idee war. Was, wenn sie so streng im Rhode waren, dass sie ihr erklärten, sie könne ihre Liedchen wieder dahin zurücktragen, wo sie hergekommen war? Gestern hatte sie geglaubt, dass dieses Risiko nicht vorhanden war, aber plötzlich hatte Nadeschda ein ungutes Gefühl. Auf der Alexander-Brücke hielt sie an und schaute auf das Spiegelbild der Peter-und-Paul-Festung im Wasser. Nein, dachte sie, die werden mich nicht einfach so wegschicken. Ich werde extra freundlich lächeln und einen unterwürfigen Ton anschlagen, wenn die Tür aufgeht. Da schmilzt der Zorn und wenn sie das große Kruzifix in meine Titten baumeln sehen, sagen sie gar nichts.

Auf der anderen Seite der Brücke, nahm sie eine Kutsche. Nadeschda konnte noch immer keine Straßenschilder lesen und nur eine Kutsche konnte sicherstellen, dass sie auch sicher an ihrem Ziel ankam. Wie die anderen Zigeunerkabaretts, Musikpaläste und Restaurants war das Rhode auf einer der vielen Inseln von Petersburg, die seit Katharina der Großen schwarz vor Mückenschwärmen waren.

„Haupteingang oder Dienstboteneingang?", fragte der Kutscher, als sich die Pferde vor einem weißen Gebäude mit hübschen Rosetten an der Fassade verlangsamten, wo auch ein sehr großes Gemälde von einer Violine, einem Tamburin und einer Rose war.

Nadeschda zögerte, aber bevor sie antworten konnte, lächelte der Kutscher: „Am Anfang, Dienstboteneingang."

Neben der schweren hölzernen Eingangstür war eine kleinere Tür mit einem großen Messingtürklopfer in Form eines brüllenden Löwen. Sie musste mehrere Male klopfen bis ein junger Mann in einer Bauernbluse öffnete. Nadeschda erklärte ihm, dass sie aus Kiew zum Arbeitsantritt gekommen war.

„Ich spreche mit dem Chef", sagte er und machte die Tür vor ihrer Nase zu.

Während sie wartete, sah sie sich um und war erstaunt, wie gut alles gehalten war. Da war keine abplatzende Farbe, alle Messinggriffe, Knäufe und der Löwe waren so blank geputzt, dass sie aus Gold hätten sein können. Die Fenster waren blitzsauber und sogar die Türschwellen waren ohne ein Staubkorn.

Dann öffnete sich die Tür und ein großer russischer Herr in einem gut geschnitten blauen Anzug winkte sie herein.

„Hereinspaziert! Hätten Sie nicht eigentlich gestern hier sein sollen, Nadeschda? Ihre Fahrkarte war doch für gestern, oder?"

Nadeschda entschuldigte sich, während sie einen sehr langen schmalen Korridor entlanggingen.

„Barin, es tut mir so leid, aber ich musste mich nach der langen Reise frisch machen. Ich wollte für den ersten Abend bei Ihnen wirklich voll da sein. Es tut mir so leid, Barin."

Er führte sie in sein Büro, schüttelte den Kopf: „Nenn mich bitte nicht Barin. Wir sind nicht mehr Herr über eine Schar von Leibeigenen und ich heiße Arkadij Georgjewitsch Melgunow. Manche unserer Gäste nennen mich Arkascha aber für dich und alle anderen Mitarbeiter bin ich Arkadij Georgjewitsch."

Er schloss die Tür, schaltete das Licht an und bedeutete Nadeschda, sich hinzusetzen.

„Tee, Nadeschda? Wie ist dein voller Name, denn wir wahren hier die Formalitäten."

Arkadij langte zu einer großen Schalttafel an der Wand hoch und zog einen Griff in der zweiten Reihe. Jetzt musste Nadeschda schnell reagieren, denn ihr richtiges Patronymikon wollte sie wegen der Dimitrijewitsches nicht verraten.

„Ich heiße Nadeschda Wassiljewna Plewitzkaja"

Arkadij nahm ein Stück Papier, senkte seine Feder in ein Tintenfass und schrieb ihren Namen auf.

„Kann ich bitte deine Fahrkarte haben."

„Die habe ich nicht mehr. Habe sie bei der Ankunft weggeworfen."

„Das hättest du aber nicht tun sollen. Es stand doch in dem Brief, dass wir sie für die Buchhaltung brauchen."

„Oh, das tut mir aber leid. Muss ich wohl in der Aufregung übersehen haben."

„Na, na, na, wir sind hier nicht in der Provinz. Wir müssen genaue Buchhaltung für die Eigentümer und die Steuerinspektoren führen. Wir sind sehr stolz darauf, dass wir alle Papiere vorbildlich in Ordnung haben."

Ein Klopfen an der Tür unterbrach, was sich nach dem Anfang eines Vortrages anhörte. Eine junge Kellnerin mit einer gestärkten Rüschenschürze trat herein, die ein kleines Tablett mit Teegläsern und Silberschalen mit Erdbeer- und Himbeer-Marmelade balancierte.

„Danke, Natascha, stell es auf meinem Schreibtisch ab, bitte. Hast du Tatjana heute schon gesehen?"

„Ja, Arkadij Georgjewitsch. Sie ist in ihrem Nähzimmer, bessert Kleider aus."

„Sehr gut, bitte richte ihr aus, hierher zu kommen, um unserer neuen Sängerin die Maße abzunehmen."

„Jawohl, Arkadij Georgjewitsch", antwortete Natascha, während Nadeschda sich fragte, warum er nicht verlangte, ihm ein Lied vorzusingen, bevor er ihr die Arbeitsbedingungen erklärte.

Melgunow fuhr mit seinen Erklärungen fort: „Wo waren wir stehengeblieben. Ach ja, die Steuerinspektoren, der Fluch unseres jungen 20. Jahrhunderts. Der Buchhalter wird eine Unterschrift von dir verlangen, dass wir dir eine Fahrkarte zweiter Klasse geschickt haben."

Arkadij hielt an, zog zwei Kopien eines mehrseitigen Dokuments aus einer Schublade, und sah auf.

„Bevor wir die Vertragsklauseln genauer diskutieren, muss ich dir sagen, dass wir Disziplin von allen Künstlern erwarten. Zur Zeit haben wir fast 30 im Orchester, 21 im Chor plus 14 Solisten. Anarchie und Kopfschmerzen wären das Resultat, wenn wir nicht das gleiche Lied in derselben Tonart spielen würden. Um sicherzustellen, dass alle Kostüme dem Standard unseres Hauses entsprechen, bekommst du ein maßgeschneidertes Seidenkleid. Wenn du es abgezahlt hast, gehört es dir. Die meisten Mädchen ..."

Ein Klopfen unterbrach Arkadijs Anweisungen.

„Nur herein, Tatjana, herein."

Eine zierliche ältere Frau mit chinesischen Zügen trat herein, die einen Korb mit Schere, Maßband, und Garnen in allen Farben mitbrachte. Sie trug eine blau-goldene chinesische Seidenhose, hatte reine weiße Haut wie Porzellan und hinkte.

„Nadeschda, das ist Tatjana. Sie leitet unsere Nähstube und gehört gewissermaßen zur Familie. Mein Vater fand sie als Baby im hohen Gras der Mandschurei, als er in Harbin arbeitete. Sie war ausgesetzt worden, weil ihr rechter Fuß verkrüppelt ist und war schon fast verhungert. Wir haben sie Tatjana getauft, und sie ist seitdem bei uns im Dienst. Sie nimmt jetzt Maß und morgen wird dein Auftrittskleid fertig sein. Tatjana kennt sich mit Seidenkleidern aus, kann ich dir sagen."

Tatjana verneigte sich mehrmals vor Nadeschda und Arkadij.

„Tatjana dies ist Nadeschda Wassiljewna. Sie kommt von der Birke in Kiew zu uns. Mein Bruder hörte sie, als er über Ostern in Kiew war. Sie verspricht, eine große Bereicherung für unser berühmtes Rhode zu sein. Ich glaube, sie sollte einen smaragdgrünes Kleid bekommen. Was meinst du?"

Tatjana verbeugte sich wieder in Richtung Arkadij: „Ja, Herr, ja Herr", sagte sie und legte ihr Maßband an, während Arkadij weiterredete.

„Das Kleid wird dir gefallen, Nadeschda. Tatjana verarbeitet die schwere Schantungseide, die in der Bühnenbeleuchtung so schön glitzert und funkelt. Sie weiß genau, wie tief es ausgeschnitten sein muss, um so viel wie möglich zu zeigen. Sie passt aber auch auf, dass deine schönen Äpfelchen nicht über den Rand rollen und die Zeitungen an einem Skandal verdienen", sagte Arkadij grinsend. Zu Tatjana sagte er: „Der Besatz sollte schwarz sein, denke ich, denn das hat bei den Jungen so etwas Satanisches."

Er hielt inne, dann nickte er: „Ja, mach ihr satanischen schwarzen Flauschbesatz um den Ausschnitt."

„Du singst doch das *Lied vom Äpfelchen*, oder?"

„Natürlich, *Jablotschko* war immer in meinem Repertoire."

„Gut, was ich erwartet hatte. Dein Kleid bekommt auch eine Schleppe, das hat Stil, fast königlich. Passende Überärmel und ein Bolero-Westchen sind Standard. Es gehört dazu, dass du sie abstreifst und bei *Schwarze Augen* in die Kulissen wirfst. Also, ich meine beim Ende deines Auftritts, was ja meistens *Schwarze Augen* ist. Du siehst wirklich wie ein schwarzer Panther aus, wenn du dich bewegst Nadeschda. Mein Bruder sprach davon."

„Was?", fragte Nadeschda verwirrt.

„Ein schwarzer Panther ist eine Katze, Nadeschda, eine sehr große schwarze Katze."

„Hm", antwortete Nadeschda.

Tatjana bedeutete Nadeschda mit den Händen, sich zu drehen, und reckte sich dann wieder, um die Schultern zu messen.

„Also, wenn du etwas nicht verstehst, solltest besser „wie bitte" fragen, nicht „was". Unsere Kunden möchten die Redensarten ihrer Dienstboten nicht hier auch noch hören. Von den Mitarbeitern, die in direktem Kontakt mit unseren Kunden stehen, wird etwas Raffinesse erwartet. Und statt „hm" solltest du vielleicht auch besser „ich verstehe" oder „tatsächlich" sagen."

„Ja, ich verstehe, Arkadij Georgjewitsch", antwortete Nadeschda pflichtbewusst.

Tatjana blickte über ihre Notizen und sagte zu Nadeschda: „Komm vor dem Abendessen zur Anprobe in die Nähstube, Nadeschda, ja?"

„Oh ja", nickte Nadeschda und Tatjana humpelte aus Arkadijs Büro.

Arkadij hob die Verträge wieder auf, die er bei Tatjanas Ankunft abgelegt hatte.

„Nun", sagte er und holte tief Luft, als müsste er sich einer lästigen Pflicht entledigen.

„Schnapp dir den Stuhl von da drüben Nadeschda, und trink deinen Tee, während ich dir das weiter erkläre. Verfolge das auf deinem Exemplar."

Nadeschda war über das Kleid schockiert: „Ich hatte nicht erwartet, solch ein teures Kleid abzuzahlen, Arkadij Georgjewitsch, muss ich sagen."

„Hast du das nicht gewusst? Das tut mir aber leid. Ich hatte geglaubt, die Gerüchteküche unser Branche hat das bis Kiew verbreitet. Nun, du wirst es nicht bereuen, kann ich dir sagen, denn du wirst sehr verführerisch und elegant aussehen. Wenn unsere Sänger ihre eigenen Kleider auf der Bühne tragen würden, ergäbe das ein Sammelsurium, das kein Niveau hätte. Nun, zurück zum Vertrag. Schau dir die zweite Klausel von oben an, wo es heißt, dass keine anderen Sprachen als Französisch und Russisch in der Villa Rhode gesprochen werden sollen. Unsere Gäste fühlen sich unwohl, wenn sie von Sprachen umgeben sind, die sie nicht verstehen,"

Arkadij hielt inne und schaute auf Nadeschda: „Du hältst das ja über Kopf! Du liebe Güte, jetzt hast du dich verraten. Aber mach dir keine Gedanken. Ich erzähle es nicht weiter."

Nadeschda war sehr verlegen und schlug die Augen nieder, aber Arkadij lachte.

„Wirklich, das muss dir nicht peinlich sein. Lesen ist für Bürokraten und Wissenschaftler, nicht für Sänger. Also, was die Sprachen anlangt, sprichst du etwas Französisch, Nadeschda?"

Nadeschda schüttelte verblüfft den Kopf.

„Habe ich auch nicht erwartet, aber es ist die in Sankt Petersburg am meisten gesprochene Sprache. Versuch gelegentlich etwas aufzuschnappen. Unsere Gäste sprechen es gerne. Die Franzosen sind derzeit ganz wild auf russische Kultur. Vielleicht lädt dich ja sogar jemand zu einem der russischen Konzerte in Paris ein. Nach dem was ich so hier im Restaurant gehört habe, waren sie ganz begeistert von den Auftritten von Rimski-Korsakow, Rachmaninow und Schaljapin."

Nadeschda war erstaunt. Die Idee, in Paris aufzutreten, war ihr noch nie in den Sinn gekommen.

„Und, sprichst du Romani?"

Nadeschda zögerte.

„Du kannst es mir ruhig sagen, denn ich erzähle es niemandem. Wir sitzen hier im selben Boot."

Nadeschda nickte.

„Bitte sprich es mit niemandem. Solange es niemand von dir hört, können wir sagen, dass du keine echte Zigeunerin bist. Wie du vielleicht weißt, brauchen wir für Zigeuner Aufenthaltserlaubnisse. Für ein paar Rubel können wir das natürlich schnell und ohne viel Federlesen besorgen, oder wir können auch den billigeren offiziellen Weg gehen, der sich aber immer etwas zieht. Ich versuche, Genehmigungen zu vermeiden, denn die laufen ab und dann habe ich meinen Schreibtisch ständig voll mit Formularen für Verlängerungen. Das kommt für alle zu entsprechend verschiedenen Zeiten und ist sehr lästig. Insofern bin ich dazu übergegangen, zu sagen, dass meine Zigeuner gar keine echten Zigeuner sind, da spare ich mir den ganzen Papierkram. Wenn jemand fragt, warum du so gut auf Romani singst, dann sagst du, dass du Zigeuner in der Nachbarschaft hattest. Wusstest du, dass es auf der Krim und in der Nähe von Kursk Leute gibt, die die Bürokraten als sesshafte Zigeuner bezeichnen?"

„Nein", antwortete Nadeschda, „sind das wirklich Zigeuner?"

„Weiß ich nicht. Aber davon zu wissen ist nützlich, weil es das Bild verwischt. Egal, tu wie eine Zigeunerin auf der Bühne und im Auftrittskleid, aber sprich kein Romani", fuhr Arkadij fort. „Das erleichtert mir das Leben."

Nadeschda nickte. „Verstehe, kein Romani."

„Lass dir von Tatjana später einen Hut geben. Sie hat eine Sammlung alter und neuer. In der Hauptstadt tragen die Damen Hüte, nicht Schals oder Kopftücher. Verrate dich übrigens auch draußen nicht durch das Tragen eines Kopftuchs oder Romani Sprechen. Es gibt immer jemanden, der weiß, wer du bist, Du hast keine Ahnung, wer im Publikum sitzt, aber die erkennen dich wieder. Du wirst dich wundern, wie viele musikalisch geschulte Ohren in dieser Stadt leben. Wo du auch bist, was du auch sagt, rechne immer damit, dass es jemanden gibt, der weiß, wer du bist. Da heißt es dann, eine vom Rhode hat dies oder jenes getan. Das bekommen wir dann aufgetischt. Also Klausel zwei, achte zu allen Zeiten auf den Ruf deines Arbeitgebers, denn durch uns wirst du zu einer Persönlichkeit des öffentlichen Lebens."

Arkadij blickte auf und schaute Nadeschda an, ob sie es auch alles aufgenommen hatte.

„Ja, ich verstehe, Arkadij Georgjewitsch", sagte Nadeschda und legte den Vertrag auf den Schreibtisch zurück.

Arkadij nahm seinen Faden wieder auf: „Jetzt, Klausel drei, in dem Jahr, wo du hier bist, arbeitest du exklusiv für uns. Exklusivität bedeutet, dass du keine Arbeit annimmst, die nicht durch uns geht. Wenn du so gut bist wie mein Bruder meint, gibt es Anfragen für dich. Wir freuen uns, wenn du in den Salons der Gräfin Schuwalow, bei den Juriewskis, den Jussupows oder im

Stroganoff-Palais singst, aber die Buchungen müssen durch uns gehen. Unsere Provision ist 50%, denn du verlierst deinen Tageslohn nicht und außerdem bekommen wir viel mehr ..."

Arkadij sah Nadeschdas entsetztes Gesicht und unterbrach: „Du siehst überrascht aus. 50% ist die Hälfte, weißt du das?"

„Ja. Aber die Hälfte ist viel, nur für die Buchung?", Nadeschda versuchte, naiv zu klingen.

„Eigentlich nicht, wenn man bedenkt, dass wir ja deine acht Rubel pro Abend weiterzahlen. Bitte vergiss nicht, dass wir gute Honorare erzielen. Du würdest das nie allein schaffen, von den adligen oder einfach nur reichen Auftraggebern angemessene Honorare herauszuhandeln. Die mögen ein Dutzend Landgüter besitzen, prächtige Schlösser in Moskau und Sankt Petersburg haben, aber sie würden dich trotzdem wie eine Waschfrau bezahlen, wenn du das direkt machst, glaube mir."

Arkadij nahm einen Schluck Tee und fuhr fort: „Wir sind schon ein ganze Weile in diesem Zirkus. Ich will nicht, dass meine Leute für einen Auftritt im Marmor-Palast wie Waschfrauen bezahlt werden. Wenn sie dich in der Weise entwerten, ist das nicht gut für dich, und für unseren Ruf erst recht nicht. Du klingst auch nach mehr, wenn du sagst, dass du die Anfrage weiterleitest, denn Arkadij Georgjewitsch arrangiert dies alles."

„Ja, ich verstehe", nickte Nadeschda.

„Außerdem musst du dich vor Einladungen zum Essen hüten. Da könnte nämlich mehr dran sein. Mit strahlendem Lächeln laden sie dich ein, aber wenn du dann gegessen hast, kommt plötzlich die gute Idee auf, ob du nicht vielleicht ein oder zwei Liedchen singen könntest. Da würdest du gewissermaßen für ein Abendessen arbeiten. Auch diese Einladungen leitest du an mich weiter. Du sagst, dass Doppelbuchungen verhindert werden müssen und dass ich darauf achten muss, dass nicht zu viele Sängerinnen oder Sänger unterwegs sind, denn die fehlen uns ja dann hier. Dann erkläre ich den Leuten, wie ich das schon viele Male getan habe, dass ein Abendessen ein Abendessen ist und unsere Künstler den Respekt verdienen, dass ihnen nicht ein Auftritt zum Preis eines Abendessens untergejubelt wird."

„Oh", sagte Nadeschda erstaunt, „daran hätte ich nicht gedacht."

„Ja, wir haben eine Menge Erfahrung in diesem Zirkus.

Unsere Exklusivität gilt auch für diese neue Erfindung der Schallplatten. Hast du in Kiew schon eines dieser Teehäuser mit einem Grammophon besucht?"

„Nein, ein oder zwei hatten vor kurzem aufgemacht, aber ich hatte nicht die Gelegenheit, da hinzugehen."

„Ist offensichtlich ein gutes Geschäft. Solange es durch uns gemacht wird, während du bei uns bist, kein Problem. Unsere Kunden kommen trotzdem ins Rhode, um dich zu hören, denn so ein Grammophon klingt ja wie ein Papagei in einer Gießkanne."

„Einige meiner Kollegen aus der Birke fanden diese Aufnahmen sehr amüsant. Sie mochten besonders den Opernsänger aus Kazan", sagte Nadeschda.

„Das überrascht mich nicht. Er ist wirklich sensationell, trotz seiner bescheidenen Anfänge und den Temperamentsausbrüchen. Er ist der beste Botschafter Russlands seit Andrejew das Balalaika-Orchester zur Eröffnung des Eiffelturms in Paris vorgestellt hat. Wenn Fjodor Schaljapin wieder mal hier singt, solltest du vielleicht in die Oper gehen und ihn dir anhören."

Nadeschda stuzte: „Muss ich nicht jeden Abend arbeiten? Die Oper ist doch bestimmt auch sehr teuer."

„Vielleicht. Vielleicht auch nicht. Die drei Stunden könnten wir dir freigeben, denn manchmal ruft jemand an, der etwas Farbe im Publikum haben will. Also ganz so ist es nicht. Die Leute, die sich eine goldene Nase damit verdienen, dass sie Karten aufkaufen und dann auf der Straße am Abend teuer anbieten, schenken uns manchmal was übrig ist. Sagen wir mal, wenn du für uns das Richtige tust, fällt was für dich ab. Wir erwarten, dass du dein Auftrittskleid anziehst, um die Leute daran zu erinnern, später ins Rhode zu kommen."

„Jawohl", sagte Nadeschda und verbarg ihre Verwunderung darüber, dass sie sich in einem Opernhaus sehen lassen sollte.

Arkadij schaute wieder auf den Vertrag und fuhr fort: „Der Rest hier ist das Übliche, rechtzeitig zur Arbeit antreten und singen, was der Musikdirektor anordnet. Nach dem ersten Jahr ist die Verlängerungsphase sechs Monate. Unser Ausfallhonorar beläuft sich auf sechs Monate Lohn."

Nadeschda schüttelte den Kopf.

Arkadij sah sie an und lächelte: „Wäre nett, wenn du die erste wärst, die die volle Vertragszeit bleibt. Nett, ja, aber noch nicht vorgekommen."

Danach tauchte er seine Feder wieder in das Tintenfass.

„So, heute ist der 5. Juni 1907."

Arkadijs Feder kratzte über das Papier, als er Datum und Unterschrift schrieb.

„Du unterschreibst hier", sagte er und reichte Nadeschda beide Exemplare.

Sie zögerte. Arkadij war ungeduldig.

„Also, wir haben dir vertraut, als wir dir die Fahrkarte geschickt haben. Du solltest deinem Arbeitgeber Vertrauen entgegenbringen. Wir haben einen guten Ruf zu verteidigen. Wie das bei dir ist, wird sich weisen."

Nadeschda schaute auf den Federhalter, den Arkadij ihr hinhielt, stand dann auf und kritzelte neben seine Unterschrift. Nachdem Arkadij sorgfältig das Löschpapier drauf gelegt und wieder abgelöst hatte, faltete er Nadeschdas Exemplar, steckte es in einen Umschlag und hielt ihn ihr hin.

„Nicht verlieren."

Nadeschda schüttelte den Kopf: „Besser, Sie behalten es bis ich eine Wohnung habe."

„Ach ja, wo wohnst du denn jetzt?"

„Im Palais Royal."

„Hätte ich mir denken können, der Heimat für Neuankömmlinge und durchreisende Künstler. Da war übrigens auch unser berühmter Schaljapin, als er hier die kaiserliche Oper eroberte. Du solltest dich aber nach etwas mehr in der Nähe umsehen. Manchmal bleiben ein paar unserer besten Gäste bis weit in den Morgen und es ist ja recht weit zum Palais. Es ist zwar nicht erlaubt, aber ich würde ein Auge zudrücken, wenn du bei solchen Gelegenheiten auf dem Sofa in der Garderobe übernachtest."

„Aha", antwortete Nadeschda und dachte an Edmund.

Arkadij schloss eine kleine Schublade an der Seite von seinem Schreibtisch auf und holte einen Schlüssel heraus, an dem ein Stück Pappe mit der Ziffer drei war.

„Hier, das ist für Garderobe drei. Achte darauf, dass sie immer zugeschlossen ist, wenn keiner drin ist. Ich will nichts von verschwundenen Tamburinen, Schuhen oder Geld hören. Für das massive Kruzifix hast du dich ja ganz hübsch in Unkosten gestürzt, sieht gut aus", lächelte Arkadij.

Nadeschda nickte, während Arkadij fortfuhr: „Du teilst sie dir mit Daria. Ihr solltet miteinander auskommen. Sie ist auch aus dem Süden, Armenien, glaube ich, oder vielleicht Tartarin von der Krim. Na, egal, solange sie wie ein Engel singt. Jetzt kannst du dich in der Garderobe ausruhen. Unser Musikdirektor Stanko Nikolajewitsch wird sich später mit dir absprechen. Heute abend schaust du zu – und morgen schaue ich zu. Dir wird es hier bei uns im Rhode gefallen und schließe bitte beim Herausgehen hinter dir die Tür."

20

Nadeschda erwachte von einem hartnäckigen Klopfen an der Tür. Sie setzte sich auf und hatte fast vergessen, wo sie war. Ach ja, Petersburg, die Garderobe in der berühmten Villa Rhode.

„Aufmachen Nachtigall, Stanko und Kolja hier, vom Orchester."

Sie stellten sich als sehr kompetente Musiker heraus. In Windeseile gingen die beiden Geiger durch die Refrains und ersten Verse von Nadeschdas gesamtem Repertoire. Einige Lieder akzeptierten sie, andere nicht, weil sie sie nicht in einer neuen Tonart lernen wollten. Manche waren für andere Solisten reserviert, aber Nadeschda konnte sie singen, wenn diese Solisten nicht da waren.

„Arkadij hat Recht gehabt, dich zu engagieren", sagte Stanko, als er aufstand, „deine Stimme füllt den Saal und du setzt sie gut ein."

Nadeschda sah, wie Stankos Augen an ihrem Körper hinab und langsam wieder hinaufwanderten. Da bist du aber auf dem falschen Dampfer, dachte Nadeschda, während sie ihn anlächelte. Als sie die Tür hinter hinter ihm schloss, lächelte sie in sich hinein. Wer glaubst du denn, wer du bist? Du musst mir erst deinen Wert beweisen, bevor ich vielleicht über deine Geige hinausgucke.

Daria war überrascht, Nadeschda in der Garderobe anzutreffen: „Ich hatte gehört, dass die neue Sängerin abgesagt ist."

„Ich nicht", antwortete Nadeschda mit einem Grinsen.

„Muss wohl jemand anderes gewesen sein, den sie gestern erwartet haben."

„Nein, die haben schon auf mich gewartet, aber ich war zu müde von der Reise."

„Du hättest telefonieren sollen. Sie waren etwas ungehalten."

Nadeschda zuckte mit den Achseln.

„Ehrlich gesagt, ich habe sogar gehört, dass sie dich nach Kiew zurückschicken wollten," erzählte Daria.

„Haben sie aber nicht", antwortete Nadeschda siegesbewusst.

Sie stand auf und streckte Daria die Hand entgegen: „Du musst wohl Daria sein. Ich bin Nadeschda Wassiljewna Plewitzkaja."

Seit dieser ersten Nacht im Rhode schien Nadeschdas Leben

auf ein schnelleres Tempo umzuschalten. Sie hatte nur drei oder vier Abende hinter sich, bürstete in der Garderobe ihre Haare, als sie Unruhe auf dem Flur hörte.

„Holen Sie Tische aus den Garderoben."

„Hilf doch mal hier", rief eine junge männliche Stimme.

„Wo ist eigentlich Arkadij, wenn wir ihn brauchen?", beklagte sich jemand.

„Aufhören!", rief der Oberkellner. „Stühle brauchen wir, Stühle aus den Umkleidekabinen."

Dann drehte sich ein Schlüssel im Schloss. Ein Kellner riss die Tür auf und stürmte herein.

„Setz dich aufs Sofa", ordnete der Oberkellner an.

Bevor sie begriff, was los war, waren alle Garderobenstühle auf dem Flur. Der Kellner stand schon in der Tür, als Nadeschda ihre Überraschung überwunden hatte und fragte: „Was ist denn mit dir passiert. Hast du nicht gelernt, zu klopfen?"

Aber der Oberkellner war ganz Chef: „Warum gehst du nicht nach draußen und machst dich nützlich. Sprich mit den Gästen bis wir ihnen Plätze anbieten können. Frag nach Lieblingsliedern, sprich über die Speisen und Getränke. Egal was du redest, beschäftige sie ein bisschen, damit sie nicht woanders hingehen."

„Warum denn die ganze Aufregung?"

„Eine Gruppe Duma-Mitglieder ist ohne Reservierungen gekommen, etwa vier große Tische voll. Der Zar hat die Duma wieder aufgelöst. Nun wollen die Männer feiern, oder vielleicht auch ihre Sorgen ertränken. Kümmere dich um um sie, und zwar sofort", ordnete er an.

Nadeschda ging über die Bühne zum Restaurantbereich. Sie ging langsam und vorsichtig, damit sich die Schleppe ihres neuen Seidenkleides nicht in irgendetwas verfangen und sie fallen würde. Sobald sie voll im Blick des Publikums war, bewegte sie sich Rhythmus von *Kamarinskaja*, das das Orchester gerade spielte. Sie zog alle Blicke auf sich, als sie durch die gesamte Länge des Restaurants zu schweben schien.

Am hinteren Ende des Restaurants lehnten die wartenden Männer an der Wand. Sie waren alle exquisit gekleidet, in dunklen Anzügen, oder in den Uniformen der Regimenter. Die meisten von ihnen hatten große Schnurrbärte mit spitzen Enden. Ihre Haltung strahlte die Überlegenheit der Männer aus, die zu befehlen gewohnt sind. Nadeschda begrüßte sie und erklärte, das Personal bereite die Tische vor. Sie wusste nicht so recht, was sie sonst noch sagen sollte und fragte daher, woher sie kämen und was der frohe Anlass für ihr spontanes Feiern sei.

„Froher Anlass? Ha", antwortete einer mit einem zynischen Lachen. „Der Zar hat gerade die Duma aufgelöst. Dies ist nun das zweite Mal, dass wir alles vorbereitet haben, Tage und Nächte von den entlegenen Ecken des Reiches angereist sind. Wir waren vorbereitet, die Fragen zu lösen, die das russische Volk bewegen, wie Steuern und Landreformen", sagte der Mann mit einem Seufzer.

Ein jüngerer Mann konnte seinen Zorn kaum zurückhalten: „Mit einem Krakel seines neumodischen Füllfederhalters macht Nicholas all dem ein jähes Ende. Finito la musica."

„Pst", besänftigte ein Mann in Uniform. „Rede doch nicht sowas. Väterchen Zar weiß, was richtig ist. Konnte doch jeder sehen, dass es so nicht weitergehen konnte. Jeder kämpft gegen jeden."

„Die Land-Reformen waren eine gute Sache, könnten immer noch funktionieren, wenn alle Sozialisten nach Sibirien verfrachtet werden", meinte ein Offizier. „Aber damit dürfen wir nicht zu lange warten."

„Oder einfach die Revolutionäre aus der Duma ausschließen, wie wir so oft gefordert haben", sagte eine andere Stimme.

Ein breitschultriger Herr mit einem runden und freundlichen Gesicht unter einem perfekten dunklen Haarschopf wandte sich Nadeschda zu: „Da hast du es, überall Ungeduld."

Er legte seinen Arm um Nadeschdas Schultern und sprach mit der Überlegenheit eines reichen Mannes, der gewissermaßen über dem gemeinen Volk lebt: „Lasst uns einfach feiern."

Seine braunen Augen funkelten, und irgendwie war es auch in dem schwachen Licht spürbar, dass er ein Mann von Welt war.

Er seufzte und lächelte: „Es gibt nur einen Ausweg aus den Sorgen dieser Welt, ein georgischer Roter und Zigeunerlieder. Wie heißt du denn mein Täubleinchen?"

„Nadeschda Wassiljewna Plewitzkaja. Manche nennen mich Nachtigall aus Kursk."

„Oh, wie poetisch. Ich glaube, ich habe dich noch nicht hier gesehen. Du bist neu, oder?"

„Ja, ich bin vor ein paar Tagen aus Kiew gekommen",

antwortete Nadeschda.

„Nun, da lernst du unsere Hauptstadt gleich in ihrer ganzen Pracht kennen. Ein Drama nach dem anderen."

„Ich verstehe nicht, Barin, was meinen Sie mit Drama?"

„Nenn mich nicht Barin, Nadeschda. Ich bin Alexander Iwanowitsch Gutschkow. Bis heute morgen war ich Duma-Präsident."

„Freut mich, Sie kennenzulernen, Alexander Iwanowitsch. Ihr Drama ist gleich vergessen, wenn ich Ihre Lieblingslieder singe. Unsere Weine hier im Rhode sind die besten im Reich. Was sind denn ihre Lieblingslieder?"

„*Suliko* zum roten aus Georgien, um die Sorgen zu ertränken und *Kalinka*, um mich für die nächste Runde aufzumöbeln. Bauern, Arbeiter, Marine, Duma-Debatten – waschen wir alles weg mit *Kalinka*. In Paris sind sie ganz wild auf unsere Musik und Pianisten, schwärmen für Sänger und Ballett aber über unser Leben hier haben sie keine Ahnung."

„Ihr Geist wird von all diesen Lasten befreit", sagte Nadeschda mit beschwörender Stimme und setzte jedes Wort wie in einer Melodie. „Es gibt nichts anderes auf der Welt als die Musik und mich. Hier gibts es nichts anderes zu tun, als zu existieren und auf meine Stimme zu hören. Deine Lasten fallen von dir ab."

„Das funktioniert ja schon fast. Vielleicht solltest du zu einem unserer Salonabende kommen. Unsere Familie ist sehr musikalisch", lächelte Gutschkow.

„Mit Vergnügen. Arkadij Georgjewitsch wird gern die Einzelheiten mit Ihnen besprechen. Das Rhode ist so freundlich, sich um diese Buchungen zu kümmern."

Jahre später erinnerte sich Nadeschda daran, dass es an diesem Abend war, dass ihr Leben ein neues Kapitel aufschlug, welches von einem anderen Autor in einer neuen Sprache geschrieben wurde.

Der Abend nahm seinen Lauf. Die vom Zaren entlassenen Parlamentarier tanzten und warfen Wodkagläser. Nach einer Weile waren sie eine lärmende Menge, aber zu Nadeschdas Überraschung vergaßen sie nicht, wer sie wirklich waren. Obwohl einige von ihnen schon wackelig auf den Beinen waren, standen sie um Mitternacht auf Gutschkows Geheiß auf und sangen die Zarenhymne. Sie stießen auf das Heilige Russland und die Zukunft an, wo eine dritte

Duma überleben könnte, bis Frieden endlich Wurzeln im Reich geschlagen hätte.

Als der Morgen graute, kehrte Nadeschda erschöpft zum Palais Royal zurück. Sie fand Edmund im Tiefschlaf und eine leere Flasche Wodka lugte unter dem Bett hervor. Am frühen Nachmittag wachten sie auf und Nadeschda fragte, ob Edmund Arbeit in einem der Ballette gefunden hatte.

„Nein, noch nicht. Sie stellen niemanden ein vor dem Start der neuen Saison im Oktober", sagte er.

„Könntest du nicht in der Zwischenzeit ein paar Stunden geben?", fragte Nadeschda.

„Ja, vielleicht sollte ich morgen zu den Ballettschulen gehen", antwortete Edmund. „Ich scheine ein Problem zu haben, denn alle fragen nach einer Empfehlung von Kiew und da wir dort so schnell weg sind, habe ich keine."

„Du könntest sie doch in einem Brief bitten, dir eine Empfehlung zu schreiben, oder? Das machen die doch bestimmt", schlug Nadeschda vor.

Wochen vergingen, aber aus Kiew kam keine Antwort. Dann hörten sie von jemandem im Palais Royal, dass der Ballettmeister während einer Probe an einem Herzinfarkt gestorben war.

Wenn Nadeschda für Auftritte in den Herrschaftshäusern und Palästen von Petersburg gebucht wurde, erhielt sie eine Liederliste, was die Kunden hören wollten. Manchmal waren Lieder dabei, die nicht in ihrem Repertoire waren. Nadeschda musste dann eher ins Rhode kommen und die Nachmittage dazu nutzen, mit den von Arkadij ausgesuchten Gitarristen diese Lieder einzustudieren. Gitarristen waren, bedauerlicherweise, noch unsteter als andere Musiker, sodass Nadeschda alle paar Wochen erneut mit anderen Begleitern proben musste.

„Musik ist echte Arbeit", sagte sie zu Edmund. „Der Applaus, die Honorare und Trinkgelder kompensieren ja einiges, aber anstrengend ist es alles zusammen doch. Es fühlt sich an, als ob ich nie außer Dienst bin", seufzte Nadeschda und schnappte sich einen ihrer neuen roten Samthandschuhe.

„Schau, was ich gestern bekommen bekommen habe", sagte sie mit einem breiten Lächeln und ließ eine Goldmünze aus dem Handschuh in Edmunds Schoß fallen.

Edmund starrte ungläubig: „Das sieht ja aus wie ein goldener

Imperial."

„Na klar", antwortete Nadeschda und biss auf die Münze. „Und echt ist er auch!"

Edmund schüttelte den Kopf: „Ganze zehn Rubel Trinkgeld. Die sind ja verrückt, diese Menschen. Wer war das denn?"

„Der junge Jussupow. Ich habe ihn mitmachen lassen. Meine Güte war der aufgedreht, als ich ihn mitsingen ließ. Dann ließ ich ihn auf der Gitarre mitspielen. Er ist hier in den Sommerferien und lallte von seinem geliebten Russland. Ich habe ihm eine Weile schöne Augen gemacht und dann ließ er den Imperial fallen, direkt in mein Dekolleté."

Nadeschda legte die funkelnde Münze auf ihre flache Hand. „Kauf dir einen neuen Mantel, mit Pelzkragen, wenn es reicht. Vielleicht siehst du nicht gut genug aus für die Ballette, denn bei deinem alten Mantel dampft der Kiewer Provinzialismus aus jedem Knopfloch."

Edmund pflückte den Imperial aus Nadeschdas Hand: „Danke, ich glaube, das hilft. Hättest du das nicht zum Abzahlen deines Kleides nehmen sollen?"

„Nein, denen habe ich nichts davon erzählt. Ein Imperial ist nicht teilbar. Wenn sie fragen, sage ich, dass sie einem Gerücht aufgesessen sind," sagte Nadeschda mit einem verschmitzten Lächeln.

Bald hatte jeder in der Hauptstadt von Nadeschdas Improvisation mit Prinz Felix Jussupow gehört. Grafen, Großherzöge, Prinzen, Industrielle und Kaufleute buchten ins Rhode, um zu sehen, warum jeder von der neuen hübschen Sängerin schwärmte. Die Einladungen zu Abendveranstaltungen, Konzerten, Tee-Parties und Bällen rollten herein. Fast jeden Tag war Nadeschda doppelt beschäftigt, im Rhode und bei anderen Engagements. Für alle neuen Kleider hatte Nadeschda passende Hüte, Handschuhe und Schuhe in passenden Farben.

21

Edmund fiel es nicht leicht, die Tage allein zu verbingen. Von den Abenden hatte er ja gewusst, aber Nadeschdas viele Proben und Auftritte am Nachmittag machten ihn unzufrieden. Die meisten anderen Mieter im Palais Royal mussten auch nicht tagsüber arbeiten. Wie Edmund brachten sie ihre Waschschüsseln in das gemeinsame Bad mit Toilette am Ende des Flurs. Er lernte seine Nachbarn kennen und diejenigen, die in den anderen Etagen wohnten. Unter diesen Nachtarbeitern herrschte eine Kameradschaft wie sie Edmund noch nie zuvor erlebt hatte.

Da war Tamara, eine nur mäßig erfolgreiche Sängerin im ebenso mäßig erfolgreichen Vergnügungspalast Arkadia. Sie machte Edmund schöne Augen, als sie ihn zum ersten Mal sah, aber als sie entdeckte, dass er Nadeschdas Wäsche wusch, schaltete sie auf Kumpel.

„Ich sehe, dass du verheiratet bist", sagte sie und Edmund musste ihr alles über Nadeschda erzählen.

Später vertraute sie sich ihm an: „Ich suche nach einem Bräutigam. Je eher ich einen finde, desto besser. Wenn du einen Freund hast, der unverheiratet ist, bitte, bitte vergiss mich nicht."

Tamara hatte die Hofsänger-Schule besucht, musste aber ohne Abschlussprüfung abgehen, nachdem sie mit einem Lehrer in der Besenkammer erwischt worden war. So sehr sie auch schwor, dass sie nur getan hatte, was der Lehrer ihr gesagt hatte, sie musste gehen, der Lehrer aber nicht. Seitdem hatte Tamara in den meisten Etablissements in Petersburg gearbeitet und hatte das Singen gründlichst satt. Sie bemühte sich sehr, bei guter Stimmung zu bleiben, aber von Zeit zu Zeit musste sie ihre Stimmung mit dem Geist aus der Flasche aufmöbeln.

Dann war da auch Carlo, ein älterer, einarmiger Tartar. Er arbeitete als Clown im Circus Ciniselli.

„Carlo ist wie verwandelt, wenn er im Kostüm ist", erzählte Tamara. „Die Menschen sehen da nicht, dass er behindert ist. Sein Stottern klingt wie eine gut einstudierte Nummer. Sie hofieren ihn als Künstler, aber wenn er nicht im Kostüm ist, behandeln sie ihn von oben herab. Er macht sich nur noch selten die Mühe, sich mit Leuten zu unterhalten, denn er kommt mit der Zweigesichtigkeit der Menschen nicht zurecht. Ich bin doch derselbe Mensch, sagt er. Einen Moment werde ich hofiert und im nächsten zeigen sie mir die kalte Schulter. Ich kann die Menschen meist nur mit Abstand ertragen, hat Carlo mir gesagt."

Die Künstler und anderen nicht sesshaften Bewohner des Palais Royal hatten tagsüber viel Zeit, sich zu unterhalten. Nichts ereignete sich in Sankt Petersburg, das ihnen nicht zu Ohren kam, denn sie wussten, was hinter den Kulissen passierte, auf der Bühne und in den Kreisen, aus denen sich das Publikum rekrutierte.

Sie hatten auch Zeit, um ihre Beziehungen zu Verwandten und Freunden, die in allen Ecken und Winkeln der Gesellschaft arbeiteten, aufrechtzuerhalten. Sie kannten die Dienstboten, die Fabrikarbeiter, die unteren Chargen in der Oper, die Ladenschwengel, die Kellner der Teehäuser und die Scheingeschäfte der Kupplerinnen, die als Schneidereien fungierten. Dort konnten einen guten Anzug oder ein Kleid zum Niedrigstpreis bekommen, wenn die Hausdame dem Schein Genüge tun wollte. Und da sie in der eleganten Gesellschaft auftraten, waren sie dort genauso zu Hause.

Ihre Netze überlappten mit anderen, wie dem der Geheimpolizei, die Beobachter als Kutscher und Zigarettenverkäufer an jeder Ecke postiert hatten. Den Künstlern war es egal, was die Augen des Zaren den unzähligen Bürokraten in den vielen großen Bürogebäuden berichteten. Heute hier, morgen fort, lachten sie.

Bei ihren Schach- und Kartenspielen tauschten sie Klatsch und Nachrichten aller Art aus. Sie lachten über den erfolgreichen Raub in Tiflis, wo sich mehr als 50 Personen aus einer Menschenmenge herausgelöst hatten und Kosaken wie Passanten mit Bomben eindeckten. Im Durcheinander wurden schnell die Geldsäcke aus der Kutsche gerissen, die die revolutionären Zellen ernährten.

Zwischen ihren Kartenspielen prosteten sie sich zu: „Wir trauern mit den Müttern der Kosaken, Polizisten, Soldaten und Sozialisten, die gestorben sind. Aber die nächste Hungersnot hätte sie sowieso gefällt. Mit ihrem Beitrag zur Ernährung der Revolutionären Zellen hat ihr Tod einen Sinn. Punktabzug für die zaristische Geheimpolizei."

Noch vor wenigen Jahren hätte keiner von ihnen auch nur ein Fünkchen Interesse für politische Ideen und deren Gruppen gehabt. Jedoch durch den Blutigen Sonntag von vor zweieinhalb Jahren hatten die im Verborgenen operierenden Kreise der Unzufriedenen enormen Zulauf bekommen. Des Zaren Polizei bemühte sich, Schritt zu halten, so dass ihre Zahl ebenfalls wuchs. Immer weniger Menschen konnten sich den Fragen der Zeit entziehen.

An einem Tag applaudierten die Nachtarbeiter hinter verschlossenen Türen den Revolutionären Zellen, am nächsten besuchten sie eine Schwester oder Cousine, die in einer netten Wohnung von einem der Provinz-Fürsten untergebracht war. Sie kamen, um sich die Bäuche zu füllen und an einem kalten Tag aufzuwärmen. Fünf Kopeken kauften ihnen eine Warnung des Hauswarts fall der Wagen des Prinzen unerwartet vorfahren sollte. Wie der Blitz verschwanden sie dann durch die Küchentür in das Dienstbotentreppenhaus. Mit einem Ohr am Schlüsselloch standen sie regungslos in einem grauen kalten Treppenhaus und horchten, ob der Prinz bleiben würde. Wenn ja, dann schlichen sie sich herunter und grüßten den Hauswart nicht, damit der Kutscher des Prinzen keine Verbindung ziehen würde.

Nadeschda sang für die Prinzen, wenn sie ihre Petersburger Häuser für eine Hochzeit, eine Taufe oder zu Tagungen der Adelsversammlung entstaubten. Seit den großen Streiks von 1905 tagten die hohen Herren öfter als früher, denn sie dachten, sie könnten die Ereignisse zähmen. Bis weit nach Mitternacht diskutierten sie, ohne Beschlüsse fassen zu können. Dann ertränkten sie ihren Kummer in Wein, Weib und Gesang. Nadeschda wurde zur beliebtesten Sängerin dieser Gelegenheiten. Sie musste lernen, mit Klavierbegleitung zu singen.

„Es ist kein Vergleich zu Balalaika und Gitarre", sagte Nadeschda zu Daria in der Garderobe. „Die meisten Lieder verlieren etwas von ihrer Seele. Aber sie wollen es so, nennen es Kultur. Wie kann ich ihnen sagen, dass ich Balalaikas zur Begleitung will, wenn sie für den Pianisten bezahlen?"

„Solange der Funke überspringt, die Hände zum Applaus jucken und zur Brieftasche greifen, wie mein Vater zu sagen pflegte ...", meinte Daria.

Dann beendeten beide den Satz wie aus einem Munde: „Mit dem Blick streng aufs Honorar gerichtet", dem Satz, der überall auf der Welt in allen Garderoben in vielen Sprachen mehr geflüstert als gesprochen wurde.

Manchmal kam in Daria Eifersucht hoch, denn fast alle Besucher, die hinter die Bühne kamen, wollten zu Nadeschda. Sie küßten ihr die Hand, brachten Blumen, Einladungen und schier endlose Schmeicheleien. Daria wusste ja, dass die Schmeicheleien nicht zu ernst zu nehmen waren, aber die Eifersucht wurde trotzdem von Woche zu Woche größer. Jedes Mal, wenn es an der Tür klopfte, wollte jemand mit Nadeschda sprechen. Sie waren enttäuscht, dass Nadeschda nicht da war. Daria nur gut genug für die Auskunft, wann Nadeschda zurück sein würde. Schließlich wurde es ihr zu viel, so dass sie Arkadij Georgjewitsch um eine andere Garderobe bat. Arkadij schickte sofort den Pagen um Nadeschda zu fragen, was vorgefallen war.

„Nichts", antwortete Nadeschda überrascht. „Wir hatten keinen Streit oder so etwas."

Arkadij schaute sie fragend an.

„Das einzige, was ihr zugesetzt haben könnte, ist mein Erfolg. Muss ich mich dafür entschuldigen? Ich habe lange Arbeitstage, und jeder will mein Freund sein. Ich kaufe Kleider, die sie noch nie vorher angefasst hat", erklärte Nadeschda.

„Daria behauptet. dass du mit ihr nicht mehr redest", sagte Arkadij ganz ruhig, um die Situation nicht anzuheizen. Er war sich immer bewusst, dass Musiker und Sänger plötzliche Temperamentsausbrüche haben könnten, deren Gründe oft nicht zu erkennen waren.

„Da ist etwas Wahres dran, Arkadij Georgjewitsch. Ich muss meine Gedanken zusammenhalten, bevor ich auf die Bühne gehe. Ich bin nicht gut, wenn ich mir kurz vorher Darias Geschichten über ihre kranke Mutter oder ihren unsteten Bruder anhören muss. Ich gebe mein Bestes, wie Sie wissen, aber manchmal kann ich mir einfach ihre kleinkarierten Geschichten nicht mehr anhören. Ehrlich gesagt, davon habe ich auch genug zu Hause mit meinem Mann, denn er hat immer noch keine Arbeit. Wenn ich dann die endlosen Geschichten von Missgeschicken hören muss, schweige ich lieber."

„Aber wen kann ich denn in deine Garderobe einteilen? Ich bewundere dich, dass du so zielstrebig bist. Hast du jemanden auf dem Auge?", fragte Arkadij.

„Eigentlich nicht", antwortete Nadeschda. Aber dann lächelte sie: „Wissen Sie was, geben Sie mir die jüngste in der Mannschaft.

Sie hat wahrscheinlich keine langen Geschichten, mit denen sie mich behelligt."

„Das klingt gut. Maria ist die jüngste und da ihre Garderobenkameradin Ilona eine von denen ist, die Daria für sich vorgeschlagen hat, ist das ein einfacher Tausch."

Nadeschda Augen leuchteten auf: „Eingeschlagen! Maria ist mir recht."

„Streng dich dann aber ein bisschen an, freundschaftliche Beziehungen aufrechtzuerhalten, Nadeschda, ja?"

Nadeschda nickte zustimmend.

Auf dem Weg zurück zur Garderobe, überlegte sie, wie sie Daria besänftigen könnte, denn es war ihr bewusst, dass sie sich nicht aus Gedankenlosigkeit Feindschaften zuziehen sollte. Sie nahm sich vor, wachsamer zu sein.

„Ich wollte dich nicht verletzen", sagte sie entschuldigend zu Daria. „Ich habe das irgenwie in der ganzen Hektik übersehen und das tut mir leid. Möchtest du meine blauen Handschuhe zur Erinnerung, Daria?"

Darias Augen leuchteten. Nadeschda zog die Handschuhe aus ihrer Manteltasche und reichte sie ihr.

„Freundschaft?"

Daria ergriff die Handschuhe und schüttelte Nadeschda die Hand.

„Ja, Freundschaft. Ich wollte ja auch kein böses Blut schaffen, aber ich hatte einfach eine Enttäuschung zu viel."

„Ab und zu muss mal Abwechslung auf dem Menu stehen, kein Problem", antwortete Nadeschda.

Maria war sehr jung. Sie hatte ihr Leben als Sängerin gerade erst begonnen, und blickte zu Nadeschda auf, die innerhalb von nur sechs Monaten so beliebt geworden war. Sie fragte sie ständig über die Lieder aus und wie man sie am besten interpretierte. Als Nadeschda entdeckte, dass Maria lesen und schreiben konnte, schlossen sie ein Abkommen. Nadeschda kannte mehr Lieder, die Maria in zwei Notizbücher aufschreiben würde, so dass beide eines behalten konnten. Nadeschda beobachtete sie beim Schreiben und merkte sich einige Buchstaben.

„Schade, dass meine Schulnotizen von Moskau verloren sind", seufzte Maria. „Unser Lehrer hatte eine große Sammlung von Volks-und Zigeunerliedern, die von seinem Großvater war. Er hat sie uns auf dem Klavier vorgespielt. Inzwischen ist er berühmt geworden und lebt jetzt in Deutschland, heißt es. Er war toll auf dem Klavier, aber die meiste Zeit war er merkwürdig. Rachmaninow hieß der, und wir dachten, er konnte uns nicht leiden, denn er lächelte nie. Aber er mochte einfach kein Lehrer sein, glaube ich. Er sprach oft über seine Zigeuner-Oper, die mit einem Gedicht von Puschkin zu tun hatte."

„Ach ja, von dem habe ich den Salons gehört. Ist das nicht der verarmte Adlige, der nach der Schießerei vor dem Palast eine Petition unterzeichnet hat?"

„Glaube ich schon, aber ich kannte ihn nur als Lehrer. Er ist irre anzusehen, wenn seine riesigen Hände die Tasten traktieren, kann ich dir sagen. Sein Rhythmus ist unglaublich, erschreckend sogar, wie eine Maschine. Es entführt dich und plötzlich fühlst du dich wie verhext. Er verhext sich auch selbst. Wenn ein Stück zu Ende ist, schaut er nach oben, reißt die Augen auf, als wenn er aus einer fernen Galaxie zurückkommt."

„Wo ist denn eine Galaxie, Maria?", fragte Nadeschda ratlos.

„Überall, glaube ich. Gruppen von Sternen nennt man eine Galaxie und der Ausdruck soll bedeuten, dass er von jenseits der Milchstraße heruntertreibt."

„Wirklich? Das ist mir ein Rätsel. Ich habe schon lange keine Zeit mehr gehabt, zu den Sternen aufzusehen. Wir machen jetzt unsere eigene Lieder-Sammlung, Maria. Wenn Rachmaninow hier zum Rhode kommt und du davon hörst, sag mir Bescheid. Vielleicht können wir von ihm noch einige Songs bekommen. Die Leute sprechen so viel und so gut von ihm, dass es unser Ansehen hebt, wenn wir mit ihm gesehen werden. Glaub mir. Würde er dich wiedererkennen?", fragte Nadeschda.

„Ich weiß nicht, wahrscheinlich nicht", antwortete Maria.

„Sag mir aber trotzdem, wenn er kommt, ja", sagte Nadeschda.

„Wenn du meinst."

Maria hatte noch nie über solche Strategien nachgedacht. Ihr Vater war ein Offizier gewesen, der aus dem russisch-japanischen Krieg nicht zurückgekommen war. Ihre Mutter, eine hübsche junge Witwe, wurde dann von einem überlebenden Offizier aus dem Regiment ihres verstorbenen Mannes umworben. Nach einer Weile stellte sich jedoch heraus, dass ihr Verehrer sich alles Vermögen der Familie erschwindelt hatte. Nur ein paar Tage später ging die Mandschurei zurück in chinesische Hände. In ihrer Verzweiflung über den sinnlosen Tod ihres Mannes sprang Marias Mutter von einer Brücke in die eiskalte Moskwa. Maria war außer sich in den drei Tagen, als ihre Mutter vermisst war.

Schließlich kamen die Polizisten und teilten ihr den Leichenfund mit. Maria hatte sich auf das Schlimmste vorbereitet und vergoss nicht eine Träne. Noch am selben Tag stieg sie in den Zug nach Petersburg. Sie trug ihr bestes Kleid und klopfte an die Tür des Rhode, die sich freuten, ein so hübsches junges Mädchen mit Solisten-Potential zu bekommen. Im Chor war Maria war eine gute Beobachterin, und lernte schnell.

Nadeschda übte *Suliko* mit ihr, und die Stimmen verschmolzen traumhaft. Danach starrte Nadeschda ins Leere, unbeweglich und stumm.

„Was ist denn los?", fragte Maria verblüfft.

„Ich habe das schon mal mit jemandem gesungen, lange her. Es ist wahrscheinlich sogar besser, genau wie er es vorhergesagt hat", meinte Nadeschda.

„Wie bitte?" Maria war verwirrt.

„Nichts, gar nichts. Schatten aus Kiew. Es ist ja eigentlich gar nicht so lange her, aber es fühlt sich schon an wie aus einem anderen Leben. Die Schatten der Vergangenheit kriechen ins Heute."

Maria guckte Nadeschda völlig verwirrt mit großen Augen an: „Ist das jetzt gut oder schlecht? Können wir es heute abend bringen? Du sprichst in Rätseln Nadeschda."

„Natürlich machen wir das heute Abend, obwohl wir es Stanko oder Kolja sagen müssen. Mach dir keine Sorgen über den Rest. Manchmal kann ich die Vergangenheit nicht aus dem Kopf bekommen, um mich auf das Heute zu konzentrieren."

„Willst du das wirklich?", fragte Maria.

„Ja, die Vergangenheit ist ja erledigt, sobald ich daraus gelernt habe. Ich werde mit der Zeit schon besser werden."

Nadeschda reckte sich auf, lächelte breit und schaute Maria direkt in ihre braunen Augen. Dann holte sie tief Atem, und sagte in ihrer Bühnenstimme mit einer großen Geste: „Jawohl, *Suliko* – gib mir ein a, Schätzchen, damit wir es noch einmal machen können."

Nadeschda nahm ihre Beliebtheit als selbstverständlich hin.

In einer scheinbar geraden Linie stieg sie in die elegante Gesellschaft der Hauptstadt auf. Die Soirées der adligen, wohlhabenden und einflussreichen Petersburger Gesellschaft wurden zu einer fast täglichen Routine. Sie waren auch lukrativ. Sie aß die besten Speisen, perfekt zubereitet von französischen Köchen, und bekam zum Honorar sogar noch Trinkgelder.

Eines ihrer neuen Statussymbole war eine Taschenuhr an einer langen Silberkette. Die Kette war sehr repräsentativ, denn zwischen den eleganten Jugendstilgliedern saßen massive Silberkugeln, die die Kette robust machten. Die überlebt sogar Tourneen, dachte Nadeschda, obwohl sie wusste, dass es noch etwas dauern könnte, bevor sie ihre Lieder durchs Reich tragen konnte. Sie holte die Uhr gelegentlich heraus, nur um zu zeigen, dass sie eine solch schöne Kette hatte.

Als sie bei den Herzögen, Fürsten und Militärs besser bekannt war, aß Nadeschda dann auch nicht mehr mit dem Personal. Sie wurde eingeladen, den Tisch mit ihren hochgestellten Auftraggebern und deren Gästen zu teilen. Sie sonnte sich in der Berühmtheit, und dass man sie als ebenbürtig akzeptierte. Sie achtete auf deren Tischmanieren und hörte den Gesprächen aufmerksam zu, behielt aber ihre eigene Meinung für sich.

Wenn ein Graf oder Herzog Frauen oder Bauern lächerlich machte, lachte Nadeschda pflichtbewusst mit. Die Witze waren oft beleidigend, aber sie lachte mit, wenn ein Kunde in brüllendes Lachen ausbrach, nachdem einer wieder einmal lautstark zum Besten gegeben hatte: „Also wie der weise Mann sagt, ein Huhn ist ja kein richtiger Vogel und eine Frau keine richtige Person."

Im Rhode flunkerte Arkadij Georgjewitsch seine Kunden an: „Dauert nicht lange, bis Nadeschda wieder da ist", sagte er, obwohl er wußte, dass sie nicht vor Mitternacht zurück sein würde. Er versicherte den Gästen sogar, dass Nadeschda auftreten würde, wenn sie voll anderswo gebucht war.

„Sie hat angerufen und gesagt, dass sie spät dran ist", belog Arkadij seine Kunden. „Nehmen Sie doch Platz, Nadeschda wird gleich hier sein."

Eines Abends ertappten sie ihn. Ein Gast erinnerte sich irgendwann, dass Nadeschda auf dem Schwarz-Weiß-Ball war, für den er so gerne eine Einladung bekommen hätte. Geschickt schob Arkadij Georgjewitsch Vergesslichkeit vor, und sagte, die Künstler seien oft unberechenbar. Danach schickte er dem Tisch zwei Flaschen roten georgischen Wein.

Maria nutzte die Gelegenheit und sang Nadeschdas Repertoire. Mit der Zeit klang sie immer mehr wie Nadeschda.

Die Musiker neckten sie: „Aha, hier kommt Maria Boscharinowa, Plewitzkajas Imitatorin."

Maria machte das nichts aus. An einer der Soirées saß Nadeschda neben Boris Danilowitsch Simjonow, der sich als Unternehmer vorstellte. Sie hatten noch nicht einmal die Vorspeisen gegessen, als er anfing vom Geschäft zu sprechen.

„Ich habe so viel von Ihnen gehört, Nadeschda Wassiljewna. Es ist mir eine Freude, Sie endlich kennenzulernen."

„Haben Sie mich denn noch nicht im Rhode gesehen, Boris Danilowitsch? Ich singe dort jeden Abend", antwortete Nadeschda.

„Ich bin aus Moskau. Als ich letztes Mal hier in Petersburg war, habe ich es nicht geschafft, zum Rhode zu kommen, aber mein Talentsucher erzählte mir von Ihnen, der neuen Sängerin, die für Schallplattenaufnahmen geeignet ist."

„Ach wirklich", Nadeschda konnte kaum ihre Freude verbergen.

„Wie lange sind Sie denn noch beim Rhode unter Vertrag?", fragte Simjonow.

„Bis Juni. Vielleicht länger, habe nicht genau darüber nachgedacht."

„Ihr erstes Jahr ist bis Juni, Nadeschda Wassiljewna?"

„Ja, warum?"

„Nun, ich versuche auszurechnen, wann Sie frei wären."

„Sie würden Aufnahmen in der Vertragszeit erlauben, hat Arkadij Georgjewitsch gesagt."

Simjonow wiegte den Kopf: „Ich weiß, aber das ist aber nicht so gut. Wenn man Aufnahmen in ganz Russland verkaufen will, ist es nicht günstig, wenn der Künstler in Petersburg angebunden ist, denn ohne Tourneen bekommen wir keine guten Verkäufe. Tourneen kurbeln den Absatz der Platten an und die Platten in den Geschäften kurbeln den Kartenverkauf an."

„Darüber habe ich noch nie nachgedacht", antwortete Nadeschda.

„Ich weiß, den meisten Menschen ist diese gegenseitige Abhängigkeit nicht bewusst. Meine Firma produziert normalerweise keine Künstler, die an eine Stadt gebunden sind und daher die Verkäufe nicht durch Tourneen ankurbeln können", erklärte Simjonow.

„Kein Problem, dann verlängere ich im Juni den Vertrag einfach nicht", meinte Nadeschda.

Nadeschda war sehr zuversichtlich, aber Simjonow erklärte ihr, dass es wahrscheinlich nicht so einfach sein würde. Er fragte sie, ob sie den Vertrag vom Rhode genau gelesen hätte. Wenn ja, dann würde sie wahrscheinlich feststellen, dass die Option des Rhode für die sechs Monate nach dem ersten Jahr einseitig sei. Soweit er wusste, hatte das Rhode eine Option auf sechs Monate, aber sie hatte nicht die Option, das auszuschlagen.

„Die Künstler können normalerweise bei der ersten Option nicht nein sagen", erklärte Simjonow. „Das ist der Standardvertrag vom Rhode, glaube ich, und trifft bestimmt auch auf Sie zu. Die meisten Künstler übersehen diese Klausel. Oder sie lesen hinein, was sie möchten, also eine zweiseitige Option."

„Sie meinen ich bin für wie lange an das Rhode gebunden?", fragte Nadeschda und verbarg ihren Ärger.

„Wahrscheinlich um weitere sechs Monate nach den ersten 12 Monaten, also ab jetzt 11 Monate. Es sei denn, Sie wollen Ablöse zahlen", antwortete Simjonow.

„Also darüber muss ich morgen mit Melgunow reden. Aber wenn ich vom Rhode frei bin, dann würden Sie Aufnahmen mit mir produzieren und Konzerttourneen organisieren?"

„Auf jeden Fall. Wir richten Sie in Moskau ein, weil Tourneen von dort aus einfacher sind. Petersburg ist einfach zu weit weg von den anderen Zentren. Wir arbeiten sehr eng mit einer Agentur zusammen, die Tourneen organisiert. Sie würden gut in deren Künstlergruppe hineinpassen. Haben Sie schon von Schneider gehört?"

„Nein, klingt aber alles wunderbar und ich werde die entsprechenden Vorbereitungen treffen", sagte Nadeschda, die kaum ihre Aufregung verbergen konnte.

Simjonov erklärte dann Nadeschda, dass es wichtig sei, das Rhode in gutem Einvernehmen zu verlassen.

„Keine Tricks. Das sind alle potenzielle Kunden für Platten und Konzerte. Tun Sie nichts, das Unbehagen erzeugt", empfahl er.

Den Rest des Abendessens sprachen sie über die Lieder, die Nadeschda aufnehmen sollte. Simjonow stimmte mit Nadeschda überein, dass es *Schlittenfahrt im Mondschein* sein sollte, weil es bei den meisten Menschen schöne Erinnerungen auslösen würde.

„Jeder hat eine Schlittenfahrt im Mondschein erlebt. Der Mond scheint auf den strahlend weißen Schnee, und es sieht so aus, als würde das von innen leuchten."

„Und die Schlittenglocken klingeln im Rhythmus der trabenden Pferdebeine", fügte Nadeschda mit einem Lächeln hinzu.

„Genau. Ihre Darbietung ist die beste im Moment, habe ich gehört", nickte Simjonow.

Nach ihrem Auftritt kam Simjonow zu Nadeschda.

„Wissen Sie was, ich rede mal mit meinen Leuten in Moskau. Vielleicht können sie eine Ausnahme machen und eine Platte produzieren, obwohl sie noch eine Weile im Rhode auftreten müssen."

Nadeschda war begeistert. Dann erklärte Simjonow, er könnte vielleicht mit dem Rhode zu einem Arrangement kommen. Sie hatten schon einmal zusammengearbeitet. Das Rhode war gut für die Entdeckung junger Talente aus den Provinzen, aber Melgunow wollte ja gar nicht, dass sie ewig blieben, denn die Gäste liebten regelmäßig frische Gesichter und neue Programme.

Die Täuschung durch das Rhode nagte an Nadeschda und sie war auf sich selbst wütend, dass sie bei der Unterzeichnung die volle Bedeutung der Klausel nicht erkannt und nicht nachgefragt hatte. Sie sprach mit Arkadij, aber der zuckte nur die Achseln und sagte, es sei nicht seine Schuld, dass sie ihn missverstanden habe. Nadeschda liess sich ihren Ärger nicht anmerken, als sie um ihre Kopie des Vertrages bat. Als Arkadij es nicht gleich fand, stand Nadeschda hoch erhobenen Kopfes in seinem Büro und beobachtete, wie er herumwuselte.

Sie schüttelte ihre schwarzen langen Locken und holte ihre Chefstimme hervor: „Tja, Arkascha, wenn du das nicht findest, machen wir einen neuen Vertrag, und zwar ohne diese Klausel."

„Sei kein Naseweiß, du in den hübschen roten Ziegenlederstiefeln. Hier ist er ja! Mehr Glück beim nächsten Mal", grinste Arkadij, als ob es ein Spiel war.

Als Nadeschda nach Hause kam, platzte sie fast vor Stolz, dass sie auf der Leiter eine Stufe heraufgeklettert war. Aber Edmund konnte ihr nicht zuhören. Er hatte wieder die Runde der Ballettschulen gemacht, aber keine Arbeit gefunden. So ertränkte er seinen Kummer erst in Rotwein, dann in Wodka. Nadeschda sah, dass er einen Rausch ausschlief, seufzte, und hob seine Hose vom Fußboden auf. Sie griff in die Taschen, die nur eine Handvoll Münzen enthielten, obwohl sie ihm mittags beim Weggehen zehn Rubel gegeben hatte.

Sie blickte wieder auf Edmund, der tief und fest schlief. Seine blonden Locken fielen wie ein Heiligenschein über das Kissen. Er hätte sich doch die Haare schneiden lassen sollen, erinnerte sich Nadeschda. Na ja, er ist deprimimiert, besser nicht viel sagen, dachte sie. Enttäuscht warf sie ihr neues blaues Seidenkleid auf den Stuhl über seine Hose und legte sich neben ihn. Edmund drehte sich langsam zu ihr um.

Nadeschda konnte nicht erkennen, ob er wach war, als er flüsterte: „Ich bin so stolz auf dich. Den ganzen Tag lang denke ich an dich."

22

„So kalt war mir noch nie", sagte Nadeschda zu Maria, als sie an einem Januarabend ihren Mantel in der Garderobe aufhing. Sie schüttelte die Haare und den Muff, der glitzernde Schneeflocken in alle Richtungen sprühte. Maria strich über ihr rotes Seidenkleid, zögerte und suchte nach Worten, die sich nicht aggressiv anhören würden.

„Bitte, Nadeschda, die Tröpfchen machen doch Flecken!"

„Oh, tut mir leid, Maria. Habe nicht dran gedacht."

„Es ist auch nicht das erste Mal. Warum vergisst du die Menschen um dich so leicht? Ich will mich wirklich nicht beschweren, aber das ist nicht gut", antwortete Maria leise und verlegen.

„Tut mir leid, Maria."

Nadeschda griff in ihren Kaninchenfell-Muff und holte eine Tüte geröstete Mandeln heraus, die noch warm waren.

„Hier nimm sie. Mir ist nicht so gut heute. Vielleicht hatte ich zu viele lange Nächte. Edmund ist schlechter Laune, weil er nicht tanzen kann. Jedes Mal, wenn ich hier auf dem Sofa schlafe, weil es für zu Hause zu spät ist, klagt er. Meine Tage sind fällig und es schmerzt, und überhaupt bin ich so müde, dass ich schlafen möchte bis die Sonne die Newa auftaut. Was hält mich aufrecht erhält, ist der Gedanke, heute vielleicht früher gehen zu können."

Maria kaute die Mandeln mit großem Genuss.

„Tut mir ja wirklich leid. Aber die Wasserflecken sieht man doch draußen im Licht und sie gehen so schwer raus."

„Ich weiß. Ist das dieses Mal ein besonders kalter Winter oder fühlt sich das nur so an? Es ist mein erster hier in Petersburg."

„Ich glaube nicht, dass er kälter ist als sonst", antwortete Maria. „Du bist erschöpft und brauchst etwas Ruhe, Nadeschda."

„Ich weiß. Heute ist mir wirklich alles zu viel, einfach alles. Hör dir mal die lautstarke Begeisterung der Gäste da draußen an. Die höre ich durch meinen Nebelvorhang im Kopf."

„Schade, dass ich heute den Sirup nicht mit habe. Ich hatte mir eine doppelte Dosis Kokain reinmachen lassen. Das funktioniert traumhaft. Aber mit oder ohne, es geht vorbei, Nadeschda, jedes Mal", versuchte Maria sie zu beruhigen.

Nadeschda nickte wie in Zeitlupe und schloss die Augen.

Als sie schließlich auf der Bühne stand, trug die Routine sie durch die Vorstellung. Die anderen Sänger und Instrumentalisten spulten ihre Auftritte ab. Das Restaurant klatschte wie ein Mann in den schnellen Refrains bis sie bei *Kalinka* aufstanden und mitsangen. Gerade als Nadeschda dachte, dass der Abend fast gelaufen war und sie sich darauf vorbereitete, von Arkadij einen früheren Feierabend zu erbitten, erschien er hinter der Bühne. Er winkte ihr, den Gitarristen Kályi und Juri zu, zu unterbrechen. Mit einem entschiedenen Tamburin Doppelschlag brachte Nadeschda das Lied zu Ende. Als sie ins Dunkel schritt, kam Maria nach vorn.

Sie ging dicht an Stanko vorbei und flüsterte: „*Kasbek*, in Nadeschdas Tonart."

Stanko schüttelte den Kopf, aber Maria zischte: „*Kasbek*, oder es gibt was."

So spielte Stanko die Einleitung des bekannten Liedes aus dem Kaukasus. Die Melodie hatte gerade genug Exotik, um zu faszinieren, aber nicht so viel, dass sie für das breite Publikum unzugänglich wäre. Tschaikowsky hatte das auch gefunden und es in ein symphonisches Werk eingebaut.

Maria ahmte Nadeschdas Phrasierungen nach und klang jetzt so nach Nadeschda, dass Arkadij lächelte.

Arkadij teile Nadeschda und den Gitarristen mit: „Draußen steht eine Troika für Euch. Ich hab vergessen, was sie heute in einem der Paläste feiern. Ist auch egal."

„Muss ich das heute Abend sein?", seufzte Nadeschda. „Ich bin etwas müde."

„Du bist angefordert, meine Liebe", sagte Arkadij mit einem sarkastischen Lächeln. „Wenn du auf dem Weg zum Schallplattenstar bist, dann kannst du es dir nicht leisten, müde zu sein, gerade wenn die Sachen ins Rollen kommen!"

„Wieviel gibt's denn extra?", fragte Nadeschda.

Arkadij schüttelte den Kopf.

„Du hast doch bestimmt etwas für meine Mühe vereinbart, Arkascha, oder?", fragte Nadeschda forsch.

„Nein", antwortete Arkadij. „Heute abend tragen wir die Kosten, denn es ist eine große Ehre. Fast solltest du für die Ehre bezahlen, für Siloti und Rachmaninow zu singen."

„Aber …", Nadeschda suchte nach diplomatischen Worten.

„Keine Sorge. Wir geben dir drei Rubel, damit du dich belohnt fühlst. Aber heute Abend ist die Ehre auf jeden Fall auf deiner Seite, bei diesen beiden Größen."

„Ich beklage mich ja nicht, aber du hast uns doch diese Regeln beigebracht. Wenn es wichtig ist, ist es eine Belohnung wert, oder wenn es keine Belohnung wert ist, dann ist es der Mühe nicht wert. Das waren doch deine Worte."

„Freut mich, dass du dich daran so gut erinnerst. Aber für jede Regel gibt es eine Ausnahme. Schnappt euch die Mäntel, oder der Kutscher wird da darußen im Schnee stocksteif."

„Ist ja gut, wir gehen ja schon", besänftigte Nadeschda und übernahm dann das Kommando: „Euch treffe ich an der Tür, meine Herren, und zwar bald", sagte sie zu Kályi und Juri.

Als sie durch die dunklen Straßen von Petersburg und über das Eis der Newa glitten, hörte Nadeschda den Schlittenglöckchen zu. Oft schon war sie weit nach Mitternacht im magischen Nordlicht auf dem Weg nach Hause gewesen. Der nächtliche Winterhimmel war überhaupt nicht dunkel, sondern leuchtete weißlich, verstärkt durch die Reflektionen vom Schnee. Das Glöckchenklingeln im Rhythmus des Pferdetrabs war sehr heimelich und sie schloss die Augen, wünschte sich, es würde nie aufhören.

Nadeschdas Träume wurden jäh durch Kályis Worte zu Juri in Romani unterbrochen. „Da fragt man sich, was sie für die Männer tut, dass sie alle diese hochklassigen Auftritte bekommt."

Nadeschda starrte geradeaus auf den dick gepolsterten Rücken des Fahrers und tat, als hätte sie nicht verstanden.

Juri antwortete in Romani: „Naja, was Grischa von Anjuschka bekommt, was sonst?"

Nadeschda wollte dieses Gespräch abbrechen und sagte auf Russisch: „Ich wusste ja gar nicht, dass du Grusinisch sprichst."

„Sprichst du Grusinisch?", Kályi war verwirrt und es war ihm nicht geheuer, was die Frage sollte.

„Ich dachte, das war Grusinisch, oder? Egal, bitte sprecht keine exotischen Sprachen, wo wir heute arbeiten. Frag den Kutscher, wohin wir eigentlich fahren, ja."

Es dauerte nicht lange, bis die Troika vor einem langen zweigeschossigen Gebäude anhielt. Der berühmte, vom Schnee umgebene rosa Marmorpalast glühte im Nachtlicht von Mond, Sonnenwiderschein und den Schneereflektionen. Bevor Nadeschda dieses beeindruckende, ja einschüchternde Bild des Riesenpalastes in sich aufnehmen konnte, öffnete ein hochgewachsener Diener die Seitentür der Troika. Nadeschda wartete, bis er ihr seine Hand entgegenstreckte. Hinter ihm waren zwei in weiß gekleidete Diener, die Nadeschdas Schleppe ergriffen, damit sie nicht vom Schnee durchweicht würde oder Nadeschda hinfiel.

„Bienvenue Madame, le Prince et sa famille sont enchantés … oder sollten wir besser Russisch sprechen?", fragte der Lakai im Ton der gebildeten Leute.

„Oh doch, Monsieur, ich bevorzuge Russisch, denn es passt besser zu einer Sängerin von russischen Liedern."

„Bien sûr, natürlich. Der Prinz, seine Familie und Gäste freuen sich, Sie zu begrüßen."

In der Eingangshalle nahm ihr jemand das Tamburin, den Muff und das Halstuch ab, während ein anderer Diener Nadeschda aus ihrem Mantel half und sich mehrmals verbeugte.

Der hochgewachsene Diener führte Nadeschda zur berühmten breiten Marmortreppe. Kályi und Yuri schulterten ihre Gitarren und trabten vorsichtig hinter ihr her, um nicht auf die Schleppe zu treten. Oben begrüßte sie ein Diener in einer weißen Livree und führte sie durch eine Tür, die so breit wie ein Tor war. Beim Eintritt in den Saal hatte Nadeschda das Gefühl, dass sie in eine goldene Höhle eintauchte. Eine Parfümwolke hüllte sie ein. Nadeschda stand einen Moment wie hypnotisiert, während der Diener in der Livree einem anderen auftrug, den Gastgeber zur Begrüßung herzubitten.

In einer makellosen Marineuniform lächelte Prinz Georgi Alexandrowitsch sie an: „So nett von Ihnen, dass Sie kommen konnten, Nadeschda Wassiljewna. Wir sind so hocherfreut, dass Sie mit uns feiern."

„Es ist mir eine Ehre, Hoheit", antwortete Nadeschda mit einem Knicks. „Aber in der Eile unserer unerwarteten Abfahrt hat mir niemand erzählt, was denn der glückliche Anlass ist."

„Es ist ein wunderbares, einmaliges Ereignis. Sergej Rachmaninows neue Symphonie ist heute uraufgeführt worden. Sie war so atemberaubend schön, dass ich spontan beschloss, in unserem gelben Saal einen Empfang für Alexander Iljitsch und Sergej Wassiljewitsch zu geben. Das war das Mindeste, was ich beitragen konnte. Heute ist Musikgeschichte geschrieben worden. Es ist eine einmalige Ehre, dabei zu sein. Rachmaninows Symphonie wird noch in Hunderten von Jahren gespielt und verehrt werden. Manche sagen, unser rosa Marmorpalast ist das schönste Schloss in Petersburg. Ich weiß nicht so recht, denn ich habe ja mein ganzes Leben hier verbracht. Aber heute wurde das schönste Stück Musik geboren und wir wollen dessen Schöpfer feiern. Zwischen Ihren beiden Auftritten, Nadeschda Wassiljewna, stoßen Sie bitte mit uns an."

„Mit Vergnügen, Hoheit, mit Vergnügen."

Als Nadeschda dann sang und den Blick ins Publikum schweifen ließ, das im Halbkreis um sie herum stand, erkannte sie Rachmaninow, konzentrierte sich aber schnell wieder auf die Musik, das *Lied vom Äpfelchen*. Alle drei mussten alles geben, um dieses Publikum zum Mitmachen zu bekommen. Kályi und Juli tänzelten im Rhythmus hin und her, nach rechts und links, bis die elegante Gesellschaft schließlich bei *Kosakenliebe* die Gläser auf den Tabletts der Dienstboten abstellte, um nach der althergebrachten russischen Tradition mitzuklatschen. Zum Abschluss des Auftritts hielt ein Diener ein Kristallglas mit Sekt für Nadeschda bereit. Es funkelte wie Gold, denn es spiegelte den Seidenglanz von der gelben Decke wieder.

Prinz Georgi führte Nadeschda zu Rachmaninow, der wie eine exquisite Statue seine Mitmenschen überragte. Er hatte weiche Züge und einen Mund, als wäre er von Michelangelo selbst gemeißelt. Er beugte sich zu Nadeschda für den Handkuss herunter und sie wusste, dass sie diese langen kräftigen Finger schon einmal gesehen hatte.

Nadeschda bekam eine Gänsehaut, als sie Rachmaninows samtigen Bass hörte: „Ich freue mich, Sie kennenzulernen. Ich mag Ihre Lieder sehr, Nadeschda Wassiljewna."

„Danke schön, Sergej Wassiljewitsch, herzlichen Dank. Aber heute ist Ihr Abend, höre ich. Meinen Glückwunsch zum Erfolg Ihrer neuen Symphonie. Ich hoffe, dass ich die Gelegenheit bekommen werde, sie eines Tages zu hören", antwortete Nadeschda.

„Oh bestimmt. Nächste Woche dirigiere ich die Moskauer Uraufführung. Wann wir sie wieder hier geben, hängt von Alexander Iljitsch ab. Aber erst, wenn ich sie kürze, hat er mir gesagt", seufzte Rachmaninow. „So könnte es etwas dauern. Ihre Version der *Kosakenliebe* hat mir sehr gefallen. Früher habe ich

Webers Variationen davon auf dem Klavier gespielt."

„Ach ja", antwortete Nadeschda erfreut.

„Aber sagen Sie, irgendwie habe ich das Gefühl, dass ich das *Lied vom Äpfelchen* schon einmal gehört habe, und zwar genau, wie Sie es dargeboten haben. Das Timbre der Interpretin war einen Hauch dunkler als Ihres, in meiner Erinnerung. Aber Ihre Phrasierung ist genau so, wie ich glaube, dass ich das damals auf dem Lande im Sommerquartier gehört habe."

Rachmaninow sah Nadeschda prüfend an und überlegte wie das Alter der Sängerin und die vergangene Zeit miteinander übereinstimmen könnten.

„Das könnten doch wohl Sie nicht gewesen sein, oder?", fragte er.

„Nein", sagte Nadeschda und schüttelte den Kopf.

Doch jetzt wusste sie genau, wo sie Rachmaninows Hände gesehen hatte, am Abend in der Rotunde, als sie die Birnen für die Bärchen geschnappt hatte. Der Junge hatte die beiden Hälften des Drei- Rubel-Scheins in ihren Ausschnitt gefummelt. Raja hatte das Lied an diesem Abend gesungen und die Münzen klingelten in ihrem Tamburin. Ja, das war der Moment, als sie die riesigen Hände Rachmaninows gesehen hatte. Nadeschda wurde plötzlich bewusst, dass sie die Version dieses Liedes unverändert von ihrer Mutter übernommen hatte.

Unschuldig sah sie zu Rachmaninow auf: „Ich glaube, die meisten Sänger singen es so, oder?", antwortete Nadeschda beiläufig. „Es ist so eine Art Standard-Version, glaube ich."

„Wahrscheinlich. Es hat in mir die Erinnerung an einen dieser wunderbaren Abende auf dem Lande wiedererweckt, wo die Luft frisch ist, die Silberteller voller Obst. Wie aus dem Nichts taucht eine Gruppe barfüßiger Zigeuner im Kerzenlicht auf. Egal ob Tag oder Nacht, sie stehen plötzlich stehen neben einem, wie Katzen. Mütter hasten, um die Kinder in die Hütten zu schieben, junge Mädchen sammeln die Wäsche von der Leine ein, die Buben die Schuhe, die vor der Tür stehen. Aber trotzdem, wenn die Zigeuner weitergezogen sind, fehlt etwas."

„Ja, ich weiß", lächelte Nadeschda. „Ich habe auch einige Zeit auf dem Land verbracht. Wir haben auf die Wanderer geschimpft, aber wie sollen wir es ihnen Übel nehmen, wenn sie ums Überleben kämpfen? Ich habe gehört, und Sie wissen bestimmt, dass man in meinem Beruf auch mal echte Zigeuner trifft, dass die von dem bisschen Arbeit, das sie ergattern können, weder sich noch die Kinder durchbringen könnten, egal wie sie sich anstrengen."

Rachmaninow nickte: „Wir romantisieren das Zigeunerleben, nehmen ihre Melodien, beneiden sie um ihre Freiheit, aber so frei wie es uns scheint, sind sie gar nicht. Ihr Lebenskampf sieht für uns nicht nach Kampf aus, sodass wir glauben, sie haben ein leichtes Leben. Das Publikum applaudiert unseren Versionen ihrer Musik, bei mir und bei Ihnen, aber es hat keine Ahnung. Ich frage mich, ob sie die Wirklichkeit überhaupt erfahren wollen."

„Wohl nicht, Sergej Wassiljewitsch. Ist es überhaupt sinnvoll, das Publikum aus seinen Illusionen aufzuschrecken? Ich singe die Lieder und bereite mich auf Schallplattenaufnahmen vor, hoffentlich bald."

„Oh, mein Kompliment, dass die auf Sie aufmerksam geworden sind. Ich freue mich, das zu hören, Nadeschda Wassiljewna. Es ist so schön für Mütterchen Russland, dass unser wunderbares Erbe aufgezeichnet wird. Diese Aufnahmen erhalten unsere Musik für alle Ewigkeit. Schon mein Großvater hat vor langer Zeit Lieder gesammelt. Über viele Jahre ritt er durch unser Gut und schrieb die Melodien auf, die die Leibeigenen sangen."

„Ja, ich weiß", nickte Nadeschda und lächelte.

„Woher wissen Sie denn das?" fragte Rachmaninow überrascht.

„Eine ehemalige Schülerin von Ihnen ist mit mir in der Garderobe im Rhode."

„Oh, wie klein doch die Welt ist. Richten Sie Ihr bitte meine besten Grüße aus. Wie heißt sie denn?"

„Maria", Nadeschda überlegte. „Maria, das Patronymikon habe ich vergessen."

„Richten Sie ihr bitte trotzdem meine Grüße aus. Gastieren Sie vielleicht auch mal in Moskau? Wir könnten vielleicht etwas zusammen machen."

„Gute Frage, Sergej Wassiljewitsch. Wenn ich mit den Schallplattenufnahmen anfange, muss ich nach Moskau ziehen, sagen sie. Kommt auf die Plattenfirma an und das Rhode, wenn wir uns einigen. Ich bin ja noch beim Rhode unter Vertrag."

„Nicht auf ewig, hoffe ich?"

„Nein, maximal 11 Monate. Wenn ich früher gehe, muss ich

Ablöse zahlen. Da werden es wohl elf Monate werden."

„Also, wenn Sie meinen Rat hören wollen, fangen Sie bald an, auf eine Ablöse zu sparen. Je früher Sie Aufnahmen und Tourneen machen, desto besser, insbesonders, wenn Sie sich das mit der Plattenfirma halbe halbe teilen."

„Beteiligen die sich an der Ablöse, Sergei Wassiljewitsch? Das ist ja interessant", antwortete Nadeschda überrascht.

„Sie mögen nicht, dass das bekannt wird, aber manchmal tun sie das schon. Halten Sie Kontakt. Irgendwann meinen die, dass es sich lohnt. Zum Beispiel, wenn sie für drei Monate halbe halbe machen, und sie sich ausrechnen, wieviele Platten Sie in diesen drei Monaten verkaufen können, dann könnte sich das schon lohnen."

Nadeschda hing an Rachmaninows Worten. Ein Ratschlag von jemandem, der sich auskannte und keinen Vorteil daraus ziehen würde, war selten. Rachmaninows kühles Geschäftsdenken war beeindruckend. Hatte auch er gelernt, dass Gefühle für die Musik reserviert sind?

„Sie werden auch bei Soirées und Galas besser bezahlt, wenn Sie ein Schallplattenstar sind. Die Investition haben Sie bald wieder drin", fuhr Rachmaninow fort. „Schaljapin hat sich ja am Anfang gegen die Platten gewehrt, aber es ist ein gutes Geschäft für ihn geworden."

„Besten Dank, Sergej Wassiljewitsch. Das hilft mir sehr, bald zu einer Entscheidung zu kommen."

„Ich helfe meinen Kollegen gern, denn ich habe es ja selbst erlebt, wie schwierig das Überleben sein kann, wenn man nicht das Beste aus den Geschäftspartnern herausholen kann. Es hilft uns auch nicht, wenn die Firmen ständig junge Talente einkaufen, die sich ihres Wertes nicht bewusst sind und daher unter Preis eingekauft werden können, was sich ja dann auch auf unsere Preise auswirkt. Ich war Piotr Iljitsch, ich meine, Tschaikowsky, sehr dankbar, dass er mir am Anfang gute Tips gegeben hat. Gott segne Tschaikowskys Seele, er hätte es besser verdient."

„Danke, Sergej Wassiljewitsch, das werde ich Ihnen nie vergessen. Ziehen Sie denn wieder nach Moskau oder bleiben Sie in Dresden?"

„Ich bin eigentlich nie ganz weggezogen. Dresden ist wie ein, sagen wir mal, wie einer von vielen Lagerplätzen. Moskau ist meine zweite Heimat."

„Ach ja, was ist denn die erste Heimat?"

„Iwanowka, das Gut unserer Familie, mehr als 500 km von Moskaus Rauch entfernt. Die Leute schwärmen von frischer Seeluft, aber ich mag den Geruch der Erde und der Steppenblumen. Das ist es, was ich am meisten in der Stadt vermisse. Stadtluft kann deprimierend sein."

„Ich weiß, immer mehr Autos. An bewölkten Tagen denkt man, man soll das Atmen vermeiden. Es ist noch gar nicht lange her, da redeten sie alle über Straßen ohne Pferdeäpfel, aber die Abgase von Wagen und Lokomotiven fühlen sich nicht wie eine Verbesserung an."

„Der Trick ist, genügend Tourneen zu machen, Nadeschda Wassiljewna. Da kriegt man regelmäßg Luftveränderung. Ich wollte, dass meine zweite Tochter auf Iwanowka geboren wird. In der Wartezeit habe ich dort die endgültige Orchestrierung meiner Symphonie verfasst und das Resultat von heute Abend beweist, dass das richtig war. Zwischen meinen Tourneen verbringe ich möglichst viel Zeit auf Iwanovka."

„Ja, das Reisen, Räder bestimmen unser Leben", sagte Nadeschda.

„Sehr lange wird es nicht dauern, bis wir wieder in Moskau sind, denn als wir nach Dresden zogen, habe ich meiner Frau das Versprechen geben müssen, dass wir nicht länger als drei Jahre außerhalb unseres geliebten Russlands verbringen. Nächstes Jahr sind diese vorbei."

Während sie sich unterhielten, gesellte sich ein Page zu ihnen, der schweigend zu Rachmaninow und Nadeschda aufblickte und auf eine Pause im Gespräch wartete.

Jetzt unterbrach er: „Der Prinz und Alexander Iljitsch bitten um Ihre Anwesenheit Sergej Wassiljewitsch. Darf ich Sie bitte hinführen?"

„Selbstverständlich", antwortete Rachmaninow.

Mit Blick auf Nadeschda verbeugte er sich und hatte ein Funkeln in den Augen: „Wir sehen uns Nadeschda Wassiljewna. Bald, so hoffe ich."

Nadeschda sah dem ungleichen Paar hinterher, als sie quer durch den Saal liefen. Die kleine zierliche Figur des blonden jungen Pagen in weißer Uniform mit goldenen und roten Tressen neben dem großen und breitschultrigen Rachmaninow im exquisiten schwarzen Anzug mit Schwalbenschwänzen, die elegant hin und her wippten.

Es war ein außergewöhnlicher, unvergesslicher Anblick und einen Moment vergaß Nadeschda, dass sie ja einen zweiten Auftritt zu absolvieren hatte. Das Stimmen der Gitarrensaiten riss sie aus dem Träumen in die Wirklichkeit zurück. Sie kehrte zu ihren Musikern zurück und griff sich das Tamburin vom Regal. Plötzlich schoss es ihr durch den Kopf, dass Rachmaninow sich an die Bemalung mit dem roten Mohn erinnern könnte. So achtete sie darauf, dass sie die bemalte Seite gegen ihren Oberschenkel schlug.

Als Nadeschda das Lied von den *Zwei Gitarren* sang, flüsterte ein Diener Kályi etwas ins Ohr, der nickte. In den endenden Applaus spielte er nun die Einleitung für das gewünschte *Suliko*. Nadeschda schloss die Augen, oh nein, jetzt wird er mich garantiert erkennen. Sie verpasste ihren Einsatz, aber es gab kein Entkommen. Kályi improvisierte, wiederholte die Einleitung zwei Mal, als er verblüfft bemerkte, dass Nadeschda ganz anders als sonst einfach nicht einsetzte. Er reckte sich, zog die Augenbrauen hoch und schüttelte sein schulterlanges dunkles Haar.

Dann war sie drin in der Melodie und schloss wieder die Augen. Das Publikum schwieg ehrfürchtig, weil es so perfekt klang. In Wirklichkeit schloss Nadeschda aber die Augen, weil ein Angstschauer ihr über den Rücken lief, dass ihr früheres Leben sich offenbaren könnte. Bei der zweiten Strophe öffnete sie die Augen wieder. Sie blickte in einen großen Kreis von bewundernden Gesichtern und die Vergangenheit verflüchtigte sich für den Rest des Liedes.

Sie sah Rachmaninow im äußeren Kreis, lächelnd. Als die drei Künstler vom Rhode sich später verabschiedeten, winkte Rachmaninow Nadeschda freundlich zu. An seinen Lippen las sie den Satz ab, wir sehen uns in Moskau. Er weiß es, dachte Nadeschda, du meine Güte, er hat mich erkannt.

Auf der Fahrt zurück zum Rhode hörte Nadeschda den Schlittenglöckchen zu und entspannte sich. Sie war wie im siebenten Himmel.

Einen Moment fragte sie sich, ob Rachmaninows Komplimente Schmeicheleien waren, die Art von hohlen Komplimenten, die den Boden für Gefälligkeiten vorbereiten. Aber nein, Rachmaninow hatte nicht das aufgesetzte Lächeln, das den Geist zu vernebeln suchte. Seine Stimme war echt und das Lächeln auch. Selbst wenn er eines Tages die Verbindung zwischen einem ungewaschenen Zigeunermädchen und einer in der Petersburger Gesellschaft etablierten Sängerin ziehen würde, er war nicht der Mann, der es gegen sie verwenden würde.

23

Edmund fühlte sich ausgeschlossen, wenn Nadeschda ihm von den neuen Bekanntschaften und Aussichten erzählte. Er war sehr stolz auf sie, aber als sie ihm sagte, dass er ab heute bei der Arbeitssuche seine Zeit verschwendete, war er ungehalten.

„Warte, bis wir in Moskau sind", sagte Nadeschda beim Weggehen. „Nutze die Zeit, um auf dem Akkordeon zu üben, oder du bist bei meinen Tourneen nur dabei, um die Hutschachteln zu tragen."

Edmund versuchte es, aber seine Finger waren nicht schnell genug auf den vielen Akkordeonknöpfen. So spielte er wieder Karten mit den sich ständig ändernden Bewohnern des Palais Royal. Er wurde gut darin, und oft waren seine Taschen dick mit Rubeln vollgestopft. An den Tagen, an denen er nicht spielen konnte, weil keiner mehr Geld hatte, war er schlechter Laune.

„Mein ganzes Leben verbringe ich mit Warten", beschwerte er sich bei Nadeschda. „Ich wartete darauf, dass mein Vater sich nicht gegen das Ballett wehrte. Dann habe ich auf dich gewartet, dann auf Arbeit. Ich warte, dass du vom Rhode zurückkommst. Jetzt warte ich, dass wir nach Moskau ziehen."

„Beklag dich doch nicht die ganze Zeit", seufzte Nadeschda. „Ich muss das Publikum zum Lachen und Weinen bringen, jeden Abend, den ganzen Abend. Auch wenn das die meisten Leute nicht so sehen, das ist echte Arbeit. Wenn wir in Moskau sind, regelt sich das alles."

„Wenn wir in Moskau sind, wenn wir in Moskau sind", antwortete Edmund. „Das klingt ja wie der Singsang eines Straßenhändlers."

Nicht lange nach Ostern rief Arkadij Nadeschda in sein Büro.

„Zunächst einmal möchte ich dir gratulieren, dass du so erfolgreich bist."

„Oh", lächelte Nadeschda. „Bekomme ich Gehaltserhöhung?"

„Nun sei mal kein Träumer. Ich muss zwei Sachen mit dir besprechen. Der König von England soll im Juni nach Russland kommen und der Hof hat dich für den Folklore Abend angefordert. Sie haben uns nicht gesagt, wo das ist, oder wann, und auch nicht ob jemand für deinen Auftritt bezahlt. Die sagen ja heute kaum noch was, weil sie panische Angst vor Anschlägen haben. Aber, wenn wir dir nichts abziehen, würdest du mit dabei sein, oder? Du kannst Vorschläge machen, was du singen möchtest, aber Andrejew hat das letzte Wort. Ein paar Tage vor der Veranstaltung soll eine Probe mit seinem Balalaika-Hoforchester im Winterpalast sein. Diese Probe wird natürlich auch nicht bezahlt, ist aber deine Zeit wert, meine ich."

„Selbstverständlich, es ist mir eine Ehre", antwortete Nadeschda mit einem breiten Grinsen.

„Was gibt es denn da zu Grinsen?", fragte Arkadij etwas verwirrt.

„Also, weißt du, als ich klein war, habe ich zu meiner Mutter gesagt, dass ich eines Tages in einem der Zarenpaläste singe. Eines Tages – jetzt ist das da."

„Genau, Talent setzt sich immer durch", meinte Arkadij.

„Mag sein. Aber man muss wohl auch zur rechten Zeit am richtigen Platz sein. Das heißt hier in Petersburg und nicht in Kursk, wenn ein Kaiser zu Besuch kommt. Ist wohl in diesem Fall genau so wichtig wie Talent."

„Das könnte wohl stimmen. Aber er ist eigentlich nicht Kaiser, sondern der König von England."

„Ach, ich bin so an unseren kaiserlichen Zaren gewöhnt, dass ich das durcheinander bekommen habe. Was ist eigentlich der Unterschied, Arkadij Georgjewitsch?"

„Da muss ich nachdenken. Ich glaube, er ist sogar beides, König von England und Kaiser von Indien. Aber das ist für unsere Musik egal. Die andere Sache, die ich mit dir besprechen muss, ist komplizierter. Simjonow von Parlophon Schallplatten hat uns geschrieben. Er kommt in ein paar Wochen wieder nach Petersburg und möchte seine Schallplattenpläne mit dir und uns besprechen."

„Oh", war alles, was Nadeschda überrascht herausbringen konnte.

„Du hast doch wohl hoffentlich nichts getan, um uns zu umgehen, Nadeschda?", fragte Melgunow mit strenger Stimme.

„Natürlich nicht. Das würde ich nicht tun. Er sagte, er könne mit euch zu arbeiten."

„Richtig, so arbeiten wir hier. Also, er möchte eine Schallplatte mit dir machen, wenn wir dich früher aus dem Vertrag entlassen. Er erwähnte etwas wie auf halbem Weg treffen und spricht von einem Erscheinungsdatum im Juni, das heißt genau vor den Sommerferien, damit die Leute die Musik auf ihre Landsitze mitnehmen."

„Dann wird der Juni eine interessante Zeit für mich."

„Tja, Nadeschda, Schätzchen", meinte Melgunow leicht sarkastisch. „Da hast du sie nun, deine Berühmtheit. Manchmal folgt auf den Ruhm auch ein Goldregen, manchmal."

Als die drei ein paar Wochen später in Arkadijs Büro zusammensaßen, erklärte Simjonow seinen Vorschlag. Nadeschdas Schallplatte sollte im Juni veröffentlicht werden. Danach würde sie noch drei Monate, also bis September, im Rhode bleiben. Das Rhode hätte in diesen drei Monaten den Vorteil, eine Schallplattenkünstlerin in der Belegschaft zu haben. Da blieben dann nur noch drei Monate, für die man sich über die Ablöse unterhalten müsse. Arkadij nickte, aber ohne Zahlung konnte er Nadeschda nicht entlassen. Simjonow war ein erfahrener und cleverer Geschäftsmann. Er wusste genau, wie viel zusätzlichen Gewinn das Rhode in den drei Monaten machen würde, in denen es mit dem „berühmten Schallplattenstar, der Zigeunersängerin Nadeschda Wassiljewna Plewitzkaja" werben konnte. Er holte ein in blaues Leder gebundenes Notizbuch hervor und rechnete. Auf der einen Seite hatte er die zusätzlichen Gewinne, weil mehr Leute kommen würden, um Nadeschda hören. Die Gegenrechnung mit der Ablöse ergab 240 Rubel, aber Arkadij wiegte den Kopf.

Simjonow schaute zwischen Arkadij und Nadeschda hin und her.

„Weißt du was, lass uns die Sache vom Tisch fegen. Wir haben alle Besseres zu tun, als hier herumzusitzen und wie im Bazaar von Konstantinopel zu feilschen. 300 Rubel, und wir machen mit Nadeschda halbe halbe."

Simjonow wandte sich Nadeschda zu: „Du kannst das aus deinen Tantiemen abzahlen. Dein Kleid gehört dir?"

Nadeschda nickte und sagte zu Arkadij: „Komm Arkascha, ich bin doch noch bis September hier."

„Genau", stimmte Simjonow zu. „Wenn Sie einschlagen, mache ich gleich 50 Rubel Anzahlung. Dann können wir alle den Rest des Tages genießen. Einverstanden?"

„Na gut", antwortete Arkadij. „Wie kann ich Nadeschdas hungrigen Augen widerstehen, hungrig auf Sie dieses Mal. Bonne chance, Boris Danilowitsch, bonne chance!"

Arkadij nahm eine Serviette vom Tablett. Er faltete sie auseinander, schaute auf die rote gestickte Rose und tauchte seine Feder in das Tintenfass. Arkadij lächelte, als er aufblickte und Nadeschdas verblüfftes Gesicht sah, während er die blendend weiße gestärkte Serviette beschrieb.

„Das ist wahrscheinlich deine erste gestickte Serviette, Nadeschda. Ich hoffe, sie erinnert dich daran, wo dein Durchbruch war. Wenn du in Petersburg zu tun hast, so schaue dann doch bitte bei uns herein. Wir spendieren."

„Danke, sehr erfreut", sagte Simjonow, als er die Serviette aus Nadeschdas Hand zog. „Ach übrigens, haben Sie gehört, was mit dem Auftritt für Väterchen Zar und Edward von England, geworden ist? Ich hatte geplant, die Veröffentlichung von Nadeschdas Platte mit diesem Auftritt zu koordinieren. Neulich habe ich Andrejew getroffen, aber er hat gar nichts mehr davon gehört."

„Der Palast hat auch uns nichts mitgeteilt. Aber nach dem, was ich so im Restaurant höre, müssen wir das als abgesagt betrachten. Der Sohn von Königin Victoria, das sollte ich vielleicht nicht sagen, ist ein Feigling. Aus Angst vor Terroristen weigert er sich, russischen Boden zu betreten. Kann man mal sehen, was Familienbande beim Onkel unseres Zaren zählen. Die Zyniker sagen, es sei ein Wunder, dass er überhaupt kommt. In London macht ihm sein Haus für die Unterschichten Schwierigkeiten, dass er überhaupt zu Besuch kommt. Ob Sie es glauben oder nicht, diese Leute mögen es nicht, wie wir Russen uns regieren."

Gottverdammte Politik dachte Nadeschda, verfolgt einen überall hin, ohne dass je was Gutes dabei herauskommt. Später kam ihr die Idee, ob da vielleicht jemand dran gedreht haben könnte, der sie aus dem Abend hatte streichen lassen, um einer anderen Sängerin den Platz in dieser prestigeträchtigen Veranstaltung zu geben. In den folgenden Wochen hielt Nadeschda die Ohren offen, was so erzählt wurde. Es stellte sich aber heraus, dass keine Intrige hinter der Sache steckte. König Edward VII und der Zar hatten die Pläne geändert, wollten sich jetzt in der Ostsee bei Reval auf ihren Jachten treffen. Das Treffen wurde zum Familienfest erklärt und Andrejews Kaiserliches Balalaika-Orchester, das auf der Jacht Quartiere hatte, würde das Programm liefern.

Bald wurde der Termin für Nadeschdas erste Schallplattenaufnahme festgesetzt. Trotz aller vorherigen Diskussionen hatten sie ein anderes Lied als ihre geliebte *Schlittenfahrt im Mondschein* bestimmt.

„Das können wir auch noch in der nächsten Saison oder so machen. Jetzt wollen wir, dass du *Lutschinuschka* aufnimmst. Schaljapin war sehr erfolgreich damit und der Markt kann durchaus noch eine Version vertragen", meinte Simjonow.

„Aber wir haben doch die *Schlittenfahrt* vereinbahrt, oder?"

„Das war damals", erklärte Simjonow kühl.

Nadeschda konnte seine Meinung nicht ändern. Sie erzählte ihm, dass sie das Lied vom Zweiglein nie in ihrem Repertoire gehabt hatte, weil sie es nicht mochte. Aber Simjonow schüttelte den Kopf. Die Liedauswahl war eine Geschäftsentscheidung. Millionen von Russen hatten eine Beziehung zu diesem Lied vom Birkenzweiglein, das in der Winternacht Licht und Wärme spendete. Das Lied hatte seinen Wert bewiesen und er erwähnte sogar, dass Verträge kündbar seien, wenn man sich nicht einigen könnte.

„Sei bitte nicht schwierig hier", entgegnete Simjonow. „Wir haben doch jeden Tag Kontakt mit dem Kundenkreis. Wir investieren eine Menge Geld in die Platte, so dass die Entscheidung bei uns liegt. Übrigens steht das auch so im Vertrag."

Nadeschda blieb nichts anderes übrig, als das Lied vom Zweiglein in den Messingtrichter zu singen, der Stimme und Klavierbegleitung aufzeichnete. Zwei Monate später musste sie zugeben, dass Simjonow richtig gelegen hatte. Die Aufnahme verkaufte sich gut. Auch von den Gästen im Rhode hatten es einige gekauft.

Edmund hörte immer aufmerksam zu, wenn Nadeschda über das Plattengeschäft sprach. Er bemühte sich, Gedanken beizutragen, aber irgendwie passten sie nie ganz. Edmund hatte Zeit zum Nachdenken, aber Unternehmerdenken blieb ihm fremd.

September kam näher und Nadeschda zählte die Tage, bis sie vom Rhode frei war. Der Enthusiasm hatte sich verflüchtigt, jetzt, wo sie in den Startlöchern für die nächste Stufe war. Aber sie war eine gute Schauspielerin. Nur Maria merkte es, dass sie die Auftritte wie Routine abspulte.

An ihrem letzten Abend präsentierte Stanko Nadeschda mit

einem großen Strauß roter Rosen und vor dem überraschten Publikum wünschte er ihr alles Gute.

„Bitte schau doch mal wieder rein, Nadeschda Wassiljewna, wenn du in Petersburg bist", sagte er und küsste ihre Hand.

Wie von ihr erwartet, versicherte Nadeschda, dass es ihr ein Vergnügen sein werde.

Am nächsten Morgen waren Edmund und Nadeschda im Zug nach Moskau. Sie schaute aus dem Fenster und sah Petersburgs Kanäle, Paläste und Häuser in der Ferne unter einem grauen Himmel verblassen.

„Keine schlechte Stadt", bemerkte Nadeschda. „Allerdings hat sie nun ihren Zweck erfüllt und wieder einmal heißt es Abschied nehmen."

Simjonow hatte einen Mitarbeiter zum Bahnhof geschickt, der sie zur Zentrale mitnahm. Der junge Mann stellte sich als Daniel Dawudow vor und sagte, dass er Künstlerbetreuer war. Abgesehen von Nadeschda hatte er sich noch um zwei andere Sänger zu kümmern. Wenn sie ein Problem hätten, ganz egal was, sollte Nadeschda damit zu ihm kommen. Er würde es lösen.

„Unsere Künstler müssen von den Unberechenbarkeiten des täglichen Lebens frei sein und sich auf den Verkauf der Produkte konzentrieren. Dazu nehmen wir euch den täglichen Kleinkram ab."

Edmund war sprachlos wie zuvorkommend Simjonows Mitarbeiter bei Parlophon waren. Beim Abendessen sprachen sie auch über die Wohnung, die sie für Nadeschda und Edmund gemietet hatten. Sie hatten sie voll möbliert, einschließlich eines Flügels.

„Mach dir keine Sorgen über die Miete", sagte Daniel. „Wir nehmen das aus deinen Tantiemen. Und wenn es euch dort nicht gefällt, so finden wir etwas anderes. Es soll euch das Einleben einfacher machen, denn es gibt eine Menge gesellschaftliche Ereignisse, wo du die Aufmerksamkeit auf dich, die Schallplatten und natürlich unsere Firma ziehen sollst."

Nadeschda fühlte sich erleichtert. Jetzt wusste sie, welchen Preis sie für das Entgegenkommen zahlen musste.

„Ich freue mich darauf", antwortete sie. „Es gibt so viele interessante und berühmte Leute in Moskau, höre ich."

„Ja, hat Moskau viel mehr Pfeffer als Petersburg, ganz

bestimmt. Die Hauptstadt ist voll von spießigen Bürokraten, reichen und arroganten Adeligen, Politikern, die viel Wind machen aber nichts Senkrechtes erreichen. In Moskau, da ist Hefe, und das gibt einen besseren Kuchen, pflegte mein Vater zu sagen. Wenn Ihr ein Problem habt, kommt zu mir, denn dafür bin ich da. Ich weiß alles, was in Moskau läuft, ja alles", erklärte Dawudoff arrogant.

„Also", meinte Nadeschda etwas verlegen, „wir haben ein Problem. Vielleicht könntest du uns mit ein paar Tipps ein paar Irrwege ersparen. In Kiew war Edmund im Ballett aber in Petersburg konnte er keine Arbeit finden, nicht einmal eine Stelle als Lehrer."

„Das überrascht mich nicht", sagte Daniel zu Edmund. „Denke bloß nicht, dass das mit dir zu tun hat. Die sogenannte elegante Gesellschaft teilt doch alles unter sich auf und für das Ballett muss man sehr gute Verbindungen haben. Glaube mir, bei den Ballerinas ist die Politik noch schlimmer als in der Duma. Ich werde mal meine Fühler ausstrecken. Möchtest du lieber tanzen oder unterrichten, Edmund Andrejewitsch?"

„Ich glaube, ich bin jetzt soweit, zu lehren, Daniel. Wenn du da was machen könntest, das wäre wirklich toll."

„Keine Sorge. Betrachte es als erledigt."

„Das ist wirklich nett von dir", sagte Edmund etwas unsicher ob er das auch glauben sollte und weil er diese Art Aufmerksamkeit nicht kannte.

„Ist mir ein Vergnügen. Ich freue mich auf die Zusammenarbeit mit Nadeschda und ihr Mann ist Teil unserer Familie."

Nadeschdas Leben in Moskau erschien ihr noch viel schnelllebiger als die letzten Monate in Petersburg. Die Plattenfirma hatte ein zweiwöchiges Engagement im Yar arrangiert, dem berühmten Restaurant mit Zigeunermusik. Nadeschda war entsetzt, nicht nur weil das Auftreten im Yar kein Aufstieg gegenüber dem Rhode war, sondern auch wegen Anna. Jemand könnte die Verbindung zu ihrer älteren Schwester ziehen und die abgelegte Identität aufdecken. Es würde ihr sehr schaden, wenn es bekannt wurde, dass sie aus den Lagern gekommen war. Schlimmer noch, auch die Sippen auf der Straße würden davon erfahren und Rache schwören. Wer konnte denn wissen, ob die Dimitrijewitsches es wirklich bis Frankreich geschafft hatten oder nach Russland umgekehrt waren. Selbst die Erwähnung, dass sie sich auf den Weg nach Westen gemacht hätten, könnte sich noch als Klatsch herausstellen.

„Dazu lasse ich mich nicht herab", erklärte Nadeschda selbstbewusst. Aber an Dawudows Art zu argumentieren konnte sie ablesen, dass er dieses Gespräch nicht zum ersten Mal führte.

„Wir können dich doch nicht hier zwei Wochen lang herumsitzen haben. Zwei Wochen im Yar sind erforderlich, das Geschäft anzustoßen. Wir wollen dein volles Repertoire hören. Schneider will dich auch vor einem Publikum erleben, um das Konzertprogramm zusammenzustellen."

Es klang wie ein Schlachtplan.

„Glaub mir, Simjonow hat viel Erfahrung mit dieser Strategie. Schneider und das Yar sorgen dafür, dass in diesen zwei Wochen alle zwei Tage etwas in der Zeitung ist. Gutschkows Zeitung arbeitet viel mit Schneider zusammen, wie eine gut geölte Maschine. Da spricht sich dein Erfolg in Moskau herum, und wir können die besten Angebote für dich aussuchen."

„Ja, Daniel", sagte Nadeschda und dachte an die schöne Wohnung mit fünf Zimmern, die das Unternehmen für sie eingerichtet hatte. Auch eine Putzfrau war organisiert und ein kleiner Vogel, der wie ein Zug pfiff. Sie verliebte sich sofort in diesen kleinen Nymphensittich, als sie die roten Federn an seinem Kopf und die aufgestellte Haube sah. Er betrachtete sie ausgiebig, drehte den Kopf hin und her und ließ dann die Zugpfeife los.

Niemand in der Plattenfirma erwähnte ihren Anteil von der Rhode-Ablöse. Nadeschda sagte sich, wenn sie das vergessen, erinnere ich nicht daran. Sie ahnte nicht, dass es Firmenpolitik war, die Schulden der Künstler stehen zu lassen, weil sie dann leichter zu regieren waren.

Nadeschda erwartete, dass die zwei Wochen im Yar langweilig sein würden, wurde aber angenehm überrascht. Der betagte Geschäftsführer ließ sich durch den Oberkellner entschuldigen. Eine Solistengarderobe war für ein solch kurzes Engagement nicht verfügbar, so dass sie bei den Choristinnen eingeteilt war. Nadeschda schnappte nach Luft, hielt sich aber zurück, denn sie wollte sich nicht den Ruf erwerben, schwierig zu sein.

Die Choristinnen waren lebhaft und immer guter Laune,

machten sich den ganzen Abend über die Gäste, die Musiker und sogar über die Kellner lustig. Nadeschda hatte noch nie so viel gelacht wie in der Garderobe im Yar. Viele Jahre später kam ihr der Gedanke, dass Menschen, die sich für einen klar begrenzten Zeitraum ohne große Verpflichtungen zusammenfinden besonders gut miteinander auskommen.

Manche Mädchen, die noch nicht in Petersburg gastiert hatten, waren neugierig auf die berühmte Hauptstadtgesellschaft und das Rhode. Ob Nadeschda wohl einmal diesen geheimnisvollen Mann Rasputin gesehen hatte, der ein Heiliger sein sollte? Hatte er sich wirklich im Rhode entblößt?

„Oh ja", antwortete Nadeschda. „Da wurde noch ewig darüber geredet. Er musste es aber ziemlich schnell wieder wegpacken, denn die Polizisten, die ihm auf Schritt und Tritt folgen, haben sich schnell ein Tischtuch geschnappt und ihn eingewickelt."

„Hat er wirklich einen so großen?", fragte eine mit vorgehaltener Hand.

„Kann ich nicht sagen, denn ich war nicht direkt dabei. Aber die es gesehen haben, sagten, dass es stimmt. Ich habe 'mal an seinem Tisch gesungen, aber er war sehr unangenehm, ungewaschen – und sein Bart, igitt."

„Warum ist denn die Zarina so scharf auf ihn?"

„Das versteht keiner. Aber ich kannte jemanden, der im Palast gearbeitet hat, und der erzählte, dass die Fantasie hier mit den Menschen durchgeht. Rasputin, oder Grigory wie er richtig heißt, kommt gar nicht so oft zum Palast wie die Gerüchteküche behauptet. Er kommt zum Beten und bleibt nur kurz. Er betet mehr mit dem Zarewitsch, als mit der Zarina und den Mädchen."

„Aber er gibt doch damit an, dass er mit der alten Dame machen kann, was er will", entgegnete ein Mädchen.

„Da wäre ich etwas vorsichtig, denn ein wohlhabender Kaufmann lädt Rasputin einmal die Woche zum Abendessen ein. Da gibt es auch reichlich zu trinken und Rasputin macht davon ausgiebig Gebrauch. Ich kannte die Sängerin, die hörte wie Rasputin das gesagt hat. Wenn man betrunken ist, weiß man doch oft gar nicht, was man sagt. Dann wird das in einer Zeitung gedruckt und ernst genommen. Warum es die Leute so ernst nehmen, was Rasputin sagt, wenn er einen im Tee hat, ist mir schleierhaft. Ich habe mich erfolgreich bemüht, ihm aus dem Weg zu gehen, obwohl er mir oft Küsschen blies und der Page mir Komplimente überbrachte."

„Es gibt nichts, das er nicht arrangieren kann, heißt es, Leute aus dem Gefängnis holen, Aufenthaltserlaubnisse für Petersburg."

„Scheint so. Aber von irgendetwas muss er ja auch leben. Ich weiß nicht mehr, wer das gesagt hat, aber irgendeine Zeitung soll eine Lügenkampagne über Rasputin angezettelt haben, um ihn loszuwerden. Aber wir haben nie gehört, warum das so wichtig war."

„Der Zarewitsch ist doch erst vier Jahre alt", bemerkte ein anderes Mädchen. „Ist es nicht merkwürdig, dass dieser seltsame Rasputin so oft kommt, um mit ihm zu beten?"

„Ja, da reden sie auch in Petersburg darüber. Niemand weiß was dahinter steckt. Sie tragen den Jungen meistens im Palast herum, hörten wir vom Wachpersonal. Etwas kann da nicht stimmen, aber niemand sagt etwas."

Mit den Choristinnen in der Garderobe vergaß Nadeschda ihre Angst, dass sie die Erwartungen von Parlophon zu erfüllen hatte. Von Zeit zu Zeit schoss es ihr in den Kopf, ob das wohl alles funktionieren würde? Oder müsste sie vielleicht als Bittstellerin bei einem anderen Zigeunerrestaurant an die Tür klopfen? Aber die kichernden und schwatzenden Mädchen vertrieben die trüben Gedanken im Nu. Sobald sie draußen im Licht stand, merkte es niemand.

Eines Abend klopfte der Page an die Garderobentür. Nadeschda solle zum Büro des Geschäftsführers kommen. Sie hörte die Mädchen kichern und lief dann mit dem kleinen Iwanuschka in seiner roten Uniform die Korridore entlang. Aus seiner Kappe baumelten blonde Korkenzieherlocken, die ein feingeschnittenes hellhäutiges Jungengesicht umrahmten. Nadeschda lächelte. Jeder lächelte Iwanuschka an. Er war daran gewöhnt und lächelte zurück. Fast sieht er wie eine russische Version von meinem Baruschko aus, dachte Nadeschda, der wohl jetzt etwa ebenso alt wäre. Wie ist wohl Iwanuschka hier gelandet, fragte sie sich. War er verkauft worden, verwaist, oder war er von den Kindern ausgerissen, die in Kellern Brezeln formten? Nadeschda hielt an und gab ihm 50 Kopeken.

„Du bist ein guter Junge, kauf dir etwas, das dir Spaß macht", sagte sie.

„Oh, Nadeschda Wassiljewna, vielen, vielen Dank", sagte Iwanuschka und verbeugte sich tief. Dann nahm er seine mit goldenen Tressen besetzte Kappe ab und tat die Kopeken in eine Innentasche.

„Schuhgeld, Madame. Ich poliere meine jeden Abend, damit ich nicht zu viel zuzahlen muss, wenn ich sie für größere in Zahlung gebe."

„Du bist ein pfiffiger kleiner Bursche, Iwanuschka", antwortete Nadeschda. „Morgen kommst du und polierst meine Stiefel, ja?"

„Ja gern, Madame. Ich komme vor Vorstellungsanfang."

Nadeschda schritt den roten Flurläufer entlang bis sie vor der Bürotür stand. Sie konnte immer noch nicht lesen, kannte aber ein paar Buchstaben auf dem Schild wieder: Alexander Andrejewitsch Kostralsky. Dann lockerte sie ihr Haar mit den Fingern auf, zog das Dekolleté nach unten, feuchtete die Lippen an, und klopfte an die Tür.

Alexander Andrejewitsch winkte ihr zu, ohne aufzustehen. Er war im Yar alt geworden und sah auch so aus. Sehr selten verließ er sein kleines dunkles Büro, verließ sich auf die beiden Oberkellner, dass ihm alles Wesentliche zugetragen wurde.

„Sie haben nach mir geschickt?", fragte Nadeschda,

Alexander Andrejewitsch sprach mit einer weichen, müden Stimme: „Ja, dachte ich, ich rede mal mit Ihnen. Sie sind ja nur zum Gastspiel hier, wo ich ja weniger Verantwortung habe – trotzdem."

Nadeschda sah ihn an und fragte sich, worauf der alte Mann mit dem schlohweißen Haar wohl hinauswollte.

„Sie haben alles, was dazugehört, Nadeschda Wassiljewna, erzählt man mir. Ich bin zuversichtlich, dass Sie eine erfolgreiche Zukunft haben, aber Sie müssen lernen, sich zu kontrollieren."

„Was? Ich meine, wie bitte?", fragte Nadeschda verärgert.

„Ja, Sie haben gestern Zoran sehr heftig zurechtgewiesen. Er ist noch so jung und war den Tränen nahe."

„Ich war nervös, weil ich gehört hatte, dass Graf Deschwin im Publikum war. Ich muss die Erwartungen so vieler Menschen erfüllen. Zoran sollte einen Zwei-Oktaven-Lauf unter meiner langen Note spielen. Wir haben das mehrmals geübt. Aber dann kam das nicht, nicht im ersten Vers, nicht im zweiten, und im dritten auch nicht. Ja, ich war wütend."

„Zoran ist die Saite gerissen, deshalb", erklärte Kostralsky wie ein Automat.

„Woher soll ich denn das wissen, wenn er hinter mir im Dunkeln steht, und ich von den Scheinwerfern geblendet bin?", wehrte sich Nadeschda.

„Genau das meine ich. Sie haben ihn heftig angegriffen, ohne sich um den Grund zu bemühen. Es ist typisch für junge Leute, kenne ich alles, denn ich habe viele Künstler kommen und gehen sehen. So meine ich jetzt manchmal, dass ich da nicht zurückhalten sollte, auch wenn Sie denken, ich bin ein alter Narr. Sie besitzen alles, was dazugehört, Nadeschda Wassiljewna, Talent, Stimme, Schönheit, Jugend. Das sind die Zutaten, die das Publikum sieht, aber es gibt unsichtbare Zutaten, die Sie auch haben müssen, oder der Erfolg rinnt Ihnen durch die Finger. Eine davon ist Ausdauer. Eine weitere ist Freundlichkeit und Güte, oder genau genommen, der Anschein davon. Haben Sie den Spruch gehört, dass man zu den Menschen, die einem auf dem Weg nach oben begegnen, freundlich sein soll, weil man sie unweigerlich auf dem Weg nach unten alle wiedertrifft?"

„Ja, das habe ich gehört, aber wieder vergessen."

„Sehen Sie! Der junge Zoran könnte in ein paar Jahren Orchesterleiter sein, und wenn du dich nicht entschuldigst, da könntest du einen Orchesterleiter gegen dich haben. Natürlich könnte er auch nächstes Jahr in einer Cholera-Epidemie sterben, oder vielleicht wird er gar nicht Orchesterleiter. Aber für die Eventualität. dass er es wird, solltest du dich entschuldigen. Du hast ihm wehgetan. Er ist doch noch so jung und hat es sich zu Herzen genommen."

„Ja", nickte Nadeschda etwas verwundert, dass er sie plötzlich duzte. „Klar, mache ich."

Kostralsky war jetzt wie angeschaltet. Er musste die Rede zu Ende halten, die sich in seinem Kopf offensichtlich über Jahre entwickelt und festgesetzt hatte.

„Eine weitere Zutat ist die Ausdauer. Ich habe viele gesehen, die das Talent, die Stimme, die Schönheit, auch Freundlichkeit hatten. Aber ihre Ausdauer reichte nicht. War nicht ihre Schuld, dass sie mehr Schlaf brauchten als andere. Aber man kann die Opernrollen nicht lernen, wenn man nicht 16 oder mehr Stunden am Tag arbeiten kann. Sehr traurig, sie haben alles eingesetzt, was sie hatten, aber es reichte einfach nicht. Als ihnen klar wurde, dass sie alles für etwas gegeben hatten, das für sie nicht passte, war es zu spät. Der Rest ihres Lebens war eine Kette unmenschlicher Anstrengungen, sich über Wasser zu halten. Sie verlassen uns doch nicht, um zur Oper zu gehen, Natascha, oder?", fragte Kostralsky.

Jetzt war Nadeschda klar, der alte Geschäftsführer war schon nicht mehr ganz da.

„Natürlich nicht, Alexander Andrejewitsch", antwortete Nadeschda mit betont gütiger Stimme. „Oper ist nicht für mich. Aber jetzt muss ich wieder auf die Bühne. Die warten auf mich."

„Nein, tun sie nicht", antwortete Kostralsky trotzig. „Keiner wartet auf irgend jemanden. Sie kommen und gehen wie Vögel zu den Jahreszeiten her- und davonfliegen."

Nadeschda stand auf, ging zur Tür und hatte Mitleid für Kostralsky: „Ich muss aber doch gehen jetzt. Vielen Dank für Ihre ehrlichen Worte, Alexander Andrejewitsch. Gute Nacht."

„Ausdauer ist sehr wichtig, Nadeschda. Wir hatten hier mal ein Mädchen mit einer Stimme wie du. Aber ihr Durchhaltevermögen reichte nicht. Sie ist dann durch Heirat mit einem reichen Kaufmann ausgestiegen. Und dann", flüsterte Kostralsky, „dann hatte sie eine Affäre mit, hm, mit Rachmaninow. Wissen Sie, das ist dieser hochgewachsene, gut aussehende Pianist. Fast hätte sie alles verloren. Und dann …"

Nadeschda machte die Tür auf.

„Alexander Andrejewitsch, ich muss jetzt zurück nach vorn. Ich komme morgen wieder, ja?"

Als sie in der Tür stand, rief Kostralsky ihr nach: „Vergessen Sie nicht, sich bei dem jungen Geiger zu entschuldigen!"

Langsam ging Nadeschda mit gesenktem Kopf zurück zur Garderobe und bemerkte den Kellner gar nicht, den sie fast anrempelte. Er konnte sein Tablett voller Sektgläser gerade noch balancieren und sagte ärgerlich: „Passen Sie doch auf!"

Der alte Kostralsky war offensichtlich etwas verwirrt. Wie ernst sollte man seinen Rat nehmen? Sie hasste es, sich zu entschuldigen, aber vielleicht sollte sie das bei Zoran tun. Sie erinnerte sich daran. dass sie im Rhode einmal eine Meinungsverschiedenheit mit einem Bassisten hatte. Er kam immer zu früh im rhythmischen Teil von *Schwarze Augen*. Nach einer heftigen Diskussion mit diesem Musiker hatte der nie wieder mit ihr gesprochen. Nadeschda stand einen Augenblick still und erkannte, dass sie wieder einmal vergessen hatte, auf andere zu achten. Dann wartete sie hinter der Bühne bis Zoran kam.

„Zoran, ich wollte dich nicht kränken gestern. Es tut mir so leid, dass deine Saite gerissen ist und dass ich das nicht gemerkt habe."

Zoran schaute Nadeschda völlig verblüfft an. Dann lächelte er und nickte mehrmals, weil er nicht wusste, was er sagen sollte.

Als Nadeschda in die Garderobe zurückkam, platzten die Choristinnen fast vor Neugierde. „Na, das hat ja gedauert. Was wollte er denn? Was wollte er, Nadeschda?"

„Mir gute Ratschläge geben."

„Du lieber Himmel, der ist doch schon jenseits von Gut und Böse. Vielleicht sollten wir ihm gute Ratschläge geben."

„Na lasst mal", entgegnete Nadeschda. „Er meint es gut. Lasst den alten Narr mal machen."

24

Zwischen ihren Auftritten saßen die Choristinnen in der Garderobe und unterhielten sich. Zulya wurde plötzlich klar, dass Nadeschda eine der beiden Sängerinnen war, die in Kiew so eindrucksvoll *Suliko* gesungen hatten. Bis nach Moskau hatte es sich unter Künstlern und Gästen herumgesprochen, dass das Duo in Lipkins Birke sensationell war. So fragte Zulya Nadeschda, ob sie es zusammen versuchen sollten. Es wurde ganz still in der Garderobe, als sie das probierten. Noch am selben Abend sangen sie es an den Tischen und bekamen sehr viel Applaus.

Als Nadeschda am nächsten Abend zur Arbeit antrat, wartete Dawudow auf sie.

„Das tust du nie wieder", sagte er tadelnd zu Nadeschda. „Wir geben viel Geld aus und strengen uns sehr an, dich als Solistin aufzubauen. Da kannst du doch nicht die Aufmerksamkeit des Publikums durch sowas ablenken. Schneider hat schon gefragt, welche Amateurin wir denn da in Petersburg aufgegabelt haben. Simjonow musste sich entschuldigen. Hast du denn gedacht, wir würden das nicht hören? Ich kann ja verstehen, dass Sänger und Musiker gern das tun, was ein besonders gutes Resultat ergibt. Es heißt, es soll eine wirklich charmante Darbietung gewesen sein, aber du scheinst vollkommen vergessen zu haben, dass das Publikum sehr simpel denkt. Wenn du dich als Teil eines Duos präsentierst, dann wird das beim nächsten Mal verlangt. Wenn du immer noch beabsichtigst, eine berühmte Solistin zu werden, dann singst du solo, und zwar immer, ohne Ausnahme, verstanden?"

Nadeschda entschuldigte sich und versicherte Dawudow, dass das nie wieder vorkommen würde. Sie hatte doch keine Ahnung gehabt, wie wesentlich das war. In Gedanken fragte sie sich, wie weit sie eigentlich gekommen war, wenn sie nicht einmal spontan mit jemandem zusammen singen konnte.

Es erinnerte sie an ihren Vater Orhan, wie er über die Sippe und die Musik geherrscht hatte. Aber dann dachte sie an die Wohnung, die so gemütlich und warm war, selbst in diesen kalten Oktobertagen. Na gut, man musste sich Regeln unterordnen, in denen die Musik nicht zuerst kam. Aber der Lagerplatz, das Essen, die Kleidung und Schuhe waren den Preis wert. Sie schaute auf ihren glänzenden Zobelmantel, wie er in der Reihe der billigen

Wollmäntel der Choristinnen hing. Ja, es war den Preis wert. Für einen Zobel konnte man schon Einschränkunegen in der Musik in Kauf nehmen.

Sie schaute in den Spiegel, schüttelte ihre Haare und lächelte sich an. Dann erinnerte sie sich, wie ihre Mutter manchmal das Tamburin gespielt hatte. In ihrem nächsten Auftritt machte sie es genau so. Das Orchester saß spielbereit und wärend des Vorzählers vom Maestro schwang sie das Tamburin energisch und perfekt im Takt hinauf und herab. Dawudow war beeindruckt.

„Das sah wirklich toll aus, Nadeschda. Das charmante alte Tamburin so einzusetzen, ist sehr effektvoll. Das bringst du jetzt zu jedem Auftritt und setzt es so ein. Was gibt es denn da zu lachen?"

„Nichts, Daniel. Nächste Woche sagst du mir vielleicht, was ich anziehen muss?"

„Da kümmern wir uns später drum, und zwar im Rahmen der Tourneeplanung, wenn deine Zeit hier im Yar vorbei ist", antwortete Dawudow kühl.

„Ich freue mich darauf", antwortete Nadeschda und Dawudow bemerkte die Ironie in ihrer Stimme überhaupt nicht.

Die zwei Wochen im Yar brachten genau die Resultate, die Simjonow und Schneider geplant hatten. Jeder, der in Moskau etwas zu sagen hatte, kannte Nadeschda. Für seine Pressemitteilungen hatte sich Simjonow den Titel „Die großartige Plewitzkaja" ausgedacht und alle Zeitungen übernahmen ihn. Nadeschda wurde zu Empfängen, zu Banquetten, kleinen Galaveranstaltungen oder Bällen eingeladen. Der Schwarz-Weiß-Ball war besonders beeindruckend, denn die Künstler mussten alle in knallrot kommen. Die Veranstaltung sah überaus exquisit aus und war noch lange Gesprächstoff.

Es dauerte nicht lange bis Nadeschda die meisten Künstler, die regelmäßig auf diesen Veranstaltungen arbeiteten, gut kannte. Sie schloss auch Freundschaften und lernte Schauspielerinnen kennen, die zwischen Rollen waren. In den Garderoben traf sie oft dieselben Leute, mit denen sie Erfahrungen austauschte. Flüsternd warnten die anderen Künstler vor Agenten, die mehr wollten als auf dem Papier stand. Dann redeten sie über die respektablen Herren, die sich so gerne an der Bühnenseite zwischen die Vorhänge ins Dunkle schlichen und die Mädchen anfassten, die dort auf das

Stichwort für ihren Auftritt warteten. Die Mädchen nannten sie „Trittbrettfahrer", aus deren Griff sie sich lautlos zu befreien gelernt hattebn. Die Regel besagte, nie etwas zu sagen, denn der Trittbrettfahrer könnte gute Verbindungen haben oder später erwerben, was die Karriere beeinflussen könnte.

Ein paar Mal kam Edmund mit, aber die halbe Nacht in einer Garderobe zu verbringen und am nächsten Morgen müde zum Unterricht anzutreten, war unangenehm. Nach einer Weile blieb Edmund zu Hause und ließ Nadeschda mit Schneider oder Dawudow gehen, die gerne die ganze Nacht dabei waren, um ihre Verbindungen zu pflegen oder auszubauen. Sie hatten für die Arbeit am Morgen Sekretäre.

„Ich erzähl dir später, wer heute Abend dabei war", sagte Nadeschda zu Edmund, als sie aus der Wohnungstür ging. Wenn sie spät in der Nacht zurückkam, schlief Edmund tief und fest.

In diesen Augenblicken fühlte sich Nadeschda sehr einsam. Sie konnte nicht sofort ins Bett gehen. Sie saß eine Stunde herum, um sich abzuregen. Einmal nahm sie die Abdeckung vom Käfig des Nymphensittichs ab, der sofort seine Zugpfeife losließ. Nadeschda lachte sich kaputt, aber dies weckte Edmund auf, der sehr ungehalten war. Sie kaufte eine Katze mit grauem flauschigen Fell, die sich jeden Abend im selben Sessel zum Schlaf einrollte. Wenn Nadeschda dann in der Nacht zurückkam, nahm sie sie hoch und freute sich, dass sie behaglich schnurrte.

Sie schloss viele neue Freundschaften. Selbst an den Abenden, an denen sie nicht auftreten musste, ging sie aus. Edmund fragte einmal, ob es Arbeit oder Vergnügen sei.

„Bei Künstlern gibt es keine Trennlinie zwischen Arbeit und Vergnügen", erklärte Nadeschda. „Ich besuche die Pasternaks gern aber ich knüpfe auch gute Verbindungen dort an. Schaljapin, Rachmaninow, und Gutschkow, wenn er in Moskau ist, gehören zu dieser Gruppe. Das sind alles einflussreiche Leute. Es ist ein bisschen wie arbeiten, aber ich mag die Leute auch."

Tagsüber waren es Treffen beim Mittagessen, mit oder ohne Simjonows Mitarbeiter. Es gab Fototermine und Empfänge, wenn die Kollegen neue Schallplatten herausgebracht hatten.

„Ich muss mit den richtigen Leuten gesehen werden", sagte sie zu Edmund. „Alle, die was zählen, müssen mich persönlich kennen, so dass ich mehr Platten verkaufe. Nur das kann meine

Zukunft als Konzertsängerin sichern."

Eines Tages schickte Simjonow den Botenjungen, sie solle ins Büro kommen.

„Ha", sagte er laut. „Ich habe dich in die Messe von Nischnij-Nowgorod hineinbekommen. Meine Strategie hat sich ausgezahlt, für dich und uns. Mit deinem Auftritt in der Großen Messehalle wirst du in ganz Russland berühmt."

„Das ist ja fantastisch", sagte Nadeschda überwältigt davon, dass der nächste Schritt endlich da war.

„Nischnij wird dir sehr gefallen, meine Liebe", sagte Simjonow lächelnd zu Nadeschda. „Wie man so sagt, Petersburg ist Russlands Kopf, Moskau das Herz und Nischnij der Geldbeutel. Den hebeln wir auf. Genau was ich wollte, Nadeschda, ganz genau."

Dawudow verwendete große Sorgfalt auf die Auswahl eines guten Begleiters für die Auftritte. Er suchte nach einem, der zuverlässig war und nicht gleich mit dem erstbesten hübschen Mädchen von der Messe verschwand. Er ließ ein paar vorsprechen, bis er sich für Gawril entschied, der breite Schultern hatte und elegant im schwarzen Frack aussah. Sein Haar war schon sehr weiß, aber dieses Mal wollte Dawudow Zuverlässigkeit und Erfahrung, nicht jugendlichem Überschwang.

„Das Publikum in Nischnij kann ziemlich unberechenbar sein", erklärte er. „Die geben eine ganze Menge Geld aus, um ihre Waren möglichst effektiv dort auszustellen. Sie kämpfen den ganzen Tag um potentielle Kunden und sind daher nicht die Art Publikum, die speziell für deinen Auftritt angerollt sind. Womöglich sind sie erschöpft und sitzen da, weil es in der Standmiete oder im Eintrittspreis enthalten ist. Das soll nicht heißen, dass sie deine Musik nicht zu schätzen wissen oder sowas. Es heißt nur, dass du mehr Arbeit hast, sie für dich zu gewinnen. Du musst in bester Form sein, Nadeschda, und so werde ich dich in ein wirklich gutes Hotel einquartieren."

„Oh, danke", antwortete Nadeschda überrascht.

„Was soll ich denn für den ersten Abend zum Essen bestellen. Was isst du denn am liebsten?", fragte Dawudow.

Nadeschda entgegnete überrascht: „Aber Daniel, solltest du nicht inzwischen wissen, dass Rehbraten in Pilzsoße und warmes Birnenkompott mit schmelzender Schokolade als Nachtisch mich in die richtige Stimmung versetzen?"

„Weiß ich schon, aber fragen muss ich doch, hat Simjonow mir gesagt."

„Simjonow hat mir gesagt, Simjonow hat dir gesagt ... ", äffte Nadeschda ihn nach.

Aber Dawudow schnitt ihr das Wort ab: „Er zahlt es doch. Da hat er das Sagen. Was hast du denn erwartet?"

„Manchmal frage ich mich, ob meine Lieder nur ein Mittel zum Zweck sind, seinem Zweck hauptsächlich. Oder vielleicht so eine Art Garnierung", sagte Nadeschda vor sich hin.

„Na. das solltest du doch aber inzwischen gewohnt sein, oder?", fragte Dawudow.

„Ja schon, aber irgendwie glaubte ich, ich hätte das hinter mir gelassen."

„Also mein Schätzchen, da musst du wohl noch etwas erwachsen werden. Auch wenn Simjonow oft so tut als sei das nicht so, die Musik ist eine Ware für ihn. Für dich ist sie doch auch ein Mittel zum Zweck, oder wie würdest du sonst den Bäcker bezahlen?"

„Ja, ja. Habt ihr denn schon entschieden, was ich anziehen soll, oder kann ich es mir dieses Mal aussuchen?"

Dawudow schüttelte den Kopf. Zwei Tage später, erklärte er ihr den Tourneeplan. Edmund war nicht erwähnt, und als Nadeschda fragte, erklärte Dawudow: „Es sieht besser aus, wenn du ungebunden scheinst. Edmund würde sich doch zu Tode langweilen, wenn er mitkäme."

An diesem Abend musste Nadeschda Edmund sagen, sie werde zwei Wochen ohne ihn unterwegs sein. Er zuckte mit den Achseln, als ob er es erwartet hätte.

Der Abfahrtstag war ein ein schöner Sommermorgen. Nadeschda fuhr zum Moskauer Bahnhof, wo die Menschen dichtgedrängt standen, um in den überlangen Zug nach Nischnij zu steigen, der so lang war wie der ganze Bahnhof. Es war nicht leicht, dem Gepäckträger durch die Menge zu folgen. Sie suchte die Fenster mit den Augen nach Dawudows Gesicht ab. Er hätte mich wohl besser von zu Hause abgeholt, dachte sie und beklagte sich innerlich, dass dies eine Zumutung sei, über die sie sich bei Simjonow beschweren sollte.

Als der Gepäckträger schließlich ihren Waggon fand und sie beim Abteil angekommen war, wartete eine Überraschung auf sie.

Auf dem rotem Samtsitz der ersten Klasse saß nicht Dawudow, sondern der „kleine Chef" Boris Simjonow höchstpersönlich. Nadeschda lächelte, als sie ihn dort in seinem teuren Anzug sah, mit baumelnden Füßen, weil seine Beine nicht zum Boden reichten. Kein Wunder, dass manche kleinen Juden ganz schnell reden damit man sie bemerkt, dachte sie. Simjonow sprang auf und reckte sich hoch, um Nadeschda einen Kuss auf die Wange zu geben.

„Kurzfristige Änderung, Schätzchen. Du bist doch nicht enttäuscht, mich hier zu finden, oder? Ich hatte ja nicht die Gelegenheit, dich ausgiebiger kennenzulernen, seit du in meinen Stall bist", sagte er.

Als er den erstaunten Bick von Nadeschda sah, fügte er hinzu: „Mein Stall von Künstlern, meine Liebe, mein Stall von Künstlern. Ihr seid manchmal wie Rennpferde, deshalb. Du siehst auch viel wichtiger aus, Schätzchen, wenn ich dich nach Nischnij begleite, und nicht Dawudow."

Nadeschda war die plötzliche und unerwartete Vertrautheit Simjonows etwas unbehaglich, aber was Herr Parlophon sich vorgenommen hatte, war wie ein Ukas des Zaren, in der Firma und auch sonst. Hinter Moskau fuhren sie dann an Feldern vorbei, wo die Bauern und ihre vielen Kinder arbeiteten.

„Kein Wunder", sagte Simjonow vor sich hin, „dass sie so dumm sind, wenn sie nur im Winter zur Schule gehen, wenn die Felder verschneit sind. Unser Leben ist ja voller Einschränkungen, aber unsere Rabbiner verlieren nie die Kinder aus dem Auge. Das heißt, dass sie etwas lernen, egal wie arm die Eltern sind."

Eine Weile schaute er über die Reihen gebeugter Rücken, dann sagte er zu Nadeschda: „Weißt du was der Cousine meiner Schägerin passiert ist? Sie wollte ein paar Kohlköpfe und Mohrrüben von einer Bäuerin kaufen, die jede Woche auf dem Weg zum Markt vorbeikam. Aber die Frau weigerte sich, einen oder zwei Kohlköpfe verkaufen! Sie durfte nur alles zusammen verkaufen und konnte es einfach nicht begreifen, dass sie durch den Verkauf mehrerer kleiner Mengen mehr bekommen würde. Ihr Mann hatte ihr gesagt, dass sie den leeren Karren und einen Rubel nach Hause bringen musste. Meine Verwandte erklärte ihr das kleine Einmaleins, aber das war zu hoch. Dann hat sich die Cousine meiner Schwägerin mit den Nachbarn zusammengetan, die ganze Wagenladung abgekauft und eine ganze Menge gespart."

Simjonow lachte.

„Eigentlich ist das gar nicht zum Lachen. Aber wie soll Mütterchen Russland mit solchen Leuten vorankommen?"

Nadeschda wusste nicht so recht, was sie sagen sollte, fragte dann aber: „Was beschwerst du dich, wenn es zu eurem Vorteil ist?"

„Ein bisschen, aber wenn sie dumm und arm bleiben, kann ich ihnen auch keine Schallplatten verkaufen."

Nadeschda antwortete nicht, dachte aber an den Spruch von den sich ständig beklagenden Juden. Im Zugfenster tauchte jetzt die Stadt Wladimir auf, mit einer großen Menschenmenge auf dem Bahnsteig. Die Verkäufer von Speisen und Getränken drängelten sich an den offenen Fenstern, während die Lieferanten der vorbestellten Speisen an den Türen anstanden.

Als die Sonne unterging, machte der Zug langsam seinen Weg durch die riesigen Sümpfe neben der gleichmäßig fließenden Oka. Je länger sie fuhren, desto breiter wurde der Fluss, der nun anfing, schiffbar zu werden. Viele Dampfer und von Treidlern geschleppte Kähne ließen eine große Stadt erahnen. Wo die Oka in die Wolga floss, trafen sich Russlands Handelsstraßen in Nischnij-Nowgorod.

Die alte Stadt war in letzter Zeit auch aus einem neuen Grunde ins Blickfeld gerückt. Ein ehemaliger Landstreicher, der umstrittene Schriftsteller Maxim Gorki, versäumte es nie, seine Wurzeln von Nischnij zu erwähnen.

Zwischen Juli und September, während der bedeutendsten Messe Russlands, verdreifachte sich die Bevölkerung. Jetzt gehörte Nadeschda dazu.

Im Hotel stellte sich heraus, dass die Zimmer von Nadeschda und Simjonow nebeneinander lagen. Hinter einem dicken dunkelgrünen Samtvorhang entdeckte Nadeschda eine doppelflügelige Tür. Sie nahm ihn zur Seite, um Licht auf die Klinke fallen zu lassen und entdeckte in dem darunter liegenden Schloss den Bolzen eines Schlüssels. Simjonows Zigarrenrauch kam durch das Schlüsselloch. „Der kleine Chef" konnte also die Tür von seiner Seite aus aufschließen. Sie wusste, was das alles zu bedeuten hatte. Aber nach einem kurzen Moment des Ärgerlichseins sagte sie sich, dass es kein Grund zur Aufregung sein sollte. Männer verpassten nicht gerne eine Gelegenheit. Wenn sie darüber richtig nachgedacht hätte, wäre sie nicht überrascht gewesen. Hätte er sich soviel Mühe gemacht, mich in Nischnij hereinzubringen, wenn er gewusst hätte, dass Edmund mit dabei ist? Nadeschda schüttelte den Kopf. Wie viele Frauen hatte sie gekannt, die endlich erster Klasse reisen wollten? Sie war entschlossen, sich eine extra Gefälligkeit zu ergattern.

Am Abend genoss es Nadeschda auf der anderen Seite zu sein, den Kellner wegen mehr saurer Sahne und Rotwein herumzukommandieren. Simjonow lächelte, machte den ganzen Abend lang Komplimente. Seine Stimme hatte plötzlich ein samtiges Timbre erworben. War es seine Erwartung oder ihre Einbildung? Nadeschda bemerkte, wie sich ihr Kopf mit jeder Flasche georgischen Rotweins weiter vernebelte.

„Zu Ihrer Zufriedenheit, Madame?", fragte der Kellner melodisch. Sie war versucht, in dem gleichen künstlichen Ton zu antworten, aber der Kellner war schneller verschwunden, als ihr die Worte einfielen. Mitten in der Nacht hörte Nadeschda den Schlüssel in der Verbindungstür. Simjonow löste sein Guthaben ein und Nadeschda wehrte sich nicht. Sobald Nadeschda und Simjonow am Morgen das Messegelände betraten, eilte Simjonow weg, um sich mit Freunden und Geschäftspartnern zu beschäftigen.

Im Weggehen sagte er: „Sieh dich nur gut um, Nadeschda, aber vergiss nicht die Generalprobe in der großen Halle. Es heißt, sie soll zwischen vier und fünf sein, aber erkundige dich, ob das stimmt."

Simjonow lächelte Nadeschda an: „Ach, sei ein Schatz, tu mir den Gefallen und kontrolliere, ob Gawril angekommen ist. Das habe ich gestern ganz vergessen und heute muss ich mich doch ums Geschäft kümmern. Irgendwo hier muss es ein Telefon geben. Lass dir eine Verbindung zum Portofino Hotel herstellen, und sage Gawril, wann er hier sein muss. Hier sind 50 Kopeken."

Nadeschda nahm die hastig angebotene Münze und nickte. Hinter dem Tresen neben dem Eingang sah sie ein Telefon an der Wand hängen. Drei Mal musste sie vor neugierigen Augen und Ohren der Passanten verschiedenen Angestellten ihren Wunsch vortragen, das Telefon zu benutzen. Schließlich wurde sie hinter den Tresen gelassen und der Geschäftsführer ließ einen jungen Mann an der Kurbel drehen, wodurch die Verbindungen zur Zentrale und dann zum Portofino Hotel hergestellt wurden.

Nadeschda schlenderte danach durch die riesigen

Messehallen und plötzlich stand ihr das Bild vom Tresen wieder vor den Augen. Am anderen Ende hatte ein Mann gelehnt, der eine Zeitung las. Kurz bevor der Geschäftsführer sie an das Telefon gelassen hatte, hatte er unauffällig mit dem Kopf genickt. Sie schüttelte wütend den Kopf. Nicht ein Gespräch kann man führen, ohne von der Geheimpolizei beobachtet zu werden. Die müssen wohl alles über jeden wissen. Kein Wunder, dass so viele Menschen ins Ausland gehen oder im Untergrund leben, wenn sie ständig aufpassen müssen, wer ihnen über die Schulter guckt. Würden sie wohl Edmund etwas über gestern Abend erzählen?

Das streite ich ab, entschloss sich Nadeschda. Simjonow wird nicht prahlen, wegen Sarah und der Kinder. Beweisen kann das auch keiner. Plötzlich war sie dankbar, dass Raya ihr beigebracht hatte, die Scheu vor dem Lügen abzulegen.

Nadeschda schaute sich die Messestände an. Sie hatte noch nie eine solche Fülle von Waren gesehen. Seide und Spitzen, Tischdecken und Teppiche in allen Farben boten ein überwältigendes Bild. Was sie am meisten faszinierte, waren die exquisiten Lederwaren. Es gab Taschen in vielen Formen, Farben und Größen mit passenden Portemonnaies, Notizbüchern, Gebetbüchern, Schnupftabakdosen, Zigarettenetuis, Gürteln, ledergebundene Bibeln, sogar Buchhüllen. Ägyptische Lederkoffer mit geprägten Bildern von Palmen und Kamelen stachen heraus. Einer hatte ein Männergesicht mit einem eigentümlichen Kopfputz.

Ein kleiner Junge stand neben ihr, deutete darauf und fragte laut: „Papa, ist das, was du Pharao genannt hast?"

Der Vater nickte.

Als sie um die nächste Ecke ging, entdeckte sie schier endlose Regale voller Schuhe. Sie hatte davon gehört, dass immer mehr neue Schuhfabriken überall aus dem Boden schossen, die die kleinen Schuh- und Stiefelmachermeister erst zu Flickschustern machten und dann in die großen Städte trieben.

Nadeschda entdeckte ein Regal mit hochgeknöpften Schuhen in allen erdenklichen schwarz und lohfarbenen Kombinationen. Sie hatten schwarze Spitzen oder schwarze Fersen, hohe und niedrige Absätze, winzige mit Leder bezogene Knöpfe in schwarz oder leuchtendem lohgold. Nadeschda nahm ein Paar in die Hand, das sogar noch teurer aussah, als was sie damals in der Rotunde gesehen hatte. Die Schuhe hatten viele kleine Knöpfe, solide Ledersohlen und sahen sogar nach ihrer Größe aus.

Sie fragte den Verkäufer, der sie die ganze Zeit beobachtet hatte, während er so tat, als wische er mit seinem Wedel aus fliederfarbenen Federn den Staub von den Regalen, ob sie sie anprobieren konnte.

„Natürlich, junge Dame", antwortete er. „Diese kosten 14 Rubel und 60 Kopeken. Da drüben habe ich noch ein Paar schöne für acht Rubel."

Er lief schon los, aber Nadeschda schüttelte den Kopf: „Nein, nicht nötig, Diese hier gefallen mir wirklich. Wenn sie passen, zahlt Herr Simjonow dafür, kein Problem."

Die Schuhe passten wie angegossen.

„Auf welchen Namen geht das denn?", fragte der Verküufer.

„Simjonow, Boris Simjonow. Er schickt morgen früh jemanden, der dafür bezahlt. Ich muss gleich auftreten."

Als sie hinter der Bühne stand, konnte sie einige der Zuschauer sehen. Sie bekam eine Gänsehaut. Sie schaute die roten Blumen auf ihrem Tamburin an. Der rote Mohn auf dem Feldern und am Wegesrand – wie lange war es her? Der Applaus für den rot-gelben Clown, der vor ihr war, toste.

Dann erzählte der Conferencier einen Witz, blickte in Richtung Bühnenseite, sah, dass Nadeschda ihre Bereitschaft signalisierte, und legte los: „Meine Damen und Herren. Wieder einmal ist unsere Messe in Nischnij dabei, russische Musikgeschichte zu schreiben. Es ist mir ein Vergnügen, ja eine große Ehre, Ihnen heute Abend eine neue Sängerin zu präsentieren, die alle Herzen in unserem Reich erobern wird. Sie singt die Lieder, die wir alle kennen und lieben, die kleinen Lieder, die die Menschen bei traurigen oder freudigen Ereignissen zu Hause singen, in den Palästen unseres Väterchen Zar und in den Holzhütten der Tigerjäger im sibirischen Schnee. Sie singt die Lieder, die niemand vergessen kann. Wie unser großer Leo Tolstoi schon vor einem halben Jahrhundert schrieb, *„Niemand, der einmal die Zigeuner gekannt hat, kann je aufhören, ihre Lieder zu summen, wieder und immer wieder, schief oder richtig, aber immer mit Freude, weil sie jedem so im Gedächtnis haften."* In späteren Jahren, meine Damen und Herren, werden Sie sagen, „ja ich war dabei, bei Plewitzkajas erstem Auftritt in Nischnij."

Nadeschda lief nach vorn und als sie in der Bühnenmitte war, verkündete der Ansager mit großer Geste: „Hier ist sie, Nadeschda – Wassiljewna – Plewitzkaja."

Gawril spielte die Intro und der Conferencier küsste Nadeschda die Hand, bevor er schnell in die Dunkelheit wegtrat.

Sobald Nadeschdas volle Stimme den Saal füllte, fiel das Publikum in beeindrucktes Schweigen. Sie sang ein Lied nach dem anderen. Im rhythmischen Teil von *Kasbek* schwang sie das Tamburin. Der ganze Saal klatschte im Rhythmus, den sie durch die Bretter, die die Welt bedeuteten, spürte. Auch Gawril stand auf und verbeugte sich. Es schien, als würde der Applaus nie enden. Simjonow beobachtete es von hinter der Bühne und lächelte über das ganze Gesicht, als Nadeschda zurückkam.

Er stellte sich auf die Zehen und küßte sie auf die Wange: „Du warst göttlich mein Schätzchen, einfach göttlich."

Unter den vielen Menschen, die hinter die Bühne eilten, um Simjonow und Nadeschda zu gratulieren, war auch ein Herr mittleren Alters mit feinen Zügen und leicht schütterem Haar.

In seinem makellosen schwarzen Anzug sah er aus, als könnte er wichtig sein, und bevor er nahe genug war, um mit Simjonow zu reden, lehnte sich Nadeschda auf die Schulter des kleinen Chefs und flüsterte ihm ins Ohr: „Am Oppenheimer Stand habe ich auf deinen Namen ein Paar Schuhe reservieren lassen. Gib mir 15 Rubel, aber die kommen nicht in die Abrechnung, ja?"

Simjonow nickte: „Ich schicke Gawril, um sie abzuholen. Du musst dich jetzt um Leo Witaljewitsch kümmern."

Nadeschda drehte sich herum und wurde von dem elegant aussehenden Herrn mit offenen Armen begrüßt.

Simjonow stellte ihn als Geschäftsfreund vor: „Nadeschda Wassiljewna, dies ist mein Freund Leonid Witaljewitsch Sobinow. Du hast bestimmt von Russlands größtem Tenor gehört. Er singt in den Opernhäusern von London und Paris."

Sobinow sprach in dem Tonfall, den Opernsänger von der großen Bühne mitbringen: „Nadeschda, Schätzchen, deine Eltern müssen dich unter einem goldenen Stern gezeugt haben, solch eine Schönheit und was für eine begabte Sängerin! Auf Simjonow kann man sich verlassen, das beste Talent im Reich zu entdecken."

Er umarmte Nadeschda und küßte sie auf beide Wangen.

„Ich bin so froh, dass ich noch einen Tag geblieben bin, um dich zu hören. Wir müssen für eines meiner Wohltätigkeitskonzerte

zusammenkommen, die ich für das Waisenhaus arrangiere."
Simjonow nickte deutlich, damit Nadeschda verstand, dass sie zustimmen sollte.

Teil 2

Neue Wege

25

„Also, Sie wollten mir erklären", sagte Hauptmann Nikolaj Wladimirowitsch Skoblin, zog an seiner Papirossa und ließ die Rauchwolken langsam aus seinen Nasenlöchern herausfallen. „Also mit Sobinow auf der Messe in Nischnij-Nowgorod vor zehn Jahren hat alles angefangen."

„Aber das habe ich doch schon alles erzählt. Was soll denn das?", fragte Nadeschda ungehalten. „Die Leute stellen ja immer viele Fragen, weil ich so berühmt bin, aber normalerweise hören sie zu, damit ich nicht alles zwei Mal sagen muss."

„Na, na, na", entgegnete Skoblin und sah Nadeschda gerade ins Gesicht. „Wollen wir doch mal klarstellen, dass Sie eine Gefangene sind. Falls Sie es noch nicht bemerkt haben, ich kommandiere hier, in jeder Hinsicht. Sie antworten."

Er drehte den Kopf zum Fenster, um auf den Klang der Gewehrfeuer zu hören.

„Das Verhör ist erst dann beendet, wenn ich das sage. Verstanden?"

„Ja, Herr Hauptmann. Ich bin sowas einfach nicht gewöhnt."

„Klar. Der Kampf nimmt uns alle mit. Aber", Skoblin zog wieder an seiner Papirossa und schaute dem Rauch nach, wie er durch das Zimmer waftete und sich dann aufzulöste.

„Ich verrate Ihnen mal ein Geheimnis", stellte Skoblin eiskalt fest, „Wir füttern keine Maulwürfe durch. Nach dem, was ich gehört habe, tun die Roten das auch nicht."

„Maulwürfe?", fragte Nadeschda entsetzt.

„Wir wollen alles über Sie wissen, damit wir sicher sein können, Sie verraten uns nicht. Sie und Ihr Mann Major Lewitzky könnten von den bolschewistischen Banden auf uns angesetzt sein, um uns auszuspionieren. Über ihn reden wir später. Also, Sie sagten, dass die zwei Wochen in Nischnij ihr Durchbruch war."

„Ja, Sobinow war da und lud mich zu einem seiner Benefizkonzerte ein. Sechs Monate später sang ich dann beim Regiment des Zaren. Das hat meiner Popularität enormen Auftrieb gegeben. Ich habe ja nichts anderes getan als früher, aber alle Zeitungen schrieben, ich sei wunderbar. Eigentlich kamen diese Artikel ja von der Plattenfirma. Simjonow schrieb gern Pressemitteilungen und die Zeitungen übernahmen normalerweise jedes Wort. Ich habe Tourneen in viele Städte gemacht, ständig. Ich könnte Ihnen gar nicht genau sagen, wo ich überall war. Es hat sich aber angefühlt wie überall zwischen Wladiwostok und Brest."

„Also, Leo Sobinow, Russlands berühmtester Tenor. Er ist ein Bolschewik und geblieben, nicht wahr. Ich kenne seinen Sohn. Der ist ja auf dieser Seite."

Nadeschda sah Skoblin erstaunt an: „Ich kannte Sobinow als Sänger und als Manager, denn eigentlich war er ja Anwalt. Ob er Bolschewik war oder so habe ich nicht gefragt. Weiß gar nicht, ob das Wort zu der Zeit schon existierte. Solche Fragen haben wir nicht gestellt, denn in solchen Kategorien haben wir nicht gedacht."

„Also, meine Liebe, ich will wissen, mit wem Sie Umgang gepflegt haben, wen Sie in Moskau und auf den Tourneen getroffen haben. Wer Ihre Freunde waren, und so weiter."

„Auf den Tourneen habe ich viele Menschen getroffen. Rachmaninow zum Beispiel, den ich kurz vorher in Petersburg kenngelernt hatte."

„Und Ihr Mann, war der auf diesen Tourneen dabei?"

„Nein, da hatte er keine Funktion."

„Und wie waren Sie mit Rachmaninow verbunden?"

„Na sagen Sie mal", antwortete Nadeschda.

Es kostete sie einige Mühe, den Schock über diese Frage zu verbergen.

„Na gut, lassen wir das für später, viel später. Zu der Zeit waren Sie nicht mit Lewitzky verheiratet, oder?"

„Nein, mein erster Mann war Edmund Plewitzky ein Ballett-Tänzer und Lehrer aus Kiew. Deshalb heiße ich ja Plewitzkaja."

„Was ist aus dem geworden?"

Nadeschda senkte den Kopf und blickte auf ihr braunes Kleid herunter, das in den letzten zwei Jahren ziemlich gelitten hatte.

„Also, in Moskau führten wir eine Scheinehe."

Hauptmann Skoblin faltete wieder eine Papirossa zurecht und zündete das Tabakende an.

„Was heißt das, Scheinehe?"

„Ist dieses Gespräch vertraulich? Ich möchte das nicht in allen Zeitungen haben, wenn ich wieder in Moskau bin", fragte Nadeschda verlegen.

„Ich habe Ihnen doch schon gesagt, dies ist ein Verhör, kein Gespräch", antwortete Soblin laut und offiziell. „Es ist vertraulich, ausgenommen ich entdecke etwas, das ich an General Denikin weitergeben muss."

Nadeschda seufzte: „Ja, er hat mich böse enttäuscht. Eines Nachts kehrte ich von einem Auftritt auf einem Ball früher als geplant nach Hause zurück. Jemand war auf der Tanzfläche tot umgefallen und der Rest der Veranstaltung war abgesagt. Im Treppenhaus musste ich meine neuen Schuhe auszuziehen, denn meine Fersen taten ganz fürchterlich weh. Auf Zehenspitzen schlich ich mucksmäschenstill in die Wohnung. Eine Wolke von teurem Parfüm begrüßte mich im Korridor. Vom Salon hörte ich Stöhnen. Als ich die Tür leise öffnete, haben sie mich gar nicht bemerkt. Edmund und Wadim, also der Choreograf auf dem Ottoman. Simjonow hat mich vor einer Scheidung gewarnt, es sei denn, ich hätte jemanden in Reserve, den ich sofort heiraten könnte. Die Einladungen würden ausbleiben, weil die meisten Frauen Angst haben, dass eine geschiedene Sängerin den Ehemännern den Kopf verdrehen würde. Manche waren ja auch so religiös, dass sie jede geschiedene Person verachteten. Wenn die Wahrheit über Edmund herausgekommen wäre, wären wir beide zu Außenseitern geworden. Ich habe Edmund dann auf dem Ottoman schlafen lassen. Wir führten jeder unser eigenes Leben, aber bei ein paar Gelegenheiten haben wir uns zusammen gezeigt. Das waren die großen Veranstaltungen, damit wir von möglichst vielen Leuten zusammen gesehen wurden, um den Schein aufrechtzuerhalten."

„So hatten Sie Ihre Freiheit zu tun und zu lassen was Ihnen gefiel, oder?", fragte Skoblin voller Neugier.

„Ja, aber wenn Sie glauben, dass ich an dieser Freiheit interessiert war, dann irren Sie. Man sagt doch: Was der Mensch will ist Sex, Geld, was fürs Herz und sich ein Denkmal setzen, in dieser Reihenfolge. Mein Interesse in der Phase war Geld, muss ich zugeben. Musik kann viel Spaß machen, aber ohne Geld ist es sehr dicht an Arbeit. Tourneen und Auftritte können sehr ermüdend sein, Hauptmann Skoblin. Meistens ist eine gute Nachtruhe wesentlich attraktiver als was Sie sich vorzustellen scheinen."

„Und was war dann mit Edmund?", fragte Skoblin.

„Nach der Wende wurde er von Dserschinski vorgeladen, kurz bevor Lenins Tscheka gegründet wurde. Ich habe mich darum nicht gekümmert", sagte Nadeschda, ihre Verlegenheit verbergend.

„Haben Sie jemals wieder von ihm gehört?", fragte Skoblin.

„Nein. Ich glaube, sie haben ihn vielleicht erschossen. Die Tscheka hat ja viele erschossen damals, hieß es. Major Lewitzky hätte wohl etwas herausfinden können, aber wir wollten nicht die Aufmerksamkeit der Tscheka auf uns ziehen. Eines Tages brachte er Edmunds Sterbeurkunde sodass wir heiraten konnten."

„Selbst dann, haben Sie nicht gefragt?"

„Nein."

„Und wie war das mit Ihrem neuen Mann, Major Lewitzky?", fragte Skoblin.

Bevor Nadeschda antworten konnte, klopfte es an der Tür. Ein junger Wachsoldat salutierte.

„Hauptmann Skoblin, wir brauchen Ihre Schlüssel. Pokrowski hat Proviant gebracht."

Skoblin stand auf. Die großen Schlüssel an seinem Gürtel klapperten.

„Ausgezeichnet", nickte er zum Wachsoldaten und wandte sich dann streng zu Nadeschda: „Sie bleiben hier, denn ich bin mit Ihnen noch nicht fertig, noch lange nicht."

Durch die offene Tür konnte Nadeschda sechs junge Soldaten sehen, die neben drei hölzernen Munitionskisten standen. Skoblin machte die Tür zu und verschloss sie von außen.

Nadeschda sah sich in dem kleinen Büro eines ehemaligen Priesterseminars um. Es war ein Wunder, dass es die Bolschewisten nicht in den beiden Jahren abgebrannt hatten, als sie in der Provinzhauptstadt Orel herrschten. Kleine und größere Flächen ohne Staub an den Wänden zeigten, wo Bilder gehangen haben mussten. Eine hatte eine runde Spitze wie der Umriss einer Ikone, eine andere war sehr groß. Das Bild von Väterchen Zar, Gott erbarme sich seiner Seele, müsste wohl da gehangen haben, dachte Nadeschda. Ob es vielleicht das selbe Bild gewesen war, das die Studenten in Kiew zertrampelt hatten? Plötzlich erinnerte sie sich. Sie trug ihr Kruzifix noch immer unter ihrem Kleid versteckt, damit es die Roten nicht wegen des Goldwertes requirieren würden. Gleich nachdem die Bolschewiki ihren Sieg über die gemäßigten Reformer erklärt hatten, beschlagnahmten sie alles Gold, dessen sie habhaft wurden, Ringe, Ketten, Serviettenringe, Kerzenständer, einfach alles,

Für das Volk nehmen wir das, schworen die Bolschewiki. Wir müssen Nahrung beschaffen, um die Feinde, die aus England,

Frankreich, Australien und Amerika hierhergekommen sind, zu bekämpfen, denn sie wollen unsere Reformen zerstören. Und wo sie schon dabei waren, konfiszierten sie auch andere Wertsachen wie Diamanten, Rubine, Schatzbriefe und Aktien, die sie für's erste in die Banktresoren vor Ort einschlossen.

Das Kruzifix sollte jetzt sicher sein wo sie bei den Weißen war, dachte Nadeschda und so zog sie es auf das Kleid. Einen Augenblick stand Viktorinas Gesicht vor ihren Augen. Aber ihre Gedanken kehrten schnell zu Hauptmann Skoblin zurück. Warum war er so an ihrem Leben hinter den Kulissen interessiert? War es vielleicht, weil ihre berufliches Existenz so bekannt war und er nur einfach neugierig nach dem Rest schielte? Warum erwähnte er Rachmaninow? Hatte er etwas gehört? Was ging ihn das an? War er vielleicht einer dieser Verdrehten, die alles ins Blickfeld zerren wollten?

Nadeschda beschloss, von Rachmaninow gar nichts zu verraten. Genau wie vor zwei Jahren in Moskau würde sie nichts sagen. Sie würde aussagen, dass sie gar nichts wüsste, dass sie vergessen hatte, oder sie würde einfach lügen. Rachmaninow hatte nach ihrer Warnung über Finnland und Schweden entkommen können und beweisen konnte niemand etwas.

Ihre Gedanken kehrten zu dem dunklen Winternachmittag in Moskau vor zwei Jahren zurück. Wie so viele war Nadeschda zum ehemaligen Versicherungsgebäude in der Ljubianka Straße bestellt worden. Das Verhör in Dserschinskis Büro kam ihr vor, als sei es gestern gewesen.

„Künstlerkontakte sind so unverfänglich", fing Dserschinski an. „Ihr kommt in allen Klassen herum. Du hilfst uns jetzt bei unseren Ermittlungen, oder wir ermitteln über dich. Wer ist auf unserer Seite, und wer ist ein Volksfeind?", hatte der ehemalige Untergrundrevolutionär in seinem polnisch gefärbten, weichen Russisch gefragt.

Nadeschda hatte ins Leere geschaut, denn sie konnte nicht erkennen, worauf Dserschinskis Fragen abzielten.

„Er hat dich zum Solisten Seiner Kaiserlichen Majestät gekürt, Nadeschda Wassiljewna", fuhr Dserschinski fort. „Sollen wir dich als Teil der Herrschenden Klasse und als Volksfeind hierbehalten?"

Dserschinski genoss es sichtlich, Chef von Lenins geheimer Untersuchungseinheit zu sein.

Nadeschda ging zum Frontalangriff über: „Du machst wohl Spaß. Ich komme von ganz unten aus der Unterklasse und habe schwer gearbeitet..."

Aber Dserschinski schnitt ihr das Wort ab, wärend sein Spitzbart zitterte, obwohl sein Gesicht lächelte.

„Wir wissen natürlich, dass du aus der Arbeiter- und Bauernklasse kommst, genauer gesagt sogar eine echte Zigeunerin bist. Wir interessieren uns nicht so sehr für dich wie für die Blutsauger, mit denen du Umgang gepflegt hast. Kriegstreiber und Profiteur Gutschkow zum Beispiel. Er nutzte seine Position in der Duma, um Kriegsgewinnler zu sein. Wo ist der? Mit seinem Anhang wie Rachmaninow müssen wir uns auch beschäftigen. Er ist ein Adliger, ein Reicher, gehört zur besitzenden Klasse."

Nun schrie Dserschinski: „Der ist Herrschende Klasse, ein Volksfeind."

Je aufgeregter Dserschinski wurde, desto ruhiger sprach Nadeschda: „Du bist da nicht richtig informiert, Genosse. Seine adlige Geburt war nicht eine Kopeke wert. Er hat sein Leben lang für seinen Lebensunterhalt gearbeitet, denn sein Vater hat das ganze Vermögen verprasst. Rachmaninows Mutter blieb nichts anderes übrig, als allein für die Kinderschar zu sorgen. Fünf oder sechs waren das, kann mich nicht mehr genau erinnern. Er war noch sehr jung, als er die Schule geschwänzt hat und fast zu einem Streuner in Petersburg wurde, wo er mit den Eisenbahnern herumlungerte. Dann haben sie ihn in eine Art Pflegestelle gegeben, wo sie Jungen als Pianisten ausgebildet haben. Und weißt du, was die da mit ihm gemacht haben? Mitten in der Nacht haben sie einen Botenjungen geschickt, damit er in einem Salon für Rubinstein, Tschaikowsky, und deren Freunde spielen sollte. Sie zerrten Serjoscha aus dem Bett, als sei er ihr Diener. Das waren doch alle selbst hochkarätige Pianisten, die alles selbst hätten spielen können, hat mir Serjoscha erzählt. Sein berühmter, unaufhaltsamer Rhythmus kommt von dem Zorn, dort auftreten zu müssen, mitten in der Nacht, und im Halbschlaf."

„Aber er hat riesige Honorare in Amerika kassiert, und du nennst ihn Serjoscha. Der muss mehr als 500 Rubel im Monat verdienen, was ihn zum Mitglied der kapitalistischen Verschwörung macht", rief Dserschinskis Assistent aus einer dunklen Büroecke. Nadeschda hatte gar nicht bemerkt, dass da jemand war.

„Genosse Woroschilow, bitte", Dserschinskis blaue Augen verengten sich, und sein Gesicht zuckte wieder. „Solange Genosse Nadeschda kooperativ ist, brauchen wir nicht scharf zu werden."

Dann wandte er sich wieder an Nadeschda: „Da stimmt etwas nicht zusammen. Rachmaninow ist Teil der Herrschenden Klasse, was ihn automatisch schuldig macht. Zweitens, ist er schuldig durch seinen Umgang, denn er verkehrt mit Gutschkow, Siloti, den Pasternaks, und der ganzen Clique."

„Ach was", lachte Nadeschda. „Du verstehst nichts vom Leben eines Künstlers. Rachmaninow wollte doch gar nicht in Amerika konzertieren. Das konnte er aber natürlich nicht sagen. Da hat er ein aufgeblasenes Honorar gefordert, in der Hoffnung, dass sie „Nein Danke" sagen würden. Aber er war ihnen das wert, so musste er rüber. Er spielt für alle Musikliebhaber, überall, egal was für eine Religion sie haben oder welche politische Ideen."

„Aber als er wusste, dass der Zar abgedankt hatte, spendete er zwei Honorare für die politischen Gefangenen. Macht denn das Sinn? Wie kann er Teil der Herrschenden Klasse sein und dann den Zarengegnern helfen? Du kennst ihn gut genug, um uns das zu erklären. Wir müssen entscheiden, was wir mit diesem Rachmaninow machen", erklärte Dserschinski ungeduldig.

Nadeschda überlegte und sagte dann: „Ich habe Rachmaninow mehr als einmal in Schaljapins Haus getroffen, mit Gorki, und Leo Pasternak, dem Direktor der Kunsthochschule. Leo machte gern Skizzen und die von Rachmaninow am Klavier war wirklich gut. Pasternaks Sohn Boris studierte Klavier am Konservatorium und manchmal spielten Rachmaninow und der junge Pasternak vierhändig. Als Boris von der Musik zur Literatur wechselte, hat er uns dann seine Gedichte vorgelesen. Da waren auch andere Studenten und verschiedene Künstler. Genosse, du solltest nicht zu viel in diese Zusammenkünfte hineinlesen. Das war wirklich nicht mehr als künstlerischer Gedankenaustausch. Da bekommt man neue Ideen, spricht über Honorare, und so weiter. Man kann sich auch nicht immer erinnern, wen man bei solchen Gelegenheiten getroffen hat."

Nadeschda zögerte, bevor sie fortfuhr: „Also an Rachmaninow erinnert sich natürlich jeder. Wer könnte es jemals vergessen, ihn getroffen zu haben. Ihm gefiel mein Repertoire und er begleitete mich. Wenn du mich fragst, ich glaube nicht, dass Rachmaninow gegen Reformen war. Wusstest du, dass es Rachmaninow war, der Schaljapin auf Gorkis Literatur aufmerksam gemacht hatte? Sie waren mit dem Opernensemble auf Tournee in Georgien und an einem vorstellungsfreien Tag hat Rachmaninow Schaljapin eine von Gorkis Geschichten vorgelesen, denn Schaljapin konnte ja damals noch nicht lesen."

Nadeschda sah Dserschinski wieder an. Sie war auf sicherem Terrain: „An eine Sache, erinnere ich mich aber gut. Gorkis Literatur, so sagten sie immer, ist der Grundstein, der Grundstein für das, was du heute tust, Genosse Felix Edmundowitsch. Sie sprachen darüber, die Gesellschaft auf Veränderungen vorzubereiten, als Gorki Schaljapin besuchte. In Gorki hatte die Barfußklasse endlich jemanden, der sie nicht ignorierte. Das habe ich in Schaljapins Haus gehört, aber ich weiß nicht mehr, wer es gesagt hat."

Nadeschda seufzte und machte eine Pause.

„Und weiter", sagte Dserschinski, „was haben sie gesagt?"

„Du machst einen Fehler, wenn du jemandes Erfolg damit gleichsetzt, dass er gegen eure Reformen ist. Wir singen und spielen für die, die uns anheuern. Da fragen wir nie, woran sie glauben. Wie alle Künstler sind wir ausschließlich daran interessiert, Künstler zu bleiben, was nur durch gute Honorare und Lizenzeinnahmen möglich ist. Wenn die Abende nicht über Musik waren, bin ich normalerweise nicht lange geblieben. Ich habe von den Mittwochstreffen bei Schaljapin, wo sie sich über eine neue Gesellschaft unterhalten haben sollen, nur gehört. Das war wahrscheinlich auch nicht viel anders als was ihr Revolutionäre im Untergrund gesprochen habt. Für mich war das alles ein bisschen hoch."

Nadeschda schüttelte den Kopf: „Ich habe auch nie gehört, was beschlossen wurde, wenn überhaupt, denn es ist ja auch möglich, dass sie nur geredet haben. Ich könnte mir aber vorstellen, dass der Hut, in den auch ich meine Rubel geworfen habe, für das Brot war, das du im Untergrund gegessen hast, Genosse Felix Edmundowitsch."

„Merkwürdig, das war also eine revolutionäre Gruppe, aber du und Schaljapin waren beim Zarenhof akkreditierte Solisten. Es ist erst ein Jahr her, dass du zur Zarina gefahren bist und ihr Geld gegeben hast! Ich habe ihre Briefe an den Zaren gelesen", sagte

Dserschinski triumphierend.

„Natürlich habe ich Geld gespendet, für die Kriegskasse", erklärte Nadeschda ruhig. „Simjonow hat mir geraten, dass ich es persönlich überreichen soll, denn das hebt meinen Status beim Publikum. Auch wir haben Strategien, Genosse. Ein solches Treffen ist eine Menge Geld wert, weißt du. Die Leute kaufen mehr Konzertkarten nach solchen Sachen. Schneider hatte geschätzt, dass ein Empfang bei der Zarina drei Mal soviel wert ist wie meine Spende. Bei genauerem Hinsehen entpuppen sich Spenden immer als eine Art Investition."

„Na gut, ich sehe, dass du nicht versuchst, mich anzulügen. Weißt du, was die Zarina geschrieben hat?"

Dsershinsky blätterte in seinen Papieren: „Hier, deine Freundin Plewitzkaja kam her, um ihr Honorar an die Kriegskasse zu spenden."

„Wir müssen doch mit vielen Menschen Freundschaften pflegen, um im Geschäft zu bleiben, denn sonst singen wir bald nicht mehr. Was hast du denn gedacht? Ich wollte doch, dass Russland diesen Krieg gewinnt, ganz genauso wie ich in meine Karriere investieren will – in diesem Fall durch eine Spende. Ich habe etwas ganz Beunruhigendes über den Krieg gehört, Genosse. Es soll in anderen Ländern Leute geben, die wollen, dass Russland diesen Krieg verliert, damit wir so schwach sind, dass sie uns ihre Ideen aufzwingen können. Ich verstehe ja nicht viel davon, Genosse Felix Edmundowitsch, aber ich liebe Russland. Ich möchte, dass es gewinnt", erklärte Nadeschda leidenschaftlich.

Dann hielt sie ihrem Inquisitor vor, dass er ja selbst adlig geboren war. Aber der schneidige Bolschewik in seiner glänzenden schwarzen Lederjacke kam auf Rachmaninow zurück.

Nadeschda holte tief Atem und schluckte ihre Wut herunter: „Es ist doch nicht Rachmaninows Schuld, dass Siloti sein Cousin ist. Es ist auch nicht seine Schuld, dass Cousin Siloti bei den wohlhabenden Tretiakows eingeheiratet hat. Du kannst es doch Rachmaninow nicht anlasten, dass Siloti und Gutschkow wiederum durch eine Heirat verschwägert sind. Wie kann man es denn Rachmaninow vorhalten, dass sein Cousin Siloti Gutschkows Schwager ist?"

„Ich will wissen, was sie über die Revolution gesagt haben", verlangte Dserschinski ungeduldig.

„Wie soll ich mich denn genau daran erinnern, was in Gesprächen gesagt wurde, die mich gar nicht interessiert haben?", wehrte sich Nadeschda.

„Ich habe Schaljapin in seinem Haus besucht, wenn er in Russland war. Er hatte so viele interessante Geschichten aus den Opernhäusern in Übersee zu erzählen. Klar, sie sprachen über Politik, haben aber doch nur Ideen ausgetauscht, so wie Klatsch im Teehaus. Wir sprachen auch oft über Musik. Schaljapin und ich sangen zusammen *„Ich erinnere mich, als ich jung war"*, zum Beispiel. Einmal sprachen wir über Strawinskys neues Ballett *„Petruschka"* und wie er unsere Lieder, also *„Peterskaja"* und *„Der fröhliche Kaufmann"* eingearbeitet hatte. Schaljapin sang *„Peterskaja"*, ich *„Der fröhliche Kaufmann"*. Rachmaninow begleitete uns auf dem Klavier und dann erklärte er uns, wie Strawinsky die Melodien in seiner eigentümlichen stacheligen Art verwoben hatte."

„Das interessiert uns nicht", sagte Dserschinski kalt.

Er machte eine Pause und die Zeit schien still zu stehen. Nadeschda bewegte sich nicht, nicht einmal die Augen. Woroschilow in seiner Ecke sah erstarrt aus, als wartete er auf ein Zeichen seines Meisters. Dserschinski starrte auf seinen Schreibtisch, als ob ihm die geistige Puste ausgegangen wäre. Dann hob er langsam und müde den Kopf. Seine leeren Augen starrten aus einem sehr blassen Gesicht in die runden schwarzen Zigeuneraugen von Nadeschda.

„Wo ist Gutschkow, dieser steinreiche Kriegsgewinnler?", fragte er langsam.

Nadeschda zuckte mit den Achseln: „Keine Ahnung. Den kannte ich doch nur oberflächlich. Wir haben uns nie ernsthaft über etwas unterhalten, das mir im Gedächtnis geblieben wäre."

„Gutschkow ist ein Volksfeind! Der muss bestraft werden. Sag mir, wo er ist!", forderte Dserschinski.

Nadeschda wusste nicht, was sie sagen sollte.

Nach einer Pause kam Woroschilows Stimme zaghaft aus der Ecke: „Genosse Felix Edmundowitsch wir müssen noch Denikin und Kornilow behandeln."

„Stimmt", sagte Dserschinski mit einem Seufzer. „Genosse Nadeschda Wassiljewna, die Generäle Denikin und Kornilow sowie ihre Lakaien sind vergangene Woche aus dem Gefängnis ausgebrochen. Kornilow und Gutschkow haben eng zusammen gearbeitet. Wir müssen diesen Zirkel um den ehemaligen Kriegsminister Gutschkow knacken, und diese Leute finden."

Nadeschda war verwirrt. „Diese Leute kenne ich überhaupt nicht. Ich glaube nicht, dass ich denen je begegnet bin. Wie gesagt, Gutschkow kannte ich nur oberflächlich. Du überschätzt meine Position als Zigeunersängerin."

Schließlich sagte Dserschinski, dass er sie mit einer Warnung gehen ließe: „Genosse Woroschilow bleibt in Kontakt. Diese Untersuchung ist noch nicht abgeschlossen, nicht für dich, nicht für deine Freunde und für deinen Ehemann auch nicht."

Auf dem Wege nach Hause zurück fragte sie sich, ob sie Rachmaninow warnen sollte. Banden betrunkener und plündernder Soldaten zogen durch die Straßen. Sie suchte vor Schüssen von den Dächern Deckung, indem sie sich dicht an den Häusern entlang drückte. Gestank stieg aus zerbrochenen Abwasserrohren auf und nahm ihr trotz des kalten Windes die Luft. In all dem Durcheinander war sie sich nicht sicher, ob sie nicht doch von Dserschinskis Männern verfolgt wurde, so dass sie nicht direkt zu Rachmaninow gehen wollte. Wenn sie Gutschkow bestrafen wollten, vielleicht würden sie auch Rachmaninow mitnehmen? Nadeschda ging stattdessen zu Fjodor Schaljapin. Zu ihrer Erleichterung war er zu Hause. Im Flüsterton erklärte sie Dserschinskis Fixierung auf den gemeinsamen Freund.

In seiner donnernden Bass-Stimme schwor Schaljapin: „Was haben wir losgetreten! Ich kümmere mich darum."

Eine Stunde nachdem Nadeschda gegangen war, schickte Schaljapin zwei seiner Töchter zu Rachmaninow mit einem Satz, den sie für den Notfall vereinbart hatten.

„Ich muss dir innerhalb einer Woche frisches Brot und Salz bringen", sagte das kleine Mädchen mechanisch.

Rachmaninow seufzte, als ihm klar wurde, dass er das Angebot aus Schweden annehmen musste und dass der Rückweg verschlossen sein würde. Schaljapin kam zum Moskauer Bahnhof zur Verabschiedung. Er brachte einen Laib Brot mit einem Beutel voll Salz als Glücksbringer für die Reise und ein Päckchen Kaviar als Proviant.

„Wir kommen wieder sobald es sicher ist, Fedja", sagte Natalja Rachmaninowa und umarmte Schaljapin auf dem Bahnsteig.

Sehr bald danach wurde Dserschinski dann auch offiziell der Chef des Geheimdienstes, der Tscheka genannt und ebenso gefürchtet wurde wie des Zaren Ochrana. Die Wende in Russland kam in Wellen.

Nadeschda öffnete die Augen und riß sich in die Gegenwart des Bürgerkriegs von 1919 zurück. Sie stand auf und ging zum Fenster, sah hinaus in den Hof des Priesterseminars von Orel, wo müde Soldaten eine Pause machten und sich an der schwachen Herbstsonne erfreuten.

Wohin sollte das alles führen? Rote Armee, Weiße Armee, Gauner und Banditen, Bauern heute auf einer Seite, morgen auf der anderen. Warum war dieser junge Hauptmann Skoblin so interessiert in ihrem Privatleben? Nadeschda setzte sich wieder und blickte auf den Aschenbecher des Kettenrauchers. Nervös war er, hatte unruhige Augen, die sie fordernd anschauten, dann aber gleich wieder ruhig waren. Vielleicht, könnte es denn sein, dass er in sie verknallt war, wie der georgische Kommissar aus Moskau im vergangenen Frühjahr? Nadeschda seufzte. Dann feuchtete sie ihre Lippen an und zog eine Haarsträhne in ihr Gesicht. Wollen doch mal sehen, was passiert, wenn wir diesen Tiger kitzeln, dachte sie, vielleicht verwandelt er sich in eine schnurrende Miezekatze. Sie hörte, wie die Tür aufgeschlossen wurde.

Beim Eintritt befahl Skoblin dem Wachsoldaten: „Ich möchte für den Rest des Nachmittags nicht gestört werden, es sei denn, Denikin will was, klar?"

„Jawohl Herr Hauptmann", salutierte der und schon war Nadeschda wieder allein mit ihrem Inquisitor. Skoblin verschloss die Tür von innen, setzte sich, und faltete langsam ein Papirossamundstück. Dann zündete er das Tabakende an und schaute wieder dem Rauch hinterher.

„Also", fragte Skoblin langsam, „wann haben Sie gesagt, dass Sie Edmund mit dem Balletteusen entdeckt haben?"

„Ein Choreograph war das. Das war im Frühling, dem Frühling nach Nishni. Mein Durchbruch auf der Messe war wie gesagt im August 1909, also vor zehn Jahren. Damit muss es April oder Mai 1910 gewesen sein, als Edmund sein wahres Gesicht zeigte. Richtig, ich erinnere mich, nicht lange nachdem ich in Petersburg für den Zaren und sein Regiment zum ersten Mal gesungen habe."

„Sie haben oft für den Zaren gesungen?"

„Ja, er mochte mich und betrachtete mich als Freundin. Die Zarina hat es mir selbst gesagt. Das war in der Mitte des Krieges, im Januar 1916. Ich bin zu ihr nach Zarskoje Selo gefahren und habe mein Geld für die Kriegskasse gespendet."

„Sie müssen da wohl gut betucht gewesen sein."

„Es ging mir gut. Musik öffnet viele Türen, und mir stand jede Tür offen. Ich hatte gute Honorare, Parlophon machte gute Umsätze und Geschäftsmöglichkeiten ergaben sich ständig."

„Was für Geschäftsmöglichkeiten?"

„Mein Agent Schneider kannte eine Menge Leute, so habe ich einmal Geld in einer Bäckerei angelgt. Ich hatte auch kurzfristig eine Schneiderei, oder kaufte Gemälde von Kunststudenten und verkaufte sie dann an reiche Kaufleute oder den Adel weiter. Etwas frei disponierbares Geld und Musik sind eine Art Zauberschlüssel."

„Wie kamen Sie denn dazu, Lewitzky zu heiraten, einen Offizier der Roten Armee?", fragte Hauptmann Skoblin.

„Als ich ihn kennenlernte, war er Verbindungsoffizier für Unterhaltung in der zaristischen Armee. Ich habe doch oft in den Kasernen und Militärakademien gesungen. Er bereitete viele meiner Tourneen vor, schickte mir oft Blumen. Ich kannte ihn, wie ich so viele Offiziere der zaristischen Armee kannte, oder auch Geschäftsleute, die Konzerte arrangieren. Für Außenseiter sieht es ja immer so aus, und wir tun auch so, als ob wir eng befreundet sind, denn das sieht gut aus fürs Publikum. In Wirklichkeit aber sind die meisten unserer Beziehungen nichts anderes als was normale Leute mit ihrem Schneider oder Friseur haben.

„Lewitzky war ein Kunde, aber er war immer da, um zu helfen. Er sorgte dafür, dass die Polizei alle Konzertgenehmigungen erteilt hatte, kümmerte sich um Transport und Unterkunft oder tauchte einfach auf, wo ich sang. Erst nach Ausbruch des Krieges, als das Leben so schwierig wurde, wurden wir Freunde. Nicht lange nachdem Dserschinski mich verhört hatte, blieb ich nach einem Konzert in der Kaserne. Die Abwasserrohre in dem Block, wo meine Wohnung war, waren immer noch nicht repariert, trotz vieler Bürgerversammlungen. Edmund war verschwunden, meine Dienstboten auch. Ich hatte Angst zu meiner Wohnung zurückzugehen, denn da wäre ich ja allein gewesen. Lewitzkys Soldaten konnten auch Brot beschaffen. Nach drei Wochen rief uns der Kommandant ins Büro. Er sagte, dass wir entweder heiraten müssten oder ich könnte da nicht mehr übernachten. Er sagte, mein Kredit als berühmte Sängerin sei aufgebraucht. Seine Männer hatten gedroht, auch ihre Freundinnen einzuquartieren. So haben wir geheiratet und sind sehr glücklich zusammen."

Nadeschda hielt an und sagte dann etwas schüchtern: „Ich brauche einen Tee, Herr Hauptmann, oder ein Glas Wasser."

Skoblin stand auf, öffnete die Tür und befahl der Wache, Tee zu bringen.

Dann setzte er sich wieder: „Tee für zwei, Madame, kommt sofort. Inzwischen will ich etwas über Lewitzkys politische Position hören. Wenn wir eine Einheit der Roten Armee einfangen, dann müssen alle Gefangenen untersucht werden, Sie natürlich auch. Ich muss dem Kommandanten gegenüber rechtfertigen, dass wir keine Agenten durchfüttern."

Nadeschda seufzte: „Ach, Sie wissen doch, wie es war. Man geht ab dem zehnten Lebensjahr zur Kadettenschule und lernt das Soldatenhandwerk, Französisch und Deutsch. Dann ist der Mann ein Soldat, nicht mehr und nicht weniger. Sein Eid ist auf den Zaren und es kommt einem überhaupt nicht in den Sinn, dass man eines Tages nicht für Väterchen Zar und Mütterchen Russland kämpfen würde. Wer hätte je gedacht, dass die ganze Familie unseres geliebten Nicholas ermordet würde? Es war der Zar, der Sie ernährt hat, so kämpften Sie für ihn, damit die Polen im Reich und die Türken draußen bleiben, hat Lewitzky einmal gesagt. Dann taucht Kerenski auf und die unteren Ränge erschießen die Offiziere oder reißen Ihnen die Abzeichen von den Uniformen. Sie leben noch, aber laufen entehrt herum, denn der Soldat hat keine andere Kluft als die Farben seines Handwerks. Bevor man weiß, was nun, kommt ein Trotzki daher und beordert Offiziere, auch Lewitzky, wieder in die Streitkräfte. Warum? Weil Trotzki mit seinem gemeinen Volk und der Roten Garde eine Kavallerie braucht, aber nie reiten gelernt hat. Hat nun die Rückkehr in die Armee etwas mit den politischen Ideen Trotzkis zu tun? Hat jemand diese Seite gewählt? Nein. Lewitzky sagte einmal, dass er den Überblick verloren hatte und dann auch nicht mehr interessiert war, wofür sich alle diese Leute einsetzten. Er war Soldat, und wenn Trotzki die Armee nun rot nennt, bitte sehr. Es ist genau wie bei mir, ich singe heute für ein Publikum und morgen für ein anderes. Einige dieser Roten sind ein Gräuel. Den furchtbaren Georgier werde ich nie vergessen."

Ein Klopfen an der Tür unterbrach sie. Skoblin nahm ein kleines Tablett mit zwei Gläsern Tee und einer kleinen Schale orangefarbener Marmelade entgegen. Aus einer Tasche unter dem Tisch holte er drei exquisite silberne Löffel hervor. Er legte einen kleinen Servierlöffel zur Marmelade und reichte Nadeschda einen Teelöffel.

„Oh", sagte Nadeschda nach dem ersten Schluck. „Diese Marmelade ist sehr lecker, das habe ich schon lange Zeit nicht mehr gekostet."

Skoblin sah zufrieden aus.

Nadeschda betrachtete den silbernen Teeglashalter, drehte ihn zum Fenster, damit das Licht auf das schöne Wappen fiel.

„Meine Güte, das erinnert mich an die Jussupows. Und der Löffel, sieht ja aus wie einer von Dolgoruky. Das habe ich schon lange nicht mehr gesehen."

Nadeschda lächelte:. „Ich kannte Prinz Felix Jussupow, bevor er durch Rasputins Tod berühmt wurde. Er liebte Zigeunermusik und spielte auch ein paar Akkorde auf der Gitarre. Prinz Felix war so gut aussehend, dass er alle Blicke auf sich zog. Er hat mir einmal einen Imperial gegeben, weil ich ihn begleiten ließ. Aber auf seinem Gut bin ich nie gewesen."

„Stimmt das", fragte Skoblin „dass, wenn den Prinzen das Fell juckt und er mit den Fingern schnipst, dass dann alle Zigeuner im Nu nackend auf der Bühne stehen?"

„Oh ja. Ich kannte Mädchen, die dort arbeiteten. Sie haben darüber in den Garderoben gelacht. Komisch, die Teegläser hier zu sehen, wo ..."

Skoblin schnitt ihr wieder das Wort ab, denn er erinnerte sich plötzlich, dass er ja Fragen stellen musste: „Ich habe Ihr Verhör noch nicht abgeschlossen. Sie wollten mir erzählen, wie Sie Solist Seiner Kaiserlichen Majestät geworden sind."

„Da gibt es gar nicht viel zu erzählen. Jedem Künstler, der eine führende Rolle bei den 300-Jahr-Feiern des Hauses Romanow hatte, das war in dem Jahr bevor der Krieg begann, also 1913, wurde dieser Titel verliehen. Wir hatten wunderbare Konzerte und Bälle, in Moskau, Petersburg, überall in den Provinzen. Am Morgen nach meiner Ernennung machte ich den Antrittsbesuch beim Zaren. Ich sah ihn in seinem Arbeitszimmer, und er war sehr freundlich. Der

Palast war lichterfüllt, in vielen Pastellfarben. Das war wie von Zauberhand gemacht. Sein Büro war etwas dunkel durch die hohe Holzvertäfelung. Alte Gemälde hingen bis hoch unter die Decke. Er erzählte mir, dass ich ihm viel besser gefiel als meine Imitatorin Boscharinowa."

„Ja, von der habe ich gehört", antwortete Skoblin.

„Als wir jünger waren, haben wir uns in Petersburg eine Garderobe geteilt. Wir haben im Rhode oft zusammen gesungen. Nachdem ich dort weg war, hat sich Maria an meinen Erfolg drangehängt. Sie ahmte mich nach und ist damit gar nicht schlecht gefahren, muss ich sagen."

„Wir weichen hier vom Thema ab. Sie wollten mir auch erzählen, warum sie die roten Machthaber greuslich finden."

„Ach ja, die bolschewistischen Bürokraten in Moskau waren davon überzeugt, dass es noch Getreide gab, das sie für die hungernden Städte einziehen könnten. Die hatten offensichtlich keine Ahnung, dass die Arbeiter-Kolonnen aus Kursk die ländlichen Gebiete gründlich durchkämmt hatten. Lewitzky und ich wohnten in der Kaserne. Wir hatten doch schon versucht, von den Bauern mehr Getreide zu bekommen, aber entweder hatten sie wirklich nichts mehr oder sie haben uns erfolgreich an der Nase herumgeführt. Ich kannte die Kursker Gegend von meiner Jugend und glaubte auch, dass sie vielleicht noch mehr Verstecke hatten. Aber die Bauern warfen uns alle dieselben Worte ins Gesicht: Das Getreide ist alle. Eines Abends im Frühling kam dann wieder eine Delegation aus Moskau, die von einem Georgier geleitet wurde. Er war Volkskommissar für Nationalitätenfragen, Arbeiter- und Bauerninspektion. Auf seinen dicken Sohlen stolzierte er herum wie ein Diktator. Er hieß Josef Wissarionowitsch, aber sprach von sich selbst als Stalin.

„Am Tag nach meinem Konzert hat er uns alle mit einem Mai-Manifest traktiert. Dann dachte er, ich sei leichte Beute. Er machte mir hinterher und schlich sich an mich heran. Er war richtig schmuddelig, hatte das ganze Gesicht voller Pockennarben und fettige schwarze Haare hingen ihm ins Gesicht. Er bat mich ins Kommandantenbüro als sonst niemand da war. Auf einer Armeekarte sollte ich ihm zeigen, wo die Bauern im Wald Getreide versteckt haben könnten. Während ich noch versuchte, mich an die Lage der Jagdhütten zu erinnern, legte er seinen Arm um mich und flüsterte mir Schmeicheleien ins Ohr, wie schön ich *Suliko* gesungen habe. Sein großer Schnurrbart roch nach Pfeifentabak und billiger Seife. Ich war wütend, duckte mich. Dann griff ich seinen rechten Arm und drehte ihn auf den Rücken. Sein linker Arm ist etwas verkrüppelt, wissen Sie, so habe ich ihn aus dem Gefecht gesetzt. Dann habe ich diesem georgischen Nichtsnutz mein Knie in die Weichteile gestoßen, immer und immer wieder."

Skoblin lachte.

„Sie hätten sein Gesicht sehen sollen", kicherte Nadeschda. „Der war vielleicht wütend, zischte, dass Stalin nicht vergibt und nicht vergisst. Ehrlich gesagt, wer glaubte der denn, dass er ist. Lewitzky hat auch darüber gelacht. Mein Mann hatte ja mit Trotzki einmal gut zusammengearbeitet und so schickte er eine Nachricht an ihn. Am nächsten Tag zog Trotzki den Volkskommissar aus Kursk ab."

Skoblin lächelte Nadeschda an: „Na, Sie lassen nicht mit sich spaßen."

„Kann man wohl sagen. Ich hasse es, wenn sie mich dazu zwingen, mich wie eine Choristin vom Musikpalast benehmen zu müssen. Aber ich war echt angewidert von dem dreisten Georgier. Er verspottete meinen Erfolg in der Gesellschaft und dass ich in den paar guten Jahren zwischen 1909 und dem Beginn des Krieges bescheidenen Wohlstand erworben hatte. Er zitierte sogar den Heiligen Franziskus, der gelehrt habe, ohne Eigentum zu leben. Auf die Frage eines Mönches, ob man nicht wenigstens eine Bibel sein eigen nennen könnte, antwortete dann der Heilige Franziskus: *„Heute hast du eine eigene Bibel und morgen wirst du anfangen, andere herumzukommandieren, wie geh und hole meine Bibel."* Kommissar Stalin wiederholte das immer und immer wieder."

Nun war Nadeschda nicht mehr aufzuhalten: „Ich habe ihn gefragt, ob er es bemerkt hatte, dass er ein Leben ohne Religion propagierte, aber dann deren Sprüche benutzte. Kein Wunder, dass sie ihn aus dem Priesterseminar herausgeworfen haben. Er hat mich auch einmal als Schmierensängerin bezeichnet und gesagt, es sei kein Wunder, dass Lenin Musik hasst. Was für ein blöder Haufen. Niemand hasst Musik."

„Doch, das stimmt", antwortete Skoblin leise.

„Das kann nicht sein. Die sind wohl krank im Kopf."

„Das ist nicht die Frage. Lenin hasst Musik tatsächlich. Er

meint, es hat negative Auswirkungen auf die Nerven. Sie verleitet einen dazu, nette Sachen zu sagen, während doch das Leben eine scheußliche Hölle ist."

„Wirklich? Jetzt verwirren Sie mich. Sie sind doch ein Weißer Offizier. Kennen Sie denn Lenin?"

„Ja. Zuerst war ich Offizier der Zarenarmee, dann ging ich in den Untergrund, um den Offiziersmorden in Moskau zu entkommen. Als Trotzki unsere Familien mit Entführung und Hinrichtung bedrohte, wenn wir ausgebildeten Offiziere nicht wiederkämen, tauchte ich aus dem Versteck auf. Da traf ich Lenin und Trotzki. Aber Stalin habe ich verpasst, weil er immer unterwegs war."

„Der muss doch völlig verdreht sein, dieser Lenin. Jeder in Russland liebt die Musik. Das gehört doch zu unserem Leben. Seine Herrschaft wird nicht lange dauern, wenn er uns Russen das Singen verbietet."

„Da haben Sie wahrscheinlich Recht. Aber, im Hier und Jetzt", seufzte Skoblin, „müssen wir Sie gründlich untersuchen, denn Spione gibt es in allen Lagern. Das weiß jeder. Lewitzky und Sie könnten Informationen an die Roten, die sich in Kursk verbergen, verkaufen. Die Bekanntschaften von Künstlern sehen immer so unverfänglich aus."

Nadeschda sah Skoblin mit offenem Mund an und lachte ungläubig: „Genau das hat dieser Stalin auch gesagt. Er hat auch nach Spionen gesucht, aber nach welchen, die Informationan an die Weißen verkaufen."

Skoblin antwortete nicht und Nadeschda fuhr fort.

„Also wissen Sie, vielleicht könnten Sie auch ein Spion sein. Deshalb haben ja wohl die Weißen jeden erschossen, der bei ihnen auftauchte, bis vor ein paar Wochen eine Amnestie erlassen wurde. Sie waren doch auch bei den Roten, haben Sie mir gerade gesagt. An einem Tag ist man in der kaiserlichen Armee, dann kommt ein Ukas, dass sie nun Rote Armee heißt. Wer konnte dem entgehen? Wer will wissen, wer bei Ihren Leuten eingeschleust ist."

„Also das war ein Beschluss, Nadeschda Wassiljewna. Ein Ukas war des Zaren Privileg, bevor die Abdankung kam", belehrte Hauptmann Skoblin.

„Also diesen Unterschied verstehe ich nicht, muss ich zugeben. Ehrlich gesagt verstehe ich diese ganzen politischen

Sachen sowieso nicht, wie Kampf der Arbeiter, Klassenkampf, oder wie es vielleicht dieses Jahr genannt wird", sagte Nadeschda trotzig. „Ich bin Zigeunersängerin, singe zu leben und lebe, um zu singen."

„Es ist schon spät. Genug für heute."

Skoblin stand auf und teilte Nadeschda mit: „Sie und Lewitzky sind noch nicht für unbelastet erklärt. Das Verhör wird forgesetzt und wenn wir Glück haben", jetzt lächelte Skoblin wie ein kleiner Junge, „bekommen wir ein paar Lieder zu hören."

„Mit dem größten Vergnügen, Herr Hauptmann", antwortete Nadeschda, erleichtert auf vertrautem Terrain zu sein. „Das erinnert mich, als Ihre Männer mich hierher gebracht haben, ging das alles sehr schnell und ich konnte meinen Koffer nicht mitnehmen. Da ist mein grünes Auftrittskleid drin. Ob Sie wohl jemanden zur Kaserne in Kursk schicken könnten, der ihn herbringt? Ich würde mich sehr unwohl fühlen, in dem alten Kleid vor einem Publikum zu stehen."

Skoblin nickte. Er öffnete die Tür, trat zurück und verneigte sich wie ein perfekter Gentleman vor Nadeschda: „Nach Ihnen, Madame, nach Ihnen."

26

Nadeschda rollte von einer Seite auf die andere, als sie in dem zellenartigen Raum, der ihr von Skoblin zugeordnet worden war, zu schlafen versuchte. Der Muff war kein schlechtes Kopfkissen, aber ihr Arm schmerzte, als sie auf der alten Militärdecke lag, die direkt auf dem kalten Steinboden ausgebreitet war. Schlafen im Mantel war auch sehr unbequem und sie seufzte, als sie an ihren Zobelmantel dachte.

Lewitzky hatte sie vor dem Mitnehmen des Mantels gewarnt, denn sie waren ja in Moskau Teil eines Roten Regiments, das nach Kursk transferiert wurde, um die bolschewistische Herrschaft dort zu unterstützen und zu verhindern, dass die verstaatlichten Fabriken von Sabotage getroffen würden. Pelzmantel und goldener Schmuck kamen nicht in Frage. Auch ohne das musste sich Nadeschda oft rechtfertigen, wenn die Soldaten sie als Mitglied der Herrschenden Klasse bezeichneten, weil sie eine erfolgreiche Sängerin war. Sich mit Kellnern zu vergleichen, die der Musik dienten, war ihre Standardverteidigung, wenn die naive bolschewistische Arbeiterklasse wieder einmal ihre Klischees herunterbetete. Kurz bevor sie aus Moskau abfuhren, hatte Nadeschda den Zobelmantel zu Schaljapins Frau gebracht, das Kruzifix unter ihrem Kleid versteckt und die Silberkette in den Kleidersaum genäht.

Jedes Mal, wenn sie eingenickt war, wachte Nadeschda bald wieder auf, weil sich der kleine Raum in dem Seminar wie eine Gefängniszelle anfühlte. In der Stille der Nacht versuchte sie zu verstehen, was geschehen war. Warum hatten Skoblins Männer sie von Kursk nach Orel geholt – nur um Fragen zu stellen und für ein Konzert? Normalerweise peitschten die Weißen die Gefangenen aus, sperrten sie ein oder erschossen sie kurzerhand. Manchmal banden sie sie an einen Pfahl für Schießübungen oder hängten sie am nächsten Baum auf. Sie waren nicht anders als die Roten, wenn sie jemanden vor sich hatten, den sie für ein Mitglied der herrschenden Klasse hielten. Sie töteten auch ohne Grund. Könnte das noch passieren, morgen, vielleicht übermorgen?

Ihr Geist drehte sich im Kreise und sie fragte sich, warum sie noch lebte. Es wurde so viel erzählt und geflüstert, dass es unmöglich geworden war, Tatsachen von Propaganda, Klatsch oder

Halbwahrheiten zu unterscheiden. Sich Entscheidungen zu überlegen, fühlte sich wie ein Scherz an, denn woher sollte man Grundlagen für Entscheidungen nehmen?

An einem Tag wurde der legendäre General Kornilow als Verräter gebrandmarkt, weil er die Truppen in Richtung Petersburg in Bewegung gesetzt hatte, um sich als Militärdiktator zu etablieren. Am nächsten Tag kam ein Offizier und sagte, er wisse da Genaues. In Wirklichkeit sei Kornilow im Auftrag von Ministerpräsident Kerenski auf dem Weg nach Petersburg gewesen, um die Disziplin der betrunkenen und plündernden Soldaten wiederherzustellen. Doch bevor die Nacht vorbei war, hatte Kerenski kalte Füße bekommen, weil er die drakonischen Methoden des alten Kommandanten kannte. So ließ Kerenski es wissen, dass er Kornilow gar nicht geschickt habe. Um seiner Lüge Glaubwürdigkeit zu verleihen, ließ er Kornilow verhaften. Dann floh Kerenski aus Russland, machte Platz für Lenin. Nadeschda konnte den Gesprächen der Soldaten nicht entkommen und je mehr sie hörte, desto weniger Sinn machte das alles. Vorher hatten die Soldaten und Offiziere mit so viel Ehrfurcht von ihrer Arbeit unter Kornilow gesprochen, aber als er Führer der Konterrevolution im Süden wurde, verachteten sie ihn. Einige grinsten verhalten, als die Nachricht eintraf, dass er gestorben war. Kornilow wurde genau dann getötet, als seine Weißen kurz davor waren, Jekaterinodar zurückzuerobern. In den grauen Stunden eines Frühlingsmorgens des vergangenen Jahres war eine Granate in seinem Quartier explodiert, und wieder gab es Gerüchte über Spitzel.

„Ach wie praktisch", sagte einer der Rotgardisten zu Kornilows Tod.

Spione, Spitzel, Saboteure? Jeder war überzeugt, es gab sie, aber wer war das und wo? Jeder behauptete, für Gerechtigkeit zu kämpfen. Wer war Freund, wer Feind, wem konnte man vertrauen? Und wer würde morgen die Seite wechseln?

Nadeschdas erinnerte sich wieder an das Verhör von Skoblin. Ein Nachgeschmack von altem Roggenbrot stieg aus ihrem Magen auf. Wenn sie nur wüßte, worauf Skoblin hinauswollte, dann würde sie nicht im Dunkeln tappen. Er sprach von Sobinows Sohn als „auf dieser Seite". Warum hat er nicht „auf unserer Seite" gesagt? Vielleicht war er ein Reformer gewesen, der sich mit den Radikalen unter Lenin angelegt hatte? Vielleicht war er insgeheim für Wandel in Russland, aber nicht für die Wiederherstellung der alten Ordnung, wie die Weißen? Der Jargon der letzten zwei Jahre trudelte durch Nadeschdas Hirn: Sozialisten, Marxisten, Reformer, Arbeiterpartei, Menschewiki, Bolschewiki, Anarchisten, Fortschrittsblock, Narodniki, Trudowiki, Republikaner, Sozialdemokraten, Oktobristen – was sollte das alles bedeuten?

Nadeschda setzte sich auf und schaute auf das Mondlicht, das durch das Fenster kam. Warum sprach Hauptmann Skoblin zu ihr mit sanfter Stimme, wo doch sonst schrille Befehle ausgestoßen wurden, die dem Weg zum Galgen vorausgingen? Etwas lauerte unter der Oberfläche, aber was? Morgen würde sie mehr wissen. Zuerst musste sie die Verhöre des Tages zu überleben. Am Abend würden ihre Lieder diesen Gadsche an der Nase herumführen, vielleicht sogar verzaubern, so dass er sich vom Eroberer in einen Gefangenen verwandelte.

Am nächsten Tag fragte sie Skoblin, in welcher Ecke Russlands er denn zu Hause sei.

„In keiner. Ich kann nicht von einer russischen Heimat sprechen. Ich bin aus Harbin in der Mandschurei, ging zur Militärakademie in Omsk. Ein alter Kosak war mit dem Vater unseres verstorbenen Kommandanten Kornilow befreundet und empfahl mich General Kornilow. Als die Schwierigkeiten mit den Truppen im Sommer 1917 anfingen, bot Kornilow Kerenski an, nach Petersburg zu fahren und wieder Ordnung in die Garnisonen zu bringen. Es war spät am Abend und Kerenski nickte, aber in der Nacht kamen ihm Zweifel. Der Wendehals ließ Kornilow verhaften. Ich guckte zufällig aus dem Fenster und sah die Soldaten kommen. Da stellte ich mich krank und schlüpfte durch das Netz. Ich tauchte erst wieder auf, als ich hörte, dass Trotzki die untergetauchten Soldaten an die Wand stellen würde, wenn wir nicht wieder einschreiben würden. Aber ich war nicht lange bei den Roten, denn eines Tages dachte ich, ich sorge dafür, dass Kornilow frei kommt. Ich sagte den Wachen, dass sich der Dienstplan geändert hätte. Wir entkamen zusammen und gründeten die Freiwilligenarmee, die das neue System bekämpft. Jemand nannte uns die Weißen."

Skoblin fuhr fort: „Kornilow war Republikaner. Er war nicht auf der Seite der Weißen oder der Roten. In den Kasernen träumten ja zur Zarenzeit fast alle Soldaten und Offiziere von Reformen. Dann entwickelte sich unsere Bewegung zu einer Schlange mit vielen

Köpfen."

Er zündete sich eine Papirossa an, versuchte, einen Ring zu blasen und verfolgte den Rauch.

„Es war viel besser im alten System", sagte Nadeschda. „Ich habe so viel Gewalt in den Roten Regimenten gesehen. Da hatte ich nicht viel Zuversicht in eine Rote Zukunft. Alle Offiziere wurden sogar mit einem politischen Kommissar gepaart, damit sie immer unter politischer Aufsicht waren. Lewitzky machte sich ständig darüber lustig. Hätten die Roten nicht den Befehl gehabt, Deserteure ohne Federlesen zu erschießen, wären Lewitzky und ich schon vor einiger Zeit übergelaufen,"

Nadeschda hielt inne und sah Hauptmann Skoblin ins Gesicht: „Wir haben uns über das Überlaufen unterhalten, aber es war damals zu gefährlich."

Das klang gut und lief ihr sehr glaubwürdig von den Lippen. Skoblin schien vom Verhören genug zu haben.

„Ich werde dem Chef empfehlen, Sie als unbedenklich einzustufen", sagte er plötzlich und drückte seine Papirossa in dem überquellenden Silberaschenbecher aus.

Zwei Wachen führten Nadeschda zurück in die kleine Zelle, als ob sie ein seltenes und kostbares Zootier war, das nicht frei herumlaufen dürfe. Während des Verhörs hatte jemand ein Drahtbett in ihren „Käfig" gebracht. Eine paar Uniformen waren als Matratze ausgebreitet. Sie hob eine auf und erblickte ein Etikett mit fremden Buchstaben. Neben dem Bett stand der Koffer. Überglücklich öffnete sie ihn und holte ihr grünes Seidenkleid heraus. Der schwarze Flauschbesatz war zusammengedrückt, so dass sie ihn mit der Haarbürste auflockerte. Das Tamburin war auch da. Sie sah sich den Rest an, Unterwäsche, ein Paar indische Pantoffeln, Stiefel. Nadeschda schaute in ihre Stiefel und stieß einen Seufzer der Erleichterung aus. Ihre kostbaren schwarzen Seidenstrümpfe waren noch da. Plewitzkaja war für die nächste Etappe gerüstet.

Nach dem Abendessen verwandelten junge Soldaten den Speisesaal des Seminars in einen Konzertsaal. Das Klavier war verstimmt und einige Tasten waren kaputt, aber der Oberst begleitete sie in der Probe sehr gut.

„Es ist mir eine solche Ehre, Nadeschda Wassiljewna, Sie zu begleiten, obwohl wir uns wohl lieber unter anderen Umständen getroffen hätten", sagte er, bevor er ihre Hand küsste. „Ich habe Sie schon ein paar Mal im Konzert erlebt. Hat mir sehr gefallen. Skoblin war wie verhext, ging zu allen Ihren Konzerten der 300-Jahrfeiern, für ihm der Kommandant frei gab. Er ist noch nicht einmal aus einer musikalischen Familie."

„Ach ja? Hat er gar nicht erwähnt, dass er in einem meiner Konzerte war", antwortete Nadeschda etwas verständnislos.

„Dann sagen Sie ihm bitte nicht, dass ich es erwähnt habe. Vielleicht ist es ihm peinlich."

Beim Singen gingen Nadeschdas Augen immer wieder zu Skoblin, der in der ersten Reihe mit den Generälen Denikin und Kutjepow saß. Nach der Pause sang sie das Lied von den *Hügeln in der Mandschurei* und sie sah Skoblin schmelzen. Der bekannte düstere Walzer aus den Kriegstagen zwischen Russland und Japan rief bei allen Soldaten Erinnerungen wach. Trotz des spärlichen Lichtes könnte Nadeschda sehen, wie die teuflische Melodie, die an die russischen Niederlage erinnerte, andere Gefühle bei Skoblin weckten als nur Heimweh.

Skoblin ließ Nadeschda während der Pause und nach dem Konzert nicht aus den Augen. Er brachte ihr Wasser und Wodka. Spät am Abend lächelte er über das ganze Gesicht und brachte ein großes Tablett mit warmen Brötchen.

„Sie haben Mehl aufgetrieben. Heute Abend essen wir frischgebackene Brötchen wie in alten Tagen", sagte er stolz.

Am nächsten Tag fragte Nadeschda, ob sie nun zurück nach Kursk fahren könnte.

„Nein", war die kurz angebundene Antwort von Skoblin.

„Dann möchte ich Lewitzky eine Nachricht zukommen lassen, dass ich hier und gesund bin. Wann gehen die Depeschen heute?"

„Kutjepow hat Lewitzky auf eine geheime Mission geschickt. Er empfängt keine Depeschen", antwortete Skoblin scharf.

„Kutjepow? Lewitzky kannte ihn gut, als Kutjepow versuchte, die Moskauer Unruhen beizulegen."

„Mag ja sein. Ich kann Ihnen nichts nichts über die Mission sagen, denn sie ist geheim."

„Das verstehe ich nicht. Er muss doch Befehle entgegennehmen, also muss er doch auch Depeschen empfangen können," sagte Nadeschda entgeistert.

„Dieses Mal nicht", antwortete Skoblin.
„Wann kommt er denn zurück?", fragte Nadeschda.
„Wenn er die Mission erledigt hat."
Nadeschda schüttelte den Kopf. Sie schloss ihre Augen und holte dann tief Luft: „Was haben Sie getan? Er würde mich nicht so einfach verlassen."
„Hat er aber. Machen Sie sich keine Sorgen. Bei mir sind sie bestens aufgehoben", sagte Skoblin und legte seinen Arm um Nadeschda Schultern. Sie glaubte, ohnmächtig umzufallen.
„Mir ist unwohl Hauptmann Skoblin. Erlaubt es die Zeit, mich hinzulegen?", fragte Nadeschda.
„Aber selbstverständlich, gnädige Frau", versicherte Skoblin leise. „Ich stelle eine Wache vor die Tür, damit Sie nicht gestört werden."
Nadeschda hatte Schwindelanfälle und blieb zwei Tage im Bett, erklärte, dass sie eine Erkältung hätte. Jeden Tag brachte Skoblin ihr die Mahlzeiten und jeden Tag fragte sie, ob sie wieder nach Kursk zurück dürfe.
„Was wollen Sie denn in Kursk?", fragte Skoblin am dritten Tag. „Was da an Roter Armee war, ist aufgerieben. Die sind auf der Flucht, gestorben oder verstecken sich in der Bevölkerung. Der Rest ist im Gefängnis. Haben Sie dort Verwandte?"
Nadeschda schüttelte den Kopf.
„Nun, dann sind Sie bei uns viel sicherer. Das Essen ist auch besser. Beschwerden?", fragte er lächelnd.
Nadeschda schüttelte den Kopf und war entsetzt. Skoblin klang, als ob er entschlossen war, sie als seine persönliche Gefangene zu halten. In dieser Nacht wachte sie davon auf, dass jemand ganz leise die Tür öffnete. Skoblin kam, um sein Guthaben einzulösen. Er sagte das sogar. Die großartige Plewitzkaja verdankte ihm das Glück, am Leben zu sein.
Er erzählte auch, dass er sich in Nadeschda verliebt hatte, als er sie zum ersten Mal sah, vor sechs Jahren auf einer Bühne. Seither dachte er jeden Tag und jede Nacht daran, sie zu besitzen. Als seine Männer berichteten, sie hätten die berühmte Plewitzkaja in Kursk gefangengenommen, war er wie trunken vor Glück. Er schickte eine Truppe, um sie abzuholen und gelobte sich, dass er sie nie wieder gehen lassen werde. Er würde sicherstellen, dass sie genug zu essen hätte und nicht vergewaltigt würde.

Nadeschdas überlegte, ob sie fliehen könnte, aber am nächsten Tag kam Skoblin und befahl zu packen. Die Rote Armee hatte neue Stärke unter Trotzki gewonnen und war in Richtung Orel unterwegs. Das Regiment musste sich lurzfristig nach Kursk zurückziehen, bis sie wieder vorwärts marschieren konnten.

Während sie packte, kam eine Wache kam mit einem Uniformmantel über dem Arm. Er legte ihn aufs Bett.

„Hier, Skoblin schickt das. Probieren sie ihn an."

Nadeschda hielt ihn hoch, drehte ihn herum und probierte ihn an.

„Nanu, die Knöpfe sind ja anders herum. Das ist für Herren, scheints. Welche Art Uniform ist denn das?"

„Britisch", sagte der Soldat barsch. „Passt Ihnen. Brauche keine andere zu holen."

„Nein", antwortete Nadeschda ratlos.

„Hauptmann Skoblin lässt Ihnen mitteilen, dass wir ab jetzt unterwegs sein werden. Räumen Sie die Taschen Ihres alten Mantels aus, damit ich ihn zu den Lumpen werfen kann", befahl der Soldat.

Nadeschda tat wie geheißen. Er fasste den alten Mantel an, als ob er ein Stück Dreck war, grüßte kurz und wandte sich ab.

Es hat ihm wohl nicht ganz gefallen, dass ich den Mantel bekommen habe, dachte Nadeschda. Vielleicht hätte er ihn lieber für jemand anderen gehabt? Ich muss aufpassen, mich mit Skoblins Untergebenen gut zu stellen, denn es sieht so aus, als würde das hier noch eine Weile gehen. Nadeschda packte weiter und schüttelte den Kopf, als ihr die Absurdität ihrer Situation klar wurde. Sie musste diesen fremden Mantel annehmen, aber ihn zu tragen bedeutete, mit einer fremden Macht assoziiert zu werden.

In Kursk fand Skoblin im Hauptquartier wieder einen Raum, wo er sie hinter Schloss und Riegel halten konnte. Nadeschda fragte die Wachen mehrmals, ob sie Lewitzky oder General Kutjepow gesehen hatten. Einer von ihnen war überzeugt, dass Kutjepow auf dem Weg in den Süden war, zu einem Quartier nahe Jekaterinodar. Niemand wusste etwas über Lewitzky. War das derselbe Lewitzky, der in Moskau mit Kutjepow zusammengearbeitet hatte, aber dann nicht mitkam, sondern als Teil der Roten zurückblieb, fragte jemand. Nadeschda nickte und erwähnte es nicht noch einmal. Vier Wochen später waren sie wieder auf die Straße, auf dem Rückzug. Die Weißen kämpften mit dem Rücken zur Wand und ließen nichts zurück, was der Feind nutzen könnte. Verbrannte Erde nannten sie es.

Nadeschda wurde klar, dass Flucht nicht in Frage kam. Die Roten würde sie nicht davon überzeugen können, dass sie gar nicht Weiß geworden war, sondern eben einfach nur da gelandet war. Außerdem würden sie sie für eine britische Spionin halten, sobald sie den Mantel sahen.

Skoblins Männer ergatterten auch immer ein Dach über dem Kopf, Essen und das lebensnotwendige Heizmaterial. Überleben war nur in einer der beiden Streitkräfte möglich. Rot oder Weiß, sie konnte es sich nicht aussuchen.

Es war Winter geworden, Mütterchen Russland war tief verschneit. Die Weißen Truppen akzeptierten auch Mitreisende in den Konvoi, die Schutz auf ihrer Flucht benötigten. Sie zahlten mit Schmuck, um eine Wegesstrecke lang unter dem Weißen Schutzschirm zu sein. Für Nadeschda waren sie eine willkommene Gesellschaft, da sie viel gemeinsam hatten. Sie kannten die gleichen Leute und Häuser. Einer von ihnen war Oleg.

„Erinnern Sie sich noch an den blonden Pagen im Fontanka Palast?", fragte Nadeschda Oleg eines Abends, als sie bei Kerzenschein in einer beschlagnahmten Einklassenschule zusammensaßen.

„Wie könnte ich das vergessen! Jedes Jahr hatten sie einen neuen kleinen Pagen in der traditionellen goldenen und roten Uniform. Zur Melodie der *Wolgaschlepper* sang er dann Achtung Samowar", erinnerte sich Oleg lächelnd.

„Was meint ihr da?", fragte Skoblin.

Nadeschda erklärte: „Nun, der Fontanka Palast war riesig und wenn das Personal den großen Samowar mit kochend heißem Wasser von der Küche in den Speisesaal trug, ging das durch lange Korridore. Dabei kamen sie dann an Querkorridore, wo Kinder in Filzüberschuhen herumschlidderten. Nach einer Kollision, wo sich wieder jemand am heißen Wasser verbrannt hatte, hatte die Hausherrin dann genug und heuerte einen kleinen Jungen an, der wie ein Herold vor den Dienern mit dem Samowar herlief. Er bekam die Uniform verpasst und jedes Jahr suchte sich die Hausherrin einen neuen kleinen blonden Jungen, der in die Uniform passte. Wissen Sie noch, was der Junge sang, Oleg?"

Oleg nickte: „Klar, nach der Melodie der *Wolgaschlepper* sang er Achtung Samowar, Achtung Samowar, es ist Teezeit, Achtung Samowar."

Nach einer kleinen Pause fragte Oleg: „Wie kann sich denn das Leben so von Grund auf verändern? An einem Tage leben wir in einem Palast. Sie erfreuen uns mit Musik und dann wachen wir in diesem gottverdammten Dreckloch auf. Unser Zar ist tot, und wir müssen aus der Heima wie Tagediebe flüchten."

„Wie könnte ich das verstehen", seufzte Nadeschda. „Da waren Kräfte am Werk, von denen wir nichts wussten. Es lohnt sich jetzt nicht mehr, über das Warum nachzudenken. Ich glaube inzwischen, dass wir es nie wirklich verstehen werden, denn an der Wahrheit wird zu viel herumgefummelt, wie bei Kerenski zum Beispiel. Der kann über 1917 erzählen, was ihm passt, denn er wird niemals einen Fehler zugeben. Kornilow ist tot, der kann sich nicht mehr verteidigen oder etwas richtigstellen."

„Erinnern Sie sich an den Tataren, der bei den Obolenskies die Teppichfransen kämmte?", fragte Oleg.

„Natürlich", antwortete Nadeschda lächelnd. „Es hieß, sein Kostüm sei ägyptisch und er tat nie etwas anderes, als Teppichfransen kämmen. Ich habe ihn mal beobachtet, wie langsam er das machte, als ob er uns zuhörte. Wahrscheinlich hat er seinem Herrn jedes Wort hinterbracht."

„Wer wird wohl die Fransen kämmen, wenn alle in Fabriken arbeiten und hohe Löhne bekommen, frage ich mich", sagte Oleg nachdenklich.

„Darüber habe ich noch nie nachgedacht", antwortete Nadeschda und beobachtete, wie sich die Schatten bewegten, die das flackernde Kerzenlicht an die Wand warf. „Ich wünschte, unser Leben könnte wieder so sein wie vor der Wende."

„Ja, das waren Zeiten. Wir hätten nie gedacht, dass sie einmal zu Ende sein würden", sinnierte Oleg.

„Das war aber ziemlich dumm", warf Skoblin eiskalt ein. „Alles ist einmal zu Ende und Wandel in Russland war ebenso unvermeidlich wie vorhersehbar. Die meisten in der Oberschicht waren so mit sich beschäftigt, dass sie nicht bemerkten, was sich abspielte. Dafür zahlen wir jetzt, und nur der Himmel weiß für wie lange."

Oleg und die anderen zahlenden Mitreisenden zollten Nadeschda den Respekt, den sie als Solistin des Zaren gewöhnt war. Fast jeder kannte sie von den Konzerten. Einige Leute aus Moskaus erinnerten sich auch an Sergej Rachmaninow, als er noch Student und ein regelmäßiger Besucher im Hause des Kaufmanns Lodyschenski war. Mit einem leicht süffisanten Grinsen erinnerten sie sich an die damaligen Geschichten über Rachmaninow, Lodyschenski und dessen schöne Frau Anna, die Zigeunerlieder mit verführerischer Stimme sang. Als Pjotr Lodyshenski schließlich etwas zu Ohren kam, wies er dem jungen Rivalen die Tür. Es war der peinlichste Moment in Rachmaninows Leben und Stadtgespräch in Künstlerkreisen.

Oleg erinnerte sich genau: „Rachmaninow war ziemlich lange am Boden zerstört bis er in einer Sommernacht auf einem Landgut bei Zigeunermusik seine Seele wiederfand. So hieß es jedenfalls damals. Ich glaube nicht, dass das nur Dienstbotenklatsch war. Lodyschenski hätte es vielleicht besser wissen sollen, als er eine aus dem Yar heiratete. Wir haben ja nie genau gewusst, ob Anna eine echte Zigeunerin war oder einfach nur aus dem Süden. Ich hielt sie für eine echte Zigeunerin, aber das wollte sie wohl gern verheimlichen. Ihre Stimme, Nadeschda Wassiljewna, erinnert mich manchmal an die Sache. Na, das sind wahrscheinlich die Lieder. Das Lied von den *Schwarzen Augen* dürfte sich in derselben Tonart vermutlich ziemlich gleich anhören, nehme ich an, oder?", fragte Oleg.

Nadeschda lehnte den Kopf nach hinten, weg vom Kerzenlicht, um ihr Lächeln zu verbergen.

„Wahrscheinlich, kann schon sein", antwortete sie aus der Dunkelheit.

Sie versuchte sich zu erinnern wie lange der Abend in der Rotunde her war. Es fühlte sich an wie fünf Leben. Sollte ich jemals Rachmaninow wiedersehen, muss ich ihn nach Anna fragen.

27

Im Konvoi war jeder zuversichtlich, dass sie Russland nur über den Winter verlassen würden. Sie hatten von Agenten aus London gehört, die den Sturz Lenins betrieben und hofften, die Briten würden jemanden schicken, der der Aufgabe gewachsen war. Auf ihrem Weg nach Süden in Richtung Schwarzes Meer sahen sie Panzer, die von den Franzosen gespendet waren. Die Engländer schickten Uniformen, die Skoblin den Einheimischen verkaufte, die verzweifelt nach Tuch aller Art suchten. Nadeschda konnte nicht verstehen, warum solch wertvolle Beiträge geleistet wurden. Mehr und mehr Männer aus weit entfernten Ländern schlossen sich dem Kampf an und so fragte sie Skoblin, was sich diese Länder davon versprachen.

„Offizielle Erklärungen gibt es glaube ich nicht, aber es hat nichts damit zu tun, Russland oder unserem Volk helfen zu wollen. Unsere, ich meine, die russische Oktoberrevolution hat sich doch deshalb ereignet, weil die Barfußklasse alle anderen Ideen durch hatte, ihr Leben zu verbessern. Diejenigen, die in der letzten Welle an die Macht gespült worden sind, bestehen jetzt darauf, dass die Gesellschaft sich nur dann verbessern kann, wenn das Volk oder dessen Regierung, alles besitzt, einfach alles. Alle Fabriken, Grundstücke, Gebäude, Eisenbahnen, Straßenbahnen. Kein Produktionsgut darf von Personen besessen werden, die Gewinne nur für sich selbst benutzen und das Meiste auf Kosten unterbezahlter Arbeiter erwirtschaften. Sie sagen, dass die Gewinne vom Land und der Fabrikarbeiter nicht mehr nur den Eigentümern der Paläste zugute kommen sollen, sondern den Arbeitern", erklärte Skoblin. „Aber die Herren der Paläste in England, Frankreich, Amerika, und der Himmel weiß wo sonst noch haben Angst, dass auch ihre Fabriken an das Volk gehen könnten. Sie sehen die Revolution nicht als einen Schritt nach vorn, sondern als eine Krankheit, die bekämpft werden muss."

„Hat das was mit dem Gerede von damals über Demokratie und Wahlrecht zu tun?", fragte Nadeschda.

Skoblin lächelte: „Da genau liegt das Problem. Die beschäftigen sich mit der Struktur des Staates, während wir Russen uns mit Brot und Schuhen beschäftigen. Die Leute investieren in Panzer und Uniformen, um Lenins Revolution zu bekämpfen. Das hat nichts mit Güte, Freundschaft oder Mitgefühl zu tun, oder die Welt zu verbessern. Hätten sie helfen wollen, so hätten sie den Zaren und seine Familie eine Weile in London leben lassen, nicht wahr? Und dann ist da noch die Sache mit dem Geld. Lenin und Trotzki zahlen die vom Zaren aufgenommenen Kriegsanleihen nicht zurück."

Nadeschda absorbierte das nur langsam.

Nach ein paar nachdenkliche Momenten lachte sie: „Also das hätte ich mir auch denken können. Niemand schickt Panzer, Uniformen und Soldaten ohne Gewinn. Das hätte ich mir wohl selbst denken können. Wie dumm von mir."

„Nein, das ist nicht dumm. Ich bin doch ausgebildet", antwortete Skoblin. „Bitte frage mich. Kein Grund, schüchtern zu sein. Unsere Chinesen in der Mandschurei hatten einen Fluch, der dir wünschte, dass du in interessanten Zeiten leben mögest. Wir sind in interessante Zeiten gestolpert, die wir nicht heraufbeschworen haben. Möge Gott uns helfen, sie lebend zu überstehen. Mit mir, Nadeschda Wassiljewna, hast du die besten Chancen."

Der Bürgerkrieg intensivierte sich. Das Staccato der Maschinengewehrfeuer erfüllte die Luft Tag und Nacht. Sie eroberten Züge, reparierten Schienen, die die Roten zerstört hatten. Tote und Verwundete lagen neben den Gleisen oder im Schlamm der Straßen, die der Sommerregen zu einem Morast verwandelt hatte. Pferde wurden in der Schlacht verletzt, stolperten und brachen sich die Beine. Sie wurden erschossen und geschlachtet. Es war schwer, über die Tage zu kommen. Die Nächte waren schlimmer, denn die Bilder des Tages gingen nicht weg, sondern tanzten in all ihren Varianten vor geschlossenen Augen.

Mit der Zeit formierten sich streunende Kinder zu Banden, die die Städte und Dörfer terrorisierten. Keiner wußte, wo ihre Eltern waren. Sie sahen wild aus und benahmen sich wie Hunderudel, die nie den geringsten Hauch von Zivilisation gekannt hatten.

„Es gehört nicht viel dazu, zu Waisen zu werden", meinte Skoblin. „Ihre Väter sind vielleicht nicht aus dem Krieg zurückgekommen. Sie könnten auch von Roten oder Weißen erschossen oder von Banditen getötet sein, verhungert oder in der Typhus-Epidemie gestorben. Wenn die Mutter krank wird oder kein Essen mehr hat, ist das Kind auf der Straße."

„Das müssen ja Tausende sein", sagte Nadeschda.

„Millionen würde ich fast sagen", sagte Skoblin achselzuckend. „Ich habe so viele Menschen sterben sehen. Und weißt du was – das Leben geht einfach weiter. Niemand guckt zwei Mal hin. Die Franzosen sagen c'est la vie, paradoxerweise."

Nadeschda verkraftete den provisorischen Lebensstil bei den Weißen besser als sie gedacht hatte. Schließlich war es nicht viel anders als die Wanderungen bei den Zigeunern oder die Tourneen als Sängerin. Sie machte sich in der Küche nützlich und erledigte Näharbeiten. Aber Skoblin achtete darauf, dass dies nicht zu viel war.

„Ruh dich aus", sagte er mehr als einmal. „Wir lassen dich am Abend mit der Musik arbeiten, da kannst du dich am Tage ausruhen."

Wenn sie von den Einheimischen Proviant kauften, war es schwer, den Bauern die neue Währung schmackhaft zu machen, die Denikin für die Weiß regierten Regionen ausgegeben hatte. Wenn sie dabei gar kein Glück hatten, plünderten sie. Bei anderen Gelegenheiten gaben sie den Bauern Geschenke. Nadeschda wunderte sich mehr als einmal, wie sie den Treibstoff und neue Pferde hereingeholt hatten, bis sie General Pokrowsky beim Öffnen der Munitionskisten erblickte. Er holte ein Armband heraus, dessen Rubine das tiefrote Glitzern von echten Steinen hatten. Pokrowsky guckte zur Seite und sah, dass Nadeschda ihn beobachtete. Er hob die Augenbrauen und sein Zeigefinger ging hoch wie bei einem Lehrer, der seine Schüler tadelte. Nadeschda hob die Hände und entfernte sich leise. In jener Nacht fragte sie Skoblin, was in den Munitionskisten sei.

Skoblin erklärte im Flüsterton: „Auf dem Weg aus ihrer Gefangenschaft in Mogilew entdeckten Kornilow, Denikin und Pokrowsky, dass die Banktresoren beschlagnahmte Wertsachen enthielten. Was die Bolschewiken dort eingeschlossen hatten, kam von den Grundbesitzern. Unsere Weiße Armee kämpft für die sichere Rückkehr dieser Grundbesitzer, so dass wir nur deren Beitrag nehmen, wenn wir an die Depots gehen. Sollen wir denn das dort lassen, damit sich die Bolschewisten daran dick machen, falls sie als Sieger hervorgehen? Nein. Die Leute, die mit uns reisen, zahlen auch, manchmal mit Schmuck. Ich sage dir das im Vertrauen, damit du weißt, wann du wegsehen musst."

Es gab mehr als einen Feind. Nicht nur, dass die Roten ihr Gebiet und die Revolution mit mehr Intensität verteidigten, sie gingen auch zum Angriff über, um Weiße Landstriche zurückzuerobern. Im Chaos entstand eine neue Kraft, die Grünen. Dies waren Banditen, die sich aus den wilden Bergvölkern des Kaukasus rekrutierten und in den Wäldern versteckten. Die Umwälzungen des Bürgerkrieges waren ihr Stichwort, sich über alles herzumachen, was sie den Roten, den Weißen, den Einheimischen, oder denjenigen entreißen konnten, die Russland in Verkleidung flohen. Wie Wölfe, die sich zu einem Rudel zusammenschließen, tauchten die Banditen aus dem Nichts auf, und machten sich über die Opfer her. Ebenso bitzschnell wie sie gekommen waren, waren sie dann auch wieder verschwunden.

Die von den Roten vertriebenen Bauern schlossen sich den Weißen an, und halfen, den Roten ein Dorf zu entreißen. Sobald sie aber wieder auf heimischem Boden waren, setzten sie sich von Denikins Truppen ab, denn die Befreiung weiterer Dörfer war ihnen egal. Die Front verschob sich ständig und trotz aller Anstrengungen kämpften die Weißen auf verlorenem Posten. Die Männer sahen die Niederlage kommen. Wenn Kosaken ihre Pferde nicht mehr für den Winter beschlagen konnten, waren sie nicht mehr auf dem Siegeszug. Trächtige Stuten verendeten, wo sie umfielen.

Ein Kommandowechsel sollte das Schicksal der Weißen wenden. Denikin gab auf, nachdem der Kommandant der ersten Freiwilligenbrigade, General Kutjepow, ein Memorandum in nicht angemessener Wortwahl schickte, das militärische Disziplin brach. Baron Wrangel bezeichnete seine Übernahme des Kommandos als Schicksal. Er tat sein Bestes, aber er kam zu spät. Der Baron beförderte Hauptmann Skoblin zum Rang eines Generalmajors.

Auch unter dem Baron zogen sie nicht an einem Strang. Manche glaubten an das Heilige Russland, andere konzentrierten sich auf Reformen für die Fabrikarbeiter, oder Landreform, oder die Restriktionen für Juden. Jeder hatte seine eigenen Reformideen. Da waren Kosaken, die Jahrhunderte lang an einen unabhängigen Lebensstil gewöhnt waren, weil sie nur dem Zaren selbst Antwort schuldeten. Russische Offiziere kämpften, um die alte Ordnung wiederherzustellen, aber in ihren Herzen waren sie von Zweifeln geplagt. Ein Wechsel zu den Roten würde das Leben kosten und so war der Kampf mit den Weißen ihr Schicksal.

Die alten und neuen Kommandanten waren sich meist uneinig. Nadeschda beobachtete die Männer. Sie verloren ständig an Grund, aber die internen Machtkämpfe dauerten an. Sie wusste nie, wem man glauben konnte, und die beunruhigendsten Gerüchte waren, dass Verräter an ihren verlorenen Schlachten schuld waren.

Eines Tages hörte sie beim Anziehen, wie sich zwei Soldaten unter dem offenen Fenster niederließen. Sie reinigten und ölten ihre Gewehre. Als sie hörte, dass sie sich unterhielten, trat sie seitlich näher an das Fenster heran und stand still, um dem Gespräch zu folgen.

„Kornilows Schicksal war eine echte Schande", sagte eine Stimme.

Es kam keine Antwort von dem anderen Soldaten, so fuhr der erste fort.

„Ich kriege es nicht aus meinem Kopf, dass es kein Unfall gewesen sein mag. Es passte den Roten so gut, dass er direkt vor der Schlacht starb. Was meinst du? Glaubst du, das könnte eine manipulierte Granate gewesen sein? Ich kann das eigentlich nicht richtig glauben, aber alle anderen Erklärungen klingen nicht überzeugend."

Die zweite Stimme antwortete flüsternd, so dass Nadeschda nichts verstehen konnte, außer dem Wort Verräter.

„Könnte noch da sein", sagte die erste Stimme.

„Woher wussten sie, wo er begraben war? Haben ihn aus der Erde gezerrt, um in den Hunden zu verfüttern", des Soldaten Stimme klang schockiert.

„Betrachte das mal ganz nüchtern Kolja", analysierte die zweite Stimme. „In allen Streitkräften gibt es Spione oder Spitzel. Also muss es auch hier welche geben. Guck gut um dich herum, wenn auch nur zur eigenen Sicherheit."

„Wer ..."

Die zweite Stimme schnitt ihm das Wort ab: „Keine Namen, um Gottes willen."

„Kornilow hat das nicht verdient. Was mich beunruhigt, ist die Zukunft. Denikin und Wrangel verwenden so viel Energie darauf, sich gegenseitig zu zu bekämpfen. Wie können wir die

Bolschewisten zertreten, wenn unsere Führer nicht unsere Schlachten kämpfen sondern ihre eigenen? Glaubst du, sie werden den Spitzel finden, der Kornilow ans Messer geliefert hat?"

Des Soldaten Frage blieb unbeantwortet. Klicks aus zusammengesetzten Gewehren sagten Nadeschda, dass diese beiden ihre Aufgabe beendet hatten und aufstanden. Sie trat vom Fenster zurück und beobachtete, wie sie mit langsamen und müden Schritten davongingen.

Sie setzte sich auf das Bett. Waren solche Spitzel wirklich da? Oder waren sie dunkle Fantasien kranker Gemüter, die so voller Verzweiflung waren, dass sie die Verbindung zur Realität verloren hatten? Hatten sie sich die Warnungen über Spitzel, die Skoblin vertraulich als Desinformation bezeichnete, um die Wachsamkeit der Soldaten zu erhöhen, zu sehr zu Herzen genommen? Nadeschda musste sich mit Militär-und Spionage-Affären vertraut machen. Manche Nacht weinte sie lautlos.

Der einzig positive Aspekt in ihrem Leben war Skoblins Hingabe. Skoblin sorgte dafür, dass Nadeschda einen sicheren Platz im Konvoi und reichliche Rationen bekam. Er wachte über sie wie ein Adler und umsorgte sie, wann immer er konnte.

Ganz langsam verliebte sich Nadeschda in Skoblin. Sie bekämpfte diese Gefühle ohne Erfolg. Sie glaubte, den Verstand zu verlieren. Lewitzky war so ein guter Mann gewesen. Skoblin war ein paar Jahre jünger als sie, aber es fühlte trotzdem richtig an. Lewitzky hat es nicht verdient, wie ein Schwächling aus einem Kuckucksnest herausgeworfen zu werden. Verliebtsein im Bürgerkrieg war absurd, sagte sie sich. Aber es nützte nichts, sie musste zugeben, dass sie über beide Ohren in ihren Entführer verliebt war, der ihr jeden Wunsch von den Augen ablas, noch bevor sie etwas sagte. Schließlich musste sie anerkennen, dass Liebe sich nicht an Regeln hielt, die Sinn machten.

„Es ist mir aufgefallen, Nikolaj, dass ich mich manchmal sehr unsicher fühle. Ich glaube, ich möchte eine Muff-Pistole haben. Meinst du, du kannst mir eine besorgen?", fragte Nadeschda eines Tages.

„Weißt du, wie man die benutzt?", erkundigte sich Skoblin.

„Ja. Sie ist halb gespannt, solange sie im Muff ist, und wenn man sie herausnimmt, ist der Abzug bereit."

„Genau, ich werde mal sehen, ob ich eine bekomme", nickte

Skoblin.

Innerhalb einer Woche hatte Nadeschda eine Pistole im Muff und war erleichtert, dass Skoblin ihr eine Waffe anvertraute.

Nach neuen Gebietsverlusten arbeiteten die Strategen um Skoblin an einem Kavallerieplan, der nur als Verzweiflungsakt angesehen werden konnte. Mit einem Großangriff öffneten die Weißen die Linien der Feinde und drangen weit hinter die Linien der Bolschewisten vor, die nicht begreifen konnten, wer sich von solch einer Strategie Erfolg versprechen konnte. Die neu gefundene Stärke und Standfestigkeit der Roten an der Südfront bürstete die Reiter von den Pferden wie Schneeflocken. Von da an blieb Moskau in ihrem Rücken. Langsam aber stetig trieben Trotzkis Rote die Gegner nach Süden auf die Krim und zum Schwarzen Meer.

In einer seiner berühmten Motivationsreden spottete Trotzki: „Das Schwarze Meer wird bald ein Graues Meer sein, nachdem die Weißen alle dort ertrunken sind."

Seine Zuhörer brüllten vor Lachen. Doch dieses Mal hatte Trotzki nicht recht. Ausländische Schiffe warteten, um die Weißen zu retten. Es war ein gutes Jahr nach Nadeschdas Gefangennahme, im November 1920, dass die Weiße Armee russische Erde verließ, um über den Winter zu kommen. Aufgefrischt und erholt würden sie im Frühjahr die Heimat zurückerobern.

Wrangels Regimenter sorgten dafür, dass die Roten keinen Nutzen aus dem ziehen sollten, was sie zurücklassen mussten. Lagerhäuser wurden in Brand gesetzt, Züge in die Luft gesprengt. Reiterlose Pferde galoppierten die Strände entlang, während die Luft mit Gewehrfeuer und Explosionen der Depots angefüllt war. Die ausländische Munition war zu spät eingetroffen. Schnell waren alle Boote bis über Kapazität gefüllt. Das Meer war wie ein Spiegel, als die Seile losgebunden wurden.

Auf Deck standen sie regungslos wie Granit-Statuen, denn in diesem Augenblick erkannten sie die Realität in all ihren Dimensionen. Sie waren die Verlierer, erschöpft, hungrig und in Lumpen. Sie segelten ins Unbekannte. Wrangel machte mit den aus London und Paris entsandten Strategen Schlachtpläne für das nächste Jahr, aber die Soldaten konnten sich die Rückkehr zum Kampf nicht vorstellen. Wer würde für eine zweite Runde bezahlen? Frankreich hatte viel Geld durch seine Einsetzung von Wrangel verloren. Sie hatten geglaubt, ihr Beitrag würde die Rückzahlung der französischen Kriegsanleihen sicherstellen. Aber ein Weißer Sieg unter Wrangel erwies sich als dieselbe Illusion, der sie mit Denikin nachgehangen hatten. Paris drehte dem Faß ohne Boden den Geldhahn ab.

In Russland und außerhalb setzte man nun auf Lenin und Trotzki, die die jahrzehntealten Kämpfe zwischen der schuhlosen und sogenannten herrschenden Klasse beenden sollten. Auf hundert kleinen und großen Booten sahen 146.000 geschlagene Männer die Lichter von Russland verschwinden, und in ihrem Herzen wussten sie, dass es für immer sein würde.

28

„An das alles mag ich eigentlich gar nicht gern erinnert werden, wirklich", sagte Nadeschda zu Oleg, der die Skoblins nach Nadeschdas Konzert in Berlin ins Rodina Restaurant eingeladen hatte. „Das war die schwierigste Zeit meines Lebens. Wir sind fast ertrunken, als sie Wrangels Boot versenkten. Dann waren wir auf der griechischen Insel und im Gallipoli Lager, ganz zu schweigen von den Jahren davor im Krieg. Bevor wir uns überlegen konnten, was nun unser nächster Schritt sein sollte, wurde Nikolaj nach Korsika gerufen. Kaum waren wir angekommen, änderte Wrangel seine Pläne und schickte Nikolaj nach Belgrad, um ein Auge auf die Regimenter dort zu halten."

„Jeder hat so seine Geschichte", besänftigte Nikolaj. „Lass es ruhen. Behellige die Menschen nicht mit diesen Geschichten."

Hunderttausende von Russen in Berlin sagten so etwas jeden Tag zu sich selbst und zu anderen. Doch nur wenige Augenblicke später waren sie wieder bei ihren Kriegserlebnissen, wie sie es herausgeschafft und was sie verloren hatten, als in Russland alles drunter und drüber ging. Vielleicht, ja vielleicht hätten sie das Angebot einer Farm in Brasilien akzeptieren sollen, anstatt den Weißen Führern zu glauben? Wir warten hier in Europa, um nach der Schneeschmelze Russland zurückzuerobern, hatten sie gesagt. Zwei Schneedecken waren seither geschmolzen, aber das Warten war nicht vorbei.

„Wir fahren nächste Woche nach Riga", sagte Skoblin. „Ich freue mich, dass sie Nadeschda und ihre Lieder nicht vergessen haben. So lange haben sie gekämpft um die russische Herrschaft abzuschütteln, aber die Musik kann niemals abgeschüttelt werden. Nie", lächelte Skoblin Nadeschda an.

Dann wandte er sich Oleg und Viktor zu: „Wohin fahrt ihr?"

„Helsinki, es sei denn, der Pelzhändler, der gestern hätte hier sein sollen, taucht noch vor Freitag auf", sagte Viktor.

„Das Geschäftsleben ist für alle hart", antwortete Skoblin. „Heutzutage muss man nicht nur die normalen Unwägbarkeiten im Geschäftsleben umschiffen, sondern sogar jede Woche die Preise neu kalkulieren. Ich habe ausgerechnet, dass in nur elf Monaten alles 40 mal so teuer geworden ist. Und ich sehe nichts am Horizont, was diese galoppierende Inflation aufhalten könnte."

„Aber das ist nur in Berlin, beziehungsweise Deutschland, oder?", fragte Oleg.

„Ja, wir leben aber hier, genau da, wo es am schlimmsten ist. Irgendwie müssen wir versuchen, in dieser Situation zu überleben, aber ewig kann das so nicht weitergehen."

Skoblin war unerbittlich, wenn er Nadeschdas Honorare aushandelte. Er hörte sich Schmeicheleien und Komplimente lächelnd an, war sich aber immer bewusst, dass man ihm um den Bart ging, um seine Verhandlungsposition aufzulockern. Ohne Übergang konnte er auf Zahlen umschalten und ließ sich nicht ins Bockshorn jagen. Schließlich war Nadeschdas Brot auch sein Brot.

„Wer Freifahrtscheine will, respektiert Nadeschda nicht als Künstlerin. Das machen wir nicht mit. Wenn sie mich weichklopfen wollen, für welchen guten Zweck das wieder sein soll, erinnere ich sie an die gute alte jüdische Regel von 25 Prozent. Der Talmud lässt keinen Zweifel, dass du deiner Familie Schaden zufügst, wenn du mehr als 25 Prozent spendest. Dieser Anteil ist genau berechnet, die Regel gilt für jeden, auch uns und deshalb kann man die Honorare nie um mehr als 25% reduzieren."

Im Jahr zuvor hatte Skoblin darauf bestanden, dass sie heiraten sollten, obwohl sie sich wie Strandgut in der Türkei fühlten. Nadeschda sagte ja, weil sie wusste, sie würde Nikolaj nie verlassen. Sie liebte Nikolaj inzwischen sehr, und selbst wenn sie zu den Menschen gehörten, deren Gefühle sich im Laufe der Jahre veränderten, so wusste sie, dass sie wie zusammengeschweißt waren.

„Ich bin aber vielleicht noch mit Lewitzky verheiratet", erinnerte sie.

„Das wollen wir doch mal sehen", antwortete Nikolaj und steckte Geld in einen Umschlag.

Als er Nadeschdas besorgtes Gesicht sah, sagte er: „Keine Angst, ich werde es wahrscheinlich nicht brauchen. Vater Leonid ist koscher, Pardon, du weißt, was ich meine. Da niemand von Lewitzky gehört hat, sage ich, er ist mit Kutjepow nach Süden auf dem Weg zum Hauptquartier erschossen worden. Kutjepow wurde in der Schlacht verwundet, sodass seine Erinnerung nicht wasserdicht ist. Irgendwie erinnere ich mich auch, dass jemand gesagt hat, Lewitzky ging dabei verschollen."

Aber Nadeschda hatte eine bessere Idee: „Wäre es nicht

besser zu sagen, dass Kutjepow ihn ins Gefängnis genommen hat, als ihr Kursk erobert habt. Aber bevor ihr Anweisungen hattet, was mit all den gefangenen Roten Offizieren geschehen sollte, näherten sich Trotzkis Elitetruppen bereits. Lewitzky kann doch einer der Häftlinge gewesen sein, die unsere jungen Kosaken kurz vor unserem Abgang erschlagen haben?"

Skoblin nickte: „Das klingt sehr praktikabel. Von diesem Gefängnismassaker hat jeder gehört, nur keine Namen. Wir könnten Lewitzky für tot erklären lassen. Sollte er doch aus dem Nichts auftauchen, müsste er eine sehr gute Erklärung haben. Wenn er mit niemandem Kontakt hält, woher soll man denn etwas wissen."

„Wenn sie es dir nicht glauben, nimm doch einen von Jaroffs jüngeren Kosaken mit. Die sind so hungrig, dass sie für einen Teller voll alles bezeugen", riet Nadeschda.

Aber Skoblin schüttelte den Kopf: „Na, das wird wohl nicht notwendig sein."

Skoblin dann hatte ein langes Gespräch mit Vater Leonid. Sterbeurkunden zu erstellen war nicht einfach und es würde Wochen, vielleicht Monate dauern.

„Das greift in Erbschaftsfragen ein", erklärte der Pope. „Heute ist eine Sterbeurkunde nur ein Stück Papier, aber morgen könnte das den Anspruch auf ein Gut bedeuten. Genau genommen ist es auch nicht geklärt, ob unsere Verwaltung im Exil überhaupt Sterbeurkunden ausstellen darf. Das ginge alles viel glatter, Herr General, wenn Plewitzkaja hierher käme, und eine Erklärung über Verzicht auf die eheliche Gemeinschaft abgeben würde. Ihre Situation kann nämlich auch so angesehen werden, dass ihr Mann sie verlassen hat. Mit einem solchen Dokument kann ich Sie trauen, denn das kann man als Scheidung ansehen. In einem Jahr oder so, erinnert sich niemand mehr daran, aufgrund welcher Dokumente die Trauung erfolgte."

Zwei Tage später verheiratete der Pope Leonid Nadeschda und Nikolaj in einem Zelt, das als Kapelle im Gallipoli Lager diente. In allen Lagern und den überbelegten Wohnungen in Belgrad, Paris und Berlin gab es viel Klatsch über „Die Großartige Plewitzkaja" und ihre verliebten ehrgeizigen jungen General, dem viele mit Skepsis gegenüberstanden. Seit er mit Nadeschda zusammen war, zog er die Aufmerksamkeit aller auf sich. Wo er auch ist, ist die

Katastrophe nicht weit weg, flüsterten die Emigranten. An seinen Sohlen klebt das Pech, sagten die für ihren Aberglauben berühmten Russen. Skoblin war in Orel, als sich die Kanonen von Kursk als sabotiert herausstellten. Als Kornilow umkam, war er nicht weit vom Befehlsquartier. Wie konnten die Roten wissen, in welchem Bauernhaus Kornilow untergebracht war? Hatte der junge General nicht mehr als einmal die Seite gewechselt?

Jedes Ereignis wurde aus allen erdenklichen Blickwinkeln heraus analysiert und interpretiert. Jeder hatte eine Meinung, wie oder durch wen der unerwartete Verlauf von Ereignissen manipuliert gewesen sein könnte. Jeden Tag kamen mehr Emigranten aus dem ehemaligen Zarenreich nach Berlin und brachten neue Aspekte auf. Mit Schrecken in ihren Herzen blickten sie auf ihre nagelneuen Nansen-Pässe. „Statenlos" stand da in großen fetten Buchstaben und machte es für alle Welt offiziell, dass sie in einer Warteposition lebten – toleriert, aber nicht gewollt.

Zwischen Nadeschdas Konzerten in den neuen unabhängigen Baltikum Ländern lebten Skoblins in Berlin. Es gab so viele Landsleute dort, dass sie immer kurzfristig eine Bleibe fanden, obwohl sie hauptsächlich in der Villa der wohlhabenden Eitingons unterkamen. Max Eitingon, ein berühmter Psychologe aus West-Russland, der aus einer wohlhabenden Pelzhändler Familie stammte, verehrte Nadeschda sehr. Seine Frau Mirra war mit Nadeschda aus gemeinsamen Moskauer Tagen gut bekannt. Bei den vielen gesellschaftlichen Veranstaltungen in der Eitingon Villa in Dahlem war Nadeschda ein beliebter Star unter den vertriebenen Prinzen, dem berühmten Rechtsanwalt und Verleger Nabokov, den Geschäftsleuten und Menschen, die unter dem Zaren in sibirischer Verbannung gelebt hatten. Nicht nur die Künstler unter ihnen waren wie ein aus dem Wasser herausgerissener Fisch, der Schwierigkeiten hatte, sich an das Leben auf dem Land anzupassen. Eitingon hatte einen großen Bekanntenkreis und genoss es, großzügig zu sein. Man tuschelte hinter ihrem Rücken, aber Skoblins kümmerten sich nicht darum.

Nadeschdas Ausstrahlung als Solistin seiner kaiserlichen Majestät flößte immer noch Ehrfurcht ein. Nadeschda hätte gerne eine Wohnung gemietet, aber ihr Einkommen war nicht verlässlich genug. Während sie sang, versank sie in den uralten Melodien und der tägliche Drahtseilakt des Exillebens verschwand. Für das

Publikum war es auch so. Sie bekamen weiche Knie, wenn Nadeschda „Mütterchen Russland du bist tief verschneit" sang. Der Applaus rollte über sie hinweg wie eine riesige Welle. Wenn er vorbei war, fühlte sie sich wieder in eine Welt zurückgeworfen, in der sie nicht leben wollte.

Skoblin sah um sich herum, in diesen späten Nachtstunden mit Viktor und Oleg im Rodina Restaurant: „Oh, wir müssen gehen. Die Musiker sind schon weg und der Kellner faltet die Tischdecken zusammen."

Sie erkannten, dass sie die letzten Gäste waren.

„Schade", sagte Oleg. „Für mich ist die Nacht noch jung." Er sah Skoblin an: „Was ist denn mit dem Salon, den Sie erwähnt haben, Herr General? Ist die noch auf?"

„Natürlich, Wallys Geschäft ist immer auf und bleibt auf, solange Sie wollen", antwortete Skoblin.

„Nun, dann gehen wir", sagte Viktor im Aufstehen.

„Ich telephoniere voraus", nickte Skoblin.

„Sehr nett von Ihnen, Herr General. Russische Gastfreundschaft so weit von der Heimat, einfach wunderbar". schwelgte Viktor.

Eine halbe Stunde später standen sie auf dem Kopfsteinpflaster des breiten Bürgersteiges, der so typisch für Berlin war. Kulmer Straße war in diesen Stunden zwischen dem Ende des alten und dem Beginn eines neuen Tages still und leer. Selbst das unablässige Rattern und Quietschen der Metallräder in den Schienen der nahe gelegenen Elektrischen war einem lauernden Schweigen gewichen. Hohe Laternen verbreiteten ein müdes bläuliches Gaslicht. Große weiße Schneehaufen entlang der Straße erinnerten Nadeschda an Petersburg. Jemand hatte ein Herz in den Schnee gemalt und „Otto" dazugekritzelt. Skoblin fragte sich, ob die Leidenschaft für Otto noch am Leben sein würde, wenn die Frühlingssonne den Krakel der Verliebten gelöscht hatte.

Dunkle vierstöckige Gebäude standen in einer geraden Linie in der Kulmer Straße. Der Wind der Jahrzehnte, Regen, und Rauch von Kohleöfen hatten schmutzige Schlieren auf den Fassaden hinterlassen. Alte Gesichter haben Falten, dachte Nadeschda, und alte Häuser haben schwarze Schlieren, die man sogar noch im Halbdunkel der Laternen sieht. Sie standen vor der hohen hölzernen Eingangstür von Nummer 31. Auf der gegenüberliegenden

Straßenseite trat eine in einen langen Mantel vermummte Gestalt aus einem Eingang hervor und schickte sich an, lautlos die dunkle Straße in Richtung der Nachtschwärmer zu überqueren. Der Schatten hatte nur ein paar Schritte getan, als die Türen eines nahebei geparkten Autos sich öffneten und zwei Männer in Anzügen und Hüten ausstiegen. Sehr schnell zog sich die Schattengestalt wieder zurück und schloss eine große Eingangstür von innen ab.

„Schade, vielleicht hätte ich ...", sagte Viktor.

„Pst, Viktor", warnte Nikolaj. „Fenster haben Ohren."

„Aber doch nicht Russische Ohren", scherzte Viktor.

„Muss man immer annehmen", sagte Nikolaj leise, damit die beiden Männer aus dem Auto es nicht überhören sollten.

Diese beiden Männer hatten sich inzwischen neben die Skoblins und ihre Begleiter gestellt. Keiner sprach ein Wort und die Sekunden schienen endlos, bis ein kleines Fenster über der Eingangstür Licht im Treppenhaus anzeigte. Ein lautes Klick-Klack kündigte an, dass jemand mit sehr hohen Absätzen auf dem Fliesenboden näher kam.

Die Eingangstür öffnete sich. Eine kleine rundliche junge Frau in ihren Zwanzigern schloss die Tür von innen auf. Ihre langen Haare sahen nach billiger Bleiche aus und ihr Gesicht war leicht aufgedunsen. Sie sah Skoblins und dann die Männer aus dem Auto mit einem Lächeln des Wiedererkennens an. Dann zog sie von unter ihrem linken Arm eine Zeitung hervor.

„Sie hatten Ihre Zeitung vergessen", sagte sie auf Deutsch und hielt sie ihnen entgegen. Einer der beiden Deutschen nahm sie und fühlte sie mit den Fingern ab.

„Danke Milka. Schönen Abend noch oder Morgen vielleicht. Grüße an Wally."

„Werde ich ausrichten", antwortete Milka und die beiden kehrten zu ihrem Auto zurück.

Mühelos wechselte Milka zu Russisch mit einem polnischen Akzent: „Nur hereinspaziert. Schön, euch wieder zu sehen", zwitscherte sie Skoblins an. Dann stellte sie sich Viktor und Oleg vor: „Ich bin Milka, Wallys Schwester. Ich kenne Nikolaj und Nadeschda von Konstantinopel. Wir hatten eine tolle Zeit dort. So kommen Sie doch herauf, wir haben gute Leute heute abend."

Mit einem Schlüssel, der länger als ihre Hand war, sperrte

Milka die große Eingangstür hinter ihnen zu. Wie in allen Berliner Treppenhäusern war der Geruch eine abgestandene Mischung von billigem Wachs und Kohl. Für die Russen war es ein vertrauter Geruch, denn Kohl und Kartoffeln waren in beiden Ländern Hauptnahrungsmittel. Die Berliner hatten auch die Angewohnheit, den Kochdunst durch die Wohnungstür ins Treppenhaus abzuleiten, weil dies Heizkosten sparte. Die meisten von Wallys Mietern in der Kulmer Straße 31 mussten an diesem kalten Dezembertag des Jahres 1922 Kohl gekocht haben.

Beim Treppensteigen fielen Viktor die ungewöhnlich hohen Treppenstufen auf: „Wer hat denn nur diese unbequemen Stufen gebaut."

„Kann man wohl sagen", erklärte Milka. „Sie mussten vor 40 Jahren so viele Wohnungen in Schöneberg bauen, dass sie an Stufen gespart haben, hat mir jemand gesagt. Immer weiter rauf, bis zum dritten Stock. Da sehen Sie dann schon die offene Tür."

Als sie an dem Treppenabsatz ankamen, wo Rauchwolken, Cognacdunst und gedämpfte Stimmen aus einer Tür quollen, wussten sie, dass sie angekommen waren.

Gastgeberin Wally begrüßte sie mit einem Tablett voller Sektgläser. Sie trug ein lila Chiffon-Kleid mit großen gelben Blumen und begrüßte sie mit durchdringender, fast Schauspielerstimme: „Wie schön, euch wieder zu sehen, Nadeschda, und Nikolaj. Willkommen, herzlich willkommen, Viktor und Oleg."

Im roten Licht des Vorraums sah man nicht, dass Wallys dunkle Haare leblos und billig gefärbt aussahen und sie lenkte mit ihrer dominierenden Art auch von ihrem etwas verlebten Gesicht ab.

„Immer geradeaus. Es läuft blendend heute Abend", sagte sie und ließ keinen Zweifel, dass sie die Chefin war.

Alle traten in einen schwach beleuchteten Raum mit drei Tischen, an denen rauchende Männer und drei leicht bekleidete junge Frauen Karten und Roulette spielten. Wally nahm Viktor und Oleg beiseite, gab ihnen Chips aus einer Kleidertasche, stopfte deren Geld in eine andere. Die beiden Spieler begannen ihr Spiel, während Skoblin Wally durch eine große doppelte Glastür in einen Nebenraum folgte, wo Nikolaj sein Provision erhielt.

„Oder möchtest du lieber Chips?", fragte Wally mit schelmischem Grinsen.

„Ich geb dir doppelt."

Doch Skoblin schüttelte den Kopf: „Bin nicht zu Scherzen aufgelegt heute. Viktor will etwas Schnee. Vielleicht nehme ich später dafür Chips."

Als Nadeschda am Spieltisch vorbeiging, um sich auf einem Sofa niederzulassen, sah einer der Männer auf und lächelte sie an, als ob er sie kenne. Nadeschda saß und betrachtete den abgenutzten Orientteppich mit schmutzigen ungekämmten Fransen. Sie versuchte sich zu erinnern, woher sie diesen Mann mit seinen großen kohlschwarzen Augen, dem langen Gesicht, der hohen Stirn und dem spitzen Kinn kannte. Er war nicht einer der vielen anonymen Zuschauer, dessen war sie sich sicher. Sie hatte ihn gekannt, aber sie konnte den Zusammenhang nicht feststellen. Seine welligen nachtschwarzen Haare und die runden dunklen Augen sagten ihr auch, dass er nicht russischer Vokszugehörigkeit war.

Bald hatten die Spieler ihre Runde beendet und der Mann kam auf sie zu.

„Sehr erfreut, Sie hier zu sehen, Nadeschda Wassiljewna. Was für eine wunderbare Überraschung, denn man erzählte, Sie hätten es nicht mehr herausgeschafft."

Er sprach mit der Stimme eines Mannes von Welt, aber mit einem merkbaren südrussischen Akzent.

„Aber ich habe es nie ganz geglaubt", fuhr er fort. „Ich habe immer gesagt, dass Sie zu schlau sind, um abgehängt zu werden und wir würden Sie bald wieder singen hören, Nadeschda Wassiljewna."

„Kennen wir uns? Ich weiß nicht so recht", fragte Nadeschda.

„Oh ja", antwortete der Mann. „Wir hatten eine gemeinsame Bekannte, Dagmara."

„Ach natürlich", rief Nadeschda aus. „Wie konnte ich das vergessen! Sie sprechen Russisch wie ein Russe, aber Ihr Name ist mir bedauerlicherweise entfallen. Klang er nicht etwas ausländisch?"

„Genau. Ich bin ja britischer Staatsbürger. Reilly heiße ich, Sidney Reilly. Wir hatten eine richtig gute Runde nach Ihrem wunderbaren Konzert mit Andrejews Balalaika-Orchester in Moskau. Wir spielten damals Karten bei Dagmara und ich habe gewonnen."

„Natürlich!", rief Nadeschda aus. „Sidney Georgjewitsch! Man fürchtete sie an allen Tischen in Moskau und Petersburg."

Reilly lächelte.

„Ob Sie wohl heute Abend hier singen? Das letzte Mal, erzählte mir Milka, haben Sie bei Wallys Tochter Wanda einen solch starken Eindruck hinterlassen, dass sie vorhat, auch Sängerin zu werden."

„Ich weiß. Wanda hat eine schöne, kraftvolle Stimme. Wir sangen neulich mal zusammen, aber das sollten wir nicht zu ernst nehmen, denn Wanda ist doch erst 13."

„Dennoch ist es ein großes Kompliment für Sie, wenn Sie mit unseren russischen Liedern so viel Anklang bei Leuten finden, die gar keine Russen sind", sagte Reilly.

„Ja, die Musik macht das Leben im Exil erträglicher. In Paris soll russische Musik ja sehr beliebt sein, heißt es."

„Ach, waren Sie noch nicht in Paris?"

„Nein, wir bleiben zwischen unseren Tourneen in den baltischen Ländern hier in Berlin, denn wir wollen schnell nach Hause, wenn das bolschewistische System zusammenbricht. Das Ende der Bolschewisten kann ja nun nicht mehr so weit sein, bei all der Korruption, Tyrannei und den Hungersnöten."

„Ja", seufzte Sidney. „Nach Hause, nach Russland, da denken wir alle dran, bevor wir einschlafen und wenn wir aufwachen."

„Also, was führt Sie denn nach Berlin, Sidney Georgjewitsch?"

„Geschäftliches. Britisches Ölgeschäft."

Reilly setzte sich neben Nadeschda und strahlte vor Glück: „Diese Reise hat mir etwas Wunderbares beschert. Ich habe die schönste junge Frau getroffen, die man sich vorstellen kann. Bei einem Empfang im Adlon trafen sich unsere Blicke in einem großen Saal und in diesem Augenblick haben wir uns ineinander verliebt. Sie ist eine so schöne junge Schauspielerin, Pepita Bobadilla. Sobald wir wieder zu Hause in London sind, heiraten wir."

„Herzlichen Glückwunsch, alles Gute wünsche ich Ihnen beiden", lächelte Nadeschda. „Wie geht es denn Dagmara, haben Sie etwas gehört?"

„Nein, Lenins Männer waren hinter mir her. Ich traute mich nicht, Kontakt aufzunehmen. Wer ist denn Ihr Mann? Ich erkenne unter den Herren, mit denen Sie gekommen sind, Ihren Mann nicht wieder."

Nadeschda wiegte den Kopf: „Mein erster Mann, der Tänzer, wurde von der Tscheka vorgeladen. Ich habe nie wieder von ihm gehört."

„Oh, das tut mir aber leid zu hören, Nadeschda Wassiljewna", sagte Reilly.

„Danke. Ich bin jetzt mit General Skoblin verheiratet, General Nikolaj Wladimirowitsch Skoblin. Er war der Kommandeur des Kornilow-Regiments. Ich stelle ihn Ihnen später vor. Die anderen beiden sind Viktor und Oleg. Sie sind aus meinem heutigen Publikum, aber Nikolaj kennt sie über Gutschkow. Sie haben uns in das Rodina eingeladen und dann wollten sie gern noch ein Spielchen machen."

Als Nadeschda Reilly Skoblin vorstellte, stutzte er kurz.

Dann streckte er die Hand aus: „Wir haben uns in der Heimat getroffen, nicht wahr, Sidney Georgjewitsch? Ich gehörte damals zu Kutjepows Stab, glaube ich."

„Ach ja, genau", nickte Reilly.

Später schlug Skoblin die Zeit tot, lehnte sich auf den Flügel. Er beobachtete ob Viktor und Oleg mehr Chips holten. Ein Spieler stand auf und sprach kurz mit Nikolaj. Nadeschda sah, dass sich zwischen den beiden Spannung aufbaute. Dann kam Reilly zu Skoblin. Sie sahen sich mehrmals um, passten offensichtlich auf, dass ihnen niemand zuhörte.

Am nächsten Tag fragte Nadeschda Nikolaj, worum es da gegangen sei, aber er bügelte sie ab, weil Mirra durch die offene Tür vielleicht mithören konnte. Nach ein paar Minuten schlug er Nadeschda vor, dass sie etwas frische Luft brauchten und einen kleinen Spaziergang machen sollten.

„Wir nehmen die Milchkanne mit", schlug Skoblin vor, um einer Diskussion vorzubeugen, dass das Wetter zum Spazierengehen vielleicht zu unberechenbar sei.

Auf der Straße sagte Skoblin, Nadeschda solle solche Fragen nicht stellen.

„Die sind doch alle dein Publikum. Du musst freundlich und unvoreingenommen mit allen sein. Es ist besser, dass du solche Sachen nicht über die Menschen weißt. Reilly war etwas zu neugierig was Wrangel und Gutschkow anlangt. Aber ich traue Reilly nicht, besonders nicht, nachdem ich gewarnt wurde, dass

Tscheka-Agenten unsere Untergrundorganisation, die Gutschkow aufbaut, zu infiltrieren versuchen. Mit Reilly ist das so eine Sache, man kommt nie dahinter, worauf er hinaus will. An einem Tag spricht er wie einer von Großbritannien, dann stehen die Ölgesellschäfte im Vordergrund, aber plötzlich tut er so, als ginge es ihm um unsere Heimat."

„Das waren gute Zeiten damals mit Reilly, aber jetzt weiß man nicht. Es ist schwer zu wissen, zu wem man Abstand halten muss," sinnierte Nadeschda.

„Genau das meine ich. Du bleibst bei deiner Musik. Die Situation ist inzwischen so, als gäbe es für jedes Lied jede Woche neue Texte."

Nadeschda blickte Nikolay ungläubig an.

„Genau gesagt, die politischen Gruppierungen sind überhaupt nicht deine Sache. Bevor du mitbekommst, wer mit wem zusammenhängt, hat sich schon wieder alles geändert. Eine Gruppe will ihre Fabriken und Paläste zurück, eine andere will die alten Cliquen endgültig abservieren. Beide Seiten schrecken vor nichts zurück, und bevor wir uns versehen, geht der Bürgerkrieg von vorne los."

„Ach du meine Güte!", sagte Nadeschda entsetzt.

„Das ist durchaus im Bereich der Möglichkeiten, wenn Moskau seine feste Hand auch nur eine Sekunde lockert. Kutjepow hat mir erzählt, als er Lagerkommandant auf Korsika war, dass unsere Truppen Agenten zurückgelassen haben. Wrangel bekommt Berichte aus allen Provinzen. Anscheinend haben die Bolschewisten davon Wind bekommen und wollen nun wissen, wer die Berichte schreibt. Die meisten von ihnen sind aber Schläfer. Jemand muss geplaudert haben und nun wollen sie sie aufdecken, bevor wir sie aktivieren können. Der junge Russe, der mit mir gesprochen hat, bevor ich gestern mit Reilly sprach, erkundigte sich etwas zuviel über Gutschkow. Es gibt auch eine Gruppe, die zu Treffen über die Grenze geht und dann sabotiert", erklärte Skoblin.

„Meine Güte! Geht denn dieser Krieg nie zu Ende? Wer um alles in der Welt bezahlt denn diese Leute, um die Lebensgrundlage unserer Landsleute zu zerstören?", fragte Nadeschda schockiert.

„Die Wohlhabenden, überall. Sie haben ihr Eigentum an russischen Fabriken und Land verloren, plus die Kriegsanleihen, die Lenin nicht anerkennt. Manche Adligen haben ja auch schon früher Vermögen nach Frankreich oder der Schweiz verbracht. Die haben noch Geld, leisten gern einen Beitrag und finden natürlich auch immer jemanden, der sich anheuern lässt. Die wollen auch nach Hause, aber solange die Genossen und ihre Erschießungskommandos den Ton angeben, geht das nicht."

„Das ist ja schrecklich, wirklich schrecklich", Nadeschda schüttelte den Kopf.

„Halte dich da raus. Ich sage dir das im Vertrauen, damit du weißt, womit du es zu tun hast. Stell dich dumm, wenn jemand versucht, dich zu rekrutieren oder auch nur hineinzuziehen. Das wird zur Einbahnstraße. Unterbrich solche Gespräche mit einem Gang zur Toilette oder erzähl deinen Allzweckspruch von der Zigeunersängerin. Berlin ist voller Agenten aus Moskau, Paris, London, Jerusalem, Belgrad, und was weiß ich noch. Die Kluft ist jetzt in den meisten Ländern und es wird zu einem bösen Kampf zwischen den Interessen der Besitzenden und Besitzlosen. In England heizen die Gewerkschaften zum Beispiel die Konflikte mit Geld aus Moskau an. Du musst dich dumm stellen, versprichst du mir das?"

Skoblin blieb stehen und sah Nadeschda an: „Versprochen?"

„Natürlich, natürlich", antwortete Nadeschda hastig. „Aber unter uns, ich will hier nicht für immer bleiben. Es fühlt sich an wie Exil. Wann können wir den endlich nach Hause?"

Skoblin seufzte: „Wie soll ich das wissen."

„Was passiert denn zu Hause? Ich kann doch nicht lesen!. Sag mir, was in der Zeitung steht."

„Lenin geht es schlecht. Er war auf Entenjagd und hat sich mehr als eine Ente gefangen. Es geht ihm so schlecht, dass er sogar sterben könnte. Das bedeutet einen Wechsel in der Führung. Die Menschen ziehen Gemüse auf Friedhöfen. Das deutet auf ernsthafte Lebensmittelknappheit hin. Es gibt ein Förderprogramm für Kleinunternehmen. Daraus schließe ich, dass die verstaatlichten Fabriken nicht genug Waren liefern. Sie haben sogar versucht, des Zaren Briefmarkensammlung zu verkaufen. Aber da war kein Interesse."

„Das wundert mich nicht. Und sonst?"

„Des Zaren Kronjuwelen sind zu besichtigen, damit ein paar Rubel hineinkommen. Die Museumswärter nähen doch tatsächlich den Menschen die Ärmel zusammen, damit sie keinen Diamanten stibitzen. Die Verpflegung ist schlecht, die Wohnungssituation eine Katastrophe. Auch wenn Dserschinski meine Begnadigung morgen auf dem Silbertablett anbringt, so frage ich mich, ob ich mich wirklich in eine solche Situation begeben will."

„Aber wenn Lenin bald weg ist, und Trotzki es ganz nach oben schafft, könnte sich alles verbessern, oder?", fragte Nadeschda.

„Lewitzky kannte ihn. Er sagte, dass Trotzki rational ist, hat Feuer, sogar einen Sinn für Humor. Vor allem ist Trotzki Jude, also versteht er Geld. Er könnte Mütterchen Russland aus dem Dreck zu ziehen", meinte Nadeschda.

„Kann schon sein, aber im Moment ist das Spekulation. Man kann ja auch gar nicht wissen, ob Trotzki der nächste Führer sein wird. Vielleicht steigt ja sogar dein Freund der Georgier auf. Zur Zeit ist für dich nur wichtig, dass du Abstand zu Agenten hältst, denn die sind gefährlich. Man kann da niemandem trauen, denn Agenten wechseln oft die Seite oder arbeiten sogar für zwei Seiten."

„Doppelagenten?"

Skoblin nickte: „Die planen das nie so, aber wenn sie entdeckt werden, werden sie erpresst, dabei zu bleiben und dann auch noch für die andere Seite zu arbeiten. Da man nie weiß, wann jemand die Seiten gewechselt hat, musst du dich die ganze Zeit dumm stellen. Man darf nie jemandem trauen."

Skoblin blieb stehen und sah Nadeschda ins Gesicht: „Verstehst du? Du musst immer über deine Schulter gucken. Traue niemandem, überhaupt niemandem."

„Oh mein Gott", sagte Nadeschda schockiert.

„Das ist wichtig und ich meine das ernst", sagte Skoblin.

„Ja, ich weiß", sagte Nadeschda langsam und seufzte. „Ich weiß das von früher. All die Jahre, und jetzt bin ich genau wieder da, keinem zu trauen."

„Ja, das ist die Realität von heute. Wenn es auch die Realität von gestern war, könnte es eine permanente Realität sein. Jetzt holen wir die Milch oder Eitingons wundern sich, wie lange wir weg waren."

29

Berlin nach dem großen Krieg war wie ein Drahtseiltanz zwischen zwei Flammen. Die Emigranten nannten die Metropole, die viel zu schnell gewachsen war, „die dritte russische Hauptstadt", denn Moskau war inzwischen zur offiziellen Hauptstadt geworden. Petersburg blieb jedoch die Hauptstadt in den Herzen der Menschen. Es war nun schon mehr als vier Jahre, dass die besiegten deutschen Soldaten zurückgekehrt waren, wo sie jetzt mit Tausenden der ehemaligen Feinde zusammenleben mussten. Deutsche und Russen mussten beide lernen, Verlust und Niederlage zu verkraften. In den Nachbeben der vielen Änderungen in beiden Reichen verlor Berlin den Gleichgewichtssinn. Wie Ableger eines Efeus waren die baltischen Länder und Polen selbständig geworden und genossen den uralten Traum der Freiheit von zaristischer Herrschaft.

Berlin war eine unsichtbare Grenzlinie zwischen der alten und einer neuen Ordnung, die gar nicht nach Ordnung aussah. Aber nicht alles hatte sich verändert. Nach wie vor spuckten die Abendzüge aus den östlichen Provinzen Jugendliche aus Polen und Schlesien aus, die auf der Suche nach einem Lebensunterhalt waren, den es zu Hause nicht gab. Es waren sogar noch mehr als früher, die nun ihr Glück versuchten, denn der Weg nach Osten war nun kein Fluchtweg mehr. Das Leben in der jungen bolschewistischen Republik stand auf wackeligen Füßen.

Berlin war wie ein schwarzes Loch, das alle in sich aufsog: Verarmte oder weniger verarmte russische Adlige, Soldaten, Offiziere und Kosaken, die für den Zaren im Ersten Weltkrieg ins Feld gegangen waren, sich dann im Bürgerkrieg auf der einen oder anderen Seite wiederfanden. Selbst kleine Wodkaschieber rissen nach Berlin aus, denn Lenin mobilisierte seine Erschießungskommandos sogar für den Verkauf einer einzelnen Flasche Wodka. Schriftsteller und Verleger trafen sich im Cafe Leo am Nollendorfplatz. Davydoffs Balalaikas spielten die gleichen Lieder wie in Petersburg und Moskau. Wenn die Männer des Sextetts ihre Augen schlossen, waren sie wieder in der Villa Rhode oder im Yar, bis sie die Wahrheit ihres neuen Lebens im Rodina Restaurant einholte. Das Rodina in der Tauentzienstraße hatte zwar keine rot-goldenen Tischläufer mit passenden Samtvorhängen, aber für den Koch aus Kiew lohnte sich der Besuch.

Berlin war die interessanteste Metropole der Welt, schrieben Besucher aus England und Amerika. Intellektuelle blieben eine Weile, verewigten dann ihre Begegnungen in Büchern und Theaterstücken. Der berühmte Berliner Spottmund witzelte, dass die Läden bald Schilder mit „Hier spricht man Deutsch" haben könnten. Berlin wurde auch vornehmer, denn die Pferdebahnen verschwanden allmählich und machten Platz für die Elektrische. Alles bewegte sich schneller und mit mehr Lärm.

Der berühmte Schriftsteller Maxim Gorki, dessen Theaterstücke und Bücher den Boden für die Wende in Russland vorbereitet hatten, ließ sich ebenfalls in Berlin nieder, für eine Weile. Er war zu einer literarischen Veranstaltung gekommen, blieb in der Nähe des Ludwigkirchplatzes und zog sich dann wieder auf die sonnige Insel Capri zurück. Nur wenige Jahre vorher, im August 1919, hatte General von Monkewitz von der Uhlandstrasse 156 den Aufruf erlassen, dass sich alle früher beim russischen Reich angestellten Ärzte für Denikins Truppen zur Verfügung zu stellen hätten oder als Deserteure behandelt würden. Monkewitzes damaliges Quartier und Gorkis Wohnung waren fast in Sichtweite in dem Viertel, wo sich so viele Emigranten niedergelassen hatten. Die berühmten Nabokows betrieben einen der vielen russischen Verlage dort und machten dann aus ganz anderem Grund Schlagzeilen. Nabokows republikanische Neigungen kosteten ihn das Leben, als sich ein Monarchist in der Philharmonie mit der Pistole dafür rächte, dass Nabokow die Abdankungsurkunde des Zaren aufgesetzt hatte. Da waren sie alle wieder beieinander in Berlin, auch die Mädchen aus Russland und Polen, die in den Restaurants von Konstantinopel gearbeitet hatten, um Wrangels Männer zu bedienen. Als Frauen folgten sie den Soldaten nach Berlin, statt zu ihrem öden bäuerlichen Dorfleben in dunklen Hütten zurückzukehren.

Wenn die Berliner geglaubt hatten, das Leben könnte nach dem verlorenen Krieg und dem Rauswurf des Kaisers bald zu einer Art Normalität zurückkehren, so stellte sich das als Wunschdenken heraus. Deutschland musste für den Krieg zahlen, und zwar reichlich. Millionen von Heimkehrern, gesunde und nicht gesunde, suchten nach einer Lebensgrundlage für sich und ihre Familien, aber es gab nichts für irgendjemanden. Streitkräfte waren verboten und die Bauern hatten genug Mäuler zu stopfen, ohne hungrige Städter zu beschäftigen.

Manche wandten sich politischen Gruppen zu, andere den Ganoven. Die Genossen in Moskau rieben sich die Hände und schürten das Glimmen der Unzufriedenheit, jeden Funken von Unzufriedenheit. In ihren kommunistischen Lehrbüchern war beschrieben, wie man vorrevolutionäre Situationen schuf und ausnutzte. Und wie immer in schwierigen Zeiten lief die Unterhaltungsindustrie auf Hochtouren. Das Tabu der Nacktheit war weggebröckelt. Wo auch immer sich ein zahlendes Publikum fand, wurden Gesundheitstänze mit nackten Brüsten und Beinen dargeboten. Junge Frauen waren die Gewinner und wurden zu Hauptverdienern. Sie brauchten sich nicht in die Warteschlangen der Armenspeisungen anzustellen oder während der Kohleknappheit zu erfrieren.

Dserschinski hatte seinen russischen Geheimdienst ausgebaut und entließ einen nicht enden wollenden Strom an Spitzeln und Agenten nach Berlin. Niemand konnte wissen, wer ein echter russischer Flüchtling oder ein Agent war oder vielleicht ein Flüchtling, der durch den Hunger zum Agenten gworden war. Stalin spitzte sich auf das Machtvakuum, das der kranke Lenin bald zurücklassen würde. Seine vielen Lakaien in Deutschland bereiteten die kommunistische Machtübernahme in Deutschland mehre Male vor, aber das Stichwort für den Startschuss blieb jedes Mal aus.

Alle lebten von einem Tag auf den anderen, insbesondere dann, als Inflation zur Hyperinflation geworden war. Inwischen hatte Nadeschda so viele Konzerte und Auftritte in Berlin gemacht, dass neue Aufträge kaum noch hereinkamen. Ihr russisches Publikum suchte erfolgreich den Ausweg aus Berlin und verminderte sich ständig. Die Koffer für eine schnelle Rückkehr nach Mütterchen Russland gepackt zu lassen, war ein Grund zum Lachen geworden. Was die Emigranten an Devisen und Schmuck mitgebracht hatten, war aufgebraucht und Arbeit gab es nicht. Dann kam die schockierende Nachricht, dass sich Deutschland mit dem „Nachbarn" Sowjetunion vertragen wollte und ein Abkommen geschlossen hatte. Moskau verzichtete auf sein Recht auf Reparationen und deutsche Offiziere sollten für die ehemaligen

Terroristen, die nun das Riesenreich beherrschten, den Aufbau schlagkräfter Streitkräfte organisieren.

Seine formelle Begnadigung aus Moskau rückte weiter in die Ferne, realisierte Skoblin, aber ohne eine Begnadigung konnten sie die Rückreise nicht wagen. Und nun kam auch noch die Furcht dazu, dass die neue Freundschaft zwischen den beiden jungen Republiken dazu führen könnte, die Emigranten kurzentschlossen in einen Zug in Richtung Osten zu verfrachten.

Alle diese Sorgen waren vergessen, wenn Nadeschda sang, denn das Lied war alles, was in diesen Momenten zählte. Ein Hochgefühl stellte sich ein, wenn es perfekt dargeboten war. Musiker und Sängerin lächelten, wenn der Applaus über sie hinwegbrauste. Am Spätabend zählten sie die „Beute", und Nadeschda wurde oft von jemandem aus dem Publikum zu einer Party in einer Wohnung oder Villa im exklusiven Grunewald eingeladen. Manchmal erhielten auch die Musiker eine Einladung und je wohlhabender die Gastgeber waren, desto mehr Musik erwarteten sie für das Nachtmahl, das sie hatten vorbereiten lassen.

In der dunklen Stille der Nacht und dem kalten Licht des Tages, fühlte sich die Erinnerung an den tosenden Beifall von vorgestern wie ein anderes Leben an oder ein Traum. Das grüne Kleid im Schrank jedoch war Zeuge, dass es kein Traum war. Nadeschda seufzte. Es war schon schäbig, aber würde Eitingons Großzügigkeit sich auf ein neues Kleid erstrecken?

Die Honorare kamen hinein aber des Generals Taschen waren durch das Abzahlen der Schulden schnell wieder leer. Obwohl die Gastgeber niemals etwas forderten, bestand Skoblin doch darauf, etwas zum Haushalt beizutragen und so begann der Zyklus erneut. Sie waren sich bewusst, dass sie noch ganz gut dastanden, denn viele Arbeiter mieteten immer noch Betten in kleinen Wohnungen, um in Schichten zu schlafen. Wo sonst könnten Skoblins leben? Ohne Begnadigung würde Skoblin in Moskau erschossen und Nadeschda würde wahrscheinlich auch nicht besser fahren.

Sie machten lange Spaziergänge, um allein zu sein und Strategien zu diskutieren, wie sie ihr Leben wieder auf eine normale Basis stellen könnten. Manchmal fuhren sie sogar in einen anderen Vorort, um nicht vertrauten Gesichtern in die Arme zu laufen.

„Es wird nicht besser", sagte Nadeschda eines Tages. „Ich ärgere mich wirklich über Vox. Die Schallplatte hätte schon vor

Monaten gemacht werden sollen. Helsinki lässt mich auch mit einer Antwort hängen."

„Ich weiß, sehr ärgerlich. Vielleicht sollten wir ihnen mehr Zeit geben", schlug Skoblin vor.

„Na, wieviel Zeit brauchen die denn", klagte Nadeschda, „um ein oder zwei Konzerte und die Begleitung des Balalaika-Orchesters zu arrangieren? Mein Repertoire kennt doch jeder, der russische Musik spielt. In Helsinki war ich noch nicht und allein der Neuheitsaspekt garantiert, dass sie nicht zulegen müssen."

„Ich weiß, sehr ärgerlich. Vielleicht ist es wieder Politik. Helsinki wurde so lange von Petersburg regiert, dass sie vielleicht nichts Russisches mehr sehen können?", fragte Skoblin.

„Unsinn. Sonst gäbe es doch da kein Balalaika-Orchester. Das Repertoire hat doch eine schlichte, fast natürliche Schönheit mit ehrlichen Emotionen. Sowas kommt nie aus der Mode. Guck dir doch die Deutschen hier an. Die kleine Wanda ist hier geboren und singt die Lieder so gerne mit. Diese Musik steht über dem Kommen und Gehen von Herrschern. Also, das ist nicht von mir sondern von Andrejew, der das in der Probe zu meinem Konzert in Moskau gesagt hat. Er hat einmal in einem englischen Schloss für den Geburtstag einer Königin gespielt, erzählte er. Die Leute im Schloss hatten noch nie ein Balalaika-Orchester gehört und waren so fasziniert, dass sie unser Hoforchester jedes Jahr wieder haben wollten. Aber Nikolas war das zu teuer."

„So etwas habe ich auch gemerkt. Wenn ich abergläubisch wäre, würde ich sagen, diese Musik hat fast Zauberkräfte", sagte Skoblin lächelnd.

Nadeschda nickte: „Deshalb haben Glinka, Tschaikowski, Rachmaninow und sogar Strawinsky Melodien aus meinem Repertoire in ihre Symphonien und Ballettmusik eingebaut. Das sind dann auch immer die Teile, die dem Publikum am besten gefallen und an die sie sich erinnern. Hast du das gemerkt?"

„Natürlich, die Musikszene ist ja neu für mich, aber ich höre und sehe zu, als ob ich meinem Kommandeur Bericht erstatten müsste", nickte Skoblin.

„Selbst der georgische Nichtsnutz versteht das. Hast du gehört, dass Stalin die Komponisten und Musiker als Ingenieure einer neuen menschliche Seele bezeichnet?", fragte Nadeschda.

Skoblin schüttelte den Kopf: „Er schießt mal wieder über das

Ziel hinaus, typisch. Das Priester-Seminar hat auf seine politische Propaganda abgefärbt. Selbst wenn er Recht hat, verdirbt er alles mit bombastischen Parolen."

Nadeschda und Nikolaj liefen weiter über die schwarzen Basalt Pflastersteine, die spiegelten, wo der Schnee geschmolzen war. In den Souterrain-Türen standen Ladenbesitzer, deren mit Kohlenstaub schwarz verschmierte Gesichter zum Weiß der Augen kontrastierten. Sie starrten jeden an, der vorbeiging und eine fremde Sprache sprach, denn das hatte Unterhaltungswert, wo der Verkauf von Kohlen und Kartoffeln sich wie Sklaverei anfühlte.

„Ich hatte so auf Helsinki gehofft", seufzte Nadeschda. „Im Geheimen dachte ich, dass wir vielleicht von dort direkt nach Hause fahren."

Skoblin blieb stehen: „Was? Na das schlag dir aber aus dem Kopf! Wie oft muss ich dir noch sagen, dass ich nicht so einfach zurück kann. Die würden mich erschießen und es wie Selbstmord aussehen lassen. Für die bin ich ein Verräter und Deserteur."

„Ich weiß, aber trotzdem. Ich hatte gehofft, ich könnte mit jemandem dort verhandeln. Helsinki soll doch voller Leute aus Moskau sein", sagte Nadeschda.

Skoblin lachte und dann starrte er Nadeschda ungläubig an: „Hast du mir überhaupt zugehört? Solche Leute sind aktive Agenten. Sie tun so, als seien sie arme Emigranten oder kleine Geschäftsleute. Dann infiltrieren sie unsere Gruppen. Sie rekrutieren neue Leute, stellen Fallen und liquidieren. Sie locken mit Geld oder drohen, die Familienangehörigen zu Hause umzubringen."

„Aber ich will doch zurück nach Moskau. Wie um alles in der Welt kann man denn diese Begnadigung bekommen? Was immer deren neues System zu erreichen versucht, da muss ich doch einen Wert und eine Rolle haben. Fünf Jahre ist es erst her, dass ich die großartige Plewitzkaja war, und ich habe nicht aufgehört, großartig zu sein, nur weil einige Leute den Zar loswerden und Russland total umkrempeln wollten", beschwerte sich Nadeschda.

„Überlass das nur mir. Tu bloß nichts alleine", warnte Skoblin. „Ich bin doch in Geheimdienstsachen ausgebildet, einschließlich Fallen erkennen. Rede bloß nicht darüber, denn sonst denken die Leute, dass du ein Sympathisant bist und sie könnten deine Konzerte boykottieren."

„Sympathisant", lachte Nadeschda, „den Luxus, mein Leben nach Ideen zu führen, die sich in anderer Leute Köpfe eingenistet haben, kann ich mir nicht leisten. Theorien, Ideologien, selbst Religion, das macht mich ganz krank und erst rest natürlich dann, wenn ich nicht weiß, womit ich einen neuen Wintermantel bezahlen soll. Diese Existenz, von der Hand in den Mund zu leben, kotzt mich an. Das ist ja als ob ich wieder in das Gefängnis der Armut verfrachtet würde. Kannst du nicht an jemanden schreiben, um das anzustoßen?"

„Ist ja gut, ich kümmere mich ja", besänftigte Skoblin. „Muss mal sehen, mit wem ich reden kann und muss aufpassen, dass ich nicht in eine Falle tappe."

Nadeschda seufzte, fluchte und schimpfte auf die Politik, die wieder und wieder in ihr Leben eingriff.

„Aber in einer Sache sind wir uns einig", stellte Skoblin fest und schaute um sich herum. „Wir müssen uns etwas einfallen lassen. Wenn wir hier in Berlin bleiben, ist deine Karriere bald vorbei. Du bist jetzt 38, und unsere nächsten Jahre müssen gut angelegt werden, oder wir schlafen später unter einer Brücke. Wie wir hier genügend Reserven für unser Alter aufbauen wollen, weiß ich nicht. So faszinierend Berlin auch ist, da ist kein Geld mehr. Die Reparationen drücken die Stadt und das Land in eine Ecke. Eines Tages werden die Leute zurückschlagen. Wir sollten weg, bevor es sich richtig aufbaut und uns in die Fresse schlägt."

„Ach ja? Ich denke, sie sind zu arm und müde, um zurückzuschlagen", meinte Nadeschda.

„Im Moment. Aber eine neue Generation ist bereits in den Startlöchern. Sie werden jung und stark sein, danach streben, auf ihr Land stolz zu sein. Demütigungen haben ihre Grenzen."

„Das klingt ja, als hättest du das auf der Militärakademie gelernt?"

„Jawohl, und aus Geschichtsbüchern, und von meinem Vater. Die ganze Sache hier, wo das tägliche Brot nur noch von Agenten, Nacktheit und Drogen kommt, kann nur in eine Katastrophe führen. Es fühlt sich an, wie ein Tanz auf dem Vulkan. Manche sind bei den Verschwörungen der Bolschewisten dabei, andere mischen sich zu Gunsten von England ein. Die Amerikaner sehen sich als Beobachter und verstehen nicht, was vor sich geht. Die Franzosen sind zweigesichtig, nach Außen kapitalistisch und kooperativ, aber innerlich sind sie rosa, korrupt und machthungrig. In allen Organisationen gibt es jetzt Agenten."

„Eines ist ganz klar", sagte Nadeschda bestimmt. „Ich werde nichts gegen Russland tun, auch wenn es nicht mehr so heißt. Ich will so schnell wie möglich nach Hause."

„Vielleicht hat es einer meiner Brüder nach Amerika geschafft und wir können dahin, ganz weit weg", seufzte Skoblin.

„Vielleicht, ja, immer vielleicht. Aber du hast doch die ganzen Jahre nichts gehört."

„Ich weiß. Wenn sie es über Schanghai herausgeschafft haben wie Boris plante, müsste ich das wohl inzwischen wissen. Wrangels Büros in Brüssel und Paris wissen wo ich bin."

Stumm gingen sie um die nächste Ecke.

„Vielleicht sollten wir mit Wally reden. Die hat immer Geld, scheint's", schlug Nadeschda vor.

„Ja, aber sie hat die deutsche Staatsbürgerschaft und nicht einen Nansen-Pass. Sie kann die Polizei bestechen und kann nicht abgeschoben werden, selbst wenn sie erwischt würde. Ich habe auch gehört, sie arbeitet mit einer Gruppe zusammen. Als ihr Mann im Gefängnis starb, kümmerte sich der Ringverein, zu dem er gehört hatte, darum, dass sie sich über Wasser halten konnte. Sie halfen ihr auch, dass ihr die Kinder nicht abgenommen wurden. Was sie dafür im Gegenzug tun musste, wissen wir ja nicht, aber die Spielerrunden, wo wir Prozente für die Chips bekommen haben, würden wohl ohne Kungeleien nicht überlebt haben."

„Darüber habe ich nie nachgedacht, Nikolaj, obwohl ich ja die beiden Männer gesehen habe, denen Milka mitten in der Nacht die Zeitung gab. Ich habe für Wallys Gäste oder auch mal mit Wanda gesungen, mich um den Rest nicht gekümmert."

Nadeschda und Skoblin gingen zu Wally, die lächelte, als ob sie sie erwartet hatte.

„Verkauf etwas Schnee", schlug Wally Skoblin vor.

Sie grinste über das verlebte breite Gesicht: „Sie sind doch im Kriegerhandwerk trainiert, Herr General. Da sollten Sie doch mit dem Katz-und- Maus-Spiel unserer lieben Polizisten gut zurechtkommen, oder?"

„Klar", antwortete Skoblin.

Nadeschda nähte viele kleine Täschchen in das Futter von Nikolajs langem grauen Wintermantel. Nicht weit von der

Tauentzienstraße, den der Volksmund Berliner Broadway getauft hatte, schritt Nikolaj eine Querstraße ab. Er verkaufte ein paar Paketchen an ein Mädchen und als er den Kopf hob, um sich nach dem nächsten Kunden umzuschauen, sah er zwei Polizisten um die Ecke kommen. General Skoblin war klar, dass er nicht weglaufen konnte.

Noch bevor er in Panik geraten konnte, hörte er eine männliche Stimme, die auf Polnisch sagte: „Schnapp die Trine und benimm dich wie ein Freier".

Beide zogen nun eine Schau ab, feilschten um den Preis für eine Stunde. Die Polizisten warfen im Vorübergehen einen kurzen Blick auf die beiden und schlenderten weiter.

Nikolaj hörte, wie sie sich beklagten: „Jessis, Maria, und Josif, wo kommen die nur alle her."

Sobald die Polizisten um die Ecke außer Hörweite waren, trat ein polnischer Zuhälter aus einem Hauseingang: „Schwein gehabt, dass ich hier war", sagte der Zuhälter zu Nikolaj in einer Mischung aus Russisch und Polnisch und grinste.

„Du bist uns was schuldig. Drei für mich, drei für sie. Die sind hoffentlich nicht gepanscht, oder ich mach dir nach."

Skoblin war immer noch verschreckt, erst recht als der Zuhälter grinsend sagte: „Ich weiß, wer du bist."

„Ach ja?", fragte Nikolaj, denn er hielt das für einen Bluff.

„Aber sicher, du bist der russische General, der mit einer Sängerin verheiratet ist. Hab den Namen vergessen, aber die Leute, die mit Musik zu tun haben, können sich nicht zu verstecken. Ich finde dich, wenn der Schnee nicht richtig weiß ist. Beim nächsten Mal mietest du deinen Laufsteg. Ich habe viel Geld in dieses Pflaster investiert, weißt du. Meine Leute stellen sicher, dass die Polizisten hier nicht gut sehen."

Nikolaj hatte von solchen Abkommen gehört, aber er fühlte sich sehr unwohl, das mitzumachen. Wally hatte solche Skrupel nicht.

„Kauf dir ein paar Freunde. Halt die Augen offen, und trag gute Schuhe, damit du schnell laufen kannst", riet sie.

Aber Skoblin schüttelte den Kopf: „Nein, so kann ich nicht leben. Wenn ich ins Gefängnis käme, dann ist Nadeschda ganz allein. Damit kommt sie nicht zurecht. Ich habe ihr noch nicht einmal lesen und schreiben beigebracht. Und inzwischen müssten es kyrillische und lateinische Buchstaben sein."

Die nächsten Wochen fühlten sich wie ein Alptraum an. Skoblins wussten, dass sie in Berlin nicht bleiben konnten, aber sie hatten keine Ahnung, wohin sie gehen sollten. Nadeschda wachte oft mitten in der Nacht von dem Gefühl auf, zu ersticken. Eine Frage wirbelete in ihrem Kopf, was nun, was nun? Womit habe ich das verdient? Ist das alles, was das Leben zu bieten hat? Oft hätte sie weinen wollen, aber Tränen wollten nicht fließen. Es war, als wäre sie durch das Zigeunerleben und die Musikpaläste abgestumpft. Sie hatte einen Mann nach dem anderen verloren und die Schrecken des Bürgerkrieges hautnah erlebt. Tränen?

Zurück nach Russland, war Anfang und Ende all ihrer Gedanken. Dann erinnerte sie sich an die vier Millionen Waisenkinder, die sich in Russland herumtrieben und Lebensmittel aus winzigen Gemüsegärten in den Friedhöfen stahlen. War das ein Russland, in dem man zu Hause sein konnte?

„Hast du gehört, wie Nina gestern gesagt hat, dass ich ein interessantes Leben gehabt habe?", fragte Nadeschda ein paar Tage später. „Das klang, als ob alles abgehakt ist und die 20 Jahre, die ich wahrscheinlich noch vor mir habe, gar nicht zählen. Ich bin weder abgehalftert, noch tot, sodass sie von mir in der Vergangenheit sprechen muss."

„Natürlich nicht", antwortete Skoblin und umarmte sie.

Ein paar Tage später ging Skoblin durch seine Post: „Guck mal hier. Das ist ja toll. Boris's Handschrift und mit einer französischen Briefmarke!"

Mit einem Lächeln der Erleichterung las er den Brief.

„Sie sind alle in Paris. Mann! Meine beiden Brüder, meine Schwester, ihr Mann, ihre Familie, außer Sergejs Sohn Juri. Erstaunlich, unglaublich. Sie laden uns ein", sagte er fast feierlich.

Beide sahen einander lächelnd an und tanzten im Zimmer herum, bis Eitingons Haushälterin Natascha kam, um nach der Aufregung zu schauen.

„Nikolajs Familie ist in Sicherheit in Paris", erklärte Nadeschda. „Ist das nicht wunderbar."

„So, da werden Sie auch bald verschwunden sein. Herzlichen Glückwunsch und alles Gute", sagte Natascha.

Nadeschda nickte und lächelte. Am nächsten Tag wurde sie nachdenklich.

„Ich werde sie vermissen, die Straßencafés, die verrückten Kabaretts, Milka, Wally, und ihre talentierten bockigen drei Kinder. Ich weiß, dass ich sie vermissen werde wie ich die Leute von Kiew, Petersburg und Moskau vermisse. Es fühlt sich an, als hätte ich mehrere Leben gehabt und nun kommt wieder ein Neues."

„In Paris wirst du viele alte Freunde wiedersehen und neue Bekanntschaften machen", antwortete Skoblin. „Die meisten unserer Leute sind doch jetzt da, Jussupow, Rachmaninow kommt jedes Jahr, und Schaljapin, natürlich. Es gibt so viele Zigeuner-Musikrestaurants, da muss es Arbeit für dich geben. Wir Veteranen sind auch besser dort alle zusammen. Wrangel ist nicht weit in Brüssel. Berlin ist nicht mehr dasselbe, seit Gutschkow nach Paris gezogen ist. Er zieht die Geldélite an, deren Beiträge wir brauchen, um Russland zurückzuerobern. Die Gruppen formieren sich auch immer wieder um, und ich muss dabei sein. Das sind unsere Leute, die das durchgemacht haben, was wir durchgemacht haben. Deutsche wollen ein geordnetes Leben. Die Verschörungsgeschichten über den verlorenen Krieg hören nie auf. Du wirst eine Menge Konzerte in Paris geben."

Skoblins entschlossen sich, dass der richtige Moment zur Abreise in zwei Wochen war, nach Nadeschdas Auftritt im Schubert-Saal.

Sie baten Eitingons und Natascha nicht darüber zu reden.

„Ich sage nichts", versicherte Natasha mit einem wehmütigen Lächeln. „Wir mögen weit weg von zu Hause sein, aber Mütterchen Russlands Weisheit ist unserer Seele. Lange Abschiede", sagte sie leise und hielt inne, „unnütze Tränen. Wir sehen uns eines Tages wieder, so Gott will."

30

Am Morgen nach dem Konzert saßen Skoblins im Zug. Es war noch dunkel, als die Lokomotive langsam aus dem Bahnhof durch die Berliner Mitte zog. Obwohl sie kaum die Augen offen halten konnten, schauten sie durch staubige Fenster auf die Metropole, die zu einem neuen Tag aufwachte. Millionen träumten davon, diese Stadt mit Charme, grenzenloser Energie und Freiheit für den Einzelnen zu erreichen. Aber Nikolaj und Nadeschda waren jetzt froh, als sie hinter Staaken Berlin verschwinden sahen. Sie brauchten eine Zukunft und ihre Gedanken kreisten um den Neuanfang in einem Land, das näher an Russland war als an jeder andere Ort der Erde, außer auf der Landkarte.

Nadeschda achtete nicht auf die Passagiere, die sich im Abteil für kürzere oder längere Strecken niederließen. Vor Einbruch der Dunkelheit erreichten sie das Rhein-Ruhr-Gebiet, wo junge Franzosen und Belgier auf Fahrrädern die Bahnhöfe bewachten. Sobald die ersten Uniformen und Waffen sichtbar wurden, füllte eisiges Schweigen das Abteil.

Nadeschda erinnerte sich an Gespräche über die erst vor kurzem erfolgte Ruhr-Übernahme und bittere Debatten über das Erbe des großen Krieges. Sie wollen uns Deutsche in die Knie zwingen, aber wir werden unsere Abrechnung und Rache bekommen, hatten halbverhungerte Männer und Frauen mit gedämpften Stimmen geschworen.

Die Geschichte des Chefdolmetschers machte die Runde in den Salons. Er war ein Sprachgenie, das nicht weniger als elf Sprachen fließend sprach. In Versailles hatte er nur einen Blick über den ihm vorgelegten Vertrag geworfen und sofort versagte seine Stimme. Er überblickte die Konsequenzen von dem, was die internationalen Delegierten vorschrieben. Die Konferenz drohte Deutschland mit einer totalen Blockade, wenn es nicht die Alleinschuld eingestehen würde. Dabei musste Deutschland auch unterschreiben, dass sie alle Lasten des Krieges mit Reparationen ausgleichen würden. Das Sprachgenie fing an zu stottern1, und war dann stumm mehrere Tage bettlägerig. Die deutsche Delegation hatte keine Alternative als zu unterzeichnen. Nun war das Rheinland durch Truppen aus Paris und Brüssel besetzt, um Deutschlands leere Taschen umzukrempeln.

Die Gesichter der Soldaten sind so jung, dachte Nadeschda. Sie schultern ihre Gewehre mit Stolz und dem Lächeln der Rache. Nadeschda erinnerte sich daran, was Skoblin ihr von seinem Studium an der Akademie erzählt hatte. Eine Ungerechtigkeit zeugt eine neue Ungerechtigkeirt, so wie eine Lüge eine neue Lüge zeugt – wieder und immer wieder.

Diese Ungerechtigkeiten hatten nun dazu geführt, dass Nadeschda wieder in einem neuen fremden Land leben musste. Vielleicht würde sie sich dieses Mal, in Nikolajs Familie, zu Hause fühlen. Nadeschda war froh, den wachsenden Spannungen in Berlin zu entkommen. Die Deutschen konnten die große Niederlage nicht verwinden, die das Gesprächsthema Nummer eins blieb, in der Straßenbahn, in den Kneipen, in den Wohnungen, überall. Nadeschda erinnerte sich auch an den Hass, den manche Deutsche für einen Engländer namens Churchill geäußert hatten. Sie waren überzeugt, er intrigiere hinter den Kulissen, betrieb eine Teilung Deutschlands, weil er sein Königreich von Deutschland bedroht sah.

Einer von Nikolajs Kollegen von der Militärakademie sagte sogar, dass er das ganz genau wüsste: „Dieser Mann ist wie der sprichwörtliche zweigesichtige Albion. Er hatte versucht, Deutschland in unseren Krieg mit Japan zu ziehen, damals 1904. Der gesunde Menschenverstand siegte nur für kurz. Hätte er nicht beabsichticht, Deutschland fertig zu machen, hätte der Versailler Vertrag anders ausgesehen", erklärte Nikolajs Kollege, dessen Name Nadeschda inzwischen vergessen hatte.

Was glaubt der Engländer durch die Zerstörung des europäischen Herzens zu gewinnen, fragten die Berliner hinter vorgehaltener Hand und versuchten, einen Sinn zu entdecken. Durch das Schüren des Funkens von Sarajewo bis zur Feuersbrunst hatte er Lenin in die Lage versetzt, Russland zu regieren.

„Dieser Mann ist verrückt", hatte Nikolajs Kollege gesagt. „Ich weiß, wovon ich rede. Ich hatte das doch alles seit 1903 auf meinem Schreibtisch in Petersburg, aber wir haben es damals nicht richtig gedeutet."

Fast 20 Jahre später empfand er noch immer Schuld für sein Versagen, die Absichten des Manipulators nicht erkannt zu haben. Nun waren Plewitzkaja und Skoblin ohne Rückfahrkarte auf dem Weg nach Paris. Sie ließen Erinnerungen, Verschwörungstheorien und die Gerüchteküche hinter sich. Gerade hatte ich genug Deutsch gelernt, um mich in der Stadt ohne Nikolaj zu bewegen, da muss ich wieder weg, dachte Nadeschda. Dann lehnte sie sich an die Kopfstütze und zog ihren Mantel um ihr Gesicht wie einen Vorhang.

„Ich versuche, zu schlafen. Weck mich rechtzeitig auf", sagte sie.

Im unaufhörlichen Ra-Ta-Ta des Zuges war Nadeschda bald eingeschlafen. An der französisch-deutschen Grenze war sie erstaunt, wie fließend ihr General mit den Kontrolleuren Französisch sprach.

Als die Ausläufer von Paris vorbeizogen, war es fast Mitternacht. Beide fühlten sich erschöpft, aber Nikolaj war wieder hellwach, als er über die Familie in Paris sprach.

„Boris ist der älteste. Er ist sechs Jahre älter als ich und seine Frau ist Irina. Sie haben drei Kinder. Nikolaj, benannt nach mir, der ist jetzt 15 oder 16. Tata ist ungefähr 7. Das neue Baby ist zwei. Sie haben ihm einen französischen Namen gegeben, Roger. Mein Bruder Sergej ist nur ein Jahr jünger als ich, also ist er jetzt 31. Seine Frau starb während des Krieges im Kindbett. Das Baby Juri überlebte die Geburt, aber ging auf der Flucht aus der Mandschurei verloren. Bei einer Rast wanderte er umher, wie es die Kleinkinder tun. Dann war er plötzlich weg. Sie haben überall gesucht, aber vergeblich. Dann ging der Konvoi weiter und sie mussten mit, ohne Juri. Sie hatten gehofft, irgendjemand hätte ihn mitgenommen und sie würden ihn bei der nächsten Rast wiederbekommen. Leider nein und niemand hat Juri je wiedergesehen. Besser nicht erwähnen. Sergej ist ja noch jung. Er kann noch Kinder bekommen. Meine Schwester Jekaterina ist 6 Jahre jünger als ich. Sie ist mit Dimitri Worobiow verheiratet und hat zwei Kinder, einen Jungen, benannt nach seinem verschwundenen Cousin Juri, und Marusia, die zweieinhalb ist."

Nadeschda nickte. Der Gedanke, Teil einer neuen Familie zu sein, wo man auch mal Privatmensch sein konnte, gefiel ihr. Auf dem Bahnsteig sah sich Nikolaj nach einem seiner Brüder um, aber er konnte im Dämmerlicht kaum etwas sehen. Gerade als sie dachten, sie müssten sich allein auf den Weg machen, stand ein hochgewachsener Teenager neben ihnen.

„Onkel Nikolaj, Tante Nadeschda?", fragte er auf Russisch.

Skoblin sah überrascht auf: „Du musst wohl Nikolaj sein",

antwortete Skoblin und umarmte seinen Neffen wie es die Russen tun. „Deine Stimme, einen Moment dachte ich, dein Großvater spricht zu mir. Gott erbarme sich seiner Seele."

„Ja, das sagen sie alle Onkel Nikolaj", sagte der junge Nikolaj. „Das fühlt sich ja schon wie zu Hause an."

Ein stolzes Lächeln erhellte Skoblins Gesicht, und er legte seinen Arm um Nadeschdas Schulter: „Dies ist deine Tante Nadeschda Wassiljewna."

Der junge Nikolaj nahm die zwei Koffer und erklärte: „Die Eltern müssen doch so früh aufstehen, um die Werkstatt aufzumachen, daher haben sie mich geschickt. Ihr bleibt bei uns, bis ihr eine Wohnung gefunden habt."

Nadeschda fühlte sich in Nikolajs Großfamilie wohl. Sie waren einfache nette Menschen, die noch nie Künstler in der Familie gehabt hatten. Sie wussten von der Großartigen Plewitzkaja, denn selbst im weit entfernten Harbin spielten ihre Plattenaufnahmen in den Teehäusern. Nie in ihren kühnsten Träumen hätten sie gedacht, dass sie jemals die berühmte Solistin Seiner Kaiserlichen Majestät in ihrer Mitte haben würden. Sie waren voller Bewunderung für Nadeschda. Die kleine Tata wurde ständig angehalten, sie zu bedienen.

„Bring Tante Nadeschda mehr Tee. Nicht verschütten und vergiss die Marmelade nicht."

Die ganze Skoblin-Familie in der Drei-Zimmer-Wohnung unterzubringen, war nicht einfach. Aber jeder strengte sich an, keine Spannungen aufkommen zu lassen. Sie fügten sich in das Unvermeidliche, wie alle anderen Russen in Paris. In den ersten zwei Wochen ging Nadeschda nicht aus. Sie fühlte sich unbehaglich, die ganze Zeit Französisch zu hören. Nikolaj konnte schnell wieder aktivieren, was er in der Militärschule gelernt hatte. Dann erkannte Nadeschda, dass sie sich nicht darum drücken konnte und hörte genauer hin. Nikolaj verbrachte seine Tage mit den Veteranen oder mit Gutschkows Gruppe.

Nadeschda kannte Paris nur von der Métro, wenn Nikolaj sie einmal mitnahm und vom Blick durchs Fenster. Die trübe aussehenden dreistöckigen Häuser auf der gegenüberliegenden Straßenseite waren eine Palette vieler Grautöne. Die alten Fensterläden erzählten von Eigentümern und Mietern, deren Leben dem abblätternden Lack glich, der sich von Farbe in

Schmutzflocken verwandelte, die der Wind umherblies.

Nadeschda verbrachte viel Zeit mit Irina in der Küche, wo sie Kartoffeln und rote Rüben schälten. Irina erkundigte sich nach Nadeschdas Lieblingslied.

„Möchtest du die offizielle oder eine ehrliche Antwort?", fragte Nadeschda zurück.

Irina hielt überrascht an: „Sollte das nicht dasselbe sein?"

„Kann sein, ist es aber selten. Die offizielle Version ist das Lied, auf das ich und die Schallplattenfirma die Aufmerksamkeit der Menschen lenken wollen. Wenn man das zuletzt aufgenommene Lied erwähnt, sieht das in den Zeitungen und in den Programmen gut aus. Ob das in diesem Moment wirklich mein Lieblingslied ist, ist egal. Zur Zeit bekomme ich ziemlich viele Anfragen für *Mütterchen Russland, du bist tief verschneit*, also erwähne ich das, denn wenn es dann von vielen gewünscht wird, bekomme ich mehr ins nächste Konzert."

„Das hat aber nicht viel mit Musik zu tun", meinte Irina.

„Ehrlich gesagt weiß ich gar nicht, ob ich im Moment ein Lieblingslied habe. Es gab Zeiten, als die *Schwarzen Augen* oder *Tol'ko Ras* so enorm erfolgreich waren, dass ich mich gut gefühlt habe, das zu singen. Dann gab es eine Zeit, wo *Suliko* mir treue Fans einbrachte. Nach der Konfrontation mit Stalin singe ich das aber nicht mehr gern."

„Mit wem?", fragte Irina.

„Stalin, das ist einer dieser Bolschewisten, dieser ekelhafte schmutzige georgische Frauenheld. Er war so etwas wie ein Minister in Moskau und kam nach Kursk, um die Getreideverstecke der Bauern auszuplündern. Wir hatten ein Konzert in der Kaserne, und er muss wirklich nass gewesen sein, als ich *Suliko* sang. Am nächsten Tag lockte er mich in das Büro, aber als ich merkte, worauf er aus war, habe ich ihm den gesunden Arm auf den Rücken gedreht. Da konnte er nichts mehr machen und war wütend. Der Offizier, mit dem ich damals verheiratet war, rief Trotzki an und Genosse Raubtier wurde zurück ins Hauptquartier gerufen. Der war sehr wütend", erzählte Nadeschda und kicherte.

„Es ist manchmal nicht einfach. Sie lassen sich von einem Liedtext einlullen oder eine einschmeichelnde Stimme bringt sie auf falsche Gedanken. Erwachsene Männer benehmen sich wie räudige Jugendliche. Nur weil man im Scheinwerferlicht arbeitet, denken sie, man ist ständig bereit. Wie soll man eigentlich dem Publikum gegenüber entgegenkommend sein, ohne dass man missverstanden wird – von Männern und sogar auch Frauen. Aber jetzt habe ich Glück, denn mit Nikolaj ist es alles viel einfacher. Am Anfang war ich überrascht, weil er so viel jünger ist als ich, aber wir sind ein gutes Team. Ich lächle alle an und Nikolaj spielt den Feldwebel, wenn jemand zu weit geht."

„Boris hat immer eine Menge von Nikolaj gehalten", sagte Irina. „Selbst als er ein kleiner Junge war, konnte er sich durchsetzen. Die Mutter, Gott segne ihre Seele, sagte auf ihrem Sterbebett, dass er eines Tages ein berühmter General sein würde."

Nadeschda lächelte: „Ja, General ist er geworden – und berühmt durch mich."

Irina nickte.

„Weißt du, was ich wirklich gerne machen würde", sagte Nadeschda, „das *Peterskaja* Lied, aber in der Schaljapin Version."

Nadeschda hielt den langen Anfangston des Liedes und imitierte den berühmten Opernsänger.

„Aber das ist doch die männliche Version. Auf deiner Platte hast du es ganz anders gesungen", schüttelte Irina den Kopf.

„Du hast danach gefragt, was ich gerne will, genau das."

„Schaljapin hat es wirklich gut gesungen."

„Ich weiß. Ich wollte es auch so machen, aber als ich mit Fedja, ich meine Schaljapin, über eine kleine Textanpassung für mich sprach, war er sehr dagegen. Er meinte, das würde seine Schallplatte verballhornen. Ich sagte ihm, das sei engstirnig, aber er betrachtete diese Version als sein Territorium. Ich wollte nicht, dass dies unsere Freundschaft beeinträchtigte und habe es fallengelassen. So singe ich also *Das eintönige Glöckchen* zum 500. Mal. Es ist ja leicht zu singen und benötigt nur eine Verständigungsprobe mit den Musikern. Ich habe es 1910 aufgenommen. Hat sich ganz gut verkauft."

Nadeschda holte tiefen Atem und parodierte sich selbst mit diesem Lied. Irina sah verwirrt aus, aber Nadeschda lachte.

„Keine Sorge, ich bin nicht verrückt. Ich singe es wie immer und werde entsprechend ernst dreinschauen. Dann rauscht der Applaus an, füllt den Saal bis zur Decke wie eine riesige Welle, schwappt über mich und ebbt ab. Wenn sich die Welle zurückgezogen hat, ernten wir das Treibgut."

„Treibgut?", fragte Irina verwirrt.

„Na das Geld, um Essen zu kaufen und zu leben, wie es heißt. Der Fleischer nimmt keine Dankesbriefe oder Applaus. Glaub' mir, habe es versucht."

Irina und Nadeschda hatten jetzt die Kartoffeln fertig und fingen dann mit den Rüben an.

„Der Applaus ist eine ganz seltsame Sache", fuhr Nadeschda fort. „Es ist eine fantastische Erfahrung aber man versteht nie ganz, wofür man ihn bekommt. Man weiß nur, dass wenn man ihn nicht bekommt, kann die Karriere vorbei sein, morgen, nächsten Monat, oder nächstes Jahr. Wenn man ihn bekommt, kann er auch mehr für das Lied sein als für dich. *Kalinka* zum Beispiel bekommt immer viel Applaus, egal wer es singt. Der Beifall könnte auch für deinen Pianisten sein, oder das Balalaika-Orchester, oder wie alles zusammenkommt. Es kann sogar ein wirklich gut klingender Saal sein, der der Musik schmeichelt. Du machst alles wie jeden Abend, aber manchmal springt ein extra Funke ins Publikum, kommt zu dir zurück und setzt jeden in Verzückung. Das ist fantastisch. Das Publikum sagt, das man göttlich ist. Manchmal macht dann ein Sänger den Fehler, dass er den Applaus auf sich bezieht. Das verdreht den Kopf, so dass sie ein Stück weiter hinaufwollen, wie zum Beispiel an die Oper."

„Wialtsewa hat sich ganz schön lächerlich gemacht, damit, habe ich gehört", meinte Irina.

„Genau. Das Gefolge eines Künstlers schmiert ihnen immer Honig um die Lippen. Man muss sehr aufpassen, dass man sich nicht einlullen lässt. Wenn du darauf reinfällst, denkst du, dass dir keine Grenzen gesetzt sind. Selbst wenn ein Künstler sagt, dass er eine ehrliche Meinung will, will er eigentlich nur Lob und Beifall."

„Meinst du? Soll das heißen, dass ich dir meine ehrliche Meinung nicht sagen kann?", fragte Irina ratlos.

„Wahrscheinlich. Es bekommt uns nicht gut, wenn uns jemand mit einem Schauer ehrlicher Meinung beehrt, es sei denn natürlich, dass es das größte Lob der Welt ist."

„Aha", antwortete Irina nachdenklich, denn sie verstand die Ironie und den Hauch von Selbstkritik nicht. Die verschiedenen Schichten von Wahrheit, Halbwahrheit und Lügen im Leben eines Bühnenkünstlers waren zu weit weg von ihren eigenen Erfahrungen.

„Du warst auch einmal in einem Zirkus, nicht wahr?", fragte Irina und konnte ihre Neugier nicht verbergen.

„Das glaube ich manchmal auch", antwortete Nadeschda.

„Ich meine in der Manege", fragte Irina verblüfft.

„Ich weiß schon, was du meinst", sagte Nadeschda mit einem Grinsen.

Irina schaute sie verblüfft an: „Also, das müsstest du doch aber wissen, ob du in einem Zirkus gearbeitet hast, oder?"

„Ich weiß, was du meinst. Das ist so ein Märchen, das sich wie ein Unkraut verbreitet hat. Ich habe dann einfach mitgemacht, um langatmige Erklärungen für Journalisten, die sowieso nie richtig zuhören, zu vermeiden. Das Ganze fing damit an, dass ich in einem Interview erwähnte, dass ich einmal in einer reisenden Gruppe von Künstlern war. Bei einer anderen Gelegenheit habe ich erwähnt, dass ich sehr viel von einer Freundin gelernt habe, die eine Weile beim Zirkus war. Dann haben sie das vermischt und geschrieben, als sei ich selbst beim Zirkus gewesen. Nichts konnte sie danach davon überzeugen, dass das ein Missverständnis war. Nach einer Weile hat dann Simjonow, unser Chef bei der Plattenfirma, entschieden, dass wir das nicht mehr richtigstellen, denn wir wollten ihnen den Spaß nicht verderben. Wenn man Widersprüche schafft und am Leben erhält, so sieht das nach interessanten Geheimnissen aus. Solche Unklarheiten veranlassen die Leute, sich damit zu beschäftigen, was die Wahrheit sein könnte. Damit bleibe ich im Gespräch und das ist das, was wir wollen."

Irina schüttelte ungläubig den Kopf.

„Siehst du", sagte Nadeschda, „das mit dem Zirkus merkt sich jeder. Du auch. Meine gute Freundin Viktorina, Gott segne ihre Seele, hat mir so viel über ihre Zeit im Zirkus erzählt, dass es sich anfühlt, als sei ich es selbst dabeigewesen."

„Wie seltsam", sagte Irina und entdeckte eine neue Welt.

„Das ist gar nicht seltsam. Die Leute wollen nette Geschichtchen, nicht die Wahrheit. Wenn sich in den Köpfen der Menschen einmal eine solche Geschichte festgesetzt hat, dann bekommt du das nie wieder weg. Die Geschichte entwickelt ein Eigenleben und für die Leute ist das die Realität. Da ist kein Platz für Richtigstellungen."

Die beiden Frauen fuhren fort mit dem Schneiden der Rüben.

„Wie war es denn in Berlin? Hat es dir dort gefallen?" fragte

Irina.

„Meistens. Bei Eitingons war es fabelhaft, aber manchmal mussten wir auch woanders unterkommen, was nicht so angenehm war. Nikolaj sagte, Gutschkow ist hier, und so viele andere, da bleiben wir besser in Berlin. Wir wollten ja auch näher an der Heimat sein, damit wir schnell zurück können. Am Anfang war es gut, aber dann wurden die Konzerte immer weniger. Die meisten Russen sind ja weg, denn in Berlin hat niemand mehr Geld für Essen, Musik oder sonst irgendetwas. Wie kann ich in einer Stadt überleben, die nichts von mir kaufen kann?"

„Du klingst gar nicht wie eine Künstlerin, Nadeschda, eher wie eine Marktfrau."

„Manchmal fühle ich mich wie eine. Je geringer die Chancen auf Arbeit sind, desto mehr klammert man sich an die paar die man hat, denn man muss ja Essen kaufen, und etwas für die Gastgeber beisteuern. Als es alles wie geschmiert lief, in meinen Moskauer Jahren, ließ ich Simjonow die Rubel zählen und selbst wenn da etwas nach Schwund aussah, war mir das egal. Jetzt ist alles anders, ein größerer Kampf um jede Kopeke, jeden Pfennig, oder Centime sollte ich wohl sagen."

„Das machen wir alle durch, jetzt. Unsere Russen betrügen sich hier sogar gegenseitig um Löhne. Die Vorarbeiter stützen die Ellenbogen auf der Spalte auf, in der der Betrag steht, so dass die Arbeiter nicht sehen, was sie quittieren." erklärte Irina.

„Ja, ja, die Versuchung. Wo es etwas zu ergattern gibt, das man nicht bezahlen muss, hat es sich im Nu jemand eingesteckt. In Berlin gibt es doch diesen großen Park bei dem großen Stadttor. Da haben die Leute in der Nacht Blumen gepflückt und am nächsten Tag auf der Straße verkauft. Dann hat die Regierung Anstreicher in die PArks geschickt und alle Blumen an der Unterseite weiß anmalen lassen. Sowas hast du noch nie gesehen. Es wurde ständig schlimmer, nicht besser. Deshalb mussten wir weg und wir waren so froh, dass genau zur richtigen Zeit euer Brief kam."

„Sie haben sogar den Zoo geschlossen", fuhr Nadeschda fort. „Die Tiere wurden in andere Länder geschickt. Gutschkow war sprachlos, dass sie einen Papagei weit weg nach New York geschickt haben, weil sie keine Handvoll Getreide mehr für den einen Vogel auftreiben konnten. Wir haben uns gefragt, was als nächstes kommt und wozu wir in Charlottengrad bleiben sollten, wie es jeder nannte.

Kennst du Gutschkow?"

„Nein, glaube ich nicht. Wer ist denn das?"

„Er und seine Partei der Oktobristen waren lange in der Duma. Er sieht sehr gut aus und war sehr reich, also auch sehr einflussreich. Ist er wahrscheinlich immer noch. Die Zarin wollte ihn hängen lassen, nachdem er Korruption im öffentlichen Dienst aufdeckte. Privat ist Gutschkow auch der Schwager von Alexander Siloti, dem Pianisten und Konzertveranstalter. Und Siloti ist ein Cousin von Rachmaninow."

„Ach ja. Kennst du den?"

„Natürlich. Aber ich hatte nicht viel mit Gutschkow tun. Nikolaj kennt Gutschkow durch die Armee, denn Gutschkow war Kriegsminister. Ich kenne Rachmaninow besser."

Irina sah Nadeschda ehrfürchtig an: „Du kennst Rachmaninow?"

„Oh ja, Serjoscha gehörte zu unserem Freundeskreis. Wir trafen uns bei Schaljapin oder bei den Pasternaks. Manchmal waren wir auch in derselben Stadt, wenn sich unsere Tourneen überkreuzten. Er mag Zigeunermusik sehr, und ...", Nadeschda stoppte.

„Er ist jetzt sehr erfolgreich in Amerika, stimmt's?", fragte Irina voller Bewunderung.

„Ja, so heißt es", antwortete Nadeschda. „Seine beiden Töchter müssten inzwischen sogar erwachsen sein. Vielleicht sind sie sogar schon verheiratet? Wie die Zeit vergeht. Ich muss Nikolaj bitten, ihm zu schreiben. Vielleicht kann ich in Amerika Konzerte geben."

„Kannst du nicht selbst schreiben, Nadeschda?", fragte Irina.

„Nein. Sage das bitte niemandem. Ich habe die Zahlen und ein paar Buchstaben gelernt, aber für einen Brief an Serjoscha, ich meine Rachmaninow, reicht es nicht."

„Soll ich es dir beibringen?"

„Oh, ja, Irina, bitte."

„Russisch oder Französisch?"

„Kannst du beides?"

Irina nickte.

31

Nikolaj und Nadeschda teilten sich den Wohnzimmerfußboden mit Sergej, wenn er nicht ein weicheres Bett für die Nacht gefunden hatte. Sie waren aber sehr dankbar, dass sie überhaupt ein Dach über dem Kopf hatten. Wenn sie in die Gegend um die Schlachthöfe kamen, mussten sie um die Leute herumlaufen, die dort auf dem Bürgersteig ihr Leben fristeten und auch Russisch sprachen. Vor Sonnenaufgang konnten die Männer ein paar Francs verdienen, wenn die Viehhändler ihre Tiere in die Stadt brachten.

Der kleine Roger war ein charmanter, lebendiger Zweijähriger. Sein glänzendes hellblondes Haar, die blauen Augen und hohen Wangenknochen wiesen ihn als kleinen Russen aus. Sobald er merkte, dass Irina ihn nicht beachtete, kroch er unter das Sofa, drückte Nadeschdas Koffer auf und zog das Tamburin heraus, bis Irina und Nadeschda es oben auf einem Schrank aufbewahrten.

„Ist das eigentlich ein echtes Zigeunertamburin?", fragte Irina und bewunderte die rote Mohnbemalung.

„Was?", fragte Nadeschda um Zeit zu gewinnen.

„Kommt das von echten Zigeunern, Nadeschda?", wiederholte Irina die Frage.

„Ich glaube schon. Du weißt doch, meine beste Freundin und Zimmerkameradin starb in Kiew. Das Tamburin war in ihrem Schrank. Ich habe es genommen, bevor Lipkins Leute durch ihre Sachen gingen. Sie hätte gewollt, dass ich es haben soll", sagte Nadeschda als ob es die Wahrheit war.

Sie war so daran gewöhnt, diese Geschichte zu erzählen, dass es sich völlig natürlich anfühlte. Selbst nach so vielen Jahren und so viel Erfolg konnte sie sich nicht entschließen, ihre Vergangenheit bei den Zigeunern zu offenbaren. Sie hatte so viele abfällige Witze über Zigeuner, Juden, und Schlitzäugige gehört, dass sie sich als Tochter eines russischen Bauern ausgegeben hatte. Wenn jemand fragte, erzählte sie wie sie in einer erbärmlichen Hütte dicht bei Kursk aufgewachsen sei. Nadeschdas frühe Jahre bei den Dimitrijewitsches fühlten sich an wie ein Traum vor Morgengrauen. Und jetzt, im Jahre 1923, wer würde denn schon den weiten Weg in die Sowjetunion nach Kursk machen, um nach Beweisen zu suchen? Sie konnte sagen, was ihr passte und das tat sie auch.

Nadeschda erinnerte sich an das Dorf Winikow, übernahm das als ihren Mädchennamen. Nadeschda erfand Eltern, die so arm waren, dass sie ihre vielen Kinder ständig hungrig waren, weil sie nur ein kleines Fleckchen Land beackern durften. Inzwischen war keiner mehr da, denn sie waren in der Hungersnot oder an einer Krankheit gestorben. Andere waren im Bürgerkrieg verschollen. Ihre lieben alten Eltern hatten bei jeder Feier im Dorf gesungen, um ein paar Kartoffeln zu bekommen, „erinnerte" sich Nadeschda. Hochzeiten und Beerdigungen waren willkommene Ereignisse, ein paar Teller zu füllen. Es passte, auch um das Tamburin die Geschichte mit Viktorina zu weben. „Die Gadsche an der Nase herumführen" hatten sie es genannt und Orhan würde lauthals lachen.

„Es ist so hübsch und so ungewöhnlich", sagte Irina während sie das Tamburin herumdrehte.

„Ja, Serjoscha hat es auch gefallen und hat sich gewundert, warum niemand anders so eins hatte. Jedes Mal, wenn …", Nadeschda hielt an.

Irina schaute auf und wartete, ob sie den Satz beenden würde.

„Nun", nahm Nadeschda den Faden wieder auf, „genau wie du hat Serjoscha es gern angeguckt. Eine Antwort aus New York könnte jetzt jeden Tag kommen. Ich denke ständig an eine Amerika Tournee."

„Ich habe gehört Rachmaninow hat zugestimmt, der Schirmherr des neuen russischen Konservatorium zu sein. Vielleicht kommt er zur Eröffnung?"

„Darüber muss ich mit Nikolaj reden, wenn er nach Hause kommt. Vielleicht hat Gutschkow von ihm gehört."

Ostern machten Nadeschda und Nikolaj die traditionellen Hausbesuche bei alten und neuen Bekannten. Nur weil sie sich eine Weile in Paris aufhielten, konnte die alte Tradition der offenen Tür am Ostersonntag nicht abgeschafft zu werden. Fast alle lebten mit den gleichen Einschränkungen wie Nadeschda und Nikolaj, aber die Wodkaflasche fehlte auf keinem Tisch.

„Auf Mütterchen Russland", trösteten sie sich.

Das alte Sprichwort über die Trinkgelage in Russland, ohne die man nicht existieren könne, änderte sich in Trinkgelage in Paris und alle lachten, denn sonst hätten sie weinen müssen.

Wenn sie wieder in der Métro saßen, nahm Nikolaj sein Notizbuch heraus und schrieb, wer dort gewesen war und was gesagt wurde.

Die meisten empfahlen das Café Rotonde am Boulevard Montparnasse, als dem Treffpunkt Nummer Eins. Dort könnten Skoblins jeden treffen, der in der Stadt etwas zu sagen hatte. 1000 Sitzplätze hatte dieses Etablissement in mehreren Räumen und so ließen sich Skoblins keine Gelegenheit entgehen, dorthin zu gehen. Sie zuckten nur mit den Schultern, wenn sie Warnungen im Flüsterton hörten, dass sich im Hinterzimmer Tscheka Agenten in dichte Rauchwolken hüllten.

Die Monate vergingen, aber Nadeschda und Nikolaj lebten noch immer bei und von Boris und Irina. Boris schlug seinem Bruder vor, in der Garage zu arbeiten, aber Skoblin schüttelte den Kopf.

„Wenn ich das täte, ist Nadeschdas Karriere ein für alle Mal zu Ende, denn nur ich kann ihr Manager sein. Es muss möglich sein, ihre Karriere wiederzubeleben. Es muss einfach gehen und ich muss meine Zeit dafür einsetzen. Ich muss auch Wrangel beim Aufbau der Organisation für unsere Exilsoldaten helfen. Immerhin hat er mich zum General gemacht."

Was er nicht erwähnte, waren die endlosen Diskussionen, in denen die Männer in Wohnungen oder Cafés planten, wie sie Russland wieder zurückerobern sollten. Jeder Schnipsel an Information aus der riesigen Sowjetunion wurde gierig aufgenommen und analysiert. Lenins Gesundheit stand dabei im Vordergrund, denn es war keine Frage, dass seine Tage gezählt waren. Wenn das Unvermeidliche passierte, mussten die richtigen Russen bereit sein. Das Machtvakuum könnte nur sehr kurz sein.

Eines Abends konnte sich Nadeschda nicht länger zurückhalten: „Also, was machst du denn den ganzen Tag, abgesehen von Rauchen, Zeitunglesen und Schach spielen?"

„Alles Mögliche", antwortete Nikolaj langsam. „Wir planen ein Altersheim für unsere Offiziere. Es wird Russisches Haus heißen, aber wir brauchen noch Geld. Wir haben arrangiert, dass Anna Pawlowa Schirmherrin unseres neuen Waisenhauses in Saint-Cloud ist. Die Schulen, Internate, und alle diese Organisationen müssen richtig verwaltet werden. Pawlowas Ballett-Truppe kommt bald nach Paris, und dafür organisieren wir eine Vorstellung im Waisenhaus. Solche Sachen machen wir. Ach, gestern wurde einer unserer Veteranen sehr krank und brauchte einen Russisch sprechenden Arzt. Wir tun eigentlich nichts Besonderes."

„Wie geht es Gutschkow und Wrangel?"

„Ganz gut."

„Ist Kutjepow hier? Ich glaube, ich habe ihn neulich in der Closerie des Lilas gesehen."

„Könnte sein", antwortete Skoblin etwas ausweichend, aber dann stellte er sich dem Problem direkt. „Ich würde es vorziehen, wenn du nicht solche Fragen stelltest. Wenn ich dir alles erzählen würde, was wir tun oder besprechen, wäre das für mich ermüdend und für dich langweilig. Wir haben auch eine neue Regel, nämlich außerhalb unseres inneren Zirkels nichts zu erzählen. Da die meisten Leute nicht viel von der Materie verstehen, wird zu viel fehlinterpretiert."

Nikolaj machte eine Überlegungspause.

„Aber mit Kutjepow hattest du Recht. Wrangel hat ihm gesagt, dass er nach Paris ziehen soll. Wir konnten nicht alle unsere Einheiten in Serbien, Frankreich und auf Korsika kampfbereit halten. Stell besser keine Fragen. Ich erzähle dir, wenn du etwas wissen musst."

„Er war mit zwei Männern zusammen, die drittklassige Anzüge anhatten und aussahen, als kämen sie direkt aus Moskau", sagte Nadeschda.

„So?", antwortete Nikolaj. „Ich habe mit Kutjepow schon vor dem großen Krieg zusammengearbeitet, aber ich bin nicht sein Aufpasser. Vielleicht waren das Verwandte?"

Nadeschda hörte, dass er log und lachte: „Also mich führst du nicht an der Nase herum! Du solltest inzwischen wissen, dass Bühnenkünstler davon leben, ganz große Verstellungskünstler zu sein. Deshalb haben wir ein Gespür dafür und können auch bei Armeeleuten und Politikern die Lügen heraushören. Da plant doch einer was."

Nadeschda war nicht mehr aufzuhalten: „Vielleicht krönt sich Kyrill bald zum Zaren. Du lieber Himmel, Kyrill als Stellvertreter Gottes auf Erden. Es ist noch gar nicht lange her, da war er der erste Kommandant, der sein Regiment unter der roten Fahne marschieren ließ. Jetzt sieht er sich mit der Kaiserkrone, einer Ersatzkrone wohlgemerkt."

„Jetzt bist du aber ungerecht", erwiderte Skoblin. „Ich erinnere mich sehr deutlich, dass alle Kommandanten gezwungen wurden, ihre Loyalität zu zeigen und unter der roten Fahne zu marschieren, ansonsten wären sie als „feindliche Einheiten" liquidiert worden. Er musste das doch, um seine Männer zu retten. Dass er Großherzog und ein Cousin des Zaren war, spielte keine Rolle, denn die Revolutionäre behandelten ja alle gleich. Das war es ja genau, worum es in der Revolution ging. Ich höre solche Sachen jeden Tag im Büro. Lass das mal."

Nadeschda wechselte das Thema: „Hast du an Serjoscha, ich meine Rachmaninow, geschrieben?"

„Ja, natürlich."

Nikolaj setzte sich, zog Feuerzeug und Notizbuch aus der Jackentasche. Langsam faltete er das Mundstück der Papirossa und zündete das Tabakende an. Er sah Nadeschda ins Gesicht, atmete tief ein und stellte sich dem Problem.

„Also, du wirst das nicht mögen. In drei Monaten ist in Montparnasse ein Wohltätigkeitsball zu Gunsten verarmter russischer Künstler. Die Veranstalter möchten, dass du zwei Auftritte machst, ohne Honorar."

Nadeschda schüttelte den Kopf. Skoblin zog tief an seiner Papirossa.

„Es ist für einen guten Zweck und, hm, ich habe ja gesagt."

„Das kannst du doch nicht machen!", protestierte Nadeschda. „Ich will doch nicht selbst später einer Wohltätigkeitsorganisation zur Last fallen. Die müssen doch etwas für meine Mühe haben."

„Ja, ein Abendessen mit fünf Gängen."

„Na hör mal, ich singe doch nicht für ein Abendessen!"

„Du musst eine Ausnahme machen", sagte Skoblin mit einem Anflug von Feldwebel.

„Also wirklich. Dann kommen auch alle anderen und schwatzen mir ein Ohr ab über ihre Wohltätigkeitsorganisationen."

Skoblin gab aber nicht nach: „Überleg doch mal. Es sind schon Monate vergangen, aber es ist kein Auftrag reingekommen. Wir müssen in die Gesellschaft reinkommen. Wenn wir hier nicht mitmachen, dann gelten wir als unkooperativ. Es gibt uns auch die Vorwand, bei Jussupow nach einem schönen neuen Kleid anzufragen. Wir erkundigen uns nach einer Leihgabe für die Reklame, aber vielleicht lässt er es dich behalten."

Nadeschda schaute aus dem Fenster in die enge graue Straße im 15. Arrondissement. Unter der Laterne auf der gegenüberliegenden Straßenseite hatte sich wieder der

Akkordeonist niedergelassen, der auf seiner verstimmten Quietschkommode stundenlang die typischen Pariser Walzer spielte. Sie hatte das Akkordeon nie so sehr abgelehnt wie Schaljapin, seufzte aber, als sie die ersten Takte hörte. Was für ein Leben, dachte sie. Warum wählte er ausgerechnet dieses gottverlassene Viertel mit ausländischen Parisern, die keinen Centime entbehren konnten?

Nadeschda schüttelte den Kopf: „Wenn wir nicht aus dieser armseligen Existenz hier nur mit Wohltätigkeitsauftritten herauskommen, sollten wir vielleicht daran denken, nach Hause zu gehen, Nikolaj."

Dann lächelte sie ihn direkt an: „Irina hat mir lesen und schreiben beigebracht. Ich könnte jetzt selbst schreiben. Dserschinski und Woroschilow werden sich bestimmt an mich erinnern. Ich bin doch berühmt! Die waren nicht feindselig bei meiner Vernehmung und sie haben mich ja auch gehen lassen. Dserschinski hatte einen Neffen oder so, der verrückt nach Musik war."

Skoblin schüttelte den Kopf.

„Nur keine Panik hier. Mach das bitte noch nicht. So leicht sollten wir hier nicht aufgeben."

„Hast du vielleicht einen Auftritt mit Honorar, der an dieser Wohltätigkeitssache dranhängt, also zwei für den Preis von einem?", fragte Nadeschda in provokantem Ton.

„Nein, aber wir holen das auf. Da sind doch viele Qualitätsleute auf dem Ball. Ich bin optimistisch", antwortete Skoblin selbstbewusst.

„Kann nur hoffen, dass du Recht hast. Wenn andere meine Arbeit respektieren sollen, dann ist Verschenken nicht angebracht, habe ich beim Rhode gelernt. Für die Zukunft – du bist mein Manager, aber du hast kein Recht, mich für nichts arbeiten zu lassen. Stell dir mal vor, dass ich in der Werbung mit drin bin, aber plötzlich kommt eine bezahlte Buchung herein. Da müsste ich dann die Wohltätigkeitsorganisation fallen lassen, was aber wegen der Plakate nicht geht. Am Ende hat man nur einen schlechten Nachgeschmack."

„Sieht hier aber nicht danach aus. Die meisten Leute, die dir was zahlen könnten, sind der Pariser Sommerhitze entflohen. Die kommen erst im September zurück und buchen dich garantiert nicht für Oktober, denn solche Veranstaltungen haben längere Planungszeiten als nur einen Monat."

„Also, wann soll das sein?"

„Samstag, 20. Oktober. Weißt du, ich mag das ja auch nicht, aber manchmal muss man den Leuten gefallen,", versuchte Skoblin zu beschwichtigen.

„In der Tat, das wird allen gefallen außer mir. Unbezahlte Arbeit ist mühselig und bringt keine gute Laune."

„Ist ja gut, ist ja gut", antwortete Skoblin.

Er war überrascht, dass Nadeschda sich so beleidigt fühlte.

„Ich verspreche dir, ich strecke meine Fühler in Richtung Moskau für die Begnadigung aus. Aber gib uns ein bisschen mehr Zeit. Ich habe doch erst vor einer Woche an Serjoscha geschrieben, da muss doch garantiert etwas von ihm kommen."

„Und was ist mit Balalaikas? Hast du an meine Begleitung gedacht? Ich gehe nicht Musiker anbetteln, ohne Honorar zu spielen. Das ist mir zu peinlich."

„Kannst du nicht die Musiker nehmen, die zum Tanz spielen?"

„Nein. Selbst wenn sie Russen sind, sind sie wahrscheinlich Blechbläser. Du musst Balalaikas von einem der Restaurants besorgen, wo sie mein Genre spielen."

„Ich?", fragte Skoblin schockiert.

„Natürlich, du hast diese Suppe eingebrockt, jetzt musst du sie auslöffeln."

„Was ist mit denen in der Mazurka?", fragte Skoblin.

Nadeschda antwortete nicht.

„Oder die in der Troika. Das sind echte Zigeuner."

„Nein", Nadeschda schüttelte den Kopf. „Die garantiert nicht."

„Die sollen ganz gut sein. Wenn das echte sind, dann kennen sie dein Repertoire", meinte Skoblin.

„Kann schon sein", sagte Nadeschda langsam. „Aber die sind meistens auch sehr unzuverlässig."

Skoblin wurde ungeduldig: „Aber auch nicht mehr als echte Russen, oder?"

„Also, wenn ich nein sage, dann meine ich das. Ich bin nicht in der Stimmung lange zu erklären oder zu diskutieren. Sie kommen manchmal einfach nicht, oder laufen mittendrin weg. Sie riechen ungewaschen und ihre schmuddelige Kleidung ist zerlumpt. Lange fettglänzende Locken baumeln um ihre Gesichter und die Zähne sind dunkelgelb. Noch mehr?"

Nadeschda sagte nicht, dass sie möglichst viel Abstand von echten Zigeunern halten wollte, um nicht erkannt zu werden. Je länger es ging, desto besser waren die Aussichten, dass die sich derzeit in Paris aufhaltenden Stämme keine Verbindung herstellen würden. Mit ein bisschen Glück würde es nie passieren, dass ein Dimitrijewitsch an Skoblin herantrat, um Joskas Brautpreis zurückzuverlangen.

„Ich habe Gutes über die Jungs in der Rue Pigalle gehört", schlug Nadeschda vor. „Ich glaube, es heißt Shéhérazade, aber es ist vielleicht im Sommer geschlossen."

Skoblin versprach, sich um Musiker zu kümmern, sobald Paris von seinem Sommerschlaf erwachte.

Ein paar Wochen später berichtete er stolz: „Ich habe die besten russischen Musikanten für deinen Pariser Erstauftritt."

Der Besitzer des Shéhérazade war bereit, vier seiner Musiker für die zwei Stunden zu bezahlen, wo sie auf dem Ball spielten. Nadeschda fragte, wer sie waren und welche Instrumente sie spielten, aber das wusste Nikolaj nicht. Manager Jean-David Gordon hatte Skoblin bei dieser Frage ausgelacht. Seit wann könnte man denn die Musiker, die dieses Genre spielten, festnageln? Sie waren alle unberechenbar und launisch, vor allem diejenigen, die die gefühlsgeladene Musik aus dem ehemaligen Zarenreich spielten. Urplötzlich tauchten sie auf und urpötzlich liefen sie auch wieder davon. Dabei war es egal, erklärte Monsieur Gordon, ob sie Zigeuner waren, Gadsche, oder möchtegern Zigeuner. Er bezahlte, wer am Abend auftauchte, manchmal sogar mehr als er brauchte, damit die Bühne auch dann voll aussah, wenn jemand urplötzlich verschwand.

„Sie sind noch nicht lange in der Musikbranche, Herr General, oder?", fragte Monsieur Gordon mit einem Grinsen.

Nadeschda sollte am Samstag vor der Veranstaltung zu einer Probe kommen. Er würde dafür sorgen, dass mindestens vier fähige und einigermaßen verlässliche Musiker für eine Stunde vor Restauranteröffnung zur Verfügung stünden. Wenn Nadeschda das Resultat nicht mochte, hätte sie noch eine Woche, andere Vereinbarungen zu treffen.

„Das sind gute Musiker", meinte Gordon. „Sollte alles glattgehen, ist ja Standardrepertoire."

Dann kam die Bedingung: „Sie wollen sicherstellen, Herr General, dass der Beitrag des Shéhérazade auf dem Plakat steht."

Skoblin antwortete, dass er mit der Werbung nichts zu tun hätte. Er wisse den Beitrag zu schätzen, aber die Finanzierung von ein paar Musikerstunden war wohl nicht genug, um eine Anzeige auf dem Plakat zu rechtfertigen. Gordon aber ließ sich nicht beirren. Es war des Generals Aufgabe, das zu organisieren, aber es war ihm natürlich freigestellt, sich um andere Begleiter für seine Frau zu kümmern.

Nadeschda lachte: „Ja, die wissen ihre Karten zu spielen. Erinnert mich an Kiew, Petersburg und Nischnij-Nowgorod. Ach, wenn ich nur wieder Geld hätte, um Musiker zu bezahlen. Da müsste ich nicht betteln."

Skoblin telefonierte dann herum, um herauszufinden, wer das Plakat entwarf. Als er erfahren hatte, wer der Grafiker war, der seine Arbeit spenden wollte, saß er eine halbe Stunde in der Métro. Im Atelier des Künstlers stellte sich dann heraus, dass dieser ein Amerikaner war, der fast gar kein Französisch sprach, geschweige denn Russisch oder Deutsch. Skoblin sah den Entwurf des Plakats und entdeckte, dass der Amerikaner die kyrillischen Buchstaben in Nadeschdas Namen verwechselt hatte, sich aber weigerte, irgendetwas zu ändern. Zum Glück kam kurz darauf die Hauswirtin vom Einkaufen zurück. Sie sprach ein wenig Englisch, erklärte, wer Skoblin war und warum es wirklich notwendig war, auch das Shéhérazade auf dem Plakat zu haben. Als der Amerikaner hörte, dass er mit einem General der Weißen vom Bürgerkrieg sprach, entschuldigte er sich und zog eine Flasche Rotwein unter seinem Bett hervor.

Nadeschda war erstaunt, das zu hören.

„Was machen denn alle diese Amerikaner hier? Die scheinen sich von Tag zu Tag zu vermehren."

„Alkohol ist doch in Amerika verboten worden. Es wird oft die große Torheit genannt", antwortete Skoblin.

„Was, alles?"

„Ja, Alkohol jeglicher Art."

„Wie können denn unsere Emigranten dort überleben? Man kann doch einem Russen nicht einen guten Schluck versagen."

„Sie trinken illegal. Was sonst? Die Polizei kann ja nicht überall sein und wo sie auftaucht, ist es nicht einmal echt ernüchternd. Ganze Organisationen haben sich entwickelt, die den illegalen Alkohol liefern. Riesige Vermögen sollen sich bei den Finanziers der Lieferanten angesammelt haben und dazu hat sich dann auch noch eine fette Schicht von anderen kriminellen Aktivitäten gebildet", erklärte Skoblin.

„Wie in alten Zeiten in Russland, nur dass es da die Politischen waren", meinte Nadeschda. „Ich hätte die Stunden zählen sollen, die wir für zwei Auftritte auf einem Wohltätigkeitsball aufwenden. Was für ein Durcheinander. Es scheint, dass es uns 20 Stunden kostet, 40 Minuten vorzubereiten."

Skoblin zuckte mit den Schultern und dachte, Nadeschda könnte durchaus Recht haben. Er entschloss sich, ruhig zu bleiben.

„Meckern hilft uns nicht weiter."

Als Jussupow zugestimmt hatte, Nadeschda ein Kleid zur Verfügung zu stellen, das sie behalten konnte, lächelte Skoblin.

„Die Lieblingssoloistin seiner Kaiserlichen Majestät braucht ein neues Kleid", sagte Jussupow mit einer Verbeugung und hob Nadeschdas Hand für einen Handkuss. „Wir freuen uns, zu helfen. Ich habe meine Gitarre schon lange nicht mehr angerührt, aber wenn ich einmal dafür Zeit finde, ob wir wohl wieder etwas zusammen machen können? Vielleicht bei einem meiner Abende?"

„Selbstvertändlich, Prinz, aber selbstverständlich", versicherte ihm Nadeschda.

„Ach, den Prinzentitel lassen wir mal jetzt, Nadeschda Wassiljewna. Monsieur Felix bin ich hier und meine Prinzessin ist nun Madame Irina", sagte er, aber das Hochwohlgeborene hörte man natürlich heraus.

„Er ist so großzügig. Er ist einfach wunderbar", erzählte Nadeschda ihrer Schwägerin Irina lächelnd.

„Das ist keine große Sache für ihn", antwortete Irina schnippisch. „Er hat doch ganz hübsch vom Romanow Vermögen eingesackt, nachdem sie alle beschlossen hatten, dass Großherzogin Anastasia nicht überlebt hatte."

Aber Nadeschda schüttelte den Kopf, das sei nicht ihre Sache. Wenn Jussupows in ihrem imposanten Haus an der Rue Gutenberg im kleinen neuen Privattheater samstags Veranstaltungen arrangierten und sie gefragt war, so würde sie dabei sein. Boris würde doch seine Kunden auch nicht fragen, ob sie das Benzin mit gestohlenem Geld bezahlten.

„Monsieur Felix ist ein guter Kontakt", sagte Nadeschda nüchtern.

Die Aussicht darauf, einflussreiche Leute, die sie noch von Russland kannte bei dem berühmten Rasputin Mörder und seiner Romanow Frau wiederzutreffen, war das Entscheidende, um wieder den Erfolg zu kosten. Dazu war Jussupows gehobene Gesellschaft wie wieder zu Hause zu sein.

32

Die Generalprobe in der Shéhérazade war ein Kinderspiel. Nur Kolja der Prima-Balalaikaspieler beschwerte sich über die ungewohnte Tonart der Schwarzen Augen. Nadeschda schaute auf Kolja. Er war ein echter Virtuose und würde für seine Kunstfertigkeit auf der Balalaika bestimmt viel Applaus bekommen. Er konnte sogar zu viel Aufmerksamkeit auf sich ziehen. Einen Augenblick war sie versucht, nach einem anderen Instrumentalisten zu fragen. Aber dann bot Kolja an, sich auf einfache Akkorde zurückzuziehen und Nadeschda war erleichtert. Seine Balalaika mit den leuchtenden Perlmutteinlagen war einzigartig. Eine Filigranbordüre ging um das ganze Dreieck des Instruments. Die funkelnde Rosette und der Perlmutt-Schmetterling waren einfach atemberaubend. Das bemalte Tamburin und das neue Kleid komplettierten den Eindruck, der hoffentlich das Geschäft wieder anwerfen sollte.

Als Nadeschda ihr neues dunkelgrünes Kleid von der Jussupow Schneiderei abholte, fiel ihr die perfekte Verarbeitung auf und es paßte wie angegossen.

„Ich danke Ihnen und bin sprachlos, Monsieur Felix. Alles, was Sie machen, hat so viel Niveau", sagte Nadeschda mit einer Verbeugung.

Jussupow lächelte: „Du bist so geschickt wie damals in Petersburg, oder vielleicht war es Moskau. Madame Irina und ich tragen uns mit dem Gedanken, ein Modehaus zu etablieren. Den Namen haben wir schon, Irfé, aber das ist auch alles. Ich lade euch zur Eröffnung ein. Und dazu heuere ich das größte Balalaika-Orchester an, das ich hier in Paris auftreiben kann. Das ist ein Versprechen!", sagte Jussupow und hob Nadeschdas Hand zum Handkuss.

Der Ball war ein großer Erfolg für Nadeschda und die anderen Beteiligten. Sie verbrachte an fast allen Tischen etwas Zeit, wo Pläne für Konzerte und Auftritte bei anderen Veranstaltungen geschmiedet wurden. Ohne den Einbruch in Gutschkows Wohnung in dieser Nacht wäre es ein voller Erfolg gewesen. Aber am nächsten Tag wurde Russland in Paris von der Nachricht erschüttert, dass Gutschkows Tagebücher aus seiner Wohnung gestohlen waren, während er auf dem Ball tanzte. Die Einbrecher hatten es nur auf seine Aufzeichnungen abgesehen, die beim Oktober Manifest von 1905, der Gründung der Oktobristen Partei, angefangen hatten. Seine Zeit als Duma Präsident, wie er die Abdankung des Zaren im kaiserlichen Zug entgegennahm, seine Aktivitäten in Berlin und Paris waren sorgfältig für die Nachwelt festgehalten. Jetzt war alles weg.

„Was kann denn jemand mit einem halben Koffer voller alter Notizen anfangen? Das ist doch heute alles blödes und unnützes Zeug", sagte Nadeschda beim Abendessen.

Nikolajs Bruder Boris wiegte skeptisch den Kopf: „Vielleicht ist jemand erpresst worden, damit diese Notizen nie ans Tageslicht kommen. Man hört doch, dass der Georgier in Moskau auch hier überall mitmischt, denn Lenin ist durch Krankheit behindert. Der Georgier ist als rücksichtslos bekannt, habe ich in der Werkstatt sagen gehört. Da müssen wir wohl ab jetzt sehr gut aufpassen, was wir wem sagen. Die Ableger des Geheimdienstes sind bis zu uns gewachsen, obwohl ich ja nicht verstehen kann, was die in Moskau mit Gutschkows alten Tagebüchern wollen."

„Langsam, langsam", besänftigte Skoblin. „Du könntest da zuviel Bedeutung hineinlesen. Vielleicht will ja ein verarmter Soldat aus den unteren Rängen historische Forschung betreiben. Eigentlich müsste ich als erster über eine mögliche Erpressung besorgt sein. Ich bin doch definitiv in seinen Notizen, denn unsere Wege kreuzten sich oft, seit ich Hauptmann wurde und Gutschkow Kriegsminister unter Kerenski war. Immer langsam. Papier ist geduldig, Tagebücher und Aufzeichnungen beweisen gar nichts, können sogar falsche Spuren enthalten."

„Und wer will sagen, ob Gutschkow das nicht selbst in Auftrag gegeben hat?", fragte Nadeschda. „Das können wir doch gar nicht wissen. Wenn er die Notizen hätte verschwinden lassen wollen, konnte er sie ja nicht so einfach verbrennen, denn zu viele Leute wussten, dass diese Tagebücher existierten und es hätte so ausgesehen, als hätte er etwas zu verbergen."

„Vielleicht war etwas über seine Korruptionsuntersuchung darin enthalten, was jemand verschwinden lassen wollte", meinte Skoblin. Dann lachte er: „Unser Leben ist auf Spekulationen aufgebaut. Da werden wir wohl warten müssen, in welcher Ecke etwas aus den Tagebüchern auftaucht."

Die nächsten Monate waren in der Tat wie die guten alten

Zeiten. Konzerte, Varieté und gesellschaftliche Ereignisse hielten Nadeschda auf Trab. 1923/24 wurde eine Traum-Saison ohne emotionale Katastrophen, die nur durch die Nachrichten unterbrochen wurde, die jeder erwartet hatte. Eine französische Zeitung brachte es unter der Überschrift „Der rote Zar ist tot" und zeigte damit wieder einmal, dass die Journalisten nichts begriffen hatten. Für die einflussreichen französischen Sozialisten war es eine Beleidigung, ihren verstorbenen Helden als Zar zu bezeichnen. Und die andere Seite war ebenso beleidigt, dass ein Bolschewist mit dem geheiligten Titel eines Zaren beehrt wurde.

Bald konnten sich Nadeschda und Skoblin eine eigene kleine Wohnung mieten. Die Anerkennung vom Publikum, der Applaus, und die neuen Bekanntschaften bauten Nadeschdas angeknackstes Selbstvertrauen wieder auf, das ihr eine scheinbare Ewigkeit abhanden gekommen war. Jeden Tag traf sie sich mit Russen in einem Café, redete über die alten Zeiten oder was vor ihnen lag.

Das Frühjahr war gut gebucht, und die Spannung fiel von Nadeschda und Skoblin ab. Eines Tages aber erblickte Nadeschda ein Plakat des neu gegründeten Don Kosaken Chores, dessen Tourneeplan ganz Westeuropa umfasste. In Nadeschda erwachte Eifersucht, denn das Zuschauerpotential war das gleiche. Könnten sich ihre Aufträge wieder verringern? Würden die Leute in das Konzert von Serge Jaroffs Chor gehen anstatt in ihres? Finge der verzweifelte Kampf nun wieder von vorn an?

Skoblin hielt sich mehr und mehr in Wrangels Veteranen-Organisation auf, die 17 Sektionen hatte. Nadeschda ging so oft sie konnte in die Rotonde oder in das Lilas, wo ihr die Bilder von Trotzki und Lenin wieder vor Augen standen. Im Lilas hatten beide Schach gespielt, Zeitungen gelesen und diskutiert, wie sie das Leben des russischen Volkes verbessern könnten. Ob sich Lenin in seinen Exil-Jahren tatsächlich Taschengeld durch Modellsitzen bei Malern verdient hatte, war eine Geschichte, die Nadeschda für dummes Geschwätz hielt. Nadeschda bestieg den Eiffelturm und erinnerte sich an Andrejew, dessen Balalaika-Orchester zur Weltausstellung gespielt hatte, als der Turm eröffnet wurde. Seine Musiker waren so fasziniert von den Tangos der argentinischen Aussteller, dass sie nun auch Tangos auf ihren Balalaikas spielten und diese zum festen Bestandteil der russischen Musik wurden. Während Nadeschda den Blick von der Turmspitze bewunderte, erinnerte sie sich daran, wie sich die Pariser über Eiffels neues Wahrzeichen mokiert hatten, als es neu war. Der Volksmund spottete, dass es nur ein Fleckchen in ganz Paris gab, von wo man die seltsame hässliche Struktur nicht sah, nämlich die Aussichtsplattform.

Eines Tages, als Skoblin wieder einmal nicht da war, zählte sie die Buchungen für die bevorstehende Saison. Es gab nur zwei Buchungen im Sommer während der Olympischen Spiele, und zwei für den so wichtigen Monat Oktober. Es gab keinen Vertrag für Silvester, das normalerweise mehr als zwölf Monate im Voraus belegt sein sollte. Nadeschda wurde sehr besorgt. Könnte nach all den Mühen das Konzertgeschäft wieder auf wackeligen Füßen stehen? Was sollte sie denn sonst tun? Bedeutete dies, dass ihre Flügel wieder beschnitten würden? Konnte der Don Kosaken Chor der Anfang einer Reihe von Emigranten Künstlergruppen sein? Vielleicht käme bald auch ein Kuban Kosaken Chor oder eine junge hübsche Sängerin würde auftauchen und ihr Markt wegschnappen? Von Nikolaj war kein Einkommen zu erwarten. Er kannte nur das Militär, Schlachtpläne oder Spionage. Wo sollte er wohl damit einen Franc verdienen?

Hinter verschlossenen Türen spekulierten die ehemaligen Offiziere über eine geheime Zusammenarbeit zwischen Russland und Deutschland. Nadeschda hatte mehrmals etwas davon aufgeschnappt, so dass sie überzeugt war, das war mehr als der übliche Klatsch. Das Prinzip war, dass die Russen den Deutschen auf ihrem Grund und Boden erlaubten, was der Versailler Vertrag in Deutschland verbot. Im Gegenzug würden die Deutschen in russischen Geheimfabriken Waffen und Munition für beide herstellen. Fliegen war den Deutschen ja ebenfalls verboten, so dass sie auch gemeinsam Piloten ausbildeten. Für den Aufbau der Roten Armee stellten die Deutschen ihr Organisationtalent zur Verfügung. Nadeschda war sicher, dass sich diese Pläne so gut anhörten, dass etwas aus ihnen werden würde, aber sie konnten nur funktionieren, wenn sie geheim blieben. Da sollte es doch für Nikolaj eine Aufgabe geben?

Nadeschda setzte sich. Wenn ich wieder eine Katze haben könnte, das wäre so schön, dachte sie. Ich würde die Haarbüschel an den Pfötchen kitzeln. Ich würde ihr sanft ins Ohr blasen, damit sie aufwacht und mich mit erstaunten runden Augen anguckt. Plötzlich wurden ihre Tagträume durch die vertrauten Stimmen eines halb betrunkenen Mannes und seiner kleinen Tochter unterbrochen. Mehr als einmal hatte Nadeschda sie durch das Loch im Vorhang beobachtet. Der Vater wählte die Laterne vor Skoblins Fenster und sprach mit strenger Stimmer zu seiner Tochter, Französisch natürlich. Die Worte verstand Nadeschda nicht, aber die Bedeutung war klar. Der Mann drängte das kleine Mädchen, das nach acht oder neun Jahreen aussah, unter der Laterne zu stehen, zu singen und die Hand den Passanten entgegenzustrecken. Später kam er dann zum Kassieren vorbei, zählte die Münzen, und tadelte, betrunken wie er war. Einmal trat das kleine Mädchen von einem Fuß auf den anderen, als ihr Vater hin und her taumelte. Sie flehte ihn offensichtlich an, dass er sie auf die Toilette gehen ließ. Der Trunkenbold sagte nein, bis das Mädchen weinte. Nadeschda erstarrte, als sich Augenblicke aus ihrem eigenen Leben in Russland nach so vielen Jahren vor ihren Augen in einem fremden Land wiederholten.

Nadeschda entschied, dass die Rückkehr nach Russland, wo das neue System die Ausbeutung zum Feind Nummer Eins erklärt hatte, angeschoben werden musste. Der Bürgerkrieg war inzwischen vier Jahre her, und das Leben sollte sich normalisiert haben. Nikolaj schien sich um den Brief zu drücken. Nun, da sie selbst schreiben konnte, würde sie die Dinge selbst in die Hand zu nehmen und sich an Dserschinski wenden. Es musste passieren, bevor der Georgier fest im Sattel saß und Russland regierte, wie es die meisten Leute erwarteten. Mit ein wenig Glück würde er nicht bis ganz nach oben kommen, oder seine Herrschaft würde vielleicht nicht lange dauern. Bürokratie war immer langsam. Bis Nikolajs Begnadigung in Paris ankam, könnte der georgische Nichtsnutz gekommen und wieder gegangen sein?

Nadeschda nahm Stift und Papier.

„Verehrter Genosse Felix Edmundowitsch", schrieb sie und starrte auf die Buchstaben.

Nein, das war nicht gut. Dserschinski war der Chef einer riesigen Organisation. Der Angestellte, der den Brief aufmachte, könnte ihn den Kollegen zeigen. Sie würden klatschen und bald wüsste es ganz Moskau, dass „Die Großartige Plewitzkaja" von Heimweh geplagt war. Nadeschda zerriss das Blatt und nahm ein anderes.

An Schneider würde sie schreiben. Es stand außer Frage, dass ihr Agent sie zurückhaben wollte. Wie oft hatte er gesagt, dass es ihm eine Ehre war, „Die Großartige Plewitzkaja" vertreten zu dürfen? Sie brauchte den Rest des Nachmittags, um den Brief zusammen zu bekommen. Dann ging sie zur Post und auf dem Weg zurück kaufte sie einen großen Kohlkopf.

Nikolaj war schon zu Hause, als sie zurückkam: „Bist du dafür rausgegangen?"

„Nein, brauchte etwas Luft. Das kleine Mädchen hat wieder aus vollem Hals gekräht. Der Kohl ist für morgen", antwortete Nadeschda.

In den ersten drei Wochen sah Nadeschda mit großer Erwartung in den Briefkasten. Dann dachte sie, Schneider würde eine besondere Zeit abwarten, um mit den Behörden zu sprechen. Irgendwann verstand Nadeschda, sie würde keine Antwort bekommen. Sie war für eine Antwort nicht mehr wichtig genug. Es tat weh, aber nicht für lange. Ganz plötzlich gab es mehr Einladungen zu privaten Parties. Innerhalb weniger Monate war sie wieder obenauf in der russischen Gesellschaft. Die Emigranten in den baltischen Ländern buchten Konzerte, was veränderte, wie die Menschen ihr begegneten. Ihre Phase als Gesicht in der Menge war zu Ende. „Die Großartige Plewitzkaja" wurde wieder mit einem hocherfreuten „Ah" begrüßt, wenn sie in der Tür stand. Nadeschda aß und trank auf Kosten anderer. Sie dachte gelegentlich, dass sie vielleicht Bezahlung anbieten sollte, tat es aber nicht. Manchmal fühlte sie etwas Schuld, denn sie verließ sich darauf, dass es den Leuten peinlich war, sie um Geld zu bitten.

Skoblins kauften Möbel und fingen an, sich wie normale Menschen zu fühlen. Nikolaj ließ Nadeschda nicht aus den Augen und begleitete sie auf allen Reisen. Wenn in Paris, verbrachte er seine Tage mit Wrangels neuer Veteranen Organisation, aber Nadeschda durfte ihn da nicht besuchen.

„Es ist zu viel los dort", sagte Skoblin.

Noch bevor der Sommer vorbei war, löste sich Boris Sawinkow in Finnland scheinbar in Luft auf, was den Emigranten wieder einmal klar machte, dass sie von Feinden verfolgt waren. Der alte Terrorist und Revolutionär, ehemals Mitglied in Lenins Regierung, blieb verschwunden. Hinter verschlossenen Türen gingen die Spekulationen in alle Richtungen. Dann berichtete die Emigranten-Presse von seiner Hinrichtung nach einem dreitägigen

Prozess in Moskau. Worin war er wohl verwickelt oder hatte er nur das Emigrantenleben satt, war naiv und glaubte, er könne einfach so zurückkehren, was sich aber als Täuschung erwies? Sollte sein Geständnis Stalin besänftigen oder war er gefoltert worden? Hatte ihn jemand verraten, und wenn ja, wie hatte die Tscheka ihm die Falle gestellt?

Gerüchte hielten sich, dass General Kutjepow eine Kampforganisation aufbaute, die Russland aus den Fängen des Bolschewismus retten sollte. Skoblin arbeitete eng mit Kutjepow zusammen, und Nadeschda bekam Angst, dass er sich damit gefährden würde.

„Nikolaj, wenn die Fangarme des georgischen Nichtsnutzes in der Lage waren, Sawinkow zu schnappen, warum gehst du nicht einfach aus diesen Organisationen raus. Du schuldest denen gar nichts", schlug Nadeschda vor.

Aber Skoblin erklärte ihr, dass die damals in der Heimat Mächtigen und Reichen, die Vermögen vor der Revolution retten konnten, die Veteranen für die Planung von Schlachten gegen die Bolschewisten bezahlten. Nadeschda war entsetzt und machte insgeheim Pläne, Nikolaj umzustimmen. Wenn die Honorare wieder anstiegen, hätten ihre Argumente mehr Gewicht.

Eines Abends trat sie im vollbesetzten Shéhérazade Restaurant auf. Zwischen ihren Auftritten entspannte sie sich in der Garderobe, und hörte Stimmen im Flur. Sie konnte jedes Wort durch die dünnen Bretterwände verstehen.

„Ich bin ein alter Freund von Plewitzkaja, aus Russland", hörte sie eine männliche Stimme in perfektem Französisch. „Hier."

Der Mann beendete den Satz nicht. Es klang als hätte er dem Pagen ein Trinkgeld gegeben, denn der sagte: „Merci Monsieur. Spassiva."

Als Nadeschda die Tür öffnete, sah sie ihren Besucher prüfend an und fragte offiziell klingend: „Bitte helfen Sie mir aus. Ich kann mich an Ihren Namen nicht erinnern. Sie müssen schon entschuldigen, aber wir treffen so viele Leute auf unseren Tourneen."

Der Mann trat ein, schloss die Tür hinter sich und lehnte sich dann dagegen, um den Eingang zu blockieren.

Er sah sich mit wachen grauen Augen um und sprach dann im Flüsterton: „Also, getroffen haben wir uns nie."

Sein Russisch verriet einen gebildeten Menschen.

„Felix Edmundowitsch bedankt sich für die von Schneider übermittelten Grüße, kann diese aber nicht selbst beantworten. Er fühlt sich geschmeichelt, dass Sie sich an ihn erinnern und dass Sie in das bolschewistische Russland, unsere zu Unrecht von den Reichen und Mächtigen geschmähte Heimat, zurückkehren möchten."

„Wer sind Sie?", fragte Nadeschda entsetzt.

„Lessner, Dr. Martin Lessner", stellte sich der Mann mit einer Verbeugung vor. „Ich bin auf dem Weg nach Amsterdam, wo ich ein Antiquariat aufmache. Ich habe aus Moskau die Nachricht, dass Skoblin für den Kampf auf der falschen Seite begnadigt wird. Aber bevor Felix Edmundowitsch das arrangieren kann, braucht er noch etwas Kooperation von Ihnen, besonders von Skoblin. Sie beide sind noch zu wertvoll und er ist bereit, das zu honorieren."

Nadeschda war sprachlos.

„Also, wir wissen ja, dass Sie zur Zeit nicht besonders gut leben."

Lessner griff in seinen Mantel und zog ein dickes Bündel Franken heraus, das mit einer Strippe zusammengebunden war.

„Hier, das ist die Anzahlung. Sie haben Zugang zu allen Feinden unserer Revolution. Wir möchten unsere Dankbarkeit für Ihre Bemühungen zeigen. Unser Interesse ist es, von den Planungen subversiver Aktivitäten zu erfahren. Wichtiger ist aber, diejenigen zu identifizieren, die soweit sind, für unsere neue sowjetische Republik zu arbeiten. Wir möchten unsere Zeit nicht damit verschwenden, Leute zu rekrutieren, die noch nicht weich genug sind. Halten Sie Augen und Ohren offen. Ihr General weiß, wo wir sind."

Nadeschda machte keine Anstalten, das Geld zu nehmen.

„Bloß nicht schüchtern sein. Es ist Nikolajs Bonus, wohlverdient für Sie beide", sagte Lessner mit einem hinterhältigen Lächeln. „Wir sind wie Klempner und arrangieren undichte Stellen – wenn wir wollen."

„Binden Sie mir doch hier keinen Bären auf", erwiderte Nadeschda. „Skoblin wird sagen, dass es Desinformation ist. Heuzutage verstehen die Leute das."

Lessner warf das Bündel auf Nadeschdas Schminktisch und flüsterte: „Verstecken Sie das gut, denn es ist besser, wenn es niemand sieht. Wo das herkommt, ist noch eine ganze Menge mehr. Wir verstehen, dass Sie mit den Wohlhabenden mithalten müssen. Was wir Ihrem General bisher bezahlt haben, war ein Hungerlohn, müssen wir jetzt zugeben. Herzlichen Glückwunsch Madame, Sie gewinnen hier doppelt. Sie werden großzügig belohnt während Sie für Skoblins Begnadigung Punkte sammeln."

Beide standen reglos und stumm. Lessner grinste und Nadeschda schaute auf den Fußboden.

„Na, nimm's schon", sagte Lessner nach einigen Augenblicken. „Ich gehe nicht bevor du es an einen sicheren Ort steckst."

Nadeschda machte immer noch keine Anstalten, sich zu bewegen.

„Vielleicht möchtest du es da, wo die Zigeunermädchen ihre Trinkgelder bekommen, Katja?"

Sie griff nach dem Bündel.

„Bitte gehen Sie. Ihr Anblick widert mich an."

„Nicht frech werden, Katja", antwortete Lessner mit einem tückischen Lächeln. „Ich gehe jetzt zurück zu meinem Tisch und für den nächsten Auftritt wünsche ich *Suliko* vom Konzertmeister. Es ist Stalins Lieblingslied, wie du entdeckt hast, und wir werden beide an ihn denken, wenn du es singst."

Lessner öffnete die Tür, drehte sich noch einmal um: „Und bitte, wir mögen das überhaupt nicht, wenn du von dem georgischen Nichtsnutz sprichst. Lass das oder er unterzeichnet die Begnadigung nie, die Skoblin braucht, um nach Hause zurückzukehren."

Nadeschda setzte sich und starrte auf das Bündel. Was hatte Nikolaj getan, dass er so viel Geld verdient hatte? Hatte das etwas mit dem Einbruch in Gutschkows Wohnung zu tun, während sie auf dem Ball tanzten? Sawinkows Verschwinden? Einige Leute schworen, es müsse einen Maulwurf im inneren Kreis geben.

Als sie hinter dem Vorhang auf ihren nächsten Auftritt wartete, gab der Kellner ihr ein Stück Papier.

„Ein Gast hat eine Nachricht für Sie hinterlassen und bedauert, dass er inzwischen gehen musste."

Nadeschda las: „Verehrte Nadeschda Wassiljewna, bitte akzeptieren Sie meine Entschuldigung, aber ich bin abberufen worden, bevor ich meinen Wunsch *Suliko* genießen kann. Es wird bestimmt dafür noch einmal die Gelegenheit geben und ich freue mich, Sie bald wiederzusehen. Bitte richten Sie dem General meine besten Grüße aus und sagen Sie ihm, dass unser Freund seinen letzten Brief zu schätzen wusste. Es war mir eine große Ehre, mit Ihnen sprechen zu können, Solistin Seiner Kaiserlichen Majestät, und ich hoffe, dass mir diese Ehre bald wieder zuteil werden wird. Lessner."

Der Geiger spielte die ersten Takte von *Pozhalei*. Nadeschda schob schnell den Zettel in ihre Tasche und schritt ins Licht. *Pozhalei, habe Mitleid mit mir*, sang sie im Walzertakt bevor *Suliko* kam.

Als sie ihr Auftrittskleid nach Ende der Vorstellung in der Garderobe auszog, setzte sie sich hin und schloss die Augen. Ihre Gedanken kehrten zu Lessner zurück. Jetzt kam alles zusammen, Gutschkows Einbruch, Sawinkows Verschwinden, Erschießungen von Emigranten Offizieren auf der Straße. Nadeschda wurde klar, dass der Moskauer Geheimdienst in weniger als fünf Jahren nach dem Exodus ein großflächiges und klebriges Netz gewoben hatte. Ein Gefühl von Weltuntergangsstimmung machte sie schwindlig. Zu viel Vortäuschung ist ein Rezept für Katastrophen, pflegten die Zigeuner zu sagen. Vielleicht sollte sie versuchen, in einen der Stämme am Stadtrand zu verschwinden?

Später löffelte sie mit den anderen Künstlern zusammen Rote-Beete-Suppe, denn die Arbeit berechtigte alle zu einer warmen Mahlzeit.

Ein Balalaikaspieler bemerkte ihr geistesabwesendes Gesicht und fragte: „Habe ich denn so viel falsch gespielt, heute Abend, Nadeschda?"

Sie schüttelte den Kopf: „Nein", antwortete Nadeschda langsam, und überlegte, was sie sagen sollte. „Mach dir keine Gedanken. Wir hatten Post von Rachmaninow, meinem alten Freund. Er kommt nächstes Jahr her und schrieb auch von meiner Amerika-Tournee. Es ist einfach unglaublich. Seine Australien-Tournee hat er abgesagt, schreibt aber nicht warum. Serjoscha tut mir auch so leid, denn seine Tochter Irina macht ihm Sorgen. Deren Mann ist ein paar Tage vor der Geburt des Kindes gestorben. In New York, haben sie mit Schaljapin gefeiert, der *Schwarze Augen* gesungen hat. Serjoscha hat Fedja auf dem Steinway begleitet und dann Jazz gespielt. Rachmaninows Brief hat mich an unsere guten Zeiten in Moskau erinnert."

33

Später holte Nikolaj Nadeschda in einem Taxi ab. Nadeschda saß stumm und starrte gedankenverloren in die dunklen und verlassenen Straßen, die am Fenster vorbeizogen. Viele Taxifahrer waren Emigranten, so dass sie nicht das Risiko eingehen konnte, sich mit Nikolaj Russisch zu unterhalten. Sobald sie die Wohnungstür hinter sich geschlossen hatten, schleuderte Nadeschda Lessners Bündel auf den Tisch und warf dabei eine Vase mit roten und weißen Nelken um.

„Du verrätst das Vaterland und mich. Wie kannst du Hand in Hand mit diesen Menschen arbeiten, die Väterchen Zar ermordet haben, Tod und Zerstörung über uns gebracht haben. Wie können wir denn den Menschen in die Augen sehen. Wie kann man Kutjepow und Wrangel in die Augen sehen, wenn du sie jeden Tag verrätst!"

Skoblin brachte ein Handtuch aus dem Badezimmer und wischte das Wasser von der Tischdecke.

Dann schaute er auf und sagte mit eiskalten Lächeln: „Ach, du hattest Besuch hinter der Bühne, scheint's."

„Ja, und er hat mir Blutgeld aufgezwungen."

„Du lieber Himmel!", antwortete Nikolaj sarkastisch. „Na, du wirst schon eine gute Verwendung dafür finden."

„Lass das, das ist kein Spiel. Das fliegt uns um die Ohren, es muss."

„Nein, bis dahin sind wir weg. Und außerdem kannst du dir das nicht aussuchen. Wir haben keine Wahl. Du bestehst darauf, dass wir zurückgehen, also brauche ich die Begnadigung. Hast du gedacht, ich bekomme das einfach so? Hast du vergessen, dass einen Gefallen annehmen heißt, die Rechnung nur zu verschieben? Aber ich habe eine nette Überraschung. Ich werde nicht nur begnadigt, sondern sobald wir zurück sind, bekommen wir deine alte Wohnung wieder und ich einen guten Posten in der Armee."

„Was? Du träumst wohl. Du bist doch ein Weißer Offizier und bekämpfst die Bolschwisten."

Skoblins lächelte verächtlich: „Das glaubst du auch nur. Ha, jeder denkt das. Vielleicht solltest du mal erwachsen werden und dich mit der Realität beschäftigen."

Er zündete sich eine Papirossa an, zog tief, und lies den Rauch langsam aus den Nasenlöchern fallen.

„Ich gestehe! Ich war immer auf der Seite einer Veränderung. Nicht einmal eine kleine Bücherei konnten die Leute für arme Dörfler einrichten, ohne dass die Zensur jedes einzelne Buch absegnen musste. Du hättest sehen sollen, was für einfache Bücher das waren, denn die meisten Bauern konnten doch gar keine komplizierten Sachen lesen. Erinnerst du dich an die Kinder in den Kellern, die für die wohlhabenden Kaufleute die Brezeln falteten? Hast du die Vergitterung der Kellerfenster vergessen, damit sie den hungrigen Straßenkindern nichts zustecken konnten? Deine Musik und die Leiter heraufsteigen war alles, was dich interessiert hat."

„Das ist nicht wahr. Als Schaljapin Geld für Gorki gesammelt hat, der es den Revolutionären zugespielt hat, habe ich gespendet. Ich habe auch gesehen wie Rachmaninow für Gorki gespendet hat."

„Sehr nobel."

„Also, was hast du denn getan, dass du dich aufspielst, als seist du der Messias für die Unterdrückten gewesen?", fragte Nadeschda.

„Ich war immer auf der Seite des Wandels. Am Anfang war es nur ein Gefühl, dass es in Russland so nicht weitergehen konnte. Zu viele verschiedene Klassen, Soldaten, Kosaken, Adel, Kaufleute, Juden, Bürokraten, die alle die kleinen Leute ausnutzten. Sie hielten sie arm, damit sie sich groß fühlen konnten. Du hättest die Geschichten hören sollen, die in der Kaserne über die verschiedenen Gruppen der Romanows kursierten. Ein Zweig wollte Nikolas rausschmeißen und einen der ihren auf den Thron heben. Ein anderer wollte nur die Zarina abservieren. Die Wachsoldaten der Paläste erzählten uns in der Kaserne von den Intrigen, die sie da so mitbekamen. Und mit sowas verbrachten sie ihre Zeit, und zwar während eines Krieges. Jeden Tag gab es neue Verschwörungspläne. Sie hatten nichts anderes im Sinn, als ihre Resourcen für die eigene Machterhaltung einzusetzen."

Nadeschda lauschte mit offenem Mund wie es aus Nikolaj hervorsprudelte.

„Ich war aber nie ein Aktivist. Es gab immer eine Gruppe in unserem Regiment, die mit den Bolschewisten sympathisierte. Lenins Leute verstanden, dass eine kleine Reform hier und da nicht ausreicht und den Krieg beendet. Erst als sie unser Regiment für

Rot erklärten, habe ich mit abgestimmt, und wie alle anderen dafür. Aber wenn du denkst, dass sie mich vorher gefragt haben, dann irrst du dich. Ich habe dich nie angelogen."

„Du bist ein Spitzel!", flüsterte Nadeschda schockiert.

„So würde ich das nicht nennen", antwortete Skoblin mit einem dubiosen Lächeln. „Ich behalte die konterrevolutionäre Bewegung im Auge, von innen. Ich verhindere einen Bürgerkrieg. Hattest du noch nicht genug Bürgerkrieg?"

Nadeschda schüttelte ungläubig den Kopf: „Also, als Denikin ohne Kampfhandlungen in Kursk einmarschierte, weil die Kanonen sabotiert waren ...?"

Skoblin ließ sie nicht ausreden: „Habe ich arrangiert. Ich habe eine Nachricht an die Roten geschickt, dass wir auf dem Weg waren. Deren Sabotage hat einen erbitterten Kampf verhindert. Es war außerdem eine Falle. Durch die gezielte Überdehnung der Weißen Kampfkraft habe ich den Weg für die Rückkehr der Roten geebnet. Aber, dass du in Kursk warst, wusste ich nicht. Ich habe meinen Augen nicht getraut, als mich der Bericht erreichte, dass wir die Kaserne erobert hatten, wo du warst."

Nadeschda schüttelte ungläubig den Kopf.

„Ich habe dir doch erzählt, dass ich mich versteckt habe. Aber die Roten haben mich entdeckt und dass ich Kornilow gut kannte. Sie stellten mich vor die Wahl, die Weißen zu infiltrieren oder an die Wand gestellt zu werden. Ich glaubte im Prinzip an das Meiste, was sie wollten, aber das wäre ganz egal gewesen, denn das kalte Eisen an der Schläfe spricht am lautesten. Danach tauchte ich dann da auf, wo Denikin und Kornilow gefangen gehalten wurden."

„Und die Granate, die Kornilows Quartier traf?", fragte Nadeschda.

Skoblin zuckte die Achseln.

„Und die Schlacht von Perekop? Die Schlacht, die wir in der Tasche hatten, als du das Regiment kommandiert hast, das Kornilows Namen trug?"

„Es musste sein. So wie es war, war der Bürgerkrieg drei Jahre. Hättest du ihn vielleicht gern fünf oder zehn Jahre gehabt?"

Skoblin machte eine Pause und sagte dann leise: „Ich habe dich niemals angelogen. Ich habe dich vom ersten Moment an geliebt, als ich dich in einem Konzert in der Militärakademie gesehen habe. Da habe ich nicht die Wahl gehabt, genauso wie wir jetzt nicht die Wahl haben. Wie oft hast du gesagt, du möchtest in deine alte Wohnung in Moskau zurück? Dserschinski wird kooperieren, denn er ist es, der verlangt, dass ich diese Mission beende. Es ist eine gute Sache für uns. Sobald die Weißen Verschwörungen, Sowjetrussland zu zerstören, zerschlagen sind, gehen wir zurück. Wir sprechen unsere eigene Sprache, essen Zakuski und Schwarzbrot. Die Leute um uns herum denken wie wir und wir können in ihren Gesichtern lesen. Dr. Martin ist unser Verbindungsmann und du solltest freundlich zu ihm sein."

Skoblin zog wieder an seiner Papirossa. Dann sah er Nadeschda in die Augen und atmete tief durch, bevor er sich wie ein Schauspieler in einer dramatischen Szene benahm: „Wir haben nicht die Wahl, Madame. Oder möchte Sie lieber in den Straßen betteln? Unsere kaiserlich akkreditierte Solistin singt und bettelt unter der Laterne, neben Edith, dem kleinen Spatz?"

Nadeschda war wie gelähmt.

Skoblin sah ihr wieder in die Augen: „Du hast keine Wahl, kapierst du das? Da müssen wir durch. Sobald unsere Mission vollbracht ist, kehren wir zurück, wie geschmiert."

„Aber was passiert, wenn wir erwischt werden? Das ist doch möglich, oder?"

„Möglich, aber sehr unwahrscheinlich. Überlass das mir. Mach dich bei den Leuten beliebt. Ich mach den Rest. Du bewegst dich in allen Schichten des russischen Exils. Du wirst von allen bewundert, von den Reichen und Armen, den Adligen und Arbeitern, den berühmten und den hungerleidenden Künstlern. Musik ist ein Zauberschlüssel, das hast du selber gesagt. Wir liefern, was sie wollen. Der georgische Nichtsnutz und seine Taktiken sind die beste Geldquelle, die man sich vorstellen kann."

Sie unterhielten sich bis die ersten Vögel zu trällern anfingen. Wandel und Stabilität in Russland konnte nur von den Bolschewisten kommen oder das alte System würde wieder Wurzeln schlagen. Nur die Bolschewisten hatten den Mut, die Rückzahlung der französischen Kriegsanleihen zu verweigern, die Russland für Jahrhunderte lahmlegen würde, meinte Nikolaj.

Die vielen Völker des ehemaligen Reiches zusammenzuhalten, war eine weitere Sorge. Sie würden unabhängig sein wollen wie Polen und die baltischen Staaten. Deren Selbständigkeit hatte Georgien angesteckt und die Ukraine war nun in den Startlöchern. Tschetschenien würde gehen, von Banden in den Bergen regiert werden und Gesetzlosigkeit verbreiten. Die asiatischen Völker jenseits des Urals liebäugelten ebenfalls mit Unabhängigkeit. Und was würde mit den Millionen Russen dort passieren? Wie viele könnten in Paris Asyl bekommen?

„Das wurde auch in der Militärakademie behandelt", erklärte Nikolaj weiter. „Die Finanzleute möchten ein vereintes Russland, weil das für die Unternehmen einfacher ist, aber wir wollen das auch. Stell dir vor, wenn Russland in ein halbes Dutzend oder mehr Länder aufgeteilt würde. Das könnte neue Kriege bedeuten. Sie könnten alle unterschiedliche Steuersysteme und eine eigene Sprache haben. Unabhängige Staaten sind teurer für die Unternehmen, denn es sind mehr Menschen zu bestechen, mehr Regulierungen zu beachten, mehr Dolmetscher zu bezahlen. Wer Russland zusammenhält wird unterstützt und zur Zeit ist Stalin ganz allein auf weiter Flur, da eine Aussicht auf Erfolg zu haben."

In der Nacht, wälzte sich Nadeschda im Bett hin und her. Aber wie auch immer sie es betrachtete, sie musste zugeben, dass Nikolaj Recht hatte. Hätte sie Stalins Avancen in Kursk nachgeben sollen? Sie schüttelte sich bei dem Gedanken. Mit etwas Glück würde der Georgier nicht ewig regieren. Sie stellte sich ihn krank vor, gestürzt, vergiftet oder durch einen Unfall ausgeschaltet. Bis Skoblins nach Hause kämen, würde vielleicht schon der nächste im Kreml herrschen. Diese Gedanken wirbelten durch ihren Kopf, bis sie einschlief. Als der Morgen kam, erinnerte sie sich an die Realitäten und fühlte sich sehr unwohl. Nikolaj sah, dass sich Nadeschda nicht voll damit abfinden konnte, dass ihr Leben an einen ideologischen Kampf gebunden war und nahm die Debatte am Frühstückstisch wieder auf.

„Guck doch mal um dich herum. Ist das Geld nicht das Einzige, was in dieser Gesellschaft zählt? Da reden sie, Menschenleben seien unersetzlich. Oder sie sagen, ach, ist ja nur Geld. Ist es dir wirklich entgangen, dass sie dich auf den Arm nehmen? Der Krieg von 1914 kostete Millionen von Menschenleben, aber die Welt dreht sich nicht nur weiter sondern tanzt den Charleston. Verlier dein Geld, dann bist du verloren. Bevor Eitingon anbot, die Schneiderin zu bezahlen, hast du dich gedreht und gewendet, aus einem Nachlass oder vom großzügigen Mörder Jussupow etwas zu ergattern. Es ist das Geld, das unersetzlich ist.

Stell dir doch einmal vor, wo wir ohne das Geld von Eitingons Quellen jetzt sein würden. Warum lässt du es zu, dass sie dich manipulieren?"

Nikolaj machte eine Pause, bevor er seine endgültige Aussage machte: „Die Schere, die dir die Flügel beschneidet, nennt man leere Taschen."

Lessners Bündel lag noch immer unberührt auf dem Tisch. Jetzt Nikolaj griff danach. Er biss die Strippe durch und warf das Bündel hoch in die Luft. Die Geldscheine regneten wie Schneeflocken herunter.

„Hier, das ist Wind unter den Flügeln. Hör auf zu humpeln, meine Nachtigällchen, flieg!" Skoblin schlürfte einen Schluck Tee. „Es gibt es eine Redensart, dass Menschen, die mit Musikern viel Zeit verbringen, nicht erwachsen werden."

Skoblin redete sich in einen Rausch und verbeugte sich vor Nadeschda wie ein kleiner Junge: „Ich bin Ihr neuer Page, Madame. Ihr Stichwort, Madame Plewitzkaja! Das nächste Lied heißt erwachsen werden.

„Du kannst es ausprobieren, dass sich niemand darum schert, woher die Silberlinge kommen, solange sie funkeln. Mach doch mal den Test und lade Tamara, Swetlana oder so jemanden von deinem Café Zirkel zum Mittagessen in das Lilas ein. Bestelle knusprige Croissants, cremigen Pfeffer-Käse, den besten Kaffee und etwas Lokum, um deren Geschmacksnerven zu kitzeln. Wenn Tamara ihre Dankbarkeit zum Ausdruck bringt, sagst du ihr, dass sie das schmackhafte Essen Sawinkows Liquidation zu verdanken hat. Er war doch nur ein Terrorist auf dem Weg in die Versenkung, einer der es verdiente, einen Kopf kürzer gemacht zu werden. Spuckt dir Tamara jetzt den Pfeffer-Käse ins Gesicht? Natürlich nicht."

Skoblin war sicher, Moskau werde jemanden anderen finden, wenn sie nicht mitspielten. Wenn er es wollte, könnte Dserschinski ihr Leben in Paris zur Hölle machen.

„Lessner hat zugegeben, dass wir ideal sind. Meine Militär-Expertise, dein Ruhm und die Reisen durch die Tourneen sind eine unschlagbare Kombination. Aber denk bloß nicht, sie würden nicht jemanden anderes finden, wenn wir uns rausziehen. Dann reiten sie uns rein und niemand kennt dich mehr, egal wie sie dich vorher angehimmelt haben. Es gibt nur eine Reiseroute für uns und die machen wir uns so angenehm wie möglich."

„Ich will doch nur nach Hause, Nikolaj und bin es leid, immerzu über Geld zu reden und nachzudenken", stellte Nadeschda erschöpft fest.

„Na, dann werde mal erwachsen", sagte Nikolaj kurz und stand auf. In der Tür drehte er sich um: „Vergiss nicht, die Scheinchen aufzusammeln, wenn ich im Büro bin. Zählen kannst du dir sparen."

Nadeschda starrte aus dem Fenster, aber sie konnte sich nicht auf die Straße oder die Passanten konzentrieren. Die Politik war wieder einmal in ihr Leben eingedrungen. Aber sie hatten keine Wahl und mussten das Beste daraus machen. Die Honorare heraufzutreiben war alles, was getan werden konnte. Welcher Musiker war es, der gesagt hatte, „mit dem Blick starr aufs Honorar gerichtet", wenn sich herausstellte, dass ein Auftritt unangenehme Bedingungen hatte? Sie wusste es nicht mehr, denn sie hatte so viele gekannt.

Skoblins Leben pendelte sich ein. Konzertbuchungen kamen von allen europäischen Emigrantenzentren. Nicht alles war gut besucht, aber in Paris sprachen sie über große Erfolge. Das sollte ihre deutlich verbesserte Lebensweise, eine neue Wohnung und die guten Restaurants erklären, in denen sie aßen. Das Shéhérazade heuerte Nadeschda nicht mehr an. Vielleicht war etwas an den Gerüchten, dass Nadeschdas Auftritte dort von einem der Exil-Prinzen bezahlt waren, der helfen aber nicht gesehen werden wollte, damit ihn nicht die Hälfte der russischen Kolonie um Unterstützung anbetteln würde. Oder könnte Gordon wissen, wer Lessner war?

Nun, da zu Hause Offenheit herrschte, war eine Last von Nadeschda abgefallen. Sie wusste jetzt, wo die Fallstricke waren. Sie genoss die gesellschaftlichen Ereignisse und fing an, Nikolaj zu glauben, was er über die Bolschewisten erzählte, trotz der vielen Geschichten über Deportationen und Folterungen durch einen allmächtigen sowjetischen Geheimdienst. Sie sah die paar reichen Russen in Paris in einem anderen Licht. Alles drehte sich um deren Selbstinteresse. Sie würden nie einen Finger rühren, um Ausbeutung oder auch nur Ausnutzung zu reduzieren. Aber wenn die Wohltätigkeitsveranstaltung genug Glanz und Gloria hergab, waren sie dabei und zogen Scheine aus der Hosentasche.

Großherzog Kyrill beendete die Spekulationen über den

nächsten Throninhaber, indem er sich zum Erbe des Zaren kürte und die Konten des Hauses Romanow sicherte. Kyrills private Krönungszeremonie war ein denkwürdiger Abend. Als Nadeschda *Mütterchen Russland du bist tief verschneit* sang, senkten sie die Köpfe und Tränenströme flossen über die von Heimweh gezeichneten Gesichter. Fassungslos saßen sie da und einen Moment glaubte Nadeschda, sie würden nicht klatschen. Die Zeit stand still, bis ein schwerer langsamer Applaus über sie rollte. Nadeschda entschloss sich, dieses sentimentale Lied mit einem modernen Ambiente zu ihrer neuen Erkennungsmelodie zu machen.

34

Es schien, als würde sich der Sommer des Jahres 1925 nie einstellen. Rachmaninow hatte geschrieben, er plante den Urlaub in Corbeville südlich von Paris zu verbringen.

„Ich habe mein Haus hier in New York verkauft und bin in eine Wohnung gezogen. Dadurch wird es einfacher, den Sommer in Europa zu verbringen, das ich so sehr vermisse", schrieb Rachmaninow durch seinen Sekretär.

Schließlich kam der Anruf. Die Rachmaninow Familie war im Lande und wollte sich mit Skoblins kurzschließen. Nadeschda nahm die Einladung sofort an. Nikolaj entdeckte allerdings, dass er an diesem Tag eine Konferenz mit den Veteranen hatte, aber Nadeschda bestand darauf, die Einladung nicht umzulegen.

„Dann gehe ich eben allein. Rachmaninow ist zu wichtig, um den Kontakt zu verschieben. Wusstest du, dass ich noch nie mit dem Zug allein gefahren bin?"

Was Nadeschda nicht erwähnte, war das Gefühl, das sie schon so lange nicht mehr erlebt und fast vergessen hatte. Sie wusste, dass dies von der Erwartung herrührte, wieder einmal mit Rachmaninow zu sein, obwohl sie nicht allein sein würden. Am selben Tag ging Nadeschda durch ihre Garderobe und entschied sich für das einfache lange schwarze Kleid. Es war nicht übertrieben attraktiv, aber attraktiv genug, um sich wohlzufühlen.

Nadeschda setzte sich im Zug an das Fenster, obwohl es nur eine kurze Fahrt war. Zwei junge Buben mit quietschenden Stimmen rutschten auf der gegenüberliegenden Sitzbank hin und her. Nadeschda täuschte vor, kein Französisch zu verstehen, als das Kindermädchen ein Gespräch anknüpfen wollte.

Außerhalb von Paris zog ein Zigeunerlager vorbei, das ganz anders als in Russland aussah. Sie hatten nicht kleine simple Holzkarren mit Planen, die wie Kapuzen aussahen, sondern gemütlich aussehende Wohnwagen. Sie fragte sich, ob die Stämme auch diese Wagen nach dem Tod der Besitzer in Flammen aufgehen ließen. Dann überlegte Nadeschda, ob sie wohl jemanden in dem Lager kennen könnte. Würden es die Dimitrijewitsches aus Russland herausgeschafft haben? Wenn Tarafs Stamm bis Frankreich gekommen war, so könnten er oder einer seiner Söhne in einem dieser Wagen sein. Nadeschda kam der Gedanke, auch sie könnte da leben. Hätte Orhan sie an Tarafs Sohn statt an Joska verheiratet, könnte sie die Frau sein, die in der Ferne Wäsche aufhing.

Obwohl das Leben als Sängerin im Exil schwer war, so verspürte sie keine Lust, Plätze zu tauschen. Das Gefühl der Zugehörigkeit, Zugehörigkeit zum Stamm, war in Wirklichkeit, dass man dem Stamm gehörte. Der Preis für Loyalität war, dass man kuschte. Nadeschda lächelte, als sie erkannte, dass ihre Zugfahrt die Regel brach, nie etwas allein zu unternehmen. Sie war stolz und fühlte sich befreit.

Als der Zug in den Bahnhof von Corbeville hineinzog, öffnete Nadeschda das Fenster und ließ den Blick über den Bahnsteig schweifen. Rachmaninows hochgewachsene Gestalt überragte die Franzosen. Er entdeckte Nadeschdas Gesicht im Fenster und ein Lächeln huschte über sein berühmtes melancholisches Gesicht, das weltweit als immer ernst bekannt war. Nadeschda meinte sogar, ein Funkeln in seinen Augen zu sehen, das Funkeln, das sie von früher kannte. Als sie in das Haus eintraten, das er für die Sommerferien gemietet hatte trat, legte er seinen Arm um Nadeschdas Schulter.

„Natalja", sagte Rachmaninow zu seiner Frau, „du erinnerst dich an Nadeschda, unsere Großartige Plewitzkaja? Ist es nicht wunderbar, dass sie heil herausgekommen ist. Ihre Lieder haben mich in unseren Moskauer Jahren sehr inspiriert, habe ich dir das jemals erzählt?"

Nadeschda breitete die Arme aus: „Ich freue mich ja so, Sie endlich kennenzulernen, Natalja Alexandrowna. Serjoscha hat so oft von Ihnen und den Mädchen erzählt, wenn sich unsere Tourneen kreuzten."

Nataljas Augen suchten in Serjoschas und Nadeschdas Gesichtern nach einer Spur wie gut sie sich wirklich gekannt hatten, aber sie verfolgte den Gedanken dann nicht.

„Sehr erfreut, Sie kennenzulernen. Ich bringe den Tee auf die Veranda."

Nadeschda und Sergej setzten sich in große Korbsessel auf der Terrasse hinter dem Haus. Natalja schob den Teewagen mit drei Schälchen Marmelade, der Wasserkaraffe und der kleinen Samowar-Teekanne durch die Tür.

„Ich habe guten Honig bestellt, aber sie haben noch nicht

geliefert. Tut mir leid, Nadeschda Wassiljewna", sagte Natalja.

„Marmelade ist in Ordnung, Honig nehme ich nur im Winter", antwortete Nadeschda.

Nachdem Natalja gegangen war, saßen Serjoscha und Nadeschda eine Weile still da und schauten auf den malerischen kleinen französischen Garten. Der Apfelbaum hatte Fruchtknospen an allen Zweigen und die Rosenstöcke waren voller gelber und rosa Blüten.

„Merkst du wie die Erde duftet, die Blumen und das Gras?", brach Rachmaninow schließlich das Eis.

„Himbeer-, Erdbeer-, oder rote Johannisbeerenmarmelade, Nadeschda?", fragte er und deutete auf den Teewagen.

„Himbeere passt besser zu dem Tee hier in Frankreich."

Sie schlürfte den Tee mit Marmelade auf dem Löffel und beobachtete die Spatzen, wie sie auf den grauen Pflastersteinen nur ein paar Meter weiter tanzten.

Nadeschda lächelte: „Ich dachte, ich würde dich nie wiedersehen."

„Hätte leicht passieren können", antwortete Rachmaninow. „Wir hatten so viel Glück, dass Schaljapins Kinder uns gewarnt haben. Die Konzertreise nach Stockholm hatte ich schon lange vorher in der Planung, konnte mich aber nicht entscheiden, ob ich fahren oder in Moskau bleiben sollte. Dann kamen Fedjas Kinder und ich machte Stockholm fest. Noch am selben Abend haben wir gepackt."

„Nur Tage später", fuhr Rachmaninow nachdenklich fort, „war der neue Geheimdienst unter Dserschinski fest etabliert. Wie bist du denn rausgekommen, Nadeschda?", fragte er.

Nadeschda blickte wieder auf die Spatzen. Jetzt war es an der Zeit, zu erzählen, dass sie das mit Fedjas Kindern eingefädelt hatte. Aber würde das nicht so klingen, als wollte sie sich wichtig machen und nach Dankbarkeit heischen? Wenn sie es beweisen müsste, so würde sich Fedja bestimmt erinnern. Aber welchem Zweck würde es dienen, das jetzt aufzubringen?

„Nadeschda?", fragte Rachmaninow, „du musst es nicht erzählen, wenn es schlechte Erinnerungen sind."

„Nein, nein, so ist das nicht. Mir kam gerade etwas in den Sinn", antwortete Nadeschda.

Dann erzählte sie die Geschichte, wie sie bei den Roten in

Kursk gelandet war. Dann waren Kutjepow und die Weißen gekommen, brachten sie nach Orel. Sie verliebte sich in den Hauptmann, der sie verhörte, und inzwischen zum General aufgestiegen war. Er hatte eine führende Rolle bei den Veteranen. Rachmaninow nickte bei jedem Abschnitt der Geschichte, gab aber keinen Kommentar und stellte keine Fragen. Rachmaninow hatte beschlossen, dass er alle Gespräche über Emigrantenpolitik nur anhören würde, denn so konnte ihn niemand zitieren.

Sie erinnerten sich an die guten Zeiten in Russland.

„Der Klang eines echten Balalaika-Orchesters", meinte Rachmaninow leise, „so gut besetzt wie Andrejews Orchester, wann werden wir es wieder hören?"

„Wenn wir wieder zu Hause sind", antwortete Nadeschda mit einem Seufzer.

„Ja, fast acht Jahre sind es jetzt nun. Die Heimat zu verlieren schmerzt jedes Jahr mehr, nicht weniger. Wusstest du, dass ich zusehen musste, wie die Bauern Iwanowka den roten Hahn aufgesetzt haben?"

Rachmaninow machte eine Pause und sagte dann mit fester Stimme: „Aber solange wir am Leben sind, egal wo, müssen wir uns um das kümmern, was vor uns liegt."

Sie sprachen übers Geschäftliche. Rachmaninow war sich sicher, dass er seinen Manager davon zu überzeugen könnte, eine Tour in Amerika zu arrangieren.

„Ich habe mich noch nicht ganz entschieden", sagte er, „aber ich glaube, ich werde in deine Tournee investieren. Je mehr ich darüber nachdenke, desto mehr gefällt mir der Gedanke von einer 20 oder 30%igen Beteiligung. Rede bitte noch nicht darüber. Die Leute sehen mich doch als Künstler und ihre Illusionen zu zerstören, ist nicht sinnvoll. Wir wissen aber beide, dass ein Künstler auch ein erfolgreicher Unternehmer sein muss, sonst ist er bald kein Künstler mehr. Foley hat einige der Kosten für mich geschätzt, die Seereise, Hallenmiete, Bahnfahrten, Unterkunft, Programme drucken und so weiter. Foley meint, dass wir unseren Einstand in etwa acht Konzerten wiederhaben. Wenn wir 20 oder so Konzerte zusammenbekommen, machen wir ganz hübschen Gewinn."

„Klingt fabelhaft", sagte Nadeschda bewundernd.

„Eigentlich kann da nicht viel schief gehen", bemerkte Rachmaninow. „Ich plane, zwei oder vielleicht drei Themen an

Gesprächsstoff für die Klatschspalten zu liefern. Das spart uns ein paar teure Anzeigen und hilft dem Kartenverkauf."

Nadeschda schaute verblüfft auf.

Rachmaninow erklärte: „Nummer eins sind deine Memoiren, die etwa zwei Wochen vor Tourbeginn auf den Markt kommen sollen. Ich habe doch hier in Paris einen Verlag für Tatjana und Irina gegründet. Der ist zwar hauptsächlich für meine Werke, aber wir wollen die Basis durch Bücher verbreitern. Der Verlag heißt Taïr, nach Tatjana und Irina. Tatjana ist übrigens neulich Remisow über den Weg gelaufen. Wir wussten gar nicht, dass er auch nach Paris gezogen ist und er hat eingeschlagen, die Memoiren für dich zu schreiben, vielleicht mit einem halben Pseudonym als Remisowa. Er ist schnell, nicht teuer, und schreibt auch gut. Wenn du mit ihm arbeiten willst, kannst du ihm schon nächste Woche deine Geschichten erzählen. Dein Buch ist dann rechtzeitig zur Tounee in den Regalen, um den Kartenverkauf anzukurbeln, haben mir meine Töchter zugesichert. Das ist sehr wichtig, damit die Zielgruppen deine Plakate erkennen und umgekehrt."

Rachmaninow zündete sich eine Zigarette an und sog den Rauch tief ein.

Nadeschda nickte: „Hervorragende Idee. Ich hätte nie gedacht, dass jemand ein Buch über mich schreiben würde. Soll das die ganze Wahrheit und nichts als die Wahrheit sein?", fragte sie mit einem Augenzwinkern.

„Die Wahrheit?", fragte Rachmaninow langsam und schaute Nadeschda ebenfalls mit einem Augenzwinkern an. „Kaufen die Leute Bücher, um die Wahrheit zu lesen? Sie wollen doch wohl mehr ihre Gedanken von der täglichen Mühle ablenken oder ihre eigene Meinung bestätigt sehen. Remizow soll das entscheiden. Er hat die Erfahrung."

Rachmaninow zog die Augenbrauen hoch und sah Nadeschda mit einem Lächeln an: „Hüte dich vor Geschichten, wo jemand dir das Gegenteil beweisen kann. Und bei gewissen Anekdoten über Leute, die noch leben, ist auch Vorsicht geboten."

„Da fällt dann wohl raus, was mir Volkskommissar Stalin in Kursk ins Ohr geflüstert hat, nehme ich an", entgegnete Nadeschda süffisant.

„Ganz bestimmt, denn das könnte für das Geschäft meiner Mädchen und meine Verwandten zu Hause gefährlich sein. Du weißt schon, was ich meine."

Rachmaninow zog wieder an seiner Zigarette und wählte seine Worte vorsichtig: „Du weißt, was ich meine. Nimm die Geschichten, die sauber, vielleicht auch etwas komisch sind. Das wollen die Leute lesen. Was zu einer Gerichtsverhandlung führen würde, wäre eine Katastrophe für meine Mädels und für mich natürlich auch."

„Du lieber Himmel, da passe ich natürlich auf. Irina und Tatjana sind zu beneiden, dass sie einen Vater haben, der ihnen den Weg ebnet."

„Abgemacht!", antwortete Rachmaninow. „Der Vertrag kommt mit der Post. Sollte nicht viel länger als zwei Wochen dauern, bis du Remisow alles erzählt hast was da rein soll."

Rachmaninow lächelte: „Unser Buch! Wie aus Nadeschda Wassiljewna Die Großartige Plewitzkaja wurde."

Nadeschda nickte, überwältigt von der Geschwindigkeit.

„Soll ich einen Vorschuss auf die Lizenzen arrangieren?", fragte Rachmaninow.

Nadeschda nickte sprachlos.

„Remisow bringt das in der zweiten Woche."

Nadeschda nickte wieder: „Klingt wunderbar. Vielen Dank Serjoscha."

„Ist mir ein Vergnügen, auch ein Geschäft für Tatjana und Irina, gutes Geschäft, hofft man natürlich. Ich muss ihnen auf die Beine helfen in diesen schwierigen Zeiten."

„Klar, aber was sind die anderen zwei Punkte an Gesprächsstoff, die du ausgekocht hast?"

„Eine Schallplatte mit mir. Eine Aufnahme mit mir kurbelt auch den Kartenverkauf an, denn damit kommst du ins Radio. Heutzutage brauchen alle Künstler das Radio, um erfolgreich zu sein. Ohne Radio ist der Musiker oder Sänger nicht existent. Ich freue mich, dich wieder zu begleiten, aber Radio gehört zum Paket und eine Schallplatte mit mir ist Gesprächsstoff. Wir müssen aber dabei darauf achten, dass die Leute es nicht so verstehen, als würden wir zusammen auf Tourne gehen. Erinnerst du dich noch an unsere Abende bei den Pasternaks und bei Schaljapin? Erst jetzt wurde mir bewusst, wie besonders diese Zeiten waren, wie eine süß duftende Rose, die schnell verblühte."

Rachmaninow hielt inne, dann sagte er leise: „Ich möchte

wieder den Rosenduft kosten, Djoschka."

Aber so plötzlich, wie er emotional wurde, fiel der berühmte Pianist, Komponist und Dirigent in die geschäftlichen Verhandlungen zurück.

„Über die Schallplatte muss ich aber noch mit Victor verhandeln, denn ich bin ja bei denen unter Exklusivvertrag. Jedes Jahr übernehmen sie die Kosten, den Steinway nach Europa zu schleppen, damit ich hier darauf üben kann. Das muss ich berücksichtigen. Du bist nicht unter Vertrag, oder?"

„Interessante Frage", antwortete Nadeschda. „Kann ich gar nicht sagen. Du wirst dich erinnern, dass ich an Simjonow und seinen Vertrag mit Parlophon gebunden war. Lewitzky, mein damaliger Mann, und ich sind damals aus der Moskauer Kaserne sehr plötzlich weg und es herrschte ja auch großes Chaos, nachdem Kutjepow die Unruhen nicht niederschlagen konnte. Er floh mit seinen Leuten nach Süden zu den Konterrevolutionären. Lewitzky schloss sich dem nicht an, so wurde er Teil der Roten Armee und wir wurden nach Kursk versetzt. Zu der Zeit glaubten wir, dass wir da eine Weile stationiert sein würden und dann bald wiederkommen würden. Ich kam gar nicht darauf, dass ich im Exil landen könnte und meinen Dokumentenkasten hätte mitnehmen sollen. Das wäre wohl besser gewesen und mein Liederbuch, das ich mit Boscharinowa im Rhode gemacht habe, wäre auch nicht weg. Ich habe keine Ahnung, was in Simjonows Vertrag stand, denn ich konnte ja damals nicht lesen. Hast du gehört, ob Simjonow herausgekommen ist, oder ob er noch lebt?"

„Nein, gehört habe ich nichts. Vielleicht weiß Siloti etwas. Ich frage ihn, wenn ich wieder in New York bin."

Rachmaninow holte ein Notizbuch und einen golden Stift aus seiner Jackentasche, machte eine Notiz und blickte dann auf.

„Also wenn Simjonow es herausgeschafft hätte, hätte er bestimmt Kontakt aufgenommen und seine Rechte mittlerweile geltend gemacht. Aber wenn er noch dort ist, kann er wohl von Moskau aus seine vertraglichen Rechte nicht wahrnehmen. Erinnerst du dich noch, wie lang die Gültigkeitsdauer des Vertrages war?", fragte Rachmaninow.

„Nein, da waren verschiedene Arten von Optionen."

„Ich glaube, wir können da machen, was wir wollen", sagte Rachmaninow. „Man kann ja argumentieren, dass du ein öffentliches Profil hast und er hatte reichlich Zeit, seinen Anspruch anzumelden. Für dich gilt die Sache ähnlich, denn es sieht mir nicht so aus, als dass du deine Verträge mit Schneider und Simjonow in Moskau durchsetzen könntest, selbst wenn sie noch Laufzeit hätten."

Nachdem das Geschäftliche aus dem Weg war, sprachen sie über alte Zeiten und über die Menschen, die sie beide kannten. In ihren Briefen hatten Rachmaninows Verwandten immer wieder geschrieben, dass eine Flucht aus der Heimat für sie nicht in Frage käme und was die Presse von den Hungersnöten berichtete, seien bösartige Übertreibungen.

„Sie schreiben, dass ich die Emigrantenzeitungen sehr aufmerksam lesen soll, denn sie seien voller kapitalistischer Propaganda. Wer weiß, was Wahrheit ist und ob sie das wirklich meinen", sagte Rachmaninow mit einem Seufzer. „Meine Geschwister wollen vielleicht den Zensor gut stimmen, um ihrer Kinder willen."

Nach einer Pause wechselte Rachmaninow das Thema. „Ich habe in letzter Zeit nichts von Gutschkow gehört. Hast du ihn gesehen?"

„Es geht ihm ganz gut, höre ich. Seit dem Einbruch spricht er nicht mehr darüber, was er tut. Er hat sich sehr verändert. Vor 12 Jahren saß er an allen Schalthebeln. Jetzt macht er sich so unsichtbar wie möglich. Anna versucht, ihn aus den Kreisen der Exilpolitik herauszulösen, aber er hört nicht auf seine Tochter. Aus dem gesellschaftlichen Zirkus hat er sich ganz herausgezogen. Ich frage mich ...", Nadeschda hielt an und schaute nach unten.

Als sie Rachmaninows fragende Augen auf sich fühlte, fuhr sie fort und setzte ihre Worte sorgfältig: „Ich frage mich, ob er vielleicht etwas Schuld fühlt. Alle seine Schüsse trafen am Ziel vorbei oder sogar in die eigenen Beine. Rasputin und die Zarina hat er eliminiert, aber am Ende sah es mehr nach der alten Redensart aus „Operation gelungen, Patient tot". Er ist nicht mehr derselbe Mann, den ich 1907 im Rhode kennenlernte. Nikolaj sagt, dass er mit ihm arbeitet, aber er besteht darauf, dass ich Gutschkow aus dem Weg gehe und keine Fragen stelle. So habe ich ihn eine ganze Weile nicht gesehen."

„Sehr klug", antwortete Rachmaninow. „Es ist nicht gut für unser Konzertgeschäft, wenn wir mit einer Seite identifiziert werden, egal welcher. Es gibt immer jemanden, der uns kennt und uns das irgendwann vorhält. Bitte doch deinen Mann, Gutschkow meine herzlichsten Grüße auszurichten, ja? Ich muss direkten Kontakt vermeiden. Es macht uns sehr traurig, dass wir einen entfernten Verwandten wie ihn fallen lassen müssen, aber er ist lange genug in der Politik, um das zu verstehen. Ich denke oft an ihn, und ich möchte ihn das wissen lassen. Leider musste ich auch Tatjana und Irina raten, ihren Onkel Sascha eine Weile zu vergessen. Der Verlag meiner Mädchen muss als neutral gelten. Vielleicht können wir eines Tages wieder zusammenkommen. Das hoffe ich jedenfalls sehr", schloss Rachmaninow.

„Natürlich", antwortete Nadeschda. „Ich überbringe deine Grüße. Und wie gefällt denn Fedja das Leben in New York?"

„Wohl nicht besonders, denn sonst würde er nicht davon reden, sich hier zur Ruhe zu setzen, wenn sein Vertrag ausläuft. Hast du schon die lustige Geschichte über seinen letzten Abend in Moskau gehört?"

„Nein."

„Du kennst doch die Bolschewisten. Sie bestanden darauf, dass jeder den gleichen Lohn wert war, Kulissenschieber, Platzanweiser, Solisten, Chor- und Orchester-Mitglieder, alle sollten einen Einheitslohn bekommen. Fedja war damit nicht einverstanden. So ging er zu Sobinow, der damals das Bolschoi leitete. Fedja sagte, dass er in diesem Fall lieber als Kulissenschieber arbeiten wolle, statt als Sänger. Er hatte doch von früher her die Erfahrung und war qualifiziert. Seine Rolle könne ja jemand anders singen, vielleicht Sobinow selbst? Sobinow war natürlich entsetzt. „Aber ich bin doch Tenor, und das ist eine Bass-Rolle." So schlug Fedja vor, er solle die Bühnenarbeiter fragen, ob ein Bass dabei ist."

Rachmaninow genoss es, die Geschichte zu erzählen und Nadeschda lachte.

„Kann man sich richtig vorstellen, wie Fedja das gesagt hat, der geborene Schauspieler, der er ist. Sobinow hatte nicht viel Sinn für Humor, wenn ich mich richtig erinnere. Hat er die Bühnenarbeiter vorsingen lassen?"

„Nicht, dass ich wüsste", antwortete Rachmaninow lächelnd.

„Ist Fedja zufrieden an der Met?", fragte Nadeschda.

„Was ist Zufriedenheit? Beifall und Geld schmecken oft nach einem Trostpflaster, dass wir in einem fremden Land gestrandet sind. Fedja würde wohl nicht davon reden, sich hier zur Ruhe zu setzen, wenn er ganz zufrieden wäre, oder? Dort kann er natürlich nicht darüber reden, weil die Amerikaner so einen kindlichen Stolz auf ihr Land haben. Sie verstehen die Idee der Heimat und Zugehörigkeit nicht, nur Geld. Wir wissen ja auch, wie wichtig Geld ist, aber wir haben noch Platz für eine Heimat. Bitte erwähne das niemandem gegenüber. Es ist eine unsichtbare Kluft zwischen der angelsächsischen Mentalität und unserer. Eines Tages werde ich es verstehen und die richtigen Worte finden."

„Wie kommt Siloti denn mit all dem zurecht?", fragte Nadeschda.

„Sehr gut. Sein Alter hilft ja, dass er Abstand von Gut und Böse hat. Wenn Du ihn siehst, würdest du nie erraten, wie viele Höhen und Tiefen er in seinem Leben zu bewältigen hatte. Erst war er ein berühmter Liszt Schüler und internationaler Pianist. Dann war er ein erfolgreicher Konzert-Veranstalter in Russland, war Teil der Musikgeschichte und lebte gut. Direkter Zugang zu Gutschkows Zeitung hat natürlich auch geholfen. Jetzt ist er nur einer von mehreren Klavierlehrern an der Juilliard School und niemand weiß, dass es seine Bearbeitung war, die Tschaikowskys Klavierkonzert zu dem gemacht hat, was es heute ist. Er muss es jedem sagen."

„Was für eine lange Reise", sagte Nadeschda. „Hatte er nicht versucht, sich zu arrangieren und zu bleiben?"

„Oh ja, er hat im neuen System ausgeharrt so lange er konnte. Das waren seine längsten zwei Jahre, sagt er immer."

„Was haben sie denn gemacht?", fragte Nadeschda.

„Die Kommandos nahmen seinen Flügel weg, ohne dass sie das gedurft hätten, wie sich später herausstellte. Er musste zum Üben ins Konservatorium. Jeden Tag dachte er, ob sie ihn wohl erschießen oder nach Sibirien schicken würden. Dann tauchte einer seiner ehemaligen Klavierschüler aus England auf, der merkwürdigerweise zusätzlich auch vom Geheimdienst ausgebildet worden war, und half ihm, in der Nacht nach Finnland zu entkommen. Bei einem kleinen Zusammensein in meinem Haus in New York, da hörte ich ihn neulich zu Fedja sagen, dass sich alles in dir tot anfühlt – aber man kann trotzdem sieben Tage in der Woche voll funktionieren. Danach setzte sich Siloti an meinen Steinway, spielte das *Lied der Sklavinnen* aus Fürst Igor und sang leise die Melodie in einem Gemisch von Russisch und Englisch. Es hörte sich an, als ob wir alle Strangers in Paradise sind, ich meine Fremde im Paradies, aber meine amerikanischen Gäste waren so mit sich beschäftigt, dass sie nicht mitbekamen, was in der russischen Seele meines Cousins vor sich ging."

„Richte ihm bitte meine besten Grüße aus, ja?", sagte Nadeschda.

Rachmaninow nickte und einen Moment schien er abwesend. Abrupt stand er auf.

„Genug davon. Ich sage Natalja, das Mittag zu bringen."

„Soll ich anbieten, dass wir ein Lied oder zwei zusammen machen, Serjoscha?", fragte Nadeschda.

„Nein, ich fühle mich heute nicht nach Arbeit", antwortete Rachmaninow.

Auf ihrer Rückfahrt war Nadeschda immer noch überwältigt von Rachmaninows Plänen. Eine Aufnahme mit ihm, eine Tournee im ergiebigen amerikanischen Markt und ein Buch über sie würde die Honrare in allen Emigrantenzentren anheben. Was war der dritte Gesprächspunkt? Die Erwähnung war von den Erinnerungen verdrängt.

Für das Buch musste sie gut überlegen. Was konnte erwähnt werden und was sollte besser weggelassen werden, ohne dass Lücken entstünden? Stalin oder seine Leute würden es bestimmt lesen. Wenn zu viele der Roten Gräueltaten vom Bürgerkrieg enthalten wären, würde sie ihn verärgern und Nikolajs Begnadigung mit der Rückkehr in die Heimat gefährden. Wenn sie die Roten zu gut darstellte, würden die Emigranten misstrauisch werden. Nadeschda seufzte, denn hier schien sich ein Drahtseilakt anzubahnen.

Nadeschda beschloss, eine Menge über ihre Kindheit im Dorf zu reden. Sie würde auf den Geschichten aufbauen, die sie sich zuerst für Edmund ausgedacht hatte. Sie hatte das alles so oft erzählt, dass es sich ganz normal anfühlte. Niemand konnte sie hier beim Lügen ertappen, denn es war ja alles nun schon Jahrzehnte her. Die Zeit in Kiew war auch schon lange her, aber viele Leute würden sich an Lipkin und sein Musikrestaurant erinnern. Das musste berücksichtigt werden. Die Hinterzimmer konnten nicht erwähnt werden. Wer sie von innen kannte, würde sich nicht nach vorne drängeln. Die Birke war sicheres Terrain für Paris und für

Moskau. Ob Lipkin wohl noch lebte, fragte sie sich, während sich die Bilder im Fenster von Apfelbäumen zur Pariser Straßenlandschaft wandelten. Und die Jahre im Zirkus, sollte sie wirklich ein paar von Viktorinas Geschichten als ihre eigenen erzählen? Kein Mensch würde oder könnte jetzt in die Sowjetunion reisen und feststellen, was wirklich gewesen war. Jeden Abend vor dem Schlafengehen überlegte Nadeschda, was in ihre Memoiren kommen sollte.

Als Remisow zur ersten Sitzung kam, hatte Nadeschda alle ihre Geschichten zusammen.

„Ich möchte meine Memoiren meiner guten Freundin Mirra Jakowlewna, Max Eitingons Frau, widmen. Glauben Sie, dass dies den Rachmaninows recht wäre?", fragte Nadeschda.

„Ich werde mich erkundigen", antwortete Remisow.

Zu Beginn der zweiten Woche brachte Remisow die Zustimmung und einen Umschlag von Rachmaninow.

„Vom Verlag. Die Mädchen sind zufrieden, wie es sich so weit entwickelt hat. Unser Buch wird auf zwei Bände erweitert", sagte er stolz.

„Wirklich fantastisch", lächelte Nadeschda.

Als Remisow gegangen war, schaute sie in den Umschlag, sah 2000 Franken und begann zu lesen.

„Meine beste Nadeschda Wassiljewna. Ich bin untröstlich, dass ich es nicht zu einem weiteren Zusammentreffen schaffen werde, bevor ich nach New York zurückkehren muss. Deine Tournee ist bei Foley gut aufgehoben. Sie wird nicht nur stattfinden, sondern wir werden sie auch zu einem Erfolg machen, glaube mir. Er hält sogar eine zweite Tournee in der nächsten Saison für möglich, wenn es genügend Buchungen für die erste gibt. Darüber dürfen wir aber noch nicht reden, denn der Kartenverkauf wird leiden, wenn die Leute denken, sie könnten auch im nächsten Jahr hingehen.

„Den Rest meiner Sommerferien muss ich mich ausruhen und auf meine Tournee vorbereiten, wenn ich mich danach fühle. Ich habe beschlossen, 12 Wochen Tourneearbeit in neun Wochen zu pressen, denn ich hoffe, dass die längere Erholungsphase mir Zeit und Ruhe zum Komponieren geben wird. Ich brauche alle Kräfte, die ich hier aufbauen kann. Wir unternehmen daher so wenig wie möglich und es tut mir wirklich leid, dass wir keinen Ausflug mehr zum Pariser Großstadtgewimmel machen können, obwohl wir das ja geplant hatten. Ich freue mich sehr darauf, deine Erinnerungen zu lesen und habe Tatjana angewiesen, dir mit dem beiliegenden Vorschuss zu helfen. Wir freuen uns auch auf euren Besuch in New York, ungefähr im Februar. Bitte grüße deinen General. Dein, musikalisch ergebener, SWR."

Nadeschda lächelte und erzählte Remisow die nächste Phase von dem, was sie sich als Lebensgeschichte zurechtgelegt hatte. Als der Sommer von 1925 zu Ende ging, war Russland in Paris wiederum vom Verschwinden eines prominenten Mitgliedes erschüttert. Sidney Reilly, Geschäftsmann aus Odessa, jetzt zu Hause in London und Paris, hatte sich in Luft aufgelöst. Zuletzt gesehen in fragwürdiger Gesellschaft in Finnland, sollte er über die Grenze gegangen sein, um Abgesandte einer geheimen konterrevolutionären Organisation zu treffen. Nadeschda war nicht mit ihm befreundet, aber in Moskau und Berlin, gelegentlich auch in Paris, war sie gern in seiner Gesellschaft gewesen. Reillys geheimnisvolles Verschwinden heizte alle möglichen Spekulationen an. Nadeschda lief ein Schauer über den Rücken, als ihr klar wurde, Nikolaj könnte ihn verraten haben. Sie verstand nicht, in welchem Netz sich Reilly verfangen hatte und war zu schockiert zu fragen.

Als Skoblin in der Veteranenorganisation davon hörte, sah er entsetzt aus. Wrangel und Kutjepow waren so erschüttert, dass sie Skoblins Schauspielerei nicht bemerkten.

Er behielt die Nerven und mimte den rationalen Strategen: „Sie müssen nach vorn schauen. Ohne Unfälle kann das alles nicht abgehen. Reilly war ein Mann von Gestern. Wir hätten ihn nicht benutzen sollen, obwohl sein Hass gegen Lenin und die Bolschewisten eine Weile wirklich sehr nützlich war. Wenn ich ehrlich sein soll, hatte ich in letzter Zeit das Gefühl, dass er nicht mehr den genialen Funken hatte. Ich wollte es nicht aufbringen, denn ich traute mich nicht, die Fähigkeiten unseres großen Asses in Frage zu stellen. Seine Gedanken waren wahrscheinlich zu sehr mit dem Eintreiben seines Geldes in Amerika beschäftigt, so dass er wie ein kopfloses Huhn in eine Falle gelaufen sein muss – und das nach Sawinkow."

Skoblin brachte den alten Generälen Tee mit Honig. Bald kamen sie zu dem Schluss, dass mit Stalin nicht zu spaßen war und sie sich noch sehr viel mehr anstrengen müssten, um die

Bolschewisten zu stürzen.

„Der georgische Nichtsnutz muss Helfer in Helsinki haben", antwortete Kutjepow.

„Und hier!", fügte Wrangel an.

„Wir finden den Spitzel", erklärte Skoblin. „Es kann aber auch ganz anders sein. Reilly hatte doch so viel Schulden, vielleicht hat er sich einfach aus dem Staube gemacht. Der amerikanische Geschäftsmann, von dem er behauptet hat, dass er ihn angeschmiert hat, profitiert auch von seinem Verschwinden. Er war britischer Staatsbürger. Sollen die das aussortieren, falls sie dazu Lust haben. Gehen wir ins Lilas. Ich lade Sie ein, denn Nadeschda hat letzte Woche in Nizza gut verdient. Morgen ist ein neuer Tag."

35

Skoblin brachte Nadeschda allmählich das Rüstzeug des Spitzelhandwerks bei. Sie machte sich mit toten Briefkästen auf Friedhöfen, in Parks, und unter Brücken vertraut. Wo eine Menschenmenge war, war der Austausch von zusammengefalteten Zeitungen der schnellste Weg zum Austausch von Dokumenten und Bezahlung. Eine in der Nacht geschlossene Tankstelle oder der Bürgersteig an einem dunklen Park boten sich für unbeobachtete Treffen an.

„Das sind altbewährte Praktiken, die die herrschende Klasse schon ewig in der für sie typischen Korruption eingesetzt hat", kommentierte Skoblin zynisch.

Die beste Methode war allerdings der alte hölzerne Balalaikakasten. Nach Koljas Tod hatte Skoblin die Balalaika mit dem Schmetterling mitsamt dem Kasten von der Witwe gekauft. Manchmal ließ Skoblin einen Musiker Nadeschda darauf begleiten, aber meistens war das Instrument „unterwegs". Das dunkelblaue Samtfutter war an zwei Stellen locker und darunter war viel Platz für Filme, Dokumente oder Geld. Wenn der Kasten aufgemacht wurde, konzentrierte sich der Betrachter auf den glitzernden Schmetterling und wurde von den dunklen Geheimnissen unter der Fütterung abgelenkt. Wenn Skoblin Dr. Martins Leuten etwas zu berichten hatte, setzte er sich mit seinem Balalaikakasten in die Rotonde.

Es dauerte nicht lange, bis jemand mit dem verabredeten Satz kam: „Ach, kenne ich Sie nicht aus Taganrog?"

„Ja", nickte Skoblin dann. „Ich erinnere mich gut."

Wenn der Kurier dann sagte: „Oh, ich sehe Sie spielen Prima-Balalaika," wusste Skoblin, dass der Kontakt echt war.

„Möchten Sie sie sehen?", fragte Skoblin dann und öffnete den Koffer, zeigte auf die Ecke, wo das Futter lose war.

„Sie können Sie ein paar Tage leihen, wenn Sie wollen", bot Skoblin an und der Kurier nickte. Zwei Tage später wurde die Balalaika im Büro der Veteranen mit einem Dankeschön und einem Strauß roter Rosen „für unsere Nachtigall aus Kursk" abgegeben.

In den ersten Tagen des neuen Jahres legte der Dampfer mit Skoblins an Bord von Le Havre ab. Nadeschda hatte sich für New York ein neues langes Auftrittskleid machen lassen, nachdem Foley ein blutrotes im Carmen Stil als das wirkungsvollste für das amerikanische Publikum empfohlen hatte. Nadeschda suchte sich die schwerste rote Seide aus, die sie finden konnte, und ließ den Ausschnitt mit smaragdgrünem Flauschbesatz umrahmen.

„Ich habe einen etwas engeren Schnitt gewählt", sagte Nadeschda zu Nikolaj, als sie es anprobierte. „Da merke ich es leichter, wenn ich zunehme."

Nikolaj empfand das Kleid übertrieben, aber Nadeschda meinte, er solle sich die Wirkung von den Plätzen im hinteren Teil eines Saales vorstellen und außerdem mussten die Anweisungen Foleys befolgt werden. Als Skoblins für Amerika packten, hatten sie die Idee, Rachmaninow eine Flasche seines Lieblingsgetränks, Danziger Goldwasser mitzubringen. Sie schüttelten die Flasche, hielten sie gegen das Licht, und beobachteten, wie der goldene Schnee durch die glasklare Flüssigkeit trieb. Plötzlich lachten sie. Wenn der amerikanische Zoll das entdeckte, wäre es ein Skandal für Rachmaninow, denn die Zeitungen würden sich daran ergötzen, dass Rachmaninows gute Freunde, der Weiße General Skoblin und Die Großartige Plewitzkaja Alkohol nach Amerika einzuschmuggeln versuchten. Nadeschdas Tournee würde abgesagt werden. Foleys und Rachmaninows Vorabkosten, die teure Schiffsreise, Werbung, Saalmieten und das Kleid wären in den Sand gesetzt. Wochen oder sogar Monate würden sie keine Einnahmen haben. Sie wussten, dass sie das nicht riskieren konnten und stellten daher die Flasche für den jungen Nikolaj beiseite, der versprochen hatte, sie zum Bahnhof zu fahren.

Die Reise über den Atlantik war wie Ferien. Skoblins hatten eine ganze Woche lang keine Verpflichtungen. Sie buchten einen Tisch in der hintersten Ecke des Speisesaals, um unerkannt zu bleiben. Wie sie jedoch hätten erwarten sollen, funktionierte das nicht.

„Ach, wäre es nicht schön, wenn Sie nach dem Abendessen ein paar Lieder singen könnten, Nadeschda Wassiljewna?", fragte eine freundliche rundliche Frau aus der Ukraine, die jetzt in New York wohnte. „Wir haben Ihr Buch in einer Pariser Buchhandlung gesehen."

Aber Nikolaj war am Ball: „Das würde uns große Freude machen aber vor der großen Tournee und dann der Schallplattenaufnahme mit Rachmaninow soll sich meine Frau ausruhen. Das New Yorker Konzert ist in der Aeolian Hall. Vielleicht können Sie dahin kommen?"

Skoblin dachte kurz daran, dass er eigentlich Nadeschdas Vertrag überprüfen sollte, denn Exklusivität für US-Territorium im Jahre 1926 könnte wohl auch für das Schiff gelten, aber er entschied, es nicht aufzubringen. Diejenigen, die nicht zum Künstlervölkchen gehörten, glaubten, dass Sänger und Musiker jede Gelegenheit wahrnähmen, um zu singen und zu spielen. Dass Verträge da im Hintergrund eine Rolle spielten war ihnen unbekannt.

An den Nachmittagen, wenn die kalten Atlantik Winterwinde es erlaubten, standen sie auf dem Oberdeck. Sie unterhielten sich über die Zukunft. Nadeschda war begeistert, dass ihre Karriere wieder Form annahm, trotz des Erfolgs vom Don Kosaken Chor, der so viel Aufmerksamkeit auf sich zog. In seinem Brief erwähnte Rachmaninow, dass er wegen der Schallplatte noch in Verhandlungen mit der Firma Victor war.

„Stell dir vor, eine Schallplatte, wo Rachmaninow mich begleitet. Das ist der Schlüssel zu vollen Häusern", sagte Nadeschda mehr als einmal.

„Wenn die Schallplatte draußen ist, wollen die Berliner auch mit dabei sein, glaube mir. Sie werden eine für den europäischen Markt machen, denn sie wollen sich bestimmt nicht von den Amerikanern ausstechen lassen", erwiderte Skoblin. „Weißt du was, ich schicke Vox eine Postkarte aus New York. Sobald die Aufnahme im Kasten ist, schreibe ich ihnen über die Rachmaninow Schallplatte."

„Ja, da schaukeln sie sich gegenseitig auf. Niemand hat den Mut, der erste zu sein. Da müsste man ja selber nachdenken. Nur wenn jemand mit Einfluss sagt, das ist gut, da fühlen sie sich sicher genug, auch etwas Positives zu sagen. Jeder, der vorher nein gesagt hat, sagt schnell „Ich auch". Simjonow nannte das den Papageien-Chor. Jemanden zu finden, der den Mut zum Vorreiter hat, ist die schwierigste Sache der Welt. Habe ich dir erzählt, dass Simjonow Leute bezahlt hat, damit sie als erste etwas loben? Danach trauen sich dann auch andere Leute, etwas Positives zu sagen."

„Nein, hast du mir noch nicht erzählt, aber es wundert mich nicht, denn in der kapitalistischen Welt bewegt sich nichts ohne bunte Scheinchen. Eine bessere Empfehlung als die Verbindung mit Rachmaninow kannst du nicht bekommen", meinte er.

Nach einer Pause fuhr Skoblin fort: "Wie gut kennst du ihn eigentlich? Haben wir ein Druckmittel, um ihn auf unsere Seite zu ziehen? Auf welcher Seite ist er?"

Nadeschda holte tief Luft: „Das ist eine ganz böse Frage. Du solltest es wirklich besser wissen, dass es nicht so simpel ist – eine Seite oder die andere."

„Also ich kundschafte doch nur die Möglichkeiten aus. Er ist in den besten Kreisen der herrschenden Klasse zu Hause und das könnte doch sehr nützlich sein. Vielleicht will er auch nach Hause?"

„Selbstverständlich, das weiß ich. Aber seinen Ruf in Amerika zu gefährden, ist bestimmt der falsche Weg. Die Mentalität der Amerikaner ist unberechenbar. Denk an Gorkis Amerikareise."

„Sie haben ihn fertiggemacht, denn die Amis haben ihm die Bücher über Leute aus den unteren Klassen übel genommen", sagte Skoblin.

„Gewissermaßen. Das hätten sie wohl gewollt, aber sie mussten einen anderen Grund vorschieben und Gorki war dumm genug, einen zu liefern. Dass er mit seiner Geliebten unterwegs war und diese als seine Frau ausgegeben hatte, war ein gefundenes Fressen. Er hatte keinen kühlen Kopf bewahrt und war ahnungslos, dass in Amerika die Verpackung mehr zählt als der Inhalt, wie Serjoscha es ausdrückte. Sie haben dann auch Gorkis Bücher totgeschwiegen, nachdem die Tournee zu den interessierten Literatenkreisen mittendrin abgebrochen war. Es wäre wohl nützliche Lektüre für sie gewesen, denn dann könnten sie verstehen, worum es bei unserer Revolution ging und hätten nicht so viele Fehler gemacht."

„Gorkis Reise war vor 20 Jahren! Was hat denn das mit heute und Rachmaninow zu tun?"

„Das Prinzip ist das gleiche. Wenn du irgendetwas tust, das Rachmaninow einen roten Fleck anhängt, weißt du, was passiert? Die Plattenfirma macht keinen Druck mehr in der Werbung für seine Schallplatten. Es gibt keine Artikel in den Zeitungen mehr, keine Einladungen zu wichtigen gesellschaftlichen Ereignissen, keine zufälligen Begegnungen mit anderen berühmten Künstlern. Niemand wird sagen, warum. Die Plattenfirma lenkt einfach die Aufmerksamkeit auf jemanden anderen. Im Nu haben die Leute vergessen, wie man Serjoschas Namen buchstabiert. Das ist es, was passiert, wenn man Politik und die Unterhaltungsbranche vermischt. Dass er ein fantastischer Pianist ist, spielt dann plötzlich gar keine Rolle mehr."

„Aber du kannst mir doch sagen, wie gut du ihn kanntest. Ich bin doch dein Mann."

„Warum ist denn jeder daran so interessiert?"

„Weil er ein lebendes Denkmal ist. Bevor ich ihn treffe, möchte ich ein wenig mehr über ihn wissen, was er denkt, wo seine Schwächen sind und so."

Nach einer Weile entdeckte Nikolaj ein anderes Argument: „Ich könnte etwas Falsches sagen oder tun, wenn du mir nichts sagst."

„Ich habe ihn oft getroffen, als wir alle in Moskau lebten und von dort aus Tourneen machten, vor allem 1911, als Serjoscha als Schulinspektor unterwegs war und ich mit dem Balalaika Hoforchester und anderen Konzerte machte. Wir fanden uns unerwartet in derselben Stadt wieder, Tscharkow und, ach ich weiß nicht mehr wo überall. Er hat mir von seiner Amerikatounee erzählt, die zwei Jahre vorher war. Ich brachte ihm ein paar Lieder bei, die er nicht kannte oder vergessen hatte. Er mochte unsere kleinen Lieder, wie Schaljapin sie zu nennen pflegte. Serjoscha machte sich viele Notizen und versprach, mich zur Premiere einzuladen, wenn er etwas von mir in einer Sinfonie oder einem Klavierkonzert benutzten würde. Aber er hat nichts Richtiges mehr komponiert, seit er die Heimat verlassen musste. Er vermisst Russland sehr."

„Kann wohl sein", meinte Nikolaj. „Aber vielleicht braucht Serjoscha eine spezielle Art von Inspiration?"

Nadeschda schüttelte den Kopf: „Also das sage bitte nicht. Das ist billig. Er ist doch inzwischen ein Großvater."

„Ich will aber wissen, was seine Position ist, und wie er zur Revolution stand. Wenn ihr euch mit all diesen berühmten Künstlern bei Schaljapin oder den Pasternaks getroffen habt, muss es doch Hinweise gegeben haben. Man kann doch nicht den ganzen Abend singen und spielen. Siloti ist sein Cousin, mit dem er eng zusammengearbeitet hat. Der ist nach der Wende nicht nur geblieben, sondern hatte sogar einen Posten angenommen. Beide sind berühmt und wohlhabend. Einer spendet sein Honorar, wenn die politischen Gefangenen des Zaren freigelassen werden, der andere bekommt seinen Besitz abgenommen, bleibt und kooperiert. Was sind das für Leute. Was haben sie gesagt?"

„Ich habe dir doch im Verhör erklärt, an einem Tag denkst du dies, am nächsten Tag kommst du zu einem anderen Schluss. Sachen passieren und deine Meinung ändert sich mit den Ereignissen. Dann geht das Pendel zurück und du bist wieder da, wo du angefangen hast. Rachmaninows, Silotis oder meine Meinung zählten doch gar nicht, wenn da diese Kräfte am Werk waren und sind, die unsichtbar aber offensichtlich sehr stark sind. Das ist, als würdest du mich fragen, auf welcher Seite ich war. Es gab so viele Seiten, und nach Lenins Rückkehr noch eine mehr."

„Serjoscha muss aber doch etwas gesagt haben. Man spendet doch die Honorare nicht aus Gefühlsduselei. Drei Tage später gab er ein Benefizkonzert für die Politischen. Das muss doch etwas bedeutet haben."

Ein Kellner blancierte ein rundes silbernes Tablett mit Gläsern und Weinkaraffen: "Getränkes?"

Als Nikolay und Nadeschda ihre Köpfe schüttelten, ging er zu den nächsten Leuten, die sich über die Reeling lehnten und die Wellen anschauten.

„Du wolltest mir die Diskrepanz erklären, dass Serjoscha etwas zu unserer Seite geneigt haben muss, denn sonst hätte er sich wohl nicht um die politischen Gefangenen des Zaren geschert. Aber er ist so schnell geflohen, als ob er gegen uns war."

„So kann man das nicht sehen. Er sah eine Notwendigkeit, wollte helfen, weil so viele Gefangenen die Strafen gar nicht verdienten. Das wussten wir doch alle. Wie soll ich mich denn an Einzelheiten erinnern, was er gesagt haben mag. Wir saßen zusammen, tranken, aßen, sangen und haben über dies oder das geredet. Du wirst sehen, er ist kein schwatzhafter Mensch. Serjoscha hat akzeptieren gelernt, dass er im Rampenlicht lebt. Er erfüllt die Erwartungen des Publikums, aber privat ist er ruhig, sehr zurückhaltend, ja melancholisch."

Skoblin ließ nicht los: „Aber er mußte doch eine allgemeine Linie gehabt haben."

„Ich glaube nicht, dass er seine Zeit damit verbracht hat, diese Dinge zu durchdenken. Er war wahrscheinlich für Reformen in Russland – war doch fast jeder. Aber welche Reformen? Einmal erwähnte er, dass er um die Zeit des Blutigen Sonntags einen offenen Brief oder eine Petition unterschrieben hat. Das war eine Bittschrift mit vielen Unterschriften, bei der es um die hungerleidenden Arbeiter ging. Aber er kam auf eine Beobachtungsliste, meinte er wenigstens. Er war verschreckt, weil niemand etwas Genaues sagte. Er dachte an die Verantwortung für seine Familie und hat dann nie mehr etwas gesagt oder an etwas teilgenommen. Serjoscha verbrachte drei Jahre in Deutschland, weil man ja damals nicht wusste, wohin das alles führen würde. Wenn sein Cousin Siloti nicht so ein erfolgreicher Konzertveranstalter gewesen wäre, hätte Rachmaninow nicht so gut dagestanden, als er wieder in Moskau war.

„Mit ihrer Verschwägerung zu Gutschkow hatten sie beide Glück, denn er hatte ja Zugang zu manchen Geheimdiensttakten. Serjoscha hat immer wieder betont, wie wichtig es ist, für die Familie zu sorgen, nachdem sein eigener Vater so erbärmlich versagt hatte. Sich und seine Familie für eine Wende aufs Spiel zu setzen, die unberechenbar ist, empfand er als verantwortungslos.

„Ein- oder zweimal habe ich gesehen, dass Serjoscha Schaljapin Umschläge gegeben hat. Ich dachte, dass das bestimmt für die Untergrundbewegung war, aber war das Rachmaninows eigenes Geld? Interessierte mich nicht zu der Zeit. Schaljapin spielte Gorki Geld zu, der mit den Revolutionären zusammenarbeitete, glaube ich inzwischen. Sie taten dann so, als sei es Gorkis Geld, das den Untergrund am Laufen hielt, mussten sie ja wohl. Ich hatte keine Ahnung, dass da Täuschung im Spiel war und dachte einmal, sie halfen jemandem, der ungerechterweise vom Geheimdienst verfolgt wurde."

Nadeschda hielt an und seufzte: „Also wenn du mittendrin bist, verstehst du die Zusammenhänge überhaupt nicht. Jetzt werden wir das nie ganz verstehen und aufklären. Woher kam das ganze Geld für den Untergrund? Woher kam das Geld, das Gorki von Schaljapin bekam?"

Skoblins schwiegen eine Weile und sahen zu, wie sich der Dampfer durch die Wogen arbeitete, während ein kreischender Möwenschwarm das Heck umkreiste.

Dann war Nadeschda entschlossen und sagte streng: „Ich lasse es nicht zu, dass Serjoscha in die Schlangengrube der Politik gezerrt wird, nicht durch dich und nicht durch andere. Er hilft mir, und dir natürlich auch. Er ist ein wunderbarer Mensch, freundlich und großzügig. Wenn du irgendetwas tust, das seinem Ruf schadet, eine Entführung nach Moskau anleierst, Einbruch oder Erpressung organisierst, einen Spitzel in sein Personal einschleust, irgendetwas das ihm schadet, dann verpetze ich dich bei Wrangel."

Skoblin starrte in die Wellen, dann auf Nadeschda.

„Hast du mich verstanden?", fragte Nadeschda im gleichen eiskalten Ton, den Skoblin bei seinem Verhör vor mehr als sechs Jahren in Orel angeschlagen hatte. Nikolaj nickte. Die Bilder von den Ereignissen der letzten Jahre seit Orel wirbelten in seinem Kopf herum.

36

New York war genau so, wie Nadeschda es erwartet hatte. Die Menschen schienen von einem unsichtbaren Sklavenmeister angetrieben zu sein. Sie sprachen hastig, hatten keine Geduld, wandten sich der nächsten Aufgabe zu, bevor die erste abgeschlossen war. Überall waren Autos und Nadeschda war besorgt, dass die blauen giftig riechenden Wolken ihrer Stimme schaden würden.

Foley füllte die Tage randvoll mit Terminen. Als Begleitung hatte er ein Quartett aus Restaurantmusikern angeheuert. Die Proben waren reibungslos, aber Nadeschda entfloh ihrer Gesellschaft so schnell wie möglich. Es waren entwurzelte Männer, die in Russland oder Polen gut gelebt aber nichts als ihr Leben und eine Balalaika ins Exil gerettet hatten. Sie trösteten sich mit Musik aber sobald der letzte Akkord verklungen war, versanken sie wieder in Melancholie und Bitterkeit über die Bolschewisten, die ihnen den Grund unter den Füßen weggezogen hatten.

Als Nadeschda dies bei Rachmaninow erwähnte, zuckte er nur die Achseln: „So sind sie alle. Alle Musiker kommen doch aus der Klasse, die verloren hat, denn nur diese Gruppe konnte die Zeit erübrigen, ein Instrument zu erlernen."

„Natürlich, daran habe ich gar nicht mehr gedacht", antwortete Nadeschda.

Rachmaninow hatte sich sehr eingesetzt, bei Victor einen Termin im Aufnahmestudio zu bekommen. Er lächelte, als er Nadeschdas Tamburin auf dem Flügel liegen sah, hob es auf und ihre Hände berührten sich kurz.

Er schaute auf die roten Mohnblumen, und zeigte es dem Assistenten: „Schauen Sie, dies ist Nadeschdas berühmtes Tamburin, von dem ich Ihnen erzählt habe."

Er schüttelte es, und hörte auf das Klingeln der Schellen: „Ich bin so froh, dass es überlebt hat, obwohl wir es heute nicht brauchen. Es ist gut, ein paar Dinge von zu Hause haben."

Dann setzte sich Rachmaninow an den Flügel und spielte ein paar Läufe.

„Wenn Sie es nicht benutzen", sagte der Assistent und griff nach dem Tamburin, „dann nehme ich es nach draußen. Das produziert Rasselgeräusche, wenn Sie den Flügel spielen, Herr

Rachmaninow."

Zwischen den beiden Aufnahmen machte Nadeschda eine kurze Atempause und dann folgten sie Rachmaninow zum Regieraum. Sie öffneten die große dick gepolsterte Tür. Die Unterhaltung zwischen dem Ingenieur und Rachmaninow stoppte, als hätten sie etwas diskutiert, was Skoblins nicht hören sollten.

Rachmaninow lenkte schnell mit der Frage ab: „Noch etwas Tee, Nadeschda?"

Als sie den Regieraum verließen, nickte Rachmaninow zum Ingenieur und sagte auf Englisch: „Alles klar."

Nadeschda fragte Nikolaj später, ob er mitbekommen habe, worum es da gegangen sei, aber Nikolaj schüttelte den Kopf.

„Es ist so schwer, Englisch zu verstehen. Keine Ahnung, aber lies da nichts hinein. Wahrscheinlich betrifft uns das gar nicht."

Plewitzkajas zweibändige Memoiren *Mein Weg zum Lied* waren in allen Emigranten Buchhandlungen. Jeden Nachmittag verbrachte sie in einem anderen Geschäft, sprach mit Kunden, signierte Bücher. Interviews mit russischen Zeitungen und Zeitschriften waren geplant und der halbe Tag war vorbei. Danach kehrte sie zu Rachmaninows Wohnung in der West End Avenue zum Mittagessen zurück. In der Mitte der Woche ging der Kartenverkauf, den Foley jeden Tag per Telefon mitteilte, richtig hoch. Sie lächelte, und Rachmaninow bestätigte, dass sie in ihrem nächsten Interview nun die Schallplatte erwähnen könne.

Der junge Reporter staunte erfürchtig, als sie es erwähnte.

„Rachmaninow begleitet ein Zigeunerlied?", fragte er. „Wirklich?"

„Oh ja, Sergej Wassiljewitsch hat seine Wurzeln in unserer russischen Tradition, wo Volksmusik und Kunstmusik nicht streng voneinander getrennt sind", erklärte Nadeschda.

Sie stellte verblüfft fest, dass der hochgewachsene junge Mann, der gut Russisch sprach, sich kaum an seine Heimat erinnerte, ausgenommen den Exodus im Konvoi der Weißen Armee.

„Melodie und Melodielinien sind der Ursprung aller Musik", sagte Nadeschda langsam, damit er es Wort für Wort zitieren sollte. „Unser russisches Volk hat immer unsere Lieder geliebt – jung oder alt, reich oder arm, Gelehrter oder Analphabet."

Rachmaninow las das Interview und lächelte: „Du hast

meinen Ausspruch miit den Melodien und Melodienlinien zitiert. Hatte ich fast vergessen."

Nadeschda lächelte zurück.

„Was ist denn der Termin mit der amerikanischen Hilfsorganisation, Serjoscha?", fragte Skoblin. „Was haben wir damit zu tun?"

„Sie organisieren Geld, um Lebensmittel für Russland zu kaufen. Der Wohltätigkeitsball ist im Plaza Hotel und wir sind eingeladen worden, weil ein paar berühmte Leute solch einer Veranstaltung mehr Glanz verleihen. Wir werden dicht an der Bühne sitzen, damit uns jeder sehen kann. Das ist einer dieser Punkte, um Gesprächsstoff zu arrangieren, was sich Publizisten so ausdenken. Wir hätten wahrscheinlich sowieso gespendet, aber so hat das einen doppelten Nutzen", erklärte Serjoscha.

„Gute Werbung, ausgezeichnet", nickte Nadeschda.

„Das ist aber nicht alles", sagte Rachmaninow. „Foley hatte eine seiner glorreichen Ideen, dass wir etwas zusammen machen sollen. Es muss aber wie eine spontane Entscheidung aussehen, sonst muss ich das von Victor absegnen lassen. Exklusivvertrag, du weißt schon."

„Das macht Spaß", sagte Nadeschda grinsend. „Die Gadje an der Nase herumführen, wie es die Mädchen in den Garderoben nannten. Darauf bin ich doch spezialisiert!"

„Genau", nickte Rachmaninow. „Dann wollen wir mal die spontanen Darbietungen der beiden Lieder von der Platte üben. Dann spielen wir die *Schwarzen Augen*. Ich sage ja nie etwas, wenn ich spiele, was sie mir aufs Programm setzen. Aber gelegentlich ist es schön, etwas zu spielen, was man sich selbst aussucht."

Nadeschda lächelte Rachmaninow an: „*Schwarze Augen* ist also immer noch dein Lieblingslied, oder?"

Rachmaninow nickte.

Drei Tage später saßen sie am offiziellen Tisch der American Relief Organization im Plaza Hotel. Der Ballsaal war mit Birkenzweigen geschmückt und eine Wolke von kostbaren Parfumdüften umhüllte sie. Wenn Nadeschda die Augen schloss, konnte sie die Abendkleider und die schmucken Uniformen im Juriewski Palast sehen und wie damals vermischten sich russische Stimmen mit dem Einstimmen der Instrumente. Die Tabakrauchwolken hatten jedoch andere Düfte und ein Element fehlte völlig – der Alkohol. Es gab kein Aroma von Champagner, Wein oder Wodka. Nadeschda lächelte, denn bei einer öffentlichen Veranstaltung musste die Prohibition natürlich voll eingehalten werden. Das Orchester spielte unaufdringliche Musik, während sich der Saal füllte. Jedes Mal, wenn die Musiker Pause machten, trieben Tangoklänge von einem anderen Saal des Hotels herüber. Nadeschda spitzte die Ohren. Tatsächlich, da spielte jemand Orhans *Tango Zingarese*.

Sie antwortete auf Skoblins fragenden Blick: „Hörst du den Tango? Ich kannte einmal einen Musiker, der ihn oft gespielt hat."

Der Abend begann mit dem Segen des Popen. Der Chorleiter kniete kurz, um den Boden zu berühren. Das hatte ich auch fast vergessen, dachte Nadeschda, als der Kirchenchor *Col Slavin Nash* sang. Wie überall in der Welt, fiel auch das Publikum im New Yorker Plaza bei den ersten Tönen von Bortnianskis slawischer Hymne in ehrfürchtige Stille. Sie standen auf und senkten die Gesichter, um die tränenden Augen zu verbergen.

Später kamen dann viele Männer und Frauen aus dem Publikum zu Nadeschda und erzählten ihr, wie froh sie waren, dass sie es gesund aus Russland herausgeschafft hatte. Sie fragten, ob sie singen würde. Wie ihr aufgetragen worden war, sagte sie, dass sie das nicht wisse. Dann gab Foley Rachmaninow das verabredete Zeichen. Sergej nahm Nadeschda an der Hand und führte sie auf die Bühne. Ohs und Ahs gingen durch den Saal als Rachmaninows große Gestalt mit Nadeschda, die ihm kaum bis zu den Schultern reichte, im Rampenlicht erschien. Genau so spontan wie sie es geplant hatten, sah es auch aus. Es war mucksmäuschenstill und die Zeit schien anzuhalten, als Rachmaninow seine riesigen Hände über die Flügeltastatur spreizte, während er zu Nadeschda für den Vorzähler von *Puder und Schminke* aufblickte. Nichts bewegte sich, während Nadeschdas Stimme über Rachmaninows hypnotischem Rhythmus schwebte, gleichsam wie ein Vogel aufstieg und sich auf seine Beute herabstürzte. Der Applaus wollte nicht enden und verlangte nach einer Zugabe. Die Alten schlossen die Augen, als Nadeschda *Mütterchen Russland du bist tief verschneit* sang, während die weiße Winterlandschaft Russlands vor ihrem inneren Auge erschien, wo die Pferde durch die endlose im Mondlicht leuchtende Landschaft trabten bis der Applaus sie aus den Erinnerungen riss.

Nadeschda und Rachmaninow schritten langsam wieder an ihren Tisch zurück. Später setzte sich Igor Sikorski neben Rachmaninow und wechselte dann zu Nadeschda.

Er hob sein Limonadenglas und lächelte: „Das erinnert mich so sehr an Kiew. Mein Onkel hat mich einmal zu einem der bekanntesten Zigeuneretablissements dort mitgenommen. Prost", sagte Sikorski und nahm einen Schluck. „Was ist nur los mit der Welt, dass wir noch nicht einmal ein Gläschen Wodka trinken können. Womit haben wir es verdient, wie die Teppichknüpfer von Samarkand zu leben!"

Er zwinkerte Nadeschda zu: „Ich war ja erst sechzehn, als mich Onkel Pjotr in die Birke ausführte. Es amüsierte ihn maßlos, mich bei der Entdeckung der Welt zu beobachten. Meine Eltern waren damals auf der Krim im Urlaub und hatten keine Ahnung. Wir haben es ihnen auch nicht erzählt. Oh ja, diese Nacht in der Birke werde ich nie vergessen. Ich erinnere mich besonders an zwei Sängerinnen, sehr jung, sehr schön und als sie zusammen *Suliko* sangen, bin ich ganz weich in den Knien geworden. Schade, dass wir sowas nicht mehr hören können."

Nadeschda versuchte sich nicht durch zu viel Lächeln zu verraten.

„Ich habe in Ihrem Buch gelesen, dass Sie auch einmal in der Birke waren, Nadeschda Wassiljewna. Ob ich sie wohl dort gesehen habe?", fragte Sikorski.

„Gut möglich, Igor Iwanowitsch. Es gab viele Zwischenstationen, bevor ich Solistin Seiner Kaiserlichen Majestät wurde. Es ist schon lange her, und woran ich mich erinnere, habe ich in mein Buch aufgenommen."

Sikorski merkte, dass Nadeschda nicht auf die Zeit in Kiew eingehen wollte und wechselte das Thema: „Hat Serjoscha Ihnen erzählt, dass seine erste Erinnerung an Musik ist, wie er unter dem Flügel hocken musste? Seine Mutter hat ihn da hingesetzt, wenn er ungezogen war. Dann übte sie Tonleitern fortissimo."

„Wirklich? Nein, das hat er mir nicht gesagt. Musik als Strafe! Erstaunlich, dass er danach Klavier spielte", entgegnete Nadeschda.

„Gott sei Dank. Stellen Sie sich vor, sein Cousin Siloti hätte ihm damals nicht geholfen. Serjoscha wäre wahrscheinlich zum Bürokraten oder Bahnarbeiter geworden. Dann wäre er jetzt bestimmt ein Bolschewist oder müsste so tun, damit er überlebt", antwortete Sikorski.

„Unvorstellbar! Schon verblüffend, wie ein oder zwei Ereignisse den ganzen Lebenslauf bestimmen können", warf Skoblin ein. Konzerte in Boston, Philadelphia und natürlich New York, wurden zu Pflichtveranstaltungen für jeden, der mit russischer Kultur zu tun hatte, nachdem die meisten Zeitungen über den improvisierten Auftritt im Plaza berichtet hatten. Nadeschda sonnte sich im Applaus der Konzerte und Foley war erfreut, dass seine Tourneevorbereitungen aufgegangen waren. Die Musiker waren gut, wenn auch nicht herausragend und verbeugten sich tief, als ob der Applaus ihnen gelte. Nadeschda vermied ihre Gesellschaft außerhalb der eigentlichen Vorstellungen, nachdem sie gesehen hatte, dass sie in den Garderoben illegalen Alkohol von Besuchern kauften. Skoblin schrieb eine Postkarte über Nadeschdas Platte mit Rachmaninow an Vox Schallplatten in Berlin.

Viel zu schnell kam der Abreisetag. Als der Dampfer sich auf den Atlantik hinausarbeitete, blickte Nadeschda zurück auf die New Yorker Skyline. Wie schnell waren die Wochen vergangen und wie schnell verschwammen die Städte der Konzerte in der Erinnerung. Leere Säle rochen alle gleich. Wie ein Vogelschwarm tauchten die Menschen auf und zogen wieder ab. Die Musik wurde zur Routine und so war es gut, dass die Tournee nicht länger war.

In der Schiffskabine unterhielten sich Skoblins stundenlang über New York, die Menschenmassen in den Straßen, und wie die Amerikaner anders zu sein schienen. In einigen Bereichen warfen sie Formalitäten über Bord, in anderen waren Förmlichkeiten sehr intensiv. Für den Europäer waren manche Regeln rätselhaft. Die Leute waren so freundlich, aber unter der glanzvollen Oberfläche war eine unsichtbare Unnahbarkeit, die auch Rachmaninow als verwirrend erwähnt hatte. Was ihre Absichten waren, war oft nicht erkennbar. Rachmaninow nannte es die Wattewand, wenn jemand ausweichend antwortete, wenn er schlicht hätte sagen können, dass kein Interesse da war. Man ließ Menschen raten, so dass sie ihre Reserven für einen weiteren Versuch mobilisierten, obwohl Enttäuschungen nach vergeblichen Anstrengungen durch ein einziges ehrliches Wort hätten vermieden werden können.

„Warum sieht denn Serjoscha immer so traurig aus?", fragte Nikolaj. „Er hat doch alles. Die ganze Welt steht ihm offen. Er bekommt fantastische Honorare. Seine Beteiligung an Sikorskis Flugzeugfirma wird bald ein Vermögen wert sein. Er finanziert einen Verlag für seine Töchter, kommt nach Europa jedes Jahr. Du kennst ihn doch seit Ewigkeiten, warum ist er immer so still und melancholisch? War er immer so?"

„Meistens. Das einzige Mal, wo ich ihn richtig glücklich gesehen habe, war nach der Premiere der zweiten Symphonie. In jener Nacht im Jahre 1908, als ich ihn in Petersburg kennenlernte, war er im siebenten Himmel. Er wollte doch immer als Komponist bekannt sein, für seine Kreativität anerkannt werden. Aber leider waren und sind die Kritiken in den Zeitungen oft unfreundlich. Die Kritiker fordern neue Elemente in der Musik, die es noch nicht vorher gegeben hat. Aber Serjoschas Werke sollen Kreationen sein, die die Menschen mögen und ihnen Freude bringen. Als er nach Amerika kam, so erzählte er mir, wollte er nicht wieder in Armut versinken, so verkaufte er sich als Pianist und Dirigent, nicht als Komponist."

Nadeschda hielt einen Moment inne.

„Er achtet darauf, dass es nicht bekannt wird, aber seine Hände schmerzen immer mehr. Nur gibt es kein Entrinnen aus dem Spielen, weil zu viele Existenzen daran hängen. Er zerreißt sich als Interpret, wo er sich eigentlich nur nach Zeit, Ruhe und Einsamkeit sehnt, um wieder zu komponieren. Iwanowka, sich aufs Land zurückziehen, das fehlt in seinem Leben, wieder einmal. Erst hat der Vater das Gut verspielt, dann hat sich Serjoscha Iwanowka gesichert, aber die Roten haben es in Brand gesteckt. Dort konnte er den Rest der Welt vor dem Tor lassen. Serjoscha will Schönheit in der Musik schaffen. Er hat mir gesagt, dass seine Seele zu Asche geworden ist, als er mitansehen musste, wie Iwanowka zu Asche wurde. Wenn er kann, ist Rachmaninow immer noch kreativ, aber nur in sehr kleinem Rahmen mit kurzen Stücken, die er zu Ende machen kann."

„Das ist doch wenigstens etwas", antwortete Skoblin.

„Klar, vergiss aber bitte nicht, dass Rachmaninow die Art von Erfolg gekostet hat, auf den er abzielte, nämlich für seine Kompositionen. Wenn du einmal das Richtige gekostet hast, schmeckt alles andere schal. Serjoscha fand meine Interpretation, oder unsere Zusammenarbeit meine ich, sehr inspirierend. Ihm gefielen unsere Versionen vom *Äpfelchen* und *Puder und Schminke* so sehr, dass er das für vollen Chor arrangieren will. Das wird auch unserer Aufnahme Auftrieb geben. Das ist es, worauf ich so lange gewartet habe."

„Von Musik verstehe ich ja nicht viel", meinte Nikolaj. „Aber ich war erstaunt. So wie in diesen beiden Liedern habe ich dich noch nie singen gehört. Serjoscha Rhythmus trieb unerbittlich voran und deine Stimme schwebte über ihm, aber ihr wart trotzdem ein Ganzes. So etwas wie euer *Puder und Schminke* habe ich noch nie gehört."

„Das ist für beide so. Schaljapin pflegte zu sagen, wenn Serjoscha an den Tasten ist, singen wir zusammen", lächelte Nadeschda.

Sie kehrten in ihre Wohnung in Paris zurück und packten aus. Skoblin holte drei Filmrollen aus seinem Koffer.

„Was ist denn das? Du hast doch wohl nicht Serjoscha ausspioniert, oder?", fragte Nadeschda streng.

Skoblin antwortete nicht.

„Ich habe dich etwas gefragt, Nikolaj. Das war nicht deine Reise. Was hast du denn da?", fragte Nadeschda lauter.

Skoblin hörte am Ton, dass er nicht entkommen konnte.

„Mach kein Theater. Wir sind hier nur Kuriere. Das geht auf dem üblichen Weg zu Lessner, gibt ein gesundes Honorar in bar, und dann kaufen wir uns ein Haus, damit wir in angenehmer Umgebung außerhalb der Stadt leben können. Du hast selbst gesagt, dass du den giftigen Geschmack von Abgasen aus dem Mund bekommen möchtest, ganz zu schweigen von dem Motorenlärm."

Nikolaj legte die Filme beiseite und fuhr fort: „Ich weiß nicht, was auf den Filmen ist und es ist mir auch vollkommen egal. Mir wurde gesagt, sie aus einer Herrentoilette in Philadelphia herauszuholen. Auftrag erledigt. Es ist für meine Begnadigung. Dserschinski kann zufrieden sein, denn das ist die Hauptsache. Es sind wahrscheinlich technische Zeichnungen, die wir nicht verstehen. Könnten sogar Blaupausen von Flugzeugen sein, wahrscheinlich von Sikorski. Moskau hat viele Helfer in den Fabriken dort."

„Das gefällt mir nicht", protestierte Nadeschda. „Können wir die nicht rausnehmen und zerstören? Das kann doch Dserschinski gar nicht feststellen."

Skoblin war entsetzt: „Warum willst du denn das tun?

Versuchst du unsere Zukunft zu zerstören?"

„Sikorskis Blaupausen nach Moskau zu schicken schadet Rachmaninow. Das will ich nicht."

„Du hast ja überhaupt keine Ahnung. Russland braucht eine Flugzeug-Industrie. Wenn du glaubst, dass sie jemals Igor Sikorskis amerikanischer Firma Forschung abkaufen, dann bist du ein Träumer. Sikorski wird nie an Moskau etwas verkaufen, denn der Kreml zahlt nicht und außerdem würde Amerika einen solchen Vertrag nicht erlauben. Sikorski ist aber ein Sohn Russlands. Hat die Heimat nicht ein Recht auf seine Pläne? Das nutzt uns und Russland gleichermaßen. Das ist alles, was zählt. Rachmaninow verdient viel Geld und eine kleine Schrumpfung der Sikorski Dividenden merken beide gar nicht. Morgen gehe ich über den Immobilienteil der Zeitung. Wir kaufen ein nettes, kleines Haus und erzählen jedem, die Amerika Tournee war eine Goldgrube."

Obwohl Nadeschda wusste, dass dieser Zug unaufhaltsam rollte, schüttelte sie den Kopf: „Du gefährdest meine Tournee im nächsten Jahr."

„Unsinn", antwortete Skoblin. „Absoluter Blödsinn, die ist doch praktisch fest. Du hast ja keine Ahnung. Stalins Agenten an der Nase herumzuführen ist sehr schlecht für deine Lebenserwartung. Die haben Mittel und Wege, jeden unserer Schritte zu überwachen. Sie kontrollieren und überprüfen, was sie bezahlen. Es gibt viele gut ausgebildete Offiziere dort. Und manche sind hier. Du darfst nie daran denken, die zu beschubsen. Wenn man Prioritäten setzen muss, dann kommt Moskau leider vor Rachmaninow."

Skoblin sortierte die Briefe, die sich in ihrer wochenlangen Abwesenheit angesammelt hatten. Als er den Brief von Berlin las, grinste er. Vox Schallplatten war jetzt für eine Plewitzkaja Aufnahme bereit.

„Jetzt haben wir ein viel besseres Angebot als vor zwei Jahren", erklärte Nikolaj trocken.

In den folgenden Wochen bereiteten sie den Vertrag und die mit der Erscheinung der Schallplatte verbundenen Konzerte vor. Plötzlich wurden sich Skoblins bewusst, dass ein neues freundlicheres Klima zwischen Moskau und Berlin herrschte. Könnte sich der letzte Vertrag zwischen Berlin und der Sowjetunion auf die Emigranten answirken? War es ratsam, nach Deutschland zu reisen? Könnten sie vielleicht verhaftet und nach Osten verfrachtet werden? Dort könnte sogar jemand die Akte übersehen, die ihre Bemühungen um eine Begnadigung enthielt. Durcheinander, falsches Abheften kam bei Bürokraten oft vor. Eine bösartige Person in Moskau könnte die Akte verfälschen. Nadeschda wurde weich in den Knien, als sie daran dachte, was alles mit ihren Unterlagen in der Ljubianka passieren könnte. Diese Akte, die sie nie sehen würde, bedeutete Leben oder Tod.

Nach ein paar Tagen hatte Nikolaj entschieden, das Risiko sei sehr klein. Und selbst wenn die Deutschen sie verhören würden, könnte er sich da herausreden, denn durch die Gutschkow Gruppe in Berlin hatte er ja Verbindungen zu deutschen Industriellen. Da die Kapitäne der deutschen Industrie die Räder des Staatswesens kontrollierten, war das ein sicherer Schutzschild für beide. Sie waren zuversichtlich, dass sie nicht auf irgendeiner Fahndungsliste stehen würden. Trotzdem schickten sie Lessner eine Nachricht, die deutschen Listen überprüfen zu lassen. Hauptquartier Moskau, wie die Zentrale genannt wurde, hatte inzwischen eine Organisation aufgebaut, für die auch Berliner Aktenschränke keine Schlösser hatten. Die gute Antwort liess nicht lange auf sich warten.

Dann diskutierten sie über die neuen unverfrorenen Racheakte, durch die Emigrantenführer auf offener Straße oder in Restaurants abgeknallt wurden.

„Wir sind keine Zielscheibe", schüttelte Nikolaj den Kopf. „Wir brauchen keine Rache für etwas zu befürchten, was wir in der Revolution getan haben. Ich hatte keine Feinde in der Roten Garde oder der Roten Armee. Wahrscheinlich habe ich nur Glück gehabt, dass ich so jung war und meine wenigen Jahre in Moskau nicht lang genug waren, um echte Feinde zu erwerben."

Skoblin guckte auf: „Im Moment sind wir nützlich für sie. Aber wir müssen darauf achten, dass wir nicht entbehrlich werden. Wir müssen immer die Augen offen halten, immer."

„Ständig auf der Hut sein, die ganze Zeit! Ändert sich denn das nie?", seufzte Nadeschda.

Skoblin antwortete mit Kopfschütteln. So fuhren sie nach Berlin für die Schallplattenaufnahme und genossen die Besuche bei alten Freunden in der deutschen Hauptstadt, die ständig auf Hochtouren lief. Nadeschda fuhr mit einem Taxi zu Wally und ihren Kindern in die Kulmer Straße. Wanda war jetzt 17 und auf dem

Wege zur Wagner-Sängerin.

„Du hast sie doch zum Singen inspiriert, Nadeschda", sagte Wally bei einer Tasse Kaffee. „Jedes Mal, wenn du hier in der Nacht gesungen hast, hat sie von einer dunklen Ecke im Flur zugehört. Obwohl sie eigentlich deine russischen Lieder singen wollte, riet ihr der Lehrer doch, eine Karriere nicht auf ein Repertoire aufzubauen, das außerhalb Russlands so begrenzte Anwendung hat. Ihr Unterricht kostet mich ganz hübsch, kann ich dir sagen. Aber ihre Stimme ist tief und kräftig, da bin ich schon stolz. Ich bin auch sehr stolz auf Walter. Ich konnte ihn nicht aus der Schule nehmen und in eine Fabrik schicken. Er ist ein so talentierter Mathematiker, dass er zur Universität will. Ach, wenn deren Großväter, die ja nur Schuster waren, noch leben würden, um das zu sehen."

„Die hätten sich gefreut", bestätigte Nadeschda.

„Ja. Jede wache Stunde war damit angefüllt, das Dach über dem Kopf zu erhalten und wir haben uns jetzt darüber hinaus erhoben. Walter hatte sogar Klavierunterricht, aber ich musste dem ein Ende setzen. Er verbrachte einfach zu viel Zeit am Flügel. Mathematik ist viel nützlicher als Musik – ich meine das Klavierspielen – es sei denn natürlich, dass du Rachmaninow heißt."

„Ja", antwortete Nadeschda. „Sänger haben bessere Karten als Instrumentalisten, das sehe ich jeden Tag. Mein guter Freund Rachmaninow ist natürlich die Ausnahme von der Regel. Er spielt aber auch teilweise seine eigenen Kompositionen, was ihm zusätzliche Tantiemen einbringt."

Das Erscheinungsdatum von Nadeschdas Schallplatte war mit den Konzerten in Stockholm, den baltischen Ländern und Berlin als Paket zusammengeschnürt. Nadeschdas rotes Kleid leuchtete wie ein Rubin und Nikolajs Stolz kannte keine Grenzen. Nach dem Stockholmer Konzert war Nadeschda gerade dabei, in ihr privates schwarzes Kleid zu schlüpfen, als es an der Garderobentür klopfte.

„Nadeschda Wassiljewna. Ich bin's, Sascha, Alexander Sergejewitsch. Ich habe im Andrejew-Orchester Prim-Domra gespielt."

Nadeschda erkannte die Stimme sofort und öffnete die Tür. Als Sascha vom dunklen Flur in die Garderobe trat, war Nadeschda erstaunt, wieviel älter er aussah. Aber sie erinnerte sich schnell, dass es ja mehr als zehn Jahre her war, seit sie ihn zuletzt gesehen hatte. Seine Erscheinung mit dem schon vor langer Zeit gewendeten Mantel strahlte nicht mehr den Erfolg eines Star-Musikers vom bezauberndsten Orchester des Reiches aus. Er stellte seinen Domrakasten mit den abgestoßenen Ecken und vielen Flickstellen ab. Es war nur ein kurzer Moment, dass beide von den Gefühlen der Erinnerungen an Russlands silbernes Zeitalter überwältigt wurden.

„Schön dich zu sehen, Sascha. Ich wusste ja gar nicht, dass du hier in Stockholm bist. Was machst du denn heutzutage?", fragte Nadeschda.

„Was ich mein ganzes Leben gemacht habe, schnelle Läufe auf der Domra. Eine Weile habe ich hier in einem Restaurant gearbeitet, aber sie verpflichten gern jedes Jahr neue Attraktionen. Ich bin eigentlich auf Arbeitssuche", sagte Sascha fast entschuldigend.

Nadeschda wusste, was der nächste Schritt sein würde, blieb aber stumm.

„Ich dachte mir", er hielt verlegen inne. „Vielleicht könnte ich dich bei deiner nächsten Tournee in Amerika begleiten? Das Publikum mag doch die Prim-Domra so sehr, wenn sie deine Stimme umspielt, auch wenn es kein volles Ensemble ist, mit mir und Klavier. Ich habe Freunde in Paris, wo ich während der Proben bleiben könnte."

Nadeschda biss sich auf die Zunge, weil sie wusste, was die Antwort sein müsste. Aber sie musste es vorsichtig sagen.

„Das wäre fabelhaft, vom musikalischen Standpunkt her, Sascha. Nimm doch Platz. Leider kann ich dir keinen Tee anbieten, denn Gläser für Besucher sind hier nicht vorgesehen."

Sascha setzte sich, nahm seinen grauen Schal ab.

„Vom musikalischen Standpunkt her gesehen", erklärte Nadeschda, „wäre das natürlich ideal. Ich habe deine Domra-Läufe immer sehr gemocht und das Publikum ja auch. Das sind gute Erinnerungen. Aber General Skoblin, mein Mann, kümmert sich jetzt um alle meine geschäftlichen Angelegenheiten und der Vertrag für die nächste US-Tournee ist letzte Woche festgemacht. Skoblin hat mal kalkuliert, was es uns kosten würde, wenn wir für die eine oder andere Tournee ein Orchester hätten. Das geht aber nicht so einfach, denn wenn wir bei manchen Aufträgen mit Balalaikas kommen, dann erwartet das Publikum das immer und ist enttäuscht, wenn wir die Erwartungen bei manchen Terminen nicht erfüllen. Nichts ist schlimmer als hinter den Erwartungen zurückzubleiben. Daher meint mein General, dass wir ab jetzt immer nur mit Pianisten arbeiten sollen. In New York haben sie einen Chor eingeplant."

Nadeschda hielt an und fuhr dann fort: „Wirklich schade, dass wir uns nicht danach richten können, was das beste Resultat für die Musik wäre. Deine Melodielinien auf der Domra waren die besten, so elegant, so inspirierend, absolute Spitze. Mit welchem Pass reist du denn, Sascha?", fragte Nadeschda.

„Im Moment habe ich keinen, denn ich sitze hier in Stockholm sozusagen fest. Aber ich kann einen staatenlosen Pass bekommen, oder einen jugoslawischen. Ich kenne jemanden in Belgrad, der mir versichert hat, dass ich innerhalb eines Monats einen jugoslawischen Pass kaufen kann. Allerdings soll der Vermittler in Zagreb teurer geworden sein, und deshalb hatte ich das nur vor, wenn ich den Pass auch wirklich brauche."

„Ja, das habe ich auch gehört, dass die Pässe teurer geworden sind", nickte Nadeschda.

Jetzt spielte Sascha seine letzte Karte: „Hast du daran gedacht, so etwas wie zwischen einem eigenen Ensemble und einem ortsansässigen Pianisten zu haben, Nadeschda Wassiljewna? Wenn ich der Domrist wäre, der dich immer begleiten würde, wie dein eigener Konzertmeister, dann könnte ich die ortsansässigen Musiker einproben, bevor du kommst. Die Eleganz von meinen Läufen würde zum Erfolg deines Konzertes beitragen, meine ich. Ich würde so gerne wieder für dich spielen, wirklich."

Nadeschda wusste, dass Nikolajs Antwort ein Nein sein würde, egal wie der Vorschlag aussähe. Sie war froh, dass er sich im Foyer mit Leuten unterhielt, denn er wäre jetzt ungeduldig geworden. Nikolaj würde Sascha darauf hingewiesen haben, dass Nein ein vollständiger Satz sei, und er lernen sollte, den Rückzug nicht zu verpassen. Es würde mir weh tun, wenn ich ein solches Gespräch zwischen Nikolaj und Sascha mitanhören müsste, dachte Nadeschda.

Sie konnte Saschas Hoffnungen nicht zerstören, obwohl sie wusste, dass Nikolaj niemals zustimmen würde: „Das klingt nach einer wirklich guten Idee. Ich spreche morgen mit meinem General, denn heute Abend müssen wir uns um unsere Kundschaft, ich meine um die guten Freunde aus dem Konzertpublikum, kümmern. Mal sehen, ob ich ihm morgen früh da eine Daumenschraube anlegen kann. Gib mir doch bitte deine Adresse."

Nadeschda nahm ein Konzertprogramm vom Schminktisch und Sascha schrieb langsam. Sein Name war im alten kyrillischen Stil. Zwei Stockholmer Adressen waren in ungeschickten lateinischen Buchstaben.

„Das sind meine zwei Hauptaddressen, wo ich immer wieder mal unterkomme, denn ich habe ja keinen ständigen Wohnsitz", sagte Sascha entschuldigend.

„Gut, ich sage meinem General, an beide zu schreiben und versuche mein Bestes. Schraub deine Erwartungen aber bitte nicht zu hoch, Alexander Sergejewitsch", seufzte Nadeschda. „Es sieht ja immer so aus, als könnte die Sängerin alles entscheiden, Musiker, Lieder, Kleider, wo die Tourneen sind, aber leider singen wir nur, und alles andere wird von anderen entschieden. Wir sind selbst mit Schuld daran, da wir dem Publikum immer vormachen, alle Fäden in der Hand zu halten, denn dadurch sehen wir attraktiver aus. Na, du kennst ja die Branche."

Sascha stand in der Tür und Nadeschda fügte hinzu: „Ich hoffe sehr, dass ich dieses Mal meinen General überzeugen kann, aber bitte brich deine Brücken hier nicht ab. Ich bin genau so in seinen Händen, wie ich das bei Schneider und Simjonow in Moskau war. Gott sei mit dir. Lass von dir hören, denn man kann nie wissen."

„Danke", antwortete Sascha leise.

Dann kam der Satz, von dem Musiker und Spieler gleichermaßen lebten: „Ja, man kann nie wissen, welche Chancen hinter der nächsten Ecke sind. Was wären wir, was wäre das Leben ohne die Hoffnung", flüsterte Sascha halb.

Nadeschda nickte.

Wie nach den meisten Konzerten, verbrachten Nikolaj und Nadeschda die halbe Nacht mit den örtlichen Veranstaltern und den Russisch sprechenden Ortsansässigen. Nachtclubs und Restaurants in den Emigrantenzentren hatten die Funktion der Dorfplätze übernomen, wo die neuesten Nachrichten die Runde machten. Stundenlang unterhielten sie sich in diesen halb zufälligen Begegnungen. Der Sinn für Zeit und Ort verschwamm, denn in

Stockholm, Paris, Nizza, oder New York sprach Russland im Exil über die gleichen Themen.

War Anna Anderson wirklich, wie sie sagte, die einzige Überlebende der Familie Romanow, Großfürstin Anastasia Nikolajewna? Jeder hatte seine eigenen Theorien. Konnte sie nicht Russisch sprechen oder wollte sie nicht? Bewies das überhaupt etwas? Wer den Zarenhof kannte, der wusste, dass dort vier Sprachen gesprochen wurden und Russisch war ganz unten auf der Liste. Wäre es nicht logisch, dass Anastasia Russisch vergessen hatte, oder weigerte sich ihr Kopf, die Sprache der Mörder zu sprechen? Vielleicht war sie doch eine Betrügerin?

Einigkeit herrschte darüber, dass es für viele sehr praktisch wäre, wenn sie nicht Anastasia wäre. Die junge Frau hatte an Geist und Seele deutlich Schaden genommen. Es wäre undenkbar, dass eine solche Person das Oberhaupt der kaiserlichen Familie im Exil sein könnte. Außerdem waren ja auch des Zaren Besitzungen außerhalb Russlands bereits auftgeteilt, als die Frau aus dem Landwehrkanal in Berlin gefischt wurde.

Jemand kannte jemanden, der auf dem Rodzianko Gut in der Nähe vom Schloss Windsor in England gearbeitet hatte. Dort hatte der Spaniel des ermordeten Zarewitsches ein Zuhause gefunden, nachdem er in Sibirien von den zu spät eingetroffenen englischen Befreiern auf der Straße aufgegriffen worden war. Sein verstorbenes Herrchen und dessen Familie hatten vergeblich auf Zuflucht im königlichen Schloss gehofft. Nur dem blinden Hund aus Russland mit dem englischen Namen Joy, der nicht erzählen konnte, welchem Unfall er sein Leben verdankte, war die Einreise gestattet worden.

Die Emigranten und Dienstboten tratschten: „Eine ehrliche und unvoreingenomme Untersuchung hätte wohl bedeutet, dass sie die Frau, die vorgab Anastasia zu sein, nach England gebracht hätten, um die Reaktion des Spaniels zu beobachten, denn Joy und Anastasias erschossener Hund Jimy waren vom selben Wurf und unzertrennlich gewesen. Joy hätte Anastasia wiedererkannt, wenn sie tatsächlich Anastasia war oder sich abgewandt, wenn sie eine Betrügerin war."

Alle Zeitungsberichte über Anna Anderson wurden von den Emigranten seziert. Dann wurden sie mit eigenen Erfahrungen und Erzählungen anderer Emigranten verglichen.

„Auch ich hätte helfen können", verkündete Nadeschda. „Ich

erinnere mich an die Lieder, die ich bei den Großfürstinnen auf der Krim gesungen habe. Anastasia war natürlich dabei und da Musik ein ausgezeichneter Auslöser für Erinnerungen ist, hätte ich beitragen können. Damals haben sie mich hofiert, als ob ich in ihrem Leben etwas bedeutete. Aber die vielen Küsschen und Komplimente waren nichts als Schaum, der sich schneller auflöste als eine Achtelnote. Die Frau tut mir leid. Ihre Gegner haben alle Fäden in der Hand."

„Hat Rachmaninow ihr nicht in New York unter die Arme gegriffen oder ist das Hörensagen? Sie kennen ihn doch gut, Nadeschda Wassiljewna, nicht wahr?", fragte jemand vom anderen Ende des Tisches.

„Genau. Im Februar war ich mit Rachmaninow im Studio. Er erzählte, dass er mit der Frau Mitleid gehabt hatte. Als sie auf Annas Gastgeberin Druck ausübten, sie vor die Tür zu setzen, brachte Serjoscha sie in einem Hotel unter. Dort erfanden sie den Namen Anna Anderson, damit die Presse sie nicht finden sollte, und seitdem redet jeder von ihr als Anna Anderson."

Sie unterhielten sich über den Verkauf der Zarenkrone an einen französischen Juwelier und ob sie wohl eingeschmolzen würde oder nicht.

Nach den Konzerten dauerten die geselligen Beisammensein bis weit in den Morgen und Stockholm war keine Ausnahme. Bevor er zu Bett ging, zählte Nikolaj des Einnahmen des Abends.

„Das kannst du auch morgen machen", sagte Nadeschda. „Komm doch ins Bett, Nikolaj."

„Nein", antwortete er. „Ich muss das jetzt wissen."

Beim Frühstück erinnerte sich Nadeschda an Sascha. Aber egal in welch leuchtenden Farben Nadeschda seine überlegene Musikalität schilderte, Nikolaj schüttelte den Kopf. Durch die Reisen würde Sascha zu viel Einblick in ihr Leben bekommen. Er könnte Notizen über Zuschauerzahlen machen und im Laufe der Zeit zu dem Schluss kommen, dass Skoblins erhebliche Einnahmen aus anderen Quellen haben müssten. Bei den Emigranten gäbe es keinen Zweifel, wo die Quelle war. Sascha könnte auch heiraten und Kinder bekommen. Dann würde er ein höheres Honorar benötigen und die Kalkulation durcheinanderwirbeln.

Nikolaj blieb fest: „Wir können nicht an eine Person gebunden sein, die mit uns reist und unser Leben durchschaut. Das ist zu gefährlich. Er könnte sogar ein Spitzel sein oder werden."

„Sascha? Ein Spitzel?", lachte Nadeschda. „Niemals! Er lebt für die Musik, sonst nichts. Du verstehst die Menschen in der Musik immer noch nicht, Nikolaj."

„Kann schon sein", antwortete Nikolaj. „Das akzeptiere ich, aber meine Aufgabe sind die praktischen Seiten des Lebens, nämlich Rechnungen zahlen, die Begnadigung verfolgen, so dass wir nach Hause können. Musikerhonorare wären meine Abteilung. Auch hier ist Nein ein vollständiger Satz."

Nadeschda nickte. Nikolaj war der Chef.

37

An einem traumhaften Sommerabend entspannten sich Skoblins nach dem Einspielen von *Mütterchen Russland du bist tief verschneit* für die Berliner Vox Schallplatten im eleganten Kempinski Café. Das warme Juliwetter von 1926 brachte Tausende in die Straßencafés am Kurfürstendamm, wo sie die Wellen der Passanten beobachteten. Plötzlich horchte Nadeschda auf, denn von einem benachbarten Tisch drangen russische Worte an ihr Ohr. Dort saßen vier gut gekleidete junge Männer, die Sekt tranken. Sie zwinkerte Nikolaj zu, um ruhig zu sein. Ja, sie sprachen Russisch und es klang, als ob sie Dserschinskis Tod feierten? Einen Moment erstarrte Skoblin, aber dann stand er auf.

Er entschuldigte sich für die Störung und fragte, ob er richtig gehört habe. Einer der jungen Männer lachte hämisch. Endlich war die Zeit gekommen, dass der alte Terrorist Vergangenheit war. Mit ein bisschen Glück, hoffentlich bald, brauchten die Russen nicht mehr vor den Fangarmen der Geheimpolizei Angst zu haben, die seit des Zaren Zeiten nur ihren Namen geändert hatte.

„Er hatte einen spektakulären Abgang", erzählte der junge Mann. „Dserschinski hat eine Rede gehalten und mittendrin machte es Pardauz. Weg war er – einfach so."

Alle vier hoben ihre Gläser zum Prost.

„Welch eine Überraschung und Erleichterung", sagte Nikolaj, weil er wusste, dass dies von ihm erwartet wurde.

Am Tisch sahen sich Nadeschda und Nikolaj an. War ihnen jetzt der Teppich unter den Füßen weggezogen? Es schien keine Erklärung für den so plötzlichen Tod Dserschinskis zu geben, es sei denn es war das unausweichliche Ende eines Kokain-Schnupfers. Nikolaj beglich die Rechnung. Sie gingen zur Straßenbahnhaltestelle an der Uhlandstraße und sprachen sehr leise.

„Was kann denn das für uns bedeuten?", fragte Nadeschda. „Unsere ganze Arbeit! Was ist, wenn die Früchte unserer Zusammenarbeit von Dserschinskis Nachfolger nicht anerkannt werden?"

Nikolaj starrte in Leere: „Keine Ahnung, wir müssen wachsam sein."

Wie vier Jahre zuvor gingen sie am nächsten Tag spazieren,

um sich ungestört unterhalten zu können. Wer würde wohl der neue Geheimdienstchef in Moskau werden? Würde er die Operationen in Westeuropa verändern? Ob die gesamte Organisation umgekrempelt würde? Könnten die Todesschüsse wieder zunehmen oder mehr Leute wie Sawinkow und Reilly in eine Falle gelockt werden? Ob Stalin vielleicht seine Intrigen ganz aufgeben würde, und endlich mehr Arbeit in den Aufbau des zerstörten Landes stecken würde, anstatt die Resourcen für seine persönliche Rache und Revolutionen in entfernten Teilen der Welt zu verplempern?

Nach dem Ausloten aller erdenklichen Aspekte kam Nikolaj zu dem Schluss, dass die Operationen nicht sofort betroffen sein würden. Die Tscheka hatte eine feste Organisationsstruktur entwickelt und die würde nicht total umgekrempelt werden, schon gar nicht in der ersten Phase. Die Person an der Spitze war irrelevant, denn die Ziele der Revolution waren genauso gültig wie in den letzten Jahrzehnten unter dem Zaren.

„Manchmal klingst du wie einer der Agitatoren in den Garnisonen vor der Wende", sagte Nadeschda erstaunt.

„Habe das alles oft gehört. Ich habe auch nicht vergessen, was wir alle wollten", antwortete Skoblin. „Wir müssen sehr auf der Hut sein, denn Veränderungen können in kleinen Schritten kommen und trügerisch sein", fuhr er fort. Dann schloss mit dem Üblichen: „Wir haben doch solche Strategien an der Akademie studiert. Man kann die Gegenseite durch sehr kleine Schritte täuschen. Es ist ihnen peinlich, ein Theater um eine sehr kleine Sache zu machen. Mit der Zeit erreicht man dann, was man wollte."

Mit erhöhter Wachsamkeit, schloss Skoblin, sollten sie allerdings merken, wann viele kleine Schritte sich zu einem größeren summierten, der eine Reaktion erforderte. Das Einzige, was zählte, war die Begnadigung, auf die der neue Chef aufmerksam gemacht werden müsse, sobald der erste Schock überstanden war.

„Ich bin es so müde, all diese Manöver", beschwerte sich Nadeschda. „Ich will nur Konzerte machen, Platten verkaufen, in Frieden leben, und in russischer Erde begraben werden"

Schweigend gingen sie durch die Straßen, bis das Tageslicht in eine lange Dämmerung überging.

„Glaubst du, es ist Traumtänzerei, dass wir noch einmal nach

Hause kommen?", fragte Nadeschda in einem tonlosen Flüsterton.

„Das kann ich nicht beantworten", antwortete Nikolaj. „Meine Großmutter pflegte mich mit Sprichwörtern und Redensarten zu bombardieren. Einer davon war, dass es Wahnsinn ist, in einem Traum leben, aber Irrsinn, keinen zu haben. Ich verspreche dir, dass ich mein Bestes für dich tun werde, mein Schatz", flüsterte Nikolaj und legte seinen Arm um Nadeschdas Schulter.

Sobald kühle Nächte das Ende des Sommers anzeigten, kehrten Nikolaj und Nadeschda lächelnd nach Paris zurück. Sie streckten ihre Fühler nach einem Hauskauf aus. Es sollte nicht weit von Paris sein, aber auch nicht so nah, dass sie ständig unangemeldeten Besuch haben würden, der ihre Tagespläne durcheinander warf. Nikolaj verkaufte alle Möbel und den Mietvertrag der Wohnung an ein junges russisches Paar, das gerade der Sowjetunion über die Berge von Afghanistan entkommen war. Die große blonde Frau erzählte herzzerreißende Geschichten, wie sie von Stalins Schergen gejagt wurden, bis sie über die Grenze von Afghanistan entkommen konnten. Beide hatten sich als Frauen verschleiert und spazierten direkt an den Agenten vorbei. Auch wenn diese etwas vermuteten, mit verschleierten Frauen zu sprechen, war verboten. Es war eine glaubwürdige Geschichte, zusammengestellt von den Experten der Moskauer Zentrale. Lessner begrüßte sie am Nordbahnhof und zahlte Skoblins gutes Geld, damit die Neuankömmlinge in die Erdgeschosswohnung einziehen konnten.

„Lessner wirft ganz schön mit dem Geld herum", bemerkte Nadeschda eines Abends. „Ich frage mich, wie viele Agenten er hier braucht. Es erschreckt mich, wenn ich daran denke, was sie alle dafür machen müssen."

„Es gibt eine Menge zu tun, aber nichts zu fürchten", sagte Nikolaj und faltete wieder das Mundstück einer Papirossa.

„Ich habe manchmal Angst", gab Nadeschda zu. „Mitten in der Nacht wache ich erschrocken auf, dass wir einen Fehler gemacht haben und sie uns auf der Straße erschießen."

Nikolaj schüttelte den Kopf und grinste: „Nie. Sie können uns jetzt wirklich kaum ersetzen. Nicht viele Leute können wie wir verreisen, ohne dass es Verdacht erregt. Wir haben immer Zeit, Tag oder Nacht. Wir können mit jedem reden und wenn nötig behaupten, dass der Mann, mit dem sie uns gesehen haben, ein Autogramm für seine Tochter oder wissen wollte, wann das nächste Konzert ist. Kann man uns das Gegenteil beweisen? Künstler bewegen sich frei und niemand kann ihnen etwas vorschreiben. Wo du auch hingehst, kannst du jemanden treffen, mit dem dich scheinbar ein musikalisches Band verbindet. Die Männer in den Kosaken-Chören werden nie für sie arbeiten. Die Zigeuner sind, wenn man das mal so sagen darf, zu überhaupt nichts zu gebrauchen, denn sie können ja keine Berichte schreiben, nicht einmal Anweisungen lesen."

Skoblin setzte sich, lächelte süffisant: „Skoblins sind zu wertvoll, um erschossen werden, mein Schatz, glaub mir das."

Er zog wieder an seiner Papirossa und sagte dann mit einem sehr breiten Grinsen: „Der Skandal in der internationalen Presse wäre undenkbar. Darüber hinaus wäre es auch sehr unklug, die französische Regierung weiter zu reizen. Ich kann dir sagen, dass Moskau gute Beziehungen schätzt und daher die Abknallerei auf das absolute Minimum beschränkt. Außerdem ist es wichtig, Paris als operatives Zentrum zu erhalten, denn von hier ist Großbritannien leicht zu erreichen. Das Proletariat auf den Inseln der Geldscheffler ist so unterdrückt, dass eine Revolution durch das sprichwörtliche Fingerschnippen ausgelöst werden kann. Sie können es sich nicht leisten, Frankreich zu verlieren. Sie können es sich also nicht leisten, uns zu verlieren."

Skoblin drückte seine Papirossa aus und hob die rechte Faust: „Oui, Madame! Die hungernden Deutschen sind auch schon soweit. Mit der richtigen Planung können alle drei Länder am selben Tag eingenommen werden. Die Revolution braucht jeden Kopf, den Russland, pardon, die Sowjetunion, mobilisieren kann."

„Aber zu Hause, neun Jahre nach der Wende hat sich die Lage nicht sehr verbessert, oder?" meinte Nadeschda nachdenklich.

„Kann sein. Vielleicht waren wir ja zu optimistisch, welche Zeit für die Entwicklung einer neuen und gerechten Gesellschaft benötigt wird. Ist auch egal jetzt. Ich habe von einem netten kleinen Haus ca. 40 km von Paris, in Ozoir-La-Ferrière, gehört. Die Bahn fährt durch das Dorf. Wenn wir also in Eile wegmüssen, springen wir einfach aus einem Erdgeschossfenster."

Ein paar Tage später besichtigten Skoblins das Haus. Es war recht geräumig für zwei Personen, Wohnzimmer, Esszimmer,

Küche, und die gleiche Fläche wieder oben. Manche der Wände sahen aus als hätten sie Pockennarben auf ihren vergilbten Tapeten. Nadeschda ging wie eine Schlafwandlerin umher. Hausbesitzerin? Der Halbkreis des Dimitrijewitsch Lagers schoss ihr in den Kopf.

„Was meinst du?", unterbrach Nikolaj die Erinnerungen.

„Ich weiß nicht, entscheide du, bitte", antwortete Nadeschda.

Sie traten vorsichtig auf die unebenen Stufen der in den Fels gehauenen Kellertreppe, hielten sich an einem alten Seil fest, das als Geländer diente. Es war dunkel, und der Keller roch Jahrhunderte alt.

„Nicht schlecht für einen Weinkeller", nickte Nikolaj. „Das Haus erfordert einiges an Renovierungen. Wie steht das denn mit dem Preis", sagte er auf Französisch zu dem ältlichen Immobilienmakler.

Die Skoblins richteten sich mit eleganten Jugendstil-Objekten ein. Im neuen Jahr las dann Nadeschda Nikolaj ihre täglichen Notizen vor, die sie zwischendurch in den Restaurant- oder Café-Toiletten geschrieben hatte. Nikolaj leitete dann nach Moskau weiter, was er für wichtig hielt.

Nadeschda schaute auf eine Notiz und fragte: „Kanntest du einen Kollegen namens Monkewitz? Er hat sich offenbar schon vor einiger Zeit sozusagen in Luft aufgelöst, und niemand hat sich darum geschert."

„Natürlich kenne ich General von Monkewitz. Er leitete die Offiziersorganisation in der Uhlandstraße. Du kennst ihn auch, übrigens."

„Ach ja?"

„Natürlich. Besonders vom Oster-Ball letztes Jahr. Er war am Tisch links von der Bühne. Er war so betrunken, dass er vom Stuhl fiel. Ein paar Kosaken haben ihn herausgetragen und dann hat er auf ihre Uniformen gebrochen."

„Ach natürlich. Von hinter der Bühne habe ich das nicht selbst gesehen. So ein Blödian. Aber das erklärt nicht, warum er vor ein paar Monaten spurlos verschwunden ist. Ich habe heute seine Nichte Raissa gesehen. Sie sprach von ihm, als hätte sie keine Ahnung wo er ist und dann schien es ihr auch völlig egal zu sein, was mit ihm passiert ist. Als ich nachfragte, sagte sie, das sei nun schon vier Monate her und abgehakt. Sie haben ihn nicht einmal als vermisst gemeldet, als ob sie zufrieden waren, dass er weg war."

„Also, das ist nicht unsere Sache, wirklich. Es ist eigentlich nicht gut für dich, wenn du Genaues weißt", erklärte Nikolaj. „Was ich dir aber sagen kann ist, dass Monkewitzes Verschwinden nichts mit Politik zu tun hat. Ihm bekam das Exil nicht gut, die Sprache und das Essen, der vom Mangel an Geld eingeschränkte Lebensstil. Er nannte es sein Leben im Hausarrest. Vor einiger Zeit sprach er mit mir. Im Krieg war er in Weißrussland einer Frau begegnet, die er nicht vergessen konnte. Monkewitz bereitete die Scheidung vor, als Lenin im versiegelten Zug zurückkam. Aber die Ämter waren geschlossen, sodass Monkewitz die Scheidung nicht durchführen konnte. Dann kam der Bürgerkrieg. Seine Töchter und seine Frau mussten sich der einzigen Gruppe anschließen, die Sicherheit bot. Das waren wir, die Weißen. Und so landeten sie alle hier.

„Monkewitz erzählte mir auch, dass er endlich und völlig unerwartet einen Brief von der Frau bekommen hatte. Er war überglücklich, dass sie noch lebte. Sich hier in Paris scheiden zu lassen war wegen der Kosten und Reaktionen der Leute ein Alptraum. Sein Bruder ist sehr religiös, er würde ihm das Leben während des Verfahrens zur Hölle gemacht haben. Da fing er an, sich Geld für Wodka zu leihen. Eines Tages habe ich ihm Kontakt mit Lessner vorgeschlagen, der riet, einen Abschiedsbrief zu schreiben, dass ihn die Armut auffraß. Da es aber keinen Toten gab, wurde das als Fälschung angesehen, was es ja auch war. Ihn nicht als vermisst zu melden, vermied eine peinliche und sinnlose Untersuchung. Er musste einfach zurück, ohne Aufsehen. Vergiss Monkewitz. Seine Frau muss es wohl erraten haben."

„Wieso ist er denn vor dir begnadigt worden?", fragte Nadeschda schockiert.

„Weiß ich nicht. Wissen wir denn, ob er wirklich begnadigt ist? Vielleicht haben sie ihn angeschmiert, ausgequetscht und erschossen? Vielleicht hatte die Frau dort etwas damit zu tun? Vielleicht, vielleicht – keine Ahnung und interessiert mich auch nicht. Ich kann dir aber sagen, dass er es bereuen wird, denn das Leben in Russland ist 10 Jahre nach der Wende kein Zuckerschlecken. Es braucht alles mehr Zeit, sehr viel mehr Zeit."

Nadeschda seufzte leise und schloss die Augen. Sie fühlte sich unwohl. Irgendetwas stimmte nicht, als ob die Rückkehr nach Russland nicht mehr Nikolajs Ziel war. Sie konnte nicht wissen, wie nahe ihre Ahnungen an der Wahrheit waren, denn Skoblin hatte

Lessner auch gesagt, dass es mit der Begnadigung keine Eile habe. Er hatte sogar an Stalins Lakaien übermitteln lassen, dass er Gefallen daran gefunden habe, im Ausland für die Weltrevolution und das internationale Proletariat zu arbeiten. Was er für sich behielt war, dass sein Wunsch nach Rückkehr verblasst war, weil so einfache Dinge wie Schuhe und Fleisch nicht erhältlich waren. Alles was man zum täglichen Leben benötigte, landete durch Austausch von Gefälligkeiten bei der neuen herrschenden Klasse, den Apparatschiks. Nikolaj war nicht zuversichtlich, dass er zu ihnen gehören würde und ein Leben ohne Privilegien war undenkbar. Auch war er überzeugt, dass ein Sturm heraufzog. Eine Wiederholung der historischen Ereignisse von vor zehn Jahren, als die Hungersnot die Aufständischen auf die Straße trieb, schien sehr wahrscheinlich. Skoblin war sich sicher, dass er nicht zurückgehen wollte, solange das Land auf einem schlüpfrigen Pfad in den Abgrund trieb. Er hatte auf den richtigen Moment gewartet, um Nadeschda klarzumachen, dass sie in Paris sehr viel besser lebten als das in Moskau möglich wäre. Der Kreml zahlte gut. Filzstiefel? Nicht für General Skoblin.

Er nutzte den Moment, obwohl er es nicht so geplant hatte. Er stand auf, legte den Balalaikakasten auf den Tisch und öffnete ihn. Dann griff er in den versteckten Hohlraum und zog die Geldbündel heraus.

„Hier", sagte er zu Nadeschda. „Hol dir die blauen Wildlederstiefel, von denen du erzählt hast. Und du brauchst noch nicht einmal ein halbes Dutzend Beamte zu bestechen oder eine Bestellung für den nächsten Fünf-Jahres-Plan aufzugeben. Viel Spaß! Genieß das Beste aus beiden Welten. Dann kannst du an Genosse Stalin denken, wenn du sie anziehst."

Nadeschda war sprachlos, nahm das Geld ohne zu zählen und schob es in ihre schwarze mit Perlen verzierte Jugendstil-Handtasche. Der Zynismus in Nikolaj Stimme beunruhigte sie sehr, aber sie war zu erschöpft, um etwas zu erwidern.

38

Von nun an hatten Nikolaj und Nadeschda einen Lebensstil, der zehn Jahre andauern sollte. Sie verbrachten so viel Zeit in ihrem Haus in Ozoir-La-Ferrière wie möglich, füllten es mit Möbeln und hübschen Objekten. Seidenteppiche aus China schimmerten in Hellblau und leuchtendem Rosa. Skoblin suchte nach einem kleinen runden Glastisch, mit einer Lampe, an dem er die Zeitungen und die Anweisungen aus Moskau gemütlich lesen konnte. Sie kauften auch ein Lampophon, dessen Schirm sehr lange goldene Fransen hatte. Diese neuzeitliche Lampe war auch ein moderner Plattenspieler, der elektrisch lief und nicht mehr aufgezogen werden musste. Nadeschda hatte ihn erstanden, um damit das Erscheinen ihrer Schallplatte mit Rachmaninow zu feiern.

Nikolaj schrieb mehrfach wegen des Erscheinungsdatums der Victor Schallplatte an Rachmaninow, aber jedes Mal kam ein anderer Grund für die Verzögerung. Vor einem Jahr hatte die Firma Rachmaninow davon in Kenntnis gesetzt, dass die Platte nicht in ihren Veröffentlichungszeitplan passe, der vor zwei Jahren festgelegt worden war. Aber im Herbst des gleichen Jahres hatten sie außerplanmäßig eine neue Sängerin in den Katalog aufgenommen, von der sie glaubten, dass sie zu Weihnachten am Markt sein müsse. Ein paar Monate später schrieb Rachmaninows Sekretär, dass die Platte zurückgestellt wurde, weil Victor von einem Bankenkonsortium übernommen worden war, die sich nicht als Musikmanager verstanden und keine neue Sängerin lancieren wollten. Nach einiger Zeit erfuhren sie aus der Zeitung, dass RCA die neuen Besitzer waren, die eine Neuordnung der fusionierten Firmen vorbereiteten, damit sich die Erträge verbesserten.

„Wie sich die Zusammenlegungen der verschiedenen Abteilungen auswirken, kann man nicht voraussehen", schrieb Rachmaninow. „Es gibt außerdem rechtliche Fragen, die ich damals nicht bedacht habe. Ich habe ja die Studiozeit bezahlt. Damit wurde ich zum Produzenten unserer beiden Lieder, aber mein Vertrag sieht diese Rolle nicht vor. Die Rechtsabteilung war durch die Veränderungen überfordert, und ist es immer noch. Es wird noch eine Weile dauern, bis sie die Situation klären können. Mit dem Blick auf die Pläne der Firma, und unter Berücksichtigung ihrer erheblichen Investitionen in die Geräte für die neuen Tonfilme, muss ich leider ehrlich sagen, dass mir Zweifel gekommen sind, ob sie noch eine Vermarktung unserer Platte beabsichtigen, beziehungsweise Kapazitäten dafür haben. Natalja hat über die Gerüchteküche gehört, dass der neue Chef mich nicht als Begleiter vermarktet sehen möchte. Die Musik steht bei denen leider nicht an erster Stelle. Sie haben das Recht zu tun, was sie für richtig halten. Wir werden dran bleiben, Nadeschda Wassiljewna. Wenn wir allerdings realistisch sein wollen, dann sollten wir in diesem Jahr keine Veröffentlichung erwarten. Ich spiele meine Anpressung jedem Besucher vor und hoffe, es gefällt so, dass er die neuen Eigentümer davon überzeugt, dass unsere Arbeit es nicht verdient, eingemottet zu werden."

Nadeschda war wütend. Ihre Karriere war in den Händen von irgendwelchen Fremden, die nicht verrieten, was sie vorhatten. Ihre Honorare würden sich sofort verdoppeln, wenn die Platte auf dem Markt wäre. War sie jetzt an das angekommen, was Rachmaninow Wattewand genannt hatte? Insgeheim ballte sie die Faust. Das Gefühl von Ohnmacht und Niederlage nagte an ihr.

„Hör auf, daran zu denken", sagte Nikolaj. „Wir haben darauf keinen Einfluss und lass es doch nicht zu, dass diese Leute deine Gedanken kontrollieren."

„Das verstehst du nicht, Nikolaj", beschwerte sich Nadeschda. „Es ist wie ein totgeborenes Baby. Das kann man nicht einfach vergessen."

„Mach bitte nicht solch dramatische Vergleiche", konterte Skoblin kühl. „Denk mal wie ein Bauer. Du hast das Rachmaninow Feld gepflügt, gesät, und gejätet. Es sah nach einer guten Ernte aus, aber dann hörte der Regen nicht auf. Dein Korn ist am Stamm verfault. Es hätte auch zu wenig regnen können, oder hageln. Käfer, Heuschrecken oder Pflanzenkrankheiten hätten die Ernte ruinieren können oder eine Armee ist mitten durch dein Feld marschiert. Es gibt Millionen von Gründen, warum ein Bauer seine Ernte nicht einfahren kann. Künstler arbeiten nicht für den 30-Sekunden-Applaus, ich weiß. Sie arbeiten, um sich eine Zukunft aufzubauen, aber das geht nicht immer glatt und du solltest kein Drama aus dieser Sache machen. Wir essen und leben gut. Behellige Rachmaninow nicht mehr mit dieser Plattensache."

Nadeschda schwieg, denn sie wollte dieses unangenehme Gespräch nicht verlängern. Die Erinnerungen abzuschütteln, schien unmöglich, da sie ihr zu oft ins Gesicht starrten. Tagsüber hatte sie wie üblich mit Bekannten in einem Café am Montparnasse gesessen, wo die letzten Nachrichten der russischen Kolonie und aus den Emigrantenzeitungen die Runde machten.

An diesem Tag hatte Swetlana eine der Zeitungen überflogen, lachte und las amüsiert vor: „Im Moskauer Bolschoi-Theater war am 13. Juni eine seltsame Vorstellung. Reinhold Moritzewitsch Glière hat ein neues Ballett geschrieben, das drei Stunden dauerte, und wenn wir dem Glauben schenken wollen, was wir von hinter der Bühne aus Ballettkreisen hören, dann hätte es sogar fünf Stunden dauern sollen. Da hat wohl jemand seine Begeisterung nicht zügeln können, das erste Ballett der bolschewistischen Ära zu feiern.

„Der beste Teil, sagen unsere Quellen, ist der letzte Teil, *Matrosentanz*, dessen Melodie ganz Russland als das Volkslied vom *Äpfelchen* kennt. Glière hat es für das Sinfonieorchester in ziemlich bombastischer Weise eingerichtet, was für das Lied aus dem bäuerlichen Milieu etwas übertrieben scheint. Trotzdem gefiel dieses Finale dem Publikum sehr. Auf die Frage, warum er beim musikalischen Erbe des russischen Landvolkes eine Anleihe machte, sagte der Komponist, dass das in Erinnerung an einen Sommerabend auf dem Lande war. Vor vielen Jahren erlebte er, wie ein junges Zigeunermädchen mit ihrem Tamburin Trinkgelder einsammelte, während ihre Mutter das Lied *Jablotschko* sang. „Als ich noch Lehrer war, war ich mit einem Kollegen im Sommerurlaub", schreibt Glière im Programm. „Das Mädchen und ihren Tanz in der Rotunde habe ich nie vergessen. Ihr Tamburin war mit leuchtend roten Mohnblumen bemalt. Im letzten Refrain spielte der Vater einen sehr langen Geigentriller. Das war ihr Stichwort, um ihr schwarzes Haar in alle Richtungen zu schütteln, und auf leichten Füßen im perfekten Tempo mit der letzten Note bei der Sängerin anzukommen. Und dabei stibitzte sie auch noch Birnen vom Silbertablett, die sie in ihre Rocktasche steckte. Das Mädchen glaubte bestimmt, niemand bemerkte das.

„In unserer neuen sozialistischen Gesellschaft braucht ein Zigeuner nicht mehr zu stehlen, aber in Erinnerung an diesen unvergesslichen Abend habe ich *Jablotschko* mit eingearbeitet. Zum Gedenken an das bemalte Tamburin mit dem roten Mohn habe ich mein neues Ballett *Der Rote Mohn* genannt."

Swetlana legte die Zeitung zur Seite.

„Das erinnert mich an dein Tamburin, Nadeschda. Ach, das Zigeunermädchen könntest sogar du gewesen sein", scherzte Swetlana und lachte laut.

„Du hast aber eine lebhafte Phantasie", erwiderte Nadeschda. „Glière muss in einem meiner Konzerte gewesen sein, und außerdem ist mein Tamburin wahrscheinlich nicht einmalig. Ich kenne kein anderes, aber das heißt nicht, dass es nicht existiert."

„Das war doch nur Spaß", lachte Swetlana. „Ich dachte gerade, wenn du das wirklich gewesen wärst, das wäre schon erstaunlich."

Nadeschda setzte ein spitzbübisches Lächeln auf: „Woher wissen wir denn, dass Glières Erzählung von diesem Abend auf dem Land überhaupt wahr ist? Er könnte es glatt erfunden haben. Solche kleinen Anekdoten werden jeden Tag von Künstlern und deren Agenturen für die Werbung zurechtgebastelt. Man nennt das Gesprächsstoff liefern, denn damit sieht unsere Arbeit interessanter aus und verkauft sich besser."

„Na sowas! Vielleicht frage ich Rachmaninow, wenn er wieder herkommt. Er kannte Glière gut, habe ich gehört. Der Kollege, von dem er schreibt, kann sogar Rachmaninow gewesen sein. Heutzutage kann Glière ihn aber natürlich nicht nennen und dich ja auch nicht, denn die Emigranten sind tabu. Jetzt bin ich wirklich neugierig. Beim nächsten Konzert frage ich Rachmaninow", meinte Swetlana.

„Nicht nötig. Simjonow und Schneider haben dafür gesorgt, dass mein Tamburin bei vielen Gelegenheiten in Moskau und Petersburg ein Gesprächsthema wurde und das kann Glière keinesfalls entgangen sein. Wie du ja richtig sagst, dass er in einem meiner Konzerte war, konnte er ja nicht erwähnen. Serjoscha war ganz verstört, als er hörte, dass sie auch seine Musik verboten haben."

Nadeschda war sich sicher, Swetlana würde das alles vergessen haben, wenn Rachmaninow das nächste Mal in Paris gastierte. Selbst wenn sie es bis hinter die Bühne schaffte, war da soviel los, dass sie kaum zu der Frage kommen würde.

„Vielleicht...", Nadeschda grinste und hielt inne. „Bist du dir sicher, dass Serjoscha es zugeben würde, wenn er dort gewesen ist? Nicht jeder bekennt sich zur Leidenschaft für Zigeunerlieder."

Nach einer kleinen Pause erinnerte sich Swetlana, dass Nadeschda oft über ihre Aufnahme mit Rachmaninow in New York gesprochen hatte. Nadeschda war sehr verlegen, zugeben zu müssen, dass sie nicht auf den Markt gekommen war, auch nicht zur zweiten Tour. Selbst anderthalb Jahre nach der Aufnahme stand ein Veröffentlichungsdatum noch immer nicht fest.

„Ich habe keinerlei Einfluss, wann die Platte in die Läden kommt", räumte Nadeschda ein. „Serjoscha auch nicht. Keiner weiß, was die Herrschaften in der Vorstandsetage jetzt planen, nachdem sie scheinbar alles Geld in Kinolautsprecher für Tonfilme gesteckt haben."

Nikolajs Vorschlag, das einfach zu vergessen, machte sie krank. Dann erinnerte sie sich an den Spruch, niemals mehr Gefühle in etwas zu investieren, als man bereit war, zu verlieren. In diese Platte hatte sie mehr investiert als sie ohne emotionelle Verluste verlieren konnte, viel mehr.

Verachtung über was andere Leute als Geldsäcke bezeichneten, kam in ihr hoch, wenn sie daran dachte, dass deren Entscheidungen über ein künstlerisches Produkt das Schicksal der Künstler bestimmten. Ihr Zorn wuchs, und plötzlich kam ihr die Idee, dass Stalins Propaganda von der Herrschenden Klasse möglicherweise ein Körnchen Wahrheit enthielt. Genau diese Kapitalisten waren es, die ihre Platte eingemottet hatten, die eine Platte, die in ihrem Leben zählte. Diese Kapitalisten beherrschten ihr Leben und hatten gegen sie entschieden. Von nun an war sie es, die gegen die Kapitalisten entscheiden und gegen sie arbeiten würde. Mit Vergnügen? Natürlich, für Stalins Geld und mit Vergnügen.

39

Plewitzkaja empfand ihr Doppelleben jetzt als ganz normal. Sie stand völlig hinter Skoblins Agentenrolle und genoss das Versteckspielen, wie sie es nannte. Sie war sogar froh, wenn Stalins Männer wieder einen Emigrantenführer liquidierten.

„Ha", sagte sie zu Nikolaj. „Noch ein Krümel der ehemals so glorreichen Herrschaftsklasse in den Rinnstein gefegt. Sie lügen und betrügen, täuschen, beschubsen und stehlen. So haben sie sich mehr als 300 Jahre an der Macht gehalten. Wer ist denn der nächste?"

„Nun lass mal hier die Pferde nicht mit dir durchgehen, mein Schatz", antwortete er. „Spitzel und Agent zu sein, ist ein gefährliches Spiel. Das heißt, ein Spiel ist es eigentlich überhaupt nicht."

Er trat nahe an Nadeschda heran, sah ihr ins Gesicht und entdeckte eine tückische Leidenschaft in ihren Augen.

„Du bringst uns in Gefahr, wenn du Gefühle oder sogar Leidenschaft investierst. Man übersieht Gefahrenpunkte, wenn man nicht kalt und neutral bleibt. Es ist unser Lebensunterhalt. Nach dem, was ich so höre, sind die neuen marxistischen Herrscher genauso korrupt wie ihre kapitalistischen Vorgänger. Wer an den Schalthebeln der Macht sitzt, ist ganz egal. Sie kommen und gehen wie die Wolken, sind aber alle vom Stamm der Beschubser. Worauf es ankommt, ist unser Leben, und was wir dazu von denen herauspressen können, verstanden?"

Nadeschda sagte nichts.

„Hast du mich verstanden?", fragte Nikolaj noch einmal, dieses Mal mit voller Stimme. „Keine Emotionen! Wir tun dies für unseren Lebensunterhalt!"

Nadeschda nickte.

„Das reicht nicht", sagte Nikolaj streng. „Sprich mir nach: Wir tun dies für unseren Lebensunterhalt."

Er packte Nadeschda fest an den Schultern, sodass sie wehrlos war.

Schließlich sagte sie es: „Wir tun dies für unseren Lebensunterhalt!"

Nikolaj ließ nicht los: „Sing es noch einmal, meine liebe Kursk Nachtigall, damit ich sehe, du kennst das Melodiechen auswendig."

Besiegt wiederholte sie es. Nadeschda hatte Nikolaj noch nie so ernst gesehen. Sie liebte ihn, weil er stark war und sich durchsetzte. Aber so bestimmend hatte sie ihn noch nicht erlebt.

Ihr Lebensstil veränderte sich. Es gab weniger Konzerte, aber die paar, die es gab, wurden ständig erwähnt. Außerdem erzählten sie, wie befriedigend es war, von den Berliner Vox Schallplatten für die Aufnahme von *Mütterchen Russland du bist tief verschneit* zu „ernten". Auch ihre Memoiren verkauften sich gut. Da die Uneingeweihten keine Ahnung hatten, wie unzuverlässig, verspätet, oder überraschend gering Lizenzen eingehen können, wunderte sich niemand über Skoblins lang ersehnte Anschaffung eines Rochet-Schneider Autos. Nadeschda gefiel das ovale Heckfenster sehr und sie bewunderte den schönen Holzrahmen im Innern. Manchmal wippte sie bei unebener Fahrbahn auf und ab, und dotzte mit dem Kopf an das Holz. Nikolaj lachte dann und bremste ab.

Nikolaj verbrachte mehr Zeit in den Veteranen-Organisationen und machte sich durch kleine Fahrten bei den Kollegen beliebt. Er war auch wieder Teil der Gruppe um Gutschkow, die sich nicht mit der militärischen Rückeroberung Russlands beschäftigte, sondern auf die wirtschaftlichen Aspekte konzentrierte. Sanktionen sollten das sowjetische Russland in die Knie zwingen. In panischer Verzweiflung entwickelten die Emigranten eine Strategie nach der anderen. Aber die Gruppierungen fielen ebenso schnell auseinander wie sie gegründet worden waren, denn jeder vertrat eine andere Meinung, wie man Mütterchen Russland, das sogar seinen Namen abgestreift hatte, den Klauen der Bolschwisten entreißen könnte.

Für jedes Anliegen gab es mehrere Gruppen, sogar drei russische Konservatorien und Rachmaninow war bei allen der Schirmherr. Auch die Kirche sprach nicht mit einer Stimme und beide Hälften behaupteten, der wahre Nachfolger der russischen Orthodoxie zu sein, deren Gebäude zu Hause von bolschewistischen Horden geplündert wurden. Die Aristokratie war auch zerstritten, zwischen Anhänger von Anastasia und Anhänger des selbsternannten Zaren Kyrill.

Nadeschda verbrachte ihre Zeit damit, gesellig zu sein, spielte die leidenschaftliche Zuhörerin und berichtete Nikolaj am Abend. Die Stunden in den Cafés und Einkaufen mit Freundinnen war ihre

Hauptbeschäftigung. Nach einer Weile arrangierte Nikolaj Auftritte bei Soirées, um Spekulationen über ihr Einkommen entgegenzutreten. Monsieur Felix hatte sie gern in seinem kleinen privaten Theater und Skoblin erweckte den Eindruck, es seien bezahlte Auftritte. Er koordinierte Nadeschdas Bulgarientournee mit seinen Plänen. Stalins Leute brauchten nur eine Konzertkarte zu kaufen und als Autogrammjäger hinter die Bühne zu kommen. Nadeschda fragte nie, wen Nikolaj traf. Was er an Geld nach Hause brachte, bewies ihr, dass Moskau ihren Diensten einen hohen Wert beimaß. Sie blieben Paris nie lange fern, damit sie den Kontakt mit den Veteranen nicht verlören.

Das sei zur Sicherheit, erklärte Skoblin, auch wenn Nadeschda so gerne noch zwei Wochen geblieben wäre: „In Paris, weiß ich, wer was ist und ich stolpere nicht in eine Falle."

Nadeschda hatte eine Vorliebe für Montparnasse, das exotische kosmopolitische Künstlerviertel, wo sich Einwanderer aus den französischen Kolonien mit den vielen Amerikanern mischten, die in Paris ihr Quartier aufgeschlagen hatten. Keiner verstand den Grund der Einwanderungswelle genau, und nach einer Weile empfanden die Franzosen sie als Eindringlinge. Sie ließen ihre Wut an einem Touristenbus voller Amerikaner aus, indem sie wie in der französischen Revolution mit herausgerissenen Pflastersteinen warfen.

Nadeschda jedoch bewegte sich in der russischen Kolonie, die durch Neuankömmlinge ständig wuchs. In den Kreisen der gehobenen Gesellschaft wurde es chic, den Soirées einen Hauch von Glanz mit berühmten Emigranten zu verleihen. Großfürst Dmitri Pawlowitsch war ein besonders gern gesehener Gast. Der mittellose Cousin des ermordeten Zaren machte kein Geheimnis daraus, dass er, mit 36 in seinen besten Jahren, auf der Suche nach einer Dame war, die seinen Titel gebührend zu schätzen wisse. Das Recht auf den Titel durch die adlige Geburt war das einzige was Dmitri aus seinem früheren Leben in Russland mitgebracht hatte. Er war am Rasputin Mord beteiligt gewesen und dafür in die Garnison von Taschkent verbannt worden, wo er eines Morgens aufwachte und hörte, dass sie im fernen Sankt Petersburg Russland zur Republik erklärt hatten. Eine Weile spielte das keine Rolle in der Außenprovinz aber die Fangarme der bolschewistischen Erschießungskommandos wuchsen unaufhaltsam. Dmitri hatte

Glück, mit dem Leben zu entkommen, aber das war alles. Wenn Großfürst Dmitri geglaubt hatte, seine Verwandten im Buckingham Palast oder Kopenhagen würden ihm etwas auf die Beine helfen, so irrte er sich. Die merkwürdige Geschichte von Rasputins Tod machte Dmitri zu dem was er war, aber niemand konnte ihn dazu bewegen, zu erzählen, was genau sich in dieser kalten Dezembernacht des Jahres 1916 zugetragen hatte, als Rasputins Leben ausgelöscht und sein eigenes gerettet wurde. Zehn Jahre später war Dmitri für das höchste Gebot einer weiblichen Bewerberin zu haben.

Eines Abends ging Nadeschda wieder durch die Notizen des Tages und fragte: „Sag mal, Nikolaj, kennst du einen jungen hochgewachsenen Kosakenoffizier namens Nikolas Swindin?"

„Klar", antwortete er. „Er war in unserem Bataillon. Du kanntest ihn auch. Er war ein Freund von Mitja."

„Ach ja, habe ganz vergessen, wen ich alles kenne."

„Und was ist mit dem?"

„Also Swetlana hat erzählt, dass Swindin Michail Borissowitsch aufgesucht hat, damit er ihm eine Reise nach Bulgarien finanziert. Swindin behauptet, dass Denikins Leute in einem bulgarischen Wald am Schwarzen Meer einen Schatz vergraben haben. Da gibt es angeblich Kisten voller Geld, Aktien, Staatsanleihen, Kriegsanleihen, vor allem aber Diamanten, Rubine, Smaragde und so etwas. Ein riesiges Vermögen ist da begraben, hat Swindin Mischa erzählt. Und natürlich ist er der einzige, der weiß, wo es ist, aber er kann weder die Reise noch die Ausgrabung finanzieren. Also wirklich! Swetlana hat Angst, dass Mischa bei Swindins grandiosem Betrug viel Geld verliert."

Nikolaj zog an seiner Zigarette und beobachtete, wie sich der Rauch im Lampenlicht auflöste.

„Hallo, ich habe dich etwas gefragt", sagte Nadeschda.

„Was war dein Frage genau?", fragte Nikolaj, scheinbar aus tiefen Gedanken zurückkehrend.

„Swindins Schatzsuche in Bulgarien."

„Ein Betrug ist das nicht unbedingt. Den sogenannten Schatz hat es gegeben, aber ob er nach all den Jahren noch existiert, ist eine ganz andere Frage. Denikin machte Pokrowski dafür verantwortlich. Überall brauchten wir Verpflegung. Wo unsere hungrigen Truppen aus dem Ruder liefen und plünderten, machten wir uns die Einheimischen zum Feind, was nicht gut ist, wenn man das Gebiet halten und vielleicht sogar verteidigen will."

Nikolaj zog wieder an seiner Zigarette.

„Wir wussten ja, dass die Bolschewisten Gold beschlagnahmt, aber andere Wertsachen in den Banktresoren eingelagert hatten. Wenn wir einen Ort eroberten, brachen wir das auf und nahmen mit, was Wert hatte. Denikin wollte natürlich nicht, dass es den Bolschewisten zufiel, falls sie zurückkamen. Die rechtmäßigen Besitzer waren ja weg, konnten keine Rechte geltend machen. Viele waren wahrscheinlich schon gar nicht mehr am Leben. Wir betrachteten das als Beitrag für den vaterländischen Kampf, durch den die überlebenden Eigentümer nach unserem Sieg zurückgehen konnten. Vieles ging für die Versorgung drauf, um die Bauern zu besänftigen, aber natürlich nicht alles.

„Der große Rückzug sollte ja nur vorübergehend sein, um über den Winter 20/21 zu kommen. Nach Konstantinopel konnten wir die Kisten natürlich nicht mitnehmen, weil das unser Notgroschen für die nächsten Feldzüge war. Wir haben niemandem davon erzählt, denn sonst hätten sie uns die Kehlen aufgeschlitzt. Pokrowski fuhr eines nachts über das Schwarze Meer, um alles auf der anderen Seite zu vergraben. Aber Swindin war nicht dabei und wie er davon erfahren hat, ist mir ein Rätsel. Er hat generell Recht, nur fällt es mir schwer zu glauben, dass er wissen soll, wo genau in Bulgarien die Kisten vergraben sind."

Nikolaj pausierte und schüttelte den Kopf: „Es wäre unmöglich, dass er bei Burgas herumsucht, ohne von der bulgarischen Geheimpolizei bemerkt zu werden. Diese Jungs sind nicht von Pappe. Ein Märchen oder Betrug ist das nicht, aber Swindin ist ein naiver Träumer. Wertpapiere oder andere Dokumente sind wahrscheinlich inzwischen verfault, aber Diamanten und Smaragde dürften nicht gelitten haben", schloss Skoblin.

„Soll ich Swetlana warnen, dass er es nie finden würde und auch kaum Chancen hat, da lebend herauszukommen?", fragte Nadeschda.

Nikolaj stand auf: „Wehe, damit gibst du ja zu, dass das existiert. Vielleicht, eines Tages ...", grinste er, „vielleicht wollen wir eines Tages nach Bulgarien fahren. Dass die Leute jetzt davon reden, ist der Sache nicht dienlich."

„Aber Denikin könnte reden", meinte Nadeschda.

„Nie. Denikin kann doch nicht zugeben, dass er Tresore aufgebrochen hat. Das war zwar nicht Plünderung im traditionellen Sinn, aber dass er das nicht gestoppt hat, würde seinen fein gehüteten Ruf als Saubermann zerstören. Ich garantiere dir, dass er es sogar abstreiten würde. Lass mich mal nachdenken."

Nach einer Weile gab Skoblin Nadeschda folgende Anweisung: „Du sagst, dass es fast alles für die Truppenversorgung draufgegangen ist, bevor wir evakuiert wurden. Das Wenige, was noch übrig war, wurde an verschiedene Leute aufgeteilt, damit nicht alles in einer Hand war. Als die Soldaten dann auf den türkischen und griechischen Inseln fast verhungerten, betrachteten sie das als Privateigentum und tauschten es für Lebensmittel. Swindin hat richtig gehört, dass es Schatzkisten gab, aber der Teil mit Bulgarien ist falsch."

Plötzlich erinnerte sich Nadeschda: „Ach, ich glaube, ich habe diese Kisten mit Diamanten und Rubinen sogar einmal gesehen. Kann das sein?"

„Gut möglich. Sie waren oft im selben Quartier, wo wir waren. Es gehörte sogar zu meinen Aufgaben, ein Auge darauf zu halten. Ich habe einmal eine Karte mit Markierungen an der bulgarischen Küste gesehen. Ich hoffe, dass ich es finde, wenn wir das Unglück haben sollten, uns damit beschäftigen zu müssen."

„Dann sage ich Swetlana, dass der liebe junge Nikolas sie nicht betrügen will. Er glaubt, dass alles wahr ist, aber soweit wir wissen, haben sie ihn an der Nase herumgeführt, dass die Schatzkisten noch existieren. Mischas Investition würde garantiert verloren sein."

Nikolaj nickte: „Es gibt so viele Geschichten aus dieser Zeit. Keiner kann mehr genau sagen, welcher Teil einer Geschichte stimmt und wo was ausgeschmückt ist."

„Das kannst du wohl laut sagen", meinte Nadeschda später beim Ausziehen. „Es fühlt sich oft an, als ob unser ganzes Leben nicht echt ist. Ich machte mich auf den Weg, eine erfolgreiche Künstlerin zu werden, die sich keine Sorgen über Essen und Schuhe machen muss. Ich hatte einen Frühling und einen kurzen Sommer, aber dann kam der Permafrost. Manchmal denke ich, ich sollte aufwachen, damit sich dieses Theater im Exil als böser Traum entpuppt."

„Wir tun unser Bestes, aber es gibt Kräfte, die wir nicht bestellt haben, die aber doch unser Leben kontrollieren", pflichtete Nikolaj bei.

40

Mehr als einmal dauerten die Soirées, bei denen Nadeschda auftrat, bis zum Morgengrauen. Irgendwann wurde Nikolaj die Rückfahrt nach Ozoir-La-Ferrière fast zur Frühstückszeit zu viel, so dass er im Hôtel Pax ein Zimmer als Stadtunterkunft mietete. Es lag schön zentral nahe des Ostbahnhofs und der Avenue Victor Hugo. Jetzt konnten sie wählen, wo sie die Nacht zubrachten.

„Immer nach Ozoir-La-Ferrière zurückzufahren, ist zu zeitaufwendig und es würde uns in Versuchung führen, zu früh aufzubrechen. Sobald wir aus der Tür sind, würden sie reden", erklärte Nikolaj.

Nadeschda berichtete Nikolaj oft stundenlang über die Leute, mit denen sie Zeit verbracht hatte. Beide beobachteten sogar, wer für eine wohltätige Sache Geld sammelte. Nadeschdas Spenden für die Kirche und das Offizierspflegeheim wurden alle genau in Skoblins Büchern notiert. Ein paar Wochen später fuhr er dann zu dieser Organisation, um seine eigene Spende zu bringen, ließ sich von dem Freiwilligen die Aufzeichnungen zeigen und achtete darauf, ob Nadeschdas Spende richtig eingetragen war.

Wenn sie nicht dabei war oder kleiner eingetragen, sagte er einfach: „Das muss ich wohl falsch verstanden haben."

Wenn er dann später allein im Auto saß, machte er eine Notiz über die mögliche Veruntreuung, so dass die sowjetischen Agenten in der Botschaft diese Person auf ihre Erpressungsliste setzen konnten.

„Pech gehabt", sagte Nikolaj laut, als er losfuhr und den Motor aufheulen ließ: „Wer Moral predigt, der muss das auch selbst beherzigen. Doppelzüngigkeit lassen wir nicht durchgehen."

Eines Abends brachte er einen Umschlag mit vier Pässen und Geldbündeln nach Hause. Der erste Pass, den Nadeschda anguckte, hatte ihr Foto und den Namen Borka Mamula. Der Ausstellungsort war Belgrad.

„Sehe ich aus wie eine Borka?", lachte sie. „Denkt Lessner, wir müssen hier in Eile Leine ziehen?", fragte Nadeschda verblüfft.

„Ich weiß nicht, ob die von Lessner sind. Er ist befördert worden und inzwischen Chef der europäischen Zentrale. Wir haben das nur für den Fall der Fälle bekommen. Was würden wir denn in den zwei Monaten machen, die es dauert, um falsche Pässe aus

Belgrad zu bekommen? Bereit sein ist alles."

Nadeschda schaute dann die anderen Pässe an. Da waren zwei für ein Ehepaar Lobanow. Die würden sie benutzen, wenn sie zuasmmen fliehen müssten, erklärte Nikolaj.

„Wir sehen aus wie zwei von den vielen Russen, die nach der Revolution in Belgrad untergekommen sind."

Wenn sie nicht zusammen reisen konnten, würde Nikolaj zu Slobodan Churkevic und Nadeschda zu Borka.

Nikolaj ging dann über die ganze Prozedur, wo sie umsteigen müssten und wie die Zellen zum Übernachten zu kontaktieren seien. Ein Wendemantel und zwei Hüte in verschiedenen Formen und Farben mussten gekauft werden, um die Verkleidung für die Rückfahrt über Zagreb, Belgrad und Sofia zu komplettieren.

„Die sind so bettelarm da unten. Wenn man bei den Wachen und der Polizei mit einem Geldschein wedelt, kommt man garantiert durch", erklärte Nikolaj und breitete auf dem Tisch Dollars, Francs, Reichsmark und Dinare aus. „Du kennst dich damit aus, wie man Geld in der Kleidung versteckt. Das ist deine Arbeit für morgen."

„Vor allem", fuhr Skoblin fort und lächelte, „Ruhe bewahren. Niemand ist reich genug, um eine Bestechung auszuschlagen. Korruption ist in allen Schichten der Gesellschaft, auch wo man es nicht sieht. Leg das Geld in den Pass, bevor du zum Kontrollpunkt kommst. Zeig es ihnen nicht, sonst schneidest du dir den Rückzug ab."

„Ich weiß, ich weiß. Wenn der Partner es sieht und den Moralischen spielt, dann tust du überrascht, dass dieses Geld endlich aufgetaucht ist. Der beste Satz ist, dass du es gestern Abend überall gesucht hast, aber vergessen hast, in den Pass zu gucken."

Nikolaj fragte dann ob sie sich erinnere, wie man die Signale für eine Erhöhung der Bestechung liest.

„Ja. Ich bereite mich vor, indem ich ein paar höhere Geldscheine in meine Manteltasche tue. Der Offizier würde mir dann meinen Pass zurückgeben und sagen, dass er mit dem Vorgesetzten sprechen muss. Er geht in irgendein Haus oder Büro und während er weg ist, lege ich etwas aus der Manteltasche zu. Es ist wichtig, diese Signale nicht falsch zu interpretieren."

„Du bist ja ein echter Profi." Nikolaj umarmte Nadeschda und lächelte: „Man könnte glauben, du kommst aus einer echten

Zigeunerfamilie, wo sie die Kunst der Täuschung mit der Muttermilch einsaugen."

Nadeschda zuckte mit den Achseln: „Muss man ja lernen. Wer an Bestechungsgeldern spart, schadet nur sich selbst."

„Genau, wer nicht genügend Kraft in der Tasche hat, der fällt hinten runter. Jetzt müssen wir die Unterschriften üben, um die Pässe zu unterschreiben."

Am nächsten Morgen suchte Nadeschda Reisekleidung zusammen und nähte dann zwei Tage lang das Geld mit der Hand ein. Sie sprachen auch darüber, wie sie sich in Moskau treffen würden, falls sie sich trennen müssten. Das Zigeunerestaurant Yar war inzwischen ein Filmstudio, wo sie nicht auffallen würden, weil ein steter Strom von Arbeitern, Künstlern, Besuchern und Bürokraten ein- und ausging. Selbst Leute mit Kleidung aus dem Ausland sah man dort jeden Tag.

Als der Frühling in der Luft lag, wurde die Russische Kolonie von dem plötzlichen Tod des General Wrangel in Amsterdam erschüttert. Der letzte Führer der anti-bolschewistischen Kräfte Russlands und der Veteranen im Exil war nicht mehr. Es fühlte sich an, als ob alle Kapitel des russischen Lebens eins nach dem anderen zugeklappt würden.

„Er war erst 49", bemerkte Nadeschda. „Fünf Jahre älter als ich, beängstigend."

Nikolaj zuckte die Achseln. Nichts schien ihn zu berühren, obwohl es Wrangel gewesen war, der ihn mit der Verleihung der Generalssterne zu dem gemacht hatte, was er war.

„Fahren wir zur Beerdigung?", fragte Nadeschda.

„Ich ja", antwortete Nikolaj. „Du bleibst hier, denn ich muss mich dort mit Leuten treffen. Wenn du mitkommst, fällt es zu sehr auf, wenn ich mich absentiere, denn man merkt, wie lange ich weg bin. Wir sagen aber, dass du mitkommst. Dann fahre ich einfach ohne dich und schiebe eine Magenverstimmu oder Erkältung vor."

„Bewirbst du dich für die Posten?", fragte Nadeschda.

Nikolaj schüttelte den Kopf: „Es ist zu früh, viel zu früh. Sie meinen ich bin zu jung. Ist schon alles arrangiert. Großfürst Nikolaj will Kutjepow gewählt sehen. Der große Nikolaj weiß, dass er nicht mehr lange hat und ist überzeugt, nur Kutjepow kann und wird unsere 60.000 Soldaten im Wartestand nach Mütterchen Russland zurückführen. Gutschkow ist auch für Kutjepow. Da er die Gelder zusammentrommelt, zählt er natürlich sehr."

„Du hast das alles schon durchdacht", nickte Nadeschda.

Nikolaj schüttelte den Kopf: „Nein, das kommt von denen. Ich würde schon kandidieren, aber da sie glauben, ich bin noch nicht an der Reihe, wäre es sinnlos."

„Versuche, das Gute darin zu sehen. Du hast ja mit Kutjepow durch den ganzen Bürgerkrieg gut zusammengearbeitet", und mit einem breiten Lächeln fügte sie hinzu: „Er hat dich sogar nach Kursk geschickt, so dass du mich erobern konntest!"

Nikolaj lächelte zurück und Nadeschda fuhr fort: „Eigentlich bin ich froh, dass du nicht an die Spitze kommst, denn das würde unser Leben viel zu sehr beherrschen und wieviel Kontrolle man dann noch über sein Leben hat, ist vorher nicht absehbar."

Wie erwartet, wurde General Alexander Pawlowitsch Kutjepow von den Veteranen gewählt. Er war ein erfahrener Kämpfer, ehemaliger Kommandant vom Garde Regiment des Zaren, der den Moskauer Aufstand bekämpft hatte und nach der Revolution Kursk für die Weißen eroberte. Später zeichnete er sich bei der Evakuierung nach der verheerenden Schlacht am Perekop aus. In seiner neuen Führungsrolle, bestand er darauf, Skoblin an seiner Seite zu behalten, denn er schätzte seine Sprachkenntnisse, seine Energie, und die Berühmtheit von Plewitzkaja, was er aber nicht erwähnte.

In den letzten Jahren in Paris war Kutjepow für die Kommunikation mit dem Untergrund in der Sowjetunion betraut gewesen. Auch nach Sawinkows und Reillys spurlosem Verschwinden war er überzeugt, seine konterrevolutionären Kontakte waren echt. Nun gründete er einen inneren Kreis, in dem er die alten Solaten für Schlachten in immer wieder neue Formationen gruppierte, die wie Zinnsoldatenspiele aussahen.

Der legendäre General Denikin wurde nicht miteinbezogen. Er kam nicht darüber hinweg, dass das Memorandum, welches ihn im Jahre 1920 zum Rücktritt aufgefordert hatte, Kutjepows Unterschrift getragen hatte. Denikin war überzeugt, die unangemessenen Worte stammten zwar von einem Untergebenen, wahrscheinlich Skoblin, aber er konnte sich nicht dazu bringen, mit Kutjepow und Skoblin zusammenzuarbeiten. In weniger als einem Jahr änderte sich die Führung wieder, denn Kutjepows wichtigster Verbündete, der Onkel des Zaren und ehemalige russische Kommandant Großfürst Nikolaj, verstarb. Die Verbindung zur kaiserlichen Vergangenheit hatte ein weiteres Glied verloren. Die Führung dünnte sich aus.

Eines Abends brachte Nikolaj ein dickes Buch nach Hause, den Roman „Der Stille Don."

„Gutschkow glaubt, die Einbrecher, die vor sechs Jahren seine Tagebücher gestohlen haben, haben sie zu Hause an einen Romanschriftsteller verkauft. Er meint, seine Tagebuchaufzeichnungen in diesem Bürgerkriegsroman wiederzuerkennen. Nun will er meine Meinung hören, also muss ich es lesen. Du liebe Güte, was soll ich denn eigentlich sonst noch alles machen", beschwerte sich Nikolaj.

„Das sieht nach echter Arbeit aus", sagte Nadeschda und guckte das dicke Buch genauer an. „Und was passiert, wenn du feststellst, dass das Buch tatsächlich auf Gutschkows gestohlenen Tagebüchern basiert? Was glaubt er damit zu gewinnen?"

„Keine Ahnung. Er sieht ein, dass er den Scholochow nicht vor Gericht zerren kann. Vielleicht will er nur genau wissen, ob es wirklich Moskaus Agenten waren, die in seiner Wohnung Einbrecher spielten. Ich werfe heute Abend einen Blick hinein."

Nach einer Pause fuhr Nikolaj zynisch fort: „Vielleicht denkt er ja, das Buch gewinnt einen Nobelpreis und er will sich seinen Anteil sichern, denn schließlich ist er ja Geschäftsmann, dessen erster und letzter Gedanke Geld ist, Geld jeder Couleur."

Spät in der Nacht nahm Nadeschda das aufgeschlagene Buch von Nikolajs Brust, denn er war beim Lesen eingeschlafen. Am nächsten Morgen sagte er, dass er nie wieder hineingucken würde, weil es so langweilig war.

„Ich sage ihm, dass ich ein paar Sachen wiedererkannt habe, aber manches ist ganz anders. Dann hört er mit dieser Sache auf. Außerdem ist es wirklich langweilig zu lesen. Wenn er glaubt, dass damit ein Blumentopf zu gewinnen ist, geht seine Phantasie hier mit ihm durch", sagte Nikolaj hastig.

Nicht nur Gutschkow schien Gespenster zu sehen. Menschen verschwanden einfach. Schießereien und plötzliche Todesfälle heizten Vermutungen und Verdächtigungen an, dass die russische Kolonie in Paris von Spitzeln durchsetzt sein müsse. Es gab nie Beweise, was alle Fantasien anregte, aber ihren neuen Führer nicht entmutigte. Trotz der vielen Anzeichen für Geheimdienst-

Aktivitäten weigerte sich der Held von Perekop, Leibwächter zu benutzen.

Mit seinen dunklen, leicht schräggestellten Augen und seinem schwarzen Bart sah er eher wie ein Franzose aus, nicht wie ein Russe.

„Ich verschwinde doch hier in der Menge", sagte Kutjepow. „Außerdem möchte ich den Emigranten damit nicht zur Last fallen."

Er war naiv, die Gefahr von der Sowjetunion, die ihm und den ehemaligen Kämpfern drohte, zu unterschätzen.

Kutjepows Frau Lydia beschwerte sich bei den anderen Offizieren: „Er steckt den Kopf in den Sand!"

Das einzige, was General Kutjepow akzeptierte, waren kostenlose Fahrten von seinen ehemaligen Offizierskollegen, die in Paris als Taxifahrer arbeiteten. Nur sehr gelegentlich bat er jemanden aus einer Gruppe von 33 verlässlichen Soldaten, ihn zu begleiten. Wie General Denikin stieg er aber nie in ein Fahrzeug, dessen Fahrer oder Eigentümer nicht zum Netz gehörte.

Im Januar 1930, nicht lange nach dem Tatjana-Tag rief Kutjepow Skoblin in sein Büro und zeigte ihm einen Brief.

„Schauen Sie sich das mal an, Skoblin, denn das ist auf Deutsch. Reillys Witwe Pepita scheint aus London zu kommen und bittet um einen Termin am Samstag, dem 25. Ich kann aber nicht verstehen, was wir mit ihr zu tun haben sollen."

Skoblin schüttelte beim Lesen den Kopf: „Es ist nicht ganz klar, was sie will, außer uns treffen. Ihr Deutsch lässt Sie nicht im Stich, Herr General. Mir erscheint das sogar bewusst unspezifisch, falls der Brief in falsche Hände gerät. Der Stil erinnert mich sogar an das, was wir in Geheimdienstkursen gelernt haben. Wissen Sie ob sie solche Schulung hatte?"

„Keine Ahnung. Reilly hat ja seine Karten nie offen gespielt, vertraute niemandem. Also, was glaubt denn Frau Reilly durch unsere Begegnung zu gewinnen?", fragte Kutjepow verblüfft.

„Es könnte ganz unbedarft sein, wenn irgendetwas, das mit Pepita zu tun hat, unbedarft sein könnte", grinste Skoblin. „Sie will wieder heiraten und braucht dazu eine Sterbeurkunde von Reilly. Andererseits kann sie ja aber auch von jemandem geschickt worden sein, der uns um Informationen anzapfen will. Die Briten könnten auf gratis Informationen aus sein, oder solche, die nicht über offizielle Kanäle gehen."

„Typisch", nickte Kutjepow. „Der Oustinow ist schon zu lange in London und wird etwas zu britisch."

Skoblin nickte, las weiter und blickte auf: „Sie bittet, ihr einen Dolmetscher zu besorgen, der mit ihr in die sowjetische Botschaft gehen kann und nicht dort festgehalten wird."

„Sie muss wirklich naiv sein, denn die würden ihr doch gar nichts sagen, auch wenn die hier in Paris stationierten etwas sagen könnten."

Skoblin warf den Brief auf den Tisch: „Lassen Sie sie doch versuchen. Eine Sterbeurkunde zu wollen ist doch ganz normal. Sie werden ihr wahrscheinlich sagen, dass Lenins Haftbefehl für Reilly von 1918 noch gültig ist. Dann werden sie sie hinhalten, können die Unterlagen nicht finden, weil der Bürgerkrieg so viel durcheinandergewirbelt hat und so. Was mit Reilly wirklich passiert ist, wird wohl nie jemand erfahren, so wie es aussieht. Sie hätte sich einfach eine gefälschte Urkunde besorgen sollen, aber jetzt ist das zu spät."

Kutjepow nickte: „Aber treffen sollten wir uns mit ihr. Vielleicht hat Reilly etwas Nützliches erzählt, was wir noch nicht wissen."

„Samstag?", fragte Kutjepow, „ist da nicht ein Gedächtnisgottesdienst?"

„Da müssen sie wohl ohne uns auskommen", schlug Skoblin vor.

„Sehr freundlich von Ihnen, Skoblin, sich diese Zeit zu nehmen. Sie geben so viel für den Kampf, Zeit, Mühe, und Fachwissen. Wir haben Glück, dass wir Sie haben."

Nikolaj setzte sich auf und lächelte: „Ich kann es mir leisten. Nadeschda ist eine erfolgreiche Sängerin. Vox in Berlin hat zwei Platten mit ihr produziert und sie verkaufen sich dort gut. Ich tue meine Pflicht für das Vaterland, aber es ist mir auch ein Bedürfnis und eine große Freude."

Weniger als ein Jahr zuvor hatte Vox Pleite gemacht, aber Skoblin erwähnte das nicht. Am Samstag besuchten Skoblin und Kutjepow Pepita Reilly in ihrem Hotelzimmer. Pepita bemühte sich, das Gespräch in Richtung des mysteriösen Agentennetzes zu lenken, das Reilly erwähnt hatte. Sie war sich sicher, dass sein Verschwinden damit zu tun hatte. Skoblin übersetzte Pepitas

Deutsch ins Russische und umgekehrt.

„Sidney hat vor seiner Abreise mehrfach gesagt, dass er die Veteranen in Paris aufsuchen würde. Das müssen Sie gewesen sein, meine Herren Generäle", bestand Pepita. „Sie müssen mir sagen, wer seine Kontaktleute in Helsinki waren."

Aber Nikolaj und Kutjepow schüttelten die Köpfe.

„Wir wissen überhaupt nichts mit Sicherheit", antwortete Skoblin. „Was wir damals hörten oder jetzt hören, mag richtig sein, kann aber auch uns täuschen sollen. Wir können Ihnen keine Adressen nennen. Die Post wird in Russland zensiert. Jede Person, der Sie schreiben, wird der Fraternisierung mit dem kapitalistischen Feind beschuldigt werden. Da würden Sie das Leben dieser Menschen riskieren."

„Aber wie gelangt dann Rachmaninows Geld an seine Verwandten dort, frage ich mich", fragte Pepita aufgebracht.

„Vielleicht haben er und seine Verwandten gute Verbindungen?", fragte Kutjepow. „Gute alte Verbindungen fallen doch nicht plötzlich durch den Rost."

„Vielleicht ist es mit Geld anders, denn das sowjetische Russland profitiert von dem, was Rachmaninow an seine Geschwister und Mutter schickt", erklärte Skoblin. „Meine Frau ist ja seit Jahren mit Rachmaninow befreundet und ich würde mir vorstellen, dass seine Verwandten von jemandem geschützt werden. Sie fallen ja in die Kategorie was als Herrschende Klasse von damals bezeichnet wird, scheinen aber nicht liquidiert zu sein. Manche haben vielleicht sogar die Seite gewechselt, damit sie Rachmaninows Geld auch bekommen. Aber das ist alles Spekulation. Wir hören ständig von Agentennetzen, Madame. Leider ist es in der Praxis unmöglich festzustellen, ob sie wirklich bestehen, Ausgeburten lebhafter Fantasie sind oder Strohmannfirmen, die uns an der Nase herumführen sollen. Selbst wenn zur Zeit von Reillys Verschwinden ein Netz existierte, kann keiner sagen, ob es in den immerhin vier Jahren seitdem nicht umfunktioniert worden ist."

Sie schwiegen eine Minute und überlegten, was sie als nächstes sagen sollten.

„Und was ist mit der Botschaft, Madame?", fragte Kutjepow auf Russisch. „Warum wollen Sie dorthin?"

Skoblin übersetzte ins Deutsche.

„Ha", sagte Pepita mit einem zynischen Lachen. „Ich wollte dort entweder eine Sterbeurkunde oder ein Visum für Moskau, damit ich die Sterbeurkunde dort bekommen kann. Das würde ich immer noch gern, aber wissen Sie was am Abend vor meiner Abreise aus London passiert ist? Drei Männer vom Innenministerium standen vor meiner Tür. Sie haben mir buchstäblich befohlen, nicht zur Botschaft zu gehen."

Kutjepow sah Pepita an und konnte es sich gut vorstellen, dass diese junge Frau mit dem fein geschnittenen Gesicht einen neuen Verehrer gefunden hatte.

„Was haben die denn für ein Interesse daran?", fragte Kutjepow verblüfft.

„Sie sagten mir rundheraus, dass sie meine britische Staatsbürgerschaft unter die Lupe nehmen wollen, wenn ich zur Botschaft ginge", beschwerte sich Pepita.

„Können die das? Haben Sie etwas zu verbergen, Madame?", fragte Kutjepow.

„Natürlich nicht, Herr General. Aber bei Reilly war da wahrscheinlich etwas. Offensichtlich war er nicht richtig geschieden, als er mich heiratete. Meine Staatsbürgerschaft, die aufgrund unserer Eheschliessung gewährt wurde, steht daher auf wackligen Füßen. Ich habe denen gesagt, dass ich sie nicht unter Vorspiegelung falscher Tatsachen erworben habe, denn Reilly hat mir nie gesagt, dass er nicht geschieden war. Die Frau lebt sogar noch."

„Aber war Ihre Mutter nicht Engländerin, habe ich einmal gehört?", fragte Skoblin.

„Ja, das ist aber egal, weil sie die durch die Heirat mit einem Deutschen verloren hat. Wenn ich nicht in Hamburg, sondern auf britischem Boden geboren worden wäre, gäbe es auch keine Zweifel."

„Was für ein Labyrinth", warf Kutjepow ein. „So ein Labyrinth, und Sie sind noch nicht einmal durch eine Revolution und einen Bürgerkrieg gegangen. Aber was versprechen sich denn die Briten davon, den Kontakt mit Moskau verhindern?"

„Sie sprachen in Andeutungen, wie Beziehungen stören. Ein Bekannter meinte, es muss etwas mit dem Baku Öl-Vertrag zu tun haben, den sie zur Zeit verhandeln. Ein anderer schlug vor, Moskau mischt bei den britischen Gewerkschaften mit, die die Labour Party kontrollieren. Deshalb fegen die Labour-Abgeordneten alles, was über Moskau umstrittenen sein könnte unter den Tisch."

Pepita stand auf: „Das Verschwinden meines Mannes ist ein Alptraum, meine Herren Generäle. Jemand muss ihn verraten haben. Er arbeitete mit den Veteranen, General Kutjepow. Ich erinnere mich sehr deutlich, dass er das erwähnte, aber Genaues hat er natürlich nicht gesagt. Ich erinnere mich auch, dass er über Sie gesprochen hat, General Skoblin. Plötzlich haben alle Gedächtnisschwund. Ich kann meinen Mann nicht zurückhaben, aber heiraten kann ich auch nicht mehr. Das ist sehr ungerecht", beschwerte sich Pepita.

Die nächste halbe Stunde drehte sich die Unterhaltung im Kreis. Pepita sagte nichts, was neu für Kutjepow und Skoblin war. Die Generäle konnten ihre Kontakte in Russland nicht offenlegen, leugneten sogar, dass sie existierten.

Skoblin war ein besonders überzeugender Lügner: „Madame, meine Frau hat gute Erinnerungen an Reilly von Moskau und Berlin. Ich habe Ihren charmanten Herrn Gemahl vor einigen Jahren selbst kennengelernt. Er kam zu uns, bevor er nach Finnland fuhr. Aber das war aus alter Freundschaft. Wir sprachen über alte Zeiten, gingen zur Shéhérazade, um Zigeunermusik zu hören. Bevor ich heute hierher kam, sprach ich noch mit meiner Frau darüber. Sie erinnert sich, dass Sidney die Show enorm gefallen hat. Was er über ein geheimes Agentennetz angedeutet haben mag, müssen Sie wohl falsch verstanden haben. Reilly hat vielleicht von Zielen gesprochen, nicht Tatsachen? Jemand könnte Reilly einen Bären aufgebunden haben? Wir können dazu leider nichts zu beitragen, Madame. Bedaure sehr."

Pepita musste dieses Gespräch beenden. Sie tat so, als würde sie ihm glauben und stand seufzend auf.

„Warum muss ich das alles durchmachen? Gibt es denn keine Normalität auf dieser Welt mehr?"

„Normalität ist, was zu dem Zeitpunkt existiert, oder?", antwortete Skoblin. „Das ist es, worauf wir uns einstellen müssen. Das müssen wir als normal bezeichnen. Was sein sollte, ist eine ganz andere Sache. Ach, ich hätte das ja fast vergessen. Meine Frau, die berühmte Plewitzkaja, schickt Ihnen freundliche Grüße und ihr tiefstes Beileid zu Ihrer Situation. Möge der Herrgott Ihnen bald eine Lösung schicken."

Pepita ging zur Tür. Die alten Instinkte einer weit gereisten Choristin sagten ihr, dass hier etwas nicht stimmte. Aber sie wusste nicht recht, wo da der Ansatzpunkt war. Der kleinwüchsige Kettenraucher Skoblin war ihr sogar unheimlich. Kutjepow versprach, die Augen und Ohren offen zu halten, aber Pepita war sich sicher, dass von denen nichts kommen würde. Wenn sich die Sache mit Reilly aufklären würde, würde auch das Agentennetz auffliegen, woran niemand Interesse hatte. Sie war erleichtert, als sie die Tür hinter den Generälen schloss.

Pepita schaute in den Spiegel und sprach zu selbst: „Ein Freundschaftsbesuch! Jeder, der jemals was mit Reilly zu tun hatte, weiß, dass alles mit Geschäft verbunden war."

41

Am Morgen nach dem Treffen mit Pepita Reilly stülpte General Kutjepow seinen Hut auf den kahlen Kopf und sagte zu seiner Frau: „Lydia, ich gehe in die Kirche. Bin um 1 Uhr 30 zurück, spätestens."

„Gut", erwiderte Lydia. „Das Mittagessen ist dann auf dem Tisch."

Währenddessen nahm der kleine Pawel seinen Mantel und sagte mit der Bestimmtheit eines Fünfjährigen: „Ich komme mit dir, Papa."

„Nein, das geht nicht Pawlik", sagte Kutjepow und streichelte das Haar des Kindes.

„Stundenlang in der kalten Kirche zu stehen, ist nicht für Kinder. Und außerdem husten die Gallipoli Veteranen alle so viel, dass du da etwas aufschnappst. Du bleibst bei Maman."

Der kleine Pawel blickte auf und sah seinen Vater mit großen braunen Augen voller Enttäuschung an. Dann küsste General Kutjepow seinen Sohn und schloss die Wohnungstür hinter sich. Es war Sonntag, der 26. Januar 1930, halb elf.

Er ging zwei Stockwerke hinunter und bevor er in der engen Rue Rousselet ins Freie trat, machte er die Ohrenschützer seiner Kaninchenfellmütze herunter. Kutjepow senkte den Kopf, um den kalten Januarwind im Gesicht zu vermeiden. Als er um die Ecke bog, hatte er die Augen halb geschlossen und drückte die Ohrenschützer noch einmal an, denn der Wind wurde schärfer. Ein Taxi stand da, aber er guckte nicht richtig hin, denn wenn er den Fahrer gekannt hätte, hätte der gehupt, obwohl das eigentlich gerade verboten war. Das andere Auto, das da mit laufendem Motor stand, sah er überhaupt nicht. Aus dem Augenwinkel bemerkte er den Umriss eines Polizisten, der in einer Eingangstür stand und mit einem Mann in Zivil sprach. Kutjepow ging weiter und dachte an den Gottesdienst für die Gallipoli Veteranen, wer wohl dort sein würde, nachdem die meisten von ihnen den Samstag schon in einem Trauergottesdienst verbracht hatten. Es war nicht einfach gewesen, die Abwesenheit zu erklären, denn dass sie Pepita Reilly treffen würden, wollten sie erst einmal für sich behalten. Kutjepow schob die Kriegswunden am Oberkörper vor. Skoblin hatte gesagt, dass sein Auto nicht Ordnung sei.

Es war noch nicht einmal 10 Jahre her, dass sie über das Schwarze Meer die Heimat verlassen hatten, aber die Reihen der Offiziere und Soldaten dünnten sich aus. Sechseinhalb Jahre Kampf hatten ihren Tribut gefordert, denn für die russischen Soldaten liefen der erste Krieg von 1914 und der Bürgerkrieg zusammen. Die Kriegswunden, die Kälte, das Leben im Feld und dann die Verarmung im Exil waren kein Rezept für Gesundheit und langes Leben. An schlechten Tagen machten Kutjepow seine alten Wunden sehr zu schaffen. Die Sanduhr seines Lebens rieselte viel zu schnell, meinte er, wenn er sich entschuldigte, dass er sogar den Wodka aufgegeben hatte.

An diesem Januarmorgen spürte General Kutjepow die Kälte tief in der Kehle. Er holte ein Taschentuch hervor, um es sich vor den Mund zu halten, als er eine Stimme vom Fenster des Taxis hörte. Es klang, als ob ihn jemand auf Russisch ansprach, aber er verstand nichts, denn die Ohrenschützer dämpften alles ab.

Kutjepow ging langsamer, schaute nach dem Taxi, und machte das rechte Ohr frei.

Jetzt hörte er es deutlich: „Alexander Pawlowitsch, was für eine Überraschung."

Als er anhielt, um genauer hinzuschauen, spürte er einen Stoß im Rücken, während sich die Taxitür blitzschnell öffnete. Kutjepow wurde von hinten geschoben und von vorn hineingezogen. Dann raste das Fahrzeug davon und ein mit Chloroform getränktes Tuch wurde auf Kutjepows Nase gedrückt. Er stöhnte und versuchte, nach Hilfe zu rufen, aber es kam nichts heraus. All seine Kraft verließ ihn und er fiel bewusstlos zur Seite.

So hörte der General nicht, wie der Fahrer sagte: „Skoblin hatte Recht, alle Achtung."

In einer nahegelegenen Wohnung hing ein junger Mann an jenem Sonntagmorgen neue Vorhänge auf. Er war sich nicht sicher, was sich da vor seinen Augen ein paar Häuser weiter abspielte. War das ein Kampf? War jemand ohnmächtig geworden? Den Polizisten in einem Hauseingang konnte er klar erkennen, so war er beruhigt, dass es sich wohl darum handeln müsse, dass ein Verbrecher gefangen wurde, der sich dummerweise zur Wehr setzte. Ein paar Tage später, als die dreiste Entführung am helllichten Tage ganz Paris schockierte, erinnerte er sich. Daraufhin kämmte die Polizei ihre eigenen Reihen durch, um festzustellen, ob da ein echter Polizist gewesen war, der mit Stalins dunklen Kanälen zusammenarbeitete oder ein Betrüger in Polizeiverkleidung. Zu einem Resultat kamen sie nicht.

Als Kutjepow zu sich kam, lag er auf einem Sofa in einem abgedunkelten Raum und war ahnungslos, dass er in einem Gebäude war, das der sowjetischen Botschaft gehörte. Es dauerte aber nicht lange, bis ihm klar wurde, dass er nun doch noch in die Hände des Feindes gefallen war. Er machte die Augen nicht auf und atmete langsam, damit es so aussah, als sei er nicht wach. Aus irgendeiner Ecke im Raum kam eine männliche Stimme in der Muttersprache.

„Ich kann nicht viel länger bleiben. Die merken das sonst."

„Ich weiß. Sollen wir ihm nicht einfach eine Backpfeife zum Aufwecken geben?", fragte eine andere Stimme.

„Spinnst du?", antwortete die erste Stimme. „Du hast verdammtes Glück, dass er noch lebt. Mach den doch jetzt nicht fertig, du Idiot. Ihr habt mir erzählt, er ist gut drauf, was überhaupt nicht stimmt. Wenn ich gewusst hätte, wie schwach der durch diese Verwundungen ist, hätte ich das abgelehnt. Von seinem schwachen Herzen hat mir auch niemand etwas gesagt. Das ist beschissen."

„Ist das deine Art mehr zu fordern?", fragte einer schroff.

„Nein, aber ich hätte bei der Engelmacherei bleiben sollen. Da kenn ich mich aus und weiß, wann es brenzlig wird."

„Nun säusel mal nicht rum. Wie sollen wir ihn denn jetzt aufwecken? Wenn er hier über den Jordan geht, denkt Moskau wir sind Amateure."

„Ich weiß", kam die Antwort. „Weißt du was, vielleicht kannst du eine Melodie summen, die er von früher erkennt. Da wacht er ohne Schock auf."

Kutjepow beschloss, die Augen aufzuschlagen und fünf Männer traten auf ihn zu.

„Gerade rechtzeitig", sagte einer.

Der Arzt setzte sich auf den Sofarand am Knie von Kutjepow, horchte auf seine Atmung. Dann nickte er, stand auf und wandte sich ab.

In der Tür stehend, sagte er: „Ich haue jetzt ab. Passt aber das nächste Mal auf, dass ihr mich über den Zustand der Zielperson nicht anlügt. Das heißt, nochmal mache ich das sowieso nicht."

„Ja, ja, das kennen wir", antwortete einer der Männer, als die

Tür ins Schloss fiel und wandte sich Kutjepow zu.

„Nun", sagte er laut und von oben herab. „Wie Sie vielleicht erraten haben, sind Sie in sehr guten Händen und nur ein Schrittchen von der Rückkehr in die Heimat entfernt. Sie bereiten sich doch ständig darauf vor, in die Arme von Mütterchen Russland zurückzukehren, mon Général. Wir spendieren Ihnen die Reise, herzlichen Glückwunsch. Endlich kehren Sie nach Hause zurück, mit freundlichen Empfehlungen der Sowjetunion, wo die Arbeiter und Bauern frei sind."

Der Russe zündete sich eine Zigarette an.

„Bitte", sagte Kutjepow, „meine Verwundungen schmerzen. Bitte rauchen Sie nicht."

Der Russe seufzte, drückte dann seine Zigarette in einer rostigen Dose aus. „Unser Väterchen Stalin hat viel von Ihnen gehört. Nun will er Sie persönlich treffen und sogar mit Ihnen reden."

„Ich bin ein kranker alter Mann. Was verspricht er sich denn davon, wenn er ein hungerndes Land regiert, das Führung braucht", antwortete Kutjepow müde.

„Sehr richtig, mein Kompliment! Sie wissen, worum es geht. Aber das ist es ja genau, warum er mit Ihnen reden will. Sie und Ihre Organisationen! Gallipoli Verband, Kirchen, Veteranen-Organisationen, Innerer Kreis, Innerer Linie, und Gutschkows Kriegstreiber nicht zu vergessen. Wir wissen alles, wie Sie ständig die Grundlagen unserer neuen Gesellschaft zu zerstören versuchen. Sie hecken einen Plan nach dem anderen aus, um das alte System wiederherzustellen, das die Arbeiter und Bauern ausbeutete. Wir bringen Ihnen jetzt bei, dass die Menschen in unserer sowjetischen Heimat Ihre Systeme nicht wollen."

Kutjepow bewegte sich nicht und sagte nichts. Der Russe wurde wütend.

„Halten Sie uns doch nicht für blöd. Leugnen Sie nicht, dass Sie die subversiven Elemente innerhalb der Sowjetunion dirigieren. Wir wissen von Ihren „offenen Fenstern" zwischen Finnland und Afghanistan. Wir haben einen Neuanfang gemacht und lassen nicht zu, dass Sie das zerstören. Wir behandeln die Arbeiter mit Respekt. Wir bezahlen sie ordentlich und haben alle unbezahlte Arbeit abgeschafft. Jetzt ist es an der Zeit, sich mit Ihnen zu beschäftigen, die alte Frauen und deren veralteten Religionen benutzen, um die

Ausbeuter und Blutsauger wieder einzusetzen."

Kutjepow schüttelte den Kopf. Der Russe nahm ein Notizbuch aus der Jackentasche.

„Leugnen hat keinen Zweck. Hier", er zeigte auf seine Notizen und sah Kutjepow ins Gesicht. „November 1929. Vor zwei Monaten erst haben Sie damit angegeben, dass noch nie so viele Menschen von drüben zu Ihnen gekommen sind, um mit Ihren geheimen Organisationen zusammenzuarbeiten. Wer sind die? Wo sind die?"

„Habe ich vergessen. Wo ist mein Hut? Ich erkälte mich so leicht, seit ich meine Haare verloren habe", antwortete Kutjepow.

„Ich habe Sie was gefragt", sagte der Russe laut und gnadenlos.

Kutjepow war regungslos.

„Die kriegen Sie schon zum Reden, passen Sie nur auf", lachte der Russe. „Schon vom Keller in der Ljubianka gehört? Nicht so schön wie hier. Wir lassen Sie gehen, wenn Sie für uns arbeiten."

Der Russe atmete tief, nahm seine Zigarette und zündete sie wieder an. Während er den Rauch direkt in Kutjepows Gesicht blies, lächelte er zornig.

„Wir dulden es nicht, dass ewig Gestrige wie Sie unsere neue Gesellschaft zerstören und die Ausbeuter zurückbringen. Sie gehen nach Hause, Herr General, ohne Adjudanten."

„Wo ist mein Hut?", fragte Kutjepow wieder leise. „Ich brauche meinen Hut."

Er hielt den Kopf mit beiden Händen, um ihn warm zu halten. Die Männer standen ohne etwas zu sagen auf und sperrten ihn ein. Kutjepow verbrachte den Rest des Tages halb bewusstlos. Etwas später kamen sie mit einem Glas Wasser, einem Stück Brot und einem Löffel Salz zurück.

Der Russe lächelte spöttisch: „Herzlich willkommen zu Hause, Herr General."

Sobald er wieder allein war, schloss Kutjepow die Augen. Wer hat denen gesagt, dass ich mein Taxi für heute abgesagt habe? Wer kann das gewesen sein? Wer hat mich verraten? Dann schaltete er sein Bewusstsein herunter wie man den Stadtlärm durch Schließung der Fensterläden ausblockt. Er dachte an Petersburg, den Schnee auf der zugefrorenen Newa und wie sich das Dämmerlicht des weißen Nordens an einem Dezemberabend im

Eis wiederspiegelte. Dann dachte er an den rot-goldenen Sonnenuntergang an der Küste von der Krim und den sauberen Geschmack der Luft im Ural. Endlose gold-grüne Wiesen mit den blutroten Tupfern von Mohnblumen erschienen vor seinem inneren Auge und Kutjepow schlief ein.

Als er aufwachte, hörte er gedämpfte Männerstimmen vor der Tür. Der generelle Geräuschpegel vom beständigen Motorengedröhn auf den Straßen war abgeflaut. Es musste also weit nach Mitternacht sein, schloss er. Er hörte, wie ein großes Objekt hin- und hergeschoben wurde. Dann erteilte eine gedämpfte Stimme Anweisungen, die er nicht verstehen konnte. Aber Kutjepow hatte solche Befehle in den Schlachten viele Male selbst erteilt. Es bewegte sich etwas, endlich. Er war erleichtert. Egal was passiert, solange ich nicht hier abgelegt bleibe. Jetzt roch er frischen Rauch durch die Tür.

Der Schlüssel drehte sich im Schloss. In der offenen Tür erkannte er fünf oder sechs Silhouetten. Vier hatten wie Leichenbestatter eine große Kiste geschultert. Einen Moment hielten sie inne, um sich an die schlechten Lichtverhältnisse im Inneren anzupassen und marschierten dann geradlinig auf Kutjepow zu.

„Auf!", befahl eine Stimme.

Kutjepow zögerte, aber der Befehl kam wieder, dieses Mal in lautem herrischen Ton. Es packte ihn plötzlich Angst. Er beeilte sich, sich aufzusetzen und fühlte einen Stich in der Brust. Grobe Hände packten seine Arme und Beine. Sie hoben ihn auf, legten ihn in die Kiste und warfen dann einen Teppich auf ihn.

Kutjepow schloss die Augen. Ich werde Pawlik nicht als guten stolzen Russen erleben. Hätte ich ihn nur mit in die Kirche genommen, vielleicht hätten sie mich nicht in das Auto gezerrt? Lydia hat es nicht verdient, in einem fremden Land einen Jungen allein großzuziehen. Wer hat mich verraten? Wer hat denen gesagt, dass ich mein Taxi zur Kirche abgesagt habe? Man kann an den Menschen verzweifeln, brütete Kutjepow und kämpfte gegen die Tränen, die ihm in die Augen stiegen. Dann ließ er locker und die Schleusen öffneten sich, so dass er nicht bemerkte wie er zu einem Lieferwagen getragen wurde, der davonbrauste. Die Zeit stand still für den 47 Jahre alten General Kutjepow, als er in seinem hölzernen Käfig hin- und hergeschüttelt wurde bis sein Bewusstsein von Dunkelheit eingehüllt war.

Irgendwo zwischen Paris und Le Havre tat General Alexander Pawlowitsch Kutjepow seinen letzten Atemzug. Seine Reise war zu Ende. Hätte er lächeln können, so hätte er es getan, denn am Ende war er seinen Häschern doch durchs Netz geschlüpft, obwohl diese noch glaubten, sie hätten ihn gefangen. Die Kiste wurde auf das sowjetische Schiff Spartak verladen, das schnell den Anker lichtete und mit Volldampf aus dem Hafen fuhr, ohne sich an die Vorschriften zu halten.

Als die Sonne über den Horizont gestiegen und Spartak in internationalen Gewässern war, öffnete der Kapitän das Versteck neben dem Motor, um die kostbare Ladung zu begutachten. Er lupfte den Teppich, und erstarrte zur Salzsäure, als er den leblosen Kutjepow erblickte.

„Hundsvott", fluchte er lauthals.

Dann lief er nach draußen, hielt den ersten Matrosen an, der ihm über den Weg lief und befahl, die Leiche über Bord zu werfen, sofort.

42

An diesem Sonntagmorgen kamen Nadeschda und Nikolaj zum Gottesdienst der Gallipoli Veteranen an der Rue Mademoiselle etwas zu spät. Nikolaj konnte sich auch nicht richtig konzentrieren, so dass Nadeschda ihn mehrmals anstoßen musste, wenn der nächste Teil kam. Am Ende seufzte sie leise vor Erleichterung und draußen bemerkte sie, wie Nikolajs Augen nach jemandem in der herumstehenden Menge suchten. Ein Mann in einem langen grauen Mantel nickte Nikolaj zu, nickte dann noch einmal, während er seine Pelzmütze kurz hob. Jetzt wusste sie, Operation Kutjepow war wie geplant gelaufen. Sie waren einen Schritt näher an der Heimat.

Sie nahmen ein spätes Mittagessen in einem nahe gelegenen Bistro ein und gingen dann zum Büro der Veteranen Organisation. In Kutjepows Zimmer durchsuchte Skoblin die Aufzeichnungen. Er ging durch alle Dokumentenstapel, Schubladen, schaute hinter Bücher und Ordner in den Regalen. Schließlich fand er die drei Schulhefte mit Namen und Adressen in einem der vielen hohen Berge russischer Emigranten Zeitungen. Das dünnste Heft enthielt Namen und Adressen in Russland. In Klammern stand, was nach Decknamen aussah, also waren das die Kontakte des Untergrunds. Das dicke Heft war voller Männernamen mit Adressen in Frankreich und verzeichnete auch die militärischen Ränge. Skoblin erkannte sie als die Soldaten, die in Frankreich für den Kampf auf russischem Boden ausgebildet wurden. Im dritten Heft waren Adressen in Russland und Westeuropa. Zunächst wusste Skoblin nicht recht, was diese zu bedeuten hatten, sah dann aber seinen eigenen und Nadeschdas Namen. Einige waren durchgestrichen und er erkannte diese als die Personen, die sie in Konferenzen diskutiert hatten. Es schien eine Liste von Leuten zu sein, die beobachtet werden mussten, weil sie entweder regelmäßig Kontakte zur Heimatstadt pflegten oder sonst als verdächtig aufgefallen waren.

„Warum grinst du?", fragte Nadeschda.

„Den richtigen Verdacht hatten sie wohl, aber sie reden nur. Reden, reden, reden und dann schieben sie Zinnsoldaten hin und her. Da sind wir also auf ihrer Beobachtungsliste, aber nicht mehr lange. Ich kippe etwas Tinte drauf, bevor wir das fotografieren, denn Moskau schaltet diejenigen auf Schläfer, die Misstrauen auf sich gezogen haben. Ich will doch nicht arbeitslos sein."

„Gute Idee. Wann kriegen wir denn das Geld?" fragte Nadeschda.

„Ziemlich bald. Was leistest du dir denn dieses Mal?"

„Hochgeknöpfte Schuhe in schwarz und lohgold. Gib mir 50 Franken, dann kann ich morgen eine zweite Rate dafür bezahlen."

Nikolaj seufzte, als er die Geldscheine aus seiner Brieftasche zog und fragte halb rhetorisch: „Warum brauchst du denn von dieser Sorte Schuhe so viele Variationen? Habe ich eine Fetischistin geheiratet?"

Nadeschda nahm das Geld, ohne zu antworten. Skoblin sah sich in Kutjepows Büro um, um zu überprüfen, ob alles so aussah, wie sie es vorgefunden hatten.

Er nahm die drei Hefte und sagte: „Lass uns gehen. Wir sollten nicht länger als nötig in seinem Zimmer sein."

Sie gingen in das Büro, das Nikolaj normalerweise mit einer Sekretärin teilte. Er setzte sich an seinen Schreibtisch und starrte auf die Schulhefte: „Das ist ganz schön viel zum Fotografieren und wird einiges dauern."

„Musst du?", fragte Nadeschda.

„Anweisungen, Schätzchen, Anweisungen", sagte Nikolaj und faltete ein Papirossa-Mundstück. „Ich kann doch die Originale nicht nach Moskau schicken. Kutjepow hat sie vielleicht jemandem gezeigt, der dann hier danach sucht. Und wenn sie unterwegs verloren gehen, kriegen wir es von beiden Seiten ab."

Nikolaj schaute auf die Hefte, dann auf die Uhr: „Fünf Uhr dreißig. Das schaffen wir heute nicht. Wir müssen denen mitteilen, dass es nicht so schnell gehen wird", sagte er langsam und riss einen Zettel von seinem Notizblock.

Er sah Nadeschda überlegend an, schrieb langsam das Wort Mittwoch und faltete die Notiz sorgfältig auf Visitenkartengröße.

„Soll ich das deponieren?", fragte Nadeschda.

„Warum nicht. Da kannst du mir zeigen, dass du es nicht vergessen hast, solange wir hier freie Bahn haben."

Sie gingen zum Ende des Korridors und öffneten die Besenkammertür. Nikolaj griff nach hinten zum Schalter des Flurlichts. Nadeschda tastete sich durch die Besenstiele bis zur oberen rechten Ecke der Rückwandverkleidung, wo sie einen losen

Nagel herauszog. Sie hob die Linoleumabdeckung an, und schob Nikolajs zusammengefaltete Notiz dahinter. Dann machte sie den Nagel mit dem Daumen wieder fest.

„Sehr gut, du entwickelst dich ja zu einer Meisteragentin, Madame", sagte Nikolaj grinsend. „Jetzt kannst du meine Assistentin spielen und die Seiten fürs Fotografieren umblättern. Anfangen müssen wir heute."

Eine Seite nach der anderen lichteten sie nun Kutjepows Listen auf mehrere Filme ab. Als sie sich anschickten, eine Pause zum Abendessen zu machen, klingelte das Telefon. Nikolaj ließ es ein paar Mal klingeln, entschloss sich dann aber, zu antworten.

Er hörte dem Anrufer eine Weile zu und antwortete dann auf Französisch: „Monsieur, bitte haben Sie Verständnis dafür, dass ich Ihre Fragen nicht beantworten kann. Ich kann am Telefon nicht überprüfen, ob Sie auch wirklich die Polizei sind. Es halten sich beständige Gerüchte, dass es in Frankreich sowjetische Spione gibt, so dass wir am Telefon nichts sagen können. Wenn Sie wirklich die Polizei sind, werden Sie unsere Regeln sicherlich verstehen."

Nach der Antwort vom anderen Ende nickte er: „Natürlich, wie Sie wünschen. Meine Frau und ich wollten gerade zum Abendessen gehen, aber wir werden auf Sie warten. Selbstverständlich, Monsieur."

Nikolaj zündete sich eine Zigarette an.

„Und?", fragte Nadeschda.

„Sie sagen, es geht um Kutjepow. Sie wollen kommen und sein Büro ansehen."

Er stand auf und öffnete den Kleiderschrank. Dann legte er alle drei Hefte in das Futter seines Reservemantels und sperrte den Schrank zu.

„Ich sage dann, das ist das vereinbarte Versteck, denn es ist meine Aufgabe, vertrauliche Unterlagen sicher zu verwahren. Also natürlich nur, falls sie das entdecken sollten", erklärte Nikolaj.

Schnell nahm er einen halb belichteten Film aus der Kamera, gab Nadeschda alle Filme und sperrte den Apparat in die untere Schreibtischschublade.

„Tu sie in deine Handtasche, denn dort suchen sie nicht", sagte Nikolaj und verteilte Papiere auf seinem Schreibtisch.

Bald darauf klingelte es an der Tür. Nikolaj entschuldigte sich ausgiebig, bestand aber darauf, sich die Polizeiausweise zeigen zu lassen, bevor er sie hereinbat.

„Wir müssen heutzutage sehr vorsichtig sein", erklärte er. „Uniformen könnten auch gefälscht sein, wissen Sie."

„Ach ja?", erwiderte der ältere Inspektor. „Wie kommen Sie denn auf so etwas?"

„Wir sind Soldaten, Monsieur, Pardon, Herr Inspektor", antwortete Nikolaj überrascht, dass der Polizist so direkt war.

Der Inspektor sah sich um und fragte: „Arbeiten Sie immer am Sonntagnachmittag, Herr General?"

„Die lieber Himmel, nein", antwortete Skoblin. „Wir verbringen normalerweise montags und dienstags in unserem Haus in Ozoir. Aber diese Woche muss ich mich mit einigen Unterlagen beschäftigen. Die will ich nicht das ganze Wochenende mit mir herumtragen, könnten ja auch in falsche Hände fallen. Deshalb entferne ich sie aus dem Büro erst kurz bevor wir fahren."

Sobald der Inspektor sagte, dass Kutjepow verschwunden war, sagte Nadeschda entsetzt: „Oh mein Gott, das ist ja schrecklich. Ich muss mich sofort um Lydia Dawidowna Kutjepowa kümmern. Ihr Französisch ist doch nicht gut, sie versteht vielleicht nicht alles."

Nadeschda stand auf und griff nach ihren langen blauen Ziegenlederhandschuhen: „Kolja, sei ein Schatz und ruf mir ein Taxi, bitte. Ich muss doch sofort zu Lydia."

„Nicht so schnell, Madame", sagte der ältere der beiden Inspektoren."Wir treffen Sie hier in dem Büro, wo die vermisste Person gearbeitet hat. Bitte setzen Sie sich doch. Für uns einfache Franzosen ist Vieles, was mit den Gestrandeten aus dem ehemaligen Zarenreich zu tun hat, schwer zu verstehen, denn von Russen, Ukrainern und den vielen anderen Völkerschaften wissen wir eigentlich gar nichts, Polen mal ausgenommen. Unaufgeklärte Verbrechen, die in diese Richtungen zeigen, füllen unsere Karteien. Es scheint, als arbeitete auch jeder gegen jeden und mal sind sie mit einer Gruppe verbündet und dann mit einer anderen. Wir müssen etwas mehr über den Mann erfahren, der als vermisst gemeldet wurde."

„Da gibt es nicht viel zu verstehen", sagte Skoblin kühl. „Alexander Pawlowitsch war ein Soldat wie ich. In gewisser Weise sind wir hier in Frankreich wie Strandgut angespült und wir sind sehr dankbar für Ihre Gastfreundschaft. Dennoch sind wir bestrebt, Sie von unserer Anwesenheit zu befreien, und daher versuchen wir, die Ereignisse, die uns aus Russland herausgetrieben haben, rückgängig zu machen. Das ist kein Geheimnis. Kutjepow war ein erfolgreicher General. Er kämpfte für den Zaren, dann gegen die Aufständischen in Moskau, dann gegen Trotzkis Rote Horden in Kursk und auf der Krim. Als aber England und Frankreich uns den Teppich unter den Füßen wegzogen, mussten wir den Rückzug antreten und landeten hier im Exil."

„Wissen Sie, warum Kutjepow heute nicht wie sonst mit dem Taxi fuhr, sondern dies abbestellte? Womit war er denn gestern beschäftigt?", fragte der Inspektor.

„Warum er heute nicht das Taxi genommen hat, kann ich Ihnen nicht sagen. Aber mit wem er sich gestern getroffen hat, das weiß ich", erklärte Skoblin. „Wir trafen uns mit Pepita Reilly, einer Engländerin, deren in Russland geborener Ehemann seit ein paar Jahren vermisst wird. Meine Frau kannte den Mann aus Moskau und Berlin. Ich war als Dolmetscher für Deutsch und Russisch dabei, denn Mrs. Reilly spricht nur Englisch und Deutsch. Sie wollte von Kutjepow, der nur Russisch sprach, wissen, ob irgendetwas über ihren Mann zu uns durchgefiltert war. Aber wir sprachen hauptsächlich über alte Zeiten in Russland, oder vielmehr, was Reilly ihr davon erzählt hatte, denn sie stieß zu Reilly erst nach der Wende."

„Könnte Kutjepows Verschwinden mit dieser Mrs. Reilly in Verbindung gebracht werden?", fragte der jüngere Offizier.

„Keine Ahnung. Ich habe nichts gehört, was als Hinweis in diese Richtung gewertet werden könnte ", antwortete Skoblin. „Es war mehr ein geselliges Beisammensein, nachdem es klar geworden war, dass wir ihr Problem nicht lösen konnten. Ihr Plan war ja auch, dass wir ihr einen Dolmetscher mit Staatsangehörigkeit beschaffen sollten, der mit ihr in die sowjetische Botschaft gehen könnte, ohne einkassiert zu werden. Aber gestern stellte sich dann heraus, dass dieser Plan kurzfristig aufgegeben werden musste. Wir konnten ihr überhaupt nicht helfen. Kutjepow weihte ja nicht jeden in seine Angelegenheiten ein, Herr Inspektor, was übrigens auch auf den verschwundenen Reilly zutraf. Ich habe wohl unter Kutjepow gearbeitet, aber über alles war ich natürlich nicht informiert."

Skoblin schüttelte den Kopf, erhob sich.

„Ich habe wirklich Hunger. Vielleicht kann ich morgen zu Ihrer Wache kommen. Aber ich kann Ihnen versichern, dass ich wirklich keine Ahnung habe, was mit unserem General ist. Haben Sie überprüft, ob er einen Unfall hatte und im Krankenhaus liegt? Vielleicht gibt es eine ganz normale Erklärung."

Nadeschda stand auch auf und zog langsam ihre langen blauen Lederhandschuhe über den Ellenbogen. Die beiden Polizisten sahen einander an, wurden unruhig. Skoblin hatte das Gespräch in einer Weise gesteuert, die ihnen nicht gefiel. So standen sie ebenfalls auf und gaben Skoblin ihre Karte. Gemeinsam verließen alle vier das Büro und traten auf die Straße. Skoblin bekam den Anfang ihrer Unterhaltung mit.

„Ich glaube, der weiß mehr, als er erzählt hat. Hast du gemerkt, wie er von Kutjepow redete, dass er nur Russisch sprach, Vergangenheitsform?"

„Ja, das habe ich auch mitbekommen. Aber Französisch ist ja nicht seine Muttersprache. Ich kann nicht genau sagen, was da nicht stimmt", antwortete der jüngere Offizier. „Er ist irgendwie auf Habacht, aber warum, wenn er sauber ist? Es ist wirklich schwer mit diesen Leuten. Ich wünschte, sie würden alle wieder nach Osten ziehen, so weit wie möglich. Da kommen sie hierher, bekämpfen sich aber weiter, als ob sie zu Hause wären. Warum das Land wechseln, aber die Sitten und Vorurteile mitbringen, die die Ursachen für die Feindseligkeiten sind?"

Der andere Offizier nickte: „Mord, Entführung, Weiße und Bolschewisten, Ukrainer, Aserbaidschaner, Zigeuner, kann einen ganz krank im Kopf machen."

„Sollte man alle in einen Zug nach Moskau setzen, wenn du mich fragst."

„Genau. Das einzig Gute an diesen Leuten ist deren Musik. Wir hören die Platten von Schaljapin und Rachmaninow ziemlich oft."

Schweigend gingen sie weiter bis der jüngere Offizier einen Freund erwähnte, der Wein an Restaurants lieferte.

„Er hat mir von den russischen Zigeunern in der Shéhérazade erzählt. Die haben angeblich ein Orchester von mehr als 30 Gitarren. Soll etwas roh klingen, aber trotzdem ein tolles Erlebnis sein, das man sich nicht entgehen lassen sollte."

„Klingt faszinierend. Weißt du was, wir schauen da mal rein und sehen zu, dass der Manager uns einlädt."

„Darf man das?"

Der ältere Polizist lächelte.

Nadeschda liess direkt zu Kutjepows Wohnung fahren, wo Lydia in Tränen aufgelöst war und der kleine Pawlik wie erstarrt auf dem Sofa saß. Nadeschda machte Tee. Spät in der Nacht kamen die Polizisten wieder und berichteten Lydia, dass es keine Spur gab.

Immer wieder wiederholte sie: „Er wusste, da war ein Verräter. Er wusste es, er wusste es."

„Sie finden den, pass nur auf", antwortete Nadeschda und umarmte Lydia, während Nikolaj zurück zum Büro fuhr, um die Hefte zu holen.

Ich sollte mich schuldig fühlen, dachte Nadeschda, aber die Fähigkeit, für andere zu leiden, ist nicht mehr da. Ob das eine andere Art ist, die Gadsche an der Nase herumzuführen? Ist das die bei den Zigeunern normale Überlebensstrategie? Schnell schaltete Nadeschda um, konzentrierte sich auf den Moment, nicht die Vergangenheit, nicht die Zukunft. Vergiss, was sein sollte oder du fällst.

In den nächsten Tagen lasen ganz Frankreich und andere Westeuropäer fassungslos, was die Zeitungen über den Weißen General aus Russland zu berichten hatten, der sich in Luft aufgelöst hatte, und zwar mitten am Tage, mitten auf der Straße, und mitten in Paris. Nadeschda und Nikolaj kümmerten sich um Lydia, sprachen über Kutjepow und die Ergebnisse der Untersuchung. Lydia war so verzweifelt, dass sie nicht dazu kam zu fragen, warum Nadeschda und Nikolaj jeden Tag kamen.

Sie bedankte sich ständig bei ihnen, aber Nadeschda sagte: „Ist doch klar. Die anderen arbeiten doch und haben nicht soviel Zeit wie wir."

Die Polizei untersuchte Kutjepows Verschwinden, aber stichhaltige Beweise gab es nicht. Dass Kutjepow verschwunden war, war das Einzige, was zweifelsfrei festgestellt werden konnte. Waren da wirklich zwei Autos gewesen oder nur eins? Was war mit dem kettenrauchenden Polizisten, der in der Woche zuvor den Verkehr an der Ecke geregelt hatte, obwohl da gar nicht viel Verkehr war? Gehörte die blonde Frau, die dort in einem beigen Mantel gesehen war, dazu? Warum schien niemand zu wissen, wer diese beiden Menschen waren? Hatten sie sich perfekt getarnt oder waren die Zeugenaussagen getürkt?

Die Emigranten sammelten eine halbe Million Franken für die Belohnung an denjenigen, der Kutjepows Verschwinden aufklären konnte. Sie machten sich bei der französischen Regierung stark, damit diese bei den Sowjets einen offiziellen Protest einreichte. Die Verhandlungen kamen gut voran, gerieten dann aber urplötzlich ins Stocken. Jemand hatte sich an die noch ausstehenden französischen Kriegsanleihen für Russland erinnert. Die französischen Gewerkschaften und die verschiedenen sozialistischen Organisationen, die in allen Bereichen des öffentlichen Lebens wichtige Funktionen hatten, wollten offensichtlich das neue Russland nicht an den Pranger stellen. So entschied man am Quay d'Orsay, dass ein Tadel für den Kreml schlechtes Blut schaffen würde und General Kutjepow war nicht wichtig genug, auf mehreren Fronten Schwierigkeiten zu erzeugen.

Nadeschda und Skoblin verbargen ihre anfängliche Nervosität perfekt. Es dauerte nicht lange, da war die Aufregung vorbei und die Angelegenheit unter den Teppich gekehrt, so dass sie sich wieder sicher fühlten. Als sie Lessners Nachricht lasen, dass Kutjepow nie in Moskau eingetroffen war, um sich vor Stalin zu rechtfertigen, waren sie wie gelähmt. Der Bonus, den Skoblin ausgehandelt hatte, fiel nicht an.

Der neue Vorsitzende der russischen Veteranen wurde der 53 Jahre alte Jewgeni Karlowitsch von Miller, der im Burenkrieg in Südafrika militärischer Beobachter gewesen war. Auch in Den Haag und in Brüssel war er stationiert gewesen. Er war ein Militär-Bürokrat mit freundlichen blauen Augen, hatte aber nie an einer Schlacht teilgenommen und kannte die Veteranen nicht besonders gut. Unter Kutjepows Führung war er Schatzmeister und Schriftführer. Miller dachte von sich als dem erfahrensten der Kandidaten und mit einem Seufzer opferte er sich der guten Sache.

Bald war die Empörung über Stalins dreiste Agenten in Europa verglimmt. Skoblin wollte aber ganz sicher gehen, dass der Kreml verstand, Skoblins und Frankreich brauchten eine Atempause von den Operationen, die sie ins Rampenlicht katapultierten. Er legte eine Notiz in den toten Briefkasten hinter der Besenkammer. Dann ging er über seine Anweisungen, was denn der Code für eine Periode der Inaktivität war. Es war eine Kleinanzeige über eine in der Nähe der St. Nicholas Kirche entlaufene weiße Katze, die auf den Namen Tschesterok hörte.

Dann erklärte er Nadeschda die anderen Codes. Eine rotgetigerte entlaufene Katze bedeutete, ein neues Treffen zu arrangieren, und ein verlorener Hund bedeutete die sofortige Ausreise, weil der Agent aufgeflogen war.

43

Obwohl keine stichhaltigen Beweise für eine Entführung Kutjepows auftauchten, gab es bei den Emigranten keinen Zweifel, dass es eine Entführung gewesen war. Sie war wie ein Tusch, der den zweiten Akt eines Dramas abschloss, dessen Autoren den Faden verloren hatten.

Bevor aber der Vorhang zu einem Finale furioso hochgehen konnte, mussten die Hauptfiguren von Russland in Paris von der Bühne abtreten. Der erste, der nach Baron Wrangel abging, war Diaghilew, Maestro der „Ballets Russes". Sein plötzliches Ableben während eines Urlaubs in Venedig beraubte die russischen Exil-Komponisten und Tänzer ihrer Bühne für neue Werke. Nur drei Monate zuvor war ganz Paris dabei gewesen, als Diaghilew, Serge Lifar und Sergei Prokofiew „*Der verlorene Sohn*" aus der Taufe hoben. Rachmaninow hatte in der ersten Reihe applaudiert.

Die Bande lockerten sich. Der gefeierte Dirigent Kussewizki ging in die USA. Rachmaninow kaufte sich ein Stück Land in der Schweiz und kam nur noch zu unumgänglichen Geschäftsterminen nach Paris. Auch Strawinsky kehrte Europa den Rücken und ging nach Amerika. Prokofiew hätte sich seiner Söhne zuliebe vom Komponieren abwenden und ein Konzertprogramm für das breite Publikum zusammenstellen sollen, konnte sich aber dazu nicht durchringen. Er kämpfte eine Weile, reiste zwischen Paris, Moskau und New York hin und her. Dann entschied er sich für den Umzug nach Moskau. Die legendäre Primaballerina, Anna Pawlowa, deren sterbender Schwan in allen Auftritten getanzt werden musste, verstarb ganz plötzlich in Amsterdam. Aber nicht nur die Berühmtheiten traten ab. Den im Kampf verwundeten und ermüdeten Soldaten ging reihenweise die Puste aus und sie fielen vor ihrer Zeit. Die junge Generation sah Russland nicht mehr als Heimat, in die man zurückkehren müsse. Und was die Pariser als amerikanische Invasion irritiert hatte, war ebenso urplötzlich vorbei wie es begonnen hatte. Der Schwarze Freitag stornierte amerikanische Apanagen und trieb die unbeliebten möchtegern Lebenskünstler über den Atlantik zurück.

Es dauerte nicht lange bis die langen Schatten vom Schwarzen Freitag auch Europa ins Dunkel stürzten. In weniger als zwei Jahren marschierte das Leben hinter einem anderen Trommler hinterher.

Tausende standen in Warteschlangen, um ein paar Löffel vom Billigsten von den Suppenküchen zu ergattern. Suppe aus Erbsenpulver mit einem alten Stück Brot bedeutete Überleben. Die Trauben auf den Bürgersteigen standen nicht stumm herum, und es gab nur ein Thema. Wie war es zu diesem tiefen Niedergang gekommen und wer war schuld. Es waren politische Gespräche, die von Parolen aus Propaganda-Abteilungen durchsetzt waren, die die Menschen in die Irre führen sollten. Die Schuldigen wurden schnell gefunden, die Juden. Sie kontrollierten das Geld, und wer das Geld kontrolliert, hat das Sagen. Wenn Hunger das Resultat ist, so mussten die da oben etwas falsch machen.

Alle Gespräche mündeten in Ideen, die einen starken Führer erforderten. Italien hatte schon einen. Seine Anhänger demonstrierten ihren neuen Anfang mit einem neuen Gruß. Sie hoben jetzt den rechten Arm mit ausgstreckter Hand, statt Hände zu schütteln. Es war wie die Roten einander mit erhobener Faust grüßten und sah genauso unnatürlich aus.

Im Jahr der Kutjepow Entführung begrüßte das Berliner Parlament 18 Mitglieder der Nazi-Partei, die nun zur zweitgrößten Kraft in der jungen Republik geworden war. Die Zeit für Debatten und Diskussionen in nationalen oder internationalen Organisationen wurde für abgelaufen erklärt.

Gutschkow holte tief Atem, bevor er zu Skoblin sagte: „Endlich. Wir bauen eine starke Koalition gegen die Bolschewisten auf. Endlich haben die deutschen Industrie-Kapitäne verstanden, dass sie in den sauren Apfel beißen müssen: Entweder die Nazis unterstützen oder Machtübernahme der Kommunisten, die ihnen die Fabriken genau so wegnehmen wie sie unsere verstaatlicht haben."

Seit 1930 fuhren also der jetzt 68-jährige Alexander Iwanowitsch Gutschkow, General Skoblin, und andere Mitglieder ihrer Gruppe oft nach Berlin. Weniger als zwei Jahre später, im Juli 1932, hatten sich die Nazi-Mitglieder im Berliner Reichstag wiederum verdoppelt.

„Es geht voran", sagte Gutschkow stolz. Der ehemalige Duma-Präsident war begeistert: „Ich habe Ihnen doch gesagt, Skoblin, Sie können über Wasser laufen, solange Sie wissen, wo die Steine sind!"

Sie pendelten zwischen Berlin und Paris in geheimen

Missionen hin und her. Skoblin wusste, dass die Deutschen beide Seiten spielten, blieb aber stumm. Mehr als ein Jahrzehnt geheimer deutsch-sowjetischer Zusammenarbeit war zwar nach außen hin zu Ende als Hitler an die Macht kam, hatte aber freundschaftliche Bande hinterlassen. Stalin hätte die Zusammenarbeit mit anderen Nationen der mit den Nazis vorgezogen, aber die Westmächte fanden es wichtiger, die Idee von staatseigenen Fabriken zu bekämpfen. So war Hitlers Berlin der einzige Ort, wo Stalin Freundschaft finden konnte.

Gleichzeitig beschlossen die Deutschen aber, sie sollten ihre Beziehungen zu den Emigranten nicht abschneiden, denn die Herrschaft in der Sowjetunion war wegen der Hungersnöte brüchig und könnte zusammenbrechen. Sollte eine neue Regierung gebildet werden müssen, und zwar rechtzeitig bevor Anarchie östlich der deutschen Haustür ausbrach, so sollten die Emigranten einspringen. Gutschkow wurde ihre Rückversicherung. Er versprach den Nazis, dass die Emigranten bereit waren, jederzeit.

Gutschkow und die Deutschen kungelten im Verborgenen. Sobald die Weißen wieder an der Macht seien, würden die Deutschen von Gutschkow Land im Osten bekommen. Zwischenzeitlich würde Berlin den Emigranten zustecken, wo Stalins Herrschaft ihre Achillesferse hatte.

Aber Stalin war nicht naiv genug zu glauben, dass hinter seinem Rücken nichts ablief. Er musste wissen, was die Emigranten mit den Deutschen mauschelten. Nicht lange nachdem die Nazis an die Macht gekommen waren und die Kontrolle über die Staatskasse gewonnen hatten, wurde Skoblin zum Jongleur mit drei schlüpfrigen Bällen, von denen in vier Jahren kein einziger fiel.

Das einzig beständige Kapitel in Nadeschdas Leben war die Musik. Paris war voller russischer Clubs und Restaurants. Genau wie früher in Sankt Petersburg oder Nischnij-Nowgorod wollte das Publikum die *Schwarzen Augen* hören. Sie klatschten im Takt zu *Mondschein* bis die Hände rot anliefen, wiegten sich im Rhythmus des *Tango Zingarese*. Ein Lied war jedoch überall aus dem Repertoire gestrichen, *Suliko*. Es war aus Moskau durchgesickert, dass die schnulzige Melodie aus der Heimat des georgischen Diktators noch immer sein Lieblingslied war. Den Emigranten wurde schlecht, wenn Sie es hörten.

Nadeschda war nicht begeistert über die Arbeit in den Clubs

und Restaurants und versuchte, dies so weit wie möglich zu reduzieren. Aber sie brauchten die Kontakte und mussten ihre Einnahmesituation vernebeln. So nahm Nadeschda die Gastauftritte an und machte das Beste daraus. Sie waren oft spät am Abend, leichte Erfolge mit wenig Aufwand, denn das Publikum war locker und schnell zu begeistern. An guten Samstagen konnte sie an drei Veranstaltungen auftreten und so von Verdachtsmomenten auf ihre eigentliche Existenz ablenken. Sie war oft erschöpft und versuchte, sich an alle Namen zu erinnern und wer mit wem zusammenhing. Es war ein nervenaufreibender Drahtseiltanz und sie kämpfte gegen Schwindelanfälle. Ein falscher Schritt und sie würde in Stalins Höhle fallen. Ein falscher Schritt zur anderen Seite und die Höhle der Weißen wartete auf sie, während die Musik fleißig weiter trillerte.

Gerade als sie dachte, dieser Lebensstil war eingefahren, lenkte ein neuer Skandal wieder den Blick der Öffentlichkeit auf die Emigranten. Der Schatzmeister von Millers Gallipoli-Veteranen erschoss sich mitten auf der Straße und als sie die Bücher überprüften, entdeckten sie, dass alles Geld weg war.

„Ich habe ja immer geglaubt, dass Miller etwas naiv war", meinte Nikolaj. „Dass er aber so dumm war, das nicht zu bemerken, habe ich wirklich nicht erwartet."

„Ist das das Ende des Verbandes?", fragte Nadeschda. „Wenn ja, haben wir nicht mehr viel zu verkaufen."

„Natürlich nicht. Ich habe mit Sergei Nikolajewitsch Tretiakow gesprochen. Wir können in einer seiner Wohnungen in der Rue Collisée ein kostenloses Büro bekommen."

„Und der Briefkasten in der Besenkammer?"

„Hat sich erledigt", grinste Nikolaj. „Bevor wir einziehen, werden Abhörmikrofone in allen Zimmern installiert. In der oberen Wohnung kann dann alles mitgehört werden, kein Problem. Ich bekomme auch einen Schlüssel für oben, so dass ich Nachrichten hinterlegen kann. Aber nicht weitersagen!"

„Das ist aber teuer. Eine Wohnung ohne Miete, und dann auch noch Mikrofone."

„Kostet ihn bestimmt nichts, ganz im Gegenteil wahrscheinlich. Unser ehemaliger Vorsitzender der Moskauer Börse ist kein Weihnachtsmann."

„Ja, ja, es gibt keinen geschenkten Gaul. Irgendwann kommt

eine Rechnung. Aber ich wollte eigentlich nicht zynisch sein."

Nikolaj seufzte: „Ich muss den ganzen Umzug, Möbel, Dokumente, und was sonst noch ist überwachen."

Nadeschda war wütend: „Wann lassen sie uns denn endlich wieder nach Hause? Was sollen wir eigentlich noch machen, damit du begnadigst wirst? Wir sind ja hier wie Tiere im Käfig."

„Vorsicht. Nach dem was ich so höre, ist dieser Pariser Käfig viel eleganter als der in der Heimat. Ich glaube oft, dass ich Russland viel besser als Stalin regieren könnte", meinte Skoblin selbstbewusst.

Nadeschda stutzte, denn es hörte sich nicht wie ein Witz an. Eine Weile saßen sie schweigend.

„Ich bin nicht mehr davon überzeugt, dass wir in Moskau besser leben würden als hier", sagte Skoblin. „Wenn du etwas mehr Kooperation zeigen würdest, würde sich mehr bewegen."

„Ich kann doch keine Liebesbriefe an Stalin schreiben nach der Sache in Kursk. Er schnappt sich heuzutage frisches Fleisch von den Straßen und braucht mich nicht. Ich würde sogar sehr skeptisch sein, wenn ich hörte, dass er mich immer noch will. Das ist doch alles schon fast 20 Jahre her! Stalin ist doch nicht so dumm, dass er glaubt, ich denke jede Nacht an ihn."

„Er hat dich jedenfalls nicht vergessen", meinte Skoblin, „hat Oleg gesagt."

„Der wär doch wohl nicht so naiv, das zu glauben? Da lügt doch einer", schüttelte Nadeschda den Kopf.

„Woher willst du denn das wissen? Vielleicht spielt er deine alten Schallplatten jeden Abend vor dem Schlafengehen. Alles, was du tun sollst, ist einen lieben Brief an Stalin schreiben. Ich mache dir einen Entwurf. Dann werde ich begnadigt, und wenn wir dort sind, arrangieren wir ein nettes Treffen von euch beiden, wo ich ihm dann den Garaus machen kann. Dann bringe ich Ordnung in die Sowjetunion", verkündete Skoblin, als ob er sich das alles genau zurechtgelegt hatte.

Nadeschda schlug die Hände vor die Augen. Hatte Nikolaj nicht gerade gesagt, dass er gar keine Lust mehr hatte, nach Hause zu gehen?

„Du und deine Pläne, du und deine Taktiken! Eines Tages kriege ich einen Schreikrampf und renne."

„Ach ja? Wohin denn?"

Die Neuorganisation von Stalins Truppen für die Weltrevolution brachte höhere Anforderungen für Skoblins. Nadeschda durfte die Auftritte in den Clubs nicht aufgeben, egal wie gering sie bezahlt wurden. Es war die ideale Tarnung, denn durch die Geselligkeiten vor und nach den Veranstaltungen blieben sie auf dem Laufenden.

Wenn alle Augen und Ohren auf ihr ruhten, war die erhöhte Konzentration auf der Bühne manchmal schwer zu verkraften. Unaufmerksamkeit in nur einem Bruchteil einer Sekunde führten dazu, dass Nadeschda den falschen Vers sang oder den Refrain wiederholte statt einen neuen Vers anzufangen. Die Musiker beklagten sich, dass sie das Handzeichen für die Fermate im letzten Refrain ausgelassen hatte, und sie daher den Schluss verpatzt hatten.

Die beliebten Zigeunerschnulzen hatten sich über Jahrhunderte entwickelt. Generationen von Sängern hatten sie auf sich zugeschnitten, vereinfacht oder auch neue Einleitungen oder Zwischenspiele eingefügt. Nur der Uneingeweihte glaubte, es müsse eine Originalversion geben. Eine richtige oder falsche Stelle für die Fermate, die das Ende einleitete, gab es auch nicht. Die Solisten boten sie auch nicht immer in der gleichen Fassung dar. Vielleicht war ja die Spontaneität, mit der sich Arrangements in der momentanen Stimmung veränderten, das Geheimnis für den ewigen Erfolg dieses Genres?

„Trotzdem solltest du dich mal entscheiden", meinte der Bassist Arkadij Lutschek.

Aber Nadeschda hatte es gleich wieder vergessen und dann improvisierten sie das Ende doch wieder. Einigen Musikern war es unangenehm, die Lieder so unordentlich darzubieten. Sie gewöhnten sich ein bisschen daran, nutzten aber trotzdem jede Gelegenheit, Ordnung herzustellen. Die Choristen waren auch intuitiv. Der Konzertmeister hatte einen wunderbaren vierstimmigen Satz ausgearbeitet, aber zwei Wochen später fielen die Sänger wieder in das Unisono und sagten sogar, dass ihnen das egal war.

„Was willst du denn", sagten sie lächelnd hinter dem Vorhang. „Das Publikum hat doch nichts gemerkt, geklatscht und Trinkgelder gegeben. Was willst du eigentlich?"

„Das ist doch Schluderei", antwortete der Konzertmeister.

„Sind Sie vielleicht Deutscher?", fragte die Choristin hänselnd.

Der Konzertmeister ging dann kopfschüttelnd weg. Nadeschda gewöhnte sich achselzuckend an alles, fand die Riege von Sängern und Musikern, die durch ihr Leben zogen, faszinierend. Menschen, die sie in Russland gekannt hatte, wiederzutreffen oder in langen Nächten in den Clubs Neuankömmlinge kennenzulernen, ließ keine Langeweile aufkommen. Neue Russen kamen immer noch nach Paris, vor allem aus Harbin in der Mandschurei, wo sich so viele nur kurzfristig in Sicherheit hatten bringen wollten, dann aber dort bleiben mussten.

Unter den Neuankömmlingen war auch eine Zigeunergruppe mit dem Namen Dimitrijewitsch. Ihr Sohn Aljoscha war zwar noch ein Teenager, wurde aber zum Aushängeschild für ihr neues Zigeunerrestaurant, das sie den kleinen Goldfisch nannten. Nadeschda war entsetzt, als sie hörte, alle Musiker und Sänger seien echte Zigeuner, denn sie hatte Angst, es könnte der Dimitrijewitsch Stamm sein, in den sie hineingeboren war. Aber der Anfall von Panik machte bald Platz für rationales Denken. Könnte es nicht auch andere Zigeunerstämme mit demselben Namen geben? Zigeuner benutzten doch gern Namen, die keinen Seltenheitswert hatten, um die Bürokratien der Gadsche zu verwirren. Falls es aber doch ihr Stamm war und Joska den Brautpreis von Nikolaj zurückfordern würde, gäbe es Schwierigkeiten. Irgendjemand könnte sie erkennen. Nikolaj würde sich natürlich weigern zu zahlen. In der Dunkelheit hinter dem Vorhang würde dann das Messer gezogen. Sie musste Nikolaj davon überzeugen, die Leute auszukundschaften, ohne ihn in die Wahrheit einzuweihen.

„Schau mal", fing sie an. „Es ist besser, wenn du zuerst ohne mich guckst. Ich könnte erkannt werden und dann machen sie ein Foto, wenn wir dort am Tisch sitzen. Damit benutzen sie mich dann, um den Ruf des Lokals aufzuwerten. Falls das eine billige Kaschemme ist zum Beispiel, sollte ich nicht damit in Verbindung gebracht werden. Wer weiß, ob sie was mit Opium zu tun haben oder in einem Obergeschoss ein Bordell ist. Du musst ja nicht sagen, wer du bist und erst wenn du meinst, dass da alles in Ordnung ist, sprichst du mit jemandem über einen Gastauftritt."

Nikolaj sah das ein und kundschaftete den kleinen Goldfisch aus, wo zu seinem Entsetzen weder die Sänger noch die Musiker wussten, wer Nadeschda war.

„Sie muss vor unserer Zeit berühmt gewesen sein", sagte einer der jüngeren Musiker und Nikolaj entschloss sich, das für sich zu behalten.

Aljoscha und seine Familie kamen aus der Gegend von Wladiwostok, dem russischen Hafen, der zwischen China und Japan wie eingeklemmt war. Sein recht großer Stamm hatte nie ein anderes Leben als das auf der Straße gekannt, denn sie waren 15 Jahre über den südlichen Landweg durch Indien nach Paris gereist. Sie kannten die Lieder und Nadeschda trat mit ihnen auf. Ihr Gitarrenorchester, das die ganze Bühne füllte, war atemberaubend. Einzeln klangen diese kleinen siebensaitigen Zigeunergitarren erbärmlich, denn die Musiker spannten den billigsten Draht als Saiten auf und machten sich auch oft nicht die Mühe, das Instrument sorgfältig einzustimmen. Als Gitarrenorchester aber wurde eine Magie lebendig, die alte Männer und junge Frauen in Trance versetzte. Erfolgreiche junge Herren luden das Ziel ihrer Träume zu einer Nacht bei den Zigeunern ein.

„Es ist genau wie es mir meine Eltern von ihrer Heimat erzählt haben", sagte der in Odessa geborene, jetzt amerikanische Pianist Schura zu der jungen hoffnungsvollen Opernsängerin Grazina. Sie und ihr jüngerer Bruder Julij waren Neuankömmlinge aus Harbin und konnten sich nicht recht an Westeuropa anpassen. Sie wuchsen mit einer schwermütigen Mutter auf, denn der Vater hatte sich einer anderen Frau zugewendet. Musik und die russische Sprache waren ihre einzige Heimat. Im Zigeunerorchester fühlte sich der entwurzelte Jugendliche Julij zum ersten Mal in seinem Leben frei. Die Schule, die er oft schwänzte, beschrieb ihn als unregierbar, aber bei Zigeunermusikern existierte diese Kategorie nicht. Julij ging kaum jemals nach Hause und seine kleine Gitarre wurde bald zum perfekten Versteck für das Opium, ohne das die Pariser Kunstkreise nicht auszukommen schienen.

Nadeschda war klar, was Julij vorhatte, wenn er mit seinem Gitarrenkoffer wieder für eine Stunde oder zwei verschwand. Wie alle anderen auch, lächelte sie in sich hinein und kümmerte sich nicht drum. Gelegentlich erhielt sie eine Provision, wenn sie einem Gast Julij als zuverlässigen Lieferanten empfahl.

Eines Abends sah Nadeschda von hinter der Bühne Julijs Auftritt zu. Wie alt mochte er wohl sein? Seine schon recht große

Stirnglatze machte ihn älter, aber sein muskulöser Körper, die Stimme und die Haut deuteten darauf hin, dass er wohl nicht älter als 15 war, obwohl er keinen Funken jugendlicher Naivität hatte. Manchmal benimmt er sich wie ein 35jähriger, dachte Nadeschda. Mann und Junge in einem, niemand konnte seine Augen von ihm abwenden. Sobald er von Grazina hörte, dass Schura vom wilden Schwarzmeer-Hafen Odessa war, sang er das *Odessa Lied*. Schura wiegte sich im Rhythmus der Beschleunigungen. Er klatschte und klatschte, obwohl er in Chopins Nocturnes viel mehr zu Hause war als in den Straßenliedern von Russlands Süden. An diesem Abend verlobten sich Grazina und Schura. Bald danach lebten sie in Baltimore.

Wieder welche weg, dachte Nadeschda. Julij aber blieb und Nadeschda schaute gebannt zu, wie er das Publikum mit jeder Handbewegung und seinen brennenden schwarzen Augen umwarb. Hunderte von Musikern und Sängern hatte Nadeschda kommen und gehen sehen. Dieser Junge führte die Gadsche an der Nase herum wie ein echter Zigeuner. Sein Aussehen erinnerte sie an Bilder von einem ägyptischen Pharao. Er war ein Naturtalent und lenkte geschickt von den Unzulänglichkeiten seiner Singstimme ab. Nadeschda spielte Wahrsagerin. Ein richtiger Sänger wirst du nie sein, sagte sie leise zu sich auf Romani. Deine Wildheit wirst du nie verlieren, aber dein Aufstieg wird unaufhaltsam sein. Du wirst es schaffen, aber wenn du deine Füße falsch setzt, wirst du sehr tief fallen.

Nach Grazina Weggang wandte sich Julij dem Opium immer mehr zu und jeder sagte, er würde bald in der Gosse enden. Eines Tages war er dann auch verschwunden. Jeden Abend kamen Männer zu Nadeschda, um zu fragen, ob sie Julij gesehen hatte.

„Nein", antwortete sie. „Sie wissen doch, Musiker sind wie Matrosen, heute hier, morgen dort. Warum fragen Sie denn?"

Sie tat ganz unschuldig, glaubte aber genau zu wissen, worum es ging. Du kleiner Teufel, lächelte sie. Hast wohl deine Rechnungen nicht bezahlt.

44

Skoblin wurde bei Gutschkows Gruppe Sekretär, denn dort war das Zentrum der Macht. Gerade sah es so aus, dass er dicht daran war, die Fäden bei beiden Emigrantengruppen zu ziehen – da konfrontierten sie ihn. Die Veteranen und Gutschkows wohlhabende Zivilisten glaubten Hinweise zu haben, dass er Stalins Agent war. Skoblin verlor seinen kühlen Kopf nicht, denn solche Gerüchte waren nicht neu und er hatte sich geistig darauf vorbereitet. In geheimen Organisationen, die die Einschleusung von Agenten aller Art fürchten mussten, tauchten solche Verdächtigungen immer wieder auf, verschwanden aber bald wieder. Auch wurden alte Rechnungen durch Ausstreuen von Verdachtsmomenten ausgeglichen. Neue Aspekte und Machtkonstellationen boten Opportunisten die Möglichkeit, ihr Wissen an den zu verkaufen, der eine Mahlzeit bezahlte.

Die alten Generäle ordneten an, dass ein Militärausschuss Skoblin verhören solle.

„Wir haben Informationen, dass Sie für Moskau arbeiten", warf General Erdeli ihm an den Kopf.

„Was?", konterte Skoblin schockiert und beleidigt. „Sie sollten sich was schämen, mich des Verrats zu beschuldigen."

Das Verhör dauerte einen ganzen Tag. Sie gingen vorsichtig vor und drehten sich im Kreise. Die Generäle schüttelten die Köpfe, als Skoblin darauf bestand, die Urheber solcher „bösartigen Gerüchte" zu erfahren. Nichts konnte die Generäle bewegen, ihre Quellen in Finnland, Prag und Berlin zu nennen. Die Anschuldigungen blieben daher unspezifisch, so dass Nikolaj keine Mühe hatte, sie zu entkräften, und zwar alle. Er erinnerte die alten Soldaten daran, wieviel Zeit er Jahr für Jahr in den Kampf investierte. Hatten sie nicht bemerkt, dass der Kampf der Veteranen eine der zwei Säulen seines Lebens war? Er lebte für Nadeschdas Musik und Mütterchen Russland den Händen der Bolschewisten zu entreißen.

Skoblin absolvierte das Ehrengericht mit Bravour.

Als er es Nadeschda am Abend erzählte, lachte er: „Die sind alle mürbe von den 21 Jahren Kampf, von ihren eigenen Machtkämpfen und dem Alltag hier. Die waren doch auf die Lebensweise hier im Exil und den niederen Status gar nicht vorbereitet", spottete Skoblin und schloss: „Miller ist ja ein netter alter Mann, aber ein richtiger Krieger ist er nicht", schloss er.

Der Verdacht der Veteranen kam natürlich auch Lessner zu Ohren. Er riet, die beste Methode den Verdacht zu zerstreuen, war, enge freundschaftliche Beziehungen zu allen Emigrantengruppen zu pflegen. Lessner wies Skoblins an, so viele Parties und Feiern wie möglich in ihrem neuen Haus zu arrangieren.

„Fürs Ausruhen in Ozoir-La-Ferrière bezahlen wir euch nämlich nicht", sagte Lessner. „Wir bezahlen euch dafür, dass ihr mit allen Leuten gute Kontakte und Beziehungen pflegt. Künstler sollen doch so gesellig sein. Überlegt, wen ihr alles kennt, denn die rollen alle an, wenn die Großartige Plewitzkaja zur Party einlädt. Musik und nie abreißender freundschaftlicher Kontakt mit den Emigranten mildert die Vorbehalte, die sich nach Kutjepows Verschwinden eingenistet haben. Nach einer Weile sind sie sogar vergessen, denn nach den Abenden bei der Lieblingssängerin des Zaren können die Leute damit prahlen, dass sie eingeladen waren. Passt aber auf, dass eure Wachsamkeit nicht nachlässt, denn das Verhör bei den Generälen war dicht daran, anders auszugehen. Da sich deren Reihen unausweichlich ausdünnen, müsst ihr euch auch verstärkt der neuen Generation zuwenden. Wein, Weib und Gesang heißt das Rezept."

Nikolaj und Nadeschda bereiteten das Haus für Partygäste vor. Alle Dokumente wurden ins Schlafzimmer im Obergeschoss gebracht und zusätzliche Schlösser eingebaut. Dann heuerten sie aus dem Ort eine junge Bedienstete namens Jeanette an, damit sie die Vorbereitungen und die Aufräumarbeiten der Parties nicht alleine machen mussten.

Nikolaj erklärte Jeanette, dass oben privat war und sie dort nichts zu tun brauche. Sollte sie aber jemals nach oben gehen, sollte sie sich nicht wundern, dass alles abgeschlossen war. Das hatte nichts damit zu tun, erklärte Skoblin, dass sie ihr nicht trauten, sondern damit, dass man manchen Gästen nicht trauen könne. Es war schon vorgekommen, dass sich welche auf Zehenspitzen ins Schlafzimmer geschlichen hatten.

„Vier der Ballettjungen haben sich einmal nach oben geschlichen", grinste Skoblin. „Deren Gesichter werde ich nie vergessen. Ich knippste das Licht an, und da waren sie in all ihrer Schönheit, wie Gott sie erschaffen hatte. Hans, seine beiden Freunde

Ralf und Rainer, und natürlich der göttliche Costaki von Skopelos. Die können ja machen, was sie glücklich macht, aber nicht in unserem Bett. Deshalb ist jetzt alles abgeschlossen."

Jeanette nickte. Sie hatte eine Menge Arbeit in der lebhaften Party-Saison des 35/36er Winters. Nadeschda hatte sich bei den Abenden in der Rue Gutenberg genau abgeschaut, wie Gastgeberin Irina Jussupowa das machte. Nadeschda und Nikolaj wurden ein gut eingespieltes Team, wo Nadeschda die Joviale war und wenn Autorität gefragt war, griff Nikolaj mit seiner Befehlshaberstimme ein.

Noch bevor die Saison zu Ende war, in einer kalten Februarnacht 1936, war Alexander Iwanowitsch Gutschkows Leben zu Ende. Seine Tochter Anna erinnerte an die Meilensteine seiner 74 Jahre. Zwischen den Revolutionen hatte er in einem Zug gesessen, der in die Luft gesprengt worden war. Gutschkow kam mit heiler Haut davon, aber niemand machte sich die Mühe zu untersuchen, wer hinter dem Attentat gesteckt hatte.

Ihr Vater hatte eine Duma-Untersuchung über Korruption in der zaristischen Bürokratie geleitet, woraufhin die Zarina fragte: „Kann man denn diesen Gutschkow nicht einfach aufhängen?"

Jetzt hatte er sie um fast 18 Jahre überlebt. Als der falsche Heilige Rasputin steif gefroren in der Newa gefunden wurde, standen Annas Mutter und Gutschkow auf der Liste der Verdächtigen. Als Kriegsminister in der ersten republikanischen Regierung von Russland im Jahre 1917 hatte Gutschkow die Kriegsmaschinerie wie kein anderer geführt. Dafür bezeichnete ihn Lenin als Kriegstreiber.

Im Exil in Berlin und Paris war er unermüdlich gewesen, Russland den Händen der bolschewistischen Herrschaft zu entreißen. Er arbeitete mit Veteranen, mit offiziellen Agenten, selbsternannten Agenten und den allmächtigen Konzernen, die eine Ideologie bekämpften, welche gar nicht bekämpft werden musste, sondern dafür bestimmt war, sich totzulaufen. Er arbeitete auch mit einem Dreifachagenten, aber das würde er nie erfahren, geschweige denn, wer das war.

Jetzt war Gutschkow nicht mehr. Ein weiteres Verbindungsglied zur Vergangenheit, das in eine bessere Zukunft führen sollte, war weg. Selbst während sie die Trauerreden hörten, guckten sie über ihre Schultern. Die kalte, desperate Wirklichkeit ergriff ihre Herzen. Auch sie würden in fremder Erde begraben werden. Mit Gutschkows Ableben hatte die Rückeroberung Russlands ihre treibende Kraft verloren und alle Pläne sahen inzwischen aus wie kindliche Träume alter Männer. Da standen sie nun auf einem Friedhof in einem fremden Land in billigen Wintermänteln, die nicht warm hielten. Tapfer sangen sie Bortnianskis slawische Hymne. Selbst dann hielten sie ihre Augen offen und waren wachsam, denn das war zu ihrer zweiten Natur geworden. Erschreckt schlugen ihre Herzen höher, als ihnen klar wurde, an welchem Ort sie nach Attentätern Ausschau hielten.

Gutschkows Schwager, Pianist Alexander Siloti, war nicht dabei. Er konnte seine Studenten in New York nicht ohne Lehrer lassen. Rachmaninow hatte Verpflichtungen und schaffte es auch nicht. Insgeheim waren beide erleichtert, dass sie nicht dabei sein mussten, denn sie hatten sich mit Gutschkows ständigen Intrigen nie ganz anfreunden können, weil er nicht wählerisch genug war, mit wem er sich einließ. Besonders in den letzten drei Jahren, als Gutschkow keine Skrupel hatte, mit den Antisemiten in Berlin zusammenzuarbeiten, hatten sie den Kontakt einschlafen lassen. Sie waren traurig, dass er gestorben war, aber erleichtert, dass sie nur Beileidsbriefe schicken mussten.

Die Musiker in den Musikrestaurants wechselten ständig, weil die Bezahlung nicht gut war. Die meisten spielten wie auf der Durchreise, immer auf der Suche nach einem Ausweg, einem besseren Leben. Nadeschda hatte aufgehört, sich ihre Namen zu merken. Sie wertete sich durch die alten Geschichten auf, wie sie für Väterchen Zar gesungen hatte, bei seinen Regimentern, vor dem charmanten kleinen Zarewitsch, und wie sie die vier jungen Großherzoginnen an Mütterchen Russlands musikalisches Erbe herangeführt hatte. Das Konzert mit dem legendären Andrejew Balalaikaorchester, dem kaiserlichen Hoforchester vergaß sie ebensowenig zu erwähnen wie ihre Freundschaft mit Rachmaninow und Schaljapin. Die Pasternaks ließ sie aus, nachdem Boris systemkonform geworden war. Sie fing an, über die Vergangenheit reden, als ob die Zukunft nicht existierte. Bald kam Plewitzkaja zu der Erkenntnis, dass die Zukunft in der Tat nichts Neues versprach, nichts Neues, nichts Aufregendes, keine Inspiration. Alles, was in ihrem Leben wichtig war, war in den nun scheinbar wenigen Jahren zwischen den beiden Revolutionen von

1905 und 1917 passiert. Wie sollte auch nur irgendetwas an die Erfolge und die Anerkennung von damals herankommen?

Im berühmten Tschaika Restaurant kam einmal der schon etwas ältere Geiger Zhino auf sie zu, der gerade ins Orchester aufgenommen war.

„Ach du meine Güte, jetzt erkenne ich Sie, Nadeschda. Das waren ja Sie, auf dem Schoß des jungen Prinzen Mestschersky in Kiew. Ich meine in Lipkins Birke. Lipkin hatte wirklich die besten Mädchen in ganz Russland."

Mit einem strahlenden Lächeln und offenen Armen kam er auf sie zu.

Nadeschda trat zurück: „Da müssen Sie aber eine andere Nadeschda meinen, mein lieber Paganini. Wenn Sie mein Buch gelesen hätten, dann würden Sie wissen, was ich bei Lipkin gemacht habe. Auf dem Schoß von einem Prinzen zu sitzen, war nicht meine Angewohnheit, neben ihm wahrscheinlich. Bitte passen Sie auf, was sie erzählen."

Zhino war entsetzt: „Aber Ihr Tamburin ..."

Nadeschdas schüttelte den Kopf: „Mein Tamburin wurde mehr als einmal nachgebaut. Diese gemalten roten Mohnblumen sind kein einmaliges Motiv. Ich darf Sie daran erinnern, dass sogar unsere verstorbene Zarina Mohnblumen gemalt hatte."

Nadeschdas bedrohlicher Ton veranlasste Zhino, sofort den Rückzug anzutreten. Es wurde ihm klar, dass 30 Jahre seitdem vergangen waren und dass die geographische Entfernung sowie die Ereignisse, die Russland vollkommen umgekrempelt hatten, Nadeschda ein perfektes Grab für ihre Jugendsünden lieferte. Hätte er richtig überlegt, bevor er es ansprach, so hätte er auf einen passenden Moment gewartet. Für das Leben in Paris brauchte man starke Nerven, war Zhino gewarnt worden. Jetzt wusste er, was sie meinten. Nadeschdas Stimme war eiskalt, und während seines kurzen Aufenthalts im Tschaika Orchester erwähnte er Lipkins Birke nie wieder, obwohl er jedes Mal daran erinnert wurde, wenn das *Lied von der Birke* dargeboten wurde.

Jedes Mal wenn die Werbung für Rachmaninows Konzerte in den Zeitungen anlief, war dies für Nadeschda unangenehm, weil es an die unveröffentlichte Schallplatte erinnerte. 10 Jahre waren inzwischen seit der Aufnahme vergangen und eine realistische Chance für ein Erscheinen gab es nicht mehr.

Die Jahre gingen vorbei und die Riege der Menschen, die durch die Musik und die Veteranenorganisationen wie Passanten in Nadeschdas Leben hinein- und wieder hinausmarschierten, erschien wie eine endlose Parade. Die meisten hielten nur kurz an und waren bald wieder weg. Ihre Namen waren bald vergessen, aber was sie gesprochen hatten, blieb manchmal haften.

Einer dieser Passanten war ein Akkordeonist, der behauptete, die Plattenfirmen stellten ihre Kataloge nach Genre zusammen. Die beiden Volkslieder, die Nadeschda mit Rachmaninow aufgenommen hatte, waren außerhalb dieser Normen. Zwar war beides Volksgut aber die Mischung von einem klassischen Pianisten und einer nicht-klassischen Sängerin passte in keine Kategorie, und daher gab es keine erprobte Vermarkungsstrategie. Rachmaninows Wahl für die B-Seite, *Puder und Schminke*, war besonders merkwürdig, denn das war weder folkloristisch noch Kunstlied. Der ernste Text und die klassische Begleitung des legendären Pianisten rückten das Stück außerhalb des berechenbaren Publikumsgeschmacks. Aber noch wichtiger sei, meinte der Akkordeonist, dass Rachmaninows Plattenfirma viel Geld in die Werbung für ihren Solisten steckte. In diesen beiden Stücken war aber Nadeschda der Solist. Die Werbeabteilung sah es bestimmt als Degradierung an, wenn Rachmaninow Begleiter war.

„Ich brauche Sie nicht darauf hinzuweisen", meinte der Akkordeonist mit einem Grinsen, „dass des Begleiters Platz abseits vom Scheinwerferlicht ist. Die Platte hatte nie eine Chance, Nadeschda Wassiljewna. Bei der Aufnahme hat Rachmaninow eine unternehmerische Entscheidung mit Emotionen vermischt, weil Sie alte Freunde von früher waren." Dann wiegte er den Kopf: „Emotionen bei Geschäftsentscheidungen sind ein Rezept für eine Katastrophe, sehr häufig in der Musikbranche, sehr weit verbreitet."

Nadeschda war jetzt über 50 und manchmal vermied sie es, in den Spiegel zu schauen. Ihr einst dichter rabenschwarzer Schopf war zu einem leblosen Pfeffer und Salz geworden. Was sie auch versuchte, der teuflisch schwarze Glanz der Jugendzeit kam nicht wieder. Meistens verbarg sie es jetzt unter einem roten und schwarzen Kopftuch. Das Publikum war bei Zigeunersängerinnen an Kopftücher gewohnt, so dass es nicht auffiel. Aber sie behandelte die Haare trotzdem mit der neuen Lösung, die vom ehemaligen Kosaken Swindin vertrieben wurde, nachdem es mit seiner

Schatzsuche in Bulgarien nicht geklappt hatte. Der Geruch erinnerte sie an Marias Sirup mit Kokain und jedes Mal wenn sie die Flasche Serebrine aufmachte, war sie versucht, es zu testen, aber sie hatte nie den Mut dazu und Swindin gab auf ihre Fragen keine Antwort.

Nikolaj war wütend, als sie es erwähnte: „Also wirklich, ich habe eine Menge im Kopf, mit den Deutschen, mit Miller, muss ständig aufpassen, dass mich keiner erwischt und von Lessner gibt es auch Druck. Lass mich mit sowas in Ruhe."

Nikolaj schaute auf seine verschlüsselten Texte, drehte die Papiere um und rauchte eine Zigarette nach der anderen. Nadeschda betrachtete das tiefe Blau ihres Wollkleides. Sie überlegte, wer wohl jetzt ihren geliebten langen Schottenrock tragen würde. Er hatte das gleiche tiefe Blau gehabt, leuchtendes Rot und Gelb. Wahrscheinlich war es den Motten zum Opfer gefallen, seufzte Nadeschda, bis sie daran dachte, dass es viel wahrscheinlicher war, jemand hatte den Rock gestohlen und Kinderkleidung daraus gemacht.

An den Abenden in der Woche waren keine Auftritte oder Parties. Nikolaj brütete ständig über der Ent- oder Verschlüsselung seiner Berichte und Anweisungen. Nadeschda dachte an all die Orte, wo sie gewesen war, die Menschen, die sie getroffen hatte und wie anders die Welt geworden war. Der große Krieg sollte Deutschlands Macht eindämmen, löste aber nicht nur dort Veränderungen aus, sondern verbreitete Instabilität, besonders in Europa. Es gab sogar eine Organisation, die Instabilität in jedem Land der Erde schürte, um sie dann als vorrevolutionäre Situationen auszunutzen. Diese Organisation hieß Komintern. Manche Leute schauten nach Amerika, aber die Streiks und Demonstrationen der Näherinnen in New York zeigten, dass auch dort manches im Argen liegen musste.

Dann, in der Mitte des Sommers von 1936, kurz nach dem unerwarteten Tod von Maxim Gorki, kam die Nachricht aus Moskau durch, die alle russischen Herzen stillstehen liess. Stalins Schergen kassierten die alten Kameraden einen nach dem anderen ein, und warfen ihnen Verrat, Trotzkismus, oder Revisionismus vor, oder auch alles zusammen. Volksfeinde sollten sie sein, obwohl keiner so recht sagen konnte, was das genau war. Der rote Alleinherrscher hatte beschlossen, nur eine Denkweise führte zum Erfolg – seine. Grobe Helfershelfer verhörten die alten Männer, die ihre Medaillen stolz auf schäbige Uniformen geheftet hatten. Damit klammerten sie sich an die naive Hoffnung, dass ihre Familien durch das Eingeständnis nicht begangener Untaten ungeschoren blieben. Damit es nach Recht und Ordnung aussah, ließ er sie vor Gericht zerren, so dass das ganze Land vor Angst zittern sollte, was es bedeutet, bei dem Georgier in Ungnade zu fallen. Tausende wurden deportiert und erschossen. Manche wussten, dass sie die nächsten waren, aber sie waren zu abgekämpft, um sich gegen das, was der rote Alleinherrscher ihnen vor die Füße warf, wehren zu können. 19 Jahre nach der Revolution drehten alle Räder durch.

„Könnten sie uns auch kriegen, wenn wir zurück sind?", fragte Nadeschda.

„Die können, was ihnen einfällt", antwortete Nikolaj. „Die sind noch unberechenbarer als die Lakaien vom Zaren."

„Und was soll das für uns bedeuten? Im Erdeli Tribunal konnten sie dich nicht festnageln, aber was passiert, wenn die Veteranen meinen, sie machen das noch einmal und haben dann vielleicht sogar ein paar Beweise? Da werfen sie uns aus den Organisationen heraus. Wir haben keine Informationen mehr, die wir an Lessner verkaufen können. Es ist riskant hier in Frankreich, und in Moskau, ... du lieber Gott. Was nun?"

Nikolaj hatte keine Antwort. Alle Pariser Russen lasen die Zeitungen von vorne bis hinten, in den Cafés, den Clubs und Bibliotheken, wo die ganze Sammlung auslag. Sie suchten nach etwas, um zu verstehen, warum das System so viele Opfer forderte. Sie suchten nach Namen von Verwandten und Freunden. Je mehr sie lasen, desto schockierender war es. Welche Strategie verfolgte Stalin mit dieser Verbreitung von Terror?

Skoblin schüttelte den Kopf: „Ich kann und kann mir keinen Vers darauf machen. Wenn das Stalins Herrschaft ist, dann sollte sich etwas ändern."

„Pst", sagte Nadeschda ängstlich. „Das darfst du nicht sagen, nicht einmal denken."

„Was glaubst du denn! Sowas sage ich doch nicht vor anderen. Ich werde mal sehen ob ich Tuchatschewski allein erwische, wenn ich im September nach Göttingen fahre. Diese deutschen Herbstmanöver sind ja etwas unberechenbar, aber vielleicht kann ich ihn ohne Aufpasser abfangen. Tuchatschewski ist der einzige, der es zusammenhalten könnte, nach Stalin meine ich."

Für Göttingen waren die Manöver ein festliches Ereignis. Hakenkreuzfahnen baumelten von hohen Masten und aus jedem Fenster. Blonde Schuljungen in Uniformen der Hitlerjugend formierten sich zur Ehrengarde der Reichswehr-Führer, die auf Motorrädern und in geputzten grünen Armeefahrzeugen mit Getöse vorbeirollten. Jeder lächelte stolz und hoffnungsvoll.

Außer Skoblin war niemand von den Weißrussen da und auch er war nicht offiziell. Tuchatschewski und seine Leute aus Moskau waren nach 16 Jahren geheimer militärischer Zusammenarbeit die offiziellen Beobachter. Nikolaj wurde am Bahnhof von einem deutschen Soldaten, dessen Mutter aus Lettland stammte, begrüßt. Er hieß Eugen und stellte sich als Dolmetscher und Betreuer vor, der auf Abstand zur sowjetischen Delegation achten sollte.

„Bitte haben Sie Verständnis, General Skoblin. Wir müssen auf gutes Einvernehmen mit der Sowjetunion achten, obwohl wir natürlich alte Freunde wie Sie nicht fallen lassen wollen. Die haben gebeten, dass wir keinen Beobachter von den Weißen einladen. Wenn wir im Hintergrund bleiben und leise sprechen, bemerken sie uns nicht."

Eugen klebte an Skoblin wie ein Schatten und sorgte dafür, dass der General nicht dahin ging, wo ihn die Sowjets sehen könnten. Skoblin fiel nicht viel ein, worüber er sich unterhalten konnte und erwähnte die Moskauer Schauprozesse. Zu seinem Entsetzen entdeckte er, dass es Eugen nicht interessierte, was in Sowjetrussland vor sich ging. Eugen sprudelte vor Begeisterung für das neue Deutschland, das erst vor einem Monat Gastgeber der Olympischen Sommerspiele in Berlin gewesen war. 33 Gold und 26 Silbermedaillen hatten sie gewonnen, und erneut die Überlegenheit der nordischen Rasse bewiesen. Begeistert erwähnte Eugen, dass Hitlers Machtübernahme erst dreieinhalb Jahre her sei. Trotz der kurzen Zeit hatte jeder wieder Vertrauen in die Zukunft, denn die von der Komintern zur Verbreitung des Kommunismus überall angezettelten Straßenschlachten wurden nun nicht mehr geduldet. Deutschland und Japan übernahmen die Führung mit einer Anti-Komintern-Alliance.

„Unsere Industriekapitäne standen und stehen voll hinter der nationalsozialistischen Bewegung", erklärte Eugen.

„Endlich haben wir uns erholt. Und weil wir wieder Zutrauen

in die Zukunft haben, freuen sich unsere Frauen, wieder viele Kinder zu haben. Was in der Sowjetunion geschieht, betrifft mich gar nicht", stellte Eugen fest und fuhr nach einer Pause fort: „Zu den Ereignissen kann ich mich nicht äußern. Aber jetzt, wo Sie davon sprechen, erinnere ich mich daran, dass jemand davon geredet hat, dass es eigentlich ein Vorteil für Deutschland ist, wenn sich Stalin der führenden Apparatschiks entledigt. Je schwächer die Sowjetunion ist, desto geringer wird die Gefahr, dass das Land oder deren System uns bedroht. Als weißer General sollten sie das doch begrüßen, General Skoblin, oder?"

Nikolaj nickte. Eugen führte ihn ein Gartenrestaurant, wo trotz der schon beginnenden Herbstkühle die Menschen unter rotgoldenem Weinlaub saßen und eine Linde ihre Blätter abschüttelte.

„Prosit!", sagte Skoblin auf Deutsch zu Eugen und dachte daran, wie stolz die Deutschen auf ihr nach dem alten Reinheitsgebot gebrautes Bier waren. „Ich mag deutsches Bier."

„Ja, unser deutsches Reinheitsgebot ist allem anderen überlegen. Auf die Reinheit im Bier und in den menschlichen Rassen! Prost", antwortete Eugen.

Sie aßen Schnitzel mit einem Berg Kartoffeln, Kohl und Erbsen. Drei Musiker sorgten für die Unterhaltung und arbeiteten sich durch das übliche Repertoire von Operette, österreichischen Volksliedern bis zu populären Werken von Schubert und Melodien der vielen deutschen Provinzen. Akkordeon, Geige und ein Kontrabass sind eine ganz gute Kombination, dachte Nikolaj. Aber irgendetwas war anders in der Musik, simpel und seltsam. Plötzlich erinnerte er sich. Nadeschda hatte ihm erzählt, dass die neue Regierung manche Akkorde verboten hatte.

„Sagen Sie mal, Eugen", fragte Nikolaj, „ist es wahr, dass einige Akkorde jetzt in Deutschland verboten sind?"

„Oh ja", antwortete Eugen stolz. „Die verminderten Akkorde sind verboten. Sie stammen aus der Negermusik. Das ist entartete Kunst. Unsere Musik ist rein und schön mit den einfachen Akkorden von der klassischen Kadenz."

Eugen hob sein Glas: „Auf die Reinheit! In der Musik, beim Bier und bei den Menschen!".

Als er nach Paris zurückkehrte, musste Nikolaj Nadeschda erzählen, dass er Tuchatschewski nicht sprechen konnte.

„Wenn ich versucht hätte, mich wegzuschleichen, und erwischt worden wäre, hätte ich mich entblößt. Rote wie Tuchatschewski sollen doch mein Feind sein. Ich habe einen Fehler gemacht. Wie könnte ich denn sicher sein, dass der Marschall von uns weiß? Stell dir vor", und jetzt sah Nikolaj das von der komischen Seite, „stell dir vor, er begreift meine Frage nicht sofort. Ich hätte es vor seinen Aufpassern erklären müssen. Zum Beispiel, hallo Marschall, Sie erinnern sich vielleicht noch an mich aus der Militär-Akademie. Ich wurde ein Weißer General, aber jetzt arbeite ich für drei Seiten: Für die Emigrantenarmee, die Russland zurückerobern will, für die Roten, weil meine Frau und ich nach Hause wollen, und für die Deutschen, die mit jedem arbeiten, der seine Dienste feilbietet. Könnten Sie bitte ein gutes Wort für mich einlegen, damit ich begnadigt werde? Wenn ich das erkläre, bin ich bei allen dreien durch. Das würden wir nicht lange überleben."

Nadeschda war sehr enttäuscht: „Also irgendwie müssen wir diese Sache in Bewegung bringen. Vielleicht könnten wir unsere Nützlichkeit hier reduzieren. Dann komen wir aus diesem Würgegriff heraus."

„Nun übertreibe mal nicht. So schlimm ist es hier nun auch wieder nicht. Wir sind jetzt 16 Jahre raus. Ich habe mich daran gewöhnt, auf diesen drei Hochzeiten zu tanzen. Hast du vergessen, was wir über die Leute gehört haben, die zurück sind? Sie entdeckten bald, dass sie sich im Exil verändert hatten, aber nicht in die gleiche Richtung wie die Heimat."

„Natürlich kenne ich das von den Selbstmorden, Morden und Deportationen. Das passiert uns nicht. Wir sind wichtige Leute, alle beide", antwortete Nadeschda. „Zu Hause trete ich wieder in richtigen Konzertsälen auf, nicht in diesen Kaschemmen, wo ich für angetrunkene reiche Blödmänner singe, die sich die Bäuche füllen und uns benutzen. Beifall und ein gutes Honorar machen ja vieles erträglich, aber da ist so viel Schmuddeligkeit."

Nikolaj sah Nadeschda an. Plötzlich hatte er Mitleid mit ihr. Wie konnte sie denn glauben, dass sie wieder da anfangen könnte, wo sie vor 16 Jahren aufgehört hatte? Gewiss hatte sich die nächste Generation in die Herzen des Publikums gesungen. Hatte Nadeschda denn die Platten, die die Reisenden mitgebracht hatten, nicht aufmerksam angehört? Die neue Sängerin Lidija Ruslanowa hatte sich eine treue Anhängerschaft aufgebaut, seit sie von einem

Waisenhaus an der Wolga zum Gesangsstar aufgestiegen war. Nikolaj war klar, dass er das nicht sagen konnte.

„Na, wollen mal sehen, was die nächsten Monate bringen. Ich bin müde, muss ins Bett. Den Koffer kannst du morgen auspacken."

Später im Herbst schlug Nadeschda vor, Weihnachten in Nizza zu verbringen.

„Wir müssen uns mal wieder um die Leute dort kümmern", sagte sie.

Aber Nikolaj schüttelte den Kopf: „Ausgeschlossen. Sie planen eine große Operation, die letzte Operation. Sie haben sogar Leute aus Moskau hergeschickt, um Teile davon zu organisieren. So groß ist das. Und übrigens, sie haben mir versprochen, dass es unsere letzte ist! Dann werde ich begnadigt. Dann können wir nach Hause, falls wir das noch wollen."

45

Nikolaj brachte jeden Tag neue verschlüsselte Papiere. Er wurde zerstreut und fahrig, verbrannte sogar manchmal Papiere aus Versehen.

Jedes Mal, wenn Nadeschda ihn um etwas bat, schüttelte er den Kopf: „Nicht jetzt!"

Nadeschda wurde unruhig und erinnerte sich an „die große Operation". Skoblin war taub auf dem Ohr, aber als Nadeschda nicht locker ließ, erklärte er: „Ich treffe mich mit Spiegelglass und Sarovsky im November in Egreville. Dann wissen wir mehr."

Nach dem Treffen sortierte er Papiere auf dem Tisch. Nadeschda sah, dass er nervös ja sogar panisch war.

Nadeschda setzte sich an das andere Ende des Tisches und schaute über eines der Papiere.

„Du liebe Güte, das ist keine Kleinigkeit. Ich dachte, sowas ist nicht mehr angesagt."

„Fehlanzeige, leider", seufzte Nikolaj. „Die Stadt wimmelt von Lessners Aktivisten, die planen, revidieren und revidieren. Diesmal macht es mich nervös. Wenn sie mir nicht versprochen hätten, dass es unsere letzte Operation sein würde und wir danach in die Heimat zurückgehen könnten, würde ich meinen Namen ändern und nach Brasilien ausreißen, ehrlich."

„Was um Alles in der Welt ist denn diese Operation?", fragte Nadeschda ängstlich. „Das sieht ja aus wie eine Doppelentführung", sagte sie.

Er las ein anderes Dokument, schüttelte den Kopf und war zu beschäftigt, um zu antworten.

„Worum geht's?", fragte Nadeschda ungeduldig.

„Eine Verschwörung", sagte Nikolaj halblaut.

Nadeschda starrte Nikolaj an: „Ist nicht jede Entführung eine Art Verschwörung?", fragte sie sarkastisch.

Nikolaj las weiter, ohne zu antworten. Er war völlig gefangen von der Lektüre, und schüttelte immer wieder den Kopf. Dann sortierte er alles in zwei Stapel, schaute über den Tisch, um zu sehen, ob er etwas vergessen hatte, schob alles wieder in Umschläge, und pustete nervös Zigarettenasche vom Ärmel.

„Dieses ist für Miller. Er wird sich dafür interessieren, dass Marschall Tuchatschewski und seine Anhänger planen, den

Georgier mit Hilfe deutscher Offiziere zu stürzen. Wenn das echt ist, ist es Dynamit. Ich nehme es über Nacht nach oben. Morgen gehe ich ins Büro und lasse es bei Miller. Das ist zu heiß für hier."

Als Nikolaj wieder unten war, saß er in seinem Sessel, rauchte und grübelte, weil er so schockiert war.

„Willst du mir nicht sagen, worum geht es, Nikolaj? Du siehst ja furchtbar aus. Ich hasse es, wenn ich nicht weiß, wo die Fallstricke sind."

„Ich bin mir nicht einmal sicher, ob ich alles richtig verstehe. Wenn das echt ist, ist es kolossal. Offenbar sind Tuchatschewski und seine Leute schockiert, was die Kollektivierung aus dem Land gemacht hat. Sie sollte den Massen bessere Lebensbedingungen ermöglichen, aber sie brachte stattdessen das Gegenteil, mehr Hunger, Gewalt und Korruption. Wie früher ziehen herrenlose Kinderbanden durch das Land. Dieses Mal sind es nicht Bürgerkriegswaisen sondern Kollektivierungswaisen. Stalins Herrschaft ist wie die des alten Autokraten, schlimmer sogar als das, was er ersetzt hat."

Nikolaj war verzweifelt: „Sie wollen ihn stürzen. Es fängt wieder von vorn an."

„Und sie wollen ihn entführen?", fragte Nadeschda völlig perplex.

„Nein, nein, die Entführungspläne sind für Denikin und Miller", antwortete Nikolaj.

Nadeschda starrte ihn mit offenem Mund an und sagte dann tonlos: „Die müssen besoffen gewesen sein, als sie sich das ausgedacht haben. Zuviel muss da richtig laufen, um beide zur gleichen Zeit zu bekommen. Und was soll das denn mit einer Verschwörung von Tuchatschewski zu tun haben, ob sie nun echt ist oder nicht?"

„Das ist mein Problem. Ich kann nicht erkennen, wo da eine Verbindung ist, oder ob es sich um zwei unabhängige Ereignisse handelt. Unbekannte Größen sollte es in diesen Sachen nicht geben."

Der Hund des Nachbarn sprang wieder am Zaun hoch und bellte hysterisch einen vorbeigehenden Jungen an, der sich über das Tier lustig machte, indem er das Bellen imitierte. Der Hund bellte noch wütender zurück.

„Verdammter Köter, den vergifte ich eines Tages ", sagte

Nikolaj wütend und schloss das Fenster.

„Es ist noch nicht lange her, da hast du gesagt, dass der Hund vom Nachbarn uns kostenlosen Schutz bietet", antwortete Nadeschda. „Wir sind doch bald weg."

Nikolaj seufzte: „Hoffentlich, hoffentlich."

Nadeschda holte die Cognac-Flasche und zwei Gläser aus dem Schrank, schenkte die wie Bernstein leuchtende Flüssigkeit ein: „Nicht den Kopf verlieren, wenn das Ziel im Visier ist, mon général."

„Ja, ja, ist wahrscheinlich nur das November Wetter hier, zu dunkel, zu nass, kein Schnee, zu viele neue Leute, unerprobte Wege", antwortete Nikolaj in einem seltenen Moment der Schwäche.

Eine Weile saßen sie still. Nikolaj rauchte eine Zigarette nach der anderen. Als die Flasche fast leer war, gingen sie zu Bett, denn es gab nichts mehr zu tun oder zu reden.

Miller war überrascht, als Nikolaj am nächsten Tag die Unterlagen ablieferte.

„Wo haben Sie denn das her?", fragte er.

„Eine neuer Kurier aus Prag hat es mir gestern im Lilas gegeben", log Nikolaj.

Miller warf einen Blick auf das Dokument.

„Ich hätte erwartet, dass so etwas durch unsere eingelaufenen Kanäle kommt, insbesondere, wenn einige von ihnen wieder mit den Deutschen arbeiten. Trotzdem gut zu wissen, wer gegen den roten Autokraten und daher auf unserer Seite ist", meinte Miller und zog sich zurück, um das Dokument genau zu studieren.

Eine gute Stunde später lachte er und wies seinen Sekretär Pawel Kusonski an, für Freitag eine Konferenz einzuberufen.

„Das können wir nicht für nächste Woche lassen", sagte er. „Ich will es noch genauer angucken, bin aber ziemlich sicher, dass da was nicht stimmt", meinte er zu Nikolaj.

Als die Veteranen sich dann Tuchatschewskis Pläne genauer ansahen, nach denen Stalin so vergiftet werden sollte, dass es wie eine Krankheit aussah, schüttelten sie nur die Köpfe. Das war so primitiv, dass Stalin die Falle sofort riechen würde.

Dann erklärte Miller, warum er glaubte, dass das Ganze eine Fälschung sein müsste. Er war sich sicher, dass drei der genannten Verschwörer nie bei der Tuchatschewski Gruppe dabei sein würden, egal wie beliebt der Marschall in letzter Zeit geworden war. Miller kannte diese drei als zuverlässige Weiße Kämpfer. Sie gehörten zu denen, die als Schläfer zurückgeblieben waren, um in einem schwachen Moment der bolschwistischen Herrschaft aktiviert zu werden. Erst kürzlich hatte jemand ihm eine Nachricht von einem der drei überbracht. Dass er umgedreht worden sei, sei undenkbar. Skoblin fragte, wer das war, aber Miller antwortete darauf nicht. Dann diskutierten sie, wer das Interesse haben könnte, sich das auszudenken, wenn es wirklich eine Fälschung sei.

„Vielleicht sind Woroschilows Leute eifersüchtig auf Tuchatschewskis Beliebtheit und seine Effizienz? Vielleicht versuchen sie, Tuchatschewski zu beseitigen, denn Woroschilow steht ja über ihm, kann aber nicht mithalten? So bekommen sie dann Woroschilow doch noch nach ganz oben?", fragte Skoblin.

„Vielleicht, vielleicht. Wir können hier Tag und Nacht sitzen und raten, wer dahinter stecken kann oder ob es echt ist", meinte Kusonski.

„Stimmt", antwortete Miller. „Gut zu wissen, dass vielleicht etwas in Moskau gärt und wir vorbereitet bleiben. Wir sollten aber unsere deutschen Freunde nicht im Unklaren lassen. Die möchten sich vielleicht mit den Offizieren beschäftigen, von denen es heißt, dass sie bei der Tuchatschewski Verschwörung mit von der Partie sind."

„Aber was, wenn etwas davon nach Moskau dringt? Könnten wir nicht eine Zelle zerstören, die wertvoll für uns ist?", fragte Skoblin.

„Wenn das alles echt wäre, schon", antwortete Miller. „Aber ich halte diese Verschwörung für Desinformation. Berlin wird sie auch als das erkennen, davon bin ich überzeugt."

„Wir könnten auch Stalin einen Grund geben, viele Offiziere zu liquidieren", sagte Skoblin, stand auf und lächelte. „Gute Idee, dass sich Stalin ihrer annimmt, oder wir müssten uns die Hände schmutzig machen, wenn wir zurück sind."

General Kusonski, dessen Zunge sich nach regelmäßigen Schlucken aus dem Flachmann gelockert hatte, scherzte jovial: „Wer weiß, vielleicht steckt der listige alte Georgier selbst dahinter! Zuerst macht er eine Liste von Leuten, die er loswerden will, dann wird es zu einer Verschwörerliste, die in Prag auftaucht. Das ist genau zu der Zeit, wo er die Rote Armee säubern will und mit einem solchen Verschwörungsplan sieht die Säuberung doch viel besser aus."

Kusonski schwankte im Rausch. Dann ballte er die Fäuste wie Kinder Spielzeuggewehre halten. Die Veteranen schwiegen verlegen und blickten einander an bis Miller eingriff.

„General Kusonski, haben Sie denn Ihren Verstand völlig vernebelt? Bitte!"

Kusonski unterdrückte ein Kichern und nahm einen weiteren Schluck.

Skoblin bot an, den deutschen Geheimdienst noch vor Weihnachten zu informieren. Am 16. Dezember 1936 traf Skoblin den deutschen Agenten SS-Hauptsturmführer Erich Jahnke im Hinterzimmer der Rotonde.

Skoblin übergab ihm die Zeitung, die den Umschlag enthielt: „Sie wissen, dass es auf Russisch ist?"

„Dachte ich mir", antwortete Jahnke. „Keine Sorge. Wir haben russische Übersetzer an jeder Straßenecke in Berlin."

Weihnachten kam und ging, aber wie zu Hause, feierten die Russen nicht viel, denn Ostern blieb die wichtigste Feier auf dem Kirchenkalender. Das neue Jahr 1937 wurde mit einer großen Party in in ihrem Haus in Ozoir-La-Ferrière eingeläutet. Sekt und Wodka flossen reichlich und zum ersten Mal bemerkten Nadeschda und Nikolaj, dass mehr Französisch als Russisch zu hören war. Nadeschda hatte Jeanette beigebracht, Russlands Lieblingssuppe Borschtsch zu kochen und riesige Tabletts mit verschiedenen Piroschki kamen aus der Küche. Für Mitternacht hatte Nikolaj dieses Mal ein größeres Feuerwerk als sonst vorbereitet.

„Wir wollen doch das letzte Jahr angemessen begrüßen. Unsere Dienstboten in der Mandschurei sagten immer, Feuerwerk bringt Glück, vertreibt die bösen Geister", meinte Nikolaj.

Nadeschda lächelte.

Es war schon weit nach Mittag am Neujahrstag, als Skoblins durch Geräusche aus der Küche geweckt wurden. Jeanette räumte das Schlachtfeld nach der Party auf. Nachdem er drei Mal vergeblich versucht hatte, wieder einzuschlafen, entschied sich Nikolaj aufzustehen und Kaffee zu holen. Nadeschda hörte ihn die Treppe herunter gehen, langsam und vorsichtig, bis er urplötzlich auf Französisch schrie, wie sie ihn noch nie gehört hatte.

„Was in Teufels Namen ist denn das! Bist du denn von allen

guten Geistern verlassen? Du bringst Unglück, Tod und Leiden ins Haus!"

Nadeschda hörte ein schrilles „Was?" von Jeanette, auf das Klirrgeräusche folgten, die nach Absicht klangen. Nikolaj zerschmetterte Geschirr. Seufzend stand sie auf, stand in der Tür und horchte, hellwach.

„Trag das wieder raus, raus aus dem Haus! Ich fasse das nicht an", hörte sie Nikolaj schreien.

„Natürlich, natürlich, Herr General, sofort", antwortete Jeanette erschrocken.

„Habt ihr denn keine Seele in diesem Land, diesem gottverfluchten Land? Blaue Hortensien im Hause. Euch reitet der Teufel", Nikolaj schrie weiter, klar außer sich, als er mit zwei Kaffeetassen die Treppe heraufkam.

Als er in der Schlafzimmertür stand, rief er die Treppe hinunter: „Wenn das Zeug vor der Tür ist, machst du sie von außen zu. Wegtreten, entlassen meine ich!"

Nadeschda drehte sich im Bett um.

„Das möchte ich alles gar nicht wissen. Dieses Jahr will ich nicht. Blaue Hortensien im Haus und kein Dienstmädchen. Wann hast du gesagt, dass wir nach Moskau abreisen?"

„Nicht vor Juli", antwortete Nikolaj.

Schweigend tranken sie Kaffee. Dann beruhigte Nadeschda sich.

„Vielleicht gibt es die bösen Hausgeister von blauen Hortensien in Frankreich nicht?", flüsterte sie und hoffte, Nikolaj zu beschwichtigen.

„Dieses Jahr brauchen wir mehr Glück als je zuvor, und dann fängt es so an. Ich kann bald nicht mehr", klagte Nikolaj.

„Ich weiß", sagte Nadeschda und legte ihren Arm um ihn. „Erzähl mir von der großen Operation."

Den ganzen Nachmittag sprachen sie über die doppelte Entführung, die endlich den Weg nach Hause freimachen würde. Die Emigrantenführer Miller und Denikin sollten im Expo-Gelände am Bastille Day nach der großen Parade entführt werden. Die Menschenmassen von Parisern und Würdenträger aller ausstellenden Nationen würden eine unübersichtliche Atmosphäre erzeugen, in der Entführungen nicht auffielen. Der sowjetische Pavillon würde mit Geheimdienstlern und deren

Familienangehörigen überbesetzt sein, so dass sie die Kontrolle über die Operation haben würden. Miller und Denikin sollten in eine dunkle Ecke des tschechoslowakischen Pavillons gelockt werden, dessen Mitarbeiter gut bezahlt waren, um sich zu entfernen, wenn die beiden in Teppiche eingerollt würden. Mit einem kleinen Lieferwagen sollten dann die zwei Rollen der exquisit gemusterten Teppiche aus Taschkent zum sowjetischen Pavillon gefahren werden. Dort würden sie auf zwei Fahrzeuge verteilt. Bevor jemand Millers und Denikins Abwesenheit bemerkte, würden sie schon auf dem Weg zur sowjetischen Schule sein, die ja in den Ferien ganz für sich haben würden.

Nadeschda nickte zu Nikolajs Erklärungen, aber ihr ungutes Gefühl wuchs, statt wegzugehen.

„So vieles muss da glattgehen, so vieles", grübelte sie kopfschüttelnd.

Dann übernahm sie das Kommando und stand auf.

„Also, ich lebe nicht ein halbes Jahr ohne ein Dienstmädchen. Ich will auch keine neue, vielleicht eine Diebin oder Spitzel. Ich gehe mit dem gestrigen Lohn und einem Aufschlag zu Jeanette, entschuldige mich, dass du etwas zu viel getrunken hattest. Dann erkläre ich, wie Tamara und ihr Bruder die Hortensien auf die Türschwelle der deutschen Botschaft in Petersburg gesetzt haben, um Unglück anzuziehen. Es funktionierte wie geplant, denn ein dummer deutscher Diener hat sie in das Gebäude hineingenommen und nur Tage später wurde Botschafter Mirbach umgebracht. Jeanette konnte das doch nicht wissen, dass die blauen Hortensien im Haus Unglück anziehen. Das mache ich und ich wünsche auch ihrer Mutter mit zwei Sektflaschen ein glückliches neues Jahr."

Nach einer Weile fügte sie hinzu: „Jeanette hat bestimmt noch den Schlüssel. Ich weiß, es ist jetzt schwierig, Nikolaj, aber achte bitte bitte darauf, dass du nicht wieder ausrastest. Es soll uns doch nicht in den letzten sechs Monaten um die Ohren fliegen, bitte."

Trotz ihrer Besonnenheit, ging der Hortensien-Fluch Nadeschda nicht aus dem Kopf und sie hatte den irrealen Wunsch, das ganze Jahr 1937 abzusagen. Tag und Nacht machte sie sich Gedanken über die große Operation und die Rückkehr nach Moskau, obwohl die Nachrichten von dort nicht erhebend waren. Jahr für Jahr scheiterten die Bolschewisten, Russland zu einem modernen zivilisierten Land zu machen. Was sie anfassten, wurde zum Misserfolg, außer an der Macht zu bleiben.

Nadeschda gewöhnte sich langsam an den Gedanken, dass es keinen Sinn mehr hatte, neue Handschuhe zu kaufen oder den eleganten Kamelhaarmantel mit dem hohen Kragen zu ersetzen.

Nikolaj ordnete an, dass sie genau so gehen würden, wie sie gekommen waren, jeder einen Koffer in jeder Hand: „Das sind also vier kleine bis mittelgroße Koffer, die wir allein über große Bahnhöfe tragen können."

Wenn Nadeschda sich morgens Kleidung und Schuhe für den Tag heraussuchte, fragte sie sich, wer dies wohl alles bekommen würde. Wer würde ins Haus kommen, um alles aussortieren? Die Nachbarn vielleicht oder die Polizei, wenn sie jemand als vermisst meldete? Kleine Gegenstände würden gewiss in einer Jackentasche verschwinden. Mehr als einmal war Nadeschda versucht, Jeanette die beiden kleinen Vasen aus goldgelbem Glas mit den Engelsgedichtern zu schenken, aber sie tat es nicht. Wenn sie anfangen würde, Sachen zu verschenken, würde es auffallen und die Phase der Verwirrung nach ihrem Verschwinden reduzieren.

Sie ließ sich nie etwas anmerken, dass sie unter plötzlichen Panikattacken litt, die sie aber normalerweise schnell überwinden konnte. Das endlos erscheinende Warten, das Doppelleben und die große Operation führten zu Angstgefühlen und geistiger Ermüdung, die sie verbergen musste. Nikolaj brauchte alle seine Gedanken für die Entführungspläne, so dass man mit ihm nicht reden konnte.

Manche Nächte wachte sie mit Beklemmungen auf. Was wäre, wenn Denikin, der gesellschaftliche Ereignisse nicht mochte, gar nicht kommen würde? Was wäre, wenn jemand Leibwachen mitbrächte? Könnte Stalin Skoblins zurücklocken, um sie zu beseitigen? Was wäre, wenn sie in Paris blieben und ihre Beziehungen zu Moskau abbrächen? Das war der einzige völlig unrealistische Weg. Könnten sie hier oder zu Hause liquidiert werden, weil sie zu viel wussten? Stalins Geheimdienst würde doch wohl nicht glauben, dass sie überlaufen und auspacken würden? Jede Nacht erschienen alle erdenklichen Möglichkeiten vor Nadeschdas geistigem Auge.

Eines Nachts wachte Nadeschda auf und schnappte nach Luft. Sie hatte geträumt, dass sie auf schneebedeckten Dächern in Berlin den immer näher kommenden Agenten zu entkommen suchte. Ein anderes Mal nahm jemand Nikolaj fest und sie versteckte sich in einer Besenkammer. Sie hörte die Stimmen von draußen: „Sie muss hier sein, wir müssen sie finden", sagte jemand und erst als die Tür aufging, wachte sie schweißgebadet auf. Ein anderes Mal flohen sie über die Dächer von Paris. Nikolaj sagte: „Schnell, schnell", aber Nadeschda war durch hochhackige Schuhe behindert. Schließlich stolperte sie und fiel. Bevor sie auf dem Boden aufschlug, wachte Nadeschda wieder schweißgebadet auf.

Plewitzkaja fühlte sich eingekreist und überlegte, wohin sie fliehen konnten, aber es gab keinen Ort auf der Welt, wo sie in Sicherheit und Frieden leben und auch eine Existenz haben könnten. Sie fühlte sich wie Treibholz, in Stücken an Land gespült. Sie starrte auf imaginäre Wellen, als ob sie sie wieder ergreifen könnten, um ganz von vorne anzufangen.

Diese Visionen und Träume waren schwer zu verkraften, vor allem im Kontrast zu den Veranstaltungen, wo ihr so viele Komplimente und Schmeicheleien entgegengebracht wurden. Das Publikum und ihre Hausgäste hatten keinen Zweifel, dass die Großartige Plewitzkaja immer in Hochstimmung war, denn sie spielte ihre Rolle so gut. Sie begrüsste sogar Vassili mit drei Küsschen. Er hatte sie dreist betrogen, nachdem sie ihm mit einem kleinen Kredit ausgeholfen hatte. Zwei Wochen später behauptete er, er habe ihr das Geld zurückgegeben. Nadeschda wies so freundlich wie möglich darauf hin, dass er sich da irrte. Aber Vassili behauptete steif und fest, er schulde ihr nichts. Sein Betrug war nicht vergessen oder verziehen, aber Nikolaj bestand darauf, ihn einzuladen.

Im April fuhr Nikolaj wieder nach Berlin. Reinhard Heydrich, Chef des Sicherheitsdienstes, wollte seine Meinung über die Verschwörungspläne hören.

„Das ist sensationell", sagte Heydrich, beeindruckt von der Tragweite des Inhalts. „Ich weiß ja, dass in der Wehrmacht großer Respekt für Tuchatschewski herrscht, aber dass sie derartige Pläne schmieden, das wundert mich doch sehr. Wenn wir mal unsere Leute einen Moment außer Acht lassen, besteht da nicht eine Rivalität zwischen Tuchatschewski und Woroschilow? Vielleicht wollen Woroschilows Leute Stalin dazu veranlassen, Tuchatschewski loszuwerden?"

Skoblin schüttelte den Kopf: „Also mit der Rivalität haben

Sie Recht, aber unsere Quellen in Prag stehen über jedem Zweifel. Wir haben uns das genau angesehen, ich meine, General von Miller und die anderen Experten. Das ist garantiert echt. Tuchatschewski will Stalin stürzen – was natürlich Woroschilows Ende bedeuten würde."

Skoblin erinnerte Heydrich an die seit zwei Jahrzehnten schwelende Feindschaft zwischen Marschall Tuchatschewski und Stalin. Im Polenfeldzug hatte Stalin Tuchatschewskis Befehl zuwidergehandelt. Die entscheidende Schlacht ging verloren und nun war Polen für Russland verloren. Bei der sich ausbreitenden Unzufriedenheit in der Sowjetunion war es gut vorstellbar, dass sich Tuchatschewskis Leute mit der Entfernung von Stalin beschäftigten. Woroschilows Leute könnten gut ein Interesse daran haben, Tuchtschewski als Verräter zu brandmarken, damit Stalin sich seiner entledigte. Aber die Veteranen waren davon überzeugt, versicherte Skoblin, das Dokument sei nicht von Woroschilow gekommen und war auch keine Fälschung.

Den ganzen Nachmittag diskutierten Skoblin, Heydrich und Jahnke, was die Liste der Verschwörer bedeuten sollte. Mit keinem Wort erwähnte Skoblin, dass Miller es als Desinformation ansah.

„Besten Dank, dass Sie sich außerhalb unserer Routine die Zeit genomen haben", sagte Skoblin beim Aufstehen.

„Keine Ursache", antwortete Heydrich, „ich muss Ihnen für die Hintergrund-Informationen danken."

Er öffnete eine Schublade und holte einen grünlichen Umschlag heraus.

„20?", fragte er.

Skoblin salutierte, steckte den Umschlag in die Tasche und ging. Heydrich und Jahnke beschlossen, die aufgeworfenen Fragen zu überschlafen.

Am nächsten Morgen besprachen sie, was die Verschwörung für Deutschland bedeuten könnte. Jahnke meinte, es war wichtig, Hitler zu informieren, denn die Entscheidung, was mit solch explosiven Informationen zu tun sei, sollte vom Führer kommen, weil die Folgen gewiss weitreichend sein müssten. Aber Heydrich lehnte das ab. Bevor sie sich richtig stritten, setzte sich Heydrich auf und betonte, dass er hier der Chef war. Er erinnerte Jahnke an seine Pflichten als Beamter, der alle Informationen vertraulich zu behandeln hatte. Das traf auch auf Kommunikation mit den

Ministerien zu. In seinem Zorn platzte es jedoch aus Jahnke heraus, dass er bereits eine Kopie dem Verteidigungsministerium zur Kenntnis gebracht hatte. Sie trennten sich im Zwist und Heydrich schwor, er würde Jahnke auf eine kleine Nordseeinsel versetzen, wenn er auch nur ein Wort zu irgendjemandem verlauten würde.

Mitten in der Nacht setzte sich Heydrich hellwach im Bett auf. Ein Kommandowechsel in Moskau, ob bei den Streitkräften oder im Kreml, war beängstigend. Jede Lockerung des Würgegriffs vom roten Zaren beinhaltete das Risiko, dass sich ein neuer Bürgerkrieg entwickelte. Deutschland würde von Millionen überrannt, die den Kampfhandlungen zu entkommen suchten. Ein Gespräch mit Hitler müsste bedeuten, dass er sich über die Rückzahlungskapazität des erst kürzlich gegebenen großen Darlehens Sorgen machte. Daher könnte Hitler Stalin warnen und würde das auch. Die daraus resultierende Stärkung von Stalins Machtposition wäre aber auch nicht in Deutschlands Interesse. Die Kommunisten hatten sich in vielen Ländern eingemischt, um mit Hilfe ihrer vielen Spione und Agenten Revolutionen auszulösen. Spanien hatten sie bereits in die vorrevolutionäre Phase, den Bürgerkrieg, getrieben. Würde Hitler in der Lage sein, das zerbrechliche Gleichgewicht zu erkennen? Stalin musste stark genug sein, um sein Land zusammenzuhalten, aber nicht so stark, dass es für Deutschland eine Bedrohung sein könnte.

Heydrich stand auf, ging ins Esszimmer. Er setzte sich, stand wieder auf. Er zog den Vorhang beiseite und blickte auf die Straße. Glänzende schwarze Pflastersteine reflektierten den müden Schein der Straßenlaternen. Draußen und drinnen herrschte Totenstille. Heydrich hatte das komische Gefühl, dass bei Skoblin etwas nicht ganz echt war. Oder war er einfach in zwei Kulturen zu Hause und deshalb anders? War Russland aus bolschewistischer Herrschaft zu befreien wirklich sein ehrliches Anliegen? War es richtig, deutsche Aktionen auf Skoblins Meinungen zu basieren? Aber Heydrich schüttelte alle Zweifel ab. Skoblin verbrachte viel Zeit mit Künstlern und so war es nur natürlich, dass er etwas vom Gehabe des Bühnenvölkchens angenommen hatte.

Plötzlich wusste Heydrich, was zu tun sei. Er würde Hitler die Verschwörung in Moskau vorenthalten. Hitler war einäugig und wenn er einmal in Tuchatschewskis Pläne eingeweiht sei, so war das eine irreversible Situation. Hitlers unbeirrbarer Kampf gegen die kommunistischen Straßenbanden in München und Berlin hatte ihm den Respekt und die Mittel von den Industriellen eingetragen, dann die Macht in der Reichskanzlei. Wenn er wie bisher kompromisslos vorging und gegen die deutschen Offiziere auf Skoblins Liste vorging, würde dies unabsehbare Folgen in der Wehrmacht haben. Aber Hitler das vorzuenthalten, war auch riskant, weil er es hintenrum erfahren könnte. Vielleicht könnte er ihm sagen, dass es eine bedeutungslose Fälschung sei, die man nicht ernst zu nehmen brauchte?

Wünschenswert war eine merkliche Schwächung der Roten Armee, damit sie nicht zu einer Bedrohung Deutschlands werden würde. Das Dokument sollte so abgeändert werden, dass es in Moskau nicht ernst genommen, aber Wachsamkeit auslösen würde. Heydrich fragte sich, ob er es so verändern konnte. Die Antwort war ja, er hatte genug Fälscher. Aber zuerst musste er Jahnkes Kopie aus dem Verteidigungsministerium zurückbekommen. Zweitens musste er Jahnke den Mund stopfen.

Heydrich ging in sein Arbeitszimmer, nahm den Hörer ab und gab Jahnke Hausarrest. Dann rief er die Einheit für Sonderaufgaben an und gab der Einbrechergruppe den Befehl, die Akte aus dem Verteidigungsministerium herauszuholen, und zwar sofort.

„Ich habe es gestern vergessen", erklärte Heydrich. „Wenn ich durch die offiziellen Kanäle gehe, dann dauert das zu lange", sagte er. „Nehmt den russischen Bruno mit, damit er sehen kann, dass das russische Original vollständig ist und auch alle Übersetzungen dabei sind, die da eventuell angefangen sind. Ich lege Euch reichlich drauf."

Bevor Heydrich wieder ins Bett ging, kam ihm noch ein Gedanke. Das Dokument, echt oder gefälscht, Moskau als Geschenk zu überreichen, war keine gute Idee. Stalin würde sicherlich bereit sein, für Informationen, die seine Herrschaft bedrohten, zu zahlen. Stalin wusste, dass Beschaffung von Informationen teuer war und es würde ihm verdächtig vorkommen, etwas kostenlos zu erhalten. Heydrich nahm ein Stück Papier und rechnete die Ausgaben zusammen: Jahnkes Reise nach Paris, Skoblins Reise nach Berlin und sein Honorar, die Einbrecher, die Fälscher und schließlich die Weißrussen in Prag, die den Handel mit den Roten durchführen sollten. Heydrich kam auf rund drei Millionen Dollar, merkte sich dies und zerriss den Zettel dann in kleine Stücke, die er in der Toilette wegspülte. Stolz auf seine Pläne nickte er vor sich hin, ging zu Bett und schlief schnell fest ein.

Innerhalb von vier Tagen ließ Heydrich ein neues Dokument erstellen. Er setzte Leute darauf, von denen er wusste, dass sie existierten, aber er erfand auch Namen, um Verwirrung in Moskau zu schaffen. Eine umständliche Untersuchung sollte ablenken und alles verlangsamen.

Während Nikolaj in Berlin war, war Nadeschda allein in ihrem Haus. Das Doppelleben und die Entfernung zu den anderen Emigranten in Paris machten enge Freundschaften unmöglich. Nadeschda hatte sich daran gewöhnt, ihren eigenen Gedanken nachzuhängen und empfand normale Konversation inzwischen oft als Geschwätz. In diesen glorreichen Frühlingstagen des Jahres 1937 saß sie viel am offenen Fenster und betrachtete die frischen, grüngolden leuchtenden Blätter an Bäumen und Sträuchern, die Blumentrauben des Flieders und die Apfelblüten. Sie nahm bewusst den Anblick, die Gerüche und Geräusche in sich auf, denn es war ja das letzte Mal, dass sie die Blütenpracht des französischen Frühlings genießen würde. Sie ahnte nicht, dass sie nie wieder frei sein werde, irgendeine Blütenpracht zu bewundern.

Nadeschda spielte mit ihrer langen silbernen Uhrkette, die sie jetzt dreimal um den Hals drapierte, denn Nikolaj hatte ihr zum zehnten Hochzeitstag eine Armbanduhr geschenkt. Die Silberkugeln zwischen den Gliedern waren wie immer glänzend, aber ein Verbindungsglied war verbogen und Nadeschda wunderte sich, dass sie sich gar nicht erinnern konnte, wann oder wie das passiert war. Gelegentlich suchte sie ihr Gedächtnis erfolglos danach ab. Sie hörte dem Radio zu und versuchte, mehr französische Wörter aufzuschnappen. Die Silberkette und das Tamburin waren die einzigen zwei Dinge, die von ihrem „früheren Leben" in Russland übriggeblieben waren, das sich jetzt wie eine Erzählung aus einer anderen Welt anfühlte.

Das Kruzifix war schon lange weg. Bei einem der hastigen Ortswechsel während des Bürgerkrieges musste sie es verloren haben. Sie durchsuchte ihre drei Koffer und überall, aber es blieb verschwunden. Vielleicht hatte sie es in einem Waschraum vergessen, oder es war unter ein Bett zwischen Orel und Odessa gefallen, wo sie bei einem hastigen Aufbruch nicht nachgesehen hatte. Der ständige Lärm der Schießereien hatte oft Momente der Verwirrung erzeugt. Das Tamburin und die Kette waren deshalb etwas, das sie ganz fest hielt. Das Tamburin hatte einen Ehrenplatz an der Garderobe im Flur, wo es bei Besuchern sofort für Gesprächsstoff sorgte.

Sie hörte Rachmaninows tiefe und sonore Stimme, als ob er direkt neben ihr stand. Es wäre wie das Ende der Welt, wenn Nadeschda das Tamburin verloren hätte. Sie hatte Serjoscha seit neun Jahren nicht mehr gesehen. Er war inzwischen 64 und kam nur noch selten nach Paris. Seit sie auf ihre Briefe keine Antwort mehr bekam, versuchte sie, nicht mehr an ihn zu denken. Es tat weh, als es ihr klar war, dass sie nicht mehr wichtig genug für eine Antwort war. Aber Serjoscha war ja schlau. Bestimmt redeten die Leute hinter ihrem Rücken über sie, und das würde ihn zur Vorsicht veranlasst haben, ebenso wie damals bei Gutschkow. Nach 1905 war er übervorsichtig geworden, und ließ Beziehungen aus reiner Vorsicht abkühlen. Erst als der Zar abgedankt hatte, erlaubte er sich eine sichtbare emotionale Reaktion. Aber schnell zog er sich wieder in die Musik zurück, weil er sich bewusst war, dass jede Verbindung zu irgendeiner Seite Antagonismus auf einer anderen Seite auslösen könnte.

Nadeschda legte die Kette mit ihrem kleinen Zigeunerkarren aus Holz auf dem Tisch und spielte mit den kleinen Rädern. Sie hatte es am Stand eines ukrainischen Straßenhändlers am Montmartre entdeckt und wollte es zuerst gar nicht haben, denn es war hausgemacht und sah zu sehr nach Kinderspielzeug aus. Doch dann überlegte sie es sich anders, denn die Romantisierung der Zigeuner gehörte zu ihrer öffentlichen Identität. Nadeschda seufzte und stand wütend auf, weil sich ihre Gedanken wieder einmal in der Vergangenheit verfangen hatten.

Nikolaj brachte eine große Tüte Schusterjungen aus Berlin mit. Sie aßen an diesem Abend nichts anderes als Schusterjungen mit Butter und Salz.

„Und, wie geht es Wally und dem Nachwuchs? Dieses Mal bist du doch bei ihr gewesen, oder?", fragte Nadeschda.

„Ja, geht ihr gut. Die Kinder sind natürlich keine Kinder mehr. Walter hat Mathematik und Physik studiert, ob du das glaubst oder nicht. Er arbeitet in einem Forschungslabor. Wanda ist eine voll ausgebildete Wagner-Sängerin, mit einer voll klingenden

Altstimme, zwischen Engagements, hat sie gesagt. Ich hatte das Gefühl, das sie sich in der Oper aber vielleicht nicht richtig einfügt. Die junge Wally war wieder im Urlaub in Karlsbad. Sie hatte irgendwo in einem Büro gearbeitet. Wenn sie zurückkommt, soll sie die Liegenschaften der Mutter verwalten."

„Jemand verheiratet?", fragte Nadeschda.

„Natürlich nicht", antwortete Nikolaj grinsend. „Das würde sie doch zu Zahnrädchen machen. Milka hat nach dir gefragt. Ich habe ihr gesagt, dass du das Leben im Exil oft satt hast. Jetzt wo Fedja Schaljapins Abschiedskonzert vor uns liegt, scheinen wir mehr Kapitel zuzuklappen als aufzumachen. Walter wollte zum Konzert nach Paris kommen, aber Wally wollte ihm nicht das Auto geben."

„Er sollte sowieso darauf achten, nicht aufzufallen", meinte Nadeschda. „Die würden den doch überprüfen, denn mit seiner riesigen Nase und der hohen Stimme würden sie ihn für einen Juden halten."

Skoblin schüttelte den Kopf: „Das können sie versuchen, aber Wally hat doch alle Unterlagen und Dokumente frisiert. Wir haben ihr damals dabei geholfen und jetzt kann keiner mehr beweisen, was die dissidentische Religion des lange gestorbenen Vaters der Kinder war."

46

Sobald im Mai die Weltausstellung eröffnet war, schauten sie sich dort um, obwohl die Miller und Denikins Entführungen von Lessners Leuten durchgeführt werden sollten. Sie wollten sich mit den Ein- und Ausgängen, den Anfahrten und den Angestellten vertraut machen. Verblüfft standen Skoblins vor der bombastischen Skulptur am sowjetischen Pavillon. Auf einem massiven Betonklotz war ein riesenhafter Arbeiter, der zum Himmel aufschaute.

„Soll das Kunst sein?", fragte Nadeschda ratlos. „Es ist nicht direkt hässlich, aber es hat kein bisschen Schönheit."

„Das verstehen die Bauern und Arbeiter aber", war Nikolajs Antwort.

Der Sommer kam. Mit seinen langen Tagen und dem milden warmen Wetter war der Juni die schönste Zeit des Jahres. Wie üblich brachte Nikolaj Stapel von Zeitungen nach Hause, deren Kleinanzeigen er in langer Arbeit nach verschlüsselten Botschaften absuchte. Dazwischen las er auch Artikel und brach in plötzliches Gelächter aus.

„Die Rote Armee ein Spionagenest! Die Generäle kassieren von den Deutschen! Welche Idioten haben sich denn das ausgedacht. Die haben wohl zuviel vom billigen Wodka geschluckt, wenn sie sich einbilden, dass das jemand glaubt."

Diese Anschuldigungen sollten von einem Verschwörungsplan herrühren, der in Tuchatschewskis Büro versteckt gewesen war. Nikolaj schüttelte den Kopf und lachte, bis er erkannte, dass es da nichts zu lachen gab.

Verwirrt schaute er Nadeschda an: „Das ist die Liste, die wir mit Miller diskutiert haben. Jemand hat es zu einer größeren Zahl von Offizieren aufgepumpt, mit Listen und Briefen, an die ich mich nicht erinnere. Bei uns waren es ein paar Dutzend, jetzt sind es Hunderte. Muss Heydrich gewesen sein, das Schwein. Also wirklich, da haben sie eine Sache aufgepumpt, die aller Wahrscheinlichkeit nach von vornherein eine Fälschung war."

Die „Verräter" zählten nach Zehntausenden. Keine Zeitung hatte Platz für alle Namen. Die Prozesse waren Schauprozesse, aber für die zweite Welle der Säuberungen machte sich Stalin diese Mühe dann auch nicht mehr. Der Nachrichtenagentur Nowosti teilte er mit, dass die Prozesse hinter verschlossenen Türen abgehalten wurden. Jede Zeitung der Welt druckte seine Lüge und niemand machte sich die Mühe, das genauer zu recherchieren. Dabei hätten sie festgestellt, dass Stalins Leute sich Menschen aus Zügen und Wohnungen zur sofortigen Liquidation schnappten.

Nikolaj konnte nicht aufhören, den Kopf zu schütteln: „Korrespondenz zwischen dem deutschen Geheimdienst, den Befehlshabern der Armee und den Generälen der Roten Armee! Die würden das nie so machen, dass sie Spuren hinterlassen. Eine Doppel-Verschwörung, eine Doppel-Fälschung!"

In den Zeitungen stand: „Eine kolossale Verschwörung, wie sie die Geschichte noch nie gekannt hat, ist ans Licht gekommen. Marschall Tuchatschewski, General Gorbatschew und Tausende von Offizieren haben uns verraten. Sie standen im Solde von Hitler Deutschland, dessen unaufhörliche subversive Aktivitäten darauf abzielen, unsere bolschewistische Revolution zu zerstören."

„Kann uns sowas auch treffen, wenn wir zurückgehen?", fragte Nadeschda.

Nikolay schaute sie mit leeren Augen an: „Mit Tuchatschewskis Liquidation hat Stalin seine Streitkräfte enthauptet und geschwächt. Was er als nächstes tut, ist nicht logisch berechenbar."

Die Antwort ist ja, dachte Nadeschda. Wir könnten uns dort in seinem klebrigen Netz verstricken.

Nur drei Tage später waren Nikolaj und Nadeschda bei Schaljapins Abschiedskonzert im Pleyel Saal, wo jeder Quadratzentimeter Samt französische Musikgeschichte ausatmete. Wie üblich kamen sie ein wenig zu früh, um sich mit Bekannten im Publikum zu unterhalten.

Nadeschda lächelte und grüßte, wen sie kannte.

Als sie sich setzte, flüsterte sie zu Nikolaj: „Es fühlt sich etwas wie eine Beerdigung an, meinst du nicht?"

„Ja, aber wir müssen nach vorne schauen, immer."

Dann ging der Vorhang auf, und der Chor der russischen Kathedrale eröffnete mit Psalm 67. Nach vier weiteren Chorälen, die die feierliche Stimmung noch vertieften, trat Fedja Schaljapin zu brausendem Applaus das letzte Mal vor sein Publikum. Er breitete die Arme aus, lächelte und verbeugte sich mehrmals.

Er schaute in den Zuschauerraum: „Ich habe doch noch gar nichts getan."

Seine 64 Jahre sah man Schaljapin nicht an. Sein jungenhafter Charme und der berühmte Funke in seinen Augen waren so lebendig, wie vor 40 Jahren. Er hatte noch immer denselben Überschwang, der ihn aus der Armut auf die Opernbühnen von fünf Kontinenten gezogen hatte, die dann vier Jahrzehnte sein Zuhause waren.

In einem schwarzen Frack stand er im Schweinwerferkegel. Er brauchte keine Kostüme oder Bühnendekorationen. Der Sänger Schaljapin füllte die Bühne. Ein letztes Mal belebte er seine Volksweisen und die Arien wieder, die ihn berühmt gemacht hatten. Als er die *Legende von den 12 Räubern* sang, bekam Nadeschda eine Gänsehaut. Sie faltete das Programm auf, schaute auf das Datum, 18. Juni 1937. War es nur ein Zufall, dass Fedjas Abschied genau ein Jahr nach dem Tod seines Freundes, dem Schriftsteller Maxim Gorki, war? Oder war es eine bewusste Wahl, Gorkis zu gedenken, ohne es auszusprechen? Sollte es ein Abschluss für das Kapitel dieser Freundschaft sein? Beide hatten als Analphabeten und Landstreicher begonnen, machten aber dann beide in ihren Bereichen Geschichte.

Nadeschda erwartete, dass man in der Pause darüber sprechen würde. Aber sie schlürften nur Champagner und schwatzten Belangloses. Dann fiel ihr ein, dass diejenigen, die es sich leisten konnten, an diesem Freitagabend zu Schaljapin zu kommen, der Klasse angehörten, denen Gorki den Spiegel vorhielt. Schaljapin wurde die Freundschaft mit dem irritierenden Schriftsteller nicht angekreidet, aber dem Dichter selbst war nicht vergeben. Niemand sprach über Stalins Säuberungen in Moskau. Nicht auffällig sein und Schwerhörigkeit waren erprobte Überlebensstrategien.

Nach dem Konzert versuchten Nadeschda und Nikolaj, Schaljapin in der Garderobe zu besuchen. Sie hofften zum Abschiedsempfang eingeladen zu werden, der zweifellos irgendwo arrangiert war. Aber alle Türen hinter den Kulissen hatten einen Bewacher.

„Monsieur Schaljapin hat sich jetzt ins Privatleben zurückgezogen", sagte der Mann in Uniform und bewegte sich keinen Zentimeter.

Nadeschda und Skoblin hofften, dass sie jemanden von Schaljapins Entourage im Foyer am Haupteingang abfangen könnten. Die Eingangshalle entleerte sich schnell, nur ein Mann mit russischen Gesichtszügen und einem einem altmodischen Haarschnitt stand noch herum. Nikolaj ging in die Herrentoilette. Der strategisch positionierte Russe folgte ihm lässig.

Die nächsten Minuten waren eine Ewigkeit, denn Nadeschda hatte ja mitbekommen, dass der Mann ein Neuankömmling aus der Sowjetunion sein musste. Was, wenn er Nikolaj in der Herrentoilette umbringen würde? Könnte Nikolaj zu viel wissen? Waren sie aufgeflogen und von den Entführungen abgezogen? Vielleicht waren Skoblins entbehrlich geworden und sie konnten keine Gegenleistung für die Begnadigung mehr liefern? Schließlich kam Nikolaj durch die Tür und ohne ein Wort verließen sie das Gebäude.

„Was wollte er denn?", fragte Nadeschda ängstlich, als sie im Auto saßen.

„Die große Operation ist verschoben, verdammt noch mal", antwortete Nikolaj wütend.

Zu Hause erklärte er. Obwohl alles so sorgfältig für den Bastille Tag vorbereitet war, war der Tag für die Miller und Denikin Entführungen in vier Wochen für ungeeignet erklärt worden. Überall auf der Welt herrschte Empörung über die Massenhinrichtungen der sowjetischen Offiziere. Besonders Marschall Tuchatschewskis Beseitigung hatte im Westen schockiert, denn es war erst ein Jahr her, dass er als sowjetischer Vertreter bei der Beerdigung des britischen Königs George in London gewesen war und viele Freunde gewonnen hatte.

Die Weltpresse war in Aufruhr und Schock, weil Stalins Blutbäder ohne Sinn und Verstand schienen, denn seine Erklärung konnte nichts anderes als eine Lüge sein. Emigrantenführer in diesem Klima zu entführen, würde noch größere Animositäten hervorrufen. Die Ermittlungen nach deren Verschwinden würden in dieser Phase absolut rigoros sein und könnten das gesamte Netz zerstören.

„Da muss erst einmal Gras darüber wachsen, sagt Moskau", erklärte Skoblin. „In drei Monaten wird die Presse ein halbes Dutzend andere Themen finden, an denen sie ihre Wut auslassen können und dann sind wir sicher, dass wir sozusagen im Dunkeln zuschlagen können."

„Du bist sicher, dass sie es uns nicht weggenommen haben?",

fragte Nadeschda.

„So sicher, wie man in diesen Dingen sein kann", antwortete Skoblin. „Lessner ist zurück aus Moskau und lässt Spezialoffiziere zur Überwachung kommen. Die Moskauer Zentrale hat viele neue Mitarbeiter, die noch nicht alles voll im Griff haben. Was sie jetzt ausgearbeitet haben, ist eine Verbindung mit der 20. Jubiläumsfeier vom Kornilow Regiment im September. Zum Glück sind da noch Ferien, denn wir brauchen ja das Schulgelände. Die Kornilow Feierlichkeiten gehen über das ganze Wochenende, also sind sie in den Tagen danach alle etwas müde und nicht mehr so wachsam. Denikin hat bereits erklärt, dass er als Ehrengast am Sonntagsbanquett teilnimmt. Xenia und Marina bleiben in der Sommerfrische an der Küste, was bedeutet, dass es für uns einfacher ist, ihn zu schnappen, als wenn die beiden auf ihn aufpassen. Das Gute daran ist natürlich auch, dass er nicht so schnell als vermisst gemeldet wird."

„Und Miller?"

„Das mache ich über das Büro am Mittwoch, dem 22. September."

Dies waren die Pläne, die von den vielen Spezialisten für Mord und Totschlag im stetig wachsenden Geheimdienst Stalins geschmiedet waren. Skoblin machte seine eigene Liste. Das Auto musste absolut in Ordnung sein, damit es keine Panne gab, während er Denikin fuhr. Jedes kleinste Detail der Entführungen und ihre Alibis mussten sorgfältig überdacht und vorbereitet sein.

Die Feierlichkeiten am Sonntag waren voller Würde und Trauer. Das Requiem für die Gefallenen und das Te Deum für die Überlebenden erinnerte sie noch einmal, dass sie Kornilow verloren hatten, als sie ihn am meisten gebraucht hatten.

Selbst zwei Jahrzehnte später behaupteten die Veteranen immer noch, dass sie unter Kornilows Führung nicht besiegt worden wären. Woher wusste die Granate, in welchem Bauernhaus Kornilows Hauptquartier war? Über Kerenskis Verrat lag der Mantel des Schweigens. Er wurde nie eingeladen.

Kornilows Tochter kam mit ihrem Mann aus Brüssel und verlieh den Feierlichkeiten eine Nähe zu ihrem verstorbenen heldenhaften Feldherr. Skoblin sonnte sich im Mittelpunkt des Sonntagsbanketts, denn als letzter Kommandeur des Kornilow-Regiments war er Zeremonienmeister, plaziert zwischen Denikin und General Miller.

Am frühen Montagmorgen fuhren Skoblins Max und Mirra Eitingon zum Bahnhof, denn Max hatte entschieden, sein Schicksal lag künftig in Israel. Nach dem Mittagessen rief Skoblin Miller im Büro an und sagte ihm, dass er ein Treffen mit den beiden deutschen Militärattachés vereinbart habe, die sie vor ein paar Tagen im Closerie des Lilas getroffen hatten. Berlin habe eine neue Strategie für die Rückeroberung des Ostens ausgearbeitet, die zu koordinieren sei.

„Wir treffen uns am Mittwoch um 12:30 Uhr an der Ecke von Rue Jasmin und Rue Raffet. Dann können wir irgendwo Mittag essen und konferieren", schlug Skoblin vor.

Miller nickte, machte aber keinen Kalendereintrag. Wie andere Veteranen Führer auch, hatte er keinen Kalender, damit dieser nicht in falsche Hände fallen könnte.

Nadeschda sah sich zu Hause um. Bald würde gepackt werden, aber nicht gleich, denn es sollte ja keine Beweise geben, dass Skoblins planten, sich aus dem Staub zu machen.

Dienstag 21. September. Denikin wachte in seiner Wohnung in Sèvres auf. Er fühlte sich leicht unbehaglich, allein in der Wohnung ohne seine Frau und Tochter zu sein. Am Abend vorher hatte er eine frische Flöte und eine Portion Weichkäse mit Knoblauch gekauft, das ihm genug für den Tag war. Er stand vom Frühstückstisch auf und sah auf die Uhr. Es war noch viel Zeit, bis Wladi kommen würde, um die Fußböden gründlich zu reinigen und mit einer Bohnerwachsbehandlung zu versehen. Er entschloss sich, schon einmal die Möbel wegzurücken. Wenn die Beine müde würden, dann würde er die Post lesen, Mittag essen und schließlich die Teppiche zusammenrollen.

Skoblin sammelte seine zwei Helfer für den ersten Teil der speziellen Operation an einer Métro Station ein. Er fuhr mit ihnen nach Sèvres und parkte das Auto. Allein stieg er aus und ging die Treppe hinauf. Denikin war überrascht und nickte mehrmals, als Skoblin sprach, was wie ein einstudierter Text klang.

Dann kam Skoblin zum Punkt: „Exzellenz, ich bin Ihnen von ganzem Herzen dankbar, dass Sie Ihre Ferien an der Nordküste unterbrochen haben. Ich möchte mich doch gern revanchieren und Ihnen die Rückreise so bequem wie möglich machen, indem ich Sie mit dem Auto zurück fahre."

General Denikin wurde sehr hellhörig. Er machte nie viel Aufhebens um seine Sicherheit, aber die eiserne Regel, dass man nie zu jemandem ins Auto stieg, wo der leiseste Zweifel am Fahrer oder Besitzer aufkam, galt ohne Ausnahme. Seit etwa zehn Jahren, aber besonders in den sieben Jahren seit Kutjepows Verschwinden, waren Denikin Zweifel an Skoblins gekommen. Deshalb hatte er die Wohnungstür angelehnt gelassen, als Skoblin überraschend auftauchte. Während sie sprachen, ging er kurz zum Fenster und guckte auf die Straße. In Skoblins Auto sah er zwei Männer sitzen, von denen er sich sicher war, dass er sie noch nie gesehen hatte. Bevor er darüber nachdenken konnte, wie er sich aus der Situation herauswinden konnte, klingelte es wieder. In der Tür stand Wladi, der hochgewachsene Kosak, der den Türrahmen voll ausfüllte.

„Exzellenz! Ich sehe, Sie haben Hilfe zum Umräumen geholt. Geniale Idee, aber wirklich nicht nötig", meinte Wladi fröhlich.

„Ich muss weiter, Exzellenz", sagte Skoblin. „Bitte vergessen Sie mein Angebot nicht, Ihre Reise an die Nordküste zu erleichtern", sagte Skoblin im Weggehen.

Denikin trat wieder ans Fenster, und als er Skoblins Auto um die Ecke verschwinden sah, drehte er sich zu Wladi: „Hast du gesehen, wer in seinem Wagen saß?"

„Ja, bin daran vorbeigegangen. Die sahen nicht sauber aus und auch nicht wie unsere Emigranten."

Die beiden schüttelten kurz den Kopf, dann rollten sie die Teppiche zusammen und stellten sie in die Badewanne.

Am Abend fragte Nadeschda, ob alles gut gegangen wäre, aber Nikolaj schüttelte den Kopf: „Wir sind unterbrochen worden. Dieser verdammte Wladi tauchte auf, um die Fußböden zu bohnern. Ich musste abbrechen."

„Und jetzt?"

„Morgen nachmittag gehe ich noch einmal hin, sobald Natalja und Michel im Zug nach Brüssel sind. Ich gehe einfach hin und arrangiere die Fahrt für Donnerstag, denn Mittwoch müssen wir uns ja um Miller kümmern", sagte Skoblin.

Ein Schauergefühl kam über ihn, als er sich plötzlich an Nadeschdas Worte erinnerte. *Zuviel muss da richtig laufen, wenn beide Entführungen klappen sollen.* Sie hatte es in den letzten sieben Monaten oft gesagt, aber Skoblin hatte es immer als unqualifiziert mit einer Handbewegung weggewischt.

Und dann kam Mittwoch, der 22. September 1937. General Miller stand auf wie jeden Tag, nahm seine braune Aktenmappe.

„Es wird heute später", sagte er beim Weggehen um neun Uhr. „Wir haben eine Abendkonferenz und zwischen Abendessen und dem Termin mache ich noch Büroarbeit."

Natalja nickte und der General war auf dem Weg zur Rue du Colisée 29.

Nikolaj und Nadeschda verbrachten den Morgen mit Besuchen bei den Offizieren, die an den Kornilow Feierlichkeiten teilgenommen hatten. Skoblin hatte seine Danksagungen auswendig gelernt, damit er die beste Formulierung liefern würde.

„Die Feierlichkeiten zu leiten war mir eine große Ehre", sagte Nikolaj zu den Veteranen in ihren Wohnungen. „Es ist mir ein Bedürfnis, Ihnen persönlich für Ihre Teilnahme zu danken. Es ist so wichtig, dass die unsichtbaren Bande, die uns mit dem Vaterland verbinden, nicht zerbrechen, damit wir unsere Seele nicht verlieren."

Nadeschda blieb im Wagen sitzen. Nikolaj erwähnte sie mehrfach, und sorgte dafür, dass sie von den Fenstern gesehen werden konnte und man ihr zuwinkte.

„Zum Tee kann ich nicht bleiben. Nadeschda wartet doch im Auto. Herzlichen Dank trotzdem", antwortete er, wenn es angeboten wurde.

Gegen Mittag setzte er Nadeschda zum Essen im Wolga-Restaurant ab, das nicht weit vom Nordbahnhof war. Wie verabredet, suchte sich Nadeschda einen Tisch in der hinteren linken Ecke, wo es nicht so hell war. Sie bestellte zwei Mittagessen und erklärte dem Kellner, dass ihr Mann einem alten Freund in die Arme gelaufen war und gleich da sein würde. Als zwei Teller mit den Steaks kamen, bot der Kellner an, eins wieder zurückzunehmen und warmzuhalten.

„Nicht nötig", antwortete Nadeschda, „er ist doch nur vor der Tür und kommt gleich."

„Wie Sie meinen, Madame", erwiderte der Kellner.

Nadeschda hielt einen Zwanzig-Franken-Schein hin: „Hier, ich möchte gleich zahlen. Wir haben heute nicht so viel Zeit."

Der Kellner suchte in seinen Notizen nach dem Preis. Aber Nadeschda winkte ab, dass er das Wechselgeld behalten sollte.

Nadeschda aß die Hälfte ihres Steaks und etwas Gemüse

recht schnell. Dann sah sie sich um, ob sie jemand beobachtete, sah, dass alle mit ihrem Essen oder der Unterhaltung am Tisch beschäftigt waren. Rasch, aber ohne hastige Bewegungen vertauschte Nadeschda die Teller. Normalerweise trafen sie Leute in der Wolga, die sie kannten und denen würde sie erzählen, dass Nikolaj in der Hälfte des Mittagessens einen Freund hatte vorbeigehen sehen. Da er mit ihm reden wollte, stürzte er nach draußen und nun war sein Essen kalt geworden. Die Leute würden es unbesehen glauben, dass er dort gewesen sei, während er in Wirklichkeit die große Operation durchführte.

Durch die Tür konnte Plewitzkaja die Straße und die Passanten sehen. Sah der Bettler dort nicht aus wie einer, der bei der Ochrana gewesen war? Oder konnte es der Prinz aus einer Provinz jenseits des Urals sein, der mit der Hoffnung nach Paris gekommen war, seine Frau und Kinder wiederzufinden?

In seinem Büro setzte sich Miller an seinen Schreibtisch. Fünf nach elf. In etwa einer Stunde würde er gehen. Er sortierte alle Papiere auf seinem Schreibtisch in ordentliche Stapel. Dann saß er einen Moment regungslos da, sah auf die Uhr, auf das Fenster, und blickte über das Zimmer. Alle Möbel waren vom Altwarenhändler und die bläuliche Wandfarbe blätterte überall ab. Miller seufzte. Das will ich nicht mehr mitmachen, dachte er. 20 Jahre machen wir das nun und mit welchem Resultat? Das nächste Mal kandidiere ich nicht mehr. Soll doch Skoblin im nächsten Jahr alles an sich reißen. Was kümmert es mich eigentlich noch, ob er vertrauenswürdig ist?"

Langsam zog Miller eine Schublade auf, holte einen Umschlag heraus und ein Stück Papier. Er schrieb sechs Zeilen, datierte und unterschrieb sie. Dann faltete er das Blatt sorgfältig, steckte es in den Umschlag und zündete die Kerze an. Er beobachtete den roten Siegellack, der wie Blut auf den Umschlag kleckerte und betrauerte still, was aus der Welt geworden war. Dann blies er die Kerze aus und presste sein Siegel in das Wachs. Als es ausgehärtet hatte, spielte er mit dem Umschlag. Das Telefon klingelte.

„Heute bin ich ausgebucht. Ja, morgen bin ich hier, selbstverständlich. Gut, morgen zwischen zwei und drei."

Miller blätterte eine Zeitung auf und machte sie wieder zu. Er trank den Rest Tee. Draußen hupte jemand wild. Miller stand auf und klappte das Fenster zu. Er schloss die Augen. Gehen musste er, es gab kein Entrinnen. Die Zusammenarbeit mit dem deutschen Militär war zu wichtig.

Ich hätte vielleicht auf einem Treffpunkt an einer belebteren Straßenecke bestehen sollen und jetzt ist es zu spät, das zu ändern, schoß es ihm durch den Kopf.

Fünf nach zwölf. Miller stand auf, zog den Mantel an, nahm den Umschlag. Dann öffnete er langsam die Tür und schritt müde zu General Kusonskis Büro.

Miller hielt ihm den Umschlag entgegen: „Pawel Alexejewitsch, bitte denken Sie nicht, dass ich meinen Verstand verloren habe, aber dieses Mal hinterlasse ich einen versiegelten Umschlag, den Sie bitte nur öffnen, wenn ich nicht zurückkommen sollte. Stellen Sie bitte sicher, dass er nicht in falsche Hände fällt."

Kusonski betrachtete Miller mit glasigen Augen und nickte. Als Miller weg war, schaute er sich nach einem guten Versteck für den Umschlag um und schob ihn schließlich in das Geheimfach seines Schreibtisches hinter der untersten Schublade. Dann nahm er wieder einen Schluck aus dem Flachmann.

Halb eins. Miller kam wie geplant an der Ecke der Strassen Jasmin und Raffet an. Skoblin und die beiden deutschen Offiziere standen in dem großen Tor, das mit einer großen und kleinen Holztür verschlossenen war. Sie winkten ihm zu, rüberzukommen. Bei dem Gedanken, dass dies ja das Schulgebäude für die Kinder der sowjetischen Botschaft war, fühlte sich Miller unbehaglich, aber er wusste, dass er darum nicht herumkommen würde. So ging er über die Straße. Eine Weile diskutierten sie, wo sie Mittag essen sollten und gerade als sich Miller entspannte, umkreisten die drei Männer ihn. Die kleine Tür in der großen Holztür öffnete sich und von innen zog ihn jemand hinein.

Skoblin und seine Helfer folgten durch die knarrende alte Holztür.

„Ich wusste es", schoss es Miller durch den Sinn. „Aber ich habe vorgesorgt und mein Umschlag wird bald verraten, wo ich bin. Sie werden mich befreien. Skoblin ist ein Schwein und jetzt wird er endlich gefangen."

Es war 12 Uhr 35.

47

Nadeschda schaute auf ihre Uhr. 1 Uhr 30, Zeit zu gehen. Sie zog ihren Mantel an, sah sich um, ob sie jemand sie kannte, aber es waren nur unbekannte Gesichter in der Wolga heute. In gemächlichem Tempo ging sie zum Nordbahnhof, um die belgischen Teilnehmer der Kornilow Feiern zu verabschieden. Nikolaj war noch nicht da, so blieb sie ruhig am Rande stehen, um möglichst wenig Aufmerksamkeit auf sich zu ziehen. Dann kamen Nikolaj und Hauptmann Grigul aus entgegengesetzten Richtungen angerannt.

Grigul beklagte sich bei Skoblin: „Wo waren Sie denn? Ich musste ein Taxi nehmen!"

„Tut mir leid", antwortete Skoblin. „Ich habe mich verfahren, Umwege und Einbahnstraßen. Plötzlich hatte ich keine Ahnung mehr, wo ich war."

Dann nahm Skoblin Kornilows Schwiegersohn Michel beiseite und bat ihn um Hilfe für sein belgisches Visum.

„Heute ist Mittwoch und ich habe immer noch keine Antwort auf meinen Antrag. Es wäre eine Schande, wenn ich nicht nach Brüssel kommen und an Ihren Feierlichkeiten teilnehmen könnte."

Michel, der seinen Schwiegervater Kornilow nie gekannt hatte, nickte wortlos, bevor er in den Zug stieg.

Sie winkten alle zum Abschied, als der Zug pfiff und langsam aus dem Bahnhof zog. Skoblin bot Hauptmann Grigul und Oberst Troschin an, sie nach Hause zu fahren, erklärte aber, dass er auf dem Weg Denikin besuchen müsste. Sie waren willkommen, mitzukommen.

Als Denikin die Tür öffnete und Skoblin, Troschin und Grigul sah, war er überrascht. Dann war er sprachlos, Skoblins Worte der Anerkennung und des Dankes noch einmal zu hören. In Anwesenheit der beiden anderen Offiziere musste er sich aber zurückhalten. Als Skoblin ihn drängte, das Angebot anzunehmen, ihn zu den Brüsseler Feiern am Wochenende zu fahren, horchte Hauptmann Grigul verdutzt auf. Hatte er nicht gerade gehört, dass Skoblin für Belgien kein Visum hatte? Er suchte Denikins Blick zu erhaschen und zog die Augenbrauen hoch, gerade so, dass Denikin es bemerkte. Denikin verstand Griguls Signal.

Höflich lehnte Denikin ab. Er habe seine Reise bereits

arrangiert und alle drei gingen zum Auto zurück.

Als Skoblin Grigul und Troschin nach Hause fuhr, schwieg Grigul, denn er dachte darüber nach, was Skoblin bezweckte. Was konnte das Motiv sein, dass Skoblin Denikin drängte, eine Fahrt zu unternehmen, die gar nicht stattfinden konnte?

Denikin nahm sich vor, so bald wie möglich herauszufinden, was Grigul zu diesem Warnsignal veranlasst hatte.

Nachdem Skoblin Troschin und Grigul abgesetzt hatte, traf er sich mit Nadeschda in der Wolga.

„Du warst bei der Anprobe?", fragte er.

Nadeschda nickte. Sie blieben lange, sprachen mit Freunden und Bekannten. Nadeschda sang sogar ein paar Lieder, als Julij mit seiner Gitarre auftauchte. Es war etwa 10 Uhr, als Nadeschda vorschlug, sie sollten sich jetzt zurückziehen, und zwar nicht in ihr Haus in Ozoir-La-Ferrière, sondern ins Hotel Pax.

Während Natalja Miller sich auf einen weiteren Abend ohne Jewgeni einstellte, wurden die alten Soldaten im Veteranen-Büro unruhig, denn Miller war zur Konferenz um 8 Uhr nicht aufgetaucht. Um halb neun riefen sie Natalja an, die mit ein paar schnellen Gesprächen feststellte, dass niemand ihren Mann gesehen hatte. Sie war einem Nervenzusammenbruch nahe.

Admiral Kedrow sagte, sie sollten sich im Büro treffen, aber General Kusonski sollte auch dabei sein. Er müsste doch wissen, was Jewgeni Karlowitsch für den Tag geplant hatte. Als Kedrow sich zum Wegfahren fertig machte, bestand Tamara Kedrowa darauf, dass sie ihn nicht allein fahren lasse, auch wenn er dann Natalja Miller und Kusonski bei sich haben würde.

Kusonski abzuholen war leichter gesagt als getan. Er hatte kein Telefon, so konnte er nicht vorbereitet werden. Wie immer, hatte der General an dem Tag zu tief ins Glas geschaut und es deshalb verschlafen, nach unten zum Telefon im Café zu gehen. Den verabredeten Anruf im Büro zur Überprüfung von Millers Rückkehr nach seinem Mittagstermin hatte er verpasst.

Im Veteranenbüro versuchten dann Kedrows, Kusonski und Natalja Miller, die Schritte des Generals aus der Korrespondenz auf dem Schreibtisch zu rekonstruieren.

Kusonski stammelte: „Ich seh auch mal bei mir nach."

Sobald er saß, döste er weg. Es klingelte an der Tür. General Schatilow, einer der vielen Veteranen, die als Taxifahrer arbeiteten, hatte von Kollegen einen Tip bekommen und brachte den Sekretär des Gallipoli Vereins, Matzilew, mit.

„Vielleicht können wir helfen", sagte Schatilow. „Ich gehe nur mal schnell um die Ecke, denn ich war die halbe Nacht im Dienst."

Kedrows und Natalja konnten auf Millers Schreibtisch nichts finden, sodass sie zu Kusonski ins Büro gingen. Der schnarchte vor sich hin. Sie fluchten und schüttelten ihn.

„Oh mein Gott", lallte er und schloss die Augen. Dann erkannte er die Situation: „Ich habe ja ganz vergessen, er hat mir einen Umschlag gegeben. Wo habe ich das denn, hier vielleicht?"

Kusonski bückte sich herunter, fiel fast vom Stuhl, als er aus dem Fach hinter der untersten Schublade den Umschlag zog.

„Vertraulich soll das sein", lallte Kusonski. „Aber er hat nicht gesagt, wie lange."

Kedrow schickte die Frauen in den Vorraum, wo Schatilow und Matzilew mit Natalja Miller sprachen. Er schloss die Tür, brach das Siegel, öffnete den Umschlag, und starrte bewegungslos auf das Papier in seiner Hand. Kedrow klappte den Unterkiefer herunter.

Es war 10 Uhr 50, als er mit brüchiger Stimme las: *„Ich habe einen Termin um 12 Uhr 30 heute mit General Skoblin an der Ecke der Jasmin und Raffett Straßen. Er soll mich zu einem Treffen mit zwei deutschen Offizieren begleiten, der eine ist ein Militärattaché in einem Nachbarland, Strohmann, der andere Herr Werner, der zur deutschen Botschaft hier gehört. Beide Männer sprechen gut Russisch. Das Treffen ist eine Initiative von Skoblin. Es ist möglich, dass dies eine Falle ist, und ich hinterlasse die Notiz für diesen Fall.*
Paris, 22. September 1937, Jewgeni Karlowitsch von Miller, General."

„Er wird zur Rede gestellt", befahl Admiral Kedrow.

Er überlegte kurz und sagte dann wie zu sich selbst: „Schatilow und Matzilew müssen ihn holen. Sie wissen nicht genau, worum es geht. Wer weiß, was Skoblin macht, wenn er etwas ahnt. Muss ihnen einen anderen Grund nennen, warum Skoblin mitten in der Nacht hierher kommen soll."

Dann öffnete er die Tür und gab seine Befehle: „Schatilow, wie Sie wissen, ist der Aufenthaltsort von General Miller ungeklärt. Bringen Sie Skoblin her, Millers Stellvertreter. Die Organisation kann nicht führerlos sein. Nehmen Sie Matzilew mit. Matzilew, Sie sagen Sie ihm, dass er einspringen muss, auch wenn Sie ihn aus dem Bett holen müssen."

„Jawohl Admiral", salutierte Schatilow.

In der Annahme, dass Skoblins im Haus in Ozoir-la-Ferrière sein müssten, fuhren sie dorthin, fanden aber das Haus verlassen. Wütend drehten sie um und fuhren nach Paris zurück, zum Hotel Pax an der Avenue Victor Hugo.

Es war weit nach ein Uhr, als sie im Hotel ankamen. Schatilow gab dem Nachtportier ein Trinkgeld und ging nach oben, klopfte so lange an die Tür, bis Skoblin endlich antwortete. Als Schatilow erklärte, dass Miller scheinbar verschwunden war, und er die Führung der Veteranen-Organisation übernehmen müsse, nahm Skoblin das alles ruhig auf. Er zog sich schnell an und warf den schwarzen Sommermantel über den Arm.

„Wird nicht lange dauern", sagte er zu Nadeschda, die zum antworten zu müde war.

In Schatilows Taxi fuhren sie zur Rue du Colisée. Skoblin entschuldigte sich, dass er so still sei, er sei gerade aus dem Tiefschlaf geweckt worden.

Skoblin fühlte nach seiner Hosentasche. Die Schlüssel waren da, aber die Geldbörse nicht. Er suchte auch die Manteltaschen vergeblich danach ab. Verdammt, dachte er, hastige Rückzüge, wie ich das hasse. Schließlich erreichten sie das Büro.

„Bitte setzen Sie sich doch", sagte Kedrow so beiläufig wie möglich zu Skoblin.

Dann befahl er allen anderen, außer Kusonski, im Vorraum zu warten.

„Bitte sorgen Sie dafür, dass wir nicht gestört werden. Bleiben Sie an der Tür, General Schatilow", wies Admiral Kedrow an.

Schatilow nickte und machte die Tür von außen zu.

„General Skoblin, Miller ist verschwunden. Wissen Sie, was er heute vorhatte?"

„Nein", antwortete Skoblin. „Seit den Feierlichkeiten am Sonntag habe ich ihn nicht gesehen."

„Sind Sie sich da sicher?"

„Natürlich. Ich habe heute offizielle Danksagungsbesuche gemacht und war dann am Nordbahnhof, um die Belgier zu verabschieden."

„Davor meinen wir."

Kedrow verlor seine Kontrolle nicht, als er fragte: „Um 12

Uhr 30, wo waren Sie da?"

„In der Wolga. Nadeschda und ich haben Mittag gegessen", antwortete Skoblin lächelnd.

Kedrow schüttelte den Kopf. Skoblin blieb unbeeindruckt. Kusonski kämpfte mit dem Wachbleiben.

„Da waren doch Leute im Restaurant. Das können Sie nachprüfen, wenn Sie wirklich so weit gehen wollen, mich der Lüge zu bezichtigen", entgegnete Skoblin arrogant.

„Sind Sie sich sicher, dass das 12 Uhr 30 war?"

„Aber selbstverständlich. Wir waren zuerst bei den Offizieren und haben dann überlegt, ob wir als nächstes zu Borowsky gehen oder erst Mittag essen sollten. Wir schauten auf die Uhr. Es war 20 nach 12, so gingen wir erst essen, denn danach mussten wir ja zum Bahnhof."

„Sie lügen", sagte Kusonski sehr langsam.

„Also, ehrlich gesagt", erwiderte Skoblin von oben herab, „Sie sind betrunken, so vollgesoffen, dass Sie scheinbar überhaupt nichts von dem mitbekommen haben, was im Laufe des Tages passiert ist. Sonst würden Sie begreifen, was oben und unten ist."

Kedrows Hände zitterten nicht, als er Millers Notiz aus seiner Manteltasche zog. Er entfaltete das Papier und las Millers Worte langsam und deutlich vor. Mit jedem Satz wurde Skoblins Gesicht länger. Als es dazu kam, dass die beiden deutschen Offiziere gut Russisch sprachen, sprang Skoblin auf.

„Gott verdammte stinkende Hundsvotze", fluchte er.

Als er die schockierten Gesichter von Kedrow und Kusonski sah, gewann er seine Selbstbeherrschung sofort wieder und erklärte Millers Zettel zu einem konspirativen Dokument. Das war ein schmutziger Trick von Miller behauptete Skoblin. War es nicht mittlerweile durchgesickert, dass er Millers Untätigkeit oft kritisiert hatte? Miller wollte sich rächen und einen jüngeren Rivalen aus dem Weg schaffen.

„Ich mache keinen Hehl aus der Tatsache, dass ich glaube, frisches Blut würde unserem Anliegen helfen und dass ich die Veteranen-Organisation leiten sollte. Ich war und bin bereit, mich einzusetzen. Miller ist 60 Jahre alt, und mit allem Respekt für seine Verdienste in der Vergangenheit, er ist nicht Teil unserer Zukunft. Was hat er denn in den sieben Jahren, die er unsere Organisation geleitet hat, erreicht? Unsere Kassen sind geplündert. Ohne

Tretiakows Großzügigkeit hätten wir nicht einmal ein Büro", antwortete Skoblin wütend.

Kedrow schüttelte den Kopf. Kusonski saß einfach nur da. Sein vernebelter Verstand war nicht diskussionsbereit.

„Wir müssen zur Polizei und Miller als vermisst melden, schon um Nataljas willen", sagte Kedrow beim Aufstehen.

„Wenn Sie meinen", antwortete Skoblin.

Skoblin zog sein Schlüsselbund aus der Tasche und spielte damit, bis er einen Schlüssel gefunden hatte und hielt den fest. Dann stand er auf.

Kedrow ging durch Papiere auf dem Schreibtisch, die bei der Polizei beweisen sollten, dass General Miller die Notiz eigenhändig geschrieben hatte.

Kusonski machte die Tür auf und sagte zu Schatilow, dass es nicht mehr viel länger dauern würde. Schatilow hatte seinen Arm um Natalja Millers Schultern gelegt, die unkontrolliert schluchzte.

„Sie finden ihn", tröstete Schatilow sie. „Menschen lösen sich nicht mehr in Luft auf. Kedrow holt nur noch ein paar Dokumente."

„Ich gehe kurz auf die Toilette", sagte Skoblin beiläufig, als er durch die offene Tür schritt.

Langsam ging er an Schatilow, Matzilew, Natalja Miller, und Tamara Kedrowa vorbei.

Natalja Miller schluchzte in ihr Taschentuch und bemerkte nichts.

Tamara Kedrowa bemerkte Skoblin auch nicht, denn sie war so müde, dass sie kaum die Augen offenhalten konnte.

Schatilow sah ihn, aber er hatte keine Anweisungen, Skoblin nicht durch den Flur zur Toilette gehen zu lassen.

Matzilew war nur ein Oberst, und fühlte sich nicht zuständig, Skoblin an einem Toilettenbesuch zu hindern. Er wandte sich wieder den anderen zu.

Gemessenen Schrittes ging Skoblin in Richtung Toilette. Als Schatilow wieder hinsah, stand die Tür zum Treppenhaus offen.

In dem Moment hatte Kedrow gefunden, was er suchte. Er kam in die Diele, sah sich um und stürzte zur Toilette.

Als er sah, dass sie leer war, schrie er: „Wo ist er? Wo ist er?"

Schatilow und Natalja Miller starrten ihn entsetzt und mit offenen Mündern an.

Kedrow stürmte ins Treppenhaus, knipste das Licht an. Die

anderen folgten ihm, eilten dann die Treppe hinunter. Sie sahen die Straße entlang, links und rechts, und links und wieder rechts. Nächtliche Stille erfüllte die Rue du Colisée. Sie erstarrten.

„Fahren Sie uns zur Polizei", sagte Kedrow zu Schatilow und erkannte, dass sie überlistet waren.

Es war 2 Uhr 30.

48

Auf dem Polizeirevier war es für Admiral Kedrow, General Schatilow, General Kusonski, und die beiden Frauen nicht leicht, die übermüdete Nachtschicht davon zu überzeugen, dass Millers Verschwinden eine Polizeiangelegenheit war. Der diensthabende Offizier hatte Schwierigkeiten, das nicht so fließende Französisch der Russen zu verstehen, und erklärte, dass Miller länger als nur ein paar Stunden fehlen müsse, bevor sie ihn als vermisste Person akzeptieren könnten. Kusonski hatte ihn noch kurz nach Mittag gesehen, was bedeutete, dass sie bis Mittag warten müssten. Könnten sie denn sicher sein, dass er nicht bei einer Freundin war oder einen Unfall gehabt hatte? Immer wieder bat Natalja, etwas zu tun. Kedrow erklärte Millers Notiz. Die Offiziere schauten verblüfft auf die eigenartig geschriebenen Buchstaben, worauf Kedrow erklärte, dass man Russisch in kyrillischen Buchstaben schreibt.

Sie ließen sich aber von der Polizei nicht abweisen und erinnerten daran, dass General Kutjepows Verschwinden nie aufgeklärt worden war. Die Zeit, etwas zu tun, war jetzt. Der verdächtige General Skoblin hatte eine Frau. Sie wussten, wo sie war. Wenn sie bis Mittag warteten, wäre sie sicher auch nicht mehr da. Solange der Mann nicht wieder auftauchte, müsste Nadeschda Wassiljewna Plewitzkaja über Skoblins Verbleib befragt werden. Je länger sie warteten, desto wahrscheinlicher wurde es, dass sie ihren Mann warnen könnte.

Die Polizisten sahen Kedrow, Schatilow, und Kusonski an, dann die beiden Frauen, die gegenüber vom Tresen auf einer Bank saßen. Natalja Miller hörte nicht auf zu schluchzen, und Tamara Kedrowa tröstete sie.

Schließlich nickte der Polizist: „D'accord."

Es war kurz vor Anbruch des Tageslichtes als zwei Polizisten beim Pax ankamen.

Sie klopften an die Zimmertür, aber Nadeschda sagte, dass sie schlief: „Kommen Sie nach neun wieder."

Sie knipste das Licht an, sah die Beule in Nikolajs Kopfkissen, schaute auf ihre Armbanduhr und erschrak.

„Hier ist die Polizei. Wir müssen dringend mit Ihnen sprechen, und zwar sofort. Wenn Sie nicht sofort die Tür öffnen, treten wir sie ein", sagte eine fordernde männliche Stimme draußen.

„Ich ziehe mich an", antwortete Nadeschda in einem Ton, der keinen Zweifel daran ließ, dass sie sich belästigt fühlte.

Schließlich öffnete sie die Tür. Die Polizisten traten hastig ein und sahen sich um.

„Wo ist General Skoblin, Madame?"

Nadeschda war verwirrt: „Wie? Weiß ich nicht. Er ist nicht zurückgekommen, nachdem General Schatilow und Matzilew ihn aus dem Bett gezerrt haben, um ihn zum Büro zu fahren."

„Wir müssen ihn dringend sprechen", sagte der andere Offizier. „Wir haben versucht, ihn in den letzten paar Stunden ausfindig finden, aber er scheint sich wie General Miller in Luft aufgelöst zu haben. Wenn Sie wissen, wo er ist, müssen Sie uns das sagen, und zwar jetzt."

Nadeschda schüttelte den Kopf, lachte fast, und verbarg ihre Angst.

„Monsieur, mein Mann hat viel mit militärischen Geheimnissen zu tun und erzählt mir davon nichts, aus Prinzip. Ich verstehe gar nicht, worum es eigentlich geht. Was ist denn passiert?"

Der Polizist schüttelte den Kopf: „Ich kann Ihnen keine Auskunft geben, Madame, aber vielleicht können Sie uns erzählen, was Ihr Mann gestern vorhatte, an dem Tag, wo Miller scheinbar verschwunden ist?"

„Wir haben Kornilows Tochter am Bahnhof verabschiedet, aßen zu Mittag. Ich war bei der Schneiderin und so."

„Sie waren den ganzen Tag zusammen?"

„Ja, Monsieur."

„Bei der Schneiderin war er auch dabei?"

„Er hat im Auto gesessen", antwortete Nadeschda.

„Sind Sie sich sicher? Hätte er nicht mal zwischendurch kurz wegfahren können?"

„Das würde er nicht tun, ohne mir etwas zu sagen. Wollen Sie damit sagen, er wäre kurz weggefahren, um Miller verschwinden zu lassen?"

Nadeschda schüttelte den Kopf. Fast wollte sie sagen, dass das Ganze absurd und lächerlich sei, aber sie enthielt sich der Worte und zuckte nur mit den Schultern. Den Polizisten wurde klar, dass sie nicht mehr aus ihr herausholen würden, egal ob sie etwas wusste oder nicht. Sie erklärten aber deutlich, dass Skoblin in der Miller Angelegenheit befragt werden müsse, außer natürlich, dass Miller wieder auftauchte.

„Ihr Mann hat uns bei den Ermittlungen zu helfen, Madame", sagte der Polizist und es klang wie ein Befehl.

„Wir müssen einen Haftbefehl für ihn ausstellen und alle Grenzen schließen. Wenn er uns nicht hilft, Madame, dann sind Sie dran. Darauf können Sie sich verlassen. Wenn Ihr Mann weiterhin flüchtig ist, machen Sie sich auf einen Haftbefehl gefasst", sagte der Beamte im Weggehen.

„Oh nein", war alles, was Nadeschda herausbrachte.

Als die Beamten gegangen waren, setzte sich Nadeschda auf das Bett. Sollte sie versuchen, wieder einzuschlafen oder aufstehen? Nein, die beunruhigenden Gedanken würden sie nicht schlafen lassen. Etwas muss falsch gelaufen sein, aber sie wusste nicht was, so dass sie keine Ahnung hatte, wo die Fallstricke waren. Hatte sie nicht die ganze Zeit ein ungutes Gefühl gehabt? War es das Pech eines Fehlschlages oder einfach nur eine Panne auf dem Weg nach Hause? Der alte Aberglaube, dass blaue Hortensien im Haus Unglück anziehen, hatte er sich jetzt bewahrheitet?

Nadeschda machte sich langsam bereit für den Tag und war die erste im Frühstückszimmer.

„Ihr Mann noch nicht da, Madame?", fragte die Kellnerin.

Nadeschda schüttelte den Kopf: „Er ist abberufen worden. Das Frühstück können Sie zurücknehmen."

Sie war nicht in Eile. Die Ereignisse hatten sie verstört und sie glaubte, im luftleeren Raum zu schweben, denn sie war es nicht gewohnt, allein zu sein und etwas für sich zu entscheiden. Selbst die Überlegung, wann sie das Hotel verlassen sollte, um die toten Briefkästen zu überprüfen, verwirrte sie. Um 9 Uhr 30, nach der fünften Tasse Kaffee, war sie bereit, unter den Parkbänken zu fühlen. Sie kam sich sehr dumm vor, ganz langsam an den drei Stellen vorbeizugehen, wo sie nach Nachrichten suchen sollte. Aber da war nichts. Nadeschdas Beunruhigung schlug in Panik um. Sie entschied sich, Mittag zu essen und suchte sich ein kleines Café aus, wo sie hoffentlich nicht bekannt war. Sie ging zum Haus der Gallipoli Vereinigung, und konnte die Tränen nicht mehr zurückhalten, als man auch dort nicht wusste, wo Nikolaj war. Dann wanderte sie noch einmal umher, ob Nachrichten hinterlegt worden waren, fand aber nichts. Nikolaj müsste doch wohl inzwischen Zeit gehabt haben, ihr einen Treffpunkt mitzuteilen? Vielleicht hatte er noch keine Gelegenheit gehabt. Hatte er es delegiert und war hineingelegt worden?

Dann ging sie an einem Kiosk vorbei, wo die Nachmittagszeitungen aushingen. Die Schlagzeilen waren eindeutig. Russische Generäle waren verschwunden, wie damals Kutjepow. Das bedeutete, sie hatten weder Miller noch Nikolaj gefunden. Sie kaufte eine Zeitung, und obwohl sie die französisch geschriebenen Artikel nicht genau verstehen konnte, sah sie auch ihren Namen darin. Plötzlich glaubte sie, in Ohnmacht zu fallen. Sie warf die Zeitung in einen Papierkorb. Inwischen war es Abend geworden. Nadeschdas Angst und Unruhe waren so stark, dass sie ein Beruhigungsmittel brauchte. So machte sie sich auf den Weg zum Boulevard Murat, wo Dr. Tschekulew wohnte. Es war schon 20 Uhr, als sie dort ankam. Er gab ihr ein Beruhigungsmittel und riet ihr dringend, sich der Polizei zu stellen, aber Nadeschda sagte, dass sie dazu zu müde sei.

„Nach Hause können Sie aber nicht, denn in diesem Zustand können wir Sie nicht allein lassen. Sind sie nicht mit Raigorodskis gut bekannt? Ich rufe an, ob sie Hause sind, das ist doch nicht weit", riet Dr. Tschekulew.

Raigorodskis waren Verwandte ihrer guten Freunde Mirra und Max Eitingon. Obwohl der Abend immer später wurde, diskutierten sie Möglichkeiten, wie Nadeschda aus dieser prekären Lage herauskommen könnte, fanden aber keine. Nadeschda bestand darauf, dass sie keinen Grund zur Flucht habe, denn sie hatte nichts verbrochen.

„Schließlich habe ich doch Miller nicht verschwinden lassen. Also bin ich unschuldig", stellte sie trotzig fest.

Was wollte denn die Polizei? Mit Nikolaj wollten sie reden, der aus dem Veteranenbüro geflohen war, als er Rede und Antwort stehen sollte. Es gab gar keinen Beweis, dass er ein Verbrechen begangen hatte, nur ein belastendes Stück Papier, das von dem alten unfähigen General geschrieben war. Sie hatte nichts damit zu tun, was Nikolaj getan haben sollte, also könnte es auch keine Beweise geben. Dass sie nicht informiert war oder falsch gedeutet hatte, was Nikolaj an dem verhängnisvollen Mittwoch getan hatte, war kein Verbrechen.

„Morgen früh stelle ich mich. Die müssen mich gehen lassen."

Raigorodski bot an, mitzukommen. Bei der Polizei sah aber alles ganz anders aus. Nikolaj war vom Veteranenbüro geflohen, als ein Dokument ihn belastete. Er wurde mit Haftbefehl gesucht. Alle Flughäfen, Häfen und Grenzübergänge waren alarmiert und für Plewitzkaja existierte ein Haftbefehl als Mittäter.

„Sie bleiben hier", verkündete der Polizist.

Sie nahmen Plewitzkaja in Untersuchungshaft, und quartierten sie im Frauengefängnis Petite Roquettes ein.

Wenn Nadeschda von den Ereignissen schockiert war, so liess sie es sich nicht anmerken. Die Polizei konnte nicht ganz feststellen, ob ihre Ruhe Mangel an Mitgefühl war, echte Unschuld, oder gekonntes Schauspielern, das Künstler nicht immer ablegten, wenn sie privat waren.

Wie Skoblins vereinbart hatten, sagte Nadeschda, dass sie Offiziersbesuche gemacht hatten, bevor sie in der Wolga zu Mittag gegessen hatten. Anschließend fuhren sie zum Nordbahnhof. Bei der Schneiderin waren sie auch. Die Polizei beschloss, Skoblins Haus in Ozoir-La-Ferrière zu überprüfen.

Jemand nahm ihr den Schlüssel ab: „Beschlagnahmt! Wenn sich die ganze Sache schnell aufklärt, bekommen Sie sie im Nu wieder", sagte der Polzeibeamte und führte Nadeschda in eine Zelle.

Nadeschda schaute auf den kleinen Teller mit alten Croissants und einem Glas Wasser.

Bald darauf standen Beamte in Zivil vor Skoblins Haus. Sie hörten, dass von drinnen Geräusche kamen und waren voller Erwartungen, den General zu überraschen und zu schnappen. Sie bauten sich an der Vorder- und Hintertür auf, schlossen die Vordertür mit Nadeschdas Schlüssel auf und stürmten hinein.

Jeanette war völlig überwältigt, schrie und ließ eine große Glasplatte fallen. Auf die Frage ob Skoblin da war, schüttelte sie nur fassungslos den Kopf. Sie setzte sich und begann zu zittern, als sie hörte, dass Plewitzkaja im Gefängnis war und der General sich scheinbar in Luft aufgelöst hatte. Jeanette blieb eine Weile im Wohnzimmer, trank Kaffee und beobachtete die Männer, wie sie durch alle Schränke gingen. Nach einer Weile schickte sie einer der Detektive nach Hause und Jeanette begriff, dass sie mitten in einem neuen russischen Emigranten-Drama war.

„Ja", nickte sie. „Brauche wohl einen neuen Job."

„Sehr richtig, Mademoiselle. Haben Sie noch Lohn zu bekommen?"

Jeanette nickte.

„Würde ich mich nicht darauf verlassen", riet er.

Jeanette ging in die Diele und machte ihre Schürze ab. Sie hängte sie an die Garderobe, sah den eigenen Mantel an und dann Nadeschdas eleganten Kamelhaarmantel. Das Tamburin lag auf der Hutablage. Einen Moment zögerte sie, sah sich um, aber niemand guckte in ihre Richtung. So nahm sie das Tamburin langsam hoch, und achtete darauf, dass die Schellen nicht klapperten. Dann nahm sie den Kamelhaarmantel vom Bügel und legte ihn über das Tamburin.

Jeanette hielt alles gut fest und rief den Detektiven im Wohnzimmer zu: „Ich gehe jetzt."

Auf dem Nachhauseweg nahm sie sich vor, am Morgen wieder hinzugehen und zu sagen, dass sie in all der Aufregung ihren Mantel vergessen habe.

Detektiv Jean Belin leitete das Team, das Skoblins Haus gründlichst durchsuchte und heuerte zwei unabhängige Übersetzer an. Sie baten auch Admiral Kedrow, sich auf Überprüfungen einzustellen, denn Stalins Agenten könnten überall sein. In Skoblins Schlafzimmer fanden sie, was sie suchten. Unter eine Schublade voller schwarzer Socken waren vier falsche jugoslawische Pässe geklebt. Unter einer anderen Schublade war Geld in verschiedenen Währungen. Chiffren und Listen lagen unter einem Bettvorleger. Im Kleiderschrank war ein verstecktes Fach mit Niederschriften von Gesprächen. Unter einer Matratze waren Unterlagen über fast alle Russen in Paris, die für Erpressungen benutzt werden konnten. Aus Briefen von Max Eitingon ging hervor, dass er regelmäßig Geld an Nadeschda geschickt hatte. Wofür das war, war nicht erwähnt, nicht ein einziges Mal.

Jeden Tag holten sie Nadeschda aus ihrer Zelle zum Verhör. Nadeschda hatte eingewilligt, sich auf Französisch vernehmen zu lassen.

„Ich habe nichts verbrochen. Ich bin unschuldig, insofern habe ich weder auf Französisch noch auf Russisch etwas zu erzählen", erklärte Nadeschda trotzig.

Belin fragte, warum ihre Freundschaft mit Lydia Kutjepowa

in den Tagen nach dem Verschwinden von General Kutjepow so eng war, sich aber in nur wenigen Wochen aufgelöst hatte.

„Den Luxus von langen Freundschaften gibt es bei uns nicht, Monsieur", antwortete Nadeschda. „Durch unsere Arbeit treten viele Menschen in unser Leben. Die Freundschaften halten so lange, wie wir etwas gemeinsam haben. Sie sind wie Mitreisende, denn unvermeidlich kommt der Augenblick, wo sich der Weg gabelt und wir uns trennen müssen. Bevor wir es uns versehen, haben wir neue Mitreisende und unsere früheren Weggefährten sind auch nicht mehr allein. Ein Künstler ist an die Kunst gebunden. Freunde kommen und gehen wie die Wolken oder die Zugvögel."

„Das ist ja alles sehr poetisch, Madame", sagte Belin erstaunt. „Sie haben also keine engen Freunde, die für Sie bürgen können?"

Nadeschda schüttelte den Kopf: „Nein. Solche Freunde haben wir nicht, nur Weggefährten."

Belin nahm aus einem der beschlagnahmten Kartons eines von Skoblins Notizbüchern. Er zeigte ihr eine Liste mit russischen Namen.

„Was ist das für eine Liste?", fragte Belin.

„Ich kann nicht so schnell lesen, Monsieur. Mir war nicht das Privileg vergönnt, dass sich jemand in Unkosten gestürzt hat, mich zur Schule zu schicken. Das sieht nach einer Liste von meinem Mann aus, aber ich weiß nicht, wozu."

„Nehmen Sie sich Zeit. Sagen Sie uns, was diese Menschen gemeinsam haben."

Nadeschda überflog die Liste.

„Monsieur, mit Verlaub, Miller ist nicht dabei. Sie halten mich wegen der mutmaßlichen Entführung von General Miller fest, die ich nicht begangen habe. Es ist sogar absurd, dass ich den General entführt haben soll. Sie versuchen jetzt, von mir allgemeine Informationen zu bekommen, wenn ich diese Liste erklären soll. Wenn es eine Liste der Veteranen ist, die das Vaterland zurückerobern sollen, so könnte ich deren Sache schaden. Wenn es eine Liste roter Agenten ist, wie Sie anzunehmen scheinen, so würde ich mich durch dieses Wissen belasten."

„Madame, Sie sprechen nicht wie jemand, der nicht zur Schule gegangen ist", kommentierte Belin. „Wo haben Sie denn diese Sprache gelernt?"

Nadeschda lächelte: „Das ist kein Geheimnis. Ich wollte

Erfolg haben und dafür brauchte ich den Applaus der höheren Klassen. Also änderte ich, was ich in meiner Kindheit in der niedrigen Klasse, die ich nicht mochte, gelernt habe."

Belin ließ sie reden.

„Ich war mit Leuten befreundet, die in unserer Welt etwas zu sagen hatten. Der Zar natürlich, Siloti und Rachmaninow, auch die Pasternaks. Und Gutschkow war dabei, der durch seine Zeitung und seine Partei, die Oktobristen, an so vielen Schaltstellen saß. Das waren alles gebildete und erfolgreiche Menschen. Ich wollte zu deren Kreisen gehören. Zuerst habe ich die Verhaltensweisen ihrer Frauen nachgeahmt und dann wurde es zu meiner zweiten Natur."

Nadeschda setzte sich auf und erklärte arrogant: „Der Zar würde mich nicht als seine Freundin bezeichnet haben, wenn ich mich wie eine Waschfrau benommen hätte."

Belin schwieg, hoffte, dass Nadeschda gesprächig würde.

„Aber, Inspektor, Sie erwarten wirklich viel zu viel von mir. Mein Mann hat nicht über militärische Angelegenheiten mit mir geredet. Ich hätte das doch auch gar nicht verstanden, denn ich bin ja nur eine Zigeunersängerin. Ich singe, um zu leben und lebe, um zu singen. Ich bin so unschuldig, wie ein Täubchen."

„Sie lügen, Madame", warf Belin ihr in der Hoffnung vor, Nadeschda zu schockieren: „Sie können sich nur vor einer sehr langen Haftstrafe retten, indem sie uns sagen, wo Miller ist und Ihr Mann natürlich. Ein Beitrag zur Aufklärung von Kutjepows Verschwinden würde sich auch zu Ihren Gunsten auswirken. Wir hatten kürzlich einen sehr interessanten Überläufer. Wenn wir den zu Ende verhört haben, wissen wir mehr über Sie."

„Das ist ein Bluff, Monsieur", antwortete Nadeschda lächelnd. „Nach dem, was ich höre, geben Stalins Männer die Hatz auf Überläufer niemals auf. Der rote Zar hat mir vor vielen Jahren selbst gesagt, Stalin vergibt nicht und vergisst nicht. Es gibt immer jemanden, der auf die Trophäe schielt und überlaufen wäre sehr dumm oder naiv."

Ab da blieb Plewitzkaja stumm. Einmal lachte sie Belin direkt ins Gesicht: „Und Sie glauben wirklich, dass ich unsere Generäle entführe? Vielleicht sollte ich mich geschmeichelt fühlen, dass Sie glauben, ich könnte das."

Abends allein in der Zelle wollte Nadeschda den Tag wie

einen schlechten Geruch abschütteln. Wie konnte es nur dazu gekommen sein? Es schien wie gestern, als die Studenten und Drucker in Kiew demonstriert und „Land und Brot" skandiert hatten. Das Kaiserreich des Zaren gärte. Der Wunsch nach Veränderung durchdrang alles, wenn auch nicht immer sichtbar. Jeder hatte seine eigenen Gedanken, was sich ändern sollte. Von der Duma bis in die Hütten der Taiga hatten sie sich mit fruchtlosen Diskussionen erschöpft und fanden dann Trost im Singen der alten Lieder.

Jetzt erwärmten die alten Lieder russische Herzen in fremden Landen. Was war eigentlich besonders an den alten Liedern, dass sie eine solche Wirkung hatten? Pasternaks Sohn Boris, der vom Musiker zum Dichter geworden war, schrieb, dass ein altes russisches Lied wie Wasser in einem Damm war, das ohne ein Kräuseln der Oberfläche seine Leidenschaft verbarg, bis es dann in all den vielen Farben von Melancholie und Lebenslust aufwallte und sich dabei trotzdem selbst treu blieb. Wenn die Bass-Balalaiki mit dem Nachschlag der Alt-Balalaiki im Gleichschritt perfekt beschleunigten, war es eine Offenbarung, jedes Mal. Es war aber auch Zuhause, der Inbegriff der russischen Seele, denn kein anderes Volk der Welt spielte seine Lieder so.

Nadeschda ließ ihr Leben vor ihrem inneren Auge Revue passieren, so wie man die Landschaft durch ein falsch herum gehaltenes Fernglas betrachtet. Sie erinnerte sich an den Beifall in den Konzertsälen, der sich wie ein Schmetterlingsschwarm anfühlte, der vom Rampenlicht angezogen wurde. Selbst wenn Belin sie verhörte, ließ sie ihre Gedanken oft spazierengehen.

Er wurde es müde, immer den gleichen Spruch zu hören. „Ich bin unschuldig. Ich bin nur eine Zigeunersängerin."

Nadeschda dachte daran, wie sie sich über die älteren Sänger in den Garderoben mokiert hatten, wenn diese seufzten, dass das Leben nicht so einfach ist, wie über ein Feld zu laufen. Jetzt hatte das alte Sprichwort einen ganz anderen Klang. Sie erinnerte sich, wie stolz Rachmaninow war, als er hörte, dass das Dirigentenpult im Bolshoi noch immer so stand, wie er es 1904 hingestellt hatte – so dass er das Orchester überblickte, nicht das Auditorium. Welch ungewöhnlichen Freundschaftsbande hatte es zwischen Schaljapin und Rachmaninow gegeben. Einer war ein Aristokrat, der gelernt hatte, seine Gefühle zu verbergen, wohingegen Schaljapins

Leidenschaften immer überkochten. Der geborene Schauspieler Schaljapin hatte riesige Ausbrüche hinter den Opernbühnen und schreckte noch nicht einmal vor einem Faustkampf zurück. Das Publikum aller Gesellschaftsschichten verzieh ihm alles, denn seine Fähigkeiten und Berühmtheit machten ihn unantastbar. Skandale erhöhten sogar seinen Ruhm. Aber niemand ahnte, dass er das verbindende Glied zwischen den beunruhigenden Ideen der Arbeiterbewegung und der sogenannten herrschenden Klasse war.

Belin spielte mit dem Gedanken, Nadeschda in eine Doppelzelle zu verlegen. Vielleicht würde sie bei einer Zellengenossin auspacken? Die Detektive diskutierten, wen sie mit Plewitzkaja einquartieren könnten. Mit wem würde sie sich anfreunden? Mit einer Französin? Nein, für Nadeschda, war Französisch eine fremde Sprache, und sie würde sich bestimmt nicht einer Französin offenbaren. Eine Russin? Gab es eine, die Plewitzkaja nicht kannte und nicht von ihrer Berühmtheit, ihrem früheren Reichtum und ihrer Feundschaft mit dem Zar fasziniert war? Gab es eine, für die man eine plausible Lebensgeschichte erfinden konnte, auf die Plewitzkaja hereinfallen würde? Nein, sie kannte die Familien. Sie gaben die Idee auf, denn alle Russen hatten Verwandte in Stalins Reich zurückgelassen. Keine Russin würde Plewitzkaja ausliefern.

Belin verhörte weiter. Ob sie an Millers Verschwinden schuldig war oder nicht, spielte keine Rolle mehr. Was in Skoblins Haus gefunden war, machte beide des Verrats schuldig. Er war weg, aber sie war da, um bestraft zu werden.

Keiner kam, sie zu besuchen, aber sie erwartete auch nicht, dass jemand außer ihrem Anwalt kommen würde. Selbst die Familie Skoblin machte sich unsichtbar, denn sie wussten nicht, was sie von der Situation halten sollten. Der Zusammenhalt war in den letzten Jahren bröckelig geworden, denn Nikolajs Familie fehlte das Verständnis dafür, dass eine Hochzeit so geplant werden solle, dass sie nicht in die Konzertsaison fiel. Aber wenn jemand die Leiter heruntergefallen war, dann lockerten sich auch die Familienbande, egal wie fest sie vorher gewesen waren. In ihren eigenen Gedanken war Plewitzkaja noch immer der Star, der sie auf der Bühne gewesen war. Sie dachte an Serjoscha. Was mag wohl durch Rachmaninows Kopf gegangen sein, als ihm jemand die New Yorker Zeitungsartikel übersetzte, die von ihrer Inhaftierung berichteten? Es schien wie gestern, dass sie bei Rachmaninows in New York zu Besuch waren, dass er sie bei den Pasternaks in Moskau begleitet hatte, wo Boris aufmerksam beobachtete, um etwas zu lernen. Jetzt war Boris ein berühmter Schriftsteller in der Sowjetunion. Stalin mochte seine Gedichte und manchmal rief er ihn an, um seine Meinung zu hören.

An einem schönen Frühlingstag im Jahre 1938 brachte die Wärterin das Frühstück: „Hallo, Sie da. Waren Sie nicht eine russische Sängerin?"

„Ja", antwortete Nadeschda. „Bin ich immer noch, Russin und Sängerin. Warum?"

„In der Nähe vom Batignolles Friedhof gab es gestern einen Stau und einen riesigen Menschenauflauf. Ein russischer Opernsänger ist gestorben. Er muss sehr berühmt gewesen sein aber der Name fällt mir jetzt nicht mehr ein. Russische Namen sind so schwer zu merken."

„Hieß er Fjodor Iwanowitsch Schaljapin?", fragte Nadeschda mit brüchiger Stimme.

„Genau!", antwortete die Wärterin. „Haben Sie eine seiner Opern gesehen?"

„Gesehen?", sprach Nadeschda wie zu sich selbst, „zu Hause in Moskau, kannte ich ihn gut. Wir haben in seinem Haus zusammen gesungen. Er und seine Freunde haben die Revolutionäre am Leben erhalten, ganz vergessen das jetzt."

„Muss schon lange her sein", antwortete die junge Wächterin.

„Ja, fühlt sich so an. Das war vor und nach dem Blutigen Sonntag."

„Wann war denn das?"

„Während des russisch-japanischen Krieges."

„Und wann war das?"

„Im Winter nachdem der Zarewitsch geboren wurde", sagte Nadeschda sehr langsam.

„Muss sehr lange her sein, dann", nickte die Wärterin und es war klar, dass sie gar nichts verstand.

„Die Zeit begräbt es alles", sagte Nadeschda vor sich hin.

Die Zeit schien auch Millers, Skoblins und Nadeschdas Geschichte zu begraben, zumindest in der Öffentlichkeit. Belin ermittelte jedoch weiter und war entschlossen, Frankreich einen historischen Prozess zu liefern. Am Tage verhörten er und seine Offiziere Nadeschda, aber die Nächte gehörten ihr. Je länger sie in

Untersuchungshaft war, desto mehr ließ sie ihr Leben an ihrem geistigen Auge vorbeilaufen, summte Liedphrasen, die ihr in den Sinn kamen. Sie dachte an das Lager der Dimitrijewitsches, die weißen Nächte von Sankt Petersburg, ging über die zugefrorene Newa und lachte, als sie auf dem Eis ausrutschte. Sie dachte an Baruschko und überlegte, ob sie wohl geblieben wäre, wenn er gelebt hätte. Sie wunderte sich über sich selbst, warum sie nie richtige Gefühle für ihre Tochter Sinnaïda gehabt hatte. War es das Lachen, das so wie Rajas war, was sie erschauern ließ? Warum sagten die Leute, dass jede Mutter ihr Kind liebt, egal was, aber bei ihr war das anders. Auch nach all den Jahren hatte sie keine Antwort darauf, warum sie manchmal ihren Vater geliebt und manchmal gehasst hatte, und warum sie ihre Mutter nie mochte. Sie hatte sich in Liedern begraben, um die viel zu großen emotionalen Anforderungen wegzudrücken. Dann wurden sie Stalins Zuträger und das Geld dafür drückte die Lieder und den Applaus weg.

Eines Tages war Belin überzeugt, er könnte Nadeschda jetzt brechen.

„Ein hochrangiger Geheimdienst-Offizier ist übergelaufen. Er behauptet, sie hatten einen Maulwurf in Gutschkows Kreis. Das war Skoblin, stimmt's?"

Nadeschda lächelte: „Ach da ist er ja wieder, Ihr namenloser Überläufer. Sie müssen bluffen, denn Stalins Agenten laufen nicht über. Das habe ich Ihnen doch schon mehr als ein Mal gesagt."

„Für alles gibt es ein erstes Mal, Madame Skoblina. Er sagt, dass er Sie und Ihren Mann gut kennt, weil Sie beide Agenten sind. Ihr Mann gehörte zum Gutschkow Kreis, hat uns der Überläufer gesagt."

Nadeschda zuckte mit den Achseln und flüsterte geistesabwesend: „Kreise kommen und gehen."

Mehr bekam Belin aus Nadeschda nicht heraus. Er sprach mit der Skoblin Verwandtschaft, aber deren Gesichter wurden zu Eis.

Nadeschda lebte weiterhin in der Vergangenheit und begann ein Tagebuch, das mehr von früher als von der Gegenwart enthielt. Es fühlte sich wie gestern an, dass Arkascha sie im Rhode gefragt hatte, ob sie etwas Französisch könnte. Die Frage war damals verblüffend, aber jetzt konnte sie es. Sie dachte an die Zugfahrten zu den Konzerten. Endlos erstreckte sich die russische Landschaft bis hinein in den Horizont. Stunden, Tage und Nächte pflügten sich die Züge durch die monotone Weite. Da war Platz und Luft. Wenn man einmal von der Bahn weg war, gab es nur noch den Wind in den Büschen und die Melodien der Vögel. Wie grob die Leute doch jetzt sind, dachte Nadeschda, dass sie ihre Automotoren aufheulen lassen und es ihnen scheinbar gar nicht wehtut. Sie würde es nie erlebt haben, wenn Skoblin sie nicht zu seiner Gefangenen gemacht hätte. Denikins Soldaten in Kursk hätten sie kurzerhand hängen können, um eine Kugel zu sparen, als sie die Offiziersfrau Nadeschda Plewitzkaja in der Roten Armee entdeckten. Nikolaj war in sie verliebt gewesen und rettete ihr Leben. Am Leben bleiben war alles, was im Bürgerkrieg zählte. Wie einfach das war, aber am Leben bleiben reichte nicht aus.

Wie Nikolaj wohl Kedrow und Schatilow überlistet hatte, fragte sich Nadeschda. Aber dann lächelte sie, denn sie war sich sicher, dass sie es wusste. Natürlich kam das nicht in ihr Tagebuch. Vielleicht sollte sie eine falsche Spur in das Tagebuch legen? Wo würde Nikolaj wohl jetzt sein? In Spanien oder Deutschland, in der Tschechoslowakei, wieder in Russland?

Nadeschda erinnerte sich an ihre Aufnahme mit Rachmaninow in New York, wie er ihr Tamburin im Studio herumgezeigt hatte. Als sich ihre Finger streiften, fühlten sich seine berühmten großen Hände immer noch so kalt an wie in Moskau. Sie hatten die Aufnahme mit den Studioleuten gefeiert und hoben die Teegläser zum Toast. Auf *Jablotschko*, auf *Puder und Schminke*, sagten sie. Aber es war alles im Sande verlaufen. Das einzige, was ihr Leben hätte ändern können, war weggeschlossen worden, wie blockiert. Es kam nicht in die Geschäfte, so dass es auch nicht von den Radios gespielt werden konnte. Erfolg in der Musik ohne Radio gab es nicht mehr. 12 Jahre später tat es immer noch weh. Ob Stalins Netz so groß sein könnte, dass es bis in eine amerikanische Plattenfirma reichte? Ihren Erfolg zu dämpfen, stellte sicher, dass sie in seinem Netz bleiben musste.

Aber dann lächelte sie triumphierend. Niemand außer ihr war jemals von Rachmaninow in der Öffentlichkeit begleitet worden, so wie sie im Plaza Hotel. Serjoscha hatte mit keinem anderen Sänger eine Schallplattenaufnahme gemacht, nicht einmal mit Schaljapin. Sie würde davon gehört haben. Ob Rachmaninow wohl immer noch seinen Gästen die Probepressungen von

Jablotschko und *Puder und Schminke* vorspielte? Würde er sie mit seiner Lieblingsplatte zusammen aufbewahren, Schaljapins *Schwarzen Augen*? Wie wurde er damit fertig, ein Freund gestorben, einer im Gefängnis und Boris Pasternak systemkonform in Stalins Sowjetunion?

Nadeschdas Gedanken wanderten zu Gutschkow. Wie klein hatte sie sich gefühlt, als sie dem wohlhabenden und einflussreichen Duma-Präsidenten zum ersten Mal begegnete, 1907 im Rhode. Aber Stück für Stück bröckelte ihr Respekt weg, als sie mitbekam, wie er hinter den Kulissen und mit seiner Moskauer Zeitung alle Register zog, um das Land zu manipulieren, gegen den Zaren natürlich. Er verbreitete Lügen über Rasputin, die Zarina und die Juden. Gutschkow benutzte seinen Wohlstand wie eine Ratte aus der Gosse. Im Exil in Berlin und Paris war er nicht anders, entwickelte ständig neue Pläne für Russlands Rückeroberung, bekannte sich aber nie dazu. Er nannte sich einen Zeitzeugen der Abdankung des Zaren, war aber in Wirklichkeit die treibende Kraft gewesen. Gutschkow jubelte, als er die Abdankungsurkunde des Zaren nach Petersburg mitbrachte. Sie stießen auf einen neuen Anfang an. Gutschkow war genau die Art von Kapitalist, die Stalins Haß für das anheizten, was er „herrschende Klasse" nannte. Im Rückblick was es alles glasklar, aber als sie mittendrin war, machte sie sich Gutschkows Verbindungen zunutze.

Belin brachte eine Liste von allem, was in Skoblins Haus gefunden war. Er wies auf Eitingons Briefe und dessen Zahlungen hin.

„Was hat er gekauft Madame?", fragte er.

„Eitingons Frau Mirra war eine Freundin seit unserer Zeit in Moskau, wo sie Schauspielerin war. Aber abgesehen von dieser alten Freundschaft, Eitingon liebte doch meine Lieder. Er war reich und großzügig, aber das verstehen Sie bestimmt nicht", antwortete Nadeschda.

„Wie bitte?", fragte Belin verblüfft. „Was gibt es da nicht zu verstehen?"

„Sie sind nicht jüdisch, oder?", fragte Nadeschda zurück.

„Worauf wollen Sie hinaus?", fragte Belin ungeduldig.

„Die Freude an der Musik und anderen künstlerischen Betätigungen kann durch Begeisterung allein nicht am Leben gehalten werden. Sie benötigt eine finanzielle Grundlage und

Geschäftssinn. Nur Juden können das in einer ausgewogenen und erfolgreichen Weise verbinden. In anderen Gruppen finden Sie Kreativität, die meist finanziell nicht erfolgreich und daher kurzlebig ist. Oder Sie haben Leute mit Geschäftssinn, die sind finanziell erfolgreich, sind aber ohne künstlerische Seele und produzieren Kitsch. Eitingon ist jüdisch. Er hat ein Gespühr für Kunst und versteht Geld. Er kann es sich leisten, großzügig zu sein – und so ist er das."

„Und das soll ich Ihnen glauben?", fragte Belin ungehalten.

Nadeschda schüttelte den Kopf: „Nein Monsieur, dass sie das verstehen, hatte ich nicht erwartet." Sie hielt inne. „Vielleicht können Sie den Freundschaftsaspekt mit seiner Frau verstehen? Er half mir, denn er konnte es sich leisten."

„Haben Sie mir nicht gesagt, dass es keine engen Freundschaften in Ihrer Welt gibt? Wenn er Ihnen Beträge dieser Größenordnung schickt, muss es sich um eine sehr enge Freundschaft handeln, obwohl jeder normale Mensch bei solchen Beträgen eher an eine Geschäftsbeziehung denkt. Irgendetwas stimmt hier nicht und ihre Aussagen sind nicht glaubwürdig. Da Eitingons nicht mehr hier sind, können wir nicht überprüfen, ob Sie die Wahrheit sagen."

„Sie könnten sie doch in Jerusalem befragen, oder?", fragte Nadeschda.

Belin lachte: „Wissen Sie, was das kostet? Unsere Polizei kann solche Kosten nicht aufbringen."

„Bei aller Liebe, Sie machen mir den Vorwurf, dass wir Zahlungen angenommen haben, die nicht koscher sind, aber wenn man Ihnen sagt, wo Sie die Wahrheit herausfinden können, sagen Sie, das ist zu teuer", antwortete Nadeschda kopfschüttelnd. „Und außerdem hat mein Mann die Geldangelegenheiten unter sich gehabt. Musiker und Sänger tun sich schwer damit, den Überblick über Finanzen zu behalten, ganz abgesehen von der Tatsache, dass ich bis vor kurzem überhaupt nicht lesen und schreiben konnte."

Dann schaute sie über Belins Liste. „Wo ist mein Tamburin? Ich sehe das hier nicht."

„Welches Tamburin?", fragte Belin verwirrt und durchsuchte dann alle seine Listen. „Da gab es kein Tamburin oder es wäre hier."

„Es war auf der Hutablage in der Diele. Sie haben es stiebitzt, also wirklich. Aber dann möchte ich wenigstens unsere grüne

Lederbibel."

Belin schüttelte den Kopf: „Vielleicht nach dem Prozess."

Er wusste aber, dass sie dieses Buch noch lange untersuchen würden. Die Bibel enthielt viele Kritzeleien an den Rändern. Admiral Kedrow erklärte, sie erschienen vollkommen sinnlos, könnten aber Geheimcode sein. Das konnte Belin aber Nadeschda nicht verraten, denn wenn jemand das entziffern könnte, wollte er Nadeschda unvorbereitet konfrontieren.

In dieser Nacht beschloss Nadeschda, im Tagebuch eine falsche Spur zu legen. Nach Belins Weigerung, Eitingons zu befragen, konnte sie davon ablenken, dass Rachmaninow ihre Memoiren finanziert hatte und dies Max Eitingon unterschieben. So würde Serjoscha nicht mit dieser Sache in Verbindung gebracht werden. Belin hatte bestimmt keine Ahnung, dass der Verlag Rachmaninows Töchtern gehörte. Welch gute Idee war es gewesen, in ihr Buch die Widmung „*Für Mi Ja*" aufzunehmen, Mirra Jakowlewna Eitingon. Wieder brauchten Rachmaninow und seine Familie eine schützende Hand, und wieder war es ihre Hand.

Nadeschda hörte bei Belins Fragen gar nicht mehr richtig hin. Vor dem schwarzen Samtvorhang ihres inneren Auges paradierten die Menschen, die sie gekannt hatte.

Edmund – er hatte das rote Seidentuch für ein paar lumpige Kopeken verkauft. Er hatte nicht gewusst, dass es von Tante Alekha war. Er sah nur ein altes schlecht geflicktes Stück Stoff, das keinem Zweck zu dienen schien.

Serjoscha – sie war nie dazu gekommen, ihn nach Anna zu fragen. In Paris oder New York war immer jemand dabei, der nichts über Anna, den jungen Rachmaninow und Katja hören sollte.

Lipkin – er stand hinter der Bühne und wiegte sich in der Beschleunigung der Musik. Lonja hatte es nicht durch den Bürgerkrieg geschafft, aber sein Sohn Schlomo war durchgekommen, nannte sich in Amerika Sam und mixte jetzt in Manhattan Getränke. Manchmal hatte er Arbeit in einem jiddischen Tonfilm.

Lewitzky – sie fühlte sich immer noch schuldig, dass sie ihn nicht hatte retten können, obwohl sie gar nicht wusste, ob er der Rettung bedurft hätte, denn sie hatte nie gehört, was aus ihm geworden war. Genauso wie sie nicht wusste, was mit Reilly, Monkewitz, Kutjepow und Miller passiert war.

Was wäre, wenn sie Stalin nachgegeben hätte, an dem Morgen nach dem Konzert? Wie es wohl Boris jetzt ging? Ob er noch manchmal die alten Lieder spielte, oder hatte er das Klavier ganz aufgegeben? 1935, vor drei Jahren, hätte Nadeschda ihn so gerne wiedergesehen, als er in Paris zur Pen-Club Tagung war, wo er Stalins Sowjetunion verteidigte. Aber Nikolaj hatte es ihr nicht erlaubt, sich mit dem sowjetischen Delegierten Boris Pasternak zu treffen. Glaubte Boris wirklich an Stalin oder lief er mit, um der Familie die Datscha zu erhalten? Was war das Leben für ein Labyrinth geworden, und wie einfach war es gewesen, als sie alle bei den Pasternaks zusammen sangen.

49

Als Nadeschda mit Raigorodski zum Revier gegangen war, war sie überzeugt, dass sie sie nicht festhalten konnten. Schließlich war sie an keinem der Orte gewesen, die mit Millers Verschwinden zu tun hatten. Aus den Fragen wurde aber schnell klar, dass sie ohne Nikolaj zu befragen, gar nichts über die Umstände der angeblichen Straftat wussten. Sie versuchten, alles aus ihr herauszuholen, anstatt ihre Schuld zu beweisen. An diesen Tagen war sie zuversichtlich, aber das hielt nicht an. Meister Detektiv Belin war entschlossen, Frankreich einen Prozess zu liefern, einen Schauprozess..

Im Dezember 1938 saß Nadeschda auf der Anklagebank. Die 12 Geschworenen des Pariser Strafgerichts betrachteten sie mit Argusaugen und die dunklen holzgetäfelten Wände des Gerichtssaales verstärkten die einschüchternde Stimmung.

Mit dem Blick auf die Geschworenenbank zerstob Plewitzkajas Zuversicht. Sie wusste, dass es alle Bauern aus weit entfernten Landprovinzen waren, und wie Einfaltspinsel sahen sie auch aus. Ihre Gesichter strahlten vor Wichtigkeit und dem Genuss, das Leben eines Beschuldigten im berühmtesten Gerichtssaal Frankreichs in der Hand zu halten und baumeln zu sehen.

Plewitzkaja schwankte nie in ihren Aussagen, sagte wieder und immer wieder, dass sie an Millers Verschwinden nicht beteiligt war. Sie wusste aber, dass ein Schatten über ihrem Prozess hing, denn es waren inzwischen 14-einhalb Monate seit General Skoblin spurlos verschwunden war. Da färbte etwas auf sie ab, das nach Schuld roch.

„Ich bin so unschuldig, wie ein Täubchen", wiederholte sie wieder und immer wieder.

Als ihr Anwalt Maximilian Filonenko, ein Emigrant, der als Rechtsanwalt zugelassen war, mehr Geld von ihr wollte, antwortete sie, dass er sich an Tretiakow wenden solle.

Am nächsten Tag war Plewitzkaja klar, dass sie das nicht hätte sagen sollen. Der Versprecher machte ihr klar, dass etwas zerbrochen war. Sie war nicht mehr die Meisterin der Situation. Gadsche an der Nase herumführen und abkassieren war vorbei.

Nachdem er die Ereignisse jenes schicksalhaften Mittwochs bis in die kleinste Einzelheit untersucht hatte, präsentierte Detektiv

Belin einen genauen Zeitplan von den Besuchen bei den Offizieren, dem Mittagessen in der Wolga, der Verabschiedung auf dem Nordbahnhof, und dem Besuch bei der Schneiderin. Skoblins Aktivitäten waren ein offenes Buch. Wie sich herausstellte, war Nadeschdas Zeit bei der Schneiderin viel kürzer gewesen, als sie behauptete. Als ihr das vorgehalten wurde, verhedderten sich Plewitzkajas Antworten.

Ihre Gedanken waren viel zu viel bei der Rückkehr in die Heimat gewesen, und sie hatte bei Nikolajs Anweisungen für die Alibis nicht richtig zugehört.

Zwei Menschen hatten sich gemeldet, die mit Skoblin gesprochen hatten, nachdem er den Veteranen entschlüpft war. Ein Nachtwächter in der Garage, wo Nikolajs Schwager Worobiow beschäftigt war, bezeugte, dass der General dort aufgetaucht war. Er hatte nach seinem Schwager gefragt, und war weggeeilt, als er hörte, dass der keinen Dienst hatte.

„General Skoblin sah blass und ungekämmt aus", berichtete der Nachtwächter im Zeugenstand. „Er hat mir nicht gesagt, was er wollte, und war so schnell wieder verschwunden, wie er gekommen war."

„Wissen Sie, wie spät es war?", fragte der Staatsanwalt.

„Zwischen zwei und drei Uhr morgens", antwortete er.

„Wissen Sie genau, dass es wirklich General Skoblin war?", fragte der Staatsanwalt.

„Natürlich. Ich kannte ihn doch davon, dass er sein Auto dahin brachte. Er kam oft mit seiner Schwester Jekaterina, um Dimitri Worobiow nach dessen Schicht abzuholen."

Die zweite Person, die Skoblin gesehen hatte, war Sina Kriwoschtschejewa, die Frau eines ehemaligen Offizierskollegen, die allein zu Hause war. Sie lief langsam und mühevoll zum Zeugenstand, sah sehr blass aus und schien wie betäubt. Die schwarzen Ringe unter ihren Augen machten sie sehr viel älter als ihre 40 Jahre. Jemand flüsterte in der Zuschauergalerie, dass sie betrunken sein müsse. Sie schilderte dem Gericht, wie Skoblin so lange an ihre Tür geklopft hatte, bis sie aufmachte.

„Er wollte sich Geld borgen, sagte, dass er die Brieftasche verloren habe. Er versprach mir, die 200 Franken am nächsten Tag wiederzubringen", sagte Kriwoschtschejewa auf Französisch in einem fremden Akzent.

„Während ich das Geld holte, schüttete er ein Glas Wasser in sich hinein", fuhr Kriwoschtschejewa fort. „Dann sauste er fort. Ich hätte es wissen müssen. Seine ganze Art deutete auf irgendetwas hin. Aber ich habe zu viel gesehen. Kann nicht mehr richtig denken", sagte Kriwoschtschejewa.

Auf die Frage, ob sie gesehen hatte, wie Skoblin kam und ging oder ob er sonst noch etwas gesprochen hatte, sagte sie dass sie sich nicht erinnern konnte.

„Ich bin aus Harbin. Das ist in China. Ich habe unaussprechliche Dinge gesehen und erlebt, dort und auf meiner Reise nach hier. Mein Kopf ist kaputt", sagte sie mit ausdrucksloser Stimme.

Die Richter und die Geschworenen wussten nicht, was sie davon halten sollten, wurden dann aber vom Dolmetscher darüber unterrichtet, dass die Übernahme des ehemaligen russischen Vorpostens Harbin durch die Chinesen und dann die japanische Invasion Tausende von Emigranten nach Paris getrieben hatte, die sich in das Leben in Europa nicht leicht gewöhnten.

„Hat Skoblin am nächsten Tag das Geld wiedergebracht?", fragte der Richter.

Kriwoschtschejewa lachte. Die Presse notierte ihren Namen als die letzte Person, die General Nikolaj Wladimirowitsch Skoblin, 46, lebend gesehen hatte.

Plewitzkajas Prozess dauerte mehr als eine Woche. Für die Zeitungen auf allen Kontinenten war es ein gefundenes Fressen, denn Plewitzkajas bunte Lebensgeschichte klang schlicht unglaublich. Alle ausländischen Botschaften in Paris schickten Geheimdienstbeobachter zu den Verhandlungen. Ein deutscher Botschaftssekretär machte in seinem Bericht an Berlin eine Fußnote, dass sich Plewitzkajas fantastische Geschichte anbot, in ein Musical verwandelt zu werden, als Buch oder Film herauszukommen, denn kein Schriftsteller könnte der Versuchung eines solchen Vorwurfs widerstehen.

Die Veteranen, die bei Skoblins Verschwinden dabei waren, Admiral Kedrow, die Generäle Kusonski und Schatilow waren alle vorgeladen, um auszusagen.

Schatilow machte Bemerkungen über Nadeschda, die zeigten, wie er sie verachtete. Nadeschda war schockiert. Wie oft war Schatilow bei ihren Partys in Ozoir-La-Ferrière gewesen? Wie oft hatten sie sein Taxi benutzt, wenn ihr eigenes Auto einen Defekt hatte?

„Du bist ein Miststück", sagte Nadeschda laut und deutlich, obwohl sie nicht gefragt war.

„Du Schmierenkomödiantin", konterte Schatilow.

Die Reporter machten sich eine Notiz, um später einen der Russen zu fragen, was der Austausch, der nach Beleidigungen klang, auf Französisch bedeutete.

Nicht nur Skoblins Zeitablauf wurde an diesem Mittwoch öffentlich auseinandergenommen, auch ihre Finanzen wurden unter das Mikroskop gelegt. Jean Belin bewies, was viele schon seit Jahren vermutet hatten. Skoblins lebten besser als von ihrem offiziellen Einkommen möglich war, sehr viel besser. Selbst wenn man die geheimnisvollen Zahlungen von Eitingon berücksichtigte, rechneten sich Skoblins Ausgaben nicht.

„Er ist ein Wohltäter von früher. Ich kannte seine Frau schon, als sie noch nicht mit Max verheiratet und beim Moskauer Theater war", sagte Nadeschda wieder und immer wieder.

Belin wusste, dass dies weit über die Anklage, nämlich Millers Verschwinden, hinausging. Aber die Gerichtsverhandlung war wie ein rollender Zug. Frankreich war entschlossen, russisches Roulette auf seinem Boden musste ein Ende gesetzt werden.

Das Gericht erkundete auch Fragen, die nicht in direktem Zusammenhang standen. Sie luden den legendären General Anton Iwanowitsch Denikin vor. Im vollbesetzten Gerichtssaal und auf der Zuschauergalerie erregte Denikins Auftritt Aufsehen. Die Köpfe reckten sich, um auf den berühmten ehemaligen Oberbefehlshaber der südrussischen Streitkräfte einen Blick zu werfen.

Langsam schritt er durch den Gerichtssaal und nahm den Zeugenstand ein. Er bezeugte in kurzen und präzisen russischen Sätzen, die ein Dolmetscher ins Französische übersetzte. Das Gericht war von seiner Direktheit, seinen klaren Antworten, und seiner würdevollen Haltung fast ehrfürchtig beeindruckt.

Auf die vorgeschriebene Routinefrage, ob er mit der Angeklagten verwandt oder verschwägert war, stach er ein Messer in Nadeschdas Herz: „Gott hat mich davor bewahrt."

Alle Augen waren in diesem Moment auf Denikin gerichtet, aber hätten sie in diesem kurzen Augenblick auf Nadeschda geschaut, so wären sie überrascht gewesen wie das Messer abprallte. Nadeschda hatte sich vorgenommen, nicht nur keine

Gefühle zu zeigen sondern auch keine mehr zu haben. Während der vielen einsamen Nächte in ihrer Zelle erinnerte sie sich wieder daran, was Tante Alekha ihr vor all den Jahren so grausam beigebracht hatte. Gefühle sind für Lieder.

Sie sah auf den alten Mann im Zeugenstand, der sich in der Aufmerksamkeit der Weltpresse sonnte. Du erbärmlicher Spießer, dachte sie. Was weißt du schon über das Leben jenseits der Sicherheit einer Kasernenmauer.

Denikin erklärte dann, wie verblüfft er gewesen war, als Skoblin ihm mehrmals angeboten hatte, ihn zu chauffieren, zunächst zu seinem Urlaubsort, dann nach Belgien. Skoblins Eindringlichkeit war ihm nicht geheuer gewesen, zumal er um den jungen General seit 10 Jahren einen Bogen gemacht hatte.

„Ich habe ihm nicht getraut, und ihr auch nicht", sagte er dem Gericht.

„Warum?", fragte der Richter.

Denikin suchte nach Worten, meinte dann, es sei wohl Instinkt.

„Als ich von Millers Verschwinden las", fuhr Denikin fort, „war ich überzeugt, dass der Grund für Skoblins Angebot war, auch mich zu entführen. Ich hatte oft gehört, dass Skoblin mit der Führung der Veteranen-Organisation liebäugelte. Zu der Zeit habe ich das alles nicht so ernst genomen. Aber Miller und mich gleichzeitig aus dem Weg zu schaffen, hätte ihn automatisch an die Spitze gebracht."

Am Mittwoch, dem 21. Dezember 1938 wurde Nadeschdas Urteil gesprochen. Die Zuschauergalerie war wie mit dem Hammer geschlagen.

„20 Jahre Gefängnis mit Arbeitszwang", verkündete der Richter mit voller Stimme und einem Hammerschlag.

Ahs und Ohs der Überraschung liefen durch die Zuschauerreihen, denn keine Frau war bisher zu einer so langen Strafe verurteilt worden.

„Ich bin so unschuldig wie ein Täubchen", schrie Plewitzkaja, als sie aus dem Gerichtssaal abgeführt wurde.

Nadeschda Wassiljewna Skoblina, Hofsängerin des Zaren, früher auch bekannt als „Die Großartige Plewitzkaja" und „Die Nachtigall aus Kursk" war 54 Jahre alt.

Epilog

„Ha", bellte Stalin. „Kapitel abschlossen, endlich!"

Er schaute wieder auf den Umschlag, zögerte, als ob er dem Henker noch etwas Zeit geben wollte. Seine volle, in der Jugend geschulte Stimme summte die berühmten acht Noten von *Suliko*. Er seufzte, ergriff sein linkes Handgelenk mit der rechten Hand und legte den Unterarm auf dem Tisch. Dann zog er wieder an seiner Pfeife und beobachtete den Rauch wie er durch den Lichtkegel trieb. Eine Sekunde dachte er daran, was hätte sein können.

Nur ein paar Tage vorher hatte Stalin Boris Pasternak angerufen, um mit ihm über Gedichte zu sprechen.

„Wenn ich Gedichte über Musik und schöne Frauen schreibe", erklärte Boris, „dann denke an unsere Großartige Plewitzkaja, die wir vor der Revolution alle so geliebt haben. Ich kannte sie, als ich jung war, Genosse. Haben Sie sie einmal erlebt?"

Stalin wusste nicht mehr, ob er Pasternak die Frage beantwortet hatte. Durch die Rauchwolken sah er den nächsten Umschlag. Samuel Ginsberg, hieß es in großen Buchstaben. Darunter stand in Klammern alias Walter Kriwitzky, alias Dr. Martin Lessner.

„Verräter", brüllte Stalin und zog die Akte aus dem Umschlag. Er zeichnete sie hastig mit seinem berühmten großen Kürzel ab und warf sie auf den Stapel für den Henker.

Dann schaute er auf den nächsten Umschlag: Nikolaj Wladimirowitsch Skoblin.

„Hure, was für eine Hure."

Stalin zeichnete ab.

Fußnote: „Wir hatten keine stichhaltigen Beweise für Plewitzkajas Komplizenschaft in diesem Fall", schrieb Jean Belin in den 1950er Jahren in seinen Memoiren. Zum Zeitpunkt dieser deutschen Ausgabe sind es fast 75 Jahre seit Plewitzkajas Prozess. In den französischen Archiven ist ihr Fall immer noch als „unzureichend aufgeklärt" verzeichnet. (Französisch: Affaires judiciaires mal élucidées).

Was genau Plewitzkaja und Skoblin getan haben, ist ebenso geheimnisumwittert geblieben wie die Namen ihrer Mitwisser und Kollaborateure, die sie gehabt haben müssen. Der als Walter Kriwitzky berühmte Samuel Ginsberg, der auch den Decknamen Dr. Martin Lessner benutzte, ist eine halbe Ausnahme, denn seine Memoiren enthalten Andeutungen, dass er 1937 an den Vorbereitungen beteiligt war.

Im Oktober 1940 starb Nadeschda Wassiljewna Plewitzkaja (1884 - 1940) im Frauengefängnis von Rennes (Bretagne).

Die Welt war wieder im Krieg und niemand beachtete den Tod der „Nachtigall von Kursk" im von deutschen Truppen besetzten Frankreich.

Über Skoblins Schicksal ist nichts bekannt geworden. Ob er in Spanien oder anderswo liquidiert wurde, auf einem Frachter in die Sowjetunion zurückkehrte, inhaftiert und dort hingerichtet wurde, oder im Dritten Reich untertauchte, hat bis heute niemand bewiesen.

Plewitzkajas Aufnahme mit Sergej Wassiljewitsch Rachmaninow (1873 - 1943) aus dem Jahre 1926 von *„Puder und Schminke"* wurde erstmals 1972 veröffentlicht, und zwar in den „kompletten Rachmaninow Aufnahmen". Die Aufnahme von *„Jablotschko" (Äpfelchen)* muss als verschollen angesehen werden.

Musiker und Sänger studieren die einzigartige Zusammenarbeit von Plewitzkaja und Rachmaninow bis zum heutigen Tag.

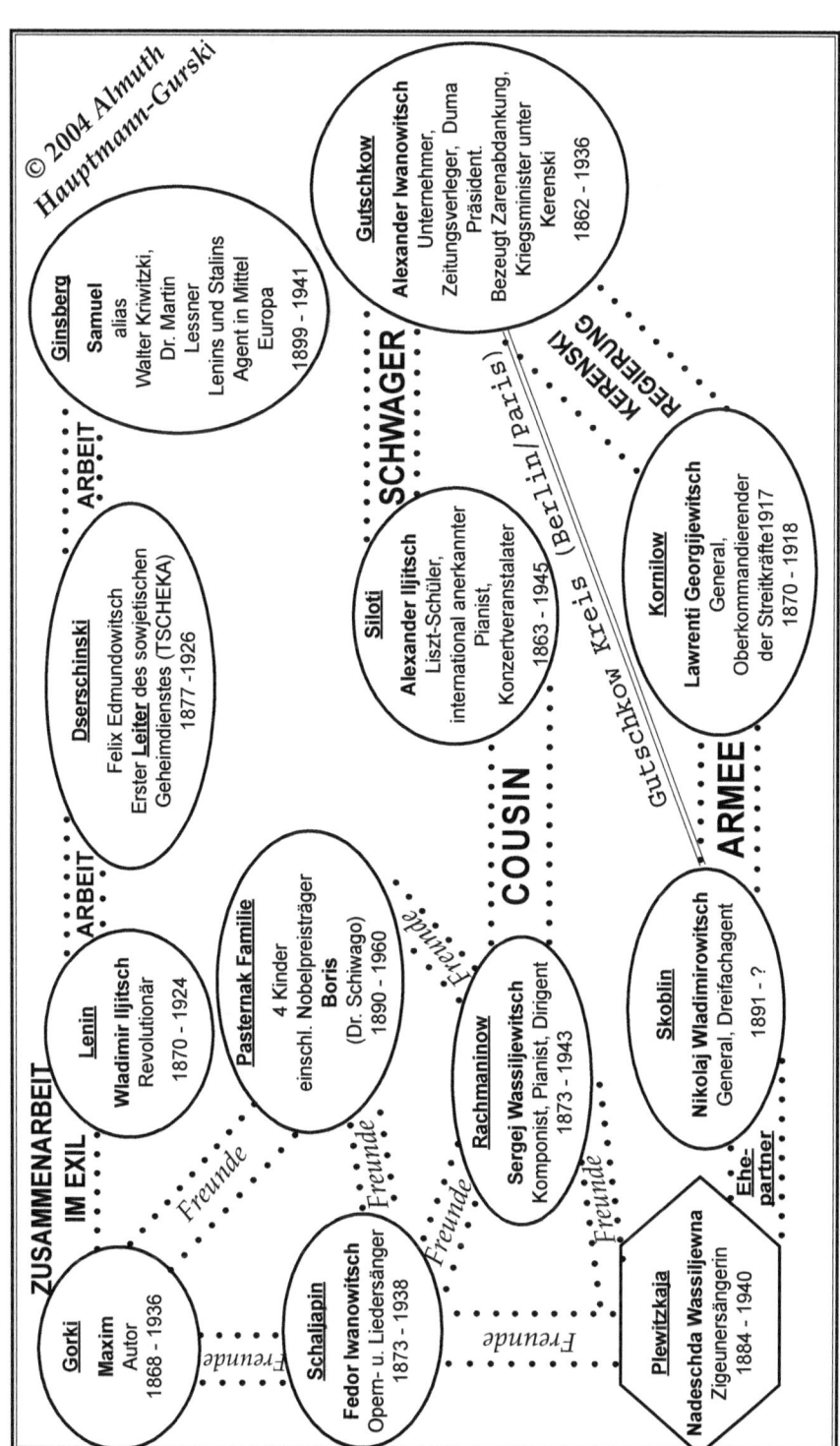

Personen, Anmerkungen

Diese Anmerkungen sollen der besseren Übersicht dienen und diejenigen Leser informieren, für die Kultur und Geschichte Russlands noch neu sind.

Nadeschda (Katja) Wassiljewna Plewitzkaja (1884 - 1940), Zigeunersängerin, Die Großartige Plewitzkaja, Nachtigall aus Kursk, Djoschka (Schätzchen)
Orhan Dimitrijewitsch, ihr Vater, Führer des Dimitrijewitsch Stammes
Raya, ihre Mutter
Walja, ihre Schwester
Joska, ihr Mann
Sinnaïda, ihre Tochter
Baruschko, ihr Sohn, Koseform von Baro
Erno, Joskas Vater
Ilonka, Joskas Mutter
Baro, ein Stammesführer
Taraf, ein Stammesführer
Leonid (Lonja) Lipkin, Besitzer der **Berjosenka** (Birkchen) in Kiew. Im Deutschen gibt es keine klare Übersetzung für die im Englischen gebräuchliche Bezeichnung „Gypsy music hall", wörtlich Zigeunermusik-Halle. Musikpalast ist vielleicht am treffendsten. Genaue Beschreibungen der verschiedenen Etablissements, die es über ganz Russland gab, scheint es nicht zu geben. „Gehen wir zu den Zigeunern", sagte der Opernsänger Schaljapin zu seinem Freund Rachmaninow nach einem nicht ganz gelungenen Besuch bei Tolstoj. Die Musikpaläste hatten alle eine Bühne, man konnte essen und trinken, und wohl auch alles andere, was die Besitzer dessen, was man heute Nachtclub nennen würde, für einträglich hielten.
Warwara, Oberin der Mädchen in der Berjosenka
Nandor, Konzertmeister des Zigeunerorchesters in der Berjosenka
Vikorina, Zigeunersängerin, Zimmerkameradin
Edmund Plewitzky, Balletttänzer in Kiew, Ehemann
Melgunow, Arkadij (Arkascha) Iwanowitsch, Manager des

Petersburger Musikpalastes „Villa Rhode"

Daria, Zigeunersängerin, Garderobenkameradin

Maria, Zigeunersängerin, Garderobenkameradin, später als Boscharinowa bekannt, Plewitzkajas Imitatorin

Simjonow, Boris Danilowitsch, Chef der Moskauer Schallplattenfirma Parlophon

Dawudow, Daniel, Simjonows rechte Hand

Schaljapin, Fjodor Iwanowitsch, weltberühmter Opernsänger

Rachmaninow, Sergej Wassiljewitsch, Pianist, Komponist, Dirigent, Musiklehrer

Glière, Reinhold Moritzewitsch, Kollege von Rachmaninow an der Marijinskij Schule (Marienschule)

Siloti, Alexander Iljitsch, weltberühmter Pianist, Liszt-Schüler, Cousin von Rachmaninow

Gutschkow, Alexander Iwanowitsch, Schwager von Siloti. Entstammte einer wohlhabenden Familie von Unternehmern. Besaß eine Zeitung, gründete nach den Streiks im Oktober 1905 die einflussreiche Partei der Oktobristen. Präsident der Duma und Minister in der kurzlebigen Kerenski Regierung (März bis Oktober 1917). Im Exil war seine Gruppe als „Gutschkow Kreis" bekannt.

Dserschinski, Felix Edmundowitsch, Chef von Lenins Geheimpolizei Tscheka

Kobielski Familie, Wally, Milka, Walter, Wanda, Berliner, die aus dem östlichsten Winkel des deutschen Kaiserreiches stammten. Die Grenze zur polnischen Provinz des Zarenreiches war nur einen Steinwurf entfernt und wie alle Grenzvölkchen, verstanden sie die Sprache der Nachbarn, hier die slawischen Sprachen Polnisch und Russisch.

Reilly, Sidney, Geschäftsmann aus Odessa, der in Russland (und nicht nur dort) Agent für Großbritannien war. Soll Vorbild für James Bond (007) gewesen sein.

Reilly, Pepita (Bobadilla), Reillys letzte Ehefrau

Lewitzky, Major, Ehemann von Plewitzkaja, Rotarmist

Skoblin, Nikolaj Wladimirowitsch, Kommandeur des Kornilow-Regimentes (Elitetruppe) im Bürgerkrieg. Plewitzkajas letzter Ehemann. Im Exil Dreifachagent. Aus den Memoiren des Kosaken Swindin geht hervor, dass auch die amerikanische Botschaft in Paris seinerzeit gern Informationen kaufte. Dass

Skoblin diese Geldquelle nicht angezapft haben sollte, fällt schwer zu glauben – belegt ist dies aber erwartungsgemäß nicht. Skoblin soll acht Jahre jünger als Plewitzkaja gewesen sein. Über sein Alter gibt es widersprüchliche Angaben.

Wrangel, Baron Peter von, Letzter Kommandeur der antibolschewistischen Streitkräfte in Südrussland. Übernahm das Kommando von Denikin.

General Kutjepow, Alexander Pawlowitsch, floh mit den Weißen aus Russland. 1930 verschwunden. Anzeichen für Entführung.

General von (de) Miller, Jewgeni Karlowitsch, Oberkommandierender in Archangelsk 1919. Verschwunden 1937.

Tretiakow, Sergej, Chef der Moskauer Börse vor der Wende. Überlässt den Veteranen von 1934 bis 1937 gratis Büroräume. Die deutschen Truppen entdeckten nach ihrer Eroberung von Paris (1940) die Abhörgeräte und sollen ihn außerhalb der Stadt erschossen haben.

Lessner, Dr. Martin, richtiger Name Samuel Ginsberg, bekannt als Walter Kriwitzky. Diente der Revolution als Chef des sowjetischen Geheimdienstes in West Europa. Setzte sich kurz vor Millers Verschwinden ab, war aber an den Vorbereitungen beteiligt, wie er in seinen Memoiren andeutete. Starb in einem Hotelzimmer in den USA. Außerhalb des FBI hielt es niemand für Selbstmord.

Heydrich, Reinhard, Chef des deutschen Geheimdienstes. Die Anzahl der Dokumente, die er bzw. seine Leute in der angeblichen Tuchatschewski Verschwörung fälschten, wird mit 32 angegeben. Heydrich und & Co. forderten 1937 dafür $ 3 Millionen (US). Stalin zahlte – mit Falschgeld.

Stalin (Dschugaschwili), Josef Wissarionowitsch, Georgier, der Priester werden sollte aber aus dem Seminar hinausgeworfen wurde. Untergrunddeckname: Koba. Da er keine körperliche Arbeit leisten konnte, wandte er sich der Politik zu und regierte die Sowjet Union fast 30 Jahre lang. Im Jahre 1942 erklärte ihn das amerikanische Time Magazine zum „Mann des Jahres".

Eitingon, Max, Psychoanalytiker, Berühmtestes Mitglied der wohlhabenden Eitingon Familie aus Weißrussland. Der Pelzhandel der Familie lief auch mit der Sowjetunion weiter. Plewitzkaja erhielt nachweislich Geld von ihm, aber ob dies tatsächlich aus der Sowjetunion kam, ist nicht bewiesen. Da es keinen Postverkehr zwischen den USA und der Sowjetunion gab, muss man davon ausgehen, dass Eitingons, von denen auch ein Teil in den USA lebte, gelegentlich beiden Seiten aushalfen.

Gadsche, Zigeuner bezeichnen Nicht-Zigeuner als Gadsche

Patrin, Geheimzeichen, mit denen die reisenden Zigeunerstämme sich verständigen.

Zigeunerbräuche sind überraschend uneinheitlich. Z.B. heißt es in der Literatur, dass Hunde unrein sind, aber historische Fotos von britischen Zigeunern zeigen auch Hunde. Religionen sind oft von den Völkern angenommen, wo sie reisen. Auch sesshafte Zigeuner hat es in Russland gegeben.

Internes Exil, Gegner des Zarentums, Reformer und Kriminelle wurden aus dem eigentlichen Russland nach Sibirien verbannt. Die Entfernung, das Wetter und die Nichtexistenz von Straßen machte Entkommen fast zur Unmöglichkeit. Die „Tradition" lebte unter den Sowjets weiter (Gulag).

Vorrevolutionäre Situation, Ausdruck aus dem Marxismus-Leninismus. Unzufriedenheit in der Bevölkerung wird benutzt und geschürt, um eine kommunistische Übernahme unter dem Vorwand durchzuführen, die Ordnung wiederherzustellen.

Balalaika, aus der Bauernschaft stammendes dreisaitiges russisches Musikinstrument mit einem dreieckigen Schallkörper. Hat sieben Größen, von der Pikkolo bis zum Kontrabass.

Barin/Barinja, Herr bzw. Gnädige Frau, Anrede für Gutsbesitzer oder andere höher gestellte Personen.

Titel des zaristischen Russland können verwirrend sein. Des Zaren Kinder/Verwandte waren Großfürst oder Großfürstin. Die Prinzen waren Abkömmlinge des Reichsgründers. Den Provinzen stand ein Gouverneur vor.

Leibeigene, gehörten zum Landgut, waren also nicht wie Sklaven das persönliche Eigentum des Gutsbesitzers, 1861 abgeschafft.

Kosaken, freie Stämme, die in Kosakendörfern der Grenzregionen wohnten. Manchmal als Kriegerkaste bezeichnet. Unterstanden dem Zaren, nicht den Behörden vor Ort.

Zigeunergitarre, Gitarre mit kleinem Schallkörper und sieben Saiten.

Zigeunerlieder, einfache Lieder, die mündlich überliefert wurden. Sie wurden hauptsächlich von Leuten gesungen und gespielt, die nicht lesen und schreiben konnten, wodurch sie immer schlicht blieben, auch wenn sie sich leicht veränderten. Die Kategorie ist nicht klar abgegrenzt. Rachmaninow schrieb bei seinem Opus No. 12, dass es auf einem Zigeunerthema basiert. Allerdings hat die verwendete Melodie keine Zigeunercharakteristiken wie z.B. Tempowechsel und ohrwurmartigen Refrain. Das Lied ist so einfach wie ein Kinderlied und normalerweise das erste, was man auf einer Balalaika lernt. Ein hübsches Lied entzieht sich einer Kategorisierung und warum Rachmaninow es als Zigeunerlied kategorisierte, kann man vielleicht nur dadurch erklären, dass sich die Definition gewandelt hat.

Zigeunerlieder sind dem Schlager unserer Zeit ähnlich. Da es kein Urheberrecht gab, wurden Komponisten oft nicht verzeichnet. Durch die mündlichen Überlieferungen veränderten sich die Lieder auch leicht, denn man fügte etwas hinzu, ließ etwas weg, oder erinnerte sich falsch, bis jemand das Lied aufschrieb, was dann als Originalversion in die Archive einging. Für die Zigeuner, die ihnen wiederum den eigenen Stempel aufdrückten, waren sie das tägliche Brot.

Memoiren von Zeitgenossen sprechen von „Das Plewitzkaja Repertoire" und „Russland war von Plewitzkomania" gepackt. Fjodor Schaljapin benutzte in seinen Memoiren den Ausdruck „unsere kleinen Lieder". Manche sind tatsächlich sehr kurz, was Raum für neue Arrangements lässt und die Lieder dann im neuen Kleid zu einem neuen Leben aufweckt. Sowohl Schaljapin wie auch Plewitzkaja nahmen das Lied „Peterskaja/Ich ging zu einer Party" auf, das Strawinsky in seinem Petruschka Ballett verwendet hat. Russische Melodien tauchen in so vielen klassischen Werken auf, dass diese hier nicht aufgelistet werden können.

Die Roten, Kommunisten, Revolutionäre

Weiße Armee, Gegner der Roten und der Revolution. Auch Freiwilligenarmee genannt, weil sie keine Wehrpflichtigen waren. Wegen der Feindseligkeiten, die die Roten den in den Militärakademien des Zaren ausgebildeten Offizieren entgegenbrachten, waren die Weißen nicht alle ganz freiwillig in der Freiwilligenarmee.

Desinformation, Aus der Sprache der Geheimdienste.

Desinformation wird verbreitet, um die andere Seite in die Irre zu führen. Sie soll gewünschte Aktionen auslösen oder verhindern, die bei voller Kenntnis der Wahrheit anders ausfallen würden. Stalins Geheimdienst hatte eine spezielle Desinformationsabteilung. Desinformation ist am effektivsten, wenn sie auf nachprüfbaren Tatsachen aufbaut, die dann aber verfälscht dargeboten werden, damit die erwünschte Reaktion und Aktion erfolgt.

Ochrana, Geheimdienst zur Zarenzeit. Der erste Sowjetische Geheimdienst war die Tscheka. Nach verschiedenen Re-Organisationen und Umbenennungen entstand dann der nicht mehr existierende KGB.

Die schuhlose Klasse, Barfußklasse, diejenigen, die nicht einmal Birkenrindensandalen oder Filzsstiefel hatten. Entspricht den Hemdlosen in Argentinien aus der Mitte des 20. Jahrhunderts.

Patronymikon, Vom Vater abgeleiteter Name. Wladimirowitsch = Sohn des Wladimir. Wladimirowna = Tochter des Wladimir.

Namen, die im Original in kyrillischen Buchstaben geschrieben werden, tauchen in anderen Sprachen in unterschiedlichen Schreibweisen auf. Oft bleibt die Schreibweise so, wie sie in dem Land niedergelegt wurde, wo der Name zuerst in lateinische Buchstaben transkribiert oder transliteriert wurde. Da das keine exakte Wissenschaft ist, wird in diesem Buch die Schreibweise verwendet, von der die Autorin glaubt, dass sie am meisten benutzt wird.

www.ingramcontent.com/pod-product-compliance
Lightning Source LLC
Chambersburg PA
CBHW060758110426
42739CB00033BA/3171